국제관계이론과 동아시아안보

주펑 지음 · 이상원 옮김

북코리아

한국어판 서문

　　포스트냉전시대에 동아시아 지역안보를 연구하는 학자들의 시각은 중국굴기가 가져온 권력구조 변화에 더욱 집중되고 있다. 그리고 오늘날의 동아시아 지역안보가 세계안보 구조에서 가장 취약하고, 가장 쉽게 대국전쟁을 일으킬 수 있는 지역이 되어버린 근본적 원인은, 단순히 권력구조의 변화뿐만 아니라, 2차대전 이후 줄곧 종결되지 않은 역사와 동아시아 각국에 내재된 복잡하고 다원적이며 불안정한 정치와 사회변혁과정, 그리고 동아시아 경제력 증강에 따른 필연적인 민족주의 정서의 보편적인 고조 추세 등 동아시아에 많은 특정한 내생변수(內生變數) 요소들의 작용 때문이다. 역사에서 현실까지, 동아시아에는 지금껏 중국, 일본, 한국이 동시에 강대해지는 새로운 국면이 나타났던 적이 없었다. 그리고 미국은 동아시아의 주도적인 대국으로서, 냉전종결 이래 전례없이 자신의 세계전략의 중심을 동아시아로 전환하였다. 미국의 이러한 아시아 회귀(Pivoting Asia), 또는 아시아 태평양 재균형(Rebalancing) 전략이 어떻게 변화할지는, 동아시아 지역안보 질서의 미래에 대한 최대의 외생변수(外生變數)를 형성하였다.

　　2008년 세계금융위기 이래 몇 년간 동아시아안보 정세에는 엄청난 변화와 조정이 나타났다. 이러한 모든 변화는 결과적으로 동아시아 지역안보 구조에서의 내생변수와 외생변수가 공동작용한 결과이다. 2014년 4월 24일, 일본을 방문한 오바마 미국대통령은 미일안보동맹은 일본 관할인 댜오위다오를 포함한다고 표명하였다. 이는 미국대통령이 처음으로 중일 간 영토분쟁인 댜오위다오 문제에서, 미국이 동맹의무를 확고하게 이행하고 일본의 편에 서겠다는 것을 공개적으로 표명한 것이다. 거의 이와 동시에, 북한정권의 사실상 2인자인 최룡해는 황

병서로 대체되었고, 2011년 12월 김정은정권의 출범 이래 계속되는 숙청은 여전히 끝이 보이질 않는다. 일본 아베총리는 우선 2014년 4월 30일 독일을 방문하여『프랑크푸르트 알게마이네 차이퉁(Frankfurter Allgemeine Zeitung)』과의 인터뷰에서, 일본은 독일과 같은 방식으로 2차대전 기간 침략의 범법행위에 대해 아시아 주변국들에게 사과하지 않을 것임을 표명하였다. 역사문제에서 아베정부의 공공연한 수정주의 노선, 일본의 새로운 안보전략과 군비지출 증가 그리고 다시금 정치대국 역할을 맡으려는 '적극적 평화주의' 추진은, 현재 도쿄정치로 하여금 '일본이 돌아왔다'고 외치는 아베총리의 강대하고 활발한 새로운 일본을 목격하게 하였다. 1991년 냉전종결 이래, 아태지역 안보가 올해처럼 이렇게 긴장되고 뜨거웠던 적은 없었다.

한반도 안보 긴장의 지속적인 고조 외에, 중미일 3국의 상호작용에서 전략적 대립 악화의 추세는, 현재 세계경제와 무역증강이 가장 빠른 아태지역의 번영과 활력에 짙은 그림자를 드리우게 하였다.

2013년 2~4월간 북한지도자는 국제사회에 새로운 군사위협을 일으켰다. 비록 이전에 북한정권은 행위모델을 자주 변화시키고, 자신의 목적에 도달하기 위해, 도발과 협상 사이에서 흔들렸지만, 젊은 김정은정권이 한반도정세에 가져온 충격은 심지어 그의 아버지를 초월하였다. 2013년 2월 12일, 중국 음력 정월 초사흘에, 북한이 감행한 3차 핵실험은 한반도를 1953년 정전협정 체결 이래, 전례 없는 긴장국면으로 몰고갔다. 북한의 젊은 지도자 김정은 통치하의 평양정부는 미국에 핵타격과 일본에 핵벼락, 심지어 다시 무력으로 한반도 통일을 실현하겠다고 큰소리 쳤다. 2005년부터 운영된 한반도 남북 양측 간의 개성공단 또한 폐쇄되었다 다시 가동되었다. 광기어린 전쟁소란과 끊임없이 확산된 위기 분위기는 북한을 국제사회의 일치된 비난에 맞닥뜨리게 했다. 중국지도자 또한 베이징은 "어떠한 국가가도 중국의 앞마당에서 소란을 피우는 것"은 결코 용납하지 않을 것이라고 경고하였다. 2013년 3월 31일, 북한은 당중앙위원회 전원회의를 개최하고 "한손에는 핵보유, 다른 한손에는 경제발전"의 병진노선을 취한다고 선포하였다. 이로 인해 한반도 비핵화 실현에 대한 정치·외교과정은 새로운 곤경에 빠졌다. 2013년 5월 24일, 시진핑 주석은 베이징에서 북한특사 최룡해와의 면담에서 "비핵화는 모두가 원하는 것이며, 대세의 흐름이다"라고 명확하게 표명하였다.

서로 다른 동아시아 지역안보 이슈에서, 이 양대변수는 다르게 작용한다. 한반도 비핵화의 교착상태가 타파되기 힘들고, 북한의 도발행위가 자기 멋대로인 것은, 북한의 내부정권 구조가 스스로 새롭게 되고, 스스로 변화될 수 없는 결과이며, 동시에 동아시아 지역에 갈수록 복잡한 지연정치 요소의 산물이다. 북한 핵문제가 지속적인 교착상태에 직면하여, 2013년 9월 이래, 중국외교부는 어려움을 무릅쓰고 여러 차례 셔틀외교를 전개하며, 관련국들이 서로 마주보며 나아가 최대한 속히 6자회담을 가동시켜, 한반도 긴장국면에 새로운 대화 창구를 여는 일에 적극적으로 임해주길 설득하였다. 그러나 핵포기 문제에서 평양이 시종 상응하는 성의를 보여줄 수 없기 때문에, 중국외교의 수고는 오늘날에 이르기까지 상응하는 보답을 받지 못하였다. 중국의 북한정책은 줄곧 비핵화의 자아 안보이익 요구, 대국책임의 기대와 중국이 늘 포기하기 어려운 한반도 지연정치의 고려 사이에서 허덕이고 있다. 북한정권이 변화를 생각하지 않는다면, 중국 북한정책의 딜레마는 지속적으로 베이징을 괴롭게 할 것이다.

2013년 12월 12일, 북한은 평양권력 구조에서의 2인자인 장성택을 처형하였으며, 북한의 곤경은 재차 세계의 관심을 유발하였다. 김정은정권의 행동으로 보아, 평양은 국제사회와 핵교역을 할 생각이 전혀 없다. 김정은정권이 말하는 한손으로는 핵보유, 다른 한손으로는 경제발전의 병진노선은, 북한이 지속적으로 소위 핵억제력을 발전시킴으로써 정권생존의 목적도달을 견지하려는 것임을 분명하게 보여주었다. 그러나 북한에 대한 국제사회의 제재가 강화되고 북중관계가 소원해짐에 따라, 김정은정권에 내재된 불안은 상승할 뿐, 하락하지 않을 것이다. 한반도 통일과정은 북한의 내란, 또는 붕괴로 인해 일찍 도래할 가능성이 크다.

권력변동이 가져온 지역안보 영향의 최대 결과 중 하나는, 일본이 강대해지기 시작하였고, 또한 역사문제에서 일본을 놓아주지 않는 중국을 견제하기로 결심한 것이다. 아베정부가 중일관계에 가져온 충격과 도전은 우리로 하여금 더욱 심각하게 한다. 일본은 장기간 미국의 그림자 아래서 외교와 안보전략을 선택하던 전통적 궤도를 벗어나, 현재 일본의 민족주의에 호소함으로 자아요구에 더욱 부합하는 외교와 안보전략을 모색하고 있다. 냉전종결에서 현재까지, 일본요소의 변화는 동아시아 지역안보가 직면한 새로운 불확실 요소이다.

2013년 1월 중순 필리핀과 베트남방문을 시작으로, 2기 아베정부는 조금도 숨기지 않고 도처에 중국위협론을 팔고, 소위 민주국가의 가치연맹을 규합하여, 아세안국가들을 끌어들여 일본과 함께 중국을 고립시키고, 포위하는 것에 힘쓰고 있다. 10월 3일 미일 2+2 외교·국방장관 회담은, 미일군사동맹을 강화하고 새로운 협의에 도달하였다. 10월 6일 아시아태평양경제협력체(APEC) 정상회담 기간, 미국, 일본, 호주 3국은 다른 속셈으로 현상변화 반대를 제기하는 성명을 발표하였다. 일본은 미국과 호주 등 동맹국의 지지 아래, 10월 27일 아베총리는 일본 육상자위대 열병식에서, 세계평화를 위한 일본의 최대공헌은 바로 중국견제임을 공개적으로 떠들어댔다. 12월 17일, 아베 내각은 새로운 안전보장전략과 신방위요강 등 3가지의 중요한 국방문건을 발표하였고, 근 10년간 처음으로 일본군비는 2.2% 증가하였다. 중국의 방공식별구역 설정의 정상적 조치를, 일본은 더욱 힘써 깎아내리고 있다. 2014년 4월, 일본 내각은 이전 무기 수출금지 3원칙을 폐기하고, 제한적인 무기수출정책 이행 시작을 선포하였다. 이와 동시에, 일본은 댜오위다오와 대만과 매우 가까운 유구열도에 군사주둔을 확대했고, 중국을 감시하는 레이더기지 건설을 공식적으로 시작하였다. 이는 냉전종결 이래 일본이 처음으로 군사력의 범위를 확대시킨 것이다. 헌법수정과 집단자위권 보유 추진 또한, 아베정부의 명확한 방위정책 목표가 되었다. 전후 69년 이래 지금껏 일본의 안보정책과 군사전략에 오늘날처럼 이렇게 중대한 변화가 발생한 적은 없었다.

중국견제를 위해, 아베총리 집권의 일본이 전략과 외교정책 조정에서 얼마나 멀리 갈 것인지, 현재로서는 여전히 미지수다. 중국과 일본 간의 댜오위다오 영토분쟁이 유발한 긴장국면이 끊임없이 고조되는 배경 아래, 미·일 등 국가들이 동해방공식별구역 문제에서 제멋대로 선전하는 것은, 중일 댜오위다오 대립을 해상에서 공역(空域)으로 확대시켰다. 미래에 중국과 일본이 댜오위다오 문제에서 사고성의 직접적인 군사충돌의 가능성은 배제할 수 없다. 중일 군사충돌의 위험성은 처음으로 중미관계를 초월하였다.

중국굴기의 도전에 직면하여, 미국의 중국정책 또한 조정과 변화 중에 있다. 미국의 동맹관계 강화는 필연적 선택이다. 중일 동해분쟁, 중국과 미국의 부분 동맹국가들 간의 남해분쟁 모두, 오바마정부의 동아시아 재균형 전략의 실행과정을 가속화시켰다. 중미 간 전략적 경쟁상대로서의 국면은 여전히 형성되어 있다.

중국이 아세안과의 남해행위준칙에 대한 협상 진입과 '친(親), 성(誠), 혜(惠), 영(榮)'의 주변외교정책에 대한 진일보한 실행을 선포하였지만, 미국은 여전히 중국과 남해분쟁 중인 유관동남아 국가들에게 방위지지를 끊임없이 확대하고 있다. 12월 14~17일 케리 미국 국무장관은 필리핀과 베트남을 방문하여 7,250만 달러의 해양 방위장비 원조제공을 선포하였다. 아베정부는 12월 15~16일 일본 - 아세안 특별정상회담에서 앞으로 5년간 아세안에 250억 달러의 원조와 차관을 제공한다고 선포하였다. 댜오위다오가 유발한 지연정치 경쟁은 2013년에 뚜렷한 작용의 추세가 나타났다. 중국지도자가 제기한 '신형대국관계(新型大國關系)' 건설의 외교적 노력 추진을 바탕으로, 2013년 6월의 '시진핑 - 오바마 회담'은 중미 양국지도자로 하여금 솔직하고 실무적인 대화를 전개하도록 했고, 또한 양국은 협력과 상호신뢰의 협력관계를 키우도록 노력하는데 승낙하였다. 그러나 중국의 굴기가 유발한 권력변동 효과가 확산됨에 따라, 중미 양국이 각자 추구하는 헤징전략 모두 지속적으로 심화되고 있다. 2013년 12월 남해에서 양국 군함이 거의 충돌할 뻔한 사건은, 양국·양군의 해상행동안전에 재차 경종을 울렸다.

냉전종결 22년 후, 동아시아 지역안보 질서는 다시 한번 조정과 안정인지 아니면 충돌·대립의 장기화인지의 역사적 전환기에 있다. 동아시아의 지역안보 질서의 전례없는 대조정 또한 현재 무르익어가고 있다. 전통적 미국패권 주도 아래의 동아시아평화에는 중국의 굴기, 일본 안보역할의 활성화, 갈수록 한반도에 다가오는 통일의 앞날, 그리고 러시아가 추진하는 아태관계 중시의 신동방정책으로 인해, 현재 전례없는 완화가 나타나고 있다. 동아시아안보의 연구학자들은 반드시 폭넓은 학술적 시야를 가져야만, 객관적이며 정확하게 동아시아지역 안보의 새로운 정세를 분석하고 인식할 수 있다.

중국의 주변외교와 안보 정세는 최근 몇 년 동안 새로운 조정기에 접어들었다. 이 조정은 전체적으로 5개의 새로운 특징을 나타내고 있다.

첫째, 현재 중미관계의 성질에 역사적인 새로운 변화가 발생하여, 양자의 의제가 이끄는 관계에서, 갈수록 지역 지연전략과 지연경제가 이끄는 관계로 접어들고 있다. 우리가 인정하든지 안하든지, 받아들이든지 받아들이지 않든지 간에, 중미관계는 이미 지연전략 이익경쟁의 새로운 시대에 접어들었다.

둘째, 장기간 해결되지 못한 영토분쟁은 이미 이전에 존재하던 거치기(擱置期)가 끝나고, 활성기, 또는 '위험성 높은 시기'에 진입하기 시작하여, 영토분쟁은 포스트냉전시대 동아시아 지역안보 질서를 전복할 중대한 요소가 될 가능성이 있다.

셋째, 미국이 지속적으로 아시아 회귀를 고조시킨 뒤, 세계전략의 중심을 아태지역으로 이동하는 명확한 추세가 나타났다. 오바마정부는 동아시아 내부의 영토분쟁과 안보딜레마의 심화 등 많은 분쟁적 요소를 이용하여 아태지역에서 미국의 전략적 존재를 강화하고, 동아시아의 경제와 외교 그리고 경제 과정에 전면적으로 개입하고 있다. 미국이 선도하는 「환태평양경제동반자협정(TPP)」이 협의에 도달할 수 있을지 여부 또한 미래 아태경제 통합과정을 결정할 중대한 사건이 될 것이다. 미국의 아태 재균형 전략이 얼마나 멀리갈 수 있을지, 중국이 어떻게 미국의 아태 재균형 전략에 대응할지, 베이징은 지속적으로 시진핑정부가 제기한 '신형대국관계'를 추진할지 아니면, 일본과 화해하고 한국의 통일을 돕고, 남해영토분쟁에서 타협의 방법을 모색하는 기초 위에 동아시아안보와 안정 그리고 번영과정에서의 지역 공동거버넌스를 추진할 것인지 등은, 미래 동아시아에서 중국의 역할과 지위를 시험하는 핵심적 요소가 될 것이다.

　넷째, 동아시아는 현재 새로운 국내 권력구조의 조정기에 접어들어, 민족주의 감정과 국가주의 의식이 보편적으로 고조되고 있다. 역내 주요국가의 국내정치의 지역경제와 안보 과정에 대한 충격과 영향이 갈수록 뚜렷해지고 있다.

　다섯째, 아마도 가장 중요한 특징일 것이다. 그것은 바로 중국굴기가 가져온 종합적 충돌효과가 지속적으로 격동하고 있고, 중국굴기가 가져온 심리에서 느낌까지, 관념에서 정책까지, 사회적 반응에서 이익 재분배까지 등 다방면에 가져온 영향과 충격 그리고 도전에 대응하기 위해, 미국과 더불어 역내 국가 또한 잇따라 자신의 대중 · 대미정책상 입장을 조정하고 있다.

　이러한 배경 아래, 어떻게 중국의 주변정세를 안정시키고, 중국의 주변외교를 새로운 발판으로 격상시킬 수 있을지, 중국굴기와 지역권력 그리고 부(富)의 구조가 지속적으로 조정되는 큰 배경 아래, 갈수록 중대해지고 다원화되어가는 중국의 국가이익을 어떻게 수호할 것인지, 어떻게 중국이 고효율적이고, 지속적이며 실무적인 주변안보전략을 확립할 수 있을지, 어떻게 중국의 굴기로 하여금 중국지도자가 제기한 '친(親), 성(親), 혜(惠), 영(榮)'의 정책적 목표를 진정으로 실현시킬 수 있을지, 이와 동시에, 중국의 주변국가들이 어떻게 중국굴기에 직면하여, 객관적이고, 정확하게 중국요소를 분석하고 이해하고, 동아시아 공동의 내일을 위하여 전략적 준비를 잘 할 수 있을지, 중국, 미국, 일본, 한국 등 동아시아 역내 국가들 모두 냉전종결 이래 전례없는 압박과 시험에 직면하고 있다.

　이 책은 한 중국학자의 동아시아 지역안보 변화에 대한 과거 15년 동안의 생각과 연구를 담고 있다. 필자는 21세기의 세계에서, 중국이 강하면, 동아시아도 강하고, 중국이 약하면, 동아시아도 약할 것이라고 믿는다. 경제와 사회관계가 이미 이렇게 긴밀해진 오늘날, 아시아 국가들은 돌돌핍인(咄咄逼人)의 중국을 받아들이기 힘들겠지만, '실패한 중국' 앞에서 탈없이 무사할 수는 더욱 없다. 이로 인해, 중한 양국 공동의 연구와 노력이 필요하다. 동아시아의 내일은 중한 양국 공동의 내

일이며, 또한 모든 동아시아 국가 공동의 내일이다.

끝으로 나는 진심으로 나의 제자인 이상원의 정성어린 번역에 감사하며, 그의 수고로 이 책이 한국에 출판될 수 있게 되어 매우 기쁘다. 모든 한국의 독자들에게 감사드리며, 아낌없는 가르침을 베풀어 주시기 바란다.

2014년 4월 미국 브루킹스연구소에서

주펑朱鋒

서문

    동아시아안보 연구는 이미 중국에서 유명한 학문이 되었다. 특히 중국의 '대국굴기'에 대한 토론이 날로 뜨거워짐에 따라, 우리 중국이 처한 동아시아지역 환경과 중국이 역할을 발휘할 수 있는 지역에 대한 정확한 인식 및 평가는 분명히 중국이 '평화적이고 안정적인 국제전략환경'을 효율적으로 조성하는 데 반드시 필요하다. 또한 이는 우리 중국이 세운 전략적 목표인 '조화로운 세계(和諧世界)' 건설의 결정적인 단계이다. 중국과 세계의 조화가 없다면 '조화로운 세계'의 존재는 불가능하며, 중국과 동아시아의 조화가 없다면 중국과 세계의 조화 또한 불가능하다.

    필자는 국제안보연구에 다년간 힘쓰며, 동아시아안보는 포스트냉전시대 국제안보에서 가장 복잡하고, 가장 민감하며, 또한 가장 글로벌 전략적인 의미를 지닌 안보분야라는 사실을 깊이 느꼈다. 필자가 이 책의 제2장에서 언급한 내용처럼, 포스트냉전시대 동아시아안보의 복잡성과 민감성을 '유럽의 경험'에 비추어 본다면, 동아시아는 세계상에서 대국이 밀집된 지역임에도, 지역협력제도가 결여되어 있고 대국 간의 상호신뢰와 아이덴티티가 결여되어 있으며, 또한 서로 다른 민족 간의 공동체 확립이 결여되어 있다. '대국굴기'에서 '권력전이'까지, 영토분쟁에서 역사문제까지, 자원경쟁에서 해상안보까지, 다원문화와 역사적 배경에서 민족개성의 차이까지, 동아시아는 역사와 이론적 측면에서 대국 간의 대립을 야기시킬 수 있는 거의 모든 요소로 가득 차 있다. 미국은 중국에게 어떠한 의미인가? 일본은 중국에게 어떠한 의미인가? 중국의 강대함은 지역과 세계에 무엇을 의미하는가? 그리고 국제사무처리, 중미와 중일관계의 안정과 발전은 중국의 민족부흥에 무엇을 의미하는가? 세계와 중국의 관계건설은 도대체 어떠한 21세기 세계정치국면을 형성할 것인가? 이러한 문제들은 늘 중국인들의 신경을 민감하게 자극하는 부분이지만, 우리 중국인들이 부강한 국가를 추구하는 어려운 과정에서 반드시 대답해야만 할 문제들이다.

이와 동시에 학자들의 시각에서 동아시아 연구가 중요하게 다루어지는 까닭은 오늘날 세계정치를 지배하고 있는 3대 추세인 세계화, 지역주의 그리고 국가의 균형과 견제능력 재건의 과정에서 동아시아가 핵심적인 역할을 맡고 있기 때문이다.* 동아시아 정치 경제와 안보정세의 발전은 당대 국제관계에서 가장 중요한 실험장이다. 이미 강대한 '안보공동체(Security Community)'와 지역적 제도 구조를 건설한 유럽과 달리—또한 자유주의로 연결된 안정적인 북미대륙과 달리— 세계경제의 3대 대륙이면서도 동아시아의 안보에는 자유제도주의의 지탱뿐만 아니라, 정신과 가치상의 통일된 자유민주제도의 보우 또한 없다. 미래의 동아시아는 도대체 어떠한 협력구조를 형성할 것이며, 어떠한 안보체제를 만들어낼 것인가? 1945년 이전의 유럽을 따를 것인가, 아니면 지속적인 미국패권 주도 아래의 취약적인 평화를 유지할 것인가? 이전 문화를 유대(紐帶)로 한 '중국중심주의(Sino-centrism)' 재건설의 가능성이 있는가? 아니면 실질적인 해양대국과 육지대국 간의 불안정한 세력균형에 빠질 것인가? 동아시아가 '유럽 모델'을 따라 지역적 다자안보제도를 확립할 수 있을까? '안보공동체의 햇빛이 비추는' 상황에서 평온과 번영과 안정을 누릴 수 있을까? 이러한 문제들에 대한 해답의 모색은 이미 세계의 이목을 집중시켰다. 최소한 오늘날 동아시아안보체제가 여전히 상당히 현실주의적인 이때, 동아시아안보 연구의 패러다임은 점점 더 다양해지고 있으며, 단순히 권력과 정치적 각도에서 출발한 동아시아연구는 더 이상 학계의 주류가 아니다.**

중국의 강대함과 중화민족의 위대한 부흥에는 우리 중국의 지속적인 경제발

---

*   Lowell Dittmer, "East Asia in the 'New Era' in World Politics", *World Politics*, Vol.55, No.1, October 2002, pp.38-65.

**   Sorpong Peou, "Withering Realism? A Review of Recent Security Studies on the Asia-Pacific Region", *Pacific Affairs*, Vol.75, No.4, Winter 2002/2003, pp.575-583.

전, 지속적인 국내체제 개혁의 진행, 지속적인 중국인의 민족소양 제고(提高)가 필요할 뿐만 아니라, 복잡한 국제정세 속에서 형세를 살피고 유소작위(有所作爲)하는 것이 더욱 필요하다. 모든 중국인들은 중국의 강대함은 세계의 평화와 번영에 유리하다는 확고한 믿음이 있다. 그리고 중국이 세계에 융합되고 세계무대에서 책임감 있는 대국이 되는 것은 중국이 강대해지는 데 있어 반드시 거쳐야 할 길이다. 그러나 그 길은 매우 어려울 것이다. 중국인들이 가난할 때 다른 이들은 당신을 얕볼 것이며, 우리 중국인의 주머니 속에 여유 돈이 조금씩 생기기 시작할 때 다른 이들은 당신에게 '중국의 위협'이라고 말할 것이다. 그러나 세계로 나아가는 것만이 중국이 진정으로 부강해지는 길이기에 우리 중국은 선택의 여지가 없다. 문제는 어떻게 해야 다른 국가들의 우려, 염려, 심지어 악의적인 눈빛을 모두 해소시킬 수 있으며, 어떻게 해야 중국의 굴기와 다른 민족의 행복, 자유, 번영과 평화의 염원의 실현을 함께 추구할 수 있는가 하는 점이다. 더욱 중요한 것은 본질적으로 '이기적이고 호전적이며 또한 중앙권위가 결여된' 이러한 국제체제에서 어떻게 다른 이들의 이기주의, 오해, 착각이 우리 중국 발전의 발걸음을 막지 못하게 할 것인가, 더욱이 어떻게 우리 중국인들에게 꿈틀대는 민족주의 정서가 우리의 이성을 잘못된 방향으로 이끌지 않도록 할 수 있을까 하는 것이다. 이는 우리 중국이 타국에 전가할 수 없는 역사적 사명일 뿐만 아니라, 반드시 극복해야 할 '중국 딜레마'이다. 이러한 점들은 국제관계학자로서, 언제나 연구를 잘할 수 있도록 필자를 독려하는 동력이다. 오늘날 중국의 이러한 개방적이며 발전적인 시대를 따라가는 것은 행운이며, 더욱이 행복이다. 베이징대학 도서관의 탁월한 E-JOURNAL 시스템은 필자가 언제든 국제학계에 출판된 최신성과들을 검색하고 사용할 수 있게 하였고, 베이징대학 국제관계학원의 우수한 학술적 분위기와 우월한 연구조건 덕분에 몇 년 동안 나만의 세계 안에서 독서와 글쓰기, 국내외 학술교류에 종사하는 데 심취할 수 있었다. 이러한 작업들은 비록 수고스럽고 힘든 작업임에 분명하지만, 나는 진정으로 큰 만족감을 느낀다. 중국굴기의 활력 넘치는 사회적 환경 또한, 우리 학자들에게 정책을 접하고 이해할 기회를 제공하였다. 교수로서 이론뿐만 아니라, 정책을 동시에 돌아보는 것은 확실히 매우 피곤한 일이지만, 필자는 이에 진정으로 즐거움을 느꼈다.

이 책의 많은 부분은 필자가 과거 10년간 매진한 동아시아안보 연구의 결정체이다. 제1부분을 제외하고, 이 책 속의 제2, 3부분은 기본적으로 필자가 과거 10년간 이미 발표하였던 학술논문이다. 그 중에 제2부분은 최근 5년간 연구를 통한 새로운 총결산이며, 몇 년간 북핵을 사례로 모든 각도에서 연구하고 지속적으로 발표한 논문의 묶음이다. 북핵문제연구의 사례로서, 필자가 부지런히 습득한 이론과 정책분석을 서로 결합시킨 국제안보연구를 검증하고 제고하기를 희망한다. 제1부분은 필자가 특별히 이 책의 출판을 위해 1년 내 단독으로 저술한 글이며, 안보이론에 대한 다년간 탐구의 총결이자 국제관계이론 및 국제안보이론과 동아시아안보 교수와 연구의 전체적 사고를 종합한 것이다. 책의 제목을 『국제관계이론과 동아시아안보』로 정한 이유는 우선 국제관계이론에 대한 기존의 과학적 패러다임을 소개하기 위함이며, 현재 필자가 힘쓰고 있는 동아시아안보 연구에 보탬이 되었으면 하는 바람을 담은 것이다. 이 책이 조국 학계의 동아시아연구에 대한 일종의 촉진제가 되기를 희망해본다.

제3부분에는 동아시아안보에 관련한 필자의 부분적 연구 성과를 수록하였다. 이 장은 동아시아 지역주의, 다자안보협력, 세계화 그리고 대만문제에 관해 쓴 글들이며, 1990년대 후반기에 완성된, 국내의 국제관계 유력학술지에 발표되었던 논문들이다. 몇몇의 연구는 수년 전에 완성된 것이기에, 현재의 변화의 움직임에 대한 파악이 정확하지 않고, 문자적 표현이 비교적 미약하며, 문헌에 대한 연구와 실제적인 탐방 또한 깊고 광범위하지 않을 가능성이 있지만, 진실된 '나'와 한 국제안보학자가 학계에 종사한 경력을 구현하기 위해 수정과 보충을 하지 않고 독자들이 이 장에서 본인의 '배움을 구하는' 성장과정을 읽어낼 수 있기를 기대한다.

학자에게 자신이 쓴 글은 자신의 '심리 변화의 과정'이자 자신이 겪은 시간과 단련이며, 학술적 소양과 학문 축적의 과정에서 재배한 사상의 나무가 새싹에서부터 성장하기 시작하는 과정이다. 이 기회를 빌려 중국 인민대학출판사가 필자의 논문들을 엮어 출판하도록 보살펴준 데에 나는 진심으로 감사를 표한다.

현재 중국의 국제관계연구는 봄의 시기를 맞이하였다. 중국의 굴기 그리고 중국에 대한 세계의 관심은 우리 같은 국제관계를 연구하는 사람들로 하여금 마치 위대한 '실험장'에 있게 하는 것과 같다. 또한 우리가 이론을 운영하고 검증하며, 더 나아가 이론을 발전시킬 수 있도록 한다. 이것은 진정 만나기 힘든 기회이다. 중국의 발전은 이미 세계를 떠날 수 없고, 세계의 안정과 번영 또한 중국을 떠날 수 없다. 이러한 역사의 전환적 시대에 국제관계를 가르치고 연구하는 사람이 될 수 있다는 것은 내 마음속에 진정으로 강렬한 흥분을 느끼게 한다. 중국학자의 연구성과는 이 국가와 민족이 기꺼이 걸음해야 할 세계를 향한 여정을 밝혀야 한다. 이 과정에서 많든 적든 간에 공헌을 할 수 있다면, 나는 진심으로 매우 기쁠 것이다.

이 책의 출판에 있어 필자는 많은 사람에게 감사를 표하고 싶다. 그들의 도움과 이해, 수고가 없었다면, 이 긴 시간 동안 나는 나 자신의 연구를 완성할 수 없었을 것이다.

우선 베이징대학 국제관계학원의 교수님들과 동료들에게 감사하고 싶다. 그들의 도움과 지지 그리고 지도가 없었다면, 나의 연구는 순조롭게 진행되지 못했을 것이다. 나의 은사이신 자오바오시(趙寶熙) 선생님은 연세가 85세가 되셨다. 과거 20년 동안 선생님의 가르침과 지도는 나를 여좌춘풍(如坐春風)*하게 하였고, 또한 나의 성장에 있어 중요한 버팀목이었다. 량소우더(梁守德) 교수님, 왕지스(王緝思) 교수님, 웬밍(袁明) 교수님, 츄언티엔(邱恩田) 교수님, 리위(李玉) 교수님, 쟈칭궈(賈慶國) 교수님, 쉬전저우(徐振洲) 교수님, 리엔위루(連玉茹) 교수님 등 이분들의 지도와 관심 또한 나에게 큰 도움이 되었으며, 이분들은 좋은 스승이자 유익한 친구들이 되어주셨다. 그분들에 대한 나의 감격은 말로 표현할 수 없다.

또한 나는 나의 동료인 왕정이(王正毅), 장샤오밍(張小明), 량윈샹(梁雲祥), 위티에쥔(于鐵軍)에게 감사하고 싶다. 자료와 사상에서 나에 대한 그들의 도움과 격려

---

* 봄바람 속에 앉아 있는 듯하다. 지극히 좋은 교육을 받는다.

는, 지금껏 나의 거울이며, 나로 하여금 어떻게 해야 학자의 직책을 더욱 잘 이행할 수 있을지에 대해 늘 고민하게 한다.

중국 인민대학출판사의 멍번만(蒙本曼) 씨에게도 감사의 마음을 전하고 싶다. 그의 수고스러움은 이 책의 출판에 중요한 보장이었다. 또한 나의 두 명의 조교인 치하오티엔(祁昊天)과 송잉잉(宋瑩瑩) 그리고 나의 박사생인 량야빈(梁亞濱), 스샤오친(師小芹), 샤오하이엔(肖海燕), 박주현(朴姝鉉)에게도 감사한다. 그들은 나를 도와 자료를 수집하고 원고를 정리하고 회의를 조직하였으며, 또한 나의 일상생활을 돌보았다. 심지어 내 사무실을 정리하는 것 또한 늘 그들의 도움이 필요했다. 그들의 도움은 이렇게 거대하다. 이 책의 출판도 마찬가지로 그들의 심혈이 기울여져있다.

끝으로, 나의 아내인 딩원징(丁文靜)과 나의 모든 가족들에게 감사하고 싶다. 그들의 강한 지지가 없었다면, 나에 대한 그들의 이해와, 관대함 그리고 보호가 없었다면, 나는 연구에서 어떠한 진전도 이루지 못했을 것이다. 나는 내 아내에 대해 사랑뿐만 아닌, 영원한 감사의 마음을 품을 것이다.

이 책의 연구는 샤먼대학(厦门大学, Xiàmén University)의 대만문제연구원 창립단의 자금지원을 받아 이루어졌다. 이 책에 연구자금을 지원해준 샤먼대학 대만문제연구원의 류원성(劉文生) 교수님께도 큰 감사의 마음을 전하고 싶다.

이 책이 출판될 쯤, 때마침 나의 모교인 수저우(嘛州)시 제1중학(第一中學)의 창립 100주년이었다. 나의 고향이 생각나고, 나의 모교가 생각난다. 내 마음속에 영원히 나그네처럼 따스한 어머님의 품이 그립다. 매년 피고 지는 모교의 오랜 자등나무, 그 자등의 냄새와 넘치는 기백 그리고 깊음이 오래전 나의 모교 스승님들을 양성한 것처럼, 그들이 있기에, 한그루 또 한그루 우리 학생들의 오늘이 있다.

꿈속의 자등, 꿈속의 수향(水鄉)
2007년 3월 베이징대학에서
주펑朱鋒

목차

제2장   동아시아안보와 북핵문제

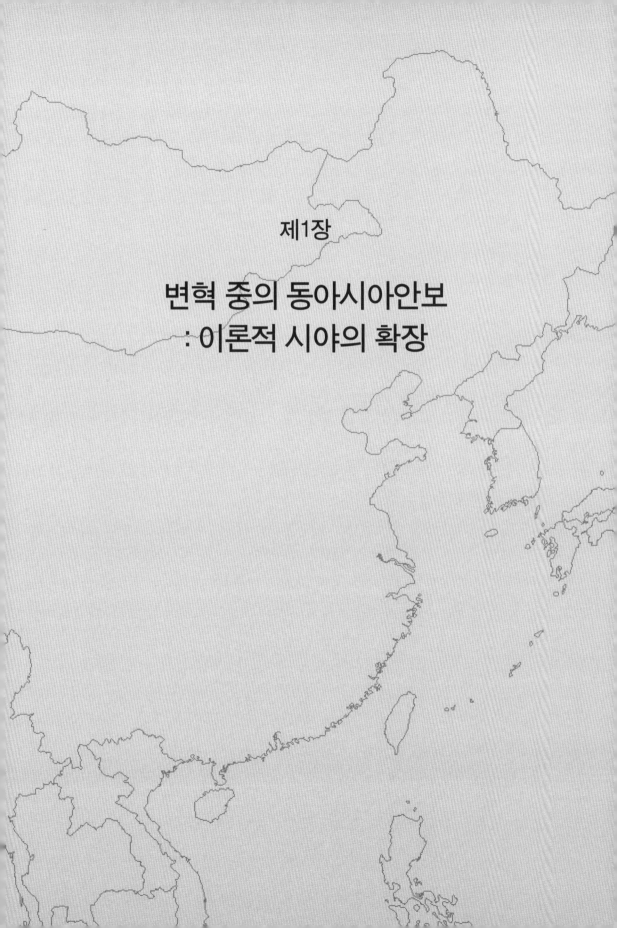

제1장

변혁 중의 동아시아안보
: 이론적 시야의 확장

제1절 국제안보: 포스트냉전시대의 논쟁과 변혁

안보의 정의 문제는 현재 매우 큰 논쟁이 되고 있다. 안보는 국가 이익에 지극히 중요한 부분이자 목표이며, 더욱이 국가관계 및 지역정치 그리고 세계정치에서 가장 주목받는 관심사이다. 10년 가까운 시간 동안, 중국의 국제안보 연구는 뚜렷한 진전을 이루었다. 안보문제에 대한 학자들의 탐구와 총결은 끊임없이 심화되었고, 안보개념에 대한 해석도 이미 기본적인 공통된 인식을 형성하였다. 안보는 한 국가의 주관적 판단일 뿐만 아니라,한 국가의 '대외관계 상태'이며, 더욱이 모든 국가에게 가장 중요한 국가이익이자 목표이다. 개략을 말하자면, "객관적으로 위협을 받지 않고, 주관적으로 공포를 면하는 것"이다.[1] 그러나, 그저 이러한 측면에 머물러 있다면 결코 안보에 대한 이해와 장악을 심화시키기에는 부족하다.

1) 안보개념의 정의 – 월퍼스에서 코펜하겐학파까지

국제관계연구는 대개 모두 직·간접적으로 안보문제와 연관되며, 또한 안보는 줄곧 국제관계이론의 탐구와 발전의 핵심의제이다. 국제관계연구의 기원은 매우 많은 부분이 지금껏 인류사회에 영향을 주는 전쟁과 평화문제를 해결하기 위한 것이며, 평화질서의 취약성에 대한 공포에서 야기된 '안전보장'에 대한 갈망을 만족시키기 위한 것이다. 펠로폰네소스전쟁 이후, 국제교류에서 피할 수 없는 '불안전' 상태가 세계의 국제관계에 대한 연구를 불러일으켰고, 또한 깨우치게 했다.[2] 안보는 "국제관계에서 가장 주도적인 개념"이다. 또한 국제관계 연구에서 안보문제의 탐구보다 "기본 철학적 이론적인 논쟁을 야기시키고 국제관계의 전공 매력을 더욱 잘 보여주는 문제"는 없다고 여겨진다.[3] 비록 모두가 안보연구를 국제관계에서 하나의 하위 분야(Subfield)로 여기지만, 어떤 학자들은 심지어 모든 국제관계 연구는 단지 안보연구의 일부분이며, 더 나아가 인류의 모든 지식과 창조적 노력을 결국 인류의 생존과 안보를 보장하기 위함으로 여기기도 한다.[4] 또한 UN에서 '인간의 안전한 국제관계이론과 동아시아안보(Human Security)'개념을 제기한 이후, 안보에 대한 탐구와 노력은 이미 상당부분 전통적인 국제관계 연구의 범주를 초월하였다.

그러나 '권력', '전쟁', '전략' 등 다른 국제관계의 핵심개념과 비교해볼 때, 안보개념에 대한 토론은 결코 충분하지 않으며, 지금까지도 여전히 많은 쟁점이 존재하고 있다.[5] '위협'이든 '공포'든, 대체 어느 정도인지, 어디서부터인지, 어떠한 성질이든지 간에, 국제안보연구에서 무엇이든 '안보'보다 더 중요하지는 않다. 이와 관련하여 '위협'을 어떻게 다루고, 그에 대해 어떠한 방식으로 반응하는가 하는 것이야말로 합리적인 것이다. 이러한 문제의 답에 대해 종종 안보연구에서 상당한 논쟁이 존재한다. 안보는 한 국가가 상해(傷害)를 맞닥뜨리는 것을 피함으로써, '안심'으로 바꾸거나 혹은 '안심'을 느끼게 하는 것이다. 그러나 자연계든 인류사회든, '위협'과 '공포'는 보편적으로 존재한다. 자연과 사회 환경에서 경쟁 상태는 늘 위협 혹은 공포 등을 야기하는데, 이는 매우 기본적인 현상이다. 그렇다면 한 국가에게 안보란 절대적인 것인가, 상대적인 것인가. 이것은 안보연구에서 또 하나의 두드러진 이론적 문제이다. 비록 국제관계학자들은 보편적으로 안보는 상대적일 수밖에 없고, 절대적일 수는 없다는 추세이지만,[6] 상대적으로 어떠한 수준에 도달해야 국가가 진정으로 안보를 소유할 수 있다는 것인가?

국제관계학자들은 안보와 안보만이 보장할 수 있는 생존은 국가의 최고 이익이며, 안보는 국가행위의 핵심가치이자 궁극적 목표라고 믿는다. 경제발전, 국제교류와 비교한다면 안보는 경제와 발전 등의 '로우 폴리틱스(Low Politics)'와 구별되는, 또한 이를 초월하는 국가의 '하이 폴리틱스(High Politics)'이며 종종 일종의 보편적 공통인식으로 간주된다. 그러나 안보는 도대체 무엇이라 정의해야 하는가. 안보는 물질에 더욱 치우치는가? 아니면 지각(知覺)과 심리에 더욱 치우치는가? 국제관계의 배경 아래 국가가 반드시 수립해야 하는 정책과 전략적 목표인가? 아니면 일종의 일관된 국가이익을 추구하는 과정에서 항상 입에 침이 마르도록 말하는 정치적 수단인가? 안보는 '가치'인가 아니면 생존의 '상태'인가? 국제관계연구에서는 지금껏 이러한 문제들에 대해 진정한 정론(定論)이 없었다. 케네스 월츠(Kenneth N. Waltz)는 안보라는 명제(命題)를 해결해야만, 다른 국가적 정책 목표를 실현시킬 수 있다고 하였다.[7] 비판적 의견은 '만약 경제의 발전과 대외교류의 심화와 국제참여의 제고 등 국가의 다른 정책적 목표를 해결하지 않고, 국가가 어떻게 안보를 얻을 수 있겠는가?' 하는 것이다. 그렇기 때문에 국제관계이론에서 안보는 경계가 명확한 독립적 분야이지만, 현실의 정책 환경에서 안보와 다른 국가목표 간의 경계는 상호 중첩되고 확장된다.

냉전시기에서 포스트냉전시기까지, 안보연구에서는 줄곧 전통적 방법과 비전통적 방법의 논쟁이 존재하고 있다. 전통적 방법론의 학자들은 안보문제 자체는 곧 정치, 군사와 외교의 문제이며, 냉전의 종결이 결코 안보연구가 지속적으로 견지해야 할 신현실주의 패러다임의 안보연구 특징을 바꾸지 못하였고, 국제관계에서 안보문제에 대한 최대의 도전은 여전히 각종 군사와 정치적인 위협으로부터 온다고 여긴다.[8] 그리고, '비전통주의적 방법론'의 학자들은 안보가 내포하는 확대와 안보에 대한 '재정의'를 강조할 뿐만 아니라, 새로운 패러다임인 비판이론, 여성주의와 환경생태학 등 분석도구로 안보를 논하고 평가한다.[9] 이러한 논쟁의 핵심문제는 (도대체 무엇이 안보를 구성하였는가, 안보의 주체는 국가인가 국민인가, 영토와 주권인가 아니면 제도와 사회의 화합과 질서인가, 그리고 어느 정도의 안보인가와 관련된 문제이지, 안전하든지, 아니면 불안전하든지와 같은) 간단한 이분법의 문제가 아니다.[10] 아놀드 월퍼스(Arnold Wolfers)가 일찍이 안보에 대해 형상적 비유를 한 것과 같이, 국제정치에서 집이 늘 불타는 것이 아니며, 또한 모든 집이 불타는 것 또한 아니지만, (최적의 조건에서도) 집안의 온도는 사람으로 하여금 불편함을 느끼게 할 수도 있다. 이것은 위험과 수익이 공포와 욕심처럼, 모두 상수(常數)가 아닌 중요한 변수임을 의미하고 있다.[11]

이러한 문제들에 대한 탐구의 심화는, 틀림없이 안보개념을 분명히 하고 안보연구를 발전시키는 데 반드시 필요하다.

냉전시대 안보의 정의에 대한 국제안보연구는 거의 한결같이 군사와 정치적 위협을 강조해왔다. 원인은 매우 간단하다. 냉전시기 인류가 가장 피하고 싶어 했던 위험은 새로운 '대전쟁' 혹은 체제 전쟁이었기 때문에, 미국과 소련이 핵전쟁을 발발시킬지 여부에 대한 깊은 우려가 안보에 대한 사람들의 연구와 이해를 압도적으로 지배하였던 것이다. 현실주의 패러다임 내의 안보의 정의에서, 월퍼스의 정의의 인용범위는 가장 광범위하다. 월퍼스의 시각에서 안보는 "이미 얻은 가치에 대한 위협을 피하는 것"이다. 안보는 국가가 "많든 적든 모두 갖고 있는 일종의 가치"이므로, 결코 절대적인 것이 아니다. 또한 월퍼스는 특별히 권력과 부(富), 그리고 안보의 차이를 비교하였고, 안보는 '객관적으로' 이미 얻은 가치에 위협이 제거되었는지 아닌지를 판단하며, '주관적으로'는 이러한 가치가 공격을 받았는지 아닌지를 판단하는 도구로 여긴다.[12] 월퍼스 '가치론'의 위협에 대한 정의에는 냉전시기 이데올로기 대립의 특수한 배경이 반영되었고 제도, 이데올로기, 생활방식과 국가발전의 물질과 비물질적 요소로 인해 '추상(抽象)적임'을 모종의 특정한 가치로 생각할 수 있다고 여겼다. 이것은 하나의 높은 추상적 성질을 지녔으며, 현실주의로 본다면 매우 포괄적인 안보정의이다. 이 정의는 단순한 영토안정과 주권에서 출발한 안보정의가 지닌 우월성보다 국제관계연구의 규범적 의미에 더욱 부합한다. 설령 이렇다 하더라도, 월퍼스는 구체적인 정책에서 안보개념의 모호함에 대한 그의 불만을 노골적으로 밝히며, 국가안보는 대체로 "국제관계이론과 동아시아안보의 추상적 부호(符號)이며", "이견이 매우 큰 몇몇 정책 모두 안보정책으로 해석될 수 있을 만큼 안보라는 이 용어가 포괄하고 있는 목표의 범위는 매우 넓다"라고 말했다.[13]

월퍼스와 현실주의이론의 영향을 받아, 상당히 긴 시간 동안 안보는 "다른 한 국가로부터 한 국가에 대한 실시간 위협 감소"로 이해되어왔다.[14] 국제관계에서의 영향과 안보를 주도하는 요소가 종종 변화함으로 인해, 위협은 언제나 끊임없이 나타나고 변화하며, 안보는 현상은 정의를 내릴 수 있지만, 미래는 완전히 정의를 내릴 수 없다. 실시간, 현재의 상황에서 위협을 감소시킬 수 있는 것, 이것이 곧 안보이다. 이와 동시에 예견할 수 있는 미래의 위협을 유효하게 방범하고, 경각하며 경계하는 것 역시 안보이다. 이로 인해 안보는 "국가가 공격, 침략, 정복과 괴멸을 당하지 않도록 지키는 능력"으로 총괄할 수 있다. 이러한 능력의 발전은 현재뿐만 아니라, 미래에도 집중하고 있다.[15] 이러한 안보인식에서 안보의 주체는 국가이고, 안보의 근원은 국가이며, 불안전위협을 조성하는 기본적 성질은 다른 국가가 가하는 군사적 침략의 위험과, 위협을 받았을 때 충분한 방어와 저항 수단이 결여되어 반드시 맞닥뜨릴 강요, 심지어 정복이다. 안보연구의 본질은 어떻게 전략과 전략적 수단을 설계하고 운용하며, 각종 국가자원을 합리적으로 배합하여 군사적 충돌과 전쟁의 발발에 대응하는가 하는 데 있다.[16]

안보의 정의와 위협에 대한 객관적 평가가 집중적으로 군사적 위협으로 구현되는 것에는 냉전시대 미국과 소련의 글로벌 전략적·대립적 현실이 반영되었을 뿐만 아니라, 어떻게 새로운 글로벌 전쟁을 피할지에 대한 국제안보연구의 깊은 우려 또한 보여주었으며, 안보에 대한 이러한 이해 자체는 전체적인 가치적 추세에 국제관계문제에 대한 현실주의자들의 비관주의적 입장이 반영되었다. 안보충돌의 승격을 방지하고, 새로운 체제전쟁을 피하는 것은 냉전시기 국제관계연구의 가장 우선시되는 주제였다. 위협(Deterrence)과 저항(Resistance), 강요(Compel) 등의 개념이 동서방의 국가안보의식을 독점할 때, 안보를 이렇게 이해하는 것은 정상적이며 현실적인 것이었다.

그러나 이러한 정의에는 두 가지 병폐가 존재한다. 첫째, 이러한 정의는 지나치게 '대국화'되어 있다. 사실상 서로 다른 국가들 간의 안보의제에는 큰 차이가 존재하기 때문에, 대국만이 군사위협을 가장 깊이 느끼며, 또한 진정으로 대국전쟁을 발발시키고, 진행할 능력을 갖고 있다. 많은 중소국가들에게는, 비록 전쟁을 방지하는 것 또한 마찬가지로 국제안보노력의 중요한 구성 부분이지만, 그들이 직면한 전쟁의 형식과 성질은 대국과 분명히 다르다. 특히 민족과 종교대립으로 야기된 내전을 피하는 것은, 많은 개발도상국들이 피해야하고 방지해야할 가장 중요한 전쟁의 형식이다. 칼레비 야코 홀스티(K.J. Holsti)의 말처럼, 안보와 국제관계 연구에서 유럽과 미국학계의 세계정치에서 국경지방인 제3세계에 대한 연구의 열정은 장기적으로 결여되어있다.[17] 다른 한편으로 안보위협의 군사적 측면만 중시하는 것은 많은 부분 '유럽의 경험주의'를 중심으로 하는 국제관계연구의 이론적 선호를 반영하였고, 국제정치이론의 과도한 대국정치 성향은 대국질서를 안정시키고 붕괴를 피하는 것을 국제안정의 핵심으로 간주한다. 국제안보는 대국안보를 강조하며, 특히 대국의 국가안보는 이러한 안보인식의 직접적인 산물이다. 1940년대에서 1970년대까지의 긴 시간 동안, 국제안보와 구미대국의 '국가안보'는 거의 같은 개념이었다.[18] 내재된 사회경제구조가 안정적이며 제도가 상대적으로 성숙한 선진국에게 이러한 안보 이해는 합리적이다. 그러나 상황이 매우 다른 많은 개발도상국의 경우, 안보를 군사위기로 직접적 정의를 내리는 것은, 세계정치에서 안보요구와 안보노력의 다양화를 반영할 수 없다. 특히 60년대 말 환경과 생태보호 운동과 '로마클럽(The Club of Rome)'으로 대표되는 글로벌 위기의식이 대두됨에 따라, 날로 더욱 상호의존하는 세계 속에서, 안보는 단순한 '국가안보'라는 개념을 넘어서야만, 그것이 글로벌 의제임을 진정으로 드러낼 수 있고, 세계의 범위 내에서 기본성질을 합리적으로 해결할 수 있다. 당대 국제관계에서 안보는 이미 국가안보의 범주를 넘어선지 오래이고, 심지어 안보 의제상에서 서로 연결되어 있으며, 얽혀있는 '글로벌안보'의 논조가 오히려 각 국가 간의 안보요구의 중첩과 공생을 더욱 잘 설명해주고 있다.[19] 그러나 냉전시대, '확대된 안보 해석'은 결코 충분한 대답을 내놓지 못하였다. 비록 배리 부잔(Barry Buzan)과 리처드 울먼(Richard Ullman)은 1983년 안보에 대한 '재정의'를 제기하였고, 안보의 정의와 인지를 전통적인 군사와 정치적 측면에서 사회와 경제를 확대시켜 분석하도록 요구하였지만, 80년대 주도적인 견해는 여전히 "주권국가들 간의 정치적 충돌은 국제안보에서 많은 중요한 문제를 결정하는 핵심이기에, 정치과학은 여전히 전쟁과 평화가 관련된 연구에서 중심적 위치를 차지한다"고 여긴다.[20] 이러한 안보정의에서, 국내 정치 및 경제와 군사체계의 발전은 안보연구의 또 하나의 중점이 되었다. 안보 능력의 발전에 종합적인 국내 부분이 관련되어야 하고, 국가안보 정책과 전략에 대한 국내에 통일된 지지적 태도가 형성되어야 한다. 이래야만 국내 자원을 사용하여 위협에 대처할 수 있고, 정치가, 테크노크라트(Technocrat), 군 인사의 '엘리트 그룹'을 조성하여 공통된 인식을 응집시키고 대외 교류에서의 '적(敵), 아(我) 인식'이 일치되어야만, 안보문제 해결의 '능력'을 진정으로 형성할 수 있다. 이것이 '안보국가(National Security State)'의 개념을 태동하게 하였다. 즉, 국제관계에서의 안보정의와 인식은, 국내 권력구조를 완성하고, 국가의 '제국화'를 향한 발전을 촉진시키는 원천이 되었다.[21]

안보개념 재정의에 대한 학술적 붐은 냉전종식 후 일어났다. 냉전 후 국제관계이론과 동아시아안보가 직면한 뚜렷한 변화는 이데올로기 대립을 핵심으로 한 글로벌 지연정치 충돌이 종결되고, 국제관계가 아마도 더 이상 국가 간의 집단적 대립을 둘러싼 분열, 충돌과 전쟁을 보여주지 않을 것이라는 데 있다. 이러한 대국 간의 대립과 국가의 집단화 분열의 상황이 종결됨에 따라 전통적 국가와 국가 간의 영토차이, 실체와 경제체 그리고 문화체 같은 이러한 기능영역(Functioning Area) 간의 영역차이 역시 잇달아 파괴되었다. 냉전 양극체제의 통치 아래, 모든 위협은 반드시 2개의 초강대국의 직접적인 군사적 결전을 피하는 최고 안보의식에 제약을 받게 된다. 비록 미-소 각자 글로벌 전략을 깊이 확장시켰지만, 많은 중소국가들은 양극 진영에서의 선택을 할 수밖에 없고 개별 국가 단계의 위협형성 강도 또한 반드시 양극체제 안정의 객관적 요구에 부합해야 한다. 이와 동시에 치명적인 세계대전의 위험도 미국과 소련으로 하여금 자신의 전략안보체제를 구축할 때, 결코 지역적 전략도발 모색을 직접적인 안보목표로 설정하지 않게 하였다.[22] 아랍권과 이스라엘의 충돌이 아랍 국가들과 이스라엘, 미국 간의 충돌로 간소화된 것처럼, 양극체제에서 전략대립의 안정을 공고히 하기 위해, 국제관계는 직접적인 국가들 간의 관계로 간소화되었고, 비국가적 요소는 진영을 뛰어넘는 데에서 발휘되는 것이 아니라, 미국과 소련이란 양대진영에서 더욱 많이 나타나며, 존재와 발전의 세계적 공간이 결여되어 있다. 1980년대 소련의 침략으로 야기된 아프간전쟁 기간, 빈라덴과 그의 추종자들은 줄곧 미국 중앙정보국의 지원과 훈련을 받았고, 많은 동맹국들의 국내정치에 대해 미국이 결코 간섭하지 않는 것 등등. 냉전시대의 안보는 철저하게 국가 간의 안보 상호작용을 판단과 평가의 기준으로 하는 안보관계였다.

냉전의 양극구조는 국제관계의 안보인식과 안보노력을 주도하였고, 이것은 일종의 전형적인 대항과 제어가 서로 결합된 안보모델이다. 비록 냉전시대 세계는 '핵전쟁'이라는 치명적인 효과에 뒤덮였고, 양대 진영의 적대는 매우 강하였으며, 이러한 불안전에 시달렸지만, 국제체제의 권력구조는 안정적이었고, 체제 단계상에서의 안보효과는 뚜렷했으며, 국가 개별 단계상에서의 안보행위는 예측할 수 있었다. 양극체제는 대국 간의 글로벌 대립적 체제일 뿐만 아니라, 전쟁과 평화의 제어와 관리 체제이다.[23] 냉전의 종결과 '양극체제'의 붕괴에 따라, 민족주의와 각종 종교극단주의는 새로운 절정기에 진입하였다. 안보에 대한 대국의 관심은 냉전시대에 지연정치에 대한 강조로부터, 새로운 위협의 근원으로 전향하기 시작하였다. 예를 들어, 테러활동과 테러세력, 파탄국가의 내란은 국제적 충돌과 대규모살상무기의 확산을 가져온다. 이 결과, 한편으로는, 국가 간의 전쟁위협이 더 이상 안보분배현상의 본질적 힘이 되지 않을 때, 많은 '비국가행위체'들은 안보와 위협의 가장 주된 형성자 중 하나가 되기 시작한다. 이러한 배경 아래, 기존의 국가중심주의 (State-Centric)적이며, 외래위협을 주로 겨냥한 목표의(Externally-Directed) 안보개념은 새롭고 다양화된 국제관계의 복잡성과 도전성에 이미 정확하게 대응할 수 없게 되었다.[24] 다른 한편으로는, 국제안보의 반응과 처리체제는 이미 분산화되었고, UN안보리를 제외한 각종 기능적인 국제조직, 지역조직, 비정부조직 등등 모두 집단과 개체의 바탕 위에 글로벌 안보예방과 해결과정에 개입해야 했다. 1995년의 지구적 공치 위원회(Commission on Global Governance)는 특별히 양극체제의 종결은 "안보위기에 대한 대응이 이전보다 많은 국가와 국제조직의 참여가 더욱 필요하다"고 제기하였다.[25]

이와 동시에 세계화는 새로운 국제관계 특징을 묘사하는 중요한 개념이 되었고, 국제안보에 대한 세계화의 영향과 역할이 도대체 얼마나 큰지에 대해 다른 논쟁이 존재하고 있다. 그러나 주류적인 견해는 세계화는 결코 전통적인 지연정치 측면의 안보관심을 약화시킬 수 없지만, 국제안보에서 '파탄국가'와 '비국가행위체'의 영향과 역할을 강화시킬 것이며, 또한 세계안보정세의 지역화 특징의 발전을 한층 더 야기시킨다.[26] 세계화가 가져오는 안보충격에 개발도상국이 어떻게 대응해야 할지, 이에 대해 학계에서도 세계화의 지지자와 낙관주의자, 세계화의 비판자와 비관주의자의 양대진영으로 나뉜다. 오늘날에 이르기까지 세계화가 개발도상국을 안전하게 하였는지, 아니면 더욱 불안전하게 하였는지와 관련해 이 두 진영 사이의 논쟁은 여전히 종결되지 않고 평행선을 달리고 있다. 세계화의 낙관주의자들은 세계화가 국가주권의 쇠약과 재배치를 가져올 것이며, 이러한 바탕 위에 '지구적 공치'와 '공민사회'를 실현시키기에 유리하며, 많은 개발도상국의 안보의제가 좋은 해결을 얻을 것이라는 견해를 견지한다. 그러나 세계화의 비관주의자들은, 세계화는 남북차이를 가속화하였고, 주권에 대한 국가의 의존을 확대시켰고, 지구적 공치와 국제규범 등 개념 모두 세계화에서 이득을 보는 선진국들이 자신의 국제우위적 지위와 이득을 강화시키는 '대명사'라고 여긴다. 세계화의 흐름 앞에서, 개발도상국가는 현재 '아편전쟁 신드롬(Opiumwar Syndrome)'에 직면하였다. 단지 현재 중국과 같은 이러한 개발도상국의 문을 연 것은 영국의 군대가 아닌, 강제성을 지닌 서방의 '제도적 우위'일 뿐이다.[27]

이와 동시에 세계정치 분석에서 세계화와 냉전종결의 관계는 거의 분리시킬 수 없고, 이 양자 간의 긴밀한 결합은 현재 국제관계에 새로운 전환의 과정을 일으켰다. 분석가들은 냉전의 종결과 세계화의 심화에 따라, 이러한 엄청난 전환이 국제관계이론과 동아시아안보관계에서의 새로운 정치적 공간을 작동시켜 생태, 환경, 자원의 악화와 고갈이 가져온 글로벌 위협, '문명의 충돌' 측면의 국제적 관념과 신앙논쟁, 그리고 국제 테러세력의 네트워크화 및 발전과 같은 새로운 위협과 기회를 만들어낸다고 믿는다. 결과적으로 현재의 국제안보는 3개 과정의 급격한 영향을 깊이 받고 있다. 첫째, 비군사적 요소의 상승으로 나타난 국가안보의 새로운 도전인 비전통적 안보는 국제안보의 중요한 분야가 되었다.[28] 둘째, 전환중인 지역과 세계안보체제는 역내 국가의 안보 인지(認知)와 안보의 믿음과 보장체제 재건 등의 해결을 위해 새로운 문제를 제기하였다. 북한 핵문제의 발발은 분명히 동아시아에서 냉전체제의 붕괴가 북한에게 조성한 '현기증', '부적응'과 관련되어 있다. 셋째, 포스트냉전시대 대국관계가 전면적으로 완화되고 경제 상호의존도 끊임없이 증강되는 동시에, 어떻게 안정적이고 협력적인 대국 간의 새로운 전략안정과 전략관계를 확립하느냐는 것이다. 안보를 새롭게 정의내리는 것은 새로운 국제안보연구의 긴박한 임무가 되었다.

1980년대부터 시작된 몇몇의 지역적 국제조직은 새로운 안보관념을 제기하기 시작하였다. 예를 들어, 1982년 팔메위원회(Palme Committee)가 제기한 '공동안보' 개념, 1987년 브룬틀란위원회(Brundtland Commission)가 제기한 '우리의 공동 미래' 주장, 1987년 UN 군비축소와 발전회의(UN Disarmament and Development Conference)의 「최후문건」은 처음으로 비군사적안보에 대해 체계관념을 제기하였다. 이 보고서는 안보관념상에서 하나의 중요한 전환점으로 볼 수 있다.[29] 1995년, 지구적 공치 위원회는 '우리의 세계이웃'이란 보고를 제기하여, 냉전 후 국제안보의 새로운 관념에 대해 넓은 토론을 하였다. 비록 이러한 개념들에 대한 탐구는 모두 정치적인 기구와 조직에서 진행된 것이지만, 최소한 정책연구 부문에서 새로운 안보관념에 대한 인식적 노력은 학술분야 내의 탐구보다 앞선다.

1983년, 안보의 새로운 관념에 대한 배리 부잔(Barry Buzan)과 리처드 울먼(Richard Ullman)의 탐구는 학계의 안보개념인식에 대한 새로운 각성을 나타내고 있고, 그들은 안보인식을 위해 새로운 경로를 제기하였다. 그들의 가장 두드러진 공헌은 이전 안보문제를 정치, 외교와 군사문제라고 단순하게 생각하는 것에서, 안보와 동시에 사회적 문제로 확대시킨 것과, 안보가 구성한 위협은 이미 크게 확대되어, 인구의 증강, 환경의 악화, 에너지 부족, 마약판매, 국제범죄, 본토문화 파괴등등, 모두 안전 혹은 불안전의 종합적 정의의 중요한 내용을 구성한 것이다.[30] 이로 인해 위협의 확대에 따라 안보개념 자체에 중대한 변화를 줘야한다는 사실을 깨닫게 했다. 냉전종식 후, 안보연구에 대한 학계의 발전은 위협을 확대하는 동시에 안보개념 정의와 관련된 새로운 변화를 형성하여, 당대 국제안보 이론과 실전의 새로운 요구에 더욱 잘 부합하도록 하여, 안보연구의 '개념 딜레마'를 해결하는 것이다. 울먼 교수의 정의는 이 방면에서 대표성을 지녔다. 그는 국가안보에 대한 위협의 정의에 "일종의 행동 혹은 상호연관된 일련의 사건"이 나타날 것으로 여겼다. 첫째는 '실질적인 위협'을 가하거나 혹은 "상대적으로 짧은 시간 내에 국민들 삶의 질을 악화시키는 것"이며, 둘째는 "한 국가의 정부가 할 수 있는 정책 선택의 범위", 혹은 "국가내부 개인의 비정부적 실체"의 정책선택의 범위에 '실질적인 위협'을 가한다고 여긴다. 이러한 안보개념에서, 안보를 얻음으로써 피해야할 위협은 '삶의 질 하락' 혹은 '국가정책 선택범위의 축소'이다.[31]

배리 부잔 교수는 안보의 정의는 거의 "선천적으로 논쟁성을 지닌 것" 같다고 여긴다. 그는 안보에 관련한 12종의 다른 정의를 열거한 적이 있으며, 자신의 이론적 논리에서 다른 국제관계이론 패러다임을 안보에 대한 다른 정의로 대부분 확대시킬 수 있다고 강조하였다. 또한 안보에 일치된 정의를 내리는 것은 거의 불가능하며, 안보정의의 분쟁성은 국제관계이론 패러다임의 논쟁성과 다양성을 직접적으로 반영하였다고 여긴다. 그는 안보를 "군사와 정치적 위협을 면하는" 전통적 정의로 직접적으로 정의내리는 것에 대해 반대하며, 안보는 정치적 · 군사적 · 사회적 방면을 내포하고 있다고 언급했다.[32] 부잔으로 보아, 안보의 주체는 기본적으로 국가이지만 사회도 포함하고 있다. 1980년대 출판한 그의 저서 『*People, States and Fear*』에서, 그는 안보란 곧 "공포를 면하는 방법의 추구"라고 하였다. 국제체제에서 안보에 대한 탐구는, 국가와 사회가 어떠한 그들의 독립된 아이덴티티와 기능성의 결합을 유지할 수 있게 한다고 하였으며,[33] 국가의 안보위협에는 국가의 관념에 대한 위협, 국가의 물질적 기초에 대한 위협과 국가의 제도적 표현에 대한 위협 등이 존재한다고 주장하였다.[34] 그는 '사회안보(Societal Security)'를 강조하지만, 그의 정의 역시 "언어, 문화, 사회연결, 종교와 민족주체성 그리고 풍습 등의 전통

적 모델이며, 받아들여지는 발전적 조건하의 지속가능성"이다.[35]

1980년대 부잔 교수가 사용한 '아이덴티티(Identity)'란 단어는 기본적으로 월퍼스의 의미상의 가치를 지칭한다 90년대 초 이후, 부잔 교수는 '안보개념의 사회성과 아이덴티티' 연구에 더욱 매진하였다. 이때, 그의 '아이덴티티'라는 단어가 구성주의의 '상호주관성' 의미상의 '사회적 아이덴티티'로 전향되기 시작하였다. 1993년, 부잔 교수와 다른 몇 명의 동료들은 『*Identity, Migration and the New Security Agenda in Europe*』이라는 책을 발표하였고, 그는 안보개념의 건설에서 '사회'와 '아이덴티티' 요소에 대한 지위와 역할을 한층 더 심화시켰다. 또한 이것은 안보의 정의가 전통적인 주류 이론에서 능력을 강조하는 '물질주의'에서 인식적 구조자원으로의 전환, 국가가 안보의 주체에서 사회에서의 사람이 안보의 주체가 되는 전환을 상징하고 있다.[36]

1983년과 1991년의 저서에서 부잔 교수는 비록 안보의 사회성을 강조하였지만, 사회성의 안보는 국가안보에 속한다. 1993년의 논저에서 부잔 교수와 그의 동료인 올레 웨버(Ole Waever) 교수 등은 안보의 사회성에 새로운 지위를 부여하였고, 사회성 안보를 국가안보와 평행하는 독립적 안보 목표로 여겼으며, 안보의 정의는 반드시 국가안보와 사회안보의 이중성을 지녀야 한다고 하였다. 즉 주권보호를 국가안보의 최고 수준으로 하고, 안보관심의 아이덴티티로 인한 사회적 안보와 국가안보는 분리시킬 수 없는 일체라는 것이다. 이로 인해 사회안보(Security of Society)와 국가안보(Security of State)는 동등하게 중요한 안보요소가 되었다.[37] 사회에 대한 웨버 교수의 해석은 결코 간단한 개인의 집합이 아니라, "관념과 실현의 집합체로서, 개인의 아이덴티티를 사회단체의 구성원으로 하는 것"이다. 사회는 곧 아이덴티티, 공동체와 개체의 자아개념에 관하여, 자신을 공동체의 구성원으로 인정하는 것이다.[38] 사회는 새로운 안보문제성(New Security Problematique)의 중심이며, "위협과 취약성에 대한 아이덴티티는 기본적으로 사회로부터 오기" 때문에,[39] 부잔과 웨버 교수 등은, 사회안보의 본질은 한 사회가 "변화의 조건 아래 내재된 특유의 성질을 지속적으로 견지할 수 있는지 여부"의 문제와 관련된 일이며, 이것은 안보의 준칙을 평가할 뿐만 아니라, 안보인식을 일으키는 근원이라고 보았다. 1998년 부잔과 웨버 교수 등은 『Security: A New Framework for Analysis』를 출판하여 그들이 1993년도에 출판한 책의 이론적 주체에 대해 한층 더 상세히 밝히고 강화시켰다. '사회적 안보'는 민족과 종교와 같이, 국가로부터의 독립 가능 외에, 독립적으로 효과를 발휘하는 집단 아이덴티티를 강조한다.[40] 부잔 교수와 그의 동료의 탁월한 안보연구는 '코펜하겐학파(Copenhagen School)'로 불리는 안보주장을 형성하였다.[41]

코펜하겐학파는 냉전 후 국제안보연구에 중요한 의미를 지녔다. 그중에 가장 두드러진 공헌은 이 학파의 개념체계와 분석방법으로 대표되는 완전한 구성의 국제안보이론을 형성한 것이다. 부잔 교수 등은, 포스트냉전시대의 안보연구는 단순히 간단한 안보가 내포한 풍부함과 안보주체의 확대가 아닌, 국가 간 힘의 대조의 바탕 위에 전통적으로 구성하고, 무정부상태 아래 국가 간 신뢰결여로 형성된 공포감을, '사회요소'와 국가 간의 '상호주관성'을 충분히 결합시켜, 국가중심주의이론 패러다임을 탈피하는 국제안보이론으로 전환하여, 안보의 개념을 새롭게 구성하는 과정에서 이전에 군사적 요소와 국가의 힘에 집중되었던 분석노선을 탈피하는 것이라고 보았다.[42] 또한 그들의 시각에는 국제안보는 국내안보와 다르며, 국제안보의 본질은 단지 "생존과 위협을 면하는 것"일 뿐이다. 그러나 그는 전통적 안보연구에서 국가안보가 가장 우선시되고, 정부는 안전보장을 위해 필요한 모든 수단을 취할 수 있다고 여겨지는 판단에 도전하였고, 안보화(Securitization)는 정치화와 거의 이곡동공(異曲同工)*의 효과를 내는 개념이며, 정치화는 흔히 보는 국내와 국제정치 현상이고, 안보화도 이와 마찬가지다. 안보화는 결코 "각종형식의 규칙타파", 혹은 "기존의 위협에 대해 단순한 강조"를 통하여 되는 것이 아니라, "합법적으로 규칙을 위반하기 위해 기존의 위협을 강조함으로써 실현된 것"이라고 여긴다.[43] 때문에 코펜하겐학파 안보연구의 핵심은 냉전시기의 안보이론이 대국 안

---

* 방법은 다르지만 똑같은 효과를 내다.

보이론의 이용을 통한 정치적 이익 모색이 되는 것을 타파하고, 포스트냉전시대 국제관계에서 국가 간의 정상적인 안보관심을 국제관계의 '주류의제'로 비정상적으로 뜨겁게 다루어, 국가 간의 안보대립과 정치적 긴장 심화를 방지하는 것이다. 이와 동시에, 코펜하겐학파는 안보과정의 '양방향성'에 치중해있다. 즉 안보의제가 단지 자아만의 문제일 수 없기에, 반드시 타인도 포함되고, '자아 – 타인'의 '윈윈(win – win)' 성질의 안보 상호작용은 안보문제를 살피는 핵심이라고 여긴다.

요컨대, 코펜하겐학파의 안보연구는 하나의 간단한 안보정의를 유지하는 동시에 국제안보연구 전체의 이론체계를 확대하여, 현실주의 패러다임이 주도하는 전통적 안보연구로 전환하는 것을 힘써 강구한다. 그들의 노력은 국제안보연구이론(Theory of International Security Studies) 형성에 목적이 있다는[44] 이미지로 알려져 맹렬한 비판을 받았다. 그들의 이론이 그저 1960년대 이후의 '평화연구(Peace Research)'의 성과를 결합하여 발전시킨 것일 뿐이며, 국제관계에서 '사회'와 '아이덴티티' 관계에 대한 정확한 이해가 결여되었다는 것이 그 비판적 견해의 중점이다.[45]

2) 안보에 대한 정의 – 위협의 성질과 종류

사회화적 아이덴티티 요소를 첨가하고, 안보의 군사적 의미를 일부러 약화시키는 것은 결코 통일적인 안보정의를 만들어낼 수 없고, 안보개념에 대한 인식에는 여전히 해결하기 힘든 논쟁이 존재한다. 이러한 논쟁이 발생한 원인 중 하나는, 위협의 성질과 위협이 국가와 함께 존재하는 관계를 어떻게 대할 것이냐는 것이다. 안보개념의 분석은 포스트냉전시대에 현실주의가 전통적으로 강조하는 경외(境外)로부터의 군사적 위협의 전통을 이미 넘어서, '어떠한', '누구의' 안보인지를 확실히 해야 하며, 위협의 상황 및 근원을 분석하고 자세히 살펴, 각종 비전통적 불안전 요소를 반드시 안보개념이 뒤덮은 범위로 결합시켜야만 당대 국제관계에서 안보의 함의를 한층 더 분명히 할 수 있다.[46]

일부 학자들은 여전히 '비전통적 안보'가 실질적인 안보의제를 형성하였는지에 대해 질의한다. 그들은 환경, 생태, 전염병, 국제범죄 등의 문제들은 비록 국가에 대한 위협이지만, 이러한 위협을 군사적 위협 등과 비교하여 결코 근본적으로, 단기간에 한 국가의 주권 혹은 생존능력을 전복시킬 수 없으므로 '정치적 위협'이 아니며, 군사적 위협만을 '정치적 위협'으로 여기는 것이다. 이로 인해, 한 국가에게 어떠한 상해(傷害)적인 사건 또는 요소를 구성하는 모든 것이 표준적 의미상의 안보위협으로 변하는 것이 아니며, '정치적 위협'만이, 진정한 '안보위협'이라고 주장한다.[47] 이러한 견해를 취하는 학자들은 각종 '비전통적 안보' 요소는 국가에 대한 '위협'이지만, 반드시 안보관념의 확대를 야기시키는 것은 아니라고 여긴다. 로버트 맨델(Robert Mandel)은 안보의 정의를 "정치적 생존과 국가와 정부에 대한 유효한 위협의 극복"으로 제한하였다. 그들은 경제, 환경, 문화와 기타 비정치적 위협을 안보개념에서의 위협으로 보지 않았다.[48] 이와 동시에, 어떠한 안보의 개념도 반드시 심리적·물질적 안보 측면에 종속되며, 위협은 반드시 "정부와 국민 혹은 사회생활 방식의 생존에 위험이 미치는 것"이며, 국가안보는 정부가 정책적 능력으로 이러한 "국외로부터의 직접적 위협"을 저지하고 방범하게 하는 것으로 보았다.[49] 그렇다면 국가안보에서 '비정치적 안보'의 역할을 어떻게 다룰 것인가? '비정치적 안보'는 중요하지만, 국가안보에서 첫 단계의 안보위협은 결코 아니다. 비정치적 위협이 충분한 정치적 측면의 함의를 지니고, 국가강역(疆域), 국가제도 그리고 정부생존에 위협을 가해야만, 안보정의와 분리시킬 수 없는 중요한 내용이 될 수 있다.[50]

그러나 냉전 후의 국제적 불안전은 종종 다양한 경제적·사회적 상황에서 비롯된다. 환경, 생태, 이민, 경제 상호의존도의 확대 그리고 인구유동의 증강 모두 국가와 국가 간 혹은 국가 내부에 새로운 긴장요소의 발전을 야기시켰다. 예를 들어 1990년대 초, 모리타니와 세네갈은 세네갈 강 유역에 이민이 급속히 증가하고 양국의 교류가 가속됨으로, 세네갈 하곡(河谷)지역의 농업용지와 농업용수 문제에 대한 충돌을 야기시켰다. 비록 직접적인 전쟁은 발생하지 않았지만, 양국관계는 한차례 긴장을 겪었다. 또한 대량의 방글라데시 이민자들이 인도 동북부의 아삼주(州)로 유입되면서, 이 지역 인구가 20년 만에 2,000만 명으로 증가했고, 새로운 이민자들의 종교와 풍속 문제는 이 주의 부류들 간의 유혈충돌을 야기하며, 인도 경내 새로운 불안정 요소를 만들었다. 개발도상국에게 세계화는 갈수록 비중이 높아지는 '경제적 안보'에 대한 관심을 불러일으켰다. 또한 견딜 수 없는 세계화 충격으로 인해 '약소국(Weaker State)'혹은 '파탄국가(Failed State)'가 되는 것은 많은 개발도상국에 내재된 안정의 붕괴, 더 나아가 지속적인 내전과 새로운 국경을 넘는 충돌을 야기하는 중요한 원인이다.[51] '환경/자원', '정치/문화', '경제/영토' 등 각종위협과 국가주권의 안보라는 주요목표 간의 인과(因果)관계 형성을 힘껏 도모하는 것은 안보연구의 중요한 내용이 되었다. 이러한 측면에서 본다면, 위협에 대한 확대 해석과 새로운 분류가, 안보의 개념과 변수관계를 효과적으로 형성할 수 있을지에 대한 여부는 안보의 개념 및 범위 확대를 위한 중요한 노력이다. 반대로, 그러한 주장은 현실주의 패러다임 운용으로 안보문제의 연구를 견지하는 이유이다.[52] 정부는 각종 위협의 도전에 직면할 때마다 위협을 겨냥하여 취하는 행동과 비용 그리고 위협의 영향력 간의 관계를 평가하고 계산하는 경향이 있다. 이것은 '비정치적 위협'이 안보에 분리될 수 없는 부분이 되게 할 뿐만 아니라, '정치적 위협'과 완전히 일치된 방식으로 처리하는 것은 결코 그렇게 쉽지 않다. 이로 인해 어떤학자들은 "위협을 받는 가치의 사회적 유연성에 대해 평가하여, 각종 위협 간에 다른 유형의 반응을 구분하는 것은 매우 중요하다"고 강조하였다.[53] 다시 말해, '정치위협'과 '비정치위협'의 경계는, 단지 국가에 대해 위해를 가한 시간에 있는 것이 아니며, 다양화된 위협의 모든 근원이 국가안보에 실질적인 상해를 함축적으로 형성할 수 있다는 사실 때문에, 많은 국가들은 '전통안보 위협'과 '비전통안보 위협' 간에 상호영향과 상호악화가 내재된 관계에 더욱 착안해야 한다. 이로 인해, 만약 우리가 하나의 전체적인 국제안보를 생각할 때, 그저 전통적 이론에서 세계정치에 대한 대국안보의 거대한 작용에 얽매이는 것이 아닌, '중소국가의 안보'도 국제안보의 질에 대한 보장으로 인정한다면, 위협성질에 대한 판단은 반드시 '정치위협'이라는 기존의 틀에서 벗어나, 위협성질의 정의를 직접적으로 국가와 사회 그리고 인간의 주권능력과 아이덴티티의 독립성 그리고 삶의 질 등 다원가치설정에 대한 위해에 둘 것이다. 데이비드 볼드윈(David Baldwin)이 강조한 것처럼, 안보개념에서 위협의 근원에 대한 판단에 있어 가장 중요한 것은 국가에게 위해를 가한 사실을 고찰하는 것이지 위해를 가한 방식을 고찰하는 것이 아니다.[54]

이러한 각도에서 본다면, 포스트냉전시대의 안보연구는 보편적으로 안보에 가해지는 위협은 단순히 다른 나라로부터 오는 군사적 위협이 아닌, '외재된 위협'과 '내재된 위협'으로 구분할 수 있다. 이에 군사적 위협은 '외재된 위협'에 해당한다. 많은 학자들은 경제의 무질서, 민족살해, 정부의 부패 그리고 생태환경의 퇴보가 형성한 새로운 경제와 사회의 긴장과 같은 '내재된 위협'이 제3세계에서 종종 나타난다고 강조한다. 이는 "불안전한 국제관계이론과 동아시아안보" 요소에서 더욱 중요하다. 특히 개발도상국들은 냉전의 종결에 따라 전통적 원조적 자원과 정치적 지원를 상실했고, 이로 인해 붕괴된 질서가 신속하게 회복되지 못해 약소국과 파탄국가의 수가 증가하고 있다. 1994년 어떤 이는 "많은 개발도상국들이 현재 중앙정부의 쇠락, 부족과 지역역량의 굴기, 제어할 수 없는 질병의 전염, 그리고 내전의 보편화를 겪고 있고, 그 결과 통상적인 지연정치 판도는 더 이상 중요하지 않게 되었으며, 일반적 표준에서 분류된 민족국가는 현재 '도시국가'와 '빈민국' 그리고 '모호한, 무정부상태의 지방주의' 등이 견아교착(犬牙交錯)*하는 새로운 모델로 대체되었다"고 단언하였다.[55] 선진국에서의 내재된 위협적 견해도 끊임없이 상승하고 있다. 이를테면, 샘 로버츠(Sam Roberts) 교수는 미국 내 비정통적 미국인 수의 상승으로 인해, '하위 아이덴티티'가 주류 아이덴티티에 대한 위협을 야기할 가능성이 있다고 제기하였다.[56] 특히 9 · 11사건 이후, 많은 국제분석가들은 미래의 안보위험의 근원이 이미 전통적 국가에서 다양한 가치와 행위방식을 지닌 민족적 단체(Ethnic National Groups)로 옮겨갔다고 여긴다. 세계화가 야기시킨 인구의 세계유동이 빈번하고 긴밀한 이 상황에서, 미국이 본토 안보부와 국가정보국을 설립

---

* 상황이 뒤엉키고 꼬여 복잡하다.

하는 것의 목적 중 하나는 미국을 드나드는 '유동인구'와 무슬림 이민자들 중에서 테러리즘의 방식으로 미국의 세력을 위협하려는 사람이 존재하는 것을 추적하고 구별하려는 데 있다.[57] 9 · 11사건 후 '3종세력'이 형성한 중대한 위협의 현황은 이미 설령 위협이 '외재된 것'과 '내재된 것'으로 구분된다 하더라도, 세계화의 심화로 인해 이러한 경계도 '모호'해졌다고 설명해준다.

파탄국가는 "기존의 민족국가가 장기적으로 내재된 폭력의 어려움을 겪음으로써 거주민들에게 긍정적인 정치적 물품을 제공할 수 없는 것"이라 정의할 수 있다.[58] 만약 이러한 정의로 평가한다면, 오늘날 세계정치 속에 파탄국가는 그 수가 비교적 많다. 파탄국가로 대표되는 개발도상국 안보의 심각성은 세계정치에 기존의 역사적 형태의 안보와 다른 새로운 도전에 직면하게 하여, 위협에 대한 의도와 결과의 논쟁성이 두드러지는 것으로 변하였다. 역사상 나타났던 전통적 군사위협은 흔히 고의적인 것이었으며, 위협의 결과는 영토의 확장과 강한 정부이며, 또한 이는 흔히 국가정책 목표의 기본적 수단이다. 그러나 포스트냉전시대, 무력 정복과 영토확장은 유효한 국가정책적 수단으로서 그 효용은 이미 크게 퇴색되었다. 미국과 같은 유일한 초강대국의 대외전쟁의 목적도, 이미 더 이상 영토의 확장이 아니며, 모종의 위협에 대한 해소에 목적을 둔 '정권교체', '가치재건' 혹은 '자원통제'이다. 이로 인해 부시정부가 미군이 이라크전쟁을 발발시켜 후세인통치를 축출하고 이라크 국민의 '해방자' 역할을 맡는 것을 강조할 때, 반드시 UN의 합법적인 무력사용 권한을 부여받아야 하는지, 반드시 무력을 사용해야 하는지는 이라크전쟁의 최대의 논쟁이 되었다. 파탄국가가 새로운 국제적 불안전 요소의 온상이 되고, 개발도상국이 파탄국가화되는 것을 방지하는 것은 국제안보의 중요한 관심이 되었다. 특히 '파탄국가'가 테러리즘의 피신처와 대규모살상무기 확산의 근원이 되며, 국내위기를 전가하기 위해 확장성 정책을 펼칠 때, 어떻게 효과적으로 파탄국가의 국가재건(National Rebuilding)을 진행할 것인지는 당대 국제안보의 중요한 의제이다.

파탄국가의 사례에서, 한 위협적인 국가가 다른 국가의 가치에 물질과 사상적 상해를 입히는 것은 비록 흔히 '비 고의적' 성질을 지녔지만, 파탄국가의 주변국이든 국제사회든 모두 파탄국가를 줄이고 극복하는 것을 당대 국제관계에서의 비안전 요소를 이기는 중요한 노력으로 볼 수 있다. 예를 들어, 아프리카 에이즈 감염자 수를 낮추고 아프리카에서 에이즈의 감염을 제어하는 것은 국제의 공동 건강안보를 향한 노력이다. 나토(북대서양 조약기구, NATO)가 현재 아프간에서 군사적 행동에 박차를 가하고, 아프간에서 탈레반과 같은 극단적 세력이 일어나는 것을 방지하는 것 또한 마찬가지로 남아시아와 중앙아시아 안보의 국제적 협조행동의 일부분이다. 가장 논쟁을 지닌 문제는 파탄국가에 대한 군사적 행동의 합법성, 그리고 군사행동이 어느 정도로 문제를 해결할 수 있을지에 대한 우려이다.[59] 2003년의 이라크전쟁은 상당부분 무력운용과 무력운용의 결과에 대한 '정치적 가치' 논쟁을 대표한다. 미국은 이라크 재건을 통하여 서방의 민주제도를 확산시키려 하였지만, 이라크 재건에서 이미 야기된 종파전쟁과 미군주둔에 대한 보편적인 사회의 불만은, 재건 과정에서 이라크가 더욱 중요시하는 것이 그들의 종교적 전통과 본토의 정치적 문화라는 것을 보여주었다. 미국이 재건을 도와주는 이라크 군대 역시 내부 종파 관계의 긴장, 공급과 장비 부족 등 일련의 어려움에 직면하고 있어 이라크 재건에서의 '자아가치'를 크게 쇠약하게 한다.[60] 미국이 서둘러 이라크에 군사적 행동을 취한 것은 도대체 어느 정도로 기존의 이라크 정치적 가치에 상해를 입혔는지, 사방에서 난관에 부딪힌 미국의 '이라크 민주재건' 계획은 중동정세에 어느 정도의 상해를 입혔는지, 앞으로의 역사가 정확하게 답해야 한다. 그러나 이라크 전쟁은 최소한 군사적 행동을 취한 결과가 군사적 행동으로 이미 해결한 문제보다 더욱 심각하다는 것을 이미 보여주었다.

전통적 군사점령과 군사정복은 흔히 침략받는 국가에 대한 물질적 약탈을 보상으로 한다. 하지만 포스트냉전시대의 국제관계에서, 군사점령의 직접적 목적은 흔히 모종의 부족 상태를 바꾸기 위함이며, 심지어 대량의 자원투입도 불사한다. 미국이 2003년 3월 20일 이라크전쟁 발발부터 2006년 12월 30일까지 전쟁 전체에 쓴 비용은 2,700억 달러를 넘어섰고, 이라크 재건을 위해 미국이 투입한 자금은 880억 달러이며, 갚지 않아도 되는 미국정부의 무상차관은 180억 달러이다. 2007년 미국이 월평균 이라크에 쓰는 비용은 84억 달러가 넘고, 2006년의 월평균 비용은 80억 달러이고, 2003년 이라크 전쟁기간 미국의 월평균 비용은 약 44억 달러로 예측된다.[61] 이라크재건을 보장하기 위해 미국이 지출한 경비는 이미 전쟁 기간에 지출한 비용을 크게 웃돌고 있다. 만약 아프간 재건에서의 지출비용도 포함시킨다면, 2007년 1월까지 펜타곤이 이 두 전쟁의 후속 행동으로 지출한 비용은 매월 97억 달러를 넘는다. 이라크에서 사망한 미국 병사의 수는 2006년 12월 30일까지 3,000명에 달하였고, 이는 2001년 9·11사태 당시의 미국 사망자 수를 이미 넘어섰다.[62] 이렇다 하더라도, 부시정부는 이라크에서 철수를 결코 원하지 않고, 미국의 '이라크 책임'을 여전히 지속적으로 강조하고 있다. 2007년 1월 11일, 부시 대통령은 새로운 이라크정책 계획을 발표하고, 2만 2,500명의 추가파병을 결정하여 550억 달러의 군비를 추가하였다.[63] 이라크전쟁과 재건시기 진압하기 어려웠던 폭력 사건들은 이라크에 심대한 타격을 주었지만, 미국에는 어떠하였는가? 이라크전쟁은 전쟁이 한 나라에 끼친 물질적 손해의 역사가 현재 다시 쓰이고 있지만, 전쟁의 가치적 손해는 끊임없이 확대되고 있음을 확실히 보여준다. 전쟁 종결 후 '국가재건'에 대한 지출은, 이미 전쟁 발발 시 전쟁비용에 대한 예측과 실제 지출을 훨씬 웃돌았다.

권한 부여와 충분한 국제적 지지가 결여된 상황에서, '파탄국가'에게 군사적 행동을 취하는 것은 현재 확대된 국제 불안전 요소의 유인(誘引) 중 하나가 되었다. 아래의 사례들은 정치적 위협과 비정치적 위협 간의 상호연결을 매우 분명하게 설명해주고 있다. 예를 들어 이라크재건에서 미국의 딜레마는 이라크 경내의 각종 반대세력에서만 오는 것이 아니라, 아랍세계가 새로운 분열에 빠질 것인지에 대한 우려에서도 온다. 특히 중동은 세계의 산유 지역이기에, 이라크 재건의 실패로 야기될 중동 정치의 혼란은 분명히 세계 유가를 급등시킬 것이다. 이 결과는 세계경제 성장에 타격을 줄 뿐만 아니라, 주요 석유수입국의 이익에 해를 끼치고, 더욱이 세계정치에서 러시아, 이란, 베네수엘라 등과 같은 산유국의 정치적 영향력을 증대시킬 것이다. 미국은 현재 세계 석유수출국이 석유를 통하여 반미의 힘과 의지를 강화하는 것에 대해 매우 염려하며, 그들이 소위 '악의 에너지 수출국의 축'을 형성한 것에 대해 지적하였다. 2001년 9·11사태 이후의 중동정세에서 반테러리즘, 대규모살상무기 확산방지, 에너지 안보 등 일련의 문제는 '전통적 안보'의 성질을 갖고 있을 뿐만 아니라, '비전통적 안보'의 함의도 충만하다. 에너지 안보 문제는 더욱이 전통적 안보 및 비전통적 안보와 분리시킬 수 없는 혼합체이다. 이란은 2005년 11월 이후, 고농축 우라늄을 강화시키는 행동을 분명히 취하여, 핵능력 추구의 의지를 보여주었다. 이것은 분명히 미국이 이라크에게 전쟁을 발발시키고, 이라크에 15만 정도의 주둔 규모를 유지함으로, 테헤란에게 언제든 위협을 가하는 것과 관련되어 있다. 2006년 12월 미국이 페르시아만에 병력을 늘린 후에도, 미국 관리들은 백악관이 이란의 핵계획을 제지할 충분한 수단을 결코 갖고 있지 않음을 강조하며, 군사적 타격이 신속히 이루어지지 않을 것임을 암시하였다.[64] 그러나 오늘날 이란 문제를 둘러싼 대립은, 미국이 일방적으로 이라크전쟁을 발발시킴으로써 맛본 또 하나의 쓴 결과이다. 현재 미국은, UN제재와 미국의 군사적 압박 아래 이란 내부의 정치적 요소가 역할을 발휘하고, 더 나아가 강경한 아흐마디네자드정부가 국내 정치적 압박을 받아 핵계획 문제로 서방과 대립하는 입장을 약화시키는 것을 더욱 희망한다.[65]

설령 내재된 위협이 다른 국가가 취한 다른 해결 방식으로 인해 종종 다른 위협 처리의 결과를 조성한다 하더라도, 그것은 국제관행으로 하여금 안보문제 해결에 관한 신뢰할 수 있는, 일치된 기준을 찾기 힘들게 한다. 예를 들어, 퀘벡의 독립 문제에서 캐나다정부는 국민투표를 통하여 스스로 뜻을 결정하는 것을 허가함으로써 정치적 해결방식을 취하였다. 1993년 체코와 슬로바키아의 분열은 평화의 길을 갔으며, 소련의 붕괴에서 러시아도 결코 군사적 간섭의 시도를 통하여 돌이키려 하지 않았다. 탈냉전의 국제관행에서 분리주의가 야기한 안보의제에 어떠한 예는 군사적 해결이며, 어떠한 예는 기능성과 영토성을 통과하는 다원주의의 정치적 안배를 통한 해결이다. 그 결과 그저 안보를 약화시킨 것이 아니라, 지역과 관련된 안보정세를 강화시켰다.[66] 그중 대표적인 사례는 1996년 보스니아내전 종결 전후 유고슬라비아의 분열, 새롭게 독립한 크로아티아와 슬로베니아 그리고 마케도니아는 중, 동유럽 지역의 안정을 강화시켰다. 1999년 코소보전쟁 이후, 국제감독 아래 코소보의 자치(自治) 지위는 역사상 동유럽정세를 혼란시킨 하나의 잠복해 있는 문제를 해소시켰다. 그러나 '코소보모델'이 국제관계에서의 패러다임적 의미를 지녔는지에 대한 여부는 여전히 의심해볼 만하다. 현재 동티모르 정세는 여전히 혼란스럽다. 국제감독하에서 혼란국가나 혼란스러운 지역에 대한 질서를 재건하기 위해서는 본질적으로 화합과 능력의 건설이 더욱 필요하며, 이러한 국제감독체제의 성공을 더욱 보장하는 핵심 요소는 주변국가의 입장과 태도다. 이러한 추세로 보아 지역 안보구조의 범위 내 개별국가에 새로운 안전보장을 형성하기 위해, 이러한 취약국가의 내재된 위협을 해결하는 것은 일종의 힘있는 지역제도가 기반이 되어야 한다는 점을 인식할 필요가 더욱 크다. 2004년 3월 29일, 7개의 새로운 동유럽 국가의 나토 가입은 유럽지역 전략정세의 안정에 새로운 요소가 되었다. 냉전 후 이러한 새로운 독립국가들의 출현은 당대 국제관계에서 틀림없는 전통적 주권원칙의 약화이지만, 결과적으로 지역 정치의 판도에서 주권의 새로운 분배는 당대 국제안보에 대한 중요한 지지로 작용했다. 이것은 부잔 교수가 제시한 '사회적 안보'의 개념을 실증해주었다.[67] 즉, 모종의 제도적 구조 안에서 개별국가의 안보문제를 해결하고 실현시키는 것을 더 이상 개별국가의 대립적인 안보노력에 기대지 않는다는 것이다. 이것은 국제관계에서 파탄국가 혹은 분리된 국가 등의 취약한 국가의 안보의제 해결의 방향을 제공하였다.

3) 3개의 세계, 5가지 안보

비록 우리가 안보에 대해 확대된 해석을 할 수 있고, 새로운 이론 패러다임의 모색을 통하여 안보연구를 심화할 수는 있지만, 안보정의와 인식에 대한 논쟁은 여전히 뜨겁다. 볼드윈과 헬렌 밀너(Helen Milner)는 "국가안보의 개념은 사회과학에서 가장 모호하며, 가치의 충돌성이 가장 풍부한 개념이다"라고 날카롭게 지적한 바 있다.[68] 안보개념 정의의 어려움은 본질적으로 국제관계에서 발생한 국가유형의 거대한 차이에서 오며, 이로 인해 안보도전에 직면하여 위협을 방지하고 극복하는 우선순위에서 상당히 큰 차이가 나타나고, 위협에 대해 판단·대응·해결할 때 취하는 수단 또한 달라진다. 국가의 유형별로 안보의 의제와 대응방식 또한 다르며 안보의 기본적 가치에 대한 분석과 느낌은 더욱 다르다.

전통적 견해에 따르면 국가유형은 '3개의 세계'로 구분할 수 있다. 냉전종결 이후, 어떤 한 학자는 '제3세계'라는 이 개념은 이미 시대에 뒤떨어졌으며, 그 이유는 이 개념이 냉전시대에 나타났을 뿐만 아니라, 냉전의 종결과 개발도상국에 내재된 다양한 발전 추세에 따라 '제3세계'로 개발도상국들을 총칭하는 것은 절대다수의 개발도상국들에게서 이미 분석에서의 유효성을 잃었기 때문이라고 여긴다.[69] 그러나 여전히 상당히 많은 학자들은 '제3세계'라는 이 개념을 통하여 개발도상국들이 안보문제에서 직면한 공통적인 환경과 문제를 분석하고 탐구한다. 이 방면에 가장 대표적인 것은 모하메드 아유브(Mohammed Ayub) 교수의 연구 성과이다. 그는 개발도상국들 모두 공통된 최대의 안보도전과 맞닥뜨리고 있다고 설명한다. 개괄하면, 그것은 '국가건설(State Making)'과 '국가의 능력 건설(State Capability Making)'이다.[70] 이것은 개발도상국들이 직면한 안보위협이 많은 부분 외재된 위협에서가 아니라 내재된 위협에서 오도록 결정하였다. 당연히 개발도상국이 봉착한 외재된 위협은 여전히 존재한다. 국가들 간의 권력차이와 해소하기 힘든 강권정치는 늘 외재된 위협이 완강하고 두렵도록 만든다. 늘 존재하는 '외재된 위협'은 사실상 여전히 오늘날 국제관계에서 가장 두드러지고, 가장 치명적인 위협이다. 2003년 3월 20일 이전, 이라크가 직면한 안보도전은 도대체 내재된 것인가 아니면 외재된 것인가? 이라크 후세인 정권이 대규모살상무기를 보유하고 있다는 '거짓'이 폭로된 이후, 미국은 일방적으로 전쟁을 발발시켰고, 미국의 단극패권은 분명히 당시에 이라크에 최대의 위협을 형성하였다. 후세인의 독재와 대규모살상무기로 인해 그들에 대한 미국의 군사적 타격을 초래하였다고 할 수 있지만, 후세인을 밀어내는 것이 '이라크국민들에 대한' 위협이 아니라 하더라도, '주권국가인 이라크'에 대한 위협이다. 이라크전쟁의 성질은 미국의 유명한 군사와 전략문제 전문가인 마이클 오한론(Michael E. O'Hanlon)의 말처럼, "미국 군사력의 명성과 미국과 다른 동맹국들이 수호하는 공공가치"를 반영하였다.[71] 2006년 12월 소말리아에 대한 에티오피아의 군사적 공격과 공항점령은 비록 반테러리즘 행동의 일부분으로 소말리아 정부의 지지를 얻었지만, 확대된 국제간섭은 분명 늘 그의 '합법성'에 대한 의문을 피하기 어렵다. 만약 미국이 최강의 군사력을 보유하여 마음껏 무력을 사용할 수 있다면, 혹은 미국이 「국가안보전략 보고」에서 분명하게 밝힌 '선발제인(先發制人)* 전략'처럼, 미국의 개별적 표준으로 위협의 정도와 형태를 판단한다면, 현명하지 않게 무력을 종종 사용하는, 심지어 '제국화'로 가는 미국은 분명 오늘날 대다수 국가들이 직면한 최대의 외재된 위협일 것이다. 미국식의 강력한 대외군사간섭의 경향은 결코 부시정부 특유의 것이 아니며, 자유국제주의 정책을 실행한 클린턴 정부도 마찬가지로 이러한 열정과 포부가 부족하지는 않았다고 여겨진다. 냉전의 종결은 미국이 전체적으로 대외에 더욱 무력을 자유로이 과시하는 새로운 단계를 밟도록 하였다. 이 단계에서 미국의 대외군사간섭은 본질적으로 "미국의 세속(世俗)과 종교적 사명감으로 탄생된 미국의 독선적인 진보적 제국주의 정서로 인한" 결과이다.[72]

그러나 국제관계에서 선진국과 개발도상국이 직면한 기초적 위협의 근원에는 분명히 다른 차이가 존재하며, 이것은 냉전 후 국제안보의 기본적 특징이다. 보편적으로 개발도상국의 내재된 위협이 외재된 위협을 초월하는 것은 기본 사실이다. 1992~1993년의 소말리아-르완다 위기에서 내재된 부족 간의 원한과 민족주의의 충돌은 내전과 대규모 학살을 야기시킨 근본적 원인이었다. 또한 1999년 코소보위기에서 신유고연방 내부의 민족충돌 역시 미국과 나토의 연합군사적 간섭을 야기시킨 중요한 원인이었다. 같은 사례로는 2000~2002년의 동티모르 독

---

* 전쟁에서 먼저 공격하여 적을 제압하다

립에서 검증되었다. 2003년의 라이베리아 내전과 2004년 2월의 아이티내란, 모두 많은 제3세계 안보딜레마(Security Dilemma)를 야기시킨 근본적 원인이 안정적이고 강대한 국내정부의 결여라는 점과, 정치권력 합법성에 대한 의심과 도전은 내전을 일으키는 주요 원인임을 설명해준다. 1990~2005년, 제3세계의 폭력충돌과 국가를 전복시킬 내전의 위협은 많은 부분 민족주의 충돌, 정부의 대표성 및 합법성 결여, 국내권력의 운용에서 자행된 불법과 비민주적 원칙, 그리고 빈곤과 같은 많은 요소들로 인해 야기된 것이다.[73] 제3세계의 불안전을 야기시키는 심층적 원인을 분석할 때, 우리는 일련의 내재된 근원을 매우 쉽게 찾아볼 수 있다. 예를 들어, 빈곤의 장기화는 유구한 역사의 민족주의 충돌을 더욱 첨예하게 하며, 정치권력의 불법화 과정과 우리가 흔히 논의하는 민주체제 결여와 각종 독재 정치체제는 흔히 부패가 속출하게 했다. 또한 빈곤을 물리치고, 번영한 국가를 건설하기 위해 필요한 내재된 노력을 한층 더 억제하였다. 이러한 일련의 정치적 요소는 모두 불안전 상황을 지속시키는 중요한 직접적 원인이다.

　　개발도상국의 안보문제를 분석할 때, 외재된 위협과 내재된 위협이 서로에게 영향을 주는 방식에 관한 탐구는 안보연구에 대한 중요한 도전이다. 많은 제3세계 국가의 불안전한 어려움의 가장 주된 원인은 여전히 내재된 문제를 해결하고, 안보건설의 노력을 국내발전 모색에 더욱 두어야 하는 데 있다. 이것 역시 UN이 1994년에 제의한 '인간의 안보' 개념의 근본원인이다. 하지만 한 국가의 내재된 발전이 만약 국제적인 위협을 약화시키고 해소시킬 수 없다면, 이 국가자체는 내재된 위협을 약화시킬 직접적인 동력 또한 마찬가지로 결여되어 있다. 국제관계에서의 몇몇 대표적 사례들은 외재된 위협과 내재된 위협은 거의 공생 상태에 처해있고, 외재된 위협을 해결하지 않으면 내재된 위협은 극복하기 어렵다는 사실을 충분히 설명해준다. 이러한 의미에서, 아유브 교수는 개발도상국의 불안전 요소를 해결하는 핵심은 결코 신자유주의의, 국제제도의 협력 혹은 주권약화가 아니라, 주권강화가 내재된 '국가능력' 건설이다. 이것은 '세계화의 북방'과 분명히 다른 '세계화의 남방'이 대등하게 안보도전에 직면할 수 있는 것에 대한 기초라고 여긴다.[74]

현존하는 국제질서의 압박은 종종 개발도상국의 능력건설이 좌절에 부딪히게 한다. 이는 개발도상국의 '능력건설'이 직면한 국제적 압박중 하나이다. 많은 개발도상국의 불안전에 내재된 근원은, 이러한 국가들의 집권단의 국제질서에 대한 도전과 관련되어 있을 뿐만 아니라, 당대 국제관계에서 서방국가들의 '규칙주도'를 상징으로 하는 권력우위와도 관련되어 있다. 비록 국제관행은 '불간섭 원칙'을 강조하지만, '정권유형(Regime Type)'의 차이와 이로 인해 야기된 국제행위의 차이는 당대 국제충돌사건의 중요한 원인 중 하나이다. 예를 들자면, 1991년의 걸프전쟁, 2001년의 아프간전쟁과 2003년의 이라크전쟁이 있다. 이로 인해 야기된 딜레마는 개발도상국의 국가건설과 주류의 국제규범에 충돌이 나타났을 시, 당대 국제관계에서의 미국패권과 서방의 힘과 가치의 우위는, 이러한 국가들이 안보를 바탕으로 필요한 능력건설 과정에서 최대의 국제적 압박에 직면하게 하며, 심지어 안보의 파괴를 가져온다. 아유브 교수는 "제3세계정부의 엘리트들은 웨스트팔리아체제의 기본적 내용인 강대한 의무를 그들의 국내 불안전의 근원으로 혼동하지만, 이러한 의무에는 제3세계국가에 더 많은 국내 불안전과 국가를 기초로 한 유효한 관리능력만 반영되었지, 단순히 국가주권과 불간섭원칙 그리고 다른 전통적 국가관계 준칙에 대한 확고한 신앙을 기초로 하는 것이 아니다"라고 지적한 적이 있다.[75] 이 점은 1991년 8월 이라크가 쿠웨이트를 침략한 사건에서 대표적으로 나타났다. 그러나 2003년 3월 20일 시작된 걸프전쟁은, 또 이라크를 내전의 소용돌이에 빠지게 하여, 거대한 분열의 위험에 직면하게 하였다. 아유브 교수는 "국제관계에서 전통주의(International Traditionalism)와 국내발전 노력의 실패는 흔히 공존할 수 없다"고 정확하게 지적하였다.[76]

제3세계 국가가 새로운 발전의 공간을 모색하기 위해 혹은 파탄된 국내의 발전을 위해 외재된 이유를 모색하는 것 역시 제3세계국가 안보위기의 주된 유도(誘導)적 요소를 형성하였다. 전통식민통치 시기의 영향, 민주화과정 그리고 대외 경제의존과 권리와 자유에 대한 대중의 요구가 결여되었기 때문에, 냉전의 종결은 많은 개발도상국들의 강대한 주권건설과 국가능력의 발전을 진정으로 실현시키지 못하였다. 이런 의미에서, 많은 개발도상국들은 포스트냉전시대의 안보문제는 본질적으로 여전히 범위가 상대적으로 협소한, 목표상에서 정치성 위주의 안보문제이지만 사회적 안보에 대한 경제환경의 도전은 매우 심각하다. 매우 많은 아프리카 국가들이 직면한 '비전통적 불안전 요소' 모두 그들의 '비전통적 안보건설'의 균형 상실 혹은 취약과 관련되어 있다.[77] 예를 들어, 팔레스타인 내 각종 극단적 군사조직 퇴치에 대한 장기적 어려움과, 레바논 헤즈볼라 유격대의 끊임없는 활동의 근본적 원인은 여전히 이스라엘 – 팔레스타인 충돌의 장기화가 근본적으로 완화되지 못하고 있기 때문이다. 레바논과 팔레스타인 대중은 늘 이스라엘에 대한 원한이 제지당할 때, 각종 극단적 조직은 가장 적합한 생존과 증식의 사회적 공간이 생기게 된다. 극단적 조직 모두 이스라엘에 저항하기 위해 지속적으로 자살테러의 행동을 할 때, 파산된 팔레스타인 사회가 청년들에게 충분한 일자리와 취업기회를 제공할 수 없기 때문에 어린 시절부터 그들의 앞에 놓인 미래는 '전사' 혹은 '열사'가 되는 길밖에 없었다. 그것이 그들의 유일한 '직업'이 되는 것이다. 더 나아가 중동정치 전체가 이스라엘 – 팔레스타인 충돌 해결에 대한 기본적 보장의 제공이 결여되었을 때, 지역안보질서의 악화는 이스라엘 – 팔레스타인 충돌에서 폭력과 유혈의 연속을 또 한단계 더 심화시킨다. 어떻게 협력적인 지역질서를 건설하고, 이 질서의 발전 과정에서 개발도상국에 대한 각종 외재된 위협 요소의 악화를 피하며, 개발도상국의 '내재된 위협'의 소화와 약화를 힘있게 유도하는 것이야말로, 진정으로 노력해야 할 방향이다.

이러한 상황에서, 개발도상국이 불안전을 해결하는 데 우선 필요한 것은, 제도가 상대적으로 성숙한 국가(Full – fledged State)를 건설하여 각종 위협에 대응하는, 최소한의, 통일된 제도와 사회 및 응집력 그리고 경제의 능력을 발전시켜야 한다. 이 점을 실현시키기 위해선, 하나의 좋은 국제질서에 대한 지지와 건설, 그리고 이 질서를 지탱하는 기본 규칙은 매우 중요하다. 예를 들자면, 온전한 영토와 불간섭 원칙이다. 하지만 동시에 적극적으로 국제사회에 융합되며 경제 발전을 통하여 그들의 외재된 환경을 안정시키고 개선시켜야 한다. 현재의 국제체제에는 이러한 엄격한 국제규칙이 결여되어 있고, 국제관계에서의 다양화된 발전선택에 있어야 할 관대함과 인내심은 더욱 결여되어 있다. 많은 개발도상국들이 글로벌 규칙의 확립에 대해 호소하고 있으며, 이러한 규칙은 반드시 인권과 민주화를 포함해야 하지만, 이러한 국제규칙이 최종적으로 그들이 부득불 감당해야할 더 많은 국제적 압박과 심지어 국제간섭의 구실이 되는 것을 염려한다.[78] 국제조직의 노력 아래 이러한 규칙에 대한 강화와 발전은, 종종 동전의 양면과 같다. 한편으로는 집권 통치자에게 인권보장 강화의 국제적 행동은 일종의 위협이다. 다른 한편으로는 민주화의 길을 가는 것을 견지하는 것 역시 이러한 인권비판을 받는 국가가 내재된 응집력을 강화시키고 경제발전을 실현시키기 위해 반드시 거쳐야 할 길이다. 이런 점에서 본다면, 개발도상국이 내재된 위협에 대한 해결과 극복에 힘써야만, 진정으로 외재된 위협의 해결과 극복을 위해 끊임없이 조건과 기초를 제공할 수 있다. 이것 역시 UN이 포스트냉전시대에 '인간안보' 개념을 강조하는 중요한 이유이다. 안보노력의 과정이 국내의 절대다수인의 자유, 권리, 복지 그리고 사회공정과 정치평등 등 각 방면의 희망과 요구를 충분히 보살피고 반영할 수 있을 때, 이 노력의 과정은 개발도상국의 능력을 건설하고, 국제압박과 간섭을 피하며, 내부안정과 화합을 실현시키는 데 반드시 필요한 조건을 제고시킨다. 21세기 국제안보는 국내정치에서의 정의(正義), 공평과 복지 등 개념과 함께, 갈라놓을 수 없는 관계가 존재한다.[79]

구미 등 선진국들이 직면한 위협의 형태와 근원은 개발도상국과 분명히 다르다. 만약 개발도상국의 우선적 임무가 안보의 확보가 아니라, 우선적으로 각종 '불안전'의 극복에 대한 모색이라면, 안보와 국가의 관계에서 선진국만이 진정으로 안보를 모색하고 발전시킬 '자격'이 있다. 국제관계에서 안보정의와 안보개념의 논쟁은 많은 부분 이 두 가지 유형의 국가의 안보와 위협문제가 전혀 다르기 때문이다. '전통적 안보'의 개념과 정의는 서방의 국제관계 경험에서부터 왔으며, 내부는 안정적이고 제도는 상대적으로 성숙하며 그리고 민족국가의 창건을 통하여 근현대 이래의 민족국가체제를 형성하고 발전시켰기 때문에 안보분석은 단지 국가를 '블랙박스'로 볼 뿐이며, 안보에 영향을 주는 요소를 주로 외재된 변수로 본다.

이러한 관점의 이론으로는 국가단위 단계상의 변수 작용을 부정하는 '월츠이론'이 대표적이다. 신현실주의의 안보인식은 단지 3개의 상호연결된 핵심개념인 국가주의, 생존, 자조(自助)를 기초로 할 뿐이다. 이러한 이론은 1648년 「베스트팔렌 조약」 이래 서방중심주의의 국제관계 변화의 역사 궤적이 반영되었고, 이론의 미래에 대한 예측 역시 하나도 예외 없이 서방중심주의를 기초로 한 세계정치 모델이다. 만약 우리가 '내재된 위협'을 개발도상국의 주된 안보의제라 평가한다면, 이러한 이론적 해석 능력에는 틀림없이 많은 문제가 존재할 것이다. 개발도상국은 '민족국가체제'의 후자이며, 그들의 제도와 국가능력에는 각종 폐단이 존재한다. 또한 국가형태를 제약할 수 있는 '내재변수'가 완전하게 형성되지 못한 시점에서 국제사회에 참여하게 된다. 이로 인해, 아유브 교수는 현존하는 국제관계이론으로 제3세계의 안보와 생존의 요구를 해석할 수 없다고 여긴다. 즉 개발도상국이 안보문제를 해결하기 위해서는 반드시 '국가건설'에 치중해야 한다는 것이다. 아유브 교수는 그가 제기한 이 이론을 '하위현실주의(Subaltern Realism)'로 불렀다.[80]

선진국의 위협은 주로 '외재된 것'으로부터 오며, 그것의 기본적 원인은 결코 복잡하지 않다.

첫째, 선진국과 선진지역은 이미 민주화 과정을 실현시켰고, 모두 잇달아 상대적으로 성숙한 정치, 경제, 사회제도를 건설하였으며, 국내의 안정과 부유한 사회생활, 그리고 복지보장제도로 인해 종교, 민족과 발전의 실패로 야기되는 충돌이 거의 존재하지 않게 되었다. 냉전시기 역사의 영향을 받고 충돌적인 사회정치의 주장으로 형성된 아일랜드 공화국군(IRA), 스페인의 바스크 조국과 자유(ETA), 그리고 이탈리아의 붉은 여단(Red Brigades) 등 유명한 테러조직 또한 냉전 후 쇠락에 접어들었다. 이러한 선진국의 '내재된 위협' 정도와 형태는 개발도상국보다 훨씬 낮다. 현재 선진국에 중대한 위협이 되고 있는 것은 테러리즘이다. 9·11사태의 하이재킹은 미국 경내의 시설을 이용하여 테러 훈련을 하고 공격을 감행하였고, 마드리드 폭파테러, 런던지하철 테러와 영국 히드로공항의 '액체폭탄 테러' 등의 사건은 유럽국가 내부에 극단적 세력의 난무함을 반영하였지만, 이러한 사건들을 통해 볼 수 있는 위협들은 국가가 유지하려는 '가치', '삶의 질'과 '정책선택능력'이라는 측면에서 본다면, 모두 단지 '비대칭적인', '비치명적인' 위협에 불과한 것이다. 테러공격은 단지 인류의 평화로운 생활에 대한 위협이며, 일종의 매우 강한 적개심리에서 발생한 보복성과 소요(騷擾)적인 위협이지, 선진국이 소유한 기존의 가치와 정책능력이 전복(顚覆)당할 만큼의 위협은 아니다. 설령 국가에 대한 국가의 군사적 위협을 구미 등 선진국으로 보아 완전히 해소할 수는 없다 하더라도, 전통적 의미의 대국전쟁과 같은 폭력야만주의(Violence Barbarism)가 구미안보를 위협하는 시기는 이미 끝이 났다.[81]

둘째, 선진국 자신과 군사동맹을 기초로 한 정치 및 안보동맹의 확립으로 인해 그들의 '외재된 위협' 형태의 적대관계는 이미 최저치이다. 국제관계의 권력구조로 본다면, 유럽과 미국은 전략적 이익의 가치를 공유하는 공동체가 되었고, 최소한 서로의 의견차이 경쟁이 직접적인 군사적 위협으로 변하기는 힘들다. 서방국가를 진정으로 위협할 수 있는 것은 세계정치에서 새롭게 대립적이며 능력수준이 근접한, 굴기하는 대국의 출현 혹은 새롭게 조성된 대립적인 국가진영뿐이다.

북대서양조약기구(NATO)에는 현재 27개의 회원국이 있다. 게다가 그 영향력은 끊임없이 확장되어 대서양의 양안 간의 군사동맹관계인 세계에서 가장 중요한 양대 힘의 중심을 형성하였다. 미국은 아시아의 가장 주된 2개의 선진경제체인 한국, 일본과 군사동맹관계에 있고, 아시아태평양 지역의 호주와 뉴질랜드 이 2개의 국가와 「미-호-뉴 공동방위조약」을 체결하였다. 현재 세계 경제순위 30위권의 국가 중에서 중국, 러시아, 인도를 제외한 모든 국가는 미국과 군사동맹조약을 체결하였거나, 또는 미국-브라질-아르헨티나가 공동으로 조직한 미주국가조직(OAS)과 같이 공동으로 지역성의 협력제도를 건설하였다. 군사동맹 형성의 본질은 '공동의 외부위협'에 함께 대응하고, 서로에 대한 위협을 포기하기 위함이다.[82] 냉전 후 소련의 붕괴로 인해 미국과 미국의 군사동맹국들이 직면하는 '위협의 근원'에 변화가 발생하였지만, 나토가 그들의 정치적 역할을 확대하는 것은, 대서양의 양안관계를 안정시키는 중요한 유대일 뿐만 아니라, 또한 동시에 포스트냉전시대의 불확실한 위협에 공동으로 대응하는 중요한 체제이다. 냉전 후 어떤 이는 양극체제의 붕괴로 인해 유럽이 새롭게 2차대전 이전처럼 다국이 패권을 다투는 혼란스러운 국면에 빠질 것이라고 예언한 적이 있다.[83] 그러나 냉전종결 이후 지금까지, 이러한 국면은 결코 나타나지 않았다. 상당 부분 미국과 유럽국가, 유럽국가 간의 자유주의적 민주정치 문화와 동맹관계 유지는 안보의 코스트를 낮추는 데 중요한 역할을 하며, 경제상의 상호의존은 선진국들 간의 안보와 전략관계 안정을 촉진시켰다.[84]

셋째는 선진국들 간의 지역안보 건설이다. 많은 개발도상국들과 비교하여, 선진국의 지역안보환경은 진정한 의미의 '평화성질'을 지녔고, 또한 안보공동체(Security Community)의 이론개념과 안보레짐(Security Regime) 등 협력적 안보구조가 가장 충분히 이행되고 있는 지역이다.

유럽은 '유럽안보와 협력조직(OSCE)'과 같은 지역적 다자안보 조직이 최초로 결성된 지역이며, 또한 안보협력기능이 가장 잘 발휘되고 있는 지역이다. 2001년 7월, 러시아는 나토의 관련국이 되었고 전통적 유럽의 지연(地緣)분열은 최소한 제도상에서는 이미 철저하게 타파되었다. 유럽연합의 '공동외교와 방위정책'도 유럽연합국가 간의 안보협력을 한층 더 촉진시켰다. 유럽의 각종 '하위지역'들 사이의 안보협력의 진행 또한 매우 심화되었다. 서유럽의 지리적 정칙 판도는 확실히 포스트냉전시대에 안보공동체의 특징을 나타내었다. 칼 도이치(Karr Deutsch) 교수의 견해로 본다면, 안보공동체란 "안보상에서 한 무리 국가들의 통합"을 지칭한다. 이러한 안보의 통합은 그들이 "공동체의 느낌을 기르고, 제도와 실천 사이에서 그들의 국민이 '평화적 변화'를 일종의 의존할 수 있는 기대라고 믿는 정도의 충분히 강하고 넓은 수준의 도달"을 가리킨다. 그리고 "공동체의 느낌은 일종의 신앙을 의미하며, 공동의 사회문제가 반드시, 그리고 평화적 변화의 과정을 통하여 해결될 수 있다고 믿는 것"이다.[85] 이와 동시에, 포스트냉전시대 유럽안보 구조의 변화도 로버트 저비스(Robert Jervis) 교수가 언급한 '안보규제'의 역할을 구체적으로 드러내었다. 유럽국가가 이미 형성한 이러한 안보규제는 상당부분 유럽국가들 간에 서로의 안보관계를 처리하는 기본 방안을 분배하고 있다. 안보규제는 "한 무리 국가들의 협력으로 서로 간의 분쟁을 관리하고, 자신의 행위와 다른 국가행위에 대한 자신의 판단을 통하여 안보딜레마의 영향을 해소함으로 전쟁을 피하는 것"을 가리킨다.[86] 냉전 후 유럽의 안보실천도 이러한 안보규제의 역할을 증명하였다. 2004년 우크라이나에서 오렌지혁명이 발생하였지만, 빅토르 유센코의 우크라이나 대통령 당선을 반대하는 러시아도, 결코 1950~1960년대 같은 군사간섭 행동을 취하지 않았다. 2006년 9월 러시아군관이 체포된 사건으로 인해 러시아와 그루지아의 관계가 긴장된 이후, 러시아는 그루지아에 있는 군영(軍營)폐쇄 요구에 최종적으로 동의하였고, 그루지아에 주둔하는 모든 장병을 러시아로 철수시켰다. 비록 러시아 푸틴정부의 오늘날 강경한 내외정책은 적지 않은 유럽국가들을 불안하게 했으나, 구미안보의 기본구조는 1648년 이래 지금껏 오늘날처럼 이렇게 안정적이고, 심지어 평화적이었던 적이 없다. 많은 학자들이 전통적으로 구미국가들이 대국전쟁에 빠지는 주된 원인은 선진 공업화 국가들 간의 전쟁이지만, 이는 되풀이되지 않을 것이며, 미국, 서유럽 그리고 일본에도 더 이상 전쟁이 발생하지 않을 것이라 진단한다.[87]

개발도상국에는 안보의제의 다양성이란 특징이 존재하며, 국가별 안보의제의 차이는 매우 크다. 게다가 선진국들도 국가별로 안보의제에서의 전략과 치중점이 각기 다르다. 즉 개발도상국, 과도기의 국가, 선진국은 각각의 '안보모델'로 대표될 수 있으며, 이는 또한 오늘날 국제적 안보문제에 있어서 5가지의 국가유형으로 분류될 수 있다(표 1 참조).

표 1 국가유형별 직면 위협 분석

국가유형	위협의 근원	위협성질(형태)
미국	외재 위주	굴기중 대국의 전략적 도전(전통적 위협), 비대칭적 위협, 대규모살상무기 확산
유럽, 호주/뉴질랜드, 캐나다 등 국가	외재	비대칭적 위협, 대규모살상무기 확산, 굴기중 대국의 전략적 도전(전통적 위협)
일본, 한국, 호주 등 국가	외재	대규모살상무기 확산, 굴기중 대국의 전략적 도전(전통적 위협), 비대칭적 위협

국가유형	위협의 근원	위협성질(형태)
중국	내재	전환단계의 사회적 긴장, 분리주의·극단주의·테러리즘 등 3가지 세력제도의 갱신과 성숙
	외재	대만 독립 등 3가지 세력의 국제적 지지, 미국, 일본의 간섭주의(전통적 위협)안보딜레마가 야기한 불확실성(군비경쟁 그리고 전통적 위협에서의 해로(海路)안보), 생태, 환경, 경제 등 비전통적 위협
개발도상국	내재	파탄국가 모면, 국가 능력 건설, 종교, 민족충돌
	외재	인접국가 중 적대시 국가, 패권국가의 군사적 간섭 면 극단주의세력의 침투, 외란(外亂)의 파급 모면, 지역적 대국의 군사적 위협

4) 안보의 개념과 정의 - 논쟁성의 이론 패러다임

국제안보 정의의 어려움에 대한 또 하나의 큰 원인은 안보연구체제 배후의 경쟁성을 지탱하는 이론적 패러다임이다. 이러한 패러다임은 우리에게 안보문제를 다루는 다른 분석방법을 가져다주었을 뿐만 아니라, 안보문제를 이해하는 데 대한 다른 가치적 선택 또한 가져다주었다. 안보정의 배후의 패러다임에 대한 논쟁은, 주로 신현실주의, 신자유주의와 구성주의, 이 3가지 대표적인 국제관계이론 패러다임이다.

① 신현실주의적 안보패러다임

신현실주의에서 본다면 국제안보의 본질은 국가안보이고, 어떻게 다른 국가가 다른 한 국가에 대한 위협을, 특히 군사적 위협을 막아내고 피하는 것이며, 또한 각국이 필연적으로 추구하는 '위협처리'의 과정에서 상호 간에 발생하는 충돌의 고조와 전쟁의 발발을 제어하고 관리하는 것이다. 국가 간 불균형한 권력증가는 국제관계의 추진력이며, 계속해서 만연한 패권전쟁을 야기시켰으므로, 국제관계이론은 직접적으로 패권전쟁과 관련된 이론으로 볼 수 있다.[88] 경제의 증가, 공업화, 무역, 세계화, 혹은 동맹의 재구성과 변화 등등, 어떤 원인에서든 권력관계의 변화는 국제관계에서 흔히 발생한다. 무정부상태의 존재로 인해, 국제관계에서 조약과 국제법을 재정하고 이행하는 하나의 절대적 권위가 없고, 이는 국가가 자신의 의지와 권력크기에 따라 일방적으로 전쟁을 포함한 각종행위를 취하는 여건을 만들어주었다. 각 국가 모두 반드시 다른 국가가 '무정부상태'를 이용하여 배타적이고, 자기만의 이익을 모색하는 것에 대해 염려한다. 따라서 부득불 다른 국가의 강요와 강제를 피하기 위해 심지어 공격과 침략 모색을 가장 주요한 이익으로 간주한다. 신현실주의의 각도에서 본다면, '무정부상태'와 무력사용의 가능성은, 거의 완전히 같은 것이다.

신현실주의자들은 안보란 곧 국가생존이며, "무정부상태에서 국가의 최고 이익"으로 여긴다.[89] 무엇이 안보에 가장 큰 상해를 입히는 위협인지에 대해, 현실주의로 답한다면, 그것은 오직 군사적 충돌과 전쟁이다. 그렇다면 무엇이 위협의 최대 근원인 것인가에 대해, 국가는 국제관계에서 폭력을 유발시킬 수 있는 가장 유효한, 또한 가장 힘있는 '단위'이기 때문에, 현실주의는 위협의 최대 근원을 국가로 여긴다.[90] 국가는 영토, 인구 그리고 경제능력을 보유하고 있다. 그러나 가장 중요한 점은 국가가 군대를 동원하고, 지휘하는 능력을 보유하였고 민족주의와 각종 국가주의적 이데올로기를 포장한 극단적인 사상으로 국민을 '포로'로 잡은 채 그들을 열광적인 전쟁기계가 되게 하는 능력을 갖고 있다는 것이다. 국가의 정치에 대한 충성과 민족 아이덴티티는 지금까지 '십자군전쟁'과 같은 종교적 전쟁을 제외하고, 인류가 구성한 폭력적 현상에서 가장 보편적이고, 가장 강대한 사상무기이다. 국제관계에서 한 국가로 하여금 안보를 얻도록 하는 가장 중요한 경험적 사실은, 한 국가로 하여금 다른 한 국가로부터의 군사적 공격과 전쟁을 피하게 한다. 국제관계는 전쟁이 만연한 분야이다. 국제관계체제의 무정부상태로 인해, 통일된 권위와 강제력으로 국내정치체계와 같은 그러한 질서와 법치주의의 이행이 결여되어 있고, 따라서 국제관계는 각 국가의 생존과 안보 모두 자국의 권력에 달려있다. 즉 국제관계에서 각국의 안보체계는 '자조(自助)체계'이다. 만약 한 국가가 반드시 필요한 권력이 결여되어 있고, 또한 다른 국가의 군사적 위협에 저항할 수 있는 강한 동맹체제를 구축 또는 그에 종속될 수 없다면, 다른 국가가 폭력을 취하는 이유와 전쟁행동의 희생양이 될 것이다. 월츠의 말처럼 전쟁이 발발하는 이유는, 국제관계에서 전쟁을 막기 위해 반드시 필요한 강제적 힘이 결여되어있기 때문이다.[91]

세계역사에서 허다한 각종 점령, 정복과 약탈은 민족국가들 간의 분란과 화해, 강국흥망의 기복을 야기시켰다. 안보는 개별국가가 합리적으로 권력을 추구하려 하면서도, 쉽게 전쟁에 휘말리는 것을 원하지 않아 취하는 이익보장의 조치이다. 한스 모겐소(Hans Morgenthau)의 말처럼 안보는 곧 전쟁을 피하기 위해 취하는 각종 노력이다. 예를 들어 군비를 낮추고 혹은 군비경쟁을 제어하여 집단안보를 건설하고, 전쟁의 야심과 행동에 대해 모종의 '국제경찰세력'을 형성하여 강권적 간섭을 하는 것이다.[92] 그렇기 때문에 현실주의로 본다면 안보는 곧 국가중심주의의 연구이며, 전쟁문제 방향의 연구이다. 안보연구와 전쟁연구는 비록 다르지만, 현실주의는 이 두 연구의 차이가 크지 않다고 여긴다. 안보연구는 국제체제에서 반드시 야기되는 위협적 문제의 성질, 근원과 현존의 국제질서의 조건 아래 각국이 위협에 대응하는 방식에 대한 연구에 더욱 많이 치우쳐 있고, '질서유지의 조건'을 강조한다. 이에 반해, 전쟁연구는 당대 국제관계의 조건 아래 전쟁의 발생과 진행 시의 기술적 요소와 국가능력과 지리적 정치환경의 연구에 더욱 치우치며, 세계정치에서 어떻게 '평화의 조건'을 형성하고 발전시킬 수 있으며, 설령 선발제인적 전쟁 혹은 방어적 전쟁이 발발하여도, 더욱 오래 유지되는 평화와 더욱 큰 규모의 전쟁참전을 피하기 위해 전쟁은 안전보장의 수단이 될 수 있으며, 국가가 전쟁에서 승리하는 것이 반드시 전쟁을 배척하는 수단의 운용은 결코 아니라고 강조한다. 그러나 전반적으로 말하자면, 전쟁연구와 안보연구는 거의 중첩되고, 같은 기준이며, 안보연구는 전쟁연구를 포함할 수 있고, 전쟁과 평화연구는 안보연구의 핵심이자 근간이다.[93]

신현실주의 이론에서 출발하여, 안보의 군사와 정치적 측면의 요소가 대체할 수 없는 다른 한 중요한 원인은 국제관계에서 존재하는 안보딜레마 때문이다. 이것은 현실주의의 국제안보문제 분석에서 가장 기본적인 출발점이다. 현실주의자들은 국제관계의 무정부상태는 보편적으로 일종의 토마스 홉스(Thomas Hobbes)의 말처럼 자연상태(State of the Nature)와 비슷한 것으로 여긴다. 이러한 상태에서 국가는 서로 방범하고 배척할 뿐만 아니라, 종종 서로를 적대시한다. 홉스의 말을 빌리자면, 자연상태에서의 생활은 "고독하며, 더럽고, 피비린내 나며, 결핍되어" 있다.[94] 그 결과, 모든 국가가 자신의 안보를 추구할 때, 한 국가의 안보증가가 다른 몇몇 국가의 불안전을 야기시키는 것은 피할 수 없는 일이다. 존 허츠(John Herz)는 현실주의자들을 대표하여 안보딜레마에 대해 "국가가 안보를 얻어 공격을 면하도록 노력할 때, 국가는 어쩔 수 없이 더욱 많은 권력을 탈취하여 다른 국가들의 권력영향을 모면하려 한다"고 권위적 서술을 하였다. 결과적으로 이러한 행동 또한 다른 국가들이 불안전을 느끼게 하며, 최악의 상황을 방비하기 위한 권력 증대의 욕구와 그 실천을 촉진시킨다. 이러한 상호경쟁의 구성단위인 세계 안에서 어떠한 국가도 완전한 안전을 느낄 수 없고, 권력의 경쟁은 잇달아 발생할 것이며, 안보와 권력이 축적한 악순환은 계속될 것이다.[95] 허츠의 안보딜레마론은 당대 안보문제상 존재하는 두 개의 현실주의 이론의 요점을 우리에게 보여주었다. 첫째는 국제관계에서의 안보노력은 곧 권력을 추구하고 보유하며 행사하는 과정이며, 군사능력은 자신의 방어 혹은 공격 능력을 직접적으로 가리킨다. 둘째는 국제관계에서 안보모색의 권력과정은 종결되지 않았고, 안보모색의 과정은 곧 각국 권력의 경쟁이며, 심지어는 충돌의 과정이다. 무정부상태가 안보의 불확실성을 야기하였기 때문에, 한 국가는 다른 국가의 현재 또는 미래의 의도, 그리고 시간이 흐름에 따라 그 국가들 간에 상대적인 권력분배의 변화를 영원히 확신하지 못할 가능성이 있다. 무정부상태는 늘 끊임없이 국가들이 오직 자신의 힘을 믿도록 유도한다. 그 결과, 한 국가가 전력을 다해 자신의 불안전을 감소시키고 자신이 안전한 정책을 증가시키는 행동을 취하는 것은, 늘 다른 국가의 안보정책을 '상쇄시키고' 혹은 그것에 '충격을 가하며', 이러한 국가들의 새로운 안보경쟁을 유발시키는 것을 피하기 힘들다.

비록 신현실주의는 결코 세계정치에서 협력을 통한 안보확보의 중요성에 대해 부정하지 않는다. 하지만 신현실주의자들은 흔히 협력은 결코 신뢰하기 힘들다고 여기거나, 최소한 신자유제도주의자들이 말하는 것처럼 그렇게 믿을 만하지 않다고 여긴다. 로버트 저비스는 비록 이익의 충돌은 피하기 어렵지만, 현실 세계가 철저한 '제로섬 게임의 세계'는 아니라고 말한다. 전통적 현실주의자들이 말하는 "한 국가의 이득은 반드시 다른 한 국가의 손실을 야기한다"와 같은 견해는 이미 발을 붙일 수 없다. 국가들 간에는 늘 충돌성 이익이 존재할 뿐만 아니라, 경쟁성 이익도 존재한다. 협력은 신현실주의 이론 구조 내에도 중요한 분석도구이지만,[96] 신현실주의는 전체적으로 전쟁에 대한 대응과 같은 중대한 문제에서 가장 의존할 만한 방법은 제도가 아니라, 권력 간의 견제와 균형이라고 여긴다.

안보딜레마는 신현실주의 안보패러다임의 핵심이다. 케네스 월츠는 국제관계에서 안보딜레마가 가져다주는 최대의 나쁜 결과인 평화의 붕괴와 전쟁의 발발을 피하려면, 국제체제에서 안보를 확립하고 보장해야 하며, 결과적으로 정치와 군사력의 분배를 기초로 하여 안정적이며 견제를 중심으로 하는 세력균형체제인 '합리적인 극'이 구성한 상태를 형성해야 한다고 여긴다. 또한 그는 허츠의 안보딜레마 분석의 틀을 한층 더 발전시켰으며, 세력균형의 형성은 결코 단순한 국제체계의 안보구조가 아니라, 국제관계 체계구조의 제약 아래 개별국가의 필연적인 안보행위라는 점을 강조한다. 무정부상태 아래, 한 국가의 권력증강은 반드시 다른 국가의 상응하는 견제 조치를 야기시킨다. 예를 들어, 군사력을 발전시켜 외교와 군사동맹의 재구성에 힘쓰는 것 등이 있다. 국제관계에서의 강자를 '견제하는 것'은 체계가 부여한 한 국가의 안보행위의 본질이라는 것이다.[97] 이로 인해, 월츠는 제도화의 협력으로 안보를 얻고 실현시키는 신자유주의 안보패러다임에 대해 비판적 태도를 취하였다. 그는 제도가 협력을 촉진시키는 역할을 일으킨 것의 본질은 대국이 추진한 것이며, 다시 말해, 대국들 간의 협력은 제도가 기능을 발휘하는 것의 전제이지, 제도 자체의 기능 혹은 규범의 특징이 아니다. 저비스 교수는 현실주의의 또 다른 각도에서 제도건설과 안보의 관계를 분석하였다. 그는 안보에 대한 제도의 역할은 제도자체가 국가행위에 얼마나 큰 제약적 역할을 할 수 있느냐는 것이 아니라, 제도가 '혁신 도구'로서 국가의 행위 성향을 바꿀 수 있는지 없는지에 달려있다고 말한다.[98] 이로 인해 신현실주의의 각도에서 본다면 국제제도가 중요하며, 협력안보를 형성하는 것은 안보딜레마를 낮출 수 있는 기본 출로라 하더라도, 국가의 변화에 대해서 제도는 제도자체의 힘이 아닌, 제도적 협력의 과정에서 국가 자신에 내재된 변화이다.

국제관계의 발전에 따라서, 현실주의자들의 안보딜레마에 대한 분석과 이론적 총결도 끊임없이 발전하고 있다. 일찍이 1970년대 로버트 저비스는 '죄수의 딜레마(Prisoner's dilemma)'와 같은 게임 이론을 통하여 안보딜레마 상황에서 국가의 행위를 분석하여, 만약 전쟁과 충돌의 대가는 크지만, 협력이 윈-윈을 가져다 줄 수 있다면, 안보딜레마가 국가들 간에 충돌을 심화시키는 대립을 부추기지는 않을 것이며, 오히려 비록 적대 국가일지라도 각종 협력적인 조치를 부추겨 안보딜레마가 유도하는 충돌을 낮출 것이라 했다.[99] 일단 당사국의 군사적 기술이 방어에 유리하다 하더라도, 공격성 방위능력 건설의 코스트가 매우 높다면, 적대감을 품은 국가도 안보딜레마의 결과를 관리하는 쪽으로 더욱 전향할 것이며, 경쟁에서 협력으로 치우칠 것이다. 특히 한 국가가 매우 분명하게 공격이 아닌 방어적 태세를 취할 때, 정치와 안보의 협력을 모색하는 것은 더욱 설득력 있는 정책적 선택이라고 주장하였다.[100] 이러한 저비스 교수의 연구는 국제관계의 신현실주의 이론에 새로운 동력을 주입하였고, 현실주의 이론 패러다임의 새로운 발전 방향을 열었다. 그의 연구에 가장 중요한 것은 '비구조적 요소(Don-structural Factors)'의 분석에 대한 강조이며, 이것은 구조적 현실주의가 무조건 강조하는 국제체계의 무정부상태의 구조적 요소(Structural Factors)의 국가행위에 대한 역할 분배의 딱딱한 분석 모델을 약화시켰을 뿐만 아니라, 최초로 정치심리학의 방법을 통하여 '유닛 레벨(Unit level)'인 국가 단계상에서, 국가 간의 안보 상호작용에 영향을 주는 변수를 분석하였다.

냉전종결 후, 신현실주의자들은 핵무기와 경제의 상호의존 그리고 글로벌 정치의 발전이 국제관계에 가져다준 변화에 대해 탐구하였다. 그들은 영토의 정복과 점령을 목표로 한 폭력적 충돌은 이미 크게 낮아졌으며 국제관계 '자연상태'를 바탕으로 고찰한 전통적 안보딜레마가 야기한 안보문제는 이미 약화되었다고 여긴다. 1980년대 로버트 길핀(Robert Gilpin)으로 대표되는 신현실주의의 안보패러다임 연구에는 두 방향의 변화의 추세가 나타났고, 이 두 가지 추세는 냉전 후 더욱 두드러진 변화를 보였다.[101]

그 추세 중 하나는 당대 경제분석과의 간격을 더욱 긴밀하게 좁혀, 진보적으로 자신의 연구계획에서 '코스트/이득 분석'의 도입을 통하여, 국가의 외교정책과 국제행위의 결과를 고찰하는 것이다. 이 방면에 대표적 인물은 길핀 교수 외에 로버트 파웰(Robert Powell), 로요드 그루버(Rojord Gruber)와 잭 스나이더(Jack Snyder)가 포함된다. 그들 모두 국가행위의 선택을 '이득 계산'의 틀 내에 두고 연구하여, '견제', '영토 확장' 혹은 '국제조직 참여' 등이 대체 국가에게 어떠한 '상대적 이득'을 가져다줄 지에 대해 평가하였다.[102] 이 방향의 연구에서, 게임이론 역시 흔히 사용되는 분석 수단이다. 이러한 새로운 신현실주의 연구 성과는 기본적으로 경제지표를 통해 국가의 정책산출을 평가하고, 자국에 유익한 국제적 행동만을 취하는 것이, 반드시 견제 조치를 취하고 영토를 확장하며 또는 전쟁에 개입하는 것은 아니라고 주장했다. 또한 그들은 신현실주의와 신자유주의 양대 이론 패러다임이 서로 가까워지기 시작했다고 여긴다.[103] 비록 이러한 연구 성과는 객관적으로 월츠의 물질주의적 신현실주의 이론 구조를 벗어나며, 신현실주의 안보패러다임의 기존 몇몇의 뚜렷한 특징을 모호하게 하였지만, 현실주의의 '이론 패밀리'에서 새로운 분파를 형성하였다. 또한 방어적현실주의(Defensive Realism) 이론의 굴기는, 신현실주의 이론의 해석력을 증강시켰고, 때문에 이는 신현실주의 이론의 중요한 발전을 대표한다.

두 번째 추세는 지속적으로 월츠 이론의 체계구조의 제약적 역할을 견지하여 국제관계사를 경험분석의 근원으로 하는 것이다. 이들은 안보딜레마 역할 아래 국가는 권력의 최대화를 추구하며, 그렇기 때문에 대국 간의 충돌은 거의 피하기 힘들다고 강조하였다. 이 연구 방향의 대표적 이론은 존 미어셰이머(John Mearsheimer)의 '공격적 현실주의(Offensive Realism)'이다.

미어셰이머는 무정부상태 아래의 '안보딜레마'에는 실질적인 완화 방법이 없으며, 국가 모두 최대 한도로 자신의 권력을 확대하는 것을 통해서만 안보를 얻을 수 있다고 주장한다. 미래와 다른 국가들은 모두 불확실하기 때문에, 비록 국제권력 구조에서 국제질서를 주도하는 국가인 최강국이라 할지라도, 그 상태에 만족할수 없으며, 반드시 권력의 최대화를 통하여 '상대적으로 믿을 만한' 안보를 얻으려한다.[104] 따라서 그는 무정부상태가 개별국가에게 제공하는 거대한 '유혹'은 단순한 권력증강의 수단으로 자신의 상대적인 권력우위를 보장하는 것이나, 혹은 안보딜레마의 역할을 '중화'하여 상대적인 안보를 얻는 것이 아니라, 충돌과 대립 그리고 상대를 약화시키는 것도 불사하는 방식을 통하여 '절대적인 우위'를 얻고, "국가의 최종 목표는 체제에서 패권국이 되는 것"이라고 여긴다. 그는 국가들이 무정부상태의 '유혹'과 안보딜레마의 '구동'을 저항할 수 없다고 여긴다.[105] 안보딜레마의 실제적 결과는, 국제체제에서 영원히 변화와 종결이 불가능한 '패권전쟁'이라고 보았다. 그의 이론은 거의 철저하게 오르간스키(A. F. Kenneth Organski)에서 길핀, 월츠까지 국제체제에서 전쟁문제에 대한 전통적 서술을 바꾸어놓았다. 오르간스키는 후에 굴기하는 대국은 '불만족국가'가 되었기 때문에, 개연성이 비교적 높은 전쟁이 있을 수 있고, 이것을 곧 '권력전이 이론'으로 보았다.[106] 길핀의 '패권안정이론'은 '주도 국가'를 국제체계와 국제질서 안정의 중간으로 보며, 패권국가의 '공공물품제공'의 능력으로 인해, 후에 굴기하는 강국이 이익의 만족을 얻고, 전쟁을통하여 국제질서를 바꾸는 것을 포기하도록 할 수 있다고 주장했다.[107] 월츠는 안보는 국가의 최고 목표이기 때문에, "국가의 가장 중요한 관심은 결코 권력의 최대화가 아니라, 국제체계에서 자신의 위치 유지"라는 점을 강조하였다.[108] 월츠는 한국가가 패권국가의 권력에 도달하는 것으로 자신의 안보를 수호할 필요는 근본적으로 없다고 보았다.

그러나 안보딜레마에 대한 공격적 현실주의의 극단적 해석은 결코 학계의 공감을 얻지 못했다. 지금까지 '미어셰이머주의'는 기껏해야 일종의 국제안보와 관련된 학술적 주장에 불과했으며, 심지어 다수의 학자들의 강렬한 비판에 맞닥뜨렸다. 많은 방어적 현실주의 이론 연구가 공격적 현실주의보다 더욱 합리적이고, 더욱 설득력 있게 당대 국제관계 배경하의 안보딜레마 의제를 해석하였다. 찰스 글레이저(Charles Glazer)는 저비스의 분석 틀을 한층 더 발전시켜, 국가 간 안보 상호 작용관계를 해결하는 2개의 중요한 국내정치 변수로서 적대시 국가의 욕심의 정도와 적국의 동기에 대한 이해를 제시하였고, "모두가 다 아는 국가는 이기적인 세계에서, 결코 딜레마를 야기시키지 않고, '불안전'만 야기시킨다"고 여긴다.[109] 글레이저 교수의 논리는 매우 분명하다. 그는 현실주의 이론이 말하는 자조적 민족국가체제의 '자조(自助)'는 일정한 상호적대만을 의미하는 것이 아니라, 협력 또한 자조의 수단이 될 수 있다고 강조한다. 국가 간의 안보협력은 한 국가가 잠재된 적대국가인 협력국에 대한 현재 또는 미래의 불확실감을 결코 감소시킬 수 없다. 이는 분명한 사실이다. 그러나 한 국가가 자신의 안보를 다른 국가와의 협력에 기댐과 동시에 권력으로 자조 수단에 대한 완전한 장악의 확실성을 추구해야만, 무정부체제 내에 반드시 존재하는 불확실성에서 벗어날 수 있다. 설령 한 국가가 안보협력을 하지 않고, 절대적 자조수익을 추구하지 않더라도, 불확실성을 해소시킬 수 없다면, 이 국가가 안보협력을 포기했을 때의 위험성은 협력을 진행했을 때의 위험성보다 현저하게 높을 것이다. 글레이저 교수의 결론은 '안보협력'이지, 대국 간의 안보대립을 안보딜레마로 간주하는 조건하에서의 '자조전략'이 아니다. 이 전략 실현의 핵심은 대국들이 기존의 규칙을 상호존중하고, 이러한 규칙의 준수를 내면화하여 자신의 국제행위의 준칙으로 삼을 수 있는 지의 여부이다. 그 결과 안보딜레마는 국가 간 해결하기 힘든 경쟁상태의 존재를 야기할 수도 있지만, 반드시 국가 간에 억제하기 힘든 충돌상태에 처하게 하는 것은 결코 아니다. 안보딜레마 효과 아래 국가 간의 협력은 여전히 한층 더 발전할 수 있다.[110] 이로 인해, 방어적 현실주의는 결코 안보딜레마가 국가의 안보행위 선택을 주도한다고 여기지 않고, 국가가 국제행위를 준수할 때 '기만, 속임, 음모와 의외(意外)'를 배척하거나, 또는 최대한으로 피할 수 있는 지 여부가 주도한다고 여긴다. 이 일련의 요소와 국가의 정부유형, 전략목표, 정치문화, 엘리트의식 그리고 사회화된 아이덴티티와 관계되어있지, 무정부상태의 체제구조에 완전히 제약을 받는 것이 아니다. 글레이저 교수의 이론적 주장은 방어적 현실주의가 신현실주의 안보패러다임에서 안보딜레마 이론을 수정 및 제고시켰다. 그는 국제관계에서 국가는 결코 권력의 최대화를 추구하지 않고, 안보 혹은 안보이익의 최대화를 추구한다고 본다.[111]

랜들 슈웰러(Randall Schweller)는 글레이저 교수의 기초 위에서 안보딜레마와 국가의 안보행위 간의 관계에 대해 더 깊이 연구하였다. 그는 안보딜레마가 야기된 원인은 국제체제의 무정부구조가 결코 아니며, 세계정치에 존재하는 '약탈국가(Predatory States)' 때문임을 발견하였고, 따라서 안보딜레마의 연구는 신현실주의의 구조 요소에서, 완전히 국가라는 '유닛레벨'로 전향하였다. 슈웰러 교수는 만약 대국들 모두가 '약탈적'이라면, 그 모두는 반드시 '안보 모색자(Security Seekers)'들이지만, 각 대국들 모두 동기(動机)에서 안보를 모색할 때, 그들 간의 상호 제약과 방범은 실제적으로 국제안보의 존재를 보장한다고 여긴다. 또한 그는 "모두가 다 아는 국가는 안보 모색자의 세계 안에서, 결코 '딜레마'를 야기시키지 않고, 안보만을 야기시킨다"라고 말했다.[112] 그는 국가의 예를 들어 제도의 전환과 사회의 개방수준 등등의 국내요소가 국가들이 국제평화를 원하게 하였고, 또한 안보협력을 요구하게 하였다고 보았다. 슈웰러의 견해와 상응하는 것은, 앤드류 키드(Andrew kydd)의 견해이다. 그는 국제충돌 발발의 가장 중요한 원인은 안보딜레마가 아니라, '탐욕스러운 국가(Greddy State)'라고 여긴다. 키드 교수는, 비록 국가가 자신의 미래에 위협 혹은 공격을 받을지에 대해 확신할 수 없지만, 여전히 두 가지의 방법으로 불확실성을 감소시키며, 관리 가능한 수준으로 낮아지게 한다고 여긴다. 이 두 가지 방법은 첫째 민주화 과정이며, 정책 결정이 공개적이기 때문이다. 둘째는 민주국가든 비민주국가든 간에, 모든 국가는 위기가 나타났을 때의 후퇴와 양보 등과 같이, 설령 대가가 큰 조치라 할지라도 자신의 선의를 나타낼, 반드시 필요한 조치를 취할 수 있기 때문이다. 어떠한 국가도 다른 대국의 군사공격 혹은 무장도발에서 이득을 볼 수 없기 때문에, 안보를 얻은 국가는 국제체계에서 '비전쟁적' 균형을 형성할 수 있으며, 일정한 지연범위에서 실질적인 공간과 자유를 보유하여, 자신의 염원에 따라 행하는 것을 철저하게 금지함으로써, 안보를 취한 대국은 그들이 자신의 이익 주도를 이루고 또는 그것을 기초로 하는 데 결코 관심이 없다는 것

을 의미하고 있다고 여긴다.[113]

　방어주의가 국가 간 안보관계에 대한 안보딜레마의 분배 역할을 약화시키는 것에 노력하고 당대 국제관계 배경 아래 국가 간의 안보 상호작용에 일련의 전쟁, 혹은 군사적 충돌이 결코 반드시 발생하지 않는다는 새로운 해석을 제시하였음에도 방어적 현실주의는 그저 전쟁의 낙관주의자일 뿐이지, 전쟁의 비관주의자가 아니다. 심지어 종종 안보의 비관주의자이기도 하다. 키드 교수는 마찬가지로, 한 국가가 다른 한 국가의 '미래의 의도'와 '권력발전 추세' 간의 차이를 구분하고 분별할 수 없기 때문에, 안보딜레마의 작용은 늘 피하기 어렵다고 여긴다. 다시 말해, 만약 한 국가의 능력이 결정적으로 증가한다면, 대외전략의 의도는 변할 수 있고, 기존의 '온화한' 국가도 '탐욕스러운' 혹은 '육식동물'과 같은 국가로 변할 수 있다. 미래의 위협에 대한 공포 때문에 충돌과 전쟁의 필요성이 큰 설득력을 갖출 때, 이러한 충돌과 전쟁은 비록 많지는 않겠지만, 결국 여전히 발생하게 된다. 역사상 다수 발생했던 선의(善意)적 정부에 대한 군비경쟁과 전쟁 모두, 앞으로 비선의적 정부로 변할 수도 있다는 두려움에서 발생한 것이다. 이 점을 설명하는 것은 매우 쉽다.[114] 방어적 현실주의는 한 대국이 설령 억제된 군비발전 계획과, 방어적인 군사전략 그리고 온화한 정책을 취하더라도, 그저 국가 간의 상호인식과 안보딜레마 작용의 완화를 촉진시킬 뿐이지, 다른 국가의 우려의 해소, 혹은 안보딜레마의 영향을 무효화시킬 수는 없다고 주장한다.[115] 이런 의미로 본다면, 안보딜레마라는 이 현실주의 안보패러다임의 핵심개념은 신현실주의의 '이론 패밀리'에서 끊임없는 갱신과 발전을 얻어냈고, 국가 간 안보대립과 전쟁결과에 대한 이론적 해석을 완만하게 하였지만, '능력'과 '의도' 사이의 불확실성, 그리고 이로 인해 나타나는 상응한 결과는, 여전히 신현실주의 안보패러다임의 기본적 내포를 형성하였다.

　세계정치에서 늘 극복하기 어려운 능력과 의도 사이의 긴장관계를 해결하는 데 있어, 신현실주의 안보 학자들은 이 이론연구의 최후의 경로를 언제나 한 국가의 전략연구, 또는 한 국가의 전략선택에 대한 분석과 판단에 초점을 맞춘다. 에드워드 카(E. H. Carr)에서 한스 모겐소까지 언급한 '수정주의 국가', 오르간스키가 제시한 '만족'과 '불만족 국가', 그리고 로버트 길핀이 언급한 '현상국가'까지, 국가행위 유형에 대한 전략적 선별과 분류는 현실주의, 신현실주의 안보패러다임의 또하나의 중요한 특징이다. 분명히 현실주의적 입장에서 본다면, 한 국가가 설령 힘이 발전하여, 국제관계에서의 권력 양상이 변화되었다 하더라도, '불만족 국가', '수정주의 국가' 혹은 '현상국가에 대한 도전, 부정'이 아닌, '현상국가' 혹은 '만족 국가'이기만 하면, 이 국가는 침략적 국가가 아니고 국제안보의 중대한 위협이 아니며, 국제체계에 견디기 힘든 충돌 혹은 피할 수 없는 전쟁을 가져다주지 않을 것이다.[116] 한 국가가 도대체 어떠한 '유형'의 국가인지는, 그 국가가 취하고 이행하는 전략, 특히 대전략으로 인해 결정된다.

전략은 무엇인가? 신현실주의 학자들에게 전략은 권력 운용과 추구의 예술일 뿐만 아니라, 전쟁으로 하여금 정치상에서 유효하고, 도의(道義)상에 발을 들여놓을 수 있도록 변화시키든지, 아니면 경제상에서 이익을 얻을 수 있도록 하는 '기본적 처방'이다. 전략은 군사적 수단과 정치적 목적간의 유대이며, 또한 정치목적이 끊임없이 군사적 수단을 야기시키고 만들게 하는 기본적 명제이다. 이에 대해 미국 콜럼비아대학의 유명한 전략문제 전문가 리처드 베츠(Richard Betts)는 "전략이 없다면, 권력은 곧 큰소리만 치는 것에 불과하다. 전쟁은 어리석고 무지한 것이며, 생각 없이 살육하는 것은 곧 죄악이다. 정치가와 사병(士兵)은 어떠한 전략이 가장 좋은지에 대해 토론할 수 있지만, 평화주의자만이 전략을 제정(制定)할 필요가 반드시 있는지에 대해 우려한다"고 말했다.[117] 이러한 관점에서 출발하면, '권력'은 국제관계의 현실이며, '전략'은 영원히 국가정책이 '현실'에 직면할 때의 유일한 '출로'이다. 전략은 영원히 국가가 단기, 중기, 장기간에 현실과 잠재된 각종 위협의 계획과 방안을 평가, 분석, 대응하는데 필요하다. 이로 인해, 전략은 본질적으로 무정부상태의 국제관계에서 국가가 안보를 확보하고 이익을 실현시키는 데 반드시 필요한 수단이다. 국가 측면에서 신현실주의 안보패러다임이 주는 '충고'는, 결코 권력의 중요성을 분명히 밝히는 것이 아니라, 전략의 신뢰성과 실행가능성을 호소하는 것이다. 이로 인해, 현실주의 학자들 중에서 거의 예외 없이 모두 연구의 중점을 전체적인 혹은 부분적인 전략의 설계, 선택과 조정에 두고 있다.

신현실주의적 이론 패러다임은 늘 대국의 능력 발전에 특별히 관심을 갖고, 물질적인 능력 건설을 안보딜레마의 해소를 불가능하게 하는 기본적 이유로 보며, '의도'는 능력으로 인해 결정되지, 제도 혹은 지도자의 선호로 인해 좌지우지되지 않는다고 굳게 믿는다. 공격적 현실주의는 '능력'과 '의도'의 연관성의 절대적인 지지자이며, 그들은 어떠한 제도의 특징 혹은 정부의 유형도 국가의 권력욕망에 대한 믿을 만한 영향력으로 믿지 않으며, 물질적 권력의 변경만을 믿고 국가가 억제하지 못하는 물질적 권력의 욕망은 반드시 충돌을 야기한다고 믿는다. 미어셰이머 교수는 중국이 앞으로 '민주국가'가 된다 하여도, 또한 세계상에서 절대다수의 국가가 '민주국가'가 된다 하더라도, 안보딜레마가 야기시키는 중-미 간 혹은 더욱 광범위한 국가들 간의 충돌, 심지어 전쟁도 마찬가지로 피할 수 없다고 본다.[118] 방어적 현실주의도 마찬가지로, 국제관계에서 물질적 능력의 변경은 종종 오판, 신뢰도의 하락 그리고 적대시의 상승을 야기하며, 따라서 흔히 긴장의 격화를 가져오고, 심지어 충돌을 발생하게 한다고 본다. 반 에베라(Stephen Van Evera)는 역사상 대다수의 전쟁은 권력구조에 대해 미세한 차이가 있다 할지라도 권력구조에 대한 국가지도자의 착각으로 인해 발생되었다고 주장한다. 예를 들자면, 종종 다른 국가의 전략적 공격 의도에 대한 과장과, "선수치는 자가 이긴다"는 논리에 대한 지나친 강조, 그리고 권력 변동의 범위와 빈도이다.[119]

② 신자유주의적 안보패러다임

안보문제에 대한 다른 이해와 견해는, 신자유주의와 신현실주의 양대 이론 진영의 중요한 차이이다. 비록 신현실주의가 안보연구에서 줄곧 주도적 지위를 차지하고 있지만, 신자유주의는 줄곧 신현실주의의 역사적인 대체자이다. 로버트 키오헨(Robert Keohane)의 말을 인용하여 보면, 신자유주의는 곧 "새로운 국제제도와 국제규제의 설치를 통하여, 국가주권를 새롭게 해석하고, 현실주의가 높이 의존하는 국가행위체의 합법성에 대해 도전하는 등 이론적 노력을 통하여 민족국가를 초월하는 것을 모색하려는 것이다.[120] 간단하게 말해, 신현실주의적 안보패러다임은 국가중심주의의 분석방법을 강조하며, 민족국가체제는 바꿀 수 없고 무정부상태는 국제체계 구조의 특징이며, 국가의 대외행위에 대한 최대의 제약적 요소라고 여긴다. 안보의 본질은 무정부상태에서 자연적으로 파생된 안보딜레마에서 권력을 통하여 국가의 자조를 실현시키는 것이다. 따라서 안보는 국가의 생존과 동일하다. 신자유주의 '초국가주의(Transnationalism)'는 이미 국제관계를 더욱 정확하게 묘사하는 단어가 되었고, 당대 국제관계의 두드러진 변화는 더 이상 단순한 '국가간(International)'의 문제가 아니라, '초국가적(Transnational)인' 것이라 여긴다. 또한 안보문제는 국가를 초월한 국제제도, 국제 규범 및 규제를 통해 통제되어야 하며, 집단안보를 공고히 하고 발전시켜야 한다고 여겼다. 즉, 동맹의 바탕 위에 형성하는 세력균형이론을 현실주의 국제안보의 유일한 '통로'로 하는 학설은 이미 시대에 뒤떨어진다는 것이다.[121]

자유주의 이론은 국제안보에 대한 안보딜레마의 영향을 인정하고 권력은 국가가 안보를 실현하는데 반드시 필요한 수단임에 대해 동의하지만, 자유주의자들은 군사력 발전 등의 견제와 균형적 조치 혹은 균형체제 발전을 통한 국가의 권력 획득이 국제안보 보장의 해결책이 결코 아니라고 여긴다. 자유주의에서 본다면, 국제경제관계가 형성한 글로벌 경제 통합과 상호의존, 그리고 자유무역체제는 이미 지리적 정치대립을 주제로 하는 국가관계의 전통을 매우 크게 바꾸어놓았고, 영토 점령·정복과 군사 공격 혹은 방어 위주의 안보 모델도 바꾸어놓았다. 또한 지금껏 현실주의 안보패러다임을 주도하는 국제체제 무정부상태는 이미 더 이상 국제관계에서 국가행위에 대해 결정적 역할을 발휘하지 않는다고 여긴다. 헬렌 밀너는 현실주의의 무정부상태 개념의 정의와 가설에 대해 호되게 비판을 제기하며, '중앙 거버넌스(Central Governance)'의 결여는 '무정부상태'를 정의하는 데 올바른 단어가 결코 아니며, 당대 국제관계에 비록 '중앙 권위'는 없지만, '국제 거버넌스(International Governance)'가 존재한다고 여긴다. 밀너 교수는 국제관계 연구의 '무정부상태' 가설은 반드시 국제 제도·규범·규제의 강조를 기초로 하는 거버넌스 체제에 자리를 양보해야 한다고 제기하였다.[122]

자유주의 이론의 핵심은 자유경쟁, 자유투자와 자유무역을 대표하는 자본주의의 세계화(Globalization of Capitalism)와 인권, 민주, 자유를 핵심으로 하는 정치적 가치의 세계화이다. 이 양대 역사과정에 나타난 세계화 고조에 대한 믿음과 추구는 자유주의 국제관계이론의 구석구석을 주도하였다.[123] 비록 프랜시스 후쿠야마(Francis Fukuyama)가 『역사의 종말』에서 제기한 "자유민주와 자본주의는 왜 분리될 수 없는가" 하는 주제는 최초에 국제관계연구에서 생겨난 것은 아니지만, 서방의 2차대전 후 국제관계에 대한 높은 의존과 또한 자유주의 관련 국제관계와 국제체제에 대한 높은 의존을 확립시킨 인식기초이다. 신자유주의적 안보패러다임의 대두는 신현실주의적 패러다임의 불만과 도전에서 발원하였지만, 그 이론의 생명력은 2차대전 후 세계경제의 발전과 글로벌 자유무역의 확대에 있다. 임마누엘 월러스타인(Immanuel Wallerstein)의 말처럼, 자본주의와 세계경제는 동전의 양면이며, 자본주의는 분명히 일종의 국제화된 힘이다.[124] 2차대전 후 세계경제의 거대한 발전은 세계에서 자본주의 국가의 힘을 확장시켰다. 뿐만 아니라 자본주의 가치체제로 대표되는 국제관념의 확산은 2차대전 후 전례 없는 기회를 가져다주었다. 이런 의미에서, 신자유주의는 국가에 영향을 주는 국제행위에 단지 간략한 정치와 군사를 주체로 한 힘의 구조만 존재한다고 여기지 않고, 국가의 국제행위에 더욱 충분한 영향을 가할 수 있는, '경제적 요소'와 '자유가치'가 공동으로 형성하는 더 큰 규모의 '힘의 구조'로 발전·모색할 수 있다고 여긴다. 이를테면, 자유민주제도의 흡입력과 가치를 방향으로 하고 자유무역이 야기하는 국제규범과 규제는 당대 국제관계에서 중요한 역할을 발휘할 수 있다.[125]

반드시 지적해야 할 것은, 우리가 일반적으로 말하는 신자유주의는 현재 점점 더 엄격하게 신자유제도주의(Neo-liberal Institutionalism)와 같아진다는 것이다. 넓은 의미에서 말하는 자유주의 이론도 마찬가지로 하나의 방대한 '이론 패밀리'이며, 신자유제도주의 이론은 그중 가장 활발하게 진행되고 패러다임 특징에서 가장 두드러지며, 학계에서 가장 '이론'적 특징을 지녔다고 공인하는 하나의 분파이다. 1980년대 중반 이후, 자유주의 국제관계학설은 '큰 조수(潮水)'의 시대에 진입하기 시작하여, 국제관계연구에 대한 자유주의 이론의 급격한 확대는, 세계화(Globalize), 신이상주의(New-Idealism), 범세계주의(Cosmopolitan) 등 일련의 중요한 자유주의 이론적 학설을 야기시켰다. 이러한 학설은 기본적 개념체계와 방법론상에서 계몽시대의 고전적 자유주의와 차이를 보이기 위해, 어떤 때는 '다원주의'로 분류되고, 어떤 때는 '신자유주의'로 총칭된다.[126] 그러나 80년대 이후 발전하기 시작한 무수한 종류의 자유주의 국제관계 학설을 모두 '신자유주의'로 부르는 것은 과학적이지 못하다. 신자유제도주의와 다른 자유주의 국제이론에는 매우 큰 차이가 존재하기 때문에, 일반적으로 미국의 학자들은 신자유제도주의와 민주평화론, 세계화, 신이상주의를 엄격하게 구분하는 경향이고, 신자유제도주의야말로 엄격한 의미상의 '신자유주의'이며, 다른 것들은 곧 '자유주의 학설'이라고 한다.[127] 영국과 유럽의 학자들은 보편적으로 자유주의에 가까운 이러한 이론 분파를 전부 '자유주의 이론'으로 귀결시키며 신자유제도주의, 민주평화론, 신이상주의, 범세계주의 등을 모두 자유주의 이론의 구성 부분으로 본다.[128] 필자는 이러한 구분은 다소 지나치다고 생각하며, 사실상 '민주평화론'을 주장하는 대부분의 학자들은 이성주의자들이며, 심지어 자체가 신자유제도주의자들이다. 신자유제도주의 학자들 중에 '민주평화론'을 반대하는 사람도 있고, 자유제도주의 이론은 다른 당대 '자유주의' 국제관계의 기타 구성 부분과는 매우 큰 차이가 존재한다. 예를 들어, 키오헨은 '윌슨주의' 형태의 집단안보체제에 대해 분명하게 반대한 적 있다.[129] 그러나 최소한 그것들 간에 최대의 공통점이 존재하며, 즉 연구의 방법론상에서 모두 국내정치에서의 성공적 관리 경험을 국제 충돌의 변화와 해결에 적용할 수 있다고 인정한다.[130] 필자는 범위가 더욱 광대한 '자유주의' 정의를 받아들이며, 이론적 방법상에서 자유제도주의와 밀접한 관계가 있는 '민주평화론'을 신자유주의의 일부분으로 본다. 신자유주의 안보패러다임의 총괄에 대해 신자유주의 이론 진영에서의 다른 연구 항목에 근거하여, 이하 몇 가지 방면으로 나눌 수 있다.

③ 자유제도주의와 안보협력

자유제도주의의 안보패러다임을 소개함에 앞서 이 패러다임과 평화연구 간의 역사적 뿌리를 얘기하지 않을 수 없다. 1960년대 평화주의자들이 평화연구를 주창할 때부터 협력안보연구에 대한 붐이 일기 시작했고, 신자유주의 이론의 출현 및 기원은 평화연구에는 매우 밀접한 관계가 있으며, 최소한 평화연구는 신자유주의 이론의 흥기(興起)를 선도하였다.[131]

평화연구는 2차대전 후 유럽통합 이론에서 많은 양분을 얻었고, 칼 도이치, 브루스 러셋(Bruce Russett)이 주장한 '안보공동체' 개념, 어니스트 하스(Earnest Haas), 그리고 레온 린드버그(Leon Lindberg)가 주장한 '신기능주의(New-Functionalism)' 모두 협력을 통하여 국가 간의 안보관심을 해결하고, 전통적 안보딜레마의 작용을 감소시키는 데 이론적 기초를 제공하였다. 안보연구의 중요한 노력은 2차대전 후의 정치, 경제와 사회의 발전 연구가 현실주의의 국가대립에 도전하고, 국가 이외의 사회적 반전(反戰)힘의 흥기(興起)와 국제평화 운동의 과정에 대한 탐구를 통하여 현실주의와 다른 방법을 취하여 2차대전 후 세계 정치의 발전을 설명하였다. 1970년대 후반, 로버트 키오헨과 조지프 나이(Joseph Nye Jr.)의 『*Power and Interdependence*』는 현실주의에 대한 전면적 도전을 대표하였고, 그들은 초국제관계, 경제상호의존, 안보공동체, 국제조직 그리고 더욱 넓은 국제규제의 각도에서 변화된 국제관계를 설명하고, 세계정치가 이미 전통적 국가관계에서 발전하여 행위체가 다양화되고, 주권국가가 더 이상 절대적 중심의 '초국제관계(Transnational Relations)'가 아님을 강조하였다.[132] 국가가 구체적인 '문제분야'에서 지속적인 협력을 실현시킬 수 있을 뿐만 아니라, 국제제도의 확립을 통하여 국가가 '절대 이득'의 만족을 얻게 하도록 할 수 있으며, 더 나아가 협력을 통하여 각종 안보딜레마 아래 국가가 영원히 떨치기 힘든 행위자유 선택의 폐단을 해결할 수 있기 때문에, 키오헨과 나이를 대표로 하는 신자유주의 이론의 주장도 '자유제도주의'로 불린다. 이 이론의 핵심은 각종 국제제도의 확립으로 경쟁적 안보와 이익관심을 통하지 않고, '초국제주의'를 통하여 개별국가의 개별적 이익추구를 구속하며, 더 아나가 더욱 큰 규모의 국제협조와 글로벌 거버넌스의 형성을 반영한다.

비교해서 말하자면, 자유제도주의는 결코 신현실주의처럼 국제관계에서의 안보문제 탐구에 집중하지 않으며, 전쟁과 전략연구에 힘쓰지 않는다. 신자유주의의 연구 의제는 국제정치경제, 국제제도와 협력, 규범과 국제공동체 등 안보에 중대한 영향과 제약적 역할이 있는 문제에 더욱 집중한다. 이 점 역시 신현실주의 학자들이 자유제도주의에 비판을 가한 이유 중 하나이다. 예를 들어, 미어셰이머는 자유제도주의는 안보연구를 무시한다고 불평한 적 있다.[133] 이러한 비평은 논의할 가치가 있다. 자유제도주의에는 분명한 안보주장과 안보패러다임이 존재한다. 자유제도주의자들의 연구는 전통적 이론 개괄에서 '정치/경제문제'와 '군사/안보문제'의 분열을 타파하는 데 두고, 통일된 이론적 구조 건설을 통하여 국제관계에서의 '정치-경제, 군사-안보 관계'를 다룬다.[134] 비록 이 노력의 결과는 종종 국제관계의 학술과 실천상에서 모두 좌절과 맞닥뜨렸지만, 이것이 자유제도주의 안보 연구계획의 연속과 발전을 방해하지는 않는다.

안보문제에서 자유제도주의의 핵심명제는 무정부상태의 국제환경에서, 자아 이익 중심의 국가가 어떻게 가장 믿을 만한 이성적 행위를 취하고 얻으며, '개체'와 '구조' 간 최대 균형의 실현에 대해 탐구하는 데 목적을 둔다. 이로 인해, 자유제도주의자들은 두 가지의 매우 중요한 연구 방법을 취하였다. 첫째는 국제정치 경제관계가 국가 간 행위에 대한 역할 연구이며, 둘째는 제도주의 이론구조에서의 '제도 효과' 연구이다.

첫 번째 방법에 대해 말하자면, 자유제도주의자들은 무정부상태의 국제적 결과 혹은 '홉스주의'의 위험환경에서의 생존문제를 중요시하지 않고, 안보는 국가가 필요로 하는 가치의 일부일 뿐이지, 가치의 전부가 아님을 강조한다. 국가와 사회와 개인의 안보추구는 다른 가치와 목표를 쉽게 실현시키기 위함이다. 이로 인해, 국가의 '복지'와 '안보'의 중요성은 거의 동등하다. 국가가 이 두 가지 기본적 목표 혹은 주도적 가치를 동시에 돌볼 수 있을 때, 국가는 국제협력적 행위에서 '절대 이익'을 얻을 수 있고, 보편적 만족을 얻을 수 있다.[135] 이러한 이성적 선택의 논리 아래, 자아만족 추구 위주의 '절대 안보'의 한계효익이 점차 감소될 때, 국가는 다른 이익 목표를 추구하게 된다. 예를 들자면 안보를 포함한 많은 가치적 이익을 증가시키기 위해 협력과 자유무역 그리고 국제제도의 구속력을 추구하게 된다.[136] 신자유주의자들은 안보를 국제 무정부상태 아래 국가의 최대 목표로 이해하는데 반대하며, '안보'를 '생존'과 동등하게 생각하는 것 역시 월퍼스가 제기한 "어떠한 가치의 연속과 존재를 보장하느냐"의 문제에 대답할 수 없다고 여긴다. 안보에 대한 신자유주의의 이론적 대답은 한 국가가 어떠한 대가(代價)의 사용을 준비하는지, 특정 시간 내에 가능한지, 어떠한 구체적인 가치를 얻고 보장하는지에 대해 더욱 중점을 둔다.[137]

이로 인해, 안보딜레마는 국가안보행위를 주도하는 필연적 요소가 결코 아니며, 제도적 협력, 다자행동 등 국제관계에서의 행위 요소의 영향과 인도(引導) 아래, 국가 간에 합리적인 '비용/수익' 계산을 통하여 경쟁적 안보관심 간의 상호협조와 관리를 실현할 수 있다. 국가 간의 상호 안보관심은 '제로섬 적'이 아니라, '비제로섬 적'이다.

두 번째 방법으로 말하자면, 안보문제상에서 자유제도주의의 직접적인 이론적 요구는 각종 형식의 '협력안보'를 확립하여, 신자유주의 협력안보 기초 위에 제도적 구속력과 안보규칙의 응집력이 결여된 월슨주의의 '집단안보(Collective Security)'를 발전시키고 개량하며, 다자주의와 제도주의 운용의 방법을 통하여 국가 간 충돌적 안보관심을 해결하는 것이다. 이 이론의 목표는 최대한으로 개별국가의 단독적 안보행동을 제한하며, 다른 국가에 대한 '위협 판단'의 자극을 감소시키고 억제하는 것이다. 키오헨이 강조한 것처럼, 국제체계에서 충돌은 존재하지만 결코 피할 수 없는 것은 아니며, 제도는 권력 남용과 탐욕을 구속하는 믿을 만한 수단이 될 수 있고, 협력은 충돌에 대해 국가가 보이는 반응적 습관이 될 수 있다.[138] '협력 안보'를 살피고 분석하는 이론적 패러다임에서, 신자유주의는 개별국가 안보정책에 대한 구조의 영향이 아니라, 국제체계에서의 과정(Process)을 특별히 강조하지만, 신자유주의가 국제체계의 역할을 부정하는 것이 결코 아니다. 그저 구조가 국가안보선택을 지배하는 유일한 요소가 아님을 강조하는 것이다. 조지프 나이는 국제체계에서의 구조와 과정은 국가행위에 영향을 주고 추진하게 하는 양대 요소임을 지적하였다.[139] 안보연구에서의 과정적 요소를 강조하는 것은, 이론 분석 구조에서 제도주의, 이성주의와 개인주의의 결합을 실현시키는 것이다. 사회과학에서 '이성적 선택'의 방법을 사용해서, 국제행위체 측면의 각종 요소를 결합하여, 국제제도를 대표로 하는 규범, 규칙의 합법적 역할을 부각시키는 것은 어떠한 경로와 방식을 통하여 국가 간의 안보협력을 형성할 수 있는지를 연구하는 것이지, 안보딜레마의 작용 아래 국가가 단순히 개별 행동을 취하여 자신의 안보요구를 만족시키는 것이 아니다. 1970년대 탄생한 '유럽안보협력회의'와 냉전 후에 '유럽안보협력회의'를 대체하여 창설된 '유럽안보협력기구(Organization for Security and Cooperation in Europe, OSCE)'는 줄곧 협력안보의 모범으로 여겨진다. 자유제도주의자들은, 안보협력제도 확립이 국가의 '외부적 안보환경'의 전체적 질을 개선하여 개별국가의 군비건설에 대한 열정을 억제할 수 있고, 또한 개별국가가 자신이 이득을 취할 수 있는 안정적인 국제환경을 바라며 자신의 안보와 방위정책을 제정할 수 있으며, 더욱이 협력을 통하여 안보이익과 안보인식을 확립하여, 최대한으로 충돌과 전쟁의 발발을 억제할 수 있다고 여긴다.[140]

현실의 국제관계에서 국가는 불가피하게 안보를 위해 협력을 진행하지만, 문제는 "어떻게 안보협력의 지속과 영속성을 보장할 수 있는가"이다. 신현실주의에서 보아, 안보협력에 대한 최대의 도전은 '게임이론'에서의 '죄수의 딜레마' 혹은 편승하는 자의 존재이다. 이로 인해 국가는 불가피하게 결국 개별적 권력만을 믿고, 개별행위 보류와 사용의 자유적 선택은 국가안전을 보장하는 마지막 장치가 된다. 협력은 이로 인해 영원히 취약하다. 그리고 한 국가의 개별적 '자유 선택' 권리 유지의 핵심은, '상대적 이득'을 얻는 것이지, '절대적 이득'이 아니다.[141] 그리코(Joseph M. Grieco)의 말처럼, 협력은 "실현시키기 어렵고, 지속되기 어려우며, 개별 국가의 권력에 더욱 많이 의존"한다.[142] 그러나 신자유제도주의자들은, 제도적 협력은 '죄수의 딜레마'에서의 이익의 불확실성을 이길 수 있기 때문에, 국가는 '절대 이득'과 제도화된 협력을 만족시킬 수 있다고 믿는다. 예를 들어, 당대 국제관계에서 정보기술의 발달은 소통을 빠르고 편리하게 하였고, 정보의 끊임없는 투명화는 전략상 국가의 오판 가능성을 감소시켰으며, 국가의 대화 의욕을 자극하여, 더욱 각국이 다른 국가의 선호(善好)에 대해 비교적 잘 이해하도록 하여 오판과 착각을 감소시켰다.[143] 이로 인해, 자유제도주의는 제도를 '정보의 교환' 및 '전달'로서 특히 중요하게 연구하고, 특별히 각국의 전략적 목표와 이익 정보에 가장 좋은 '처리무대' 역할로서, 안보딜레마에서 국제제도의 '정보역할(Informational Roles)'을 연구한다. 그들의 연구는, 제도 내의 교류과정은 종종 국가가 더욱 유연하고 편하게 상관된 신호를 전달하게 할 수 있으며, 협력에 대한 불만 혹은 만족의 결과는 관련국가 간 정보의 교류와 소통을 촉진시켰고, 협력 각국이 다른 국가가 협력에 대해 승낙한 의무의 신뢰도를 예상할 수 있게 하였으며, 협력의 동기와 달성할 수 있는 협의 간의 차이는 억제할 수 있다는 사실을 발견하였다.[144] 페런(James Fearon)은 연구를 통하여, 일부러 연속적인 신호를 보내는 것으로 자신의 이익요구와 전략목적을 표명하는 것은, 이미 당대 외교의 중요한 수단이 되었고, 교류채널의 다양화는 신호가 묵살되지 않게 하며, 각종 신호의 신속한 처리는 협력 코스트를 낮추는 유효한 방식임을 발견하였다.[145]

자유제도주의자들은 국내 및 국제 정치의 상호작용 모델의 발전을 통하여 국가의 협력 모델을 설명한다. 이것은 1990년대 이래 자유제도주의 이론 발전의 중요한 분야가 되었다. '국내요소'의 도입과 분석은 자유제도주의 안보패러다임의 중요한 특징이다.

'월츠주의'의 신현실주의 이론 구조에서, 국제체계의 '구조적 요소'는 하나도 예외없이 모든 것을 주도하기 때문에, '유닛 레벨'상의 국내요소 분석은 간소화된 것이다. 그러나 신자유주의는, 유닛 레벨상에서 국가가 포함된 각종 행위체의 상호작용은 국제관계연구에 필수적인 분석레벨일 뿐만 아니라, 더욱이 국제관계발전에 중요한 추진력으로 여긴다. 이러한 유닛 레벨상의 상호작용은 신자유주의로부터 국제관계에서의 과정(Process)적 요소로 해석된다.[146] 이는 국가 간의 상호작용과 그 관계에 대한 다른 비국가행위체의 참여와 영향에 대한 분석은 국가가 어떻게 상호대응하고, 어떠한 안보정책과 전략을 취하는지를 이해하고 파악하는 핵심으로 여긴다. 그리고 국가 간 상호작용 관계에 영향을 주는 요소는 국제적 제도·규범·규제뿐만 아니라, 국내정치 체계에서의 제도, 관념과 이익단체 등 많은 요소 또한 존재한다. 비록 신자유주의자들이 사용한 이성주의 분석방법은 국가가 이성적 행위체임을 강조하지만, 그들 또한 마찬가지로 이성적 행위의 배후에 존재하는 다른 국내 근원을 강조한다. 키오헨은 "국제정치에 대한 이성주의적 분석은 분석단계의 간소화와 결코 같지 않으며, 이기주의와 같은 이러한 이성적 추론이 이론상에서 현실을 간소화하는 데 매우 유용한 방법임은 인정하지만, 현실에 대한 진실한 반영은 결코 아니다"라고 지적하였다.[147] 냉전 후 국내정치 변수에 대한 신자유주의 관심은 그 이론 심화의 중요한 상징이다.

1996년, 키오헨과 밀너는『*Internationalization and domestic politics*』을 출판하였고, 국가협력행위에서 선호의 문제에 대한 자유제도주의 전통의 토론은 국내그룹의 선호를 국제경제의 자원으로 하는 등 새로운 영역으로 확대되었다.[148] 1997년, 헬렌 밀너는『*Interests, Institutions, and Information: Domestic Politics and International Relations*』를 출판하여, 관료체제, 공공여론, 제도문화와 사회경제구조가 포함된 국내정치 분석모델을 확립하여, 이것으로 국내요소가 어떻게 국가의 국제협력행위에 영향을 주고 제약을 하는지 밝혔다. 밀너 교수는 민족국가는 제도성과 사회성 역할이 구성한 다방면의 정치이며, 각 국가에 모두 자신의 선호가 존재하고, 국가 내부의 입법, 행정과 사법에는 상호연관된 관계가 존재한다고 말했다. 입법부서가 강경할수록 행정부서가 협력적 협의를 달성하기 더욱 어려울 것이며, 입법부서가 온화할수록 국제협력에 영향을 주기가 더욱 어려울 것이고, 따라서 행정부서가 국제협력적 협의를 더욱 쉽게 독립적으로 달성할 수 있다고 여긴다. 밀너 교수는 더 나아가, 국제협력 협의는 행정부서의 선호가 아니라, 입법부서에서 더욱 많이 구현되며, 정보가 충분할수록 협의 달성의 난이도는 더욱 높아지고, 국제협력 촉진, 혹은 불협력에서 이익단체의 역할은 정치적 압박을 증가시키는 것이 아니라 정보를 이해하지 못하는 입법부서에 정보를 이전시켜준다는 사실을 발견하였다.[149] 밀너의 모델 앞에서, 안보가 협력의 방법을 실현시킬 수 있을지 여부는 상당부분 국제제도와 국제규범의 역할에 달려있으나, 국내정치 요소가 더욱 큰 비중을 차지한다. 그녀의 연구 성과는 자유제도주의의 국제협력이론이 크게 진일보하게 하였다. 그중 첫째, 그녀의 국내정치와 국제관계 결합의 국가협력행위 분석모델은 이전 신현실주의와 신자유주의 사이에서 벌어진 협력문제에 관한 오랜 토론을 종식시켰고, 국제관계연구를 위해 국내정치를 결합한 분석은 새로운 토론의 장을 열었다. 둘째, 그녀의 광범위하고 튼튼한 데이터에 기반한 근거는 그녀로 하여금 행정부서가 국제협력에 대한 협상을 진행할 때, 늘 입법부서의 선호와 구미를 예상하여 상응하는 행동을 취한다. 이로 인해 입법부서는 국제협상에 개입하지 않지만, 그들의 '이익선도자' 혹은 이익단체를 통하여 국제협력에 깊게 간섭한다는 매우 중요한 사실을 밝히게 하였다. 밀너 교수의 연구가 우리로 하여금 국내정치가 도대체 어떻게 한 국가의 협력행위에 영향을 주느냐에 대한 이론화를 시작하게 한 것은, 이 분야 내의 '상징적' 작품이다.[150] 국내정치 및 사회와 경제의 구조적 요소 외에도, 자유제도주의 학자들은 관념과 선호 그리고 국내정치의 구조 등 많은 국내분야에 대해 깊은 연구를 진행하였다.[151]

포스트냉전시대, 유일한 초강대국 미국과, 미국이 주도하는 단극체제 형성의 상황에 직면하여 자유제도주의와 국가안보전략을 결합시키는 것은, 냉전 후 자유제도주의 안보이론노력의 중요한 방향이며 또한 자유제도주의 안보패러다임이 발전시킨 중요한 특징이 되었다. 다른 대다수의 현실주의 학자들과 같이, 자유제도주의자들 또한 미국의 단극패권을 옹호하는 진영과 미국이 사력을 다해 자신의 단극패권을 보호하는 것을 반대하는 양대 진영으로 나뉘었다. 미국의 단극패권을 반대하는 자유주의의 목소리는 국제관계에서 권력이 지나치게 국제관계의 제도안정과 다자주의 발전에 불리하게 집중되어 있고, 미국의 단극패권은 지역협력과정 발전의 충격하에 머지않아 타파될 것이라고 믿기 때문에,[152] 비록 대다수의 자유제도주의자들이 미국의 패권전략을 지지하지만, 국제제도적 지지가 부족한 미국 패권은 일찍이 쇠락하고, 또한 '공동화(空洞化)'될 것이기 때문에, 그들은 미국이 자신의 초강력한 힘에 기대 그들의 대외정책과 전략을 '제국화'하는 것을 단호하게 반대한다.[153] 그러나 자유제도주의자들은 미국이 그들의 '제도적 패권'을 공고히 하고 발전시키는 것과, 국제제도, 국제규범과 국제규제의 역할을 이끌어 나가고 발휘하는 것을 통하여서, 세계정치에서의 '지도자' 지위를 실현시키기를 요구한다. 이로 인해, 자유제도주의자들은 부시정부의 일방주의와 선발제인 전략에 맹렬히 비판을 가하고, 미국이 다자주의로 더욱 돌아와, '권력우위'가 아닌 '제도적 패권'에 의지하여 국제관계에서의 패권이익을 보장하도록 요구한다.[154]

자유제도주의는 시작부터 안보분야 내의 국가협력 연구에 역점을 두었고, 제도화된 안보협력을 안보딜레마의 부정적 작용과 세력균형의 취약성을 극복할 대체적 출로로 보았다. 로버트 키오헨은 "제도주의 이론의 논리를 현실주의가 정의 내린 안보문제에 직접적으로 운용할 수 있다"고 자랑스럽게 선포하였다.[155]

그러나, 자유제도주의가 국가 간 실행가능하고 지속가능한 안보협력을 해석할 때 직면한 딜레마도 마찬가지로 역시 분명하다. 첫째, 국가가 협력을 통하여 취한 '절대적 이득'이 '위험적인 상대적 수익'을 축적할지 여부, 즉 협력을 통하여 강대해진 후의 국가가 만약 권력의 치명적 유혹을 떨쳐버릴 수 없다면, 국제관계에서의 충돌 위험은 반드시 크게 상승한다. 이 외에 기존의 '약자'가 협력 후 강대해지면, 기존의 '강자'는 그것을 억제하기 위해 도전하겠지만, 지속적인 협력이 필요할 때 진행한 협상은 더욱 어렵게 변할 것이며, 심지어 충돌의 어려움이 나타날 것이다. 이것 모두 자유제도주의자 자신들이 표명한 적 있는 협력안보의 '미래의 그림자'이다.[156] 둘째, 자유제도주의학자들은 시종 안보충돌 해결과 안보협력 촉진을 위해서 협력규제(Cooperative Regulations)의 역할을 주장한다. 그러나 협력규제 역할의 전제는, 협력적 국가가 협력규제에 대해 역할을 발휘할 때 각종 정보의 평가, 그리고 자신행위의 비용을 낮출 것인지의 계산이 더욱 많이 관련된다. 이러한 과정은 '국내 규제(Domestic Regulations)'와 국내 단계상의 '규제 유형(Regime Type)'과 더욱 많이 관계되어 있고, 서방의 이론 연역(演繹)에서 민주는 자연적으로 독재보다 우월하고 평화적이다. 이로 인해, 국내정치 분석을 더욱 결합시킨 협력안보 이론은 매우 쉽게 민주평화론의 정형화된 패턴에 빠졌고, 이것은 실제적으로 협력안보를 추앙할 때 자유제도주의의 이론적 패러다임의 보편성을 크게 약화시켰다. 예를 들어, 밀너 교수는 민주국가 간의 자유무역은 민주국가와 비민주국가 간의 자유무역보다 더욱 쉽게 실현·발전시킬 수 있다고 여긴다.[157] 그러나 이것은 경험적 사실에서 성립될 수 있는 추론이 결코 아니며, 민주적 선진국은 오늘날 무역보호주의의 가장 큰 위협적 근원이다.

④ 자유무역, 상호의존과 세계화의 안보적 역할

신자유주의 안보패러다임의 또 하나의 중점은, 즉 두 번째 방법은, 당연히 국제정치경제학(IPE)의 각도에서 더욱 긴밀하게 연관되며, 경제교류상에서 분리될 수 없는 세계경제체제 그리고 세계화 과정이 안보딜레마와 국가 간 안보긴장 관계를 낮추는 역할을 강조한다.

자유제도주의자들은 경제목표와 경제이익은 한 국가가 자기 국가안보를 살피는 중요한 요소이며, 국가가 단순히 안보를 '하이 폴리틱스'로 보고, 경제 발전을 '로우 폴리틱스'로 보는 현실주의적 판단을 반대한다. 냉전은 우리에게 일련의 사례를 제공하였다. 예를 들어, 1970년대 석유위기, 1980년대 소련의 개혁 등등, 그 가운데서 우리는 안보와 경제의 관계가 더욱더 긴밀해져 간다는 것을 알 수 있다. 이론과 논리체계로 말하자면, 신자유주의는 '국가'와 '시장'은 개별적 영역이며, 정치는 자연적 통합에 대한 사회의 '이성적 관리'이기 때문에, 시장은 정치를 제한하고 구속하는 수단이며, 일종의 진정한 정치 이론으로 본다.[158] 이는 전쟁, 안보와 국제관계와 관련된 핵심관념을 형성하였다. 19세기의 중상주의자들은 전쟁 등 폭력행위는 정치경제 법칙에 대한 무지로 야기된 인류 자연상태의 산물이라고 믿는다. 다시 말해, 만약 자유무역 등 국제경제교류가 광범위하게 이루어진다면, 국가는 교류를 통하여 서로 간의 지리적 거리와 제도적 차이를 단축할 수 있고, 이익에 있어 상당히 큰 만족을 얻을 수 있으며, 전쟁과 폭력은 실질적으로 억제될 수 있다. 그러므로 자유무역은 '평화체제(Mechanism of Peace)'라 할 수 있다.[159]

그러나 인류역사상, 자유무역이 전쟁을 저지할 수 없었던 사례들 모두 경제의 높은 상호의존이 안보관계의 자연적개선과 결코 직접적으로 동일시될 수 없다는 것을 보여주었다. 반대로, 경제와 무역분야에서의 상호의존은 높지만, 안보와 정치분야 내에서는 긴장관계인 예가 더욱 많다. 무역, 상호의존과 안보는 도대체 무슨 관계인지는 분명히 신자유제도주의 연구의 중점이다.

로버트 키오헨과 조지프 나이는 그들의 명저『Power and Interdependence』에서, 국제관계에서 상호의존도의 제고가 안전을 야기하는지, 아니면 불안전인지에 대해 직접적인 대답을 하지 않고, 상대적으로 포용성을 지닌 분석 구조를 사용하였다. 그들은 세계경제통합이 야기한 '복합적 상호의존'은 결코 충돌을 막지 못했지만, 충돌의 형식에 중대한 변화가 발생하게 하였다고 여긴다. 그들에게 국가 등 '정치 역할'이 어떻게 상호의존 시대의 충돌적 의제에 대해 답을 하는 것은, 직접적인 구조 요소 분석보다 더욱 중요하다. 이로 인해, 신현실주의 분석구조에서 간소화된 '유닛 레벨'인 국가와 비국가행위체의 분석은 매우 중요하게 되었다.[160] 그들의 '복합적 상호의존 이론'은 현실주의 이론과 다르고, 또한 이미 증명된 가설을 제기하였고, 그것은 증강된 상호의존이 이전의 대국전쟁과 연맹의 재구성, 그리고 끊임없이 반복되는 인류를 괴롭히는 역사와 다른 정치와 경제 과정을 야기시킬 가능성이 있다는 것이다. 또한 그들에게, 상호의존은 "양방향으로 진행하는 대가 높은 상호작용 과정"을 의미하기 때문에, 협상 과정은 국가들을 연결시키고, 상호의존은 협상과 대화를 유달리 중요하게 한다.[161] 국가 간의 '복합적 상호의존'은 세 가지 중요한 역할을 야기하였다. 첫째, 다양화된 경로는 각국의 사회를 연결하며,[162] 이것은 서로 간의 정부뿐만 아니라, 다국적기업, 비정부조직과 국제정치 모두 국가 간의 상호관계 그리고 상호 간의 정책에 영향을 발휘하게 한다. 둘째, 군사문제가 반드시 경제와 환경문제보다 더욱 중요한 것은 결코 아니며, 국가가 맞닥뜨린 문제는 이미 '비(非)등급화'가 되었고, 반드시 현실주의가 강조한 것처럼 안보가 모든 것을 압도하는 것은 결코 아니다. 셋째, 완전한 상호의존적 국가, 즉 서방의 민주국가는 군사적 수단을 사용하여 그들 간의 논쟁을 해결하지 않을 것이다.[163] 국가의 가장 중요한 목표는 군비경쟁의 기초 위에 입각한 안보와 생존노력이 아니라, 국가가 국제조직과 협력을 통하여 안보와 협력을 모색함으로써, 경제적 이득을 공동으로 유지하는 것이기 때문에, 군비경쟁은 이미 국제정치의 도구적 의미를 상실하였고, 대국관계에서 협력과 경쟁의 주류는 끊임 없이 발전되고 있다. 이런 의미에서 본다면, 국제관계 발전과정에 대한 자유제도주의적 묘사는 신현실주의보다 더욱 정밀하고 세밀하다.

냉전 후 밀려온 세계화의 물결, 그리고 안보화 연구를 겨냥한 자유제도주의 이론가들은 상호의존의 이론 구조로 세계화를 다루는 중요한 시도를 했다. 이것은 세계화 충격 때 자유제도주의의 핵심적 이론에 대한 연속성을 유지하였을 뿐만 아니라, 자유제도주의로 하여금 세계화가 가져온 '새로운 문제'와 결합하여 이론의 새로운 해석력을 상승시키는 데 노력하게 하였다. 키오헨과 나이는 세계화가 단지 세계경제와 사회분야 내 상호의존 관계의 한단계 발전과, 상호의존의 새로운 경지의 도달일 뿐이라고 여긴다.[164] 이로 인해, 세계화는 국제관계의 혁명적 변혁을 야기시키는 요소가 아니라, 상호의존이 세계정치 과정의 연속을 바꾸었다. 이로 인해, 상당부분의 학자들은 세계화가 복합적 상호의존 이론의 계시(啓示)성을 격상시켰다고 여기며, 무역, 상호의존과 세계화는 국제안보와 평화에 도움이 된다는 견해 역시 끊임없이 발전되어, 의존과정에서 대칭성이 강할수록, 무역 상호의존의 지속시간은 더욱 길어지고, 안보와 평화의 작용도 더욱 커진다고 여긴다.[165] 세계화는 전체적으로 세계안정과 안보의 발전에 유리하다. 자유제도주의는 전쟁이 국가의 생산능력을 파괴하며, 국가의 재력과 인력을 소모시킨다. 따라서 평화는 각국의 이익추구 논리에 부합하며, 강대한 군사방어 건설의 국가안보정책 역시 국가이익에 대한 약화이며, 이러한 방어정책은 국가의 비경제적 재정지출 확대와 세수(稅收)의 제고를 강요할 뿐만 아니라, 또한 국민에게 국가가 복리를 제공하는 능력에 위해를 가할 정도로 국가채무를 늘린다고 여긴다. 이로 인해 자유주의자들은 군국주의(Militarism)에 입각한 군비확장이 평화적인 상업에 위해를 가할 뿐 아니라, 국력 또한 약화시키며, 자유무역과 중상주의야말로 국가부강의 근본이라고 믿는다.[166] 이러한 이론에서 출발하여 자유무역은 국가재정을 증가시키고 이를 통한 국가를 초월한 소통·이해는 국가 간의 간격을 없애며, 국가 간의 평화적 협력을 형성한다.

당대의 신자유주의자들은 제도조직 이론에 근거하여, 중상주의자들의 오래된 화제에 대해 새로운 서술을 하여, 자유무역이 국제안보와 평화에 유리하다는 관점은 신자유주의 안보패러다임의 중요한 대표주자가 되었다. 로제크랜스(Richard Rosecrance)와 같은 신자유주의 이론가에 대해 말하자면, 설령 독재가 호전적 정치문화를 형성할 수도 있고, 당대 군공연합체(Military-Industry Complex)도 흔히 전쟁을 통하여 군공상품의 수주를 확대하길 원하며, 또한 그 가운데 이득을 얻는다 하더라도, 자유무역이 반드시 자유시장 경제를 기초로 하고, 세계범위 내의 자유경쟁의 시장체제를 모범으로 하고, 시장규율은 '보이지 않는 손'으로서 여전히 지속적으로 자원의 분배를 제어하고 주도하기 때문에, '소그룹'이 국가방어정책을 지배하고 대외군사 확장을 무절제하게 전개하는 일은 발생되지 않을 것이다. 또한 자유무역은 장기적으로 보아 개별국가의 이익을 위협하지 않을 것이며, 오히려 개별국가 안보정책에 대한 오도(誤導)를 감소시킬 것이다.[167]

냉전이 종결된 후부터, 무역과 안보 간의 관계는 줄곧 신자유주의 안보패러다임의 중요한 내용이었다. 신자유주의는 한 국가가 석유 등의 해외 수요와 같은, 전략적 자원을 위해, 이러한 자원에 대한 해외 의존을 끊임없이 증가시키는 동시에, 해군력 등 전력투사적 군사력 건설에 대한 새로운 필요성이 존재한다고 여긴다. 해외전략자원 제공의 보장과 운수(运输)안전은 그 국가의 국가안보의 중요한 구성부분이 되었지만, 세계적 자유무역체제의 제약과 한 국가가 자유무역에서 얻을 수 있는 재정적 수입의 비중 확대 모두, 여전히 그들이 단순히 개별권력의 증강을 통하여 새로운 안보요구를 보장하는 것이 아니라, 전략적 자원의 해외시장에 대한 높은 의존을 통하여 국가가 자유무역 등 협력적 조치의 확대를 모색하게 한다. 2차대전 전후의 역사적 사례 모두, 세계적 자유무역체계 증강의 과정에서, 설령 한 국가가 해외에 새로운 자원적 이익과 안보 요구가 존재한다 더라도, 이 나라의 안보 대응의 선택을 전반적으로 말해 여전히 협력의 경향이 있다.[168] 자유무역제도가 보편적으로 확립되는 국제체계에서, 대국 간에 전쟁과 충돌이 야기하는 비용이 자유무역과 경제 상호의존이 야기하는 이득보다 훨씬 크기 때문에, 대국은 비록 충돌은 존재하지만 서로 간의 관계에서 더욱 '대국협조' 체제 확립의 경향이 있어, 충돌의 이익에 대한 모종의 협상적 관리제도를 확립할 수 있다.[169]

국제안보에 대한 자유무역의 또 다른 긍정적 역할은 지역협력과정의 발전과 지역주의(Regionalism)이념의 심화이다. 1970년대의 신기능주의는 경제분야와 같은 '차등 민감' 문제의 협력과정을 거친 후, 지역은 경제협력에 대한의 심화에 대해 '스필오버 효과(Spillover Effect)'를 야기시키며, 다자적 협력을 안보와 군사적 분야로 확대시킨다고 제기하였다. 자유제도주의는 WTO, 세계환경 다자제도적 협력에 대한 이론탐구를 통한 경제분야 내의 다자협력으로 '협력의 습관'을 기르게 한다. 즉, 개별 국가가 점차적으로 공동체 건설과 국제규범에 대한 적응을 거쳐, 협력을 통하여 안보분쟁을 해결하는 습관을 양성한다는 것이다. 이것은 충돌을 낮추고, 분쟁성 문제에서 긴장관계의 고조를 피하게 할 뿐만 아니라, 더욱이 다자안보협력의 지역적 방법을 기르고 최종적으로 저비스 교수가 말한 안보공동체를 형성하여, 관련된 국가가 안보딜레마가 야기한 군비경쟁 격화와 안보 적대시 행위의 상승을 저지한다. 이론적으로 말하면, 지역주의 발전이 건설한 지역적 경제, 사회와 정치협력은 안보공동체 형성에 있어 반드시 거쳐야 할 길일 뿐만 아니라, 안보분야에서 개별국가가 자아구속 조치를 취하고, 권력남용을 자제하도록 하는 중요한 경로이다.[170] 이미 유럽통합의 경험은 지역협력의 심화가 지역정치 질서의 변혁을 가져온다는 것을 증명하였다. 지역주의하에서는 긴밀한 제도협력을 형성하는 각 지역 구성원이 지역질서의 확립에서 오늘날의 유럽연합처럼 일종의 평등한 협상의 '필라델피아 체제(Philadelphian System)'를 취할 가능성이 더욱 높다. 이러한 필라델피아 체제에서 지역 내의 안보문제는 모두 협상의 방법을 통하여 관심을 얻을 수 있기 때문에, 어떠한 개별국가의 대규모 군비건설은 오히려 이러한 협상 체제를 와해시켜 지역 회원국이 군비경쟁을 진행할 가능성을 억제하였다.[171] 역사상 유럽은 열강의 패권다툼으로 인해 끊임없이 나타났던 전쟁과 긴장상태는 최소한 서유럽과 유럽연합 내부에는 이미 와해되었다.

⑤ 민주평화론: 정부유형과 국가의 국제행위

신자유주의 안보연구에서 '국제시민' 사회처럼 자유주의 라벨의 의미를 지닌 주장은 '민주평화론(Democratic Peace)'이다. 칸트와 같은 고전자유주의자는 일찍이 18세기에 칸트주의(Kantian)로 불리는 평화추론을 제기하였다. 구체적으로 말해 개별국가의 국내정치 체제의 '공화제'와 '공화제의 국제발전'을 통해, 국내정치 체계의 자유민주제도의 가치적 힘과 제도적 우위를 마련하여, 국가 간의 충돌과 전쟁을 감소시키고 해소하며, 최종적으로 국제계약에 기대어 각 국가가 전쟁을 일으키지 않는 국제적 의무를 부담하도록 하여, '세계연합' 건설의 궁극적 구상에서 국제관계의 중앙화와 법률적 거버넌스를 실행하는 것이다.[172] 오랫동안, 칸트주의 는 국제관계에서 자유주의적 이론의 원천일 뿐만 아니라, 흔히 모종의 '유토피아주의'로 여겨진다. 이러한 칸트주의적 국제관계 공화제는 결론적으로 말해 인류의 정치생활의 국내정치 경험을 국제관계로 확대시키기 때문에, 현실주의는 국내체계와 국제체계는 완전히 다른 두 가지의 체계라고 확신한다. 또한 국내정치에서 민주와 법치 그리고 중앙권위의 성공적인 실천은 확대를 통하여 국제관계를 해석하고 개조시킬 수 없다고 본다.[173]

1970년대 국제관계의 정량분석 전문가 데이비드 싱어(David Singer)와 피터 발렌슈타인(Peter Wallenstein)과 같은 여러 명의 저명한 학자들이, 역사상 각종 전쟁행위와 국가전쟁 성향 간의 관계를 조사할 때, 민주와 전쟁의 관계를 언급하였다. 그들은 정량연구를 통하여 민주적 국가는 비교적 쉽게 전쟁을 발발시키지 않는다는 결론을 도출해냈지만,[174] 이 결론은 지금껏 단 한 번도 모종의 특정 이론으로 실증

(実證)되지 못했다.[175] 반대로, 국내 정치유형과 국제충돌 혹은 전쟁의 연결을 반대하는 사람은 많이 있다.[176]

80년대부터 이 상황에 변화가 발생하기 시작하였다. 1983년 러멜(R. J. Rummel)은 국내정치와 전쟁 그리고 국제폭력 간의 관계를 연구한 후, 만약 한 국가가 보유한 자유가 비교적 많다면, 그 국가의 대내외의 폭력은 비교적 적다고 밝혔다.[177] 스티브 찬(Steve Chan)의 연구결과도 민주가 평화를 촉진시킨다는 것에 어떠한 근거를 제공한 것 같다. 그는 국제전쟁과 폭력에 영향을 주는 것과 관련된 변수를 분석한 후, 몇몇의 대체제전쟁(Extrasystemic Wars) 배제를 제외하고 국제전쟁, 폭력과 민주적 수준과 관련하여 민주적 국가는 비민주적 국가보다 더욱 평화스럽다고 여긴다.[178] 그러나 진정 학술적 연구성과의 형식으로 "민주적 국가는 전쟁하지 않는다. 따라서 민주는 곧 평화다"라는 말을 처음으로 주장한 사람은 마이클 도일(Michael Doyle)이다. 그는 1983년에 발표한 논문 「Kant, Liberal Legacies, and Foreign Affairs」에서 처음으로 학술연구의 형식으로 민주가 평화를 의미한다고 제기하였다. 도일은 첫째 자유주의에 대해 총결하여, 성공적 서방민주국가는 모두 자유주의적 전통을 지녔고, 자유주의민주는 이러한 국가들에서 법치, 안정적 정치와 사회질서, 그리고 개인권리와 책임이 보장받는 외교적 정책을 탄생시켰다고 여긴다. 그리고 그는 세계에서 다른 역사적 시기의 자유주의 민주적 국가를 열거하였다. 그는 자유민주적 정부의 네 가지 기준은, 시장과 사유(私有)경제자본, 유효한 주권단위, 사법으로 인권을 보장하는 정부 향유, 대의공화정체(代儀共和政體)라고 여겼다. 둘째, 그는 데이비드 싱어와 비슷한 방법을 취하여, 근 300년 동안 세계에 발생한 주요 전쟁을 열거하였고, 이에 대해 분석하였다. 끝으로, 도일은 "민주적 국가는 전쟁하지 않는다"는 결과를 얻어냈다. 비록 자유국가는 수없는 비자유국가의 전쟁에 연루되었지만, 헌법이 안정적인 자유국가가 서로 전쟁을 발발시킨 적은 없다.[179] 도일은 칸트의 민주평화이론에 대한 인증(引證)을 통하여 그의 관점을 지지하였다.

1986년, 마이클 도일은 논문 「Liberalism and World Politics」를 발표하여, 그

이론을 민주평화 이론과 관련하여 재차 발전시켰다. 이 글에서 도일은 자본주의 상업우위와 상업이익의 평화를 강조하는 슘페터(Joseph Alois Schumpeter)의 자유평화주의(Liberal Pacifism)와, 국제윤리와 국제법 바탕 위의 평화를 강조하는 마키아벨리(Niccolo Machiavelli)의 자유제국주의(Liberal Imperialism)를 비교하였다. 그는 서방이 추진했었던 자유제국주의 정책은 현재 이미 쇠락하였고, 자유평화주의의 서방은 이것을 이미 경험하였으며, 현재 세계적으로 확산되고 있고, 개량을 거친 자유국제주의(Liberal internationalism)는 국제정치의 미래를 대표할 것이라고 여긴다. 더나아가 그는 민주국가가 2차대전 후 전쟁을 하지 않는 역사적 사실은 이미 세계상에서 '단독평화(Separate Peace)'를 건설하였고, 이 평화는 국제안보의 기초와 보장이 되었으며, 비록 비민주국가에 대한 민주국가의 전쟁은 여전히 존재하고 이 가능성은 앞으로도 배제할 수 없지만, 이러한 전쟁의 목적은 '공공이익'과 '자유촉진'이라고 제기하였다.[180]

도일 이후, 몇몇의 미국학자들이 글을 통하여 민주평화의 관점을 지지하는 것은, 민주평화가 현재 국제관계에서의 전쟁과 평화문제상 일종의 유약변강(由弱變强)한 이론의 목소리가 되게 하였다. 민주평화의 연구 결론과 주장은 '다원주의' 이론적 시각을 취하고, 신현실주의 이론의 '패권'을 규탄하는 중요한 노력 중 하나가 되었다. 그중 가장 대표적인 것은 브루스 러셋이 쓴 『Grasping the Democratic Peace』이다. 이 책은 1980년대부터 시작된 '민주평화론'의 단계적 총결이며, 또한 뒤이어 민주평화론을 국제관계 연구에서 중요한 연구과제로 삼아 체제의 이성주의 방법의 기초를 마련하였다.[181] 서방 국제정치 학계의 민주평화론에 대한 연구는 이로 인해 점차 고조되었고, 어떤 이는 심지어 민주평화론을 "국제관계연구에서 경험 법칙과 가장 가까운 성과"로 불렀다.[182]

민주평화론은 1980년대 이래 서방 국제관계연구에서 부흥했고, 여기에는 필연적 원인과 배경이 존재한다. 레이건정부의 80년대부터 소련과 동유럽 사회주의 국가 그리고 제3세계 국가에 대한 '민주적 공세'에 대한 강화 시작은, '민주평화론'의 사회적 열의를 불러일으켰다. 일찍이 70년대 후반, 카터의 인권외교는 미국 외교정책 중 자유, 민주와 도의(道義)적 전통 회복을 힘써 주장하였다. 레이건정부 출범 이후, 비록 인권외교가 대대적으로 추진되진 않았지만, 여전히 서방의 민주와 인권가치를 소련에 대항하는 중요한 수단으로 강조하였다. 민주와 평화는 레이건 정부의 중요한 이데올로기 우위 전략의 내용이다. 1982년 6월 8일, 레이건은 영국 국회 연설에서 개인 자유에 대한 충분한 존중 위에 세워진 정부는 '억제력'과 '평화적 내재된 의도'를 지닌다고 제시하였다. 그는 소련집단에 대한 민주, 자유적 관념 촉진의 신 십자군전쟁을, 세계평화 확대의 미래로 여기도록 요구하였다.[183] 1989년 출범한 부시정부도 냉전의 종결은 서방민주가치의 승리라고 극찬하였고, 세계에서 서방민주의 확산 추진은 부시의 '세계 신질서' 주장의 중요한 부분이다. 1993년 클린턴 대통령 취임 후, '세계에 민주 보급'을 그의 외교정책의 3대 축 중 하나로 뽑았다. 클린턴 대통령은 1994년 2월 발표한 국정자문에서 민주평화론을 공개적으로 제의하며, "민주국가에는 공격하지 않는다"뿐만 아니라, "안전보장과 영원한 평화 건설에 가장 좋은 전략은 세계 다른 지역에서 민주의 성장을 실현시키는 것"이라고 제시하였다.[184]

미국의 국제관계연구에는 그의 학술적 독립의 일면이 존재하며, 국제관계의 이론연구에는 자신의 이론의 내재된 규범과 현실에 대해 서로 구분을 추구하는 일면 또한 존재한다.[185] 그러나 정부의 외교전략과 정책의 중대한 영향을 받는 또 다른 일면도 마찬가지로 존재한다. 학계에서 민주평화론의 부흥은 정부의 외교정책 조정과 민주적 가치를 중시하는 정책적 무게에 대한 서방학자들의 적응성과 외교정책이 학계에서 얻은 회답과 지지 또한 반영하였다. 마이클 도일은 자신의 이론적 노력과 정부정책 제정 간의 긴밀한 관계를 적나라하게 밝히고, 세계에서 민주를 촉진시킬 필요성에 대해 조금의 의심도 없다고 강조하였다.[186] 존 오웬(John M. Owen)도 1990년대 클린턴정부의 외교정책은 민주평화론에 대해 많은 학자들이 지지성의 연구를 하도록 유인한 원인이라고 여긴다.[187]

냉전의 종결은 민주평화론이 핵심적 작용을 일으키도록 조장하였다. 냉전은 서방에서 일반적으로 민주, 자유, 인권 등 서방 이데올로기의 승리로 불린다. 프란시스 후쿠야마를 대표로, 서방학계는 냉전승리의 의미를 단편적으로 인류 이데올로기 진화의 종착점으로 귀결하였고, 서방 자유민주주의가 인류 정부형식 변화의 최종형식이라는 것을 증명하였다. 후쿠야마는 비록 냉전의 종결은 관념과 의식적 세계에서 자유주의가 승리하게 하였지만, 물질적 세계에서는 여전히 이루어지지 않았다고 제기하였다. 그러나 '이상(理想)'이 오랫동안 세계를 통치할 것이라고 믿는 서방의 의견에는 충분한 이유가 있다.[188] 후쿠야마의 '역사의 종말'은 냉전후 서방 이론계의 지나친 낙관적 정서와 서방식 자유와 민주에 대한 지나친 자신(自信)을 대표하였다. 이러한 정서와 자신, 그뿐만 아니라 서방의 전통적 가치에 깊숙이 박혀있는 애호(愛好)가, 냉전 후 세계에 대한 이론 설계와 전망에 나타나면서, 민주평화론은 순조롭게 추구의 방향이 된 것 같다. 러셋은 냉전 후 국제관계가 취해야 할 기본원칙이 민주평화라고 여겼다.[189] 그들은 모두 앞으로 서방식의 '자유세계'가 건설될 것이라고 굳게 믿는다.

다른 각도에서 본다면, 민주평화론은 냉전 후 현실적 전쟁위협이 그렇게 급박하지 않은 상황에서, 자유주의적 가치가 국제관계이론 내에서 확대되는 것을 대표한다. 냉전의 심각한 사실과 소련이 압박을 가한 '상호파괴 보장'적 핵공포 균형은, 미국의 학계가 부득불 더 많은 시간과 에너지를 할애하여 위협, 군비억제, 위기관리, 외교정책의 이성화(理性化) 등과 같은 많은 현실적 과제에 대해 연구하게 하였다. 냉전종결 후, 비록 신현실주의자들은 세계정치의 변화는 제한적이며, 현실주의 이론은 여전히 생명력이 있다고 여기지만,[190] 후쿠야마로 대표되는 자유주의 학자들은 이데올로기의 투쟁은 서방의 자유제도와 가치의 철저한 승리로 끝을 맺었다. 역사의 종말로 인해, 자유주의는 인류의 사회생활을 주도할 수 있을 것이며, 냉전 후 세계정치의 변화는 본질적인 것일 것이다. 자유주의가 다시 국제생활에서 '자기억압'을 할 필요는 없으며, 냉전 후의 세계 정치경제는 이미 민주평화론으로 하여금 강대한 현실가능성을 지니게 하고, 자유주의가 국제관계이론 연구의 심층에 자리 잡을 수 있게 하며, 국제관계 분야에서 최소한 17세기 이후 끊임없이 현실주의로부터의 배척을 당해온 국면을 바꾸게 하였다고 믿는다.[191]

민주평화론의 관점을 살펴보면 결코 복잡하지 않다. 심지어 매우 간단하다고 할 수 있는데, 각종 민주평화론을 전면적으로 관찰해보면 사실 이하 세 가지 방면의 주요 관점만 포함된다.

첫째, 민주국가는 쉽게 전쟁에 휘말리지 않고, 그들의 전쟁 경향성은 분명히 비민주국가보다 많이 약하다.

둘째, 민주국가는 지금껏 서로 전쟁을 하지 않고, 민주국가의 전쟁은 모두 비민주국가와 이루어진 것이다.

셋째, 민주국가의 수가 끊임없이 증가하면, 전쟁의 횟수는 끊임없이 하락할 것이고, 세계평화에는 더욱 희망이 생긴다. 따라서 세계 민주화는 세계평화의 근본적 보장이다.

상술한 관점과 연결하여, 민주평화론은 아래와 같이 서술할 수 있다.

첫째, 정치와 경제가 자유인 국가는 정치와 경제가 자유롭지 않은 국가보다 충돌의 경향성이 많이 적다.

둘째, 정치와 경제가 자유적인 국가는 지금껏 서로 전쟁하지 않으며, 그들을 정치와 경제가 자유롭지 않은 국가와 서로 비교하였을 때, 국제충돌을 야기할 가능성은 많이 적다.

셋째, 정치와 경제가 자유적인 국가의 수가 증가할 때, 국제체계의 수는 감소할 것이며, 충돌의 단계도 따라서 낮아질 것이다.[192]

민주평화론자들은 일련의 이론과 모델을 발전시켰고, 민주국가가 전쟁을 하지 않는다는 이론을 논증하길 희망하였다. 이러한 논증과 해석은 크게 두 가지로 나눌 수 있다. 첫째는 칸트의 이론을 기초로 하여, 민주가 개인권리에 대한 존중, 현명한 자아이익, 정치와 법에 대한 규범과 복종을 창조해냈고, 따라서 민주국가 내부에 규범적 성향(Normative Disposition)의 존재를 전쟁반대에 적용할 수 있다고 여긴다. 이러한 논증은 '문화/규범해석(Cutural Norms Explanations)'으로 불린다. 둘째는 민주국가에서 민주적 정체(政體)의 안배와 지도자 선택 등과 같은 체제운행을 기초로 한 분석은 민주체제가 전쟁에 대해 내재된 억제를 야기하고, 따라서 최대한으로 전쟁을 피할 수 있다고 여긴다. 이러한 논증은 '정치 구조/제약 해석(Political Structural/Constraints Explanations)'으로 불린다.[193] 마오즈(Zeev Maoz)와 러셋도 이러한 구분 방법을 통하여 민주평화를 개괄하는 기본적 논증 과정을 취하였다. 다른 것은, 그들은 전자를 '규범적 모델(Normative Model)'로 부르고,[194] 이 모델은 민주국가가 국내정치에서 이미 발전시켜 나온 국내정치 충돌 처리행위와 해결 방법을 '외화(外化)'하여, 국내정치의 해결방안을 국제관계에서의 국가외교행위를 설명하는데 사용하고, 따라서 민주국가가 싸우지 않음을 증명하는데 목적이 있다고 여긴다. 그들은 후자를 '구조적 모델(Structural Model)'로 부른다. 이 모델은 국가가 대외 충돌에 참여하는데 반드시 필요한 국내정치 동원의 과정을 탐구하는 데 목적이 있으며, 이러한 과정이 민주국가에서 특별히 복잡화되어있고, 따라서 비민주국가보다 더 용이하게 전쟁을 저지할 수 있다고 여긴다.

민주평화론자들이 흔히 사용하는 또 다른 논증 방법은 '선택적 해석(Alternative Explanation)'이며, 이것은 주로 변수에 대해 분석한다. 이 방법은 역사상 발생하였던 전쟁에 대해 수량 통계를 통하여, 민주국가는 전쟁에 매우 적게 휘말린다는 경험적 결과를 도출해낼 뿐만 아니라, 두 가지 민주국가 관계에서 일련의 이변량 분석(Birariate Analysis)을 설정하여, 민주국가 관계에서 어떠한 요소들이 가장 용이하게 전쟁을 저지하는지를 발견하도록 하였다. 이러한 요소들에는 부(富)와 경제의 증강, 가까운 관계와 동맹관계, 정치의 안정 등이 포함된다. 마오즈와 러셋은 연구를 통하여 동맹관계 혹은 민주국가가 매우 용이하게 결맹을 하는 것은, 민주국가 간에 서로 싸우지 않는 중요한 원인이라고 여긴다.[195] 브레머(S. A. Bremer)는 자신이 연구를 통해 도출해낸 결론에 근거하여, 1946년부터 1986년까지의 전후 40년간, 정치적 안정은 종종 국가가 전쟁 혹은 충돌에 휘말리는 것을 막을 수 있었고, 정치적 안정과 정부의 유형 간에는 밀접한 관계가 존재한다고 주장하였다.[196]

문화/규범적 해석, 구조/제한적 해석과 선택적 해석은 현재 민주평화론이 이론적 논증과 추측에서의 세 가지 주요 방법을 구성하였고, 또한 민주평화론의 개념확립(Termonology) 방면에서의 주요내용을 공동으로 구성하였다. 이 세 가지 해석은 비록 구체적으로 분석을 전개하는데 각각 차이가 존재하지만, 또한 흔히 서로 교직(交织)되어 있다.[197]

그중 첫째는 '문화/규범적 해석'이다. 간단하게 말해, 민주적 문화가 민주국가 내부에 공유할 수 있는 규칙들을 길러냈다고 여기는 것이다. 이러한 규칙들은 민주국가의 개인과 지도자가 습관적으로 타협과 평화적 방식을 통한 충돌 해결을 규범하고, 강렬한 질서 의식을 수립하였다. 이러한 민주적 규칙과 문화는 공화주의 헌법, 즉 서방식 민주에 대한 칸트의 관념으로부터 왔다. 민주국가 내부에 공유할 수 있는 규범(이미 문화, 관념과 실천으로 변하였다)은 국경을 넘어, 다른 민주국가와의 관계를 처리하는 데 적용시킬 수 있다.[198] 설령 민주국가가 충돌상황에 처해 있다 하더라도, 서로의 지도자들의 비폭력적 문제해결의 습관과 기대도 충돌의 승격을 막을 것이다. 이 외에, 민주국가 그들이 충돌을 해결할 때 쉽게 결맹하는 것 또한 매우 좋은 보조적 작용을 일으킬 수 있다. 민주국가가 자신의 소위 민주문화적 공통성(公通性)으로 인해, 서로 간에 종종 매우 용이하게 동맹관계를 결성한다.[199] 도일은 민주국가의 민주라는 특이한 성질이 그들로 하여금 강력한 협력충동(Incentives for Cooperation)을 갖게 하며, 따라서 윈 – 윈의 협력을 통하여 상호대립의 상승을 피한다고 여긴다.[200] '문화/규범적 해석'의 핵심은 '민주적 기질(Democratic Ethos)' 분석이며, 민주문화와 규범이 야기한 '평화적 경쟁, 설득과 타협'은 민주국가 간의 전쟁을 막는다고 여긴다.

둘째는 '구조/제도적 해석'이다. 이 해석은 민주적 정치체제 분석에 치중하며, 민주가 형성한 특정한 정치구조는 전쟁행위에 대해 내재된 억제력을 야기시킨다고 여긴다. 이 해석도 두 가지 방면으로 나눌 수 있다. 첫 번째 방면은 민주국가의 예를 들어, 칸트가 말한 공민자결(自決), 유효한 사법권위(權威)와 사회이익이 구성한 다원화 등의 국가정치 기초를 강조한다. 민주평화론자들이 여기서 찾아낸 주된 논거(論据) 요소는, 법률이 보장하는 공민과 정치권리에 대한 공민의 향유, 정치 지도자들이 국민에 대해 반드시 져야할 책임, 현대 민주정치에서 민심의 작용이다. 전쟁은 반드시 높은 대가를 치러야 하기 때문에, 국민을 위해 반대하며, 민주정치의 내재된 구조는 정치가들로 하여금 국민의 의지를 외면할 수 없게 함으로, 민주국가가 쉽게 전쟁을 할 수 없도록 한다. 두 번째 방면은 민주정치 운행과정에서의 '견제와 균형(Checks and Balances) 체제'이다. 이것은 민주정치구조의 기본적 특징이며, 지도자의 전쟁의도에 대한 핵심적인 제약 역할을 지녔다. 민주평화론자들이 이 방면으로부터 얻은 논거 요소는, 정부는 반드시 입법부서에 책임을 지고 또한 감독을 받는다는 것이며, 제도화된 정당 경쟁, 그리고 다원화된 외교정책의 정책 결정 절차이다.[201] 이 해석의 핵심은 민주정치에 내재된 제도적 배치를 통한 전쟁에 대한 소위 '배척성'과 '구속력'의 강조이다. 민주의 이러한 내재된 제도와 구조로 인해, 민주국가의 지도자들이 일종의 "그들 모두 '비둘기파'이며, 반드시 비둘기처럼 행동해야 한다"와 같은 미리 설정된 믿음을 갖게 한다. 민주국가는 싸우지 않는다는 그들 간의 관계는 '비둘기와 비둘기' 간의 관계이기 때문이다.[202]

셋째는 '국제공민사회적 해석'이다. 세계화와 상호의존이 끊임없이 확대되는 배경하에, 냉전종식 이래 정부, 의회와 입법체계와 같은 각종 국가기구의 교류와 연결의 끊임없는 확대는, 초국적 네트워크체계를 형성하였고, 각국의 광범위하고 깊은 '사회성 교류'의 기초 위에 '세상을 밝히는 질서(世晃秩序)'를 형성하고 있다.[203] '국제공민사회(International Civil Society)' 학설은 민주평화론의 새로운 이론적 구성 부분이 되었다. 민주평화론은 민주국가의 사회 형태는 모두, 법치와 자유의지 및 평화 질서적 공민사회를 강조하기 때문에, 공민사회에서의 각국 국민의 상호교류, 상호인정, 더 나아가 상호 간에 평화적 이념의 추종자와 이행자를 형성하는 것을 강조한다. 따라서 민주국가의 확대는 평화를 애호(愛好)하는 국민의 증가를 의미하며, 평화주의적 국민들 간의 대동단결과 국제폭력에 대한 긴밀한 대항을 의미하고 있다. 그러나 비민주국가의 국민은 종종 '완전히 문명화되지 않은', '더 강한 폭력적 성향'을 지녔다고 여긴다.

헤들리 불(Hedley Bull)이 '국가사회(Society of States)' 관념을 제기한 이래, 비록 중앙정부(중앙 거버넌스)의 결여로 무정부상태가 나타났지만 관련 국제관계가, '무질서' 아니면 '유질서'를 의미하는지에 대한 논쟁은 지금껏 멈춘 적이 없다. 도일 교수에게, 국제관계는 비록 무정부이지만 질서가 존재하며 이 질서는 결코 현실주의가 말하는 권력구조가 구속하는 질서가 아니라, 국가 간에 형성할 수 있는 일종의 '사회질서'이다. 예를 들어, 규범과 법규의 기초 위에 형성된 행위규칙, 그리고 상호 소통, 윈-윈과 인정의 기초 위에 형성된 사회적 관계이다. 즉, 무정부상태가 아닌, '질서'가 국제관계의 성립원칙이다.[204] 불 교수의 '국가사회' 개념은 신자유주의에게 중요한 계발(啟發)적 역할을 발휘하였고, 국제관계에서의 '사회적 힘'이 확산될 수 있는지 여부는, 부분적으로 완전히 전통적 국가 중심적 분석모델을 초월할 뿐만 아니라, 국제사회의 내재된 연결의 힘을 빌려 정부 간의 협력과 국가행위의 규범화를 추진하기 때문에, 줄곧 신자유주의 연구의 중요한 방향이다. '세계공민사회' 개념의 기원은 신자유주의자들이 강조한 '자유민주' 가치에 기초하며, 그들은 이러한 가치에 대한 복종과 국내정치의 발전은 국제관계가 상호연결 및 인정과 가치 공유의 공동체를 형성하여, 권력정치, 전쟁, 혹은 국제체계에서 권력의 지나친 집중으로 야기된 위해(危害)에 저항하게 한다고 믿는다.[205] 사실상 구성주의 학자들도 공민사회개념을 사용하고, 공민사회 구조에서의 관념과 인식의 상호작용은 세계평화를 촉진하는 중요한 방법으로 여긴다. 하지만 여전히 확실하지 않은 것은 국제 공민사회가 도대체 어느 정도로 정부 정책에 영향을 주고, 더 나아가 정치가의 전쟁 결정을 억제하는지에 대해서는, 단순히 자유주의 이론에 입각한 발전이 아닌, 진일보한 실증연구를 통한 증명이 필요하다. 이라크전쟁 이전 유럽의 강대한 전쟁 반대의 목소리는 전쟁에 대한 미국 대중의 지지에 결코 영향을 미치지 못하였고, 더욱이 부시정부의 전쟁 결정도 바꾸지 못하였다.

상술한 세 가지 논증 방법에서 출발하여, 민주평화론자들은, 국가는 내재형태가 완전히 다른 단위이며 국가의 차이는 영토나 힘과 지리적 위치가 아닌, 자신의 국민을 어떻게 다루는가 하는 것이며, 이 차이가 국가의 국제행위의 차이를 결정한다고 여긴다. 국가의 목적과 사회에서 개인의 목적은 같고, 그것은 안보일 뿐만 아니라, 권리의 추구와 보장이다.[206] 월츠가 주장한 무정부상태의 국제체계 특징에 대한 분석은 틀린 것이다. 민주국가의 존재와 확대, 또한 그들의 국제행위는 모두 '내재된 평화'적이기 때문에, 국제체계의 상태는 동질(同質)적이지 않으며, 모두 무정부상태의 제약을 받아 오히려 '이질(異質)적'이며, 평화를 애호하는 민주국가와 반드시 선천적으로 침략성을 지닌 비민주국가로 나뉜다.[207] 비민주국가는 무정부상태를 이용하고 싶어 하지만, 민주국가는 자발적으로 무정부상태의 영향을 약화시킬 수 있다. 민주국가의 확대는 국제체계에서 체계구조 특징적 자유주의를 개조한 것과 같으며, 민주국가의 세계화는 무정부상태의 소멸과 같다. 이로 인해 민주평화론도 마찬가지로 '제3 이미지(the Third Image)'를 통하여 국제관계를 분석하며, 민주정치의 국내실천이 언젠가는 국가관계를 혁신할 것으로 여긴다.

그러나 민주평화론자들이 어떻게 자신들의 가설을 변호하든지 간에, 민주평화론에 대한 의심과 비판은 지금껏 멈춘 적이 없다. 민주평화론은 결코 치밀한 이론이 아니며, 엄격하게 말해 그저 일종의 논거 혹은 가설일 뿐이다. 민주평화론은 자신의 논증 과정에서, 독립적 변수와 단위분석 단계상의 민주적 정치구조와 민주국가 간에 전쟁행위가 없다는 가설 사이에 필연적 논리관계가 존재하지 않기 때문에,[208] 신자유제도주의자라 할지라도, 어떤 이들은 민주평화론의 이론 논증에 동의하지 않는다. 더 나아가, 민주평화론에는 농후한 서방가치관의 흔적이 존재하며, 학술적 기준으로 보아도 국내정치 민주화 과정상 확립된 평화가 일종의 진정한 실증 이론이 될 수 있는지에 대해 많은 논쟁이 존재하며, 민주평화론은 이론의 일치성과 검증가능성 상에서 커다란 문제를 안고 있다. 그러나 민주과정은 일종의 종합적 사회, 경제와 정치 발전을 반영할 수 있고, 믿을 만하고 되돌릴 수 없는 민주과정은 국내안보의 취약성을 억제할 수 있으며, 국가능력건설 증강을 통하여 국내 불안전요소의 만연과 확산을 피할 수 있고, 객관적으로 국제안보에 도움이 된다. 이로 인해 국제관계 이론의 학술적 기준으로 보아, 민주평화론은 논의할 가치가 있으며, 국제안보에 필요한 다양한 지원체계의 각도에서 본다면, '민주평화'의 긍정적 의미는 여전히 제창할 가치가 있다. 특히 민주평화론 연구과제의 끊임없는 심화에 따라, 국제관계연구에서 '국내'와 '국외' 간의 제한은 이미 철저하게 무너졌고, '월츠주의' 이론과 같이 국제관계분석에 국내의제를 더 많이 연관시킬 필요가 없는 탐구의 전형적인 결론은, 이미 철저하게 타파되었다. 국제관계 연구에서의 '국내'와 '국제' 분야의 결합은, 이미 기본적 공통된 인식이 되었다. 비록 '국가외부의 세계에서 충돌'은 여전히 피하기 어렵지만, 평화는 "국가 내부 각각의 공민사회가 공동으로 실현시킬 수 있는 국제적 삶의 질"이다.[209] 이러한 관점은 매우 강한 현실적 의미를 지녔다.

그러나, 단순하게 민주가 인류로 하여금 전쟁과 군사적 충돌을 피할 수 있게 한다고 희망하는 생각은 아무래도 지나치게 순진하다. 어떻게 민주를 정의내리는지의 문제에 대해, 현실 세계에서 멈추기 힘든 논쟁이 존재하고 있으며, 서방의 자유주의 가치도 민주를 완전히 정의내릴 수 있는 절대적 권위는 결코 아니며, 민주적 국내정치 모델도 국제관계에서 국가를 현실적 이익의 본체와 이익분배의 단위로 하여 야기된 각종 경쟁과 충돌관계를 결코 해결할 수 없다. 단순히 국가의 국내정치 형태가 꼭 국가의 대외행위를 결정할 수 있다고 믿는 견해는 더욱 터무니없는 것이다. 민주적인 미국의 일방주의정책 추구는 국제사회의 공통된 이익에 손해를 입혔고, 민주적인 미국이 2차대전 후 발발시키고 진행한 대외 전쟁은 그 어떠한 '비민주적 국가'보다 훨씬 많다. 스탠리 호프만(Standley Hoffmann)의 비판처럼, 자유국제주의의 딜레마는 "이러한 가치와 원칙을 고수하는 국가는 늘 불가피하게 자신의 이익을 위해 충돌과 전쟁에 휘말리며, 이러한 충돌과 호전적 행위는 국내정치 제도와 어떠한 관련도 없고, 오히려 이익 수호의 방식과 더욱 관련"된다. 이 세상에, 민주적이지만 호전적인 국가는 결코 적지 않다.[210] 민주적 제도는 지도자의 자발적인 권력유혹 극복을 결코 피할 수 없다. 열광적으로 민주평화를 추구하는 것은, 그저 국제관계에서 지속적으로 서방 가치와 세력 우위의 기초 위에 '미국 중심주의' 혹은 '서방 문명론'을 지속적으로 조성하고 확대시킬 뿐이며, 이것들이 선전하는 의미는 이 이론의 실제적 작용보다 훨씬 크다.

자유주의적 안보패러다임에는 합리성이 존재한다. 현실주의 안보패러다임에 대한 일종의 수정과 발전으로서, 자유주의 안보이론과 실천은 오늘날 우리가 국제안보 문제를 인식하는 데 넓은 공간과 충분한 상상력을 제공하였다. 그러나 자유주의와 자유제도주의는 모두 서방의 이데올로기이다. 그들의 관점과 이론의 열정은 오래되고 깊은 서방사상 전통과 역사 경험으로부터 왔으며, 그리스의 이성주의, 로마의 스토이시즘(Stoicism), 기독종교철학, 뉴튼의 물리학, 계몽시대의 정치철학 및 이러한 정치철학에 대한 계승, 비판과 발전을 융합시켰다. 함께 나눈 자유주의 이념과 이상(理想)은, 과거와 앞으로 지속적으로 서방 사회의 엘리트들을 한데 묶어 그람시즘(Gramscism)이 말하는 '역사적 집단'이 되게 하는 중요한 힘이다. 도널드 푸찰라(Donald Puchala)가 개괄한 것처럼, 자유주의를 밝게 비추는 것은 당대 세계정치 중 '서방' 개념의 정의자들이며, 자유주의의 보편화는 '서방공정'이다. 서방의 권력적 우위를 운용하여 자유주의적 세계를 건설하는 것은 오늘날 서방패권의 우선적 목표이다.[211] 자유주의 국제관계이론의 본질은 일종의 '자유주의적 서방 관념이 구성한 담론 단계상의 패권형태'이며, 세계정치, 경제, 군사, 사회와 문화의 산출과 모델구축에 반드시 결정적인 영향을 가한다.[212]

⑥ 구성주의적 안보패러다임

구성주의(Constructivism)는 일종의 표준적 의미상의 국제관계이론이 결코 아니라, 국제관계학에서 일종의 연구방법(Research Approach)일 뿐이다.[213] 그렇기 때문에, 신현실주의 안보패러다임이 강조하는 권력, 신자유주의 안보패러다임이 강조하는 제도와 비교하여, 구성주의 안보패러다임이 강조하는 것은 아이덴티티, 신분구성 등 국가와 사회 및 인간의 안보에 대한 이념주의(Ideational)적 요소의 영향과 작용이다. 그러나 구성주의 자체에는 국가의 안보를 도대체 어떻게 정의하고 안전을 도대체 어떻게 보장해야 하며, 위협에 어떠한 수단을 통해서만 효과적인 방범과 억제를 할 수 있는지 등, 체계를 이루는 완전한 구성의 이론적 개괄이 결코 없으며, 구성주의 연구방법에서 출발하여, 안전 혹은 불안전 '문제'에 대한 이해, 해석과 반영의 방법만 존재한다.

일종의 국제관계에서 안보의제에 대한 연구 방법으로서, 구성주의는 우선 신현실주의와 신자유주의에 대한 반성과 비판에서 발전된 것이다. 1980년대 초반, 비록 신자유주의와 신현실주의는 논쟁을 전개하며, 각자 이론의 정확성을 서술하고 논증하였지만, 이 두 가지 이론 패러다임은 모두 '실증주의(Positivism)'와 국가와 인류행위를 강조하는 '이성적 선택(Rational Choice)'의 기초 위에 확립되었다. 이성주의의 가설은 어떠한 '물질적 요소'의 객관적 지배 아래, 서로 다른 국가가 비슷한 행위를 취할 수 있다고 강조한다. 따라서 국가는 각종 문제에 대해 이성적 대응을 할 수 있고, 비록 이익에는 배척(排斥)이 존재하며, 견해와 가치에는 차이가 존재하고, 국제체계 자체는 무정부상태이다. 그런 까닭에 신현실주의는 양극체제가 세계평화에 유리하거나, 또는 국제관계에서 패권국가의 존재는 다른 국가의 행위를 관리하는 데 더욱 유리할 수 있다고 여기며, 따라서 '패권 안정론'은 매우 중요한 평화가설이 되었다. 그러나 신자유주의는 패권국가가 확립하고 주창하는 자유민주 가치, 제도주의, 국제규범 등 모두 권력의 견제와 균형의 취약성을 대체할 수 있고, 따라서 국제사회가 안보를 얻고, 전쟁을 피하는데 더욱 유리하다고 믿는다. 쉽게 말해, 신현실주의 안보패러다임이든 신자유주의 안보패러다임이든, 서방국가가 확립한 패권체제가 존재하고 지속할 수 있는 이유는, 그들의 자유제도주의 때문이며, 이것은 많은 부분 자유주의 세계경제의 제도화와 갈라놓을 수 없다고 여긴다. 이성주의 가설을 자유주의 패권환경에 응용한 것은, 구조적 현실주의와 구조적 자유주의 이론의 연합을 야기시켰고, 국제관계에서 상호경쟁 하지만 또한 긴밀하게 상호 연결된 정통파 학설이 되었다.[214] 그러나, 서방 국제관계이론계가 모두 서방의 패권이 국제평화와 안보에 대한 깊은 영향을 흥미진진하게 이야기할 때, 19세기 마르크스학설의 탄생 이래, 서방정치와 사회철학에서 '성찰주의' 혹은 '비판이론'은 중단된 적이 없으며, 계몽운동과 이데올로기 모색이 지닌 끊임없는 인류 '해방과정'의 철학적 각도에서, 사람들에게 의심을 제공하였고, 심지어 전통적 서방의 물질적, 제도적의 패권적 지위와 특징이 세계정치와 인류생활에 가져다온 합리성을 부정하였다. 20세기 위대한 이탈리아 철학가 그람시는 서방이 강조한 사회와 문명의 진보는 많은 부분 일종의 서방이 점한 절대 주도적 지위의 언론(言論) 체계라고 여겼다. 그는 '패권'이란 단어를, 우선 서방이 지배적 지위를 차지하는 관념이며, 비형식상의 제도적 안배로 보았다. 그람시 학설에서 이후의 프랑크푸르트학파(Frankfurt School)까지, 서방이 주도한 세계 현대화 과정 및 무엇이 진정한 의미상의 '현대성'인지에 대한 반성은, 서방의 정통 이론을 해부하는 중요한 도구가 되었다. 특히 신그람시 학파는 마르크스주의의 분석 전통을 발전시켰고, 합법적인 관념과 이데올로기 발생의 중요한 의미와 근원을 강조하였다. 이러한 연구는 구성주의에 매우 큰 영향을 주었다. 구성주의 또한 어떠한 마르크스주의 학파와 같이 물질의 중요한 의미를 강조하지 않고, 관념과 문화의 중요성을 강조하기 때문에,[215] 각종 사회과학 사상의 혼란에서, 거대한 물결과 같이 국제관계연구에 충격을 주는 큰 배경 아래, 좌익사상을 지닌 학자들은 국제관계이론의 새로운 구분 기준을 제기하였는데 그들은 현실주의학파, 다원주의(Pluralism)학파(신자유주의이론)와 글로벌리즘(Globalism)학파(급진주의학파)로도 불린다.[216]

　　1970년대 말부터 부흥하기 시작한 성찰주의로 대표되는 국제관계이론 연구는, 결코 신마르크스 주의에만 국한되지 않고, 사회과학에서 이미 존재하는 각종 성찰주의 이론을 크게 참고하고 운용하여, '정통이론'의 결점과 부족을 비판하고 발전시키는데 쓴다. 전체적인 '현대적 연구과제의 성찰'의 기치 아래, 비판이론(Critical Theory)의 발전은 국제관계학과 자체의, 실증주의학과 국제관계의 사고와 언어 및 응용방식 이해와 연구에 대한 도전을 선도할 뿐 아니라, 국제관계이론이 구성한 인류지식은 '분별될 수' 있다는 견해를 제기하였다. 로버트 콕스(Robert Cox)가 제기한 명언처럼, "모든 이론은 늘 어떤 사람과 어떠한 목적을 위해 봉사"한다. 기존의 '정통이론' 배후의 문제성을 찾는 것은, 국제관계이론의 새로운 발전의 매우 중요한 추세가 되었다. 이 추세의 충격하에 포스트현대주의, 포스트구조주의, 포스트실증주의, 포스트식민주의 등과 같은, 각종 '포스트' 이론이 끊임 없이 출현하였다. 이러한 포스트이론은 전체적 특징상 사회학이론을 참고하였고, 유럽 국제관계연구의 중요한 전통을 반영하였고, 국제정치와 국내정치의 제한이 줄곧 비교적 모호하며, 장기적으로 사회학적 학술연구의 성향을 지녔다. 이 방면에 가장 대표적인 것은 해들리 불로 대표되는 '영국학파'이며, 스웨덴, 덴마크와 독일의 평화연구의 중요한 특징이 되었다.[217] 그러나 이러한 연구는 미국에서 진정으로 중시되었던 적이 없고, 그의 연구 성과도 정치상에서 설득력이 결여되어 있다고 여겨졌다.[218] 하지만 사회학이론은 비교정치학에 줄곧 중요한 이론이며, 지금껏 완전히 국제정치연구의 변방으로 치부된 적도 없다. 1980년대 후반에 진입하고 난 뒤, 사회학이론의 연구 항목은 미국의 국제관계연구에 진정으로 충격을 주기 시작하였다. 구성주의는 이러한 배경과 큰 흐름에서 발전된 것이며, 기존의 신현실주의와 신자유주의적 사회학 이론과는 다르다.

중국의 언어 환경에서, 중국 사람들은 통상적으로 구성주의를 '구성주의 이론' 혹은 '구성주의 국제관계이론'으로 부른다. 이것은 일종의 오랜 관습을 통해 일반화된 표현이다. 하지만 구성주의를 '이론'이 아니라 그저 일종의 문제 연구 혹은 분석의 방법이라고 하는 것은, 구성주의가 새로운 '문제'를 창조해 내지 못하였고, 또한 일련의 새로운 '문제'를 제기하지도 못하였으며, '정통이론'이 제기한 문제에 대해서는 이념주의적 답을 하였고, 각종 국제관계에서의 '문제'에 대해 기존의 '정통이론'의 물질주의 혹은 이성주의와 완전히 다른 '답안'을 제공하였기 때문이다. 더욱 중요한 것은, 많은 학자들이 구성주의가 내재된 논리귀납에서 찾아낸 본체론, 인식론과 방법론상의 근거로 여기며, 적지 않은 구성주의자들도 사례연구를 통하여 구성주의에 실증적 논거를 찾아내도록 노력하지만, 전체적으로 보아 구성주의는 여전히 체계의 실증적 지지가 결여되어 있다. 이론이 여전히 아직 충분한 실증주의의 테스트를 받지 못했다는 것은, 구성주의가 당면한 최대의 도전 중 하나이다. 스티븐 월트(Stephen M. Walt)는 어떠한 사회과학이론도 반드시 3대 기준에 부합해야 한다고 주장하였다. 첫째 논리상의 치밀함과 일관성, 둘째 독창성의 높은 수준, 셋째 실증적 경험주의 논증을 경험하고, 따라서 객관적 사실에 부합하는 것이다.[219] 세 번째 기준상의 결함은 많은 학자들이 구성주의는 이미 성숙한 국제관계 '이론설'이 아니라, '연구방법설'로 더 많이 주장하게 한다. 비판자들은 종종 구성주의적 연구방법은 지나치게 자신의 개념과 논리 체계에 국한되며, 국제관계에서 구성주의자들 자신의 '세계구축'을 한다고 여긴다.[220] 이 외에 사회적 구성주의 자체에도 서로 다른 이론 편중과 경쟁적 이론 주장이 존재한다. 예를 들어, 알렉산더 웬트(Alexander Wendt)의 구성주의 학설은 '웬트 구성주의'로 불리며, 웬트는 물질적 요소가 '사회의 상호작용'에서도 무시될 수 없다고 인정하였지만, 크리스타 볼프(Christa Wolf)로 대표되는 '극단적 구성주의'는 물질적 요소의 작용을 부정하고, 국가행위는 전적으로 '관념의 상호작용'으로 결정된다고 여긴다.[221] 이러한 의미에서 구성주의는 우리에게 국제관계에서의 '현상'과 '문제'를 어떻게 관찰하고 인식할지에 대한 완전한 연구방법을 제공하였고, 비록 이것과 '정통이론'은 분석의 각도, 논거응용, 변수관계 등의 여러 방면에서 커다란 차이가 존재하지만, 구성주의는 '변방'도 '핵심'도 아닌, 매우 뚜렷하고 성숙한 이론이며, 이것은 그저 '성찰주의' 진영의 한 분파일 뿐이다.

성찰주의 전체의 이론 진영에는 비판이론, 포스트현대주의, 여성주의가 포함될 뿐만 아니라, 규범주의 이론, 역사 사회학 등 다른 분파도 포함된다. 비록 사회적 구성주의 이론은 종종 '이성주의' 국제관계론과 '성찰주의' 국제관계론 간의 '결합부(結合部)' 혹은 '중간지대'로 보인다.[222] 그러나 국제관계를 인식하고 해석하는 데 있어, 본체론과 인식론 및 방법론상에서 사회적 구성주의의 특징은 매우 분명하다. 또한 그것들은 우리에게 국제안보 문제를 다루고 분석하는 사회학이론과 방법을 가져다주었다. 약간의 중량급 학자들이 1998년 제기한 미래 국제관계 이론을 겨냥한 주요 논쟁은 '이성주의'와 '구성주의' 간에 진행된 논쟁이지만, 웬트 자신은 동감할 수 없었다. 그 자신은 구성주의가 경험적 실증주의의 초석 위에 완전히 뿌리내리기 이전에, 이러한 논쟁은 진정으로 나타날 수 없다고 명확하게 제기하였다.[223] 그러나 안보연구에서, 구성주의의 패러다임의 특징은 이미 점차 분명해지는 것 같다.

구성주의자들은 국제관계가 권력정치의 영향을 받을 뿐만 아니라, 각 행위체 관념의 영향도 받는다고 여긴다. 국제관계의 기본구조는 권력의 분배와 제도의 권위성과 같은 '물질적' 권력구조일 뿐만 아니라, 일종의 '사회적' 관념구조이다. 행위체가 국제관계를 분석하는 기본방법을 변경하기만 하면, 문제에서 현황까지 국제안보의 중대한 변경을 가져올 수 있다.

안보연구에서 구성주의로 대표되는 국제관계 사회학이론에는 '정통이론'과 다른 두 가지 특징이 있다. 첫째는 구성주의는 국가에 존재하는 국제안보환경은 단순히 권력분배가 주도하는 '물질적'인 것이 아니라, 오히려 '문화와 제도적'이며, 국제안보환경에서의 '문화와 제도적 요소'를 깊이 분석해야만, 국가안보행위에 영향을 주는 체계의 특징을 정확하게 이해할 수 있다고 여긴다. 둘째 구성주의는 국제안보의 '문화적 환경'은 국가행위의 이익 계산에 영향을 줄 뿐만 아니라, 국가행위의 기본적 특징에도 영향을 주는데, 이 특징은 바로 국가의 '아이덴티티' 형성이다.[224] 구성주의는 만약 안보가 위협의 존재와 작용을 의미하고 있다면, 이러한 위협은 한 국가의 물질적 존재에 대한 위협이라기보다는, 우선 이 국가가 받는 위협에 대한 관념이 작용한 결과라고 본다. 예를 들어 냉전의 발생 원인을 해석할 때, 정통이론이 강조하는 것은 서방 세계에 대한 소련의 이데올로기와 전쟁의 위협이다. 하지만 구성주의는 냉전의 기원을 미국이 소련의 존재를 국내에서 국제까지 미국이 주도하는 사회질서에 대한 '전복'으로 여기는 것과, 소련 또한 마찬가지로 나토의 형성이 공동의 위협에 저항하기 위함일 뿐만 아니라, 자유질서 수호에 대한 대서양 양안의 공통된 아이덴티티를 기초로 한다고 여기는 것과 같은 소련과 미국 간의 '아이덴티티 대립'이라고 여긴다.[225]

사회적 구성주의 이론의 대표적 학자인 웬트는 구성주의 발전에 매우 중요한 역할을 하였다. 그는 많은 방면에서 신현실주의 관련 국제관계의 기초 논술과 개념체계를 받아들였지만, 완전히 다른 이론적 논리와 분석방법을 응용함으로써 신현실주의가 제기한 국제관계 해석의 기본적 이론 명제를 다루고 살폈다. 웬트는 국제체계의 구조는 월츠가 말한 단순한 국가 간의 물질주의적 '능력의 분배'가 결코 아니라, "함께 누리는 지식과 물질적 자원 그리고 실천 등의 요소로 구성된 사회구조"로 본다.[226] 구조의 구성에는 '물질, 관념 그리고 과정'이라는 세 가지 요소가 존재하지만, 가장 중요한 것은 물질과 과정의 영향에 대한 고려가 내재된 '함께 나누는 지식'으로 구성된 '관념적 구조'이다. 국제관계에서 국가행위에 대한 제약적 역할의 '사회적 구조'에 대한 정의 부분은 "국가 간에 공유하는 이해, 기대 혹은 문화"를 통하여 진행하는 것이다. 그는 무정부상태를 국제체계의 구조적 특징으로서, 월츠가 말한, 바꿀 수 없고 국가행위를 구속하는 가장 중요한 체계 제약적 요소가 아니며, 반대로 국가체계의 구조는 체계내의 주요 지시체(referent)인 국가 간의 아이덴티티로 형성된 것이라고 제기하였다. 국가 간의 아이덴티티를 바꾸기만 한다면, 국제체계의 무정부상태도 바꿀 수 있고, 안보딜레마 등 신현실주의 안보패러다임에서 강조하는 국가안보행위에 대해 불가피한 결정적 작용을 하는 요소도 따라서 변할 수 있다고 본다.[227] 웬트에게 안보딜레마는 그저 일종의 사회적 구조이며, '주체 간의 상호이해로 구성된' 사회적 구조이다. 이러한 사회적 구조에서, 서로 간의 의도에 대해 최악의 계산을 할 수밖에 없을 정도로, 국가는 이렇게 상호 불신하며, 그 결과 국가는 자조의 방식을 취함으로써 자신의 이익을 정의할 것이라고 본다.[228] 구성주의적 학설에서 출발해 국가 간의 안보딜레마와 관련한 각자의 안보경쟁, 심지어 적대시에 대한 부정적 영향을 낮추려는 것은, 결코 신현실주의처럼 권력균형의 유지, 혹은 안정적인 권력 재분배를 강조하는 것이 아니며, 또한 의도(意圖)적 측면에서 다른 국가의 힘이 발전한 후의 오판 혹은 착각을 어떻게 피하냐는 것이 아니라, 안보문제에 대한 집단적 아이덴티티를 형성함으로써, '국가 간 상호불신의 아이덴티티'를 약화시키고, 심지어 변화시킨 새로운 '사회적 구조'를 형성하도록 하는 것이다. 한 국가의 안보 아이덴티티를 형성 혹은 변화시키는 가장 유효한 방법은 국제제도 구조 안에서 이 국가가 어떻게 끊임없이 '조절적 효과(Regulative Effects)'를 지닌 국제규범을 받아들일 수 있고, 더 나아가 상호 간의 상호작용을 통하여 '제약적 효과(Constitutive Effects)'를 지닌 지식공유를 일으키고 확대시켜, 지식공유의 기초 위에 개별 국가 간의 집단적 안보 아이덴티티를

일으키고 양성하는 것이다.[229]

웬트는 국가 간 안보관계에서 군사력 및 경제력의 존재와 의미를 결코 부정하지는 않지만, 이러한 물질적 요소는 그것들 자체가 포함된 '지식공유'가 구성한 사회적 구조를 통해야만 한 국가의 안보전략과 안보정책에 대해 효과를 발휘할 수 있다고 여긴다. 예를 들어, 국제관계에서 권력정치는 국가가 국가안보를 분석하는 일종의 중요한 사고방식이지만, 국가의 권력정치 관념은 국가가 권력정치를 국제관계에서 보편적 '게임규칙'으로 받아들이는 상황에서만, 진정으로 국가의 안보 전략과 정책에 영향을 줄 수 있다. 국제관계에서는 권력정치뿐만 아니라, 국가 제도가 발전시킨 협력 및 국제법의 규범 설정과 구속력도 존재한다. 국가가 국제 제도, 국제법과 국제협력을 더욱 중시하지 않고, 오히려 권력정치 방식을 통해 이익을 추구하는 이유는, 구성주의 학자들로 본다면, 국가가 보유한 권력정치의 아이덴티티가 제도적 요소와 국제법적 요소에 대한 관념을 추월하여, 국제관계에서의 권력관계 자체보다 국가의 안보행위를 더욱 주도하는 것이다. 웬트는 역사상의 안보딜레마 및 뒤이어 종종 발발된 전쟁은, '자아실현적 각종예언의 결과'라고 지적하였다.[230] 웬트는 그의 저서 『*Social Theory of International Politics*』에서, 그가 1992년 논문에서 언급했던 '자아실현적 예언'을 더욱 추상적 의미를 지닌 '호혜적 논리 (Logic of Reciprocity)'로 한층 더 발전시켰다. 즉, 국제관계에서 국가의 아이덴티티 형성과 실제적 행동은 상부상조하는 관계라는 것이다. 국가가 물질적 요소와 취할 수 있는 자신의 행위에 대해 어떠한 아이덴티티를 형성할지에 있어, 반드시 상응하는 정책과 행위가 나타날 것이다. 웬트는 이에 대해 만약 국가가 모두 "상호 전쟁, 또는 직접적 위협 불진행을 보장하는" 정책을 취할 수 있다면, 평화적 안보 공동체를 향한 사회적 구조를 형성하는 데 더욱 도움이 될 수 있다고 단언하였다.[231]

무정부상태는 국가의 '공유지식'이 형성한 것이며, 안보딜레마는 단일적 무정부논리의 결과가 결코 아니므로, 웬트는 행위체의 상호작용은 다종(多種)의 무정부논리를 만들 수 있고, 다종의 무정부문화를 형성할 수 있다고 여긴다. 웬트는 3가지의 국제체계문화를 제기하여, 개별국가의 행위선택을 주도하는 '사회공유지식'

을 설명하였다. 이는 곧 홉스주의 문화, 로크주의 문화와 칸트주의 문화이다. 국가의 안보행위 선택은 세 가지 모델의 '문화/아이덴티티' 관계에 의존한다. 이 세 가지 모델은 '홉스주의/적(Hobbesian/Enermy), 로크주의/경쟁상대(Lockian/Rival) 그리고 칸트주의/친구(Kantian/Friends)'이다.[232] 한 국가가 만약 다른 국가에 홉스주의적 안보 아이덴티티를 취한다면, 그 국가는 종종 다른 국가를 '적'으로 여길 것이며, 한 국가가 만약 다른 국가에게 로크주의적 안보 아이덴티티를 취한다면, 그 국가는 종종 다른 국가를 '경쟁상대'로 여길 것이고, 한 국가가 다른 국가에게 칸트주의적 안보 아이덴티티를 취한다면, 종종 다른 국가를 '친구'로 여길 것이다. 한 국가가 대체 다른 국가에게 어떠한 안보 아이덴티티를 취할지는, 그 국가와 다른 국가 간의 상호작용 관계(Interactive)에 달려있다. 웬트는 만약 한 국가가 늘 다른 국가와 홉스주의적 안보 지각(知覺)에서 상호작용을 전개한다면, 그 안보 아이덴티티는 더욱더 이 국가를 신뢰할 수 없고, 권력을 갈망하는 국가로 보게 될 것이라고 여긴다.[233] 국가는 국가 간의 상호작용 통해서, 상대국가에 취할 태도를 형성할 것이며, 그리고 자신이 상대에게 취하는 안보정책의 아이덴티티 구성을 결정할 것이다. 이러한 안보 아이덴티티는 서로 간의 상대적 권력분배 관계와 직접적인 관계는 결코 존재하지 않고, 그저 서로 간의 인식과 직접적으로 관계될 뿐이다. 관념 단계상 국가 간의 안보 상호작용은 주로 '내집단(Ingroup)'과 '외집단(Outgroup)' 간의 상호작용을 통하여 얻는다.[234] 국가는 고립된 존재가 아니기 때문에, 한 국가와 또 다른 국가 간의 안보 상호작용은 국제와 국내 이 두 가지 단계로 진행된다. 국제 단계에서 이 두 가지 국가 간의 안보 상호작용에 대해 다른 국가의 견해도 매우 중요한 영향을 줄 것이다. 예를 들어, 국제단계에서 한 국가가 국제규범과 국제제도를 준수하는지 여부에 대한 지각과 판단은, 분명히 이 두 국가의 안보 상호작용에 영향을 준다. 그러나 '국내단계'에서 본다면, 일련의 국내정치적 요소는 안보 상호작용에 중요한 규범적 작용을 할 것이다. 예를 들어, 민주적 정치와 민주적 가치는 다른 한 국가에게 한 국가가 안보 상호작용 관계를 진행할 때, '규범적' 국가 분류의 기준이 될 수 있다. 민주적 요소의 작용 아래, 국내정치에서의 아이덴티티 모델은 한 국가가 다른 '비민주적 국가'를 적 혹은 도전성을 지닌 경쟁자로 여기고, 같은 민주국가는 친구로 여기게 할 수 있다. 국제관계에서 인정하는 민주국가는 "안정적이고 평화적이다"라는 관념 또한 민주적 기준에 대한 다른 국가의 선택에 한층 더 영향을 줄 것이다. 민주가 국가안보 아이덴티티에서의 '분류의 기준'이 됐을 때, 상응하는 정책 또한 잇달아 생겨, 민주국가 간에 더욱 용이하게 공통된 안보 아이덴티티를 만들 수 있다. 어떠한 구성주의자들은 심지어 더 나아가, 민주가 일종의 규범으로서 협력적 안보 아이덴티티를 배양하는 데 유리하므로, 비민주국가의 국내정치에 대한 민주국가의 간섭은 반드시 필요하며, 이것이 더욱 많은 민주국가를 양성하고, 충돌의 위험을 낮추는 데 유리하다고 여긴다.[235]

사회적 구성주의 운용의 방법으로 국제안보를 연구하는데 있어 가장 중요하게, 또 깊이 연구해야 할 부분은 국가 간 관념 상호작용 과정에 영향을 주는 국제규범과 제도를 찾아내고, 이러한 국제규범과 제도가 상호작용 과정에서 대체 어떻게 각국의 안보 아이덴티티와 안보 지각(知覺)을 형성하는지를 분석하여, 국가정책의 선호(Preference)를 결정하는 아이덴티티적 근거를 찾아내는 것이다. '아이덴티티/선호'의 관계는 구성주의 안보연구의 중요한 시각이다. 마르타 핀모어(Martha Finnemore)는 유네스코(UNESCO), 국제적십자사와 세계은행에 대한 고찰을 통하여 국제제도가 '관념적 구조'로서, 국가이익에 영향을 주는 아이덴티티에 중요한 작용을 하였다고 여긴다. 그녀는 "국가가 언제나 자기가 무엇을 원하는지를 아는 것은 결코 아니다. 국가와 그 국가에서 국민이 발전시킨 이익의 인식, 그리고 취하고 싶은 국제행위에 대한 이해는 그 국가들이 거주하는 세계에서 다른 국가와 국민의 사회 상호작용에서 온다"고 지적하였다.[236] 국제제도 강화의 협력행위를 통해서 국가이익을 더욱 잘 반영할 수 있고, 국가에 협력적 국제행위 선호가 자연적으로 생겨날 것이다. 니나 태넌왈드(Nina Tannenwald)는 안보 아이덴티티에서 '규범'의 작용을 3단계로 분석 · 발전시켰다. 그녀는 2차대전 후 재래식 전쟁에서 종종 발생한 현상인 전쟁 시 핵보유 국가의 '핵무기 불사용'의 현상에 대한 고찰을 통해, 재래식 전쟁에서 '핵무기 불사용'이 일종의 국제규범으로서 핵무기에 대한 국가의 안보 아이덴티티에 깊은 영향을 주었고, 또한 교전 양측의 전쟁 행위에 한층 더 영향을 주었다고 여긴다. 2차대전 후 핵대국이 휘말린 전쟁 행동에서 핵무기를 사용하지 않았고, 핵무기를 보유하지 않은 국가도 여전히 지속적으로 핵무기 보유 국가와 군사적 충돌이 발생하였다. 이는 핵무기의 위협 작용이 결코 아니며, 핵무기의 물질적 능력의 결핍 또한 아니다. 이는 핵규범이 만든 '핵금기'이자, 핵무기사용 문제에 대한 아이덴티티의 결과이다.[237] 니나는 '규범'의 3단계 작용을 총결하였다. 첫째는 '조절적' 작용이다. 이것은 일종의 국제사회가 예를 들어, 전쟁에서 핵무기사용 금지와 같은, 보편적으로 명령 작용을 지닌 내용을 받아들이는 것이다. 둘째는 '제정적 작용'이며, 핵무기 불사용의 전쟁 사례가 증가함에 따라, 국제규범이 당대의 구체적인 국제행위에서의 '주도적 언어'가 될 수 있으며, 전쟁에서 핵무기 불사용은 일종의 19세기부터 시작된 '문명적 전쟁' 인식의 일부분이 되었고, 이로 인해 '문명적 전쟁'에 대한 복종이 확대되었다. 셋째는 '허가적 작용'이며, 상술한 두 작용의 기초 위에서, 규범 아이덴티티의 구성이 국가행위를 결정하는 주도적 요소가 될 수 있다. 재래식 군사 충돌에서 모두 '핵무기 불사용'을 받아들일 때, 핵무기 보유국가가 군사적 충돌에 휘말린다 하여도 핵무기 사용을 결코 고려하지 않을 것이며, 핵무기를 보유하고 있지 않은 국가는 재래식 군사적 충돌에서 핵보복을 당할 것을 걱정하지 않아도 된다. 비록 핵무기 보유국이 재래식 충돌에 처해 있다 할지라도, 핵무기가 아닌 재래식 무기를 선호할 것이다. 요컨대, 구성주의 연구의 방향중 하나는, 아이덴티티의 구성이 직접적으로 협력적 안보 선호의 형성 과정을 야기시킨다는 점이다. 한 국가의 정책적 선호가 도대체 어떻게 그 국가의 정책결과를 결정하는지에 대한 연구에서, 구성주의의 이론적 우위는 분명히 신현실주의와 신자유주의보다 높다.[238]

상술한 연구와 서로 조화를 이루어, 구성주의 학자들은 근년에 들어 구성주의적 세계안보이론을 형성하는데 노력하고 있다. 그들은 니콜라스 오너프(Nicholas Onuf)의 규칙이 이끄는 구성주의 학설을 참고하여, 현실 세계의 대국정치에서 국제규칙이 어떻게 대국 간의 안보관계와 안보행위에 영향을 주고 작용하는지를 연구했다. 그들은 논쟁을 겪은 1999년의 코소보전쟁과 2003년의 이라크전쟁의 '무력행사'를 예로 들어, 국제사회의 관념 상호작용이 '지식공유'를 형성할 수 없었음을 보여주었다. 또한 그들은 '무력행사'는 웬트가 말한 '칸트주의 문화'가 반드시 금지한 것이 아니라, 규칙구성의 과정에서 '칸트주의 문화'에 대한 보충이라고 여겼다.[239] 이로 인해, 국제안보는 상당부분 '규칙변화'의 과정이며, 미래 국제안보의 발전은, 세력균형이 어떻게 안정적으로 형성되는지에 달려있는 것이 아니라, '집단안보규칙(Collective Secuiry Rule)'이 도대체 어떻게 세계정치에서 각국의 대외 방위와 안보행동의 지배적 관념을 형성하는가에 달려있다. 국제사회에 충분한 공유지식을 만들기 위해 어떠한 '집단안보규칙'이 존재하기 전에, 국제안보대립에 대한 다른 국가들의 정책적 태도와 견해는 변할 수 없고, 따라서 안보의 충돌은 늘 존재한다. 예를 들어, 미국은 9 · 11사태가 세계정치를 바꾸어 놓았다고 여기지만, 사실은 이 단일 사건은 세계정치를 결코 바꾸지 못하였고, 미국의 대외군사와 안보행위를 바꾸어 놓았을 뿐이다. 이라크 전쟁과 재건 문제상의 분열은 충분한 '집단안보 아이덴티티'를 형성하기 전 세계정치 변화의 국한성을 깊게 반영하였다.[240] 그렇다면, '규칙'은 도대체 어떻게 상호작용하여 국가행위를 내재화하는가? 제프 위스망스(Jef Huysmans)는 우선 반드시 구성주의 방법에 존재하고 있는 규범적 딜레마(Normative Dilemma)를 극복해야 한다고 주장한다. 즉 국가에 내재된 관료체제, 사회구조와 정보전파 방법, 언어 등 기술적 세부사항은 차치하고, 단순히 관념의 발산적 영향을 강조하는 것이다.[241] 그렇다면 구성주의와 자유제도주의 간에 본질의 구별은 결코 존재하지 않는다는 것이다. 세계안보구성 실현의 핵심은 "누가 국제관계에서의 안보언어를 지배하고 영향을 주는가"이다. 만약 이렇다면, 구성주의의 안보학설은 반드시 '비판이론'의 기본적 가설에 편향될 것이다.

전체적으로 보아, 안보와 평화촉진에 대해 국가 아이덴티티가 도대체 어떻게 구성되는지, 또한 국제안보를 어떻게 증진시킬 수 있는지에 대한, 구성주의 방법에는 여전히 취약점과 모순점이 존재한다. 구성주의는 안보관념의 상호작용을 강조할 때, 이것을 하나의 '호혜적 논리(Logic of Reciprocity)'로 가정한다. 즉 상호 간에 모종의 본질상 우호적인 행동을 통하여 서로에 영향을 줄 수 있으며, 서로 간의 기대는 이러한 관념적 상호작용에서 발전되었다는 것이다. 쉽게 말해, 상대가 우호적이면 우호적으로, 상대가 비우호적이면 비우호적으로 대한다는 것이다. 그러나 설령 구성주의가 말하는 이러한 '상호작용'이라 할지라도, 폭력이 편만하고 경쟁성이 매우 강한, 경쟁성을 피할 수 없는 국제환경에서 진행되며 관념, 아이덴티티, 지식의 공유가 만들어내는 가변(可變)의 문화 간의 거리를 어떻게 좁힐지는, 사실상 줄곧 구성주의를 괴롭히는 문제다. 구성주의 학자들은 중점을 개별과 집단 구성원의 '학습'에 놓으며, 이것은 관련 국가가 안보를 다루는 기본적 관념이 변할 수 있는 것에 대한 기초다. 그들도 분석의 중점을 변화 후의 관념이 국가가 '조절성'과 '제정(制定)성'의 규범에 더욱 잘 적응하게 할 수 있는지에 두었고, 그리고 이러한 규범이 환경을 형성했고, '변화' 발생의 기본적 체제를 구성하였다. 그러나 국제환경은 국가행위와 같이, 늘 다면체(多面體)적으로 환경의 특징을 보여주는데 결코 '규범'만 있는 것이 아니라, 비규범적 요소로 환경을 정의하는 것도 비일비재하다. 이를테면, 핵무기 비확산 문제에서 엄격한 비확산제도가 존재할 뿐 아니라, 국가정책 측면의 '선택주의'도 존재한다. 국가는 도대체 무엇을 배우는가? 관념적 상호작용 또한 도대체 무엇을 바꾸는가? 지식공유의 단열(斷裂)과 다원화적 사회와 문화배경은 도대체 안보행위에 무엇을 가져다주었나? 이러한 문제는 현존하는 구성주의 안보연구가 종종 무시하는 문제이며, 또한 이론의 해석능력이 여전히 미치지 못하는 방면이다. 다시 말해, 아이덴티티와 아이덴티티로 결정된 정책적 선호가 도대체 어떠한 상황에서 형성되는지에 대해, 구성주의는 여전히 대답하지 못했다.[242] 구성주의 연구에서 '사회적 구성주의'가 '사회적 구성주의'의 사례를 비판하는 것도 흔히 볼 수 있다. 또는, 도대체 무엇이 국제관계의 '사회학적방법'을 합리적으로 연구하는 것인지에 대해, 서로 다른 학자들 큰 논쟁거리가 되고 있다. 소통과 관념적 상호작용에서 언어를 강조하는 '문화사회학자'들은 종종 정치와 규범관계를 강조하는 '정치사회학자'들을 비판하며, 도대체 무엇이 관념적 상호작용의 제도적 요소에 영향을 주었는지에 대한 해석의 차이는 더욱 크다. 문화사회학자들은 제도 자체가 불균등한 관념적 상호작용의 '권력 – 지식 결합(Power Knowledge Nexus)'을 형성했다고 여긴다.[243] 이 외에 다른 구성주의 학자들의 '사회적 구조'에 국제관계를 개조시킬 능력이 어느정도 존재하는지에 대한 판단 역시 매우 다르다. 구성주의의 국제안보연구에는 '비관주의'와 '낙관주의'라는 두 가지 견해가 존재한다. 웬트는 국가의 끊임없는 국제적 상호작용 참여, 게다가 상호작용에서 안전보장과 관련한 '집단적 아이덴티티' 형성은 국제 협력과 평화를 증진시키는 중요한 방법이라고 여긴다. 그는 국가 간 상호작용의 구조적 틀은 모든 국가가 국제환경과 충돌의 위해도(危害度)에 대해 공통된 인식이 완전히 존재할 수 있게 하며, 세계경제의 상호의존도 국가가 분리될 수 없게 할 뿐만 아니라, 서로를 이해하게 하며, 국가 간의 전략적 상호작용은 한층 더 공통된 인식의 형성을 추진하며, 이러한 요소들 모두 집단적 아이덴티티의 발전을 추진하였고, 또한 직접적으로 상응하는 행동을 야기시켰다고 지적하였다.[244] 그러나 웬트는 이러한 공동 아이덴티티의 양성이 국가 간 안보관계의 변화를 실질적으로 야기시킨다고 여기지 않는다. 국제관계의 현실성으로 인해, "때로는 (오래된)[245]사회구조가 이처럼 전략적 전환이 매우 힘들 정도로 강력하게 국가의 행위를 규제한다"고 여긴다.[246] 이것은 일정부분 구성주의가 미래에 안보딜레마적 요소가 국가관계에서 약화될 것을 반드시 예견할 수 있는지에 대한 웬트의 비관적 견해를 반영하였다. 이 외에 국가행위를 걱정하는 아이덴티티적 요소가 사회화의 결과인지, 아니면 국가자체 심리적 측면이 변화된 구조인지, 혹은 아이덴티티가 사회적인지 아니면 심리적인지에 대해, 한층 더 세분화된 발전이 필요하다. 구성주의는 이 두 가지 측면을 결합시켜야 하며, 아이덴티티적 요소는 사회적 상호작용에서 국가행위의 사회적 유도와 심리적 유도에 공동으로 변화가 발생한 결과이다. 이와 같다면, 아이덴티티적 개념은 종종 지나치게 광범위하고, 국가안보인식에 영향을 주는 규범에 대한 정의도 구성주의 방법론 체계에는 자신의 독특함이 결여되었다.[247] 사회의 상호작용 과정에서 국가가 도대체 어떻게 규범의 영향을 받아, 자신의 안보인식을 확립하는가 하는 것은 규범과 사회화 과정에 달려있을 뿐만 아니라, 또한 국가 스스로의 신앙과 심리 측면에서의 세계에 대한 견해에도 달려있다. 이러한 국가 측면에서의 '아이덴티티 구성'의 특수성은 충분히 주목받아야 한다. 예를 들어, 미국은 국제관계에서 사회화가 가장 철저한 국가 중 하나이지만, 이것이 국가안보전략상에서 미국이 자신의 '세계패권' 지위를 추구하는 것을 막거나 혹은 실질적으로 변화시키지 못하였다. 이안 존스턴(A. Iain Johnston) 교수는 구성주의 연구에 나타난 문제를 겨냥하여, 구성주의 분석방법을 기초로 한 '아이덴티티 정치'의 미래 발전은 반드시 제도적 작용이 뚜렷한 유럽정치의 경험을 넘어설 것이며, 아이덴티티의 내포는 '제정(制定)적 규범, 사회화 목표, 관련된 신앙, 지각(知覺)적 세계관'의 네 가지 요소를 결합시켜야 한다고 제기하였다.[248] 이안 존스턴 교수의 관점은 미래 구성주의 국제관계 연구에서 탐구해야 할 방향을 많은 부분 지적하였다.

5) 결론

21세기의 국제안보를 자세히 살피는 데 있어, 우리 중국인들은 반드시 전방위적으로, 또 다각적으로 '세계화'와 '중국화'를 결합시킨 시각을 취해야 한다. 안보의 의제는 확실히 다단계, 다양화, 다근원과 다주체의 위협과 도전을 포함하고 있다. 그러나 당대 국제관계에서 여전히 핵심적인 성질의 위협은 무엇인가?

설령 포스트냉전시대 안보가 내포한 일련의 두드러진 변화가 나타났다 하더라도, 현실적인 국제실천에서 안보에 위협을 가하는 첫 번째 요소는, 국가 측면으로 보면 영원히 '외재된' 위협이다. 전략과 방어정책 영역에서, 이러한 국가능력과 의도를 기초로 한 위협판단이 주도적 지위를 차지하는 현실은 여전히 흔들 수 없으며, '내재된' 위협적 요소는 마치 영원히 2순위인 것 같다. 게다가 국가 간의 적대관계가 어떻든 간에, 이러한 차이는 현실 국제관계가 피하기 힘든 경쟁과 이익상의 배척을 심도 있게 설명해주었다. 세계화와 국가 간의 협력이 어떻게 발전하든, 안보딜레마가 야기한 개별 국가의 안보선택과 안보동기는 늘 '자아' 중심적 경향이며, '외부세계'에 대한 우려, 염려, 심지어 공포를 기초로 한다. 그리고 이 객관적 사실에 대한 묘사와 분석은, 언제나 국제안보이론에 가장 중요한 출발점을 형성한다. 냉전 후 국제관계에서의 '개별안건 분석'도 마찬가지로 이러한 점을 증명하였다. 걸프전쟁, 마스트리히트조약, 유고슬라비아내전, 리우데자네이루에서 열린 국제연합 환경개발회의(UNCED)와 이라크전쟁 모두, '안보딜레마'에 대한 관심은, 한 국가가 위협에 반응하고, 그리고 안보노력을 취하는 가장 중요한 요소라는 것을 증명하였다. 그리고 안보딜레마 개념은 국가 간 상호 분리될 수 없고, 국제체계 무정부상태 아래의 안보적 상호작용의 특징으로 결정된 것이며, 한 국가의 안보 아이덴티티에 가장 중요한 것은 외재된 세계에 대한 인식과 느낌으로부터 온다. 예를 들어, 국제환경 협력문제에서 가장 중요한 동력은 환경과 생태문제가 더욱 심각한 남방국가가 아니라, 오히려 환경과 생태문제를 훨씬 더 잘 해결할 수 있는 북방국가이다. '중국 굴기'에 따라서, 가지각색의 '중국위협론'도 모두 직접 혹은 간접적으로 중국의 미래에 대한 불확실성, 그리고 중국이 공격성과 공격능력을 보유한 국가로 변할 것인지에 대한 불안을 야기시켰다. 비록 이러한 중국위협론 자체에 중국 능력과 정책 의도에 대한 근거는 거의 없지만, 미래의 중국에 대한 염려, 우려, 심지어 공포는 중국에 대한 많은 국가들의 반응을 결정하였다. 국제안보의 논쟁적 이론패러다임의 각도에서 말하자면, 서로 다른 이론적 시각은 국제안보 문제를 살피고 토론하는 데 있어 치중하는 점의 차이와 가치적 선택의 차이를 대표하는 것이다. 로버트 포웰이 지적한 것처럼, 구성주의 이론과 신현실주의 이론과 신자유주의 이론의 가장 큰 차이는, 구성주의는 국가행위의 국제결과에 관심을 갖지만, '정통이론'은 합리적인 국가행위와 이익을 위해 취해야 하는 전략에 더욱 관심을 갖는다는 점이다.[249] 최소한 각종 논쟁적인 국제관계이론 패러다임 배후에는, 사실상 서로 다른 국가이익과 국가이익을 설계하고 분석하는 전략적 관념의 경쟁이 존재한다. 국제관계에서의 관념을 이성주의에서 말하자면, 단지 신앙, 세계관, 국제문제에 대한 견해 그리고 문제를 어떻게 해결하고 직면하는지의 선호에 지나지 않는다. 서로 다른 국가와 국민 모두 세계화의 오늘에서, 일종의 숭고한 인류의 이익, 정의 원칙과 도덕주의를 기초로 한 신앙과 의견의 존재가 필요하다. 따라서 이러한 세계주의적 신앙 배후에 우리는 반드시 자신의 국가와 민족적 신앙과 의견을 지녀야 한다는 것이다. 포스트냉전시대 국제안보의 논쟁과 발전과정을 이해하고 파악하고, 서로 다른 안보패러다임을 파악하여, 우리 중국인 자신이 세계안보문제와 중국 안보문제에 대한 '중국만의 시각'을 발전시키는 것, 이것은 우리 중국인이 끝까지 함께 견지해야 할 노력의 방향이다.

제2절 동아시아안보: 문제변화, 패러다임의 다양화와 이론 창조

냉전종결 이래, 동아시아안보 연구는 줄곧 국제안보 연구분야의 두드러진 과제였다. 동아시아지역 내에 어떻게 지속적인 안정과 평화 그리고 번영을 형성할지는, 아마도 21세기 국제안보 연구에서 가장 까다로운 문제일 것이다.

학자들은 일반적으로 유럽, 북미 등 세계정치경제에서의 핵심지역들과 비교하며, 동아시아의 안보형성은 가장 불확실하다고 여긴다. 동아시아 지역안보에 지역안보 발전을 저해하는 요소들이 다양하게 존재하기 때문이다. 예를 들어, 지역적 다자안보제도의 결여, 불안정한 대국관계, 이데올로기와 정치제도의 다양함, 영토분쟁, 역사문제, 그리고 한반도와 대만해협 지역에서의 냉전의 잔존(殘存) 등이 있다.[250] 냉전은 끝났지만 동아시아의 지연정치는 결코 끝나지 않았고, 적대적인 '역사의 기억' 또한 끝나지 않았다. 게다가 새로운 경제와 전략적 경쟁 또한 빠르게 시작되었다. 세계화 과정에서의 경제적 번영과 협력은, 동아시아 경제를 증강시켰으며 동아시아지역 경제협력을 촉진시켰으나, '권력 이동'에 대한 의문 또한 불가피하게 가져왔다.[251] 이러한 새로운 권력의 대조는 오히려 권력정치가 부추긴 긴장관계를 악화시켰다. 동아시아지역 안보정세가 도대체 어떻게 변하였는지, 장기적인 안정적 국면을 형성할 수 있을지, 새로운 대국 간의 대립이 발발할지에 대한 포스트냉전시대의 안보연구는 예외 없이, 이러한 동아시아안보의 추세를 가장 중요한 전략적 의제로 보고 있다.[252] 중국의 정치와 경제 그리고 군사력 증강에 따라, 동아시아의 지역안보 국면이 도대체 어떻게 변할지, 미래의 동아시아에는 어떠한 권력구조와 전략적 태세가 나타날 것인지 하는 부분들은 분명 동아시아안보 연구에 중요한 최우선적 과제를 이미 형성하였다. 동아시아안보의 미래가 도대체 국제관계이론상에서 어떻게 구성될 것인가? 또한 동아시아의 안보 연구는 변화된 '문제'와1990년대 이후 학계에서 다양화된 '안보 패러다임' 창조에 어느 정도로 근거하여, 끊임없이 기존 이론의 총결을 검증하고 발전시킬 수 있을 것인가? 이러한 사항들은 동아시아안보 연구를 발전시키는 데 있어 반드시 해결해야 할 중요한 문제들이다.

1) 문제변화 과정에서의 동아시아안보

냉전종결 후 단기간에 동아시아안보 연구의 패러다임은 거의 신현실주의 (Neo-Realism) 이론으로 기울어져있었다. 이러한 국면이 나타난 주요원인은 다음과 같다.

첫째, 냉전의 지속 이래 신현실주의 패러다임은 안보분야 내에서 주도적 위치를 점하였다. 1990년대 초, 안보연구에서 현실주의 패러다임의 주도를 따르는 것은 마치 거부할 수 없는 이론의 정해진 추세와도 같았다.[253] 어떤 학자들은 기존의 국제관계이론의 해석능력에 질의하며, 신현실주의이든 신자유주의이든 보편성을 지닌 국제관계이론 모두, 냉전종결 후 현재 나타난 세계에 대한 우리의 이해를 돕는데, 냉전종결을 유발한 변화를 해석하는 것보다 효과적이지 못하다고 보았다.[254] 이와 동시에, 비전통적 안보를 중시하자는 목소리도 끊임없이 고조되었고, 포스트 냉전시대의 국제안보는 반드시 환경, 생태, 자원, 전염병, 경제발전 등 새로운 비전통적 안보요소가 더욱 중요시될 것이라고 여겼다. 그러나 대국관계의 측면에서, 안보연구의 절대적 주류는 여전히 정치, 군사와 전략적 관계이다.

둘째, 냉전종결 후 동아시아가 보여준 가장 두드러지는 문제는 전통적 양극 권력구조의 붕괴 후, 새로운 지역적 권력 구조가 새로운 지역질서를 어떻게 재건하고 형성하는가 하는 점에 대한 논쟁이다. 냉전종결 후부터 동아시아에는 여전히 서로 다른 정치제도, 심지어 첨예한 이데올로기적 충돌이 존재한다. 게다가 지역적인 제도 안배(制度安排)에 의한 안보분쟁에 대한 조절 결여로 인해, 포스트냉전시대의 동아시아에 어떠한 새로운 권력구조와 지역질서가 나타날지에 대한 학계의 견해는 결코 낙관적이지 않다. 상당수의 학자들은 동아시아 지역 내 주요국가들의 권력, 부(富) 추구와 해결되지 않은 영토분쟁 그리고 역사문제가 남긴 불신으로 인해, '불안정적 다극시대'에 접어들 것이라고 여긴다.[255] 1992년 미국의 부시대통령은 '세계 신질서' 건설을 제기하였지만, 이 신질서 건설 제기는 동아시아에서 결코 긍정적인 답을 얻지 못하였고, 오히려 중국 등 국가들의 의문을 심화시켰다. 또한 동아시아에게 '세계 신질서'는 단지 소련 붕괴 후 미국이 주도하는 세계 패권체제와 서방의 이데올로기가 주도하는 세계적 가치 형성에 지나지 않는다고 여겨졌다. 중국이 관심을 갖는 것은 미국이 중국에게 어떠한 정책을 취할 것인지, 소련을 대하듯 억제할 것인지, 아니면 중국과의 교류와 협력을 지속적으로 할 것인지, 앞으로의 세계가 협력에서의 경쟁 아니면 대립에서의 분열에 빠질 것인지, 다자주의적 국제제도를 강조하고 국제문제에서 UN이 중심적인 역할을 발휘하는 것을 존중할 것인지, 아니면 패권안정을 근간으로 하는 지역질서를 재건할 것인지. 이러한 일련의 문제들에 대해 모두 답을 얻어야 한다.

셋째, 동아시아안보에 가장 영향력 있는 미국의 전략적 선택이다. 미국의 전략적 선택은 1990년대의 동아시아안보 주제에 대한 토론 전체에서 결정적 작용을 하였다.

6·4사건 종결 후 얼마 되지 않은 동아시아안보 토론에서, 사회주의 노선을 견지한 중국은 당연히 우선적으로 문제의 성질을 분명히 해야 하는 안보의제가 되었으며, 중국의 능력과 의도를 둘러싼 논쟁은, 권력정치가 주도하는 안보인식의 자연적인 연장이었다. 또한 1990년대 초 미래 중국의 추세를 예측하는 것은 매우 어려웠다. 냉전이 막 끝났을 때, 소수의 학자들이 10년 혹은 15년 후의 중국 그리고 중국의 정책적 선택을 분명하고 정확하게 예견하였다. 그러나 포스트냉전시대에 미국의 동아시아 전략적 선택을 전망해볼 때, 장기적이며, 다른 제도의 국가나 능력발전의 잠재력을 지닌 국가들의 미국에 대한 전략적 도전은, 미국의 전략가들 심중에 가장 분명한 위협의 근원으로 인식된다.[256] 이 외에 냉전에서 서방국가들이

이룬 결정적 승리와 90년대 후반 포스트 산업화시대의 도래에 따라, 어떠한 이론가들은 포스트냉전시대가 마치 '포스트 국제정치(Post-International politics)'의 시대일 것이라고 상상하기 시작하였다. 그 시대의 대표적 특징은, 국제규범과 국제제도를 지배하는 서방의 힘이 전통적으로 주권을 경계로 하는 민족국가 체제를 초월가능하며, 소위 냉전시대에 증명되어 이미 도태된 가치와 제도 그리고 행위에 대해 국제적 간섭을 하는 것이었다. 당시 우려되었던 것은 포스트냉전시대의 다중심적 세계정치에 대한 공포였다.[257] 이로 인해, 냉전승리가 동·서방 간의 제도적 겨루기의 '역사적 종결'임에 대한 강조와 냉전승리로부터의 뚜렷한 득의(得意)와 만족을 지닌 것에서부터 출발하며, 게다가 자신의 세계 이익 유지 문제상에서의 확고함과 집착을 더하여 봤을 때, 포스트냉전시대 미국의 동아시아안보 전략적 선택은 전통적 소련의 위협에서 '중국의 위협'으로 전향하였다. 현실주의 권력정치의 기초 위에 확립한 미국의 포스트냉전시대 동아시아 전략은, 90년대 이래 동아시아안보 토론에서 가장 중요한 '상황 요인(Situational Factor)'이다. 중미 전략과 안보 상호작용을 주축으로 하여 발전한 포스트냉전시대의 동아시아안보 과정은, 자연적으로 대국관계를 안보 화제의 근간으로 할 것이다. 그러나 동아시아안보 정세의 변화와 국제관계 학술분야 내 연구 방법 및 패러다임의 발전에 따라서, 포스트냉전시대 동아시아안보의 패러다임은 다양하게 발전되는 추세를 보였다. 대국관계의 전통적 분석 구조 외에, 중소국가의 전략적 선택은 어떻게 발전할지, 지역적 제도의 안배가 FTA모델에서 더욱 전면적인 동아시아공동체(East Asian Community) 모델로 전환하여, 정치와 안보분야 내의 다자제도확립을 이끌 수 있을지, 그리고 경제협력에 따른 동아시아의 '사회적 네트워크 관계'가 어떻게 전통적인 국가중심적 상호작용모델에 영향을 줄지, 이 모든 일련의 문제는 우리가 동아시아안보를 알아가고 연구하는 데 다양한 배경을 제공하였고, 또한 동아시아안보 연구에서 분석수단의 다양성에 충분한 동력을 제공하였다.

동아시아안보에는 다양한 문제영역이 존재하며, 동아시아안보가 직면한 도전 또한 다양하다.

그중 첫째, 동아시아는 세계정치에서 유일하게 냉전상태가 아직 확실히 끝나지 않은 지역이다. 한반도와 대만해협 모두 냉전으로 인해 분열되었고, 모두 냉전으로 인해 장기간의 군사적 대립에 빠졌다. 비록 1991년 냉전의 종결부터 오늘날까지 16년이라는 시간이 흘렀지만, 동아시아에서 냉전의 잔여는 여전히 존재하고 있으며, 이러한 냉전의 '잔여지역'은 여전히 동아시아안보의 폭발점이다. 한반도와 대만해협의 분열은 해결을 얻지 못하였고, 분리주의, 핵확산 등 새로운 안보충돌이 끊임없이 나타나고 있으며, 2003년 8월 이래, 북핵위기에 대한 외교적 해결의 정치적 교착상태는 결코 실질적으로 타파되지 못하였고, 핵무기 보유의 북한이 동아시아 핵군비 경쟁을 유발시킬지 여부는 여전히 미결의 문제 덩어리이다. 대만 내의 독립세력은 현재 끊임없이 '대만의식'을 만들고 고쳐시키며, '탈 중국화' 과정을 추진하고 있다. 이런 상황에서 점진식은 양안관계에 시종 화해의 전기가 나타나기 힘들게 한다.

그중 둘째, 냉전종결 이래 동아시아에는 새로운 열전(熱戰)이 나타나지 않았다. 이는 마치 표면적으로는 포스트냉전시대의 동아시아안보가 아시아의 다른 지역보다 나아보이게 하지만, 동아시아 전체의 지역 국면은 현재 전환기에 접어들었다. 중미가 대만문제로 인해 불가피하게 군사적 충돌에 빠질것인지, 미래의 중미 전략관계가 협력 혹은 대립으로 향해 갈 것인지, 이는 여전히 풀리지 않은 의문이다. 세력전이 이론(Power Transition Theory)은, 굴기하는 대국과 현 국제체제에서 주도적 대국 간의 관계는 가장 충돌성을 지녔고, 심지어 서로 간의 권력이 근접했을 때 전쟁 발생률이 매우 높아질 것이라고 믿는다.[258] 이러한 이론이 미래의 중미관계를 정확하게 예언해낼지에 대해, 세계는 모두 혼란스러운 눈으로 바라보고 있다. 중미관계의 전략적 미래는 2가지의 다른 가능성이 존재한다. 첫째는 중미가 안정, 협력, 윈－윈을 실현시키는 것이며, 둘째는 중미 간의 불가피한 전략적 대립으로 '쌍방이 모두 피해를 입는 것'이다. 미국의 저명한 중국문제 전문가 토머스 크리스텐센(Thomas Christensen)은 중미관계의 '제로섬적 전망'과 '윈－윈 전망', 이 두 가지 가능성이 모두 존재하며, 그 가능성은 단순히 각자의 이익평가와 전략적

선택에 의해 결정되는 것은 결코 아니라고 밝혔다.[259]

셋째, 가장 도전성을 지닌 중미관계를 차치하더라도, 지역안보에서 새롭게 등장한 불확실한 일련의 요소도 1990년대 말 예측하지 못했던 방식으로 지역안보를 괴롭히고 있다. 그중에 가장 대표적인 문제는 중일관계의 지속적인 긴장이 현재 양국을 불가피한 대국대립(Great Power Rivalry)에 빠지게 할 것인지 여부와, 최소한 지속적인 중일관계의 긴장이 아시아 신냉전의 서막으로 변할 가능성에 대한 것이다.[260] 1972년 중일관계 정상화부터 양국 간의 경제, 정치, 문화와 사회교류의 심화와 발전은, 2차대전 종결 이래 동아시아지역의 지연정치를 가장 크게 변화시킨 역사적 사건 중 하나이다. 중일의 선린우호와 호리(互利)협력은, 동아시아에서 1864년 일본의 메이지유신 이후 확산된 일본의 군국주의 세력 및 전략적 영향을 철저하게 종결시키는 평화적 노력의 연속일 뿐만 아니라, 더욱이 2차대전 후 중일 양국의 새로운 국가와 제도 재건 완성의 기초 위에, 동아시아 평화주의 지리적 전략 판도 확립의 지주다. 중일관계의 상황과 성질이 동아시아의 미래를 결정할 것이다. 그러나 90년대부터 시작된 포스트냉전시대에는 중일 선린우호관계에 대한 끊임없는 동요(動搖)와 악화가 시작되었다.

중일관계 긴장의 원인은 다방면적이다. 이러한 긴장관계의 출현은 또한 동아시아 지연정치 국면에 한번도 없었던 '3국 시대'로 나타난다. 이는 동아시아 역사상 전무한 세 개의 강국이 동시에 존재하는 국면이다. 일본의 메이지유신시대 이전, 동아시아에서 중국은 강했고 일본은 약했으나, 1864년에서 1995년까지 동아시아에서 일본은 강했고 중국은 약했으며, 1949년부터 1972년까지 중일관계는 완전히 냉전시대 양극대립에 제한을 받아 민간교류만 하였다. 1972년에서 1991년의 20년간, 중일관계는 선린우호를 바탕으로 신속히 발전하였지만, 양국은 경제와 기술력의 극비대칭 아래 발전하였고, 냉전시대 '중-미-소'의 전략적 삼각관계가 객관적으로 중일관계의 전략적 내용을 주도하였다. 소련으로부터의 전략적 위협에 공동으로 반대하고 저항하며, 중-미-일 3국관계의 전략적 협력을 형성하는 과정에서, 양국의 안보이익은 전례 없이 일치되었다. 하지만 냉전의 종결과 1989년의 6·4풍파 그리고 미일동맹의 재건은, 냉전시대 중일간의 전략적 이익의 공통성을 종결시켰을 뿐만 아니라, 일본은 미일동맹을 축으로 하여, 2차대전 후 평화헌법체제를 종결시키고, 국가방위능력을 강화시키는 '연미억중(聯美抑中)'을 확립하였다. 포스트냉전시대 미국, 일본과 중국이 동시에 강대해지기 시작한 전략적 국면에서, 거의 시작부터 역사판 삼국지의 보기 힘든 위(魏)와 오(吳)가 연합하여, 촉(蜀)을 공격하는 것과 같은 국면이 나타났다. 21세기 동아시아의 삼국지가 도대체 어떻게 전개될 것인지는, 틀림없이 동아시아안보 변화의 축이 될 것이다. 중국에 대한 일본의 정책은 이미 1990년대 초반의 일왕방문 등 친선조치를 통하여 중국에게 영향을 가하는 것에서, 정치, 군사와 경제 등 종합능력이 내재된 권력조치를 통하여 실질적으로 중국을 견제하는 것으로 바뀌었다.[261]

넷째, 동아시아 대국관계에 나타난 새로운 조정의 과정에서, 동아시아의 다른 국가들이 어떻게 상응하는 안보조치를 취할 것인지와 동아시아 대국관계의 복잡함에 대해 어떻게 대응할 것인지. 그리고 대국관계의 발전이 점차적으로 진영선택을 통한 새로운 지역적 전략집단과 동맹관계를 발전시킬지는, 동아시아지역 정치적 전환의 중요한 지표이다.

동아시아 지역 내의 중소국가들이 전환 중의 대국관계에 대해 도대체 어떻게 인식하고 반응하는지는, 동아시아안보 질서변화의 또 하나의 핵심문제이다. 전반적으로 말해서, 포스트냉전시대 동아시아의 많은 중소국가들은 대국 사이에서의 '전략적 균형' 정책을 취하여, 동아시아에서 미국의 주둔과 미국이 지역에 대해 부담하는 안보의무를 환영하지만, 미국이 중국에게 억제정책을 취하는 것과 미국을 따라 중국에게 강경한 대립적 행동을 취하는 것을 원하지 않는다. 대국 간의 상호 견제와 균형을 이용하여, 한 대국으로부터의 결정적 영향과 제어를 피하고, 지나치게 어떠한 대국의 '세력'에 의존하길 원하지 않는 것은, 많은 동아시아 중소국가의 기본적인 전략적 선택이다. 90년대 초, 동아시아에서 미국의 주둔규모 축소에 따라, 미국은 필리핀에 있는 해공군기지를 폐쇄하였고, 미필 군사동맹관계에는 실질적 변화가 나타났다. 그러나 90년대 중반 이래, 미국과 아세안 국가들 간의 군사협력은 실질적으로 격상되었다. 미국의 싱가포르 창이(Changi) 해군항 사용은 매우 중요한 예이다. 특히 9·11사건 이후 테러확산방지 전략의 추진 아래, 미국의 필리핀, 인도네시아에 대한 군사적 원조와 테러확산방지 군사인원 파견 모두 새로운 발전을 이루었다. '확산(Enlargement)' 전략의 작용아래, 미국과 아세안은 긴밀한 군사협력관계를 유지하였지만, 많은 아세안 국가들은 미국에게 완전히 의지하는 것은 믿을 만하지 못하다고 여겼다.[262] 이로 인해, 중국 등 국가들과의 선린우호 협력관계 진전 촉진 또한 아세안 국가들의 기정 전략이다.

2003년 초부터 한미군사동맹에 나타난 일련의 '표류' 상황은, 지역국가가 단순히 미국에게만 의지할 수 없다고 여기는 견해 상승에 대한 중요한 지표이다. 2005년 5월 한국의 노무현 대통령은 주한미군은 "한국정부의 동의 없이는 어떠한 동북아지역 충돌에 개입해서도 안 된다"고 명확하게 제기하였다.[263] 게다가 주한미군의 조정과 한미군사동맹의 전체적 위치가 아태전략에 대한 미국의 고려에서 미일동맹보다 낮아서 야기된 한국의 불만으로 미일동맹의 발전은 확실히 현재 매우 미묘한 단계에 처해있다. 한국은 2012년에 전시 작전권 반환을 미국에게 요구함으로써, 한국 방위력의 완전한 자주(自主)를 실현시키려 하였고, 이로 인해 야기된 토론은 확실히 한미군사동맹이 '갈림길'에 서있다는 판단을 하게 하였다. 한국에서 본다면, 21세기에 직면한 전략적 선택은 "미국과의 군사동맹을 지속적으로 강화·연장·개선시켜 나가야 할지, 아니면 20세기 이전의 종주국인 중국과 전략적 합의(Strategic Accommodation)를 발전시킬 것인지"이다.[264] 한국이 이러한 전략을 취한 것은 한국의 민족주의와 일정부분의 전략자주성 상승의 결과일 뿐만 아니라, 미국이 북한에 군사적 타격을 가하는 방식으로 북한핵 문제를 해결하기를 한국이 원치 않기 때문이며, 다른 한편으로는, 한국이 부시정부 출범 이후 미국의 일방주의적인 행동과 선발제인 전략에 대해 불만을 갖고 있기 때문이다. 한국은 일본처럼 미국의 세계패권과 개입적인 해외군사행동의 중요한 카드가 되는 것을 결코 원치 않으며, 한국자신의 전략적 수요와 국가이익에 따라 한국과 미국 군사동맹의 발전을 규범하려 한다.

그러나 한국이든 아세안이든 간에, 동아시아의 중소국가들이 대국사이에서 취한 전략적 균형 정책이 직면한 딜레마는, 동아시아지역 내 대국관계가 어느 정도로 협력적이고 안정적인 관계를 유지할 수 있느냐는 것이다. 만약 중미일 3대국의 동아시아 지역 내에서의 전략적 관계가 시종 안정적이고 협력적인 구조로 유지될 수 있다면, 중소국가들의 전략적 균형 정책은 기본적인 보장을 받을 수 있다. 이러한 정책적 선택은 중소국가들이 한 대국의 미움을 사서 불필요한 경제와 정치상에서의 손해를 초래하는 것을 면할 수 있게 한다. 뿐만 아니라 가장 중요한 것은, 이러한 전략적 균형 정책은 전략상의 편 고르기를 피할 수 있고, 어떠한 대국에 가입하여 또 다른 대국에 대립적 정책을 취하는 것도 피할 수 있다. 냉전시대 지연정치의 대립과 지연전략의 분열을 경험한 이후, 동아시아의 중소국가들 모두 재차 대국대립의 카드 혹은 희생양이 되는 것을 원치 않는다는 공감대를 갖고 있다. 때문에 중소국가들의 전략적 균형 정책은 동아시아 지역안정과 평화의 중요한 동력이며, 또한 대국이 대립의 심화를 피하는데 유연한 정책적 공간을 제공하였다. 국제관계사는 잠재적 적대가능성을 지닌 대국이 지연정치상에서의 경쟁적 국가집단을 재구성하기 이전에, 다시 말해, 충분한 전략적 서포터와 세력 범위를 양성하기 이전에, 단순한 대국대립은 결코 직접적인 대국충돌로 빠르게 번지지 않을 것이라는 사실을 우리에게 분명히 말해주었다.

그러나 국제관계에서 중소국가의 전략적 딜레마는 그들의 균형 역할이 제한적이며, 대국 간에 그들이 취하는 것은 전형적인 '전략적 균형'이라는 것을 분명하게 보여주었다. 즉 편을 고르지 않고, 대립적 국가집단에 완전히 가입 또는 스스로 어떠한 국가의 세력범위가 되는 것을 거부할 뿐만 아니라, 또한 대국과의 우호관계의 힘을 빌려, 심지어 대국관계를 이용하여 다른 대국에게 '연성균형'을 취하는 것이다.[265] 이러한 중소국가들의 능력과 희망은 결코 대국 간의 전략적 관계의 변화를 변화시키거나 또는 결정적으로 좌지우지할 수 없다. 대국관계가 뚜렷한 전략적 대립으로 변했을 때, 대국 간의 충돌상황은 이러한 국가들이 부득불 '편 선택'의 순간을 직면하게 하며, 이때 전략적 균형 정책은 붕괴된다. 문제는 이러한 국가들이 어떠한 원칙, 가치와 이익 판단에 근거하여 편을 선택하는 것이며, 이것은 냉전종결부터 지금까지 동아시아 지역안보의 가장 모호한 전략적 문제 중 하나이다.

동아시아안보의 장기적인 질서안정과 경제번영에 대한 기본적인 기대로 보아, 동아시아 대국은 동아시아 중소국가들이 편 선택을 강요받는 것을 피할 수 있도록 정치와 도의적 책임을 짊어지고 있다. 어떠한 지연전략의 재차분열도 모두 국가와 동아시아 전체지역의 번영과 안정에 치명적 타격을 줄 것이기 때문에, 냉전종결 이래, 그중 첫째, 동아시아 중소국가들은 줄곧 다자대화의 조치를 취해왔고, 동아시아지역 안보의 협력과 대화과정을 추진하였다. 그중 가장 대표적인 것은 아세안이 제기한 '아세안 지역포럼(ARF)'과 싱가포르가 주최하고, 아시아태평양 국가들의 국방장관들이 참석하는 '샹그릴라 대화(ASA, 아시아 안보회의)'다. 그러나 아세안 지역포럼이든 샹그릴라 대화든 간에, 모두 치명적인 결함을 지녔다. 그것은 바로 대국이 이러한 대화 체제에 참여할 수 있어, 대국들 간의 공통된 인식과 협력을 통하지 않고 이러한 다자안보대화를 통한 실질적 문제의 토론을 추진할 때, 중소국가가 주최하는 다자안보포럼은 대국의 참여는 보장할 수 있어도, 이러한 포럼에서 대국이 실질적인 협력적 조치를 취하는 것은 보장할 수 없다. 둘째, 민감한 지역이슈와 일부러 거리를 벌리고 유지하는 것은 대국충돌의 도구가 되는 것을 피하기 위함이다. 예를 들어, 2001년 한국은 주한미군이 다른 동아시아 국가를 공격, 또는 다른 동아시아지역 충돌에 개입할 수 없고, 한반도 안전을 보장하는 데만 적용될 수 있다고 강조하였다. 대만해협 정세에 대해서 아세안의 입장 또한 비교적 분명하며, 그것은 '하나의 중국' 원칙을 지지하고, 대만과의 비공식 관계를 유지하는데 힘쓰고 있다. 90년대 말부터 미일 모두 대만과의 공식접촉의 단계를 제고시키고, 대만과의 활발한 관계를 추구하였다 하더라도, 아세안과 한국의 정책에는 결코 실질적인 변화가 없었다. APEC회의와 아세안 10+3회의 체제와 관련하여, 아세안과 한국 모두 참가하는 대만 관리의 등급과 관여의 수준을 확대시킬 뜻이 없다.

일본 학자인 타카시 이노구치(Takashi Inoguchi)는 동아시아의 미래는 '냉전의 종결, 지리의 종결, 역사의 종결'에 달려있다고 주장했다.[266] 그러나 불행하게도, 16년이 지났지만, 오늘날 한반도와 대만해협에 대한 동아시아안보를 본다면, 냉전은 여전히 끝나지 않았을 뿐만 아니라 여전히 중한, 중일관계를 괴롭히는 역사문제로 보아, '지난날의 역사'는 여전히 종결과 멀며, 각국의 영토분쟁과 지연정치의 각도에서 발생되는 이익충돌의 냉전 또한 여전히 끝나지 않았다. 하지만 동아시아안보에서 '문제의 변화'는 이미 새로운 지역질서를 부르기 시작하였다.

2) 동아시아안보 - 문제변화 과정에서의 중국요소

포스트 냉전시기 동아시아 지역안보에서 가장 크고, 가장 두드러지는 문제의 전환은 당연히 중국의 굴기와 중국 외교전략의 조정과 발전이다. 비록 중국정부가 중국의 평화굴기 전략과 평화협력 정책을 거듭 강조하고 있지만, 국제관계에서 권력 상호작용의 기본적 특징은, 결코 의도와 목표의 공개적 표명이 아닌, 행동과 능력에 대한 판단이다. 1996년 중국정부가 대만독립세력을 겨냥하여 진행한 미사일 실험에, 미국 클린턴정부는 항공모함함대 두 대를 파견하여 '위협적 개입'을 유발하였고, 중미 양국이 전략적 대립시대로 접어들 것인가에 대한 논쟁도 이로 인해 시작되었다. 10년 후, 동아시아에서 '중국요소'는 객관적으로 대만해협위기를 이미 초월하였고, 더욱 광범위한 중국굴기는 동아시아와 세계체제에서 진지하게 살피고 대응해야할 문제가 되었다. 이러한 방식의 '중국문제'의 변화는 결코 중국정부와 국민의 평화염원, 협력정신, 형형색색의 중국위협론에 대한 억울함과 분노로 전이되지 않고, 중국이 성숙하고 강대한 길로 나아가는 데 반드시 직면할 문제와 도전이 되었다.

'중국문제'의 전환은 세 가지 방면에 주로 나타났다.

첫째, 중국은 이미 '위대한 국가(Great Country)', '위대한 문화(Great Culture)'에서 국제관계에서 진정한 의미의 '대국(Great Power)'으로 변모하였다.

국제관계이론 내에서도 강국에 대한 정의는 서로 다르지만, 표준의 현실주정의로 강국은 "대국 간 전쟁능력을 보유하고, 국제질서에 영향을 끼치는 국가"이다.[267] "국제체제적 사건을 바꿀 수 있는 의지와 능력을 보유한 국가"만이 강국이라는 것이다.[268] 2001년, 미국 전 국무부차관 리처드 아미티지(Richard Armitage)는 일본에서의 연설에서, 중국은 '위대한 국가', '위대한 문화'이지만, 여전히 '대국'은 아니라고 하였고, 2002년 미국 부시 대통령은 미국을 방문한 중국 국가주석 장쩌민(江澤民)을 접견할 때, 처음으로 중국을 '대국'으로 부르기 시작하였다. 그리고 국제평론가들은 중국의 권력지위에 대한 이러한 변화는 "중국이 이미 아프리카의 앙골라에서 오세아니아의 호주 등 많은 국가의 경제 전환을 촉진시키고, 게다가 현재 자신의 상업력을 정치세력으로 전환시켜 세계무대를 활보하기 시작했기 때문"이라고 말하였다.[269] 1999년, 런던국제전략연구소(IISS)의 중국문제 선임연구원인 제럴드 시걸(Gerald Segal)은 중국이 앞으로 최대한 발전해도 기껏해야 '2류의 중등대국'일 것이라고 주장했다.[270] 그러나 오늘날 이러한 예측은 이미 웃음거리가 되었다.

'중국굴기'의 가장 중요한 추진력은 중국경제의 빠르고 지속적인 발전이다. 1981년에서 2006년까지, 라틴아메리카의 경제총량은 모두 10%로 증강하였지만, 개혁개방 초기의 1978년과 비교하여, 2006년 중국의 경제총량은 10배 증강하여 2005년에는 이미 세계 3위의 무역국, 4위의 경제체가 되었다. 1978년 중국의 무역총액은 200억 달러밖에 되지 않았지만, 2005년 중국의 수출입 총량은 14,000억 달러로 세계 3위의 무역국이 되었다. 2006년 1~10월, 중국의 무역은 25% 증가하였고, 2007년 중국의 수출총액은 미국을 추월할 가능성이 있다. 같은 시기 중국이 유치한 외국의 직접투자(FDI)는 6,500억 달러에 달하여, 다른 어떠한 시장경제체도 멀찌감치 초월하였다.[271] 현재 중국은 모든 동아시아 국가 최대의 무역파트너이자, 또한 동시에 미국, 유럽 등 세계주요 대국의 가장 중요한 무역파트너 중 하나이다. 긴밀하고 광범위한 경제무역관계는 현재 대국관계를 바꾸고 새롭게 형성하는 '보이지 않는 손'이 되었다. 중국은 이미 미국을 대체하여, 일본 최대의 수출시장이 되었고, 또한 일본을 넘어서 미국 4위의 수출시장이 되었다. 2005년 미국에서 중국으로 수출된 상품은 1990년의 9배이며, 미국 3위의 수출시장인 멕시코가 같은 기간 미국으로부터 수입한 상품은 4배 증가에 그쳤고, 미국의 대일본 수출은 1990년과 비교하여, 2005년 15% 증가에 그쳤으며, 2005년 미국의 대일본 수출액은 심지어 1996년보다 낮았다.[272] 경제력의 촉진 아래, 중국의 종합국력은 현재 전체적으로 격상되고 있다. 중국의 국제적 영향력과 '소프트 파워' 그리고 군사력 등은 모두 동시에 발전하고 있다. 저명한 중국문제 전문가 헤리 하딩(Harry Harding)은 중국의 '대국굴기'는 일종의 다차원적(Multi-Dimensional) 굴기임을 제기하였다.[273]

대국화된 중국은 반드시 자신의 경제와 전략적 이익에 따라 자신의 국제적 행위의 선택을 고려할 것이다. 이러한 행위는 중국의 국제질서에 대한 존중과 국제규칙에 대한 용인을 나타낼 뿐만 아니라, 동시에 자신의 능력이 제고된 후 중국의 이익요구를 반드시 나타낼 것이다. 2006년 12월, 중국은 48개 아프리카 국가의 대통령 또는 정부수뇌를 베이징으로 초청하여 중국-아프리카 경제전략포럼에 참석케 하는 것과, 그리고 중국지도자의 아프리카에 대한 잦은 방문과 중국기업의 아프리카에 대한 투자와 상업적 협력의 급속한 확대 모두 중국의 새로운 힘과 새로운 이익을 반영하였다. 그러나 중국의 다른 대국의 이익에 대한 압박, 약화 또는 상해(傷害)가 증가하기도 하였다. 설령 경쟁적 이익이 나타났다 하더라도, 다른 대국이 어떻게 중국의 굴기와 권력의 발전을 포용할지는, 대국굴기 과정에서 가장 핵심적인 문제이다.

둘째, 중국의 굴기는 현재 동아시아의 권력관계를 변화시켰고, 동아시아질서 전체를 새로운 전환의 과정으로 이끌었다.

중국과 동남아국가의 정치, 경제와 사회관계는 현재 끊임없이 강화되고 있고, 중국의 '매력공세'는 현재 중국의 상품, 중국어 학습, 그리고 중국과의 공정(工程) 협력이 적지않은 동남아국가에서 흔히 볼 수 있게 하였다. 중국과 호주의 경제 교류는 대만문제상에서 캔버라의 입장을 더욱 유연하게 하였다. 호주는 현재 중국과의 경제협력을 적극적으로 추진하고 있으며, 2006년 호주의 여론조사는 호주인

이 중국과 미국을 가장 중요한 국가로 본다는 사실과 중국이 세계적 수준의 대국이 되는 것을 환영하는 경향이 있다는 것을 보여주었다.[274] 중국과 한국의 관계는 경제무역관계에서 끊임없이 발전하는 동시에, 양국의 방위교류도 가동되기 시작하였고, 2006년 11월, 한국의 노무현 대통령은 베이징을 방문하여, 양국의 선린우호관계의 기본원칙을 한층 더 확립하였다. 중국의 대국굴기가 반드시 역내 국가정책의 재선택, 또는 관계의 재조정을 가져오는 것은 아니지만, 최소한 기존의 동아시아 질서에 양자를 기반으로 하는 군사적 동맹을 지속적으로 강조할지, 아니면 지역과 하위지역의 다자제도를 힘써 발전시키고 건설할 것인지에 대한 논쟁을 대두시켰다. 다수의 미국인들은 중국이 반테러를 이용하여 역내의 국제적 영향력을 확대한다고 불평하지만, 사실상 동아시아 다자협력 과정의 발전에 대한 중국의 적극적인 참여와 추진은 대다수 지역국가의 이익과 정책선택의 방향을 대표하고, 따라서 중국은 미국보다 더욱 많은 역내 국가들의 호감을 샀다.[275]

셋째, 중국굴기의 '비평화적 방식'은 기본적으로 배제될 수 있지만, 문제는 중국굴기의 과정이 도대체 어떠한 방식으로 주도적 대국과 주변국가의 이익에 영향을 주며, 윈-윈 원칙을 실현시킬 것인가 하는 점이다.

중국의 국제관계에 대한 영향력 증가와 대국화는 동아시아지역을 결코 바꾸지 못하였고, 세계단계의 권력대조에 대해서는 말할 것도 없다. 중국의 굴기는 단지 모종의 '권력이동(Power Shift)'만을 야기시켰다. 하지만 이것은 세계정치경제 국면에서 동아시아의 역할이 상승하고 있다는 점을 시사할 뿐, 진정한 의미상의 '세력전이(Power Transition)'는 아니다. 동아시아에서, 미일군사동맹은 여전히 굴기 중인 중국이 필적할 수 없는 힘의 우위를 점하고 있다. 미일 양국의 경제규모는 세계경제총량의 40%이며, 군비총액은 세계군비지출의 57%를 차지하고 있다.[276] 중국의 군비지출은 1990년대부터 매년 두 자리 수의 증가를 유지하였지만, 2005년 중국의 군비지출은 중국 GDP 총액의 1.55%만을 차지하였고, 미국은 3.9%였다.[277] 중국의 군비지출 증가도 비교적 빨라, 1995년 국민생산총액이 1.08%에서, 2005년 1.55%로 상승하였고, 10년 동안 군비지출은 300% 확대되었다. 그러나 만약 10년 동안 중국의 연평균 9.2%의 경제성장속도를 감안한다면, 중국의 군비지출 증가는 자율적이며 합리적이다. 군사력 발전에 있어서도 미국과 거대한 차이가 있음은 말할 것도 없고, 일본과 재래식 군사력을 비교했을 때도, 군사장비의 기술적 수준, 훈련수준과 군사적 타격 능력상에서의 차이가 존재한다.[278] 미국과 서방국가의 강대한 군사, 외교, 경제와 과학기술 강세의 앞에서, 중국의 독립자주적 평화외교정책과 '조화로운 세계' 건설의 국제 전략은 고사하고, 중국굴기가 비평화적 방식을 시도한다 해도, 근본적으로 어떠한 가능성도 없다. 미국 전략가들의 마음은 매우 분명하다. 오늘날 중국의 대국굴기에는 현재 미국이 주도하는 단극체제에서, 비평화적 노선은 결코 존재하지 않는다. 중국이 군비를 강력하게 발전시키고 서방과 대립적 동맹체제를 편성함으로 대국이익을 얻으려 하고, 역사상에서 자주 나타났던 대국굴기의 방법을 이용하려 한다면, 이것은 중국굴기의 기세를 철저하게 망칠 뿐이다.

오늘날 동아시아 역내 다른 국가들에게 중국굴기는, 두 가지의 결과만 있을 뿐이다. 한 가지는 포지티브섬(Positive Sum)적이며, 또 다른 한 가지는 제로섬(Zero Sum)적이다.[279] 서방대국으로 보아, 중국굴기는 서방에 있어 문제를 조장하는 능력을 증가시켰지만, 중국굴기가 서방에게 가져다주는 충격은 충분히 관리 가능한 수준이며, 기존의 서방 질서에 대한 전복이라 볼 수 없다. 중국굴기가 가져오는 기회와 도전을 잡는 것은, 현재 서방대국이 중국굴기에 대응하는 일반적 사고의 화제(話題)이다. 대국화된 중국은 반드시 경제·정치 분야의 외교를 세계적으로 전개해 나갈 것이다. 이 과정은 중국 자신의 이익을 확산시키는 과정일 뿐만 아니라, 중국이 국제규칙의 제정과 발전과정에 참여하고, 중국이 자신의 원칙에 따라 대외관계를 형성하는 과정이다.[280] 예를 들어, 중국은 내정불간섭원칙에 따라 아프리카 국가들과의 관계를 발전시켰지만, 오히려 중국-아프리카의 경제무역관계는 아프리카의 민주적 발전에 도움이 되지 않으며, 또는 중국이 현재 아프리카에 '신식민주의'를 추진하고 있다는 지적을 받았다. 2006년 12월 중국은 이란과 160억 달러 규모의 천연가스 구매계약을 체결하고, 이란에 대한 강경한 제재조치 반대 또한 이란핵 문제를 해결하는 데 아무런 도움이 되지 않는다고 지적을 받았다. 분명히, 중국굴기와 중국문제 간에 불가피한 양난(兩難)의 상황이 존재한다. 서방사람들은 중국굴기가 영원히 중국문제를 가져올 것이며, 이러한 문제들은 현재 다양화·심각화되고 있다고 여긴다. 서방 매체와 평론가들의 중국에 대한 지적에는 인권과 자유문제뿐만 아니라, 중국의 '교류 파트너'에 관한 문제도 있다. 중국의 군사력 발전, 아프리카, 남아메리카, 중앙아시아, 중동에서 중국의 경제와 자원외교, 중국 경제무역과 금융체제에 충분한 '자유화', 그리고 서방에게 '억압적 정부'로 여겨지는 수단, 짐바브웨, 미얀마 등 국가들 모두와 중국이 좋은 관계를 유지함으로 인해 발생하는 제3세계 '독재국가' 문제가 존재한다. 이러한 문제들은, 공동으로 서방국가들의 심중에 '중국딜레마(China Dilemma)'를 형성하였다.[281]

그러나 세계로 보아 중국굴기는 영원히 중국기회를 가져다줄 것이다. 이러한 기회는 매우 분명히 중국의 시장, 중국의 세계자유무역과 시장에 대한 개방 수준의 선도, 중국이 국제위기관리에 참여하는 능력, 중국의 세계 평화유지활동에 대한 공헌, 중국의 대국관계 안정에 대한 역할, 그리고 중국의 국제질서 발전 과정에서의 공헌이다. 전략적 각도에서 본다면, 중국의 굴기는 세계전략 안정정세의 중요한 힘이다. 2007년 1월 11일, 중국이 탄도미사일로 자국의 폐기 기상위성을 폭파시킨 사건을 겨냥해, 중국의 이러한 행위를 서방국가가 함께 공격할 때, 영국의 『가디언(Gaurdian)』지의 인터넷토론에서는 오히려 거의 일방적으로 중국의 이러한 행동을 두둔하며, 이 행동이 미국패권에 대한 일종의 '견제'이며, 미국이 대기권 밖 비군사화 체결 협상을 거절한 결과라고 여겼다.

중국굴기와 중국문제 간의 관계와 상호작용은 동아시아에서 더욱 심각하게 나타나고 있다. 평론가들은 동아시아의 변화는 중국이 주도하지 않는다 하더라도, 기본적으로 중국으로부터 추진된다고 여긴다.[282] 1991년 냉전종결 이후 오늘에 이르기까지, 동아시아는 두 차례의 중요한 변화를 경험하였다. 첫 번째는 냉전 후 미국의 정책조정이 주도하는 동아시아 변화이다. 이 과정은 미국이 포스트냉전시대 동아시아에서 자신의 전략적 이익에 따라 지속적인 최전방주둔 유지, 미일, 한미 그리고 미국과 호주, 뉴질랜드와의 군사동맹관계 강화, 또한 동시에 확산과 개입 전략 고수에 두드러지게 나타났다. 이 동아시아 변화과정은, 지역안보의 새로운 세력균형 상태를 형성하였고, 다자경제협력 과정을 가동시켰으며, 또한 전통적 지역안보 이슈인 '현상유지'를 성공적으로 촉진시켰다. 두 번째는 1990년대 말부터 중국의 변화가 추진한 동아시아의 변화이다. 이것은 중국자신의 정책, 전략과 행위의 추세를 제외한 1999년 동아시아 '10+3'정상회담, 그리고 이로 인해 야기된 지역안보 문제상에서 중국 역할의 갑작스런 발생과 발전을 분명히 명시하고 있다. 이것의 대표적 예는 중국 – 아세안 '10+1' 자유무역지역의 건설과정, 중국의 북한핵 위기 중재, 대만관련 정책상에서 중국의 조정과 대만문제상에서 중미의 공통된 이익의 확대이다. 그리고 이러한 변화가 추진한 동아시아 변혁은 현재 '잔잔한 물결'처럼 점진적으로 진행되고 있다. 직접적인 결과로 본다면, 이는 중국과 한국, 호주, 아세안 등 지역의 주요 국가들과의 관계를 촉진시키는 중요한 변화이며, 간접적인 결과로 본다면, 미국과 역내 전통적 동맹국과 우방들과의 관계전환을 야기하였다. 21세기 미국의 동아시아안보전략은 '허브구상'의 주도 아래, 1990년대와 다른 새로운 조정을 경험하였다. 미국의 세계전략의 중심축은 이미 논쟁의 여지없이 유럽에서 아시아로 전환되었고, 특별히 아태지역으로 전환되었으며, 중국 군사력발전과 중국 군대의 의도, 전략과 능력에 대한 의심, 시기와 불신은, 짧은 시간 내에 해소되기 어렵다. 2006년 미국의 「4개년 국방정책 보고서」에서 열거한 미국이 위협을 받는 네 가지 군사적 공격에서, 세 가지는 중국과 직접적인 관계가 있다.[283] 중국이 무엇을 하든, 중국을 앞으로 미국의 가장 중요한 전략적 상대로 보는 기정방침은 바뀌지 않을 것이다.

1990년대 전략분야의 중국위협론이 존재하고, 이러한 논점(論點)의 기본적 근거가 중국의 정치제도, 불확실한 군사발전 동향 그리고 미래 무력사용을 통한 이익모색 방식의 가능성이었다면,[284] 오늘날 국제학계의 '중국 안보와 전략'에 대한 연구는 세계적으로 발전하고 있는 중국의 굴기를 막을 수 없는 상황에서, 중국 정책의 빠른 조정 속도를 따라가며 중국의 미래를 분석하고 이해하려는 방향으로 뚜렷하게 변화하고 있다. 한편으로 날로 증강하는 중국 생산능력의 세계시장에 대한 의존과 원자재 소요로 인한 거대한 수입수요 모두, 중국의 발전을 더욱 활발하게 하는 국제경제정책과 세계정책이며, 그 발전의 기세는 심지어 대다수 사람들의 예측을 크게 뛰어넘었다. 예를 들어, 현재 중국의 해외로 뻗어 나간다는 조추취(走出去) 전략(Go - out Strategy)은 국제사회로 하여금 부득불 중국의 정책변화의 속도를 바짝 뒤따르게 하였고, 또한 상응하는 이론적 예측을 하게 하였다. 다른 한편으로는 중국의 발전에 따라, 중국굴기의 평화와 협력의 주제(主題)도 끊임없이 중국과 대국관계의 기본적 내포를 바꾸어 놓았다. 90년대 미국의 중국위협론에 대한 변론의 주요내용은 워싱턴이 중국을 억제(Containment)하는 정책을 실행해야 하는지 여부였다. 오늘날 미국이 이미 형성한 공통된 인식은 미국이 중국을 억제 혹은 제어할 수 없지만, 미국은 충분히 중국에 영향을 줄 수 있다는 것이다. 이 영향은 중국발전의 방식과 세계체제에 적응하는 방식에 영향을 주는 것이다.[285]

중국의 전략적 의도에 대한 의심론 심지어 적대시론은, 서방의 중국연구에서 여전히 쉽게 발견할 수 있으며, 심지어 어떤 이는 패권정책을 추구하는 것은 중국의 본능이며, 또한 이는 중국의 소위 '공산주의 정권'의 성질 때문이라고 여긴다.[286] 하지만 중국연구의 기조에는 이미 분명한 변화가 발생하기 시작했다. 이러한 변화는 주로 중국과의 방위협력과 교류를 단순히 중국에 대한 유화정책(Appeasement)으로 지적하는 것이 아니라 중국의 미래에 긍정적 영향을 주는 중요한 조치로 인식되고 있다. 공화당 우익은 중국에 대한 클린턴정부의 포용 전략이 미국을 '더욱 불안전'하게 만들었다고 강력하게 지적하였고, 따라서 안보분야에서 중국에 대한 타협을 반대하였다. 심지어 이러한 타협은 클린턴정부가 경제적 이익상에서 중국에게 매수된 결과라고 여겼다.[287] 부시정부 출범 이후의 중미관계는 안정과 발전의 기세를 유지하였다. 2005년 9월, 미국 전 국무부차관 로버트 졸릭(Robert Zoellick)은 강연에서 미국은 중국이 '책임있는 이해관계자(Responsible Stakeholder)'가 되기를 희망한다고 하였다. 비록 미국관리가 강조한 '책임있는 이해관계자'는 '미래'를 대표하며, 이는 중국에 대한 미국의 희망이지만, 최소한 졸릭의 강연은 중국의 전략과 지위변화를 겨냥해 중국을 새롭게 정의하는 노력, 또한 부시정부가 미국 국내 정치에서 중국정책과 관련된 국내의 공통된 인식 형성에 대한 희망을 반영하였다. 졸릭은 강연에서 "중국의 이익을 편협하게 정의해서 안 되고, 미국과 함께 미래에 국제체제건설 과정에서 가장 잘 유지되고 실현되어야 한다"는 중요한 목소리를 전달했다.[288]

동아시아에서 중국의 전략적 선택은 매우 큰 현실적 압박과 전략적 딜레마에 직면하고 있다. 한편으로는 국제관계에서 굴기하는 대국은 영원히 정책과 전략적 관심의 초점이자 각국의 방범, 시기, 심지어 억제의 대상이며, 이 점은 현실주의적 외교전략이념, 국제관계의 이론총결 그리고 권력정치의 역사적 경험에서 온 것이다. 다른 한편으로는, 중국개혁개방의 심화와 국가경제와 사회의 발전에 따라, 중국이 끊임없이 국제화되어가는 동시에, 적극적으로 국제영향력을 획득하고, 세계시장에서 자신의 이익공간을 확대하며 해외로 뻗어 나간다는 '조추취 전략'을 취하는 것은, 현실적이며, 불가피한 이익선택의 결과이다. 중국의 전략적 목표는 이미 1980년대 초의 "평화적이고 안정적인 주변 환경을 이루는 것"에서, "협력적이고 선의(善意)적 국제시장 이룩"과 "안정적이고 안전한 자원 원천 이룩"으로 돌이킬 수 없이 확대되었다.[289] 그러나 중국은 여전히 개발도상국이며, 국제안보에서의 '후발자'이다. 세계와 동아시아에서 미국의 패권지위에 직면하여 중국이 도대체 어떠한 전략적 선택을 할 것인지는, 중국의 미래와 관련된 핵심문제이다. 힘이 절대적 우위인 미국에 대한 중국의 전략적 선택은 이론적으로 보아, 단지 '균형' 과 '편승'이라는 두 가지의 길만이 존재한다. 전자는 자신의 힘을 발전시키고 새로운 동맹관계를 조성하는 것을 가리킨다. 즉 월츠가 말한 두 가지 형식의 균형전략인 '내적균형(Internal Balancing)'과 '외적균형(External Balancing)'이다.[290] 이렇게 하는 것은 군사와 정치를 기준으로 판단한 중국능력 건설을 비교적 잘 발전시킬 수 있지만, 그에 따르는 대가와 위험성이 매우 크다. 특히 중-미 군비경쟁은 심지어 전략적 대립의 위험을 야기시킬 가능성이 있다.

국제관계 이론에서 본다면, 국제관계의 험악한 환경에서, 후에 굴기하는 대국이 반드시 피해야 할 재난 중 하나는 바로 힘의 절대적 우위인 국가가 굴기하는 국가에 대한 선발제인적 전쟁 공격에 처하는 것이다. 기존 국제체제의 주도적 대국은 굴기 중인 대국이 자신의 체제적 지위를 대체하는 것을 피하고, 앞으로 충분히 성장한 굴기중인 대국의 더욱 큰 위협을 피하기 위해, 때로는 일을 일으키는 방식을 빌려 '한발 앞서 주도권을 잡아', 군사적 타격을 통하여 후에 굴기하는 대국의 군사상의 도전과 위협 능력을 제거할 가능성이 있다.[291] 그러나 후자는 '유화와 묵인' 정책을 가리키며, 미국을 따르고 동시에 미국의 패권평화의 환경 아래 최소한의 대가로 제한적인 이익의 만족을 추구하는 것이다. 이렇게 함은 비록 비용은 비교적 낮으나, 중국이 대국으로서 국가의지에 불가피한 억제와 심지어 왜곡을 받게된다. 중국이 취한 대미 전략에 대해 현재 비교적 객관적인 평가는 "두 가지 기본적인 전략적 선택의 중간에 위치하고 있다"는 것이다.[292] 이것은 중국을 제외한 러시아 등 국가들도 보편적으로 취한 대응 전략이다. 아무튼 중국의 노력은 중국의 국제적 환경과 국제적 지위를 바꾸어 놓았지만, 중국에 대한 국제적 환경의 도전성은 중국의 굴기에 따라 오히려 한층 더 증가되었다.

3) 동아시아안보 – 문제변화 과정에서의 미국요소

중국의 굴기에 따라, 동아시아에서 미국의 지역 역할과 작용이 차등화됨으로써, 변화 또는 변화가능성이 있는 문제영역이 생겨났다. 냉전 후 동아시아에서 미국의 전략적 선택은 영국식의 역외균형자(Off-shore Balancer)가 아닌, 일종의 전형적인 최전방 주둔과 동맹체제를 유지하는, '안보보장 의무'를 통한 패권유지이다. 이 전략의 목적은 미국으로 하여금 그들의 동맹과 우방의 협조에 의지할 수 있게하여, 지역안보 체제에서 미국의 권력 및 개입정책을 기초로 하는 '패권안정'을 주도하고 보장하는 것으로, 이는 현재 동아시아 지역안보의 구조적 요소이다. 1996년 미국이 대만해협 지역에 2척의 항공모함 특별파견편대를 파견한 것을 대표적 사례로 들 수 있다. '패권안정'은 일반적으로 포스트냉전시대 동아시아안보에 반드시 필요한 조건으로 여겨지며, 그 원인은 만약 미국이 동아시아의 동맹관계에서 철군 또는 포기를 하고, 지역 안전보장의무를 거절한다면, 동아시아는 새로운 군비 경쟁과 각축이 야기하는 새로운 지역패권쟁탈전에 빠질 것이기 때문이다.

그러나 미국이 주도하는 패권안정이 동아시아안보의 충분한 조건인지 여부에 대해, 매우 큰 논쟁이 여전히 존재하고 있다. 미국의 지역군사 패권은 결코 대만해협 지역의 분열을 해결할 수 없고, 1990년대 중반 이후 아시아태평양에서 미국의 주둔이 끊임없이 확대되는 상황에서, 대만 내 독립세력은 더욱 창궐하였으며, 북한은 1998년 대포동 미사일 실험 후, 2002년 10월 재차 발발한 핵위기, 2006년 7월 재차 발사 실험한 대포동 2호 미사일과 2006년 10월의 핵실험을 진행하였다. 반미를 강조하는 안보수요는 줄곧 평양이 핵무기를 모색하는 중요한 이유이다. 현재, 대만독립 세력이 양안의 평화에 해를 끼치는 독립주장을 포기할지에 대한 여부는 여전히 불확실하며, 북한이 6자회담 구조 내에서 핵포기를 할 수 있을지에 대한 여부도 역시 확정할 수 없다. 만약 북한이 결국 핵포기를 하지 않고 사실상의 핵보유국이 된다면, 이러한 상황이 동아시아안보 정세에 끼칠 영향 또한 현재로선 미지수이다. 미국의 지역개입과 지역영향력은 동아시아 안정에 유리하지만, 미국이 어떠한 방식으로 지역안정을 촉진시키고 유지할지는 또 다른 문제이다. 중국을 포함한 어떠한 동아시아국가도 미국의 아시아 퇴출을 원하지 않으며, 동아시아 군사, 경제와 전략에 존재하는 미국의 긍정적 요소는 말할 나위없다. 그러나 중국의 굴기와 일본의 외교와 방위정책의 능동성이 크게 제고되며, 북핵 위기의 장기화 그리고 대만독립 기세의 지속에 따라, 아태지역에서 미국의 역할과 작용은 현재 새로운 전환의 과정에 있다. 미국의 능력은 하락하지 않았고, 동아시아 역내의 권력 재분배도 미국에게 불리한 역전이 나타나지 않았지만, 미국의 영향력 하락은 마치 필연적으로 발생하는 과정인 것 같다. 현재의 정세로 보아 이 과정은 미국의 역할 쇠퇴를 의미하는 것이 아니라, 미국의 지역패권과 지역사무의 주도적 역할 간의 차이가 확대되고 있다는 것이다.

1990년대 미국의 동아시아 전략은 매우 분명하였다. 바로 동아시아에서 미국의 전방위 주둔 및 군사동맹전략을 지속적으로 유지하며, 전략상에서 소위 중국위협에 대한 억제를 통하여 동아시아지역이 유럽식의 군사동맹의 재구성과 집단대립의 역사에 빠질 가능성을 낮추고 미국의 지역 군사의무를 유지하는 동시에, 개입과 확대라는 두 가지 정책적 수단을 통하여 중국시장을 이용해, 중국을 미국이 희망하는 국가가 되도록 인도하는 기회를 놓치지 않게 할 뿐만 아니라, 또한 미국이 능동적으로 역내의 전략과 군사협력관계와 영향력 확대를 장악하도록 하는 것이다.[293] 미국의 핵심목표는 일종의 중국굴기가 가져올 수 있는 불확실한 동아시아 미래를 바탕으로, 그리고 이러한 미래가 미국의 이익에 크나 큰 손해를 입히는 것을 염려함으로써 취한 포스트냉전시대 미국의 전략조정이다. 나중에 조지프 나이는 매우 솔직하게 이 전략을 제정할 때 미국의 5가지 정책선택을 설명하였다. 첫째, 동아시아로부터의 군대 철수와 대서양 제일주의 추구. 둘째, 상호견제를 위한 동아시아지역에 자신의 동맹체제 지원과 건설. 셋째, 지역안보제도를 건설하고, 유럽모델을 모방하여 동아시아판 집단안보모델 실현. 넷째, 이전 소련을 대했던 것과 같이 새롭고 확대된 동맹체제를 건설하여 중국을 '억제'. 다섯째, 미일동맹을 진정한 의미상 양측의 밀접한 협력과 균형의 군사적 지지의무의 군사동맹으로 바꾸는 것이며, 이와 동시에, 중국과의 관계정상화를 유지하는 것이다. 현재 미국의 동아시아 전략은 클린턴정부가 채택한 다섯 번째 선택의 결과이다.[294] 이것의 목적은 전략상 중국을 견제하고 관리하는 동시에, 경제상에서 호혜하며, 정치상에서 중국을 개조시키는 데 있다.

그러나 1854년 미국함대가 동아시아에 첫 항해를 하고, 또한 중국, 일본과 무역교류를 형성하기 시작한 근본적 목표는, 미국이 안정적이고 평화적이며 번영한 동아시아에서 경제와 전략적 이익을 획득하기 위함이며, 미국이 동아시아의 시장을 충분히 개발하고 이용하여 강대한 자유경제관계를 발전시키기 위함이다. 중국의 굴기와 오늘날 중국이 국제사회에 융합되는 과정이 미국으로 하여금 자신이 160년 전 동아시아로 왔던 기본목표를 전례 없이 실현시키게 하였다. 1990년대 미국의 동아시아전략 보고서는, 미국의 지역안보의 최대 목표는 '미국과 동등한 경쟁력을 지닌' 적대 대국의 굴기에 대한 방범임을 강조하지만, 오늘날 중국은 결코 미국에 적대하는 대국이 아니며, 중국의 굴기가 미국과 동등한 경쟁력을 보유할 수 있을지 없을지는 여전히 요원한 화두이다. 비록 GDP 또는 PPP기준으로 본다면 21세기 중반 중국의 국가능력이 미국에 근접할 희망이 있지만, 다른 권력평가와 측정의 기준, 예를 들어, 인력자원과 과학기술 능력에서 본다면, 중국이 미국의 능력에 근접하는 데에는 더욱 긴 시간이 필요하다. 이로 인해, 어떤 학자는 중미 간에 과거 20년, 심지어 미래 30년 내에도 실질적인 '권력전이'는 나타나지 않을 것이라고 날카롭게 지적하였다.[295]

전략적 측면으로 본다면, 동아시아에서 미국이 받는 도전에는 비록 중국굴기의 일면이 있지만, 본질적 문제는 오히려 미국이 절대적인 미국패권 유지를 원하는지, 아니면 중국 또는 다른 지역국가들과 협력의 바탕 위에 지역안보에 대한 공동 거버넌스를 실행할지의 문제이다.

2차대전 종결 이래, 미국은 줄곧 당대 국제관계에서 가장 중요한 권력 현상이었다. 냉전의 종결과 양극체제의 붕괴는, 미국 패권과 다른 국가들과의 상대적 능력의 차이를 전례 없는 수준에 도달하게 하였다. 미국의 강대함은 그들의 종합적 능력의 지표상에서 미국 뒤의 다른 어떠한 국가들보다 멀찌감치 앞서고 있는데 나타나며, 세계 다른 대국과 미국의 힘의 차이는 심지어 로마제국을 뛰어넘었다.[296] 그러나 미국이 도대체 어떠한 성질의 '강권'인지에 대해 시종 많은 논쟁들이 존재하고 있다. 다시 말해, 미국이 다른 국가들보다 크게 앞서는 뛰어난 대국 (Preeminent power)이라면, '미국의 권력우위를 어떻게 정의해야 하는가' 하는 점이 문제가 된다. 국제관계이론과 정책연구 문헌에서, 자주 볼 수 있는 미국 권력성질의 개념에 대한 묘사에는 '패권(Hegemony)', '국제주도(Primacy)', '단극(Unipolarity)' 그리고 이라크전쟁 후의 '제국(Empire)' 또는 '제국성(Imperialist)'이 있다. 미국의 권력우위는 또한 이러한 상관된 개념을 포함한다고 여겨진다.[297] 저비스 교수는 부시정부의 첫 번째 임기 내의 외교와 군사정책을 평가할 때, 이것은 일종의 "미국의 패권, 우위적 지위 그리고 제국정책이 통합된 종합전략"이라고 정곡을 찔러 지적

하였다.[298]

국제관계에서 '극(Pole)'의 개념은 국제체제에서 상대적인 능력 분배(Distribution of Capabilities)를 가리킨다.[299] 냉전시기 미국과 소련이 형성한 국제체제의 양극권력 구조는, 이 두 국가가 초강대국일 뿐만 아니라, 그들의 정치, 경제, 군사와 전략자 원상에서 다른 국가들보다 크게 앞섰기 때문에, 국제관계에서 두 개의 극을 형성 하였다. 냉전종결 후, 미국은 유일한 초강대국이 되었고 단극체제는 다른 대국들 에 앞서는 미국의 슈퍼파워에만 달려 있는 것이 결코 아닌, 국제체제에서 다른 대 국들이 결코 지금까지의 포스트냉전시대에 미국을 겨냥하여 군사동맹을 새롭게 구성하지 못하고, 국제체제에서 군사동맹 체제의 주체 역시 미국을 중심으로 하는 세계군사 동맹체제에 더욱 달려있다. '실질적인 견제와 도전 결여'는 미국 주도 아 래 단극체제에 대한 기본정의가 되었다.[300] 이러한 기준에서 본다면, 오늘날의 국 제체제는 전형적인 미국 주도하의 단극체제이다.

비록 대다수의 학자들은 단극과 패권을 연결시켜, 미국을 '단극 패권(Unipolar Hegemony)' 또는 '패권적 단극(Hegemonic Unipolarity)'으로 부르지만, 또 다른 학자 들은 미국이 이러한 국가라는 것에 동의하지 않고, 미국을 '비패권적 단극(Non-hegemonic Unipolarity)'으로 부른다.[301] 패권의 정의와 국제관계이론에서의 '극' 사이 에는 결코 실질적인 차이가 존재하지 않는다. '패권'은 마찬가지로 국제체제에서 의 능력분배에서 주도적 지위를 점한 국가를 가리키지만, '패권'과 '극'의 차이에, 전자는 다른 국가들과의 단순한 권력차이가 아니라, 국제관계에서의 실질적인 영 향력을 더욱 강조한다. 국제체제에서 단극인 국가가 반드시 패권국가인 것은 아니 며, 또한 반드시 단극 구조에서만 패권국가가 존재하는 것도 아니다.[302] 냉전시기 의 양극체제에서의 미소 양국은 각자의 진영에서 모두 패권국가이며, 1945년 이 전의 세계 다극체제에서, 영국 또한 늘 패권 성질을 지닌 하나의 강권국가였다. 패 권국가는 국제체제에서 다른 국가에게 그들의 능력에 맞는 영향력을 가할 의지가 있는 국가로 정의된다.[303] 또는 자신의 초강력한 권력에만 기대어 자신의 초강력 한 영향력을 추구할 수 있는 국가야말로, 패권국가이다. 이 때문에, 어떤 학자들은 세계사무에서의 미국의 지도적 지위가 세계주요 대국 중에서 러시아와 중국으로부터의 거부에 맞닥뜨렸기 때문에, 미국은 세계적 의미상의 세계패권이 결코 아니라고 여긴다.[304] 동시에, 후세인 시대의 이라크, 이란, 북한, 2003년 이전의 리비아, 차베스 통치의 베네수엘라 그리고 쿠바 등 일련의 중소국가들은 각종 서로 다른 방식으로 미국에 도전한다.

2001년 1월 출범한 부시정부는 첫 임기 내 신보수주의적 외교와 전략이념을 추진하여, 강경하고 군사적 타격과 정권교체를 대표로 하는 국가안보 전략을 고수하였고, 환경보호, 우주 비무장화 그리고 이라크전쟁 개시 등 일련의 문제상에서 노골적인 일방주의 정책을 실행하였다. 미국의 이러한 국제적 행위와 전략적 주장으로, 많은 학자들은 현재 미국이 '제국화'의 노선으로 전향되고 있으며 일종의 '제국' 정책 추진을 시도하고 있다고 비판한다. 미국의 외교와 안보전략이 미국을 '제국'의 길로 가게 하는지에 대한 여부에 관한 분석과 비난은 한 때 매우 뜨거운 논쟁이었다.[305]

당대 국제관계이론에서 강대국의 제국화와 관련한 토론은, 과거 역사에서 나타났던 그러한 권위주의 및 독재와 군사 침략과 확장을 통치 원칙으로 하는 '제국'을 가리키는 것이 아니라, 정책과 전략의 경향과 특징을 가리킨다. 오늘날 국제관계에서 '제국' 또는 '제국적' 국가가 되는 것은, 단지 국가의 단극 패권적 지위가 지닌 힘의 우위뿐만 아닌, 일종의 패권적 지위에서 출발하여 더욱 확장성을 지닌 패권정책을 가리킨다. 존 아이켄베리(G. John Ikenberry)의 정의를 빌려 말하자면, 이는 미국이 기존의 힘과 영향력 외에, 일방적인 행동과 강제적인 방식을 통하여 자신의 이익과 목표 실현을 추구하는 것이다.[306] 데이비드 윌킨슨(David Wilkinson)의 정의를 빌려 말하자면, 미국은 자신의 슈퍼파워와 영향력에만 기대는 것이 아니라, 다른 국가들과의 협조와 공동행동보다, 개별적 행동에 더욱 의지함으로써, 국제관계 현상을 바꾸려는 목적에 도달하려 한다.[307] 이와 동시에, 패권정책인지 아니면 제국적 정책인지를 고찰하는 것의 또 다른 지표는, 미국의 초강대국 지위에 대한 다른 국가들의 합리적인 비판과 제약 그리고 도전을 미국이 받아들일 수 있는지 이다. 저비스 교수는, 패권정책도 마찬가지로 패권국가의 우위적 지위에 대한 다른 국가들의 경쟁과 도전을 원하지 않고, 또는 받아들이지 않는 것이다. 그러나 제국적 정책은 "강권이 자신의 능력과 영향력을 끊임없이 확장시키고, 또한 늘 정복과 개입을 통하여 국제체제에서 자신의 지위와 영향력에 다른 나라가 도전하는 것을 저지하는 것"을 가리킨다.[308] 분명히, 부시정부의 이라크전쟁 정책은 제국적 정책의 형태를 갖추고 있다. 이러한 제국적 정책의 결과는 오히려 중국인들의 말을 빌려 말하자면, 미국은 "돌을 옮기다 자신의 발을 찧는 것"이다(搬起石頭砸自己的脚). 이라크재건이란 수렁에 빠지고, 게다가 이라크전쟁의 논쟁에서 나타난 대서양 양안의 표류, 그리고 세계여론에서 직면한 고립상태로 인해, 부시정부는 부득불 두 번째 임기부터 미국의 외교정책을 새롭게 검토하기 시작하였고, 신보수주의자들도 연이어 부시정부의 외교정책단을 떠났다. 두 번째 임기 내의 부시정부는 동맹국들과의 관계도 수정해 나가기 시작하고, 그들의 외교정책은 국제적 영향력에 다시 새롭게 관심을 갖는 것이며, 맹목적으로 미국의 슈퍼파워에 기대고 미국의 가치로 세계를 '괴롭히는 것'은 아니다.

마찬가지로, 동아시아지역 안보에서의 미국은 도대체 "어떠한 국가인가?" 미국의 정책 전환은 매우 중요한 의미를 지니고 있고, 또한 동아시아지역 안보의 미래를 형성하는 데 가장 중요한 요소이다. 만약 동아시아지역 안보의제상에서 미국이 단지 맹목적으로 자신의 힘의 우위에 근거하며, 독려와 설득을 통하지 않고, 강제와 개입의 방식을 통해 미국의 전략적 이익을 추진한다면, 이것은 곧 일종의 제국적 정책에 가까운 것이다. 그러나 제국적 정책은 지금껏 모두 성공하지 못했다. '단순한 강제적 정책수단' 역시 진정으로 목적에 도달하지 못하였다.[309] 국제관계의 이론이든 역사이든 간에, 모두 "억압이 있는 곳에, 저항이 존재한다"는 근본적인 원칙을 증명하였다. 동아시아안보에서 미국이 만약 제국식 정책을 추구한다면, 중국을 포함한 동아시아 국가의 안보전략상에서 미국의 정책에 대한 저항과 대립만 촉진시킬 뿐이다. 이로 인해, 미국의 학자들은 이라크전쟁과 비슷한 이러한 제국적 정책은 국제사회에서 미국에 대한 다른 국가들의 최소한의 '연성균형(Soft

Balancing)'을 포함한 견제와 균형조치를 야기시킬 뿐이라고 믿는다. 이라크전쟁에서 대부분의 나토동맹국들은 이라크 파병을 거절하였고, UN에서 이라크에 무력사용에 대한 동의함으로써 협력하라는 미국의 요구를 거절하였으며, 이러한 불협력 정책은 미국에 대한 일종의 연성균성 행동이다. 제국적 정책은 결론적으로 미국이 본래 다른 나라로부터 얻을 수 있는 지지와 협력을 하락시키며, 국제행동에서 미국을 더욱 고립되게 하는 것이다. 다른 국가들은 미국이 완고하게 일방주의적 안보정책을 견지하는 것은, 미국이 결코 다른 국가들과의 협력을 그렇게 필요로 하지도, 또한 중시하지 않기 때문이라고 믿기 때문에, 이때 미국과 협력을 유지하는 것은 오히려 그들이 실현시키고자 하는 국가이익을 전이시킨다.[310] 국제관계에서 제국적 패권정책은 가장 불안정하다.

만약 동아시아에서 미국이 패권정책을 취하여, 다른 국가들에게 안보분야에서의 공공물품을 제공한다면, 이러한 정책은 동아시아를 진정으로 안전하게 할 수 있을까? 이 문제에 대해서는 객관적으로 간단하게 답을 내릴 수 없다.

1990년대 이래, 미국 패권과 관련한 핵심이론은 미국은 일종의 '선한 패권(Benign Hegemony)' 또는 '자비로운 패권(Benevolent Hegemony)'이라는 것이다.[311] 이러한 이론들은 미국의 민주제도와 자유가치관으로 인해, 미국이 늘 끊임없이 세계 각국의 자유, 민주와 인권을 추진하기 위해 노력한다고 여긴다. 이러한 미국의 국민 자유신앙에 깊이 뿌리 내린 외교적 전통은 늘 미국이 끊임없이 세계각지의 자유와 평화이익을 촉진시키고 발전시킬 수 있게 하였다. 그러나 이러한 관점도 마찬가지로 발을 들여놓지 못한다. 미국의 민주제도는 확실히 국내정치의 3권 분리, 독립된 여론, 그리고 광범위한 민주참여와 미국 외교정책에 대한 견제작용이 존재하지만, 이것은 미국패권의 성질이 '선하고, 자비로우며, 또는 유연하다'는 주장의 근거가 되지는 못한다. 국제관계에서 모든 권력은 본질적으로 자신의 이익 실현과 권력을 위한 이기적인 동기로 촉진된다. 미어셰이머 교수가 지적한 바와 같이, 국제관계에서 권력과 관련하여 선함과 같은 수식어는 근본적으로 존재하지 않는다. 국제체제에서 미국이 받는 제약과 균형이 적을수록, 미국 패권정책의 흉악한 면모는 더욱 많이 폭로될 것이며, 미국은 자신의 슈퍼파워 지위의 유혹에 더욱 저항하기 힘들어지지만, 국제관계에서 개입적과 강제적인 패권정책을 더욱 쉽게 추진할 수 있다. 부시정부의 일방주의와 선발제인(先發制人)적 전략은 결과적으로 오늘날 국제체제에서 미국의 초강력 단극패권에 실질적 견제가 결여된 결과이다. 이라크 전쟁은 이미 견제가 결여된 단극패권과 제국적 정책의 간격이 한발자국밖에 떨어져있지 않다는 것을 충분히 증명해주었다.

그러나 미국은 자신의 패권유지정책을 쉽게 포기하지 않을 것이다. 이러한 패권유지정책은 국제관계에서 미국으로 하여금 최대한으로 능동성을 장악하게 할 수 있을 뿐만 아니라, 다른 국가들의 정책적 선택에 영향을 주는 도구를 충분히 보유하게 하며, 가장 중요한 것은, 미국의 글로벌 전략이익 유지로 보아, 패권지위와 영향력 유지는 미국이 세계질서와 안보과정에 효과적으로 영향을 가할 수 있는 강력한 수단이다.

1990년대 이래, 두 가지 이론이 미국의 패권전략을 지지해주었다. 하나는 신자유제도주의의 '제도적 패권론'이며, 다른 하나는 신현실주의의 '패권 평화론'이다.

제도적 패권론은 미국이 당대 국제관계에서 단극 패권지위와 권력을 유지하고 발전시켜나가는 것은, 국제체제에서 미국이 국제제도와 국제규범 그리고 국제규제를 주도하는 데 유리하며, 따라서 이러한 제도와 규범적 요소를 이용하여 다른 국가들에 영향을 주고 제약할 수 있으며, 국제사무에서 미국의 리더역할에는 더욱 유리하다고 여긴다. 제도적 패권론의 본질은 미국이 최대한으로 자신의 단극권력을 사용하고 과시하도록 요구하는 것이 아니라 국제제도 주도를 통하여 자신의 전략과 정책적 목표에 도달하도록 요구한다. 이것이 바로 소위 미국이 지향해야 할 '자유패권'이다. 존 아이켄베리 교수는 "미국이 자유패권의 경향을 보일수록 다른 국가들은 더욱 이익의 유혹을 느낌으로써 미국에 협력적 행위를 취할 것이며, 미국이 제국적 패권의 경향을 보일수록 다른 국가들은 미국을 저지하거나 미국의 곁에서 떠나야 할 필요성을 느낄 것이다"라고 명확하게 제기하였다.[312] 이러한 제도적 패권은 미국이 더욱 많은 동맹국과 지지국을 얻어 잠재적 도전자 또는 해를 끼치는 자를 대하는 방법이며, 도전자들에게 제도적 패권의 흡입력이 결여되었다 하더라도, 제도적 패권론자들은 미국이 자신의 패권 권력과 지위를 이용하여, 더욱 쉽게 도전자들을 위협하고, 이기고 또는 평정하여, 견디기 힘든 군사적 충돌 또는 전쟁을 피할 수 있다고 여긴다.

제도적 패권론자들은 또한 패권이 만드는 국제영향력은 각각의 문제영역 내의 국제제도를 확립하고 발전시키는 데 유리하며, 이러한 제도는 미국의 동맹국과 우방들로 하여금 이익을 얻게 한다고 여긴다. 미국 아래의 대국 또는 중소국가들 모두, 다자주의와 국제제도를 가장 좋은 이익 저장장치로 기꺼이 받아들이기 때문에, 그들은 일방적으로 권력 원칙을 이용하여 이익을 보장하고 추구할 수 있는 권력을 갖고 있지 않다. 이러한 국제제도를 지탱하는 미국의 패권 권력이 강할수록, 국제질서는 더욱 안정적이며, 미국의 동맹국과 파트너들이 국제제도에 취하는 편승의 행동으로부터 이점을 더욱 얻을 수 있다. 이러한 국제제도를 건설하고 유지하는 데 모두 이러한 국가들이 막대한 외교와 정치적 대가를 치루지 않아도 되기 때문이다. 미국의 동맹국과 파트너들이 일단 국제제도에서 충분히 이익을 얻을 수 있다면, 미국의 패권을 반대하는 그들의 능력과 의지를 하락시킬 것이며, 이는 미국의 패권유지에 한층 더 도움이 될 것이다.[313]

다른 하나는 신현실주의를 기초로 한 '패권 평화론'이다. 국제관계에서의 혼란과 충돌이, 종종 권력의 재분배, 능력 확장 후 질서 현황에 대한 불만, 능력상승 후 새로운 이익수요와 강화된 의지 전달의 결심으로부터 오기 때문에, 상당부분의 현실주의학자들은 국제체제에서의 권력분배가 집중될수록, 국제안보는 더욱 쉽게 유지될 수 있다고 여긴다.[314] 1990년대 이래, 패권 평화론은 새로운 발전을 이루었고, 미국의 단극패권이 세계평화와 안정에 유리하다는 것과 관련된 이론은 갈수록 더욱 포스트냉전시대 미국의 전략과 이익요구와 함께 긴밀하게 관계된다.

월츠의 이론에 따르면, 국제관계에서 국가가 강자를 만났을 때, 일반적으로 두 가지 반응을 보인다. 견제로 강자가 가하는 위협에 저항하든지, 아니면 편승으로 강자의 보호를 받아들여 안전을 얻을 수 있다.[315] 전략적 성향에서 본다면 강국들 모두 편승을 원하지 않기 때문에, 견제가 더욱 쉽게 나타난다. 월츠 이론을 받아들이는 신현실주의자들은 강자 견제에 대한 대국의 수요가 대국의 굴기에 도움이 될 것이며, 새로운 국가연합을 탄생시키고 확대시켜, 패권국가 견제를 결심하는 데 도움이 되기 때문에, 다극패권은 장기화될 수 없다고 힘써 주장한다.[316]

그러나 상당수의 학자들은 이러한 견해에 결코 동의하지 않는다. 어떤이는 만약 단극패권의 우위를 지녔지만 국제사무에 대한 패권적 제어를 추구하지 않는다면, 오히려 군사충돌과 전쟁을 야기할 것이며, 이는 "단순한 권력 우위의 사실은 하나의 경쟁적 대국의 빠른 굴기만 보장할 뿐이며, … (중략) … 세력균형 이론이 단극의 지속적인 유지 노력의 운명은 불확실할 수밖에 없고, 부정적일 가능성이 매우 크다는 것을 의미하고 있기 때문"이라고 여긴다.[317] 이로 인해, 단극의 우위적 지위를 차지하려면, 반드시 단극의 패권 영향력, 심지어 단극의 패권 제어력을 동시에 유지해야 한다. 단극체제에서의 패권 능력과 영향력은 평화유지의 핵심으로 여겨진다. 이러한 패권적 지위가 다른 국가, 특히 도전자가 될 잠재력이 있는 국가와 권력의 거대한 차이 유지를 의미하고 있기 때문이다. 도전자로서 이러한 차이를 뛰어넘거나 최대한 빨리 축소시킬 수 없을 때, 그들은 결국 단극패권국가에 대한 도전을 포기할 가능성이 있다고 여긴다. 패권유지는 거대한 권력차이와 직접적으로 동일하며, 도전자로 하여금 도전이 가져오는 유혹을 피하도록 하는 것과 같다.[318] 국제체계에서의 평화와 안정이 실질적인 해를 당하지 않을 것이다.

기존 미국의 패권이론으로 본다면, 미국이 어떠한 권력현상을 원하는지에 대한 결론은 명확하다. 미국의 패권적 단극의 강한 권력을 추구하고 유지하는 것은 미국의 이익에 최대한으로 부합하며, 미국 주도 아래의 미국이 기대하는 국제관계의 안정과 평화에 부합한다. 90년대 이래 미국의 동아시아안보 전략 또한 이러한 이론 연역(演繹)과 논증(論證)에 의거하여 제정되고 이행되고 있다. 미래 미국의 동아시아안보전략의 전체적 기조와 전략적 구성 그리고 전략적 태세 모두 단순히 권력우위의 기초 위에 변하고 발전되는 것이 아닌, 미국의 동아시아 패권우위를 지속적으로 유지하고 수호하는 것이다.

비록 미국 내 어떤 이는 부시정부가 이라크전쟁과 이라크재건에 과도하게 몰두하여, 소위 중국굴기에 대한 관심을 끊고, 중동문제가 원래 미국이 중국위협에 대한 중시를 전이시켰다고 비판하지만, 이러한 비판은 정치적 언사일 뿐이지, 객관적 언사가 아니다. 2003년 5월 이라크 전쟁이 막을 내린 후, 펜타곤은 신속하게 아태전략을 조정하였다. 조정의 중점은 그들의 동아시아안보의 전략적 원칙이 아닌, 아태지역에서 미국의 주둔 증강이며, 이는 미일동맹의 합동작전능력과 미국의 동아시아 군사기지에 기대어 진행가능성 있는 군사적 반응과 개입능력에 모두 새로운 증강과 발전이 발생하였다. 2006년 미국이 발표한 「국가안보전략」과 「4개년 방위 전략 보고서(QDR)」, 그리고 「중국 군사력 보고서」는, 처음으로 중국을 미국의 '최대의 잠재적 도전자'로 숨김없이 언급하였고, 따라서 이전에 러시아와 중국을 함께 "잠재된 전략적 도전자"로 열거한 것에서, 중국만으로 압축하였다.[319] 이 일련의 사건들은 미국이 반테러 전쟁으로 인해 소위 중국위협에 대한 중시와 관심을 결코 무시하지 않았다는 것을 설명해준다. 미국의 동아시아전략은 포스트냉전시대 동아시아지역 안보특징과 미국이익 지상원칙으로부터 출발하여 지정한 전략에 직면하며, 소련붕괴 후 서방학계의 포스트냉전시대 동아시아안보 추세에 대한 진단과 논쟁의 결과를 대표하고, 또한 이로 인하여 1990년대 중반 이래 동아시아 지역안보 토론의 중요한 주제인 동아시아에서 미국이 주도하는 패권질서와 중국의 굴기가 어떻게 공존할지의 전략적 난제를 형성하였다. 미국의 입장에서 본다면, 미국의 동아시아안보 전략의 안정과 유효성을 유지하는 것은 지역안보에 가장 중요한 지표 중 하나이다.[320]

문제는 굴기하는 중국에 직면하여 미국이 동아시아에서 패권 영향력을 추구하는가, 아니면 패권 제어력을 추구하는가 이다. 패권 영향력은 미국이 자신의 주도적 지위를 강조하는 동시에 국제제도와 다자, 양자 협상을 통하여 자신의 관심을 반영하고 해결하기를 원하는 것이며, 패권 제어력은 미국이 자신의 권력과 양자적 행동에 근거하여 자신의 국가의지와 이익요구를 강제적으로 추진하며, 심지어 직접적으로 무력의 방식에 호소하여 미국에 대한 모든 도전적 행위를 배척하고 부정하는 것도 불사하지 않는 것이다. 이 두 가지 개념의 차이는 외교적 행동 아니면 군사적 행동을 취할 것인가의 차이가 아니다. 이 두 가지 정책선택에서, 사실상 모두 외교협상, 무력의 사용과 사용위협, 그리고 예방적 방어 등 정책적 요소를 결합한 것이며, 그들의 차이는 미국이 그들 정책의 국제적 영향력을 고려할 수 있는지, 아니면 미국의 패권식의 책임감과 사명감을 강조하는지 이다. 그렇기 때문에, 전자의 중점은 다중적 수단 운용을 통하여 미국의 영향력을 추구하고, 또한 압력을 가하는 동시에 인도와 설득의 방식을 취하는 것을 더 고려하는 것이며, 후자의 중점은 강제외교와 일방적 행동의 방식을 더욱 많이 취하여 미국의 목적에 도달하는 것이다. 비록 중미관계의 안정과 미국과의 건설적인 협력관계를 발전시켜내는 것은, 중국의 동요불가한 전략적 결심이지만,[321] 미국의 동아시아 전략의 기본적 태세와 정책적 선택은, 틀림없이 중국의 미래전략의 사고를 결정하는 중요한 요소이다.

4) 동아시아안보 - 문제변화 과정에서의 일본요소

방위체제와 방위역량의 발전으로 대표되는 일본의 '보통국가화' 과정은, 오늘날 동아시아 지역질서를 바꾸고 있는 또 하나의 중요한 힘이다. 이는 중국굴기와 함께 동아시아의 가장 중요한 문제변화이다.[322] 미일안보동맹은 냉전 후 중대한 조정과 발전을 겪어, 이미 더 이상 단순히 미일 양자관계의 기축이 아닌 미국의 아태지역 전략적 힘의 우위 유지와 강제적 개입능력 보장의 주도적 힘이 되었고, 더욱이 동아시아에서 미국이 패권지위를 유지하는 중요한 보조가 되었다. 1997년 9월 「미일중기방위지침서」가 발표된 이래, 과거 10년 미일군사동맹의 발전은 빠르고, 전면적이며 깊었으며, 이 동맹관계가 양자군사의무의 범위 정도이든, 아태지역에서 이 동맹의 전략적 지위와 성질이든 간에, 냉전시대와 비교하여, 이미 실질적인 변화가 발생하였다.

1996년의 「미일연합안보선언」과 1995년 완성된 미일군사동맹 재정의는, 미일동맹으로 하여금 냉전시대에서 포스트냉전시대의 전환을 완성케 하였다. 미일군사동맹의 기능과 전략적 목표 또한 냉전시대의 일본본토방위에서 동맹의 지역안보 책임자의 전략적 배치로 전환하였다.[323] 표면적으로 보아, 미일군사동맹의 승격은 일본 방위정책과 방위태세의 변화를 불러왔지만, 사실은 일본 자위대체제의 전면적 완화와 일본 방위전략의 냉전 후 거대한 전환이 미일동맹의 승격을 촉진시켰고, 미일군사동맹의 승격은 일본 방위체제가 '집단자위권 행사'의 해외군사행동능력 발전 또한 한층 더 추진하였다. 중국경제의 빠른 발전과 대만문제, 중일 간의 댜오위다오 영토분쟁을 둘러싼 문제에 따라, 1990년대 이래 중국위협론은 지금껏 잠잠했던 적이 없다. 미일군사동맹은 이미 냉전시대 소련의 확장을 겨냥하는 것에서 냉전 후 중국 군사력 굴기를 방범하고 제약하는 것으로 넘어왔고, 미일동맹을 한 측으로 하고, 중국을 다른 한 측으로 하는 아태전략 세력균형 국면을 형성하였다. 그러나 군사력의 기술선진 정도, 군비의 투입 그리고 종합적 해외작전능력 등 각 방면에서 본다 하더라도, 미일군사동맹은 중국에 절대적 우위를 점하였다. 이로 인해, 기존의 동아시아전략 세력균형 국면은 미일군사력의 우위를 기초로 하며, 미일군사동맹을 수단으로 하고, 미국의 안보의무를 주도적 비대칭전략 세력균형으로 하며, 이것의 기본적 태세는 미일군사동맹이 지역평화와 안보의 맹주 지위를 점하는 것이며, 이것의 목적은 중국의 부정적 군사동향이 나타날 가능성을 방범할 뿐만 아니라, 현상유지를 방향으로 하는 지역안보구조를 유지하기 위함이다. 이러한 세력균형 재건과정에서 일본은 완전히 미국과의 동맹관계에 의지하여 일본이 직면한 새로운 안보수요에 대응하며, 심리, 법률, 정부책임 그리고 군사력 동원과 사용 단계상에서 구조적 변화를 가하였다. 미일동맹과 일본의 새로운 전략목표의 수요에 대한 적응은, 동아시아에서 미일동맹이 추진하는 패권안정질서의 기초이다.[324]

그러나 동아시아의 전략적 세력균형은 또한 동시에 일종의 협력적 세력균형이지, 집단 대립적 세력균형이 결코 아니다. 중미와 중일 간에 모두 광범위한 정치, 경제무역, 사회와 문화관계가 존재하고 있다. 이러한 양자관계의 안정과 발전은 각자의 이익에 부합할 뿐만 아니라, 동아시아지역 안정과 번영의 기초이다. 이 협력적 세력균형의 작용을 받아 미일군사동맹의 '중국 지향'은 직접적인 미일과 중국 간의 전략적 충돌로 발전되지 않았다. 비록 1995년 미국 전 국무장관 크리스토퍼는 미국이 중일 댜오위댜오 분쟁에 출현 가능한 군사적 충돌에 대해, 일본에 완강한 군사적 의무를 이행할 것이라고 명확하게 표명하였지만, 댜오위댜오와 분쟁성의 동해 석유가스전 개발문제상에서 중－미－일의 군사적 대립은 결코 발생하지 않았다. 현재 각자의 정책추세로 보아, 최악의 상태로 가정해보아도, 미일과 중국의 전략적 대립은 잠재적이며 장기적인 것이지 즉각적인 것은 아니다. 미일군사동맹 증강의 직접적인 작용은 지속적으로 미국을 중심으로 하는 아태지역의 질서현황을 유지하기 위해, 위협과 방범의 효과를 발휘하여, 미일을 대표로하는 서방민주국가의 이익우위와 권력우위를 한층 더 강화하는 것이다. 일본의 대중, 미관계의 전략적 의미는, 많은 부분 각국이 현상유지와 동시에 협력적 전략 세력균형 강화를 원하는 것으로부터 결정된 것이다. 그러나 현재 미일 권력우위의 기초위에 건설하는 동아시아 비대칭 세력균형은 취약하다. 이 세력균형의 안정성은 미일과 중국 간의 군사와 전략적 힘의 거대한 차이와 일본이 미일동맹 구조 아래 자신의 국가안보와 일본자신의 전략적 역할 발휘를 원하는지에 달려있다. 만약 이러한 차이가 미일로 하여금 '견딜 수 없도록' 축소되고, 일본이 미일동맹 이외의 전략적 배치를 모색한다고 여겨진다면, 이러한 세력균형은 합리적인 지역질서를 유지할 수 없을 뿐만 아니라, 심지어 동아시아 대국의 전략적 경쟁과 충돌을 격화시킬 것이다. 존 아이켄베리 교수가 제기한 것과 같이, 일본 내에 강렬한 민족주의 정서로 인한 오늘날 미일동맹 최대의 폐단은 이미 갈수록 중국의 굴기에 대한 포용과 일본의 대국화 과정 간의 균형 유지를 어렵게 한다.[325]

　　미일동맹이 일본의 군사력 발전태세 안정과 일본이 미일동맹구조 아래 일본의 안보역할 발휘를 유지하는 것에 대해 중요한 작용을 한다는 것은 부인할 수 없다. 단기적으로 본다면, 미일동맹이 이러한 전략상에서 '중국을 방범'하고, 정책상에서 '일본을 관리'하는 이중역할은 사라지지 않을 것이다. 일본은 중국의 굴기를 방범하고 미래 중국의 거대한 전략적 영향력을 상쇄시키기 위해, 반드시 미일안보 동맹관계를 긴밀하게 유지해야 한다고 여긴다. 이 관계는 일본으로 하여금 평화 헌법의 구조 아래 최대한으로 안전보장을 얻게 할 뿐만 아니라, 군비방면에 일본의 저투입을 지속적으로 유지하게 하여, 일본경제의 경쟁력과 평화주의적 방위원칙을 보장한다. 그러나 과서 10년의 발전을 겪고, 미일동맹은 이미 기존의 단순히 아태지역에서 미국의 최전방 주둔과 안보의무 부담에 기대는 것을 대체하여, 현재 미일 양국 심중에 동맹을 기반으로하는 동아시아안보의 새로운 평화구조가 되었다. 다시 말해, 오늘날 동아시아 질서에서의 미국패권은 군사와 전략 기획에서의 핵심적 원소는, 이미 10년 전 동맹체제의 갱신이지만 여전히 미국의 일방적인 군사력과 군사개입 위주에서, '미일 특수 관계' 기초상의 '미─일 공동관리'로 변하였다. 이러한 새로운 태세의 출현은, 과거 10년간 동아시아안보의 최대 혁신적 요소 중 하나였다. 미국의 거물급 전략가의 예측에 따르면, 이 '미─일 공동관리'의 동아시아안보 태세는 최소한 2020년까지 유지될 것이다.[326]

단기적으로 보아, 일본 군사력의 대국화 과정은 현행의 미일안보체제에서 양국의 분담과 협조관계를 타파하지 않을 것이며, 미일간의 '주(主)', '차(次)' 구분은 쉽게 바뀌지 않을 것이다. 1990년 이래, 일본의 실제 군비지출은 일찍이 국민생산총액의 1%를 차지하는 '미키다케오 원칙'을 넘어섰지만 변동의 폭이 격렬하지는 않다. 일본의 군비지출은 여전히 1.1%의 수준에서 배회할 것이다. 군사력의 구조로 보아, 비록 근 10년간 일본의 해상과 공중자위대의 공격과 전투력은 끊임없이 발전하고 있지만, 전체적으로 본토방위 성질의 군사력구조를 결코 초월하지는 않았다. 미일 미사일 방어체제의 연합 연구제작, 일본 군용정찰위성 체제의 큰 폭의 발전, 일본의 중장거리 공─지 타격무기 연구제작 강화, 미국이 개입적 군사행동을 취할 시 일본의 후방지원능력 발전에 맞추기 위한 '오오스미급' 수송함 연구제작과 배치 프로젝트 등등, 이 일련의 모든 새로운 군사력 발전 프로젝트는 여전히 미일 군사동맹에서 '일본지원의무'를 초월하지 않았고, 장거리 세력투사능력 건설 역시 실질적 '배치단계'가 아닌, 여전히 '기술계획'에 머물러 있다. 그러나 미일

군대는 이미 과거 10년간 연합지휘, 통신, 군사행동 원칙에서부터 장비력 배치의 '통합' 과정까지 완성하였다. 일본의 발전된 미사일방어체제, 일본 본토에 배치된 X-밴드 레이더, 2007년 '조지 워싱턴 호' 핵추진 항공모함 일본 배치 그리고 일전에 일본이 이미 공개적으로 인정한 주일미군 핵잠수함의 핵미사일 탑재 사실 모두, 이미 미래에 미국의 아태작전 구상에서 일본의 지위와 역할은 이미 대체불가하다는 것을 충분히 증명하였다. 일본의 '유사법제' 기초상에서 통과된 몇몇의 새로운 법안 모두, 대만문제상에서의 입장에 대한 미일협조의 방향으로 발전되고 있다. 일본이 미국에 제공할 수 있는 군사적 행동 협력과 지지는, 이미 동아시아 미국 최대의 군사동맹국으로서의 역할을 크게 뛰어넘어, 미국이 동원할 수 있고 기댈 수 있는 군사력의 중요한 구성부분으로 발전하였다.[327] 미국이 일본 방위전략으로부터 전환하여 얻은 이익은 단지 미국 동아시아안보전략에 일본군사력의 유입뿐만 아니라, 가장 중요한 것은, 현재 미국이 미래에 동아시아에서 미일군사동맹이 군사개입 역할을 발휘할 때 동맹국 내부의 '정치적 요소'를 이미 고려할 필요가 없다는 것이다. 다시 말해, 방위전략상에서 미국을 향한 일본의 실질적인 편향은 미국으로 하여금 주일군사기지 사용 시 일본 정치로부터의 반대를 다시 걱정하지 않아도 되게 하였다. 외교와 전략 그리고 군사력의 배치 및 사용 등 일련의 문제상에서, 아태지역에서 미국의 군사력 배치구조에서 일본이 허브(Hub)를 구성하고, 다른 동맹국은 그저 바퀴살(Spoke)인 근본적 원인이 여기에 있다.

과거 10년간, 미일동맹의 승격은 동아시아안보질서의 기본태세를 바꿔놓았다. 미국과 일본이 동아시아안보를 공동 관리하는 새로운 태세 아래, 외교와 전략상에서 일본이 중미관계에서 취할 가능성이 있던 독립적이고 자주적 입장 포기에서, 적나라한 연미제중(聯美制中)전략으로 전환하였다. 이는 고이즈미 시대에 가장 뚜렷하게 나타났다. 고이즈미 집권의 6년, 일본은 미일기지 사용에 관한 새로운 조약 협상을 완료하여, 필요시 미국에게 모든 일본의 군사기지 개방과 반드시 필요한 군사적 의무 부담을 결정하였을 뿐만 아니라, 미일동맹의 대만해협문제를 겨냥한 연합군사개입 정책은 이미 분명히 밝혀졌다. 1999년 일본은 '주변사태법' 통과 시 '주변'의 범주를 모호하게 하여 지리적 개념보다는 단지 '사태적' 개념에 치중하여 미국이 군사적 간섭행동을 취할 시 일본이 협조할지는 구체적인 사태성질에 근거하여 한다고 밝혔다. 이는 중－미 전략관계에서 일정한 독립성을 유지하려는 일본의 희망을 다소 나타내었지만, 현재 이 정책은 이미 폐기되었다. 2005년 2월 미일외교와 방위 '2+2' 협상이 발표한 연합성명은, 대만문제의 평화적 해결 확보를 양국의 '공동전략적 관심'으로 열거하였다. 동아시아 정치에서 일본의 '중국포기, 미국환영(棄中迎美)'은 과거 10년간 동아시아 정치에서 가장 뚜렷한 전략 사건 중 하나이다. 중국과 한국의 엄중한 관심에도 불구하고, 고이즈미정부가 감행한 6차례의 신사참배는, 일본의 이 전략과 정치 전향의 결과이다. 결국 신사참배는 그의 마음속의 평화와 희망을 위한 것이며, 선조를 애도하는 것이고, 침략의 역사를 잊지 않기 위해서라는 고이즈미 총리의 해명은 명분일 뿐이다.

미일동맹의 승격, 일본 자위대 체제의 붕괴와 일본 여야가 국가역량 증대 계획 중에 심리적 측면에서 소위 중국위협에 대응하도록 결정한 것은, 반드시 일본이 새로운 대국화 과정을 가도록 지속적으로 이끌어나갈 것이다. 현재, 동아시아에서, 중국의 대국굴기와 일본의 정치굴기가 동시에 발생하여, 중일 양국이 비극적 대국대립(great power rivalry)에 진입할 것인지 여부는 동아시아안보가 현재 직면한 거대한 시험이다.

중미일의 전략 협조와 협력은, 동아시아안보전략의 기축이다. 미일동맹의 승격이 물론 대만문제 등 핵심 국가이익상에서 중국이 나타낸 '국가의지'에 대한 위협을 크게 증가시켰고, 장기적으로 보아, 중국이 푸른바다 문명으로 향해가는 것에 대해 반드시 전략적 억제를 하겠지만, 협조와 협력을 한다면 전략단계상의 모든 경쟁과 충돌을 관리·제어할 수 있다. 이것은 당연히 상당부분 중국의 전략선택에 달려있으며, 또한 미일 양국이 도대체 어떠한 방식으로 중국에 전략적 반응을 보일지를 준비하는지에 달려있다. 그러나 중일관계가 장기적 긴장상태에 놓여있고, 일본이 시종 강경한 대중정책을 고수하는 전제하에 중·단기적 각도에서 본다면, 중국에 취한 일본의 전략적 도전은 중국에 대한 미국의 도전보다 더욱 심각

하다.[328]

　전략상에서 일본이 미일의 동아시아안보 공동관리를 받아들이고, 위협 인식 상에서 '일변도'의 중국공포와 중국의심 그리고 중국반대의 심리적 상태는, 일본이 중국에 비우호적 강경정책을 취하도록 결정하였다. 과거 10년간, 중국위협론은 일본에서 매우 크게 확산되었고, 일본의 중국과 중미관계에 대한 견해 또한 뚜렷하게 변화됐다. 1998년 이전 일본은 중미관계의 악화가 일본의 정책적 선택을 곤란하게 할 것을 우려했으나, 현재 일본은 중국정책 문제상에서 미국의 기본 논조를 받아들였다. 또한 중국에 대한 부정적 견해는 심지어 미국을 초월하였다. 역사문제와 소위 자학(自虐) 탈피의 심리적 상태로 최근 몇 년간 일본 여야의 전체적 대중국 인식은 갈수록 부정적이어서 중국미래에 대한 쇠락론과 중국위협론에 대한 선전이 증가하고 있다. 최근 몇 년간 대만지역을 방문한 일본의원의 수는 이미 미국의원을 초월하였다. 대만 '민주적 현실'에 대한 존중과 전통적인 친대만 감정, 그리고 중국굴기에 대해 날로 증가하는 경계심으로부터 비롯되어, 비록 일본정부는 '하나의 중국' 정책을 유지하였지만, 대만에 대한 정계의 막후 지지는 발전되고 있으며, 대만 민주에 대한 동정과 지지는 끊임없이 만연하다. 게다가 일본 측은 중국 군함이 댜오위다오 해역에서 빈번하게 출현한다고 자주 보도하고, 방위백서는 중국의 미사일이 일본을 위협한다고 직접적으로 표현하며, 대중의 심리와 정책 방향의 측면에서 모두 갈수록 중국에 대한 미국의 단호한 정책을 지지하는 경향을 보인다. 부시정부 출범 시작부터, 중국은 미국의 '전략적 파트너'가 아닌, '전략적 경쟁자'라는 언사와 관련하여 일본매체와 학계에서는 비교적 광범위한 인정을 받았다. 몇몇의 분쟁성을 지닌 중국문제가 관련될 때, 적지않은 일본 학자들의 견해는 심지어 미국인들보다 더욱 감정적이다. 일본의 『월드위클리』는 2002년 10월 10일 야스시의 글「미국 중국군사력의 증강 경계 – '대단한 충돌' 해석과 예측의 2개의 보고서」를 기고하며, 2002년 7월 미국 국회의 미중경제안보검토위원회(US–China Economic and Security Review Commission)와 펜타곤이 발표한 두개의 보고서에서 미래 중국에 대한 부정적 논조에 명확하게 찬성하였다. 나카니시 테루마사와 이시하라 신타로로 대표되는 우익은, 중국을 일본의 적으로 선포해야 한다고 공개적으로 주창하였다.

　　동아시아안보에서의 '일본요소'는 현재 지역안보 정세의 복잡화와 대국관계에서 전략적 경쟁의 첨예화의 중요한 근원이 되었다. 클린턴정부 시대에 중미의 정치적 관계 발전이 미일 정치적 관계를 초월할 가능성에 대한 걱정을 이미 마쳤다. 일본은 부시정부의 아시아정책에는 '중일경중(重日輕中)'의 변화가 명확하게 나타났고, 게다가 중미관계의 한계성은 일본으로 하여금 지속적으로 아시아에서 제1동맹국의 지위를 안정적으로 유지하게 한다고 여긴다. 중일 양국은 미국과 우호관계 유지의 경쟁에서, 일본은 중국으로부터의 충격을 걱정할 필요가 없다. 중국의 미래 동향에 대한 미국의 관심과 중국에 대한 일본의 관심은 이미 갈수록 차이가 없어지고 있다. 일본은 근본적으로 미국의 정책기조를 벗어나, 중미관계에 협조하는 독립적 역할을 맡을 필요는 없다. 반대로, 일본이 과감히 책임을 지며, 대만 등 문제상에서 중국에 대한 직언은, 중미관계에서 미국이 중국을 방범하는 역할을 발휘하는 데 도움이 된다. 일본은 중국 문제상에서의 관심을 뚜렷하고 완강하게 보여주고, 지역사무에서 독립적으로 자신의 역할을 발휘하는 것은, 중미관계가 일본이익과 정책적 목표에 부합하는 방향으로 발전하는데 도움이 된다. 이로 인해, 중국정책상에서 '미국을 본받고', 심지어 일부러 '미국과 거리를 두어' 일본의 외교적 견해와 독립적 의지를 제고시키려는 것은, 이미 현재 일본의 중국정책상 중요한 부분이 되었다. 만약 1990년대 중반 일본이 중국과의 관계를 안정시키는 정책을 취하도록 미국에 요구했다면, 현재는 그와 반대로, 미국이 대중 정책에서 신사참배 중단을 고려하고, 중국과 고위급 접촉을 회복하며, 중국과의 관계를 안정시키는 행동을 염두에 두어야 한다고 요구하고 있다. 최근 2년간, 일본은 중국에 대한 ODA원조 중단에 대해 준비하고 있다. 이 안건이 중요한 이유는 일본이 중국을 이미 일본의 '전략적 경쟁자'라고 공개적으로 선포했기 때문이다. 도쿄는 중국에 대한 유럽의 무기판매 제재 취소를 힘써 반대하며, 심지어 중국에 대한 차관 중단을 세계은행에 요구하고 있다. 2006년 10월 새롭게 취임한 아베 총리는 중국을 방문하였고, 이것의 배후 원인 중 하나는 미국이 일본의 신정부에 압력을 가해 중국과의 관계를 완화하도록 도쿄에 요구했기 때문이다.[329]

　9·11사건 후, 중미 양국은 반테러투쟁을 통해 양국의 협력을 한층 더 강화하여, 중미관계에 새로운 안정과 건설적 협력의 발전적 추세가 나타나게 하였다. 그러나 9·11사건 후 일본의 대중 정책 기조에는 국제테러리즘 국면의 심각함으로 인해 부각되었던 '비국가행위체' 위협 상승으로 인한 어떠한 변화도 발생하지 않았고, 오히려, 반테러리즘 시기 이용에 박차를 가해 일본 방어체제를 강화시켜, 일본의 국제적 공헌을 한층 더 강조하고 일본의 대국화 과정에 속도를 더한다. 일본에 통과된 '반테러특별법안'은 일본의 해외파병의 자위대체제 제한을 한층 더 타파하여, 미국의 군사행동에 대해 일본이 제공한 후방지원의 범위를 일본의 '주변지역'에서, 미국의 군사행동이 발생한 지역으로 확대시켰다. 비록 이 법안에는 일정한 시간적 제한이 있지만, 이 법안의 통과는 객관적으로 미일군사동맹에서 일본이 부담하는 의무를 한층 더 강화시켰다. 그 다음 미일 군사동맹관계는 진일보했다. 해외파병과 무기사용 문제상에서 일본의 국내법률 제한이 갈수록 약화되는 것에 비추어 보아, 미국도 일본에 부여하는 동맹국 지위를 상응하게 제고시켰고, 미일군사협력의 종심(縱深)은 한층 더 확산되었다. 2002년 8월 하순, 미국은 미국 국방부 내부에 일본 자위대의 연락사무실을 공식 설립하는데 동의하고, 미일 양국 간의 군사교류와 접촉을 한층 더 밀접하게 하였다. 아시아지역에서 미국의 일본기지와 일본군사동맹에 대한 의존도는 한층 더 상승하고 있다. 아프간전쟁에 사용되는 미군 군용 물자 중 거의 반은 주일 군사기지를 통하여 운송된 것이다. 아프간전쟁에 참여한 군사인원과 전투기, 군함의 4분의 1은 주일 미군에서 왔다. 아프간전쟁 이전, 일본은 출항하는 미군항모편대에 호위임무를 제공한 적이 있다. 아프간전쟁 기간, 일본은 세 차례 해상자위대를 출동시켜, 인도양 지역 내에서 작전 중인 미군을 후방지원했다. 2002년 미국 국방부가 발표한 「중국 군사력 보고서」는 대만을 겨냥한 중국의 군사력 발전이 일본을 포함한 동아시아 이웃 국가를 '위협'한다고 명확하게 제기하였다. 이것은 2001년 일본 방위정책백서가 중국이 일

본에 '미사일 위협'을 형성하였다고 확정한 기조와 완전히 일창일화(一唱一和)*하다. 2002년 이래, 역대 미국 국방부 발표의「중국 군사력 보고서」와 일본방위백서에서 모두 대만해협에서 중국의 군사건설은 일본 및 주변 국가들에게 군사위협을 형성하였다는 점이 언급되어 있다. 대만 매체는, 일본이 심지어 현재 대만에 군사장비 판매를 고려하고 있다고 보도하였다.[330] 2007년에 들어와, 미일 양국이 현재 공동으로 제정한 '대만방어협조'와 관련된 보도 또한 끊이지 않고 있다.[331] 일본의 끊임없이 발전된 친대만 입장은, 대만의 독립세력으로 하여금 유시무공(有恃無恐)** 함을 느끼게 할 뿐이며, 양안관계의 안정과 평화는 끊임없이 복잡한 국제정세의 도전과 충격을 받을 것이다. 2007년 2월 23일, 대만 민진당 주석이자, 2008년 대선 후보인 요우시쿤(游錫坤)은 대만사(台灣社) 지도자 회견 당시, 10년 내 대만을 '정상국가'로 변화시키겠다고 공개적으로 외쳤다.[332]

동아시아안보의 문제변화 과정에서의 '일본요소'는 일본이 어떻게 그들의 안보전략을 제정하고 이행할지, 또한 어느 정도로 중국굴기로 인해 일본으로 하여금 느끼게 한 소위 위협 문제에 합리적으로 대응할 수 있을지에 달려있다. 2005년 중국의 대 대만정책에 중대한 조정이 나타나고, 양안정당대화가 이미 가동되며 그리고 대만독립 세력이 첸수이벤(陳水扁) 가족 내부의 횡령부패 문제로 인해 악명이 높을 때 즈음, 미일의 대만정세를 겨냥한 연합군사개입의 강화는 중국 측의 강렬한 경계심만 격화시킬 뿐이다.[333] 미국의 유명한 일본 문제 전문가 마이크 모치주키(Mike Mochizuki)는 "대만해협 군사충돌이 약화된 상황에서, 대만을 겨냥한 미일 연합 군사개입계획은 일본과 중국에 군사충돌 발생의 가능성만 확대시킬 뿐이다"라고 솔직하게 제기하였다. 만약 일본정치 엘리트들이 고의로 중국위협을 과장하고 또한 늘 이러한 위협을 일본정치와 사회동원의 도구로 삼아 최대한 빨리 '헌법수정'과 '보통국가화'를 실현시키려 한다면, '중국위협'을 일본 국내정치의 '인질'

---

* 한 사람이 선창을 하면 다른 사람이 따라 부르다. 서로 죽이 맞다. 맞장구치다.
** 믿는 데가 있어 두려움을 모르다. 의지할 곳이 있어 우려하지 않다.

로 삼아 원래 정상적이고 협력적이었어야 하는 중일관계를 악화시키는 것이다. 이는 오늘날 중일관계에서 가장 위험한 부분이다. 2007년 2월 26일, 일본 자민당 정무조사회장 나카가와 쇼이치는 나고야에서, 중국군비의 증강으로 인해, 그가 일본이 미래에 '중국의 한 성(省)'이 될 위험이 있다는 것에 대해 걱정하고 있다고 표명하였다.[334] 이러한 위언용청(危言聳聽)*한 언론과 그 배후에 존재하는 일본의 어두운 '중국관'은 오늘날 동아시아안보의 거대한 우환이다.

5) 동아시아안보 - 문제변화 과정에서의 북핵요소

동아시아지역 안보를 둘러싼 오래된 문제는 여전히 해결되지 않았으나, 새로운 문제는 끊임없이 발생하고 있다. 북핵문제의 격화는 하나의 오래된 문제에서 끊임없이 변화되어 나온 '새로운 문제'이다. 북한 핵문제는 지지부진 해결되지 못하고, 동아시아 대국관계의 복잡함을 부각시켰다. 2007년 2월 13일, 북핵문제 6자회담 제5차회담에서 발표된 공동문건은, 30일 후 북한이 영변핵시설 동결과 국제원자력기구의 핵사찰을 받아들이는 조건으로, 미국 등 국가들이 북한에 100만 톤의 중유원조를 제공하고 금융제재를 취소한다는 교역성 협의를 장엄하고 엄숙하게 선언하였다. 이는 6자회담에 이미 실질적인 호전의 조짐이 나타난 것을 의미하고 있다. 그러나 미래 6자회담이 어떻게 발전할지에 대한 의심은 결코 실질적으로 해소되지 않았다.

6자회담의 재개최는 새로운 분쟁과정의 시작일 가능성이 매우 크다. 예를 들어, 6자회담은 어느 때에 회복되어야 하는지, 북한은 도대체 어떠한 신분인지, 핵무기 보유국가의 신분인지 아니면 여전히 비핵국가인지, 6자회담에서 북한의 핵포기와 미국의 금융제재 취소는 도대체 어떻게 연결될 것인지, 이 일련의 문제는 북핵문제의 복잡함과 막중함에 대해 깊이 설명해주었다. 그러나 미래 북핵문제 및

---

* 일부러 놀라운 말을 하여 사람을 두렵게 하다.

6자회담의 추세가 어떻든 간에, 중미협력을 한층 더 강화시키는 것은, 진정으로 정치와 외교적 해결 과정의 시작을 여는 '열쇠'이다. 2002년 10월 북핵 위기 발발은 본질적으로 한반도 냉전 상태가 아직 종결되지 않은 결과이다. 예를 들어, 북한 핵문제가 최종적으로 외교와 정치적 해결을 실현할 수 있을까? 만약 6자회담 과정이 지속적으로 미루어진다면, 핵무기를 보유한 북한은 '제2차 한국전쟁'을 야기시킬 것인가? 만약 북한의 핵무기 문제가 장기화되고 핵소유가 정당화된다면, 동아시아는 핵무기 확산의 심각한 재난지역이 될 것인가? 어떠한 국가가 미래 핵확산의 주요대상이 될 것인가. 일본 아니면 한국인가? 일단 동아시아에 N개의 핵무기 보유 국가가 나타나면, 현행의 동아시아 지역안보 구조는 붕괴될 것인가 아니면 지속적으로 유지될 것인가? 북한의 핵확산은 동아시아에 역사상 전례 없는 다극시대를 가져올 것인가? 미래 동아시아 지역안보 정세의 변화는, 틀림없이 북한 핵문제의 해결방식 전체와 밀접한 관계가 있다. 데이비드 강(David Kang)이 제기한 것처럼, "북한의 핵무기 추구는 안보를 위한 것이기 때문에, 경제 개입이든 제재든 모두 북한으로 하여금 핵무기 포기를 결심하게 할 수 없다."[335] 2002년 10월 북핵 위기 발발에서 현재까지, 6자회담체제가 정치와 외교적 해결의 결정적 돌파를 지금껏 이루지 못한 것은 그의 이 판단을 실증한 것 같다. 북한이 2006년 10월 9일 핵실험을 진행한 후, 미국의 안전보장도 평양의 핵포기 결심을 이끌어내는 데 부족한 것으로 보인다. 동아시아 정치 환경에서 어떻게 북한이 핵을 포기하게 할지는 더욱 곤란한 문제일 것이다.

북핵문제의 본질은 동아시아지역 안보질서에 대한 전복이다. 2002년 10월 제2차 북핵 위기 발발에서 2006년 10월 북한이 진행한 핵실험까지, 4년의 시간 내 검토가능한 문제가 얼마나 있었든 간에, 핵위기의 승격은 이미 사실이다. 설령 평양이 '몹시 억울하여', 핵실험이 미국의 군사위협과 금융모살정책에 대한 대응이라고 강조하더라도, 핵무기 보유의 북한이 중국에게 가져다준 최대의 도전은 동아시아지역 안보 질서에 대한 전복적 파괴이다. 이전에 완만하고 때론 중단되고 때론 지속되던 다자회담 과정은, 각국이 북한은 단지 핵문제를 카드로 여겨, 협상은 인내심과 이성이 필요한 교역 과정이라고 믿었기 때문에 용인될 수 있었지만, 핵실험 후의 근본적 사실은 북핵문제의 성질이 이미 변했다는 것이다.

핵실험 이전 각국은 전략적 모호함을 통하여 북한의 핵무기 보유현실을 고의로 회피하여 한반도 비핵화와 정치와 외교적 해결 원칙을 견지해 '전략적 또렷함'을 보장할 수 있었다면, 현재는 이러한 '모호함'과 '또렷함' 간의 경계가 이미 붕괴되었다. 북핵문제의 기본적 성질은 이미 더 이상 평양이 생존과 안전을 위해 핵무기 추구를 통하여 야기된 지역 불안전의 도전이 아닌, 평양의 핵능력이 생생하게 쐐기를 박은 후 동아시아안보구조의 미래의 변화이다. 앞으로 6자회담 지연이 지속될수록, 지역안보에 대한 북핵문제의 발산(發散)적 충돌은 더욱 커질 것이며, 냉전 후 16년간 지속되었던 동아시아 지역안보 전략 결과가 철저하게 전복될 가능성은 더욱 커진다.

북핵문제가 야기하는 전복성의 충격은 단지 일본의 핵무장 가능성에만 달려 있는 것이 아닌, 민족주의 감정이 급격히 상승한 한국을 우리가 어떻게 대면할 것인지, 그리고 미래에 통일된 한반도가 여전히 핵무기 포기를 원치 않을 가능성에 달려있다. 10월 6일, 일본의 아베 총리는 일본정계에 일본의 '비핵 3원칙'을 바꾸려는 사람은 없다고 특별히 강조하였다. 아베의 이 담화는 아마 자신의 속마음마저도 믿지 않는 것 같다. 현재 핵무장의 길로 가지 않는 것은 일본의 전략적 이익에 부합하며, 또한 일본 내 보편적으로 존재하는 반핵사상의 결과이지만, 이것이 앞으로 일본이 핵무장을 하지 않을 것이라는 것과 같은 것은 결코 아니다. 북핵문제가 일본에서 격화시킨 것이 민족주의뿐만 아니라, 자신의 전략적 역량 건설에 대한 일본의 전례 없는 열정도 포함된다. 한국의 노무현 대통령은 2006년 10월 5일 서울이 북한에 대한 '평화번영정책'을 바꾸지 않을 것임을 강조하였다. 한국은 북한 핵실험 후 사태의 격화를 원치 않아, 따라서 지속적으로 '햇볕정책'을 추진하길 원하며, 이 점은 이해할 수 있다. 그러나 한국정부의 이러한 입장 표현은, 본의 아니게 북핵문제상에서 한국이 '대국역할'을 맡으려한다는 점을 보여주었다. 상상 가능한 것은, 만약 북핵문제의 지역안보 효과가 일본, 한국 등 다른 중요한 동아시아 지역구성원을 핵무장의 길로 가게 한다면, 다수의 핵보유 국가가 존재하는 동아시아 지역안보구조에는 어떠한 변화가 일어날 것인가? 현재, 하나의 관점은 일본, 심지어 한국도 핵대국의 길로 간다 하더라도, 동아시아 지역안보 구조에서 미국이 주도하는 '패권안정'은 바꿀 수 없으며, 단극 대국으로서 미국의 지위에 근본적인 동요는 일어나지 않을 것이다. 그러나 만약 우리가 물질주의적 이론으로 이러한 권력분배의 거대한 변화를 본다면, 지역안보가 다시금 심각한 동맹 조정의 과정에 처할 가능성이 매우 크다.[336]

북핵문제 해결의 과정이 도대체 동아시아의 대국관계에 어떠한 작용을 가져다 줄지, 이는 현재 동아시아안보가 직면한 새로운 과제이다. 2006년 10월 9일 북한의 핵실험이 유발한 충격은 여전히 동아시아에서 지속적으로 요동치고 있다. 오늘날 동아시아안보의 구조적 특징은 여전히 미국주도의 중미가 대체적으로 형성한 전략적 세력균형의 기초상의 '패권평화'이다. 일단 북핵문제에 대한 결정이 오랜시간 지연되어 사실상 북한 핵소유가 정당화된다면, 일본과 한국이 서로 다투어 실질적인 '전략적 역량'을 추구하고 보유하게 할 것이며, 동아시아 질서는 철저하게 세력균형 기초상의 '다극평화'로 전환될 것이다. 그러나 동아시아는 유럽이 아니어서, 역사적 측면이나 전통적 측면에서 보아도, '다극적 세력균형'은 우리가 희망하는 미래를 결코 대표하지 않는다. 북한 핵실험이 가져온 직접적인 안보영향은 단기간 내 일본과 한국이 가장 깊이 느끼겠지만 북한의 핵능력이 야기한 전략적 도전의 충격이 가장 큰 것은 중국과 미국이다. 이러한 충격하에서 미국이 직면한 과제는 오늘날 미국의 동아시아안보 전략과 미국 주도아래의 동아시아 전략질서를 어떻게 안정시키는가 하는 점이며, 중국이 직면한 과제는 지역안보 구조에서 끊임없이 상승한 중국의 전략적 역할과 전략적 지위를 생각하고 보장해야 한다는 것이다. 워싱턴과 베이징은 북한 핵실험 직후 동아시아의 불확실한 미래에 공동으로 대응해야 한다. 북핵문제는 반드시 중미 양국으로 하여금 새롭게 자신의 지역전략 이익을 새롭게 자세히 살피게 할 것이다.

틀림없이 오늘날의 동아시아안보질서에는 여러 가지 폐단과 결함이 존재하고 있다. 대만해협의 분리 상태와 대만 내의 독립세력은 여전히 심각한 도전이다. 그러나 중미 양국에 대해 본다면, 앞으로 상당히 긴 시간 내 지속적으로 기존의 지역안보 질서를 유지하는 것은, 각자의 기본이익에 부합한다. 현재로 보아, 실질적으로 6자회담을 지속적으로 추진하는 과정을 심화시켜, 다자회담으로 하여금 진정으로 하나의 '의사기구'에서 실질적인 '문제해결' 체제로 전환하게 하는 것은, 중미 양국이 반드시 다른 국가들과 함께 노력해야 할 방향이다. 2006년 10월 9일 북한 핵실험 직후, 북핵문제 해결상에서 중미 양국의 입장은 서로 좁혀지고 있어, 지역질서 안정을 위해 고려한 문제 해결에 대한 양측의 절박함이 한층 더 상승한 것을 우리는 분명히 볼 수 있었다. 2006년 12월의 제5차 6자회담 2차회의상에서 중국 측의 입장은 뚜렷하게 미국으로 치우치고 있다.[337]

6자회담의 문제해결 능력을 보장하는 데 있어 첫째, 서둘러서는 안되며, 6자회담체제에 대해 반드시 필요한 믿음을 유지하는 것이 매우 중요하다. 2006년 10월 9일 북한 핵실험 직후, 중, 미, 한 등 국가들 모두 일련의 '셔틀 외교'를 전개해 나가고 있다. 충분한 정보소통 그리고 각국의 입장과 의도에 대해 뚜렷하고 사실적인 이해와 판단은, 분명히 회담이 반드시 필요한 작업들을 돌파해 나가도록 추진할 것이다. 6자회담을 회복하는 데 시간이 조금 걸리더라도 각국이 사전에 충분히 준비하는 것은 결코 나쁜 일이 아니다. 만약 타협에 대한 결심과 반드시 필요한 준비가 결여되어 있다면, 6자회담이 회복된다 하더라도 지속적으로 형식적인 것에 머물고 말 것이다. 둘째, 반드시 필요한 원칙은 반드시 견지되어야 한다. 중국 후진타오 국가주석이 2006년 10월 13일 중국을 방문한 노무현 대통령을 접견할 때 한 말처럼, 중국정부의 한반도 비핵화입장은 견정불이(堅定不移)*하다. 현재 북한의 핵무기 보유는 확실한 '사실'이지만, '불법적 사실'이다. 북한의 핵보유화 사실에 대한 어떠한 인정요구도 모두 받아들일 수 없다. 특히 2005년 9월 제4차 6자회담에서 체결된 「공동성명」에서의 각 원칙들은 반드시 재차 표명되어야 하며

---

* (입장, 주장, 의지 등이) 확고부동하여 조금도 흔들림이 없다.

보장받아야 한다. 만약 북한이 핵포기 과정 가동을 원한다면, 금융제재의 취소는 반드시 동시에 뒤따를 것이다. 북미, 북일관계정상화의 협상은 북한의 핵포기 과정이 시작된 후 동시에 진행되어야 한다. 한반도의 냉전상태 종결과 북한과 외부세계와의 관계정상화는 핵포기 과정의 일부분이다. 당연히, 실질적인 핵포기 행동에는 원조, 정상화 협상 그리고 안보보장의 전제가 포함되어야 한다. 셋째, 각국 모두 문제해결에 대한 의지를 충분히 보여주어야 한다. 이로 인해, 상관된 정책적 수단과 정책적 선택의 결합은 반드시 필요하다. 핵실험 직후 부시정부의 '외교적 해결'에 대한 강조는 긍정적인 메시지이지만, 미국도 마찬가지로 평양의 현행체제 불변의 상황 아래 유지를 타파하는 것에 대한 믿음이 필요하다. 중국은 중재 역할 외에도, 회담이 지속적으로 교착상태에 빠질 때 결단력을 보여주는 역할도 중시해야 한다. 넷째, 중미는 협력을 통해 어떠한 한 측이 지속적으로 사태를 격화시키고 악화시키는 행동을 취하는 것을 방지해야 한다. 예를 들어, 6자회담이 회복된 후 한동안 난관을 돌파할 수 없다 하더라도, 북한의 '두 번째 핵실험' 또는 북한의 잘 못에 대한 확실한 증거가 확보되기 이전 미일 등 국가들의 강제적인 해상저지행동은 모두 피해야 한다.

북핵문제 해결에는 중미협력의 강화가 필요하지만, 중미 간에 북한문제에 대해 전략적 협력 여부 자체가 현존 국제관계 및 안보이론에 대한 심각한 도전과정이다. 만약 중국의 정책을 '공격적 현실주의'의 이론구조에 놓고 자세히 살핀다면, 분명히, 이론적으로 보아, 1961년의 「북중우호협조호조조약」에 근거하여 평양은 여전히 중국의 맹우이기 때문에, 중국이 능동적으로 강경조치를 취하여 북한의 핵포기를 강요할 이유가 없다. 미국과 일본으로부터의 군사적 압박을 중국이 직면할 때, '자신의 수족을 잘라' 이러한 반미의 '조수(助手)'를 해결할 필요가 있을까? 중미 양국은 '이익 상관자'일 뿐만 아니라, 더욱이 '건설적 협력자'이다. 미래 북핵문제의 어떠한 해결과정 모두, 반드시 중미협력을 유지해야 하며, 북핵문제상에서 공동의 전략적 상호신뢰 구축은 필요하다. 북한 핵위기가 2002년 10월 재차 발발하고, 6자회담이 3년을 겪고 난 후에도 교착상태가 타파되지 못한 것은 동아시아 대국관계에 전략적 의심과 상호방범 존재의 결과이다. 만약 중국과 미국이 북핵문제를 서로 협력하여 해결할 수 없다면, 그것이야말로 국제관계에서 진정한 '대국정치의 비극'이다.

핵무기 보유의 북한은 동아시아가 감당할 수 없는 막중함이다. 북핵문제 해결의 곤경 또한 마찬가지로 중미 양국의 전략협력 강화가 필요하며, 또한 서로 간에 운용과 분업 그리고 협조 가능한 대응조치를 형성해야 한다. 미국은 중국과의 협력으로 문제 해결의 믿음을 보여줘야 하며, 중국은 중미 전략적 협력을 강화하는 기초 위에서 문제해결의 의지를 가져야 한다. 미래 북핵 문제상에서 상응하는 조치는 각골명심(刻骨銘心)의 '중미갈등'을 반드시 초월해야 하며, 중국의 국가이익과 국제적 현실을 직접적으로 대면해야 한다. 우리 중국 인민들은 미국에 북핵문제상에서 중국의 깊은 관심을 충분히 전달할 필요가 있다. 예를 들어, 우리 중국 인민들의 평양정권의 현상유지 희망, 북한이 개혁개방과 관련 중국의 선의의 권유를 진정으로 듣고 따르고, 또한 최대한 빨리 다자외교협상 가동 희망, 미래 해결방안을 촉진시킬 때 양측의 반드시 솔직한 대면과, 공동 책임 부담 등이다. 그러나 북한 핵실험에 나타난 어떠한 동아시아 전략안정을 파괴하는 데 목적을 두고, 동아시아 질서가 불확실한 전망으로 변해가도록 야기한 부정적 영향에 대해, 절대 도이경심(掉以輕心)*할 수 없다. 중미 양국이 장기적인 건설적 협력자가 되려면, 북핵문제 해결은 관념상에서든 아니면 정책상에서든 모두, 양국이 반드시 넘어야할 하나의 '높은 산'이다.

6) 문제변화와 지역전환 – 안보 거버넌스는 동아시아의 미래인가?

냉전이 종결된 지 16년이 지났다. 동아시아안보는 여전히 취약한 안정에 놓여있지만, 평화는 결코 취약하지 않다. 취약한 안정에 놓여있다고 표현한 이유는,

---

*   대수롭지 않게 여기다.

16년간 일련의 '오래된 문제'는 완화되었지만, 문제의 성질은 변화되지 않았으며, 일련의 '새로운 문제'가 또 나타나기 시작하여, 앞으로 동아시아안보 추세를 시험할 새로운 불확실 요소로 자기매김했기 때문이다. 전체적으로 보아, 냉전 후 16년간 동아시아안보의 문제영역(Issue Area)은 오히려 확대되었기 때문에, 동아시아안보의 '본질적 문제(Issue Nature)'는 첨예화되었다. '평화'가 결코 취약하지 않다고 표현한 이유는, 오늘날의 동아시아전략 질서가 각 대국에 협력의 공간을 제공하여, 중미, 중일 간의 공동이익이 한층 더 확대되었고, 사회와 경제무역 그리고 금융관계의 네트워크화 과정이 심화되고 강화되었기 때문이다. 어떠한 대국도 서로 간 전쟁에 말려드는 것을 원하지 않기 때문에, 지속적으로 '평화적 이득'을 누리고 보유하는 것은, 역내 국가들에게 국가의 안보와 안정 그리고 번영을 보장하는 선결조건이다.[338] 미래 지역안보정세의 전복(顚覆)성 변화를 피하는 것은, 대국의 전략적 의도를 어떻게 분명히 하는지 혹은 어떠한 권력구조가 지역안보에 도움이 되는지에 달려있는 것은 명백히 아니다. 또한 지역안보 문제의 다양성 및 각국 정치와 사회발전의 차이성을 감안할 때, 단순히 유럽모델을 답습하여 지연안보 제도를 확립하는 것은 분명히 신속한 효과를 만들어낼 수 없다. 동아시아안보의 미래는 상당부분 반드시 다단계 · 다형식의 '안보 거버넌스(Security Governance)'를 키우고 확립하여, 각종 경쟁성, 심지어 충돌성 안보의제에 대한 '지역 거버넌스(Regional Governance)'를 형성해야지만, 안정적이며 건설적이고, 운용 가능한 안보질서를 진정으로 확립할 수 있을 것이다.

동아시아안보의 핵심문제는 대국관계가 어떻게 충돌과 적대를 피할 수 있느냐 이다. 이러한 충돌과 적대는 의도적인 형식으로 나타나는 것이 아니라 국제권력관계의 변화로 야기되는 것이며, 본질적으로는 권력의 본질인 '이기심'의 작용, 즉 안보딜레마의 작용 아래, 해소되기 어려운 다른 국가의 권력굴기 과정에 대한 질투와 우려, 심지어 불신으로 야기되는 것이다. 예를 들어, 1990년대 중국의 외교와 국제행위에 대한 서방의 기대는 보편적으로 중국이 국제사회에 융화될 수 있을지, 다자 국제기구에 적극적으로 참여하고, 관련 국제규범과 국제규칙을 준수할 수 있을지를 확인하는 것으로 여겨졌다.[339] 90년대 말 중국이 다자주의의 기치를 높이 들어 국제기구에 가입하고, 국제협력을 광범위하게 개척하며 발전시켰을 때는, 미국이 대테러 전쟁에 휘말리고 난 뒤의 유리한 시기를 이용하여 중국이 세력을 거리낌 없이 확장시켰다고 해석되었다. 2003년 3월 이라크전쟁 발발로 인해 미국은 이라크라는 깊은 수렁에 빠져 벗어나기 어려웠다. 반면에, 중국의 국제 영향력은 안정적으로 상승하고 있었다. 게다가 중국은 이익 확산을 위한 협력적인 외교를 개척함으로써 매우 활발한 외교활동을 보였다. 그러나 미국은 미국이 중국의 도전에 대해 소극적으로 대응했기 때문이며 또는 중동정세에 대해 지나치게 개입함으로 인해 중국위협을 경시했기 때문이라고 해석한다. 미국 전 국무부 차관보 커크 캠벨(Kirk M. Campbell)은 "미국이 중동문제에 빠져 야기된 하나의 심각한 결과는, 미국이 부득불 전략상에서 급속히 변화된 아시아에서 시선을 전이하였고, 이와 동시에 중국은 군사현대화, 상업정복(征服), 외교확장 그리고 소프트파워 운용면에서 대도활부(大刀闊斧)*하게 발전한 것이다. 굴기하는 대국이 국제체제에서 대규모로 권력자원을 모으는 것이, 많은 부분 주도적 대국의 행위와 묵시로 야기되는 것이며, 역사상 이러한 상황은 매우 드물게 나타난다"고 언급했다.[340] 중국 외교의 성공 또한 중국이 줄곧 '대국이익'을 추구하고, 주변국으로 하여금 더욱 중국에 의존케 하며, 국제 다자기구 가입 등의 수단을 통하여, 중국을 겨냥한 국제적 견제를 저지하려 하는 것이라고 해석된다.[341]

마찬가지로, 중국의 미래 전략 선택의 향방은 동아시아안보의 중대한 지표이다. '평화적 발전(和平發展)'에서 '도광양회(韜光養晦)'로, 그리고 '조화로운 세계(和諧世界)' 건설까지, 중국 외교의 전체적 전략은 1980년대부터 줄곧 중국의 개혁개방 과정의 발전과 중국이 세계체제에 진입하는 과정의 가속에 따라서 갈수록 적극적으로 협력하고 융화되었다. 중국과 아세안 국가들 간의 정치와 경제 그리고 사회관계의 광범위한 발전은, 남사군도(南沙群島) 문제상에서의 분쟁을 실질적으로 해

---

* 과감하고 패기가 있다.

결하였을 뿐만 아니라, 남해자원 협력개발상에서 중국과 필리핀, 말레이시아 등 국가들과의 협력에서 매우 큰 발전을 이루게 하였다. 중국과 아세안의 FTA협상는 현재 중국 서남부와 아세안 대륙 국가들을 잇는 지상과 해상 통로인 새로운 경제무역 자유구역을 건설 중에 있다. 평화적이며 경제자유번영의 동아시아는 현재 전례 없는 중국과 아세안의 협력관계의 새로운 여정(旅程)을 역사적으로 보여주고 있다. 대만 문제상에서, 중국의 2005년 반분열국가법(反分裂國家法)과 후진타오(胡錦濤)주석이 발표한 대대만 공작(工作) '네 가지 담화(四點談話)'는 중국이 평화적 통일의 길에서 지속적으로 기다리길 원한다는 것을 의미하고 있다. 대일본 정책에서, 아베 총리가 신사참배 중단을 승낙하지 않은 조건에서도 중국은 아베 총리의 중국 방문을 환영하였고, 또한 2007년 4월 원자바오(溫家寶) 총리가 일본을 답방하였다. 이는 중일관계의 안정과 발전에 대한 중국정부의 큰 성의와 열정을 보여주었다. 2007년 1월 11일 중국의 자국 위성격추 실험이 분쟁성을 지녔음에도, 객관적인 국제분석가들 또한 부시정부의 우주군비 발전계획의 중국에 대한 '부정적 시범작용'이라고 여긴다.[342]

조화로운 세계를 건설하려는 중국의 전략적 목표는, 틀림없이 중국외교 이론사상과 전략선택의 역사적인 진보와 발전이며, 중국정부와 인민의 끊임없는 평화, 협력과 번영정책 추구의 굳은 결심을 대표하고 있다. 그러나 대전략을 확정하는 동시에, 중국은 현재 국내의 중대한 전환시기에 직면하고 있다. 이 전환시기의 국내문제 해결에 대한 능력과 의지가 상당부분 중국의 국제행위 선택에 영향을 줄 것이다. 중국으로 본다면, 화평굴기(和平崛起)의 기치를 높이 드는 것의 핵심은 부분적이고 세부적인 문제상에서의 합의와 발전이다. 예를 들어, 중국 군사력의 제한적인 현대화가 어떻게 군 전체의 체제와 이미지 전환으로 연결될 수 있을지는, 평화적인 중국의 군사력으로 하여금 중국의 안보요구를 보장할 뿐만 아니라, 국제평화에 공헌하도록 하는 중요한 기초이다. 21세기 세계평화 활동을 수호해온 중국의 군 현대화에 우선적으로 필요한 것은 전방위적인 국제의식을 갖고, 국제교류 능력과 전반적인 국제평화발전 활동에 입각한 군대를 갖추는 것이다. 중국의 군대는 건설의 과정에서 강대해야할 뿐만 아니라, 더욱이 교류와 협력의 과정에서 강대해져야 하며, 군대의 국제적 공헌과 평화적 책임의 과정에서도 강대해져야 한다.

이와 동시에, 중국의 평화와 협력에 대한 염원이 중국에 대한 다른 국가들의 전략적 반응으로 전이되지 않았고, 중국의 객관적 전략추세를 결코 기준으로 하지 않기 때문에, 세계 각국 특히 동아시아 역내의 다른 국가들이 어떻게 중국의 굴기와 전략적 선택을 대할지는, 상당 부분 중국의 국제행위를 결정하는 중요한 변수이다.

국제관계 이론연구는 대국의 대립이 늘 안보딜레마의 작용 때문임을 이미 증명하였다. 안보딜레마가 대국 간의 적대를 제고시키는 이유는 대국 자신이 도전을 받게 되거나 또는 충돌에 휘말릴 것이라는 착각을 늘 갖고 있기 때문이다.[343] 1990년대 이래 중국의 굴기에 따라, 현실주의 이론이 예측한 것처럼 아세안 국가들의 중국에 대한 적대와 경계가 상승하지 않고, 중국의 강대함을 환영하고, 중국과의 협력을 한층 더 발전시키는 등의 태도처럼 이론에서 총결된 안보딜레마가 중국과 아세안의 관계를 주도하지 않는 이유는, 아세안과 중국에는 충돌을 방지하고 해결하려는 공동의 염원과 관념이 있기 때문이다. 만약 중국의 주변국가가 중국에게 신뢰 및 협력적 정책과 아이덴티티의 답을 줄 수 있다면, 중국은 반드시 양성(良性)과 유화(柔和)적 대국일 것이다.[344] 중일관계가 1990년대 후반 이후 줄곧 악화된 중요한 원인은 양국의 민족주의 정서의 상승이며, 민족주의 정서가 주도한 서로에 대한 관념적 아이덴티티다. 특히 일본 국내정치와 방위체제의 전환시기에, 현재 일본의 정치엘리트들은 일본의 민족주의 정서를 이용하여, 그들의 미래의 발전이 비록 군국주의의 새로운 대두를 야기하는 것은 아니지만, 최소한 일본 국내의 평화주의가 급격히 약화되게 하여, 중국과 다른 주변 아시아 국가들에 대한 대립적 아이덴티티가 더욱 강화되고 있다.[345] 중국 국내 학자들의 연구를 통해서도, 중국 인식상에서 일본의 매우 강한 안보딜레마 의식은 일본이 중국에게 강경한 정책을 취하는 중요한 원인임이 분명하게 나타났다.[346]

오늘날 동아시아안보에서 역사문제의 부정적 영향은 절대 저평가할 수 없다. 국제관계에서 역사분쟁의 출현이 드문 것은 결코 아니다. 오늘날에 이르기까지,

덴마크인과 네덜란드인들은 여전히 안데르센이 도대체 어느 나라 사람인지에 대해 쉴 새 없이 논쟁하고 있다. 그러나 동아시아안보에서 역사문제는 이미 역사 사실에 대한 해석과 인식상의 논쟁을 크게 뛰어넘어, 각국의 안보정책에 영향을 주는 아이덴티티 대립의 문제가 되었고, 각종 복잡한 국가이익의 계산과 미래의 전망에 대한 예상 그리고 상호 간 이미지에 대한 인식과 국내정치의 수요 등 각종 복잡한 요소가 집합된 특수한 요소가, 동아시아안보의 사고와 인식 중에서 피할 수 없는 이 지역의 독특한 '독립적 변수'를 형성하였다. 각국 정책 결정자들과 동아시아안보 학자들은 이 '독립적 변수'를 매우 중요하게 여긴다. 이전의 동아시아안보 연구에서, 역사문제는 늘 민족주의 틀 아래 생각되고 분석되었지만, 오늘날 이러한 분석 각도는 이미 크게 부족하다. 1990년대 말 어떠한 이는 한국 등 아시아 국가들의 민주과정의 발전과 일본의 자신감의 상승에 따라, 일본은 다른 서방국가들과 다르게 2차대전 역사에 대한 견해와 자신의 역사문제에 대한 아이덴티티 딜레마는 점차적으로 약화될 것이라고 단언하였다.[347] 그러나 현재 그 예측은 빗나갔다. 일본 국내의 정치요소와 전략선택은 사실상 고이즈미정부 출범 이후 일본의 아이덴티티 딜레마가 끊임없이 심화되고 있는 중요한 원인이다.

일본의 아이덴티티 딜레마가 심화되고 있는 이때, 중국과 한국의 민족주의 정서 역시 고조되고 있다. 그 결과 동아시아안보에서 확대된 아이덴티티 대립이 야기했다. 한국에는 '친일파 청산'이라는 행동이 나타났고, 중국에서 또한 새로운 한차례의 강력한 감정적 반일풍조가 나타났다. 2004년 아시안컵에서의 중국과 일본 간의 결승전 당시 중국 서포터가 일으킨 사건과 일본의 '상임이사국 진입'에 대한 백만인의 반대서명 그리고 2005년 4월 베이징, 상하이, 광저우, 선전 그리고 선양 등지에서 발생한 반일시위 모두 중국 민간에 팽배한 반일정서를 생생하게 보여주고 있다. 그러나 중국정부의 중일관계 안정화를 위한 끊임없는 노력은 민간의 반일정서를 뛰어넘어, 역사문제로 인해 나타난 아이덴티티 대립을 제어하고 해소시키기 위해 정치상의 보장을 제공하였다. 그러나 만약 일본정부와 민간이 단순히 사실과 진상을 모호하게 하며 일방적으로 일본의 역사관을 견지하여 중일관계에서 '신사참배 배제'를 요구한다면, 중국정부와 인민으로서는 절대 받아들일 수 없다. 만약 동아시아의 역사문제가 국내 정치적 요소로 인해 심각한 아이덴티티 대립의 근원이 되어버린다면, 단순히 역사문제를 약화시키는 새로운 사고는 결코 해결방법이 될 수 없으므로, 역사문제에서 국제정의(正義)를 회복하고 확장시키는 방법을 택해야 한다. 그렇지 않다면, 동아시아의 '협력 아이덴티티'와 공동체 건설에 대해 논할 수 없다.

중국은 대국굴기라는 새로운 단계에 놓여 있을 뿐 아니라 역사적으로 힘든 전환의 시기에 놓여있다. 냉전종결 이래 중국외교의 전체적 과정은, 평화와 협력을 원하는 중국이 세계정치의 발전과 진보의 기회이며 또한 각국이 협력 가운데서 공동번영을 실현시킬 기회임을 세계에 충분이 보여주었다. 특히 최근 몇 년간, 중국은 외교능력과 영향력 그리고 협력전략 건설에서 모두 전례 없는 진전을 이루었다. 지나치게 트집을 잡던 서방의 학자들 또한 중국의 대외정책은 현재 '신외교(New Diplomacy)'에서 '신국제주의(New Internationalism)'로 가고 있으며, 이것의 핵심은 중국이 '끊임없이 제고시킨 신뢰와 성숙함 그리고 책임감'을 세계에 보여주려는 것이라고 인정하였다.[348] 이로 인해, 우리는 중국이 동아시아지역 안보의 발전을 위해 더욱 많은 책임을 지고, 더욱 많은 열정을 쏟을 것이라고 믿을 이유가 생겼다.

전환시기의 동아시아안보 해결은, 결코 단순히 힘의 균형과 양자의 기초 위의 안정적 관계를 위한 노력에만 기댈 수는 없다. 동아시아안보가 21세기의 많은 문제변화와 관련되어 있기 때문에, 지역적 다자안보체제를 확립하여 지역안보에 대화와 협상의 기초위에 다자 거버넌스를 형성해야 한다. 이는 진정으로 지역안보 질서를 안정시키고 동아시아 경제변영에 지속가능한 안전보장을 제공하기 위해 반드시 거쳐야 할 과정이다. 지역안보의 주도적인 두개의 대국인 중국과 미국이 도대체 어떠한 안정적인 전략관계의 틀을 형성하고 유지할 수 있을까? 역내 두개의 '핫 이슈'인 한반도와 대만에 대해, 또한 어떻게 평화적 상태를 형성하여 진정으로 냉전을 종결할 수 있을 것인가? 패권평화인 비대칭 세력균형에서의 중미 양극체제가, 만약 지역안정 유지의 주축이라면, 지역협력과 공동체 건설의 새로운 수요와 새로운 충격에 도대체 어느 정도로 적응할 수 있을 것인가? 지역경제협력과 지역주의 발전과정에 적응하기 위해, 만약 일종의 다자안보체제로 지역적 안보건설을 한층 더 발전시켜야 한다면, 이러한 다자안보체제가 도대체 제도와 운용단계에서 어떠한 형식을 취해야 할 것인가? 비록 적지않은 학자들이 북핵문제 6자회담 구조의 바탕 위에 다자체제를 한층 더 발전시키는 것을 지지하지만, 각국이 받아들일 수 있도록 할 방안이 결여되어있다.[349] 동아시아 다자안보체제에 대한 토론은 현재 '열정을 나타내는' 단계에만 머무른 채 실행가능한 구체적 계획이 결여되어 있다. 그러나 냉전이 종결되고 16년이 지난 뒤, 북핵문제와 대만문제에서 나타난 상대적으로 안정적인 정세가, 대국의 이익협조와 충돌제어 과정에서 동아시아의 안정과 협력이 실현가능하다는 것을 이미 증명해주었다. 중국은 동아시아 안보 거버넌스 확립 과정의 새로운 동력이 되어야 한다.

7) 포스트냉전시대의 동아시아안보 연구 - 낙관주의와 비관주의

1991년 이래 동아시아안보 연구를 종합적으로 고찰해본다면, 패러다임 다양화의 특징이 매우 뚜렷하다. 1990년대 후반부터, 현실주의 패러다임의 주도적 지위는 충격을 받아 갈수록 많은 학자들이 전향하여, 자유주의와 구성주의 이론을 통해 동아시아안보를 분석하고 연구하기 시작하였다. 동아시아안보 연구의 패러다임 다양화는 포스트냉전시대에 발전된 매우 중요한 학술적 특징이다. 오늘날의 동아시아안보는 신현실주의 이론과 자유제도주의 그리고 구성주의의 결합체라고 말할 수 있다. 신현실주의 학자들 또한, 종종 서로 다른 파(派)의 안보이론을 종합하여 동아시아 정치의 미래를 해석하고 예측한다. 이러한 서로 다른 안보연구 패러다임의 동아시아 지역안보에서의 운용은, 냉전 후 동아시아안보 연구로 하여금 풍부한 이론적 성과를 축적하게 하였고, 우리가 동아시아안보를 인식하는 데 다원화된 분석의 틀과 관찰시각을 제공하였다.[350] 그러나, 냉전종결 이래 동아시아안보 연구에 대한 국제학계의 주류 패러다임은 여전히 신현실주의이다. 이 점은 동아시아안보의 지역특징이 결정한 것이다. 강력한 지역적 다자협력제도가 결여되어 있고, 역내에 해결된 영토와 역사분쟁이 없으며, 국가 간 관계가 여전히 불확실한 전환시기에 놓여있기 때문에, 각국 정부의 역할과 전략 그리고 정책 성향은 여전히 동아시아안보 연구에 불가피한 중점이다. 셸던 사이먼(Sheldon Simon)이 지적한 것처럼, "오늘날에 이르기까지, 주도적인 동아시아안보 연구는 여전히 현실주의에 기초한다. 그것은 결국에 그리고 가장 중요한 것은, 동아시아 국가들 모두 지속적으로 그들의 주권을 보호하려 할 것"이라는 것이다.[351]

현실주의자들은 늘 '비관주의자'들이지만, 비관의 이유가 모두 현실주의 때문인 것만은 결코 아니다. 예를 들어, 냉전 후 유럽의 전후 질서를 둘러싸고 발전된 제도에 대한 미국의 토론은, 많은 현실주의 학자들을 냉전 후 유럽안보에 비교적 낙관적이지만, 아시아의 안보전망은 매우 비관적으로 여기도록 하였다. 스티븐 반 에베라(Stephen Van Evera)는 유럽은 유럽공동체(EC)를 대표로 하는 지역협력과정의 발전이 이미 긴밀한 경제 · 정치 협력체제를 구성하고, 안보공동체를 형성하였기 때문에, 유럽의 미래는 1945년 이전 열강들의 패권쟁탈의 전쟁국면으로 돌아가지 않을 것이라고 여긴다.[352] 많은 학자들이 미어셰이머가 공격적 현실주의 안보패러다임으로부터 출발하여 주장한 유럽안보비관론을 비판하는 동시에, 서유럽에 비해 동아시아는 안보제도의 힘과 민주제도의 보급 그리고 경제통일화 과정의 지탱이 결여되어 있기 때문에, 많은 현실주의 학자들로 하여금 포스트냉전시대에 동아시아 정치가 충돌의 시대로 진입하게 될 것을 염려하게 한다. 또한 동아시아에 지역적 안보제도가 결여되어 있고, 각국의 안보분쟁을 완화하고 조정할 지역적 경제협력 구조 또한 결여되어 있기 때문에, 안보딜레마의 부정적 작용은 더욱 심각해질 것이다.[353] 경제의 거품이 터지기 이전 일본의 돌돌핍인(咄咄逼人)*적 태세로 인해, 어떠한 분석가들은 미국과 일본 또한 지연적 경쟁의 시대에 다시금 진입할 것이라고 여긴다.[354] 동아시아를 연구하는 학자들 또한 동아시아에서 역사문제

---

* 기세가 등등하여 사람을 짓누르다.

의 심각성을 특별히 주의하고 있다. 그들은 정치심리학적 연구방법을 통하여, 동아시아에서 해결되지 않은 역사문제가 직접적으로 야기한 나쁜 결과는 서로 간의 상호 아이덴티티의 정도를 낮추었으며, 상호불신을 해소되기 어려운 역내 국가들의 지각(知覺)의 특징이 되도록 한 것이라고 여긴다. 이것은 안보딜레마의 작용 아래 각국의 전략 단계상에서 나타난 다른 대국의 정치와 군사력 발전에 대한 경각심과 적대심을 한층 더 확대시켰을 뿐만 아니라, 상호불신이 직접적인 전략적 대립과 충돌을 초래할 가능성이 매우 커졌다. 이로 인해, 미국 학자들은 만약 미국이 포스트냉전시대에 동아시아로부터 군대를 철수시킨다면, 역사문제를 기초로 한 전략적 불신이 거의 근심체고(根深蒂固)*하여, 중국과 일본 등 국가들은 매우 빠르게 군비경쟁의 악순환에 빠질 것이라고 굳게 믿는다.[355] 동아시아안보가 권력(權力)과 부(富) 그리고 위상에 대한 쟁탈로 인해, 하나의 새로운 대국 간의 다극대립을 특징으로 하는 시대에 불가피하게 진입할 것이라고 믿는 관점이 유행하고 있다.

비관주의자들은 동아시아에서 '다자주의'의 취약함과 지역제도의 부족 그리고 깊게 박힌 역사문제의 불신 또한 지역경제 협력과정에 영향을 가하며 약화시킨다고 믿는다. APEC은 느슨한 지역기구로서, 1993년 시애틀회의 전 중국의 가입을 받아들였지만, 지역협력 배후 권력의 정치에 대한 고려와 각 주요 지역국가의 상호신뢰 결여는, 오히려 동아시아 지역안보 협력과정 발전을 저지하는 중요한 요소 중 하나가 되었다.[356] 그들은 냉전종결 후, 세계화 과정이 동아시아 지역에 끼친 영향 그리고 중국이 발전하기 시작하고 난 뒤, 동아시아의 지역 경제력의 새로운 증강을 의식하고 있지만, 여전히 동아시아 안보의제에서의 권력정치 요소는 거의 해결되기 어렵고, 이것은 동아시아의 기본적인 지역특징이라고 여긴다.[357] 동아시아 지역의 뚜렷한 국제관계 특징은 현실주의적으로 마치 정해져 있는 것 같다. 대국이 운집되어 있고, 대국관계의 전략적 신뢰에 의심과 우려가 존재하며, 민주국가와 전환국가의 공존으로 인해 국내제도상에서의 차이가 존재하며, 경쟁적인

---

* 기초가 튼튼하여 쉽게 흔들리지 않다.

영토와 역사문제 그리고 지리적으로 해양과 대륙을 동시에 지닌 이중적 특징으로 인해 심각한 안보딜레마가 존재한다. 신자유주의의 대표적 인물이자, 미국 전 국방부 국제안보담당 차관보인 조지프 나이도, 1995년 그가 미국의 동아시아안보 전략 보고서 작성을 담당할 때, 특별히 '건강한 현실주의 한제(一劑)'가 필요하였다 (needed a healthy dose of Realism)고 인정하였다.[358]

현실주의적 낙관주의자는 상대적으로 동아시아 정치, 특히 중국정치에 대한 이해파(理解派)이다. 그들은 포스트냉전시대 중국의 평화외교에 대한 체험과 이해가 비교적 깊고, 또한 중국 개혁개방 후에 나타난 역사적 발전 과정으로부터 더욱 중국을 잘 살피고 대할 수 있으며, 서방의 이데올로기적 선입견을 비교적 적게 갖고 있다. 이 각도에서 본다면, 이러한 현실주의적 낙관주의자들은 미국의 동아시아 전략 연구에서 '중국 중심파'로 여겨질 수 있다. 즉 그들은 미국이 동아시아에서 자신의 전략적 지위와 상업적 이익을 유지해야 하며, 가장 중요한 것은 굴기 중인 중국과 함께 관리가능하고, 안정적인 전략적 관계를 확립해야 한다고 여긴다. 이로 인해, 그들은 동아시아 정치의 역사적 전통에서 출발하여, 중미관계의 전략적 안정은 '대륙국가'인 중국으로부터 온다고 여기며, 미국 및 미일동맹 모두 주로 해양국가의 지연전략의 사실에서 출발하여, 중국이 동아시아 대륙에서 외연(外延)된 해양국가로 확장해, 미일 양국과 해양강국을 경쟁하지 않는다면, 동아시아의 전략질서는 중국을 대표로 하는 대륙강국과 미국을 대표로 하는 해양강국 간의 세력균형 관계를 형성할 수 있다고 여긴다. 미국이 동아시아 대륙에서 자신의 세력범위를 확장할 뜻이 없고, 대륙에서 중국의 안보 공간을 축소시키려 하지 않으며, 동아시아 대륙에서 중국의 안보이익을 존중한다면, 중미 양국은 동아시아에서 안정적인 양극체제를 확립할 수 있다.[359] 전략 선택상에서 중국정부에 대한 낙관주의자들의 견해는 비교적 긍정적이며, 이전의 빈곤과 혼란을 겪은 후, 개혁개방의 중국이 실현시켜야 할 목표는 어떻게 자신의 민족을 위해 존엄과 번영 그리고 발전을 이루어낼 것인가 이지, 결코 강력한 팽창성을 가진 국가를 이루는 것이 아니고, 중국 대전략의 핵심은 경제강국을 이루는 것이지, 세계적인 팽창대국이 되는 것이 아니며, 중국의 권력성질을 역사상 다른 대국들과 비교해본다면, '보수적'으로 치우치며, 무력을 신중하게 사용한다고 여긴다.[360]

종합해서 본다면, 현실주의의 동아시아안보 연구는 주로 지역 안보의제의 '구조와 과정(Structure/Process)'으로 각자 독립되어 있지만, 서로 연결된 분석측면에 집중된다. 이것의 분석구조는 국제체제 단계에서 국가행위에 대한 권력구조의 제약적 작용인 '제3 이미지'에 집중될 뿐만 아니라, 역내의 국가 단위의 단계상에서의 상호작용 관계인 '제2 이미지'로 확산되었다. 현실주의적 동아시아안보 연구인들은 모두 이 두 가지 측면의 분석방법을 취한다. 비관주의자와 낙관주의자의 구별을, 어느 한 분석 측면에 더욱 치중함으로 서로 다른 견해를 도출해냈다고 말하기는 매우 어려우나, 전체적으로 보아, 비관주의자는 제3 이미지적 분석을 선호하며, 낙관주의자들은 제2 이미지적 연구에 더욱 치중한다. 제3 이미지에 대한 중시는 동아시아안보의 분석가들로 하여금 세계체제의 전환을 중시하게 하며, 또한 이러한 전환으로부터 미국의 동아시아안보인식에 대한 '국가시각'을 새롭게 형성하게 한다. 한편으로, 그들은 냉전종결 후, 양극체제의 붕괴로 인해, "세계정치의 주도적 추세는 불가피하게 '세계화'가 아닌 '지역화'이며, '통일화'가 아닌 '분산화'가 될 것"이라고 여긴다. 자유경제질서의 쇠락 그리고 유전적인 무역그룹의 대치(對峙)는 이 추세를 중요하게 잘 나타내고 있다.[361] 이러한 견해를 형성한 가장 중요한 원인은 국가는 늘 안전을 얻기 위해 끊임없이 자주적 권력을 추구하며, 양극체제는 가장 안정적인 국제체제의 권력구조라는 구조적 현실주의의 고전적 판단에서부터 온다.[362] 다른 한편으로, 냉전종결 후, 대다수의 현실주의자들은 미국이 주도하는 단극패권 체제는 유지될 수 있으며, 단극패권은 최대한으로 미국의 이익에 부합할 수 있다고 여긴다. 따라서 구조적 현실주의자들 중 다수는 미국의 패권지위가 위협과 도전을 받는 것을 걱정하며, "지역의 다극화 과정이 국제정치에 갈수록 중요한 특징이 될 것"을 걱정한다.[363] 서방의 국제관계이론으로 본다면, 유럽의 경험주의 기초 위에 다극체제에 대한 공포와 우려는 일종의 보편적 인식이다. 그러나 냉전 후 미국의 동아시아안보에 대한 인식은, 역사상 다극의 체제권력 구조가 조성했던 빈번한 충돌에 대한 걱정에 있을 뿐만 아니라, 더욱이 미국의 세계패권이 도전받길 원하지 않으며, 치명적인 견제를 받는 핵공포 균형과 글로벌 전략의 대치로 다시 돌아가길 원하지 않는 데 있다. 이로 인해, '패권안정'은 구조적 현실주의 이론에서 출발하여, 동아시아 역내 미국의 패권지위를 지키는 것은, 미국으로 하여금 다른 국가들을 위해 '공공의 안전물품'을 제공하여, 각국이 전략과 안보이익 상에서 미국을 따르도록 하며 동아시아에서 미국의 단극패권에 도전할 잠재력과 가능성을 지닌 어떠한 국가도 모두 미국의 가장 주된 '적수'가 되도록 한다.

현실주의자들이 채택하는 '제3 이미지'로 동아시아안보를 살펴보았을 때, 그 결과 대부분 의심되는 요소들이 존재한다. 구조의 단계로 동아시아 지역안보를 분석했을 때, 비관주의자들 중에서 가장 대표적인 인물은 공격적 현실주의의 미어셰이머이다. 그는 중국의 굴기가 국제정치에서 억제하기 힘든 대국 충돌의 과정을 대표하고 있다는 뜻을 견지하며, 이로 인해 미래에 미국이 중국과 전쟁 혹은 직접적인 군사적 충돌을 피하고 싶다면, 마치 냉전시기 미국이 소련을 억제(Containment)한 것과 같이, 즉시 중국에 억제 정책을 실행해야 한다고 주장한다.[364] 온건한 현실주의자들이라 할지라도 미국 자신의 안보전략 수요로부터 출발하여, 구조의 각도에서 본 것 또한 늘 더욱 큰 불확실성이다. 권력의 증강의 차이는 반드시 국가 간 권력분배의 변경을 형성하고, 국제체제 단계상에서의 권력구조의 변화는 반드시 국가행위에 대해 중대한 영향을 끼치기 때문에, 국가는 동맹을 개편하고, 심지어 새로운 저항적 군사집단이 출현한다. 리처드 베츠(Richard Betts)는 포스트냉전시대 미국은 유일한 초강대국이 되었고, 따라서 세계체제의 권력구조는 단극 구조 이지만, 결과는 오히려 동아시아 지역의 다극화 추세를 조장할 가능성이 있다. 미국이 비록 동아시아의 군사충돌을 제어할 능력을 지녔지만, 미국은 세계안보에 대한 의무를 져야하며, 이것은 단극패권의 불가피한 자기유동성 효과(Self-liquidating effect)라고 여긴다.[365] 냉전종결 후 중국 군사력의 현대화는 중국의 '팽창적' 대국전략 추구의 필연적 단계로 여겨졌으며, 그 원인은 이것이 중국의 '세력투사능력(Power projection capability)'을 크게 증강시킬 것이기 때문이다. 결과는 동아시아의 다른 국가들도 반드시 따라서 군사력을 발전시킬 것이고, 군비경쟁이 나타나 동아시아 역내의 전략경쟁은 크게 증강할 것이며, 일본, 중국 그리고 아세안은 상호영향을 끼치며 능력의 확장을 추구할 것이다.[366] 이로 인해, 동아시아 지역은 미국을 중심으로 하는 동맹체제 종결의 불확실성은 분명히 더욱 커질 것이며, 안보딜레마의 부정적 작용은 나선형으로 상승된 긴장국면을 형성할 것이다.[367]

과정의 분석측면에서, 비월츠학파(Non-Waltzian)의 현실주의자들은 '비구조적 요소'의 작용을 굳게 믿으며, 단순히 구조적 요소로 포스트냉전시대의 세계와 지역안보 의제를 분석할 수 없다고 여긴다. 로버트 저비스(Robert Jervis)는 일찍이 국가행위는 충돌흡수 아니면 협력성향이며, 많은 요소들 모두 반드시 단위의 유닛 레벨상에서만 과학적 고찰을 해낼 수 있다고 주장하였다. 그는 '제1 이미지' 그리고 '제2 이미지'의 유닛 레벨을 통하여 국가의 외교정책과 국제행위를 살펴야 한다고 주장하였다.[368] 냉전 후 현실주의 학자들은 '제2 이미지'를 통하여 유럽안보를 분석하여, 많은 경험과 이론적 총결을 얻어냈고, '비구조적 요소'의 지역안정 촉진과 안보의 중요성을 한층 더 설명하여, 유럽안보 분석상에서의 낙관주의를 형성하였다.[369] 그러나 유럽경험은 동아시아에서 비교성이 결여되었기 때문에, 역으로 유럽경험을 거울로 삼아, 동아시아안보의 빈곤함을 비추어 현실주의적 '유럽낙관주의'는 동아시아에서 비관주의로 변하는 극적인 결과를 낳았다.

그러나 유럽경험의 안보연구도 마찬가지로 동아시아안보의 낙관주의를 형성할 수 있다. 예를 들어, 에이버리 골드스타인(Avery Goldstein) 교수는 19세기 후반 독일 비스마르크시대의 자율 정책은, 중국굴기 과정에서 참고의 근거가 될 수 있고, 만약 중국이 대국굴기의 과정에서 핵심이익 면에서는 강경하지만, 주도적 대국의 전략적 이익은 건드리지 않는, 비스마르크 정책을 실행할 수 있다면, 중국의 화평굴기는 여전히 실현가능하며, 안정은 결코 근본적 파괴를 당하지 않을 것이라고 여긴다.[370] 이 외에 '제2 이미지'로 동아시아에서 중국의 전략적 영향력을 연구하는 다수의 학자들은, 중국이 취한 선린협력 그리고 평화외교로부터 출발하여, 중국은 줄곧 굴기의 과정에서 국제사회에 그들의 평화적 의도의 '전략적 보장(Assurance)'과 주변 국가들에 대한 '전략적 겸용(Accommodation)' 제공에 힘쓴다고 여긴다. 데이비드 샴보(David Shambaugh)는 중국의 굴기에 따라, 동아시아 역내의 권력이동은 필연적인 추세이며, 동아시아에서 중국 영향력의 상응하는 상승은 미국에 일정 수준의 손해를 끼치겠지만, 이러한 손해는 실질적으로 동아시아에서 미국의 전략이익에 대한 치명적인 손해는 아니라고 여긴다. 그는 중국굴기의 7가지 모델을 개괄하였고, 그 모델들 중에는 중국이 군사적 수단을 통하여 세계질서를 위협할 것이라고 여길만한 것이 없다고 주장했다.[371] 로버트 로스(Robert Ross) 교수는 1990년대 후반 이래 중미 간의 전략적 관계는 안정적이며, 미국은 강대한 군사력의 유지를 통하여 출현 가능한 중국의 군사 팽창주의 전망을 억제할 필요가 있지만, 중국은 대만문제상에서 무력을 통한 문제해결도 불사한다는 결심을 나타낸 것 외에, 다른 지역문제상에서는 군사적 수단을 통하여 미국에 도전할 의도가 결코 없고, 특히 중미 양국 모두 대만의 독립세력이 도발하여 이러한 동아시아 지역단계상에서의 전략안정관계를 파괴하는 것을 희망하지 않기 때문에, 대만 독립의 억제는 중국과 미국 양측 공통의 전략적 수요가 되었다. 포스트냉전시대의 동아시아안보질서는 대만독립 세력에게 진정한 활동의 공간을 제공하지 않을 것이라고 여긴다.[372] 중미관계를 제외한 다른 지역적 안보도전에 대해, 워싱턴과 베이징은 양국의 전략협조를 통하여 공동으로 대응하고 해결할 수 있기에, 따라서 중국과 미국은 지역의 안정과 번영 그리고 협력에서 중요한 공동전략 이익을 형성할 수 있다.

　　냉전 후 구조의 유닛 레벨에서 출발하든, 과정의 유닛 레벨에서 출발하든, 동아시아안보 연구에서 압도적인 가치를 갖는 주장은 미국학자의 각도에서 보아 모두 냉전시대 미국 주도하의 패권안정론이다. 미국의 지역권력 우세는 일반적으로 동아시아 질서 보장의 핵심으로 인식된다. 이 핵심의 기초는 미국의 최전방 주둔과 동맹관계로 동아시아안보에 지속적으로 의무를 부담하는 것을 통하여, 소위 중국의 불확실한 대국굴기를 관리하고 전략상 방지를 포함하고 있을 뿐만 아니라, 미국의 동아시아에서의 안보책임을 통하여, 안보딜레마의 심화로 인해 지역단계상에서 되돌릴 수 없는 대국대립을 피할 방도를 강구하는 것이다.[373] 이로 인해, 미일동맹의 연구는 단지 미국의 일본주둔의 지역안보 의미를 강화하려는 것과 단순히 미국의 최전방 개입전략을 강조하려는 것이 아닌, 미일동맹의 주변 국가들에 대한 재보장(Reassurance) 작용을 강조하여, 다른 국가들이 일본의 침략역사에 대한 우려와 일본의 미래에 대한 걱정으로 인한 동아시아의 군비경쟁 발생을 피하려는 것이다. 이와 동시에, 미일동맹은 일본이 더욱 활발하게 동맹의무를 담당하도록 독려하는 동시에, 미국의 강력한 핵우산 제공을 통하여 일본의 핵무기와 큰 폭의 재무장 추구를 피한다.[374] 특히 1990년대 초 중국의 굴기에 따라, 미일동맹의 동아시아 전략적 역할은 이미 새로운 수준으로 격상되었다. 이 새로운 인식은 미국이 동아시아안보에서 단순히 패권균형자의 역할을 유지하는 데 그치는 것이 아니라, 지역안보에서 미국에 대한 최대의 위협인 새로운 지역패권국가 또는 새로운 지역 도전자의 출현을 방지하는 것을 가장 중요한 전략으로 삼게 했다. 미일동맹이 1995년 냉전 후의 재배치를 마친 것은, 포스트냉전시대에 동아시아안보에서 미국 패권의 안정을 보여주는 중요한 지표이다. 이것은 공동으로 중국을 방범하고 겨냥하는 것을 방향으로 할 뿐만 아니라, 동시에 1993~1994년의 한반도위기에 대응하고, 더욱이 미일관계가 1980년대 경제마찰과 90년대 초 잠시의 표류를 겪은 후, 미국의 동아시아 전략에서 경제적 경쟁 상대와 전략적 동맹으로서의 일본에 대한 협조의 과정의 완성이다. 그러나 90년대 초, 미국과 일본이 대국정치의 전략적 충돌에 진입할 것을 걱정하는 분석은 결코 적지 않았다.[375]

8) 동아시아안보 연구 − 자유제도주의와 구성주의

신자유주의 이론에서 출발하여, 냉전종결 이후의 동아시아안보가 실질적으로 발전하지 못한 이유는, 동아시아가 지역적 안보제도를 형성할 수 없었고, 서로 다른 국가들의 세계화 수용에 있어 정도의 차이가 존재하며, 그리고 경제의 지역화 발전이 권력정치가 야기하는 대립을 결정적으로 억제하지 못했기 때문이다. 그러나 최소한 완전히 전통적 권력정치의 각도에서 동아시아안보문제를 철저하게 분석하는 것은 이미 시대에 뒤떨어지는 것이다.[376] 자유주의로 하여금 낙관적이게 하는 것은, 동아시아안보가 안보지역주의(Security Regionalism)와 안보문제에 대한 공동대응이 결여되어있는 동시에, 동아시아에서 동맹체제의 확산과 재편성이 보이지 않았고, 동맹체제 재편성의 기초 위에 새로운 진영적 저항 또한 보이지 않았기 때문이다. 신자유주의의 동아시아안보 연구시각은 주로 지역경제의 상호의존을 통하여 충돌비용을 높여 더 나아가 전쟁을 억제하고, 지역주의의 힘을 빌려 안보협력에 기능성이 '넘치는' 효과를 만들어내며, 그리고 경제 세계화가 어떻게 국가에 내재된 구조와 국제행위를 변화시켜, '평화애호자'인 '자유주의국가'를 더욱 많이 만들도록 할 것인지, 이 세 가지 방면에 치중한다.

　세계화와 상호의존 그리고 경제자유주의가 반드시 가져오는 정치자유주의 과정의 각도에서 본다면, 신자유주의의 동아시아안보에 대한 언사는 분명히 낙관적이며 또한 긍정적이다. 이것은 동아시아는 1990년대 이후 '세계화 진전'과 '냉전 종결'이란 이 두 개의 국제체제 단계상에서의 세계적 과정에서 최대의 수혜자 중 하나이기 때문이다. 중국 경제는 이미 1990년대 세계 GDP 순위 9위에서 2005년 4위로 도약하였고, 일본은 비록 1990년대 경제 거품이 꺼지면서 그 영향을 받아, 12년의 정체의 시기를 겪었지만, 1990년부터 2006년까지 16년간 세계 제2위 경제대국 일본의 지위에 어떠한 위협도 받지 않았다. 한국은 1992년 OECD에 가입한 후, GDP 총량의 세계 순위 또한 1990년 12위에서 2005년 11위로 발전하였다. 비록 1997~1998년 아시아 금융위기를 겪었지만, 1990~2006년 동아시아의 연평균 경제 성장폭은 여전히 세계 1위를 차지하고 있으며, 세계 다른 지역들을 크게 뛰어넘었다. 가장 중요한 것은 역내 각국 간 무역비중은, 이미 1990년 동아시아 무역총액의 22%를 차지하였지만, 현재 54%까지 상승하였다는 점이다.

　국제관계이론의 자유주의자들은, 무역 특히 세계화 배경 아래 무역관계의 큰 폭의 증강과 이로 인해 발생한 상호의존의 강화는, 군사충돌 저지에 대해 실질적인 작용을 지녔다고 본다. 이는 자유무역이 국가경제 발전의 기본 정책선택이 됐을 때, 무역은 국가가 부를 축적하는 가장 중요한 방식이 되고, 전쟁선택이 가져다 줄 수 있는 거대한 대가와 위험이 크게 증가한다는 것을 의미하여, 국가가 군사적 모험정책을 취할 가능성을 크게 약화시킬 수 있기 때문이다.[377] 로버트 길핀의 말처럼, 경제관계는 본질적으로 일종의 진정한 '평화적 힘'이며, 안보관계 배후의 '경제평화'가 도대체 얼마나 견실할지를 모색하는 것은 학자들의 책임이다.[378] 냉전종결 후, 동아시아 지역 내의 무역교류는 매우 크게 발전하였고, 무역 의존도는 이미 1990년대의 21%에서 2005년 44%로 상승하였다. 마침 이 15년은 동아시아 역내 일련의 충돌성 의제인, 남사군도(南沙群島) 문제와 동남아 국가의 중국위협론에 실질적인 변화가 발생한 시기이다. 이 과정은 경제의 상호의존이 안정과 안보의 발전을 촉진시켰다는 점을 생동감 있게 보여준다.

냉전 후 동아시아에서 지역주의(Regionalism)의 부흥은 신자유주의 각도의 동아시아안보 연구에 새로운 시각을 제공하였다. 세계정치에서 지역화 과정이 가장 완만한 지역으로서, 동아시아에는 자유제도주의로 하여금 낙담케 하는 많은 요소들이 존재하고 있다. 예를 들어, 지역 내 국가들 간 경제발전의 큰 차이, 정치와 경제체제의 이원 심지어 다원적 구조, 미국 패권에 대한 의존, 다양화된 문화와 전통 그리고 민족과 종교 또한 영토문제상에서 여전히 해결하기 어려운 대립이다. 당연히 동아시아에서 해결하기 어려운 역사문제 또한 마찬가지로 국가들 간의 상호 공동체 아이덴티티를 약화시켜, 냉전 후 지역협력 과정의 중요한 장애물 중 하나가 되었다. 그러나 동아시아는 포스트냉전시대에 '아태협력'의 개념을 통하여, 아태경제협력기구(APEC)로 지역협력의 과정을 추진하고 발전시켰다. 1990년대 초 말레이시아가 가장 먼저 제기한 동아시아 경제공동체(EAEC) 구상에서 1999년 아세안과 중국, 일본, 한국이 구성한 10+3체제, 그리고 2005년 12월 제1회 동아시아정상회의 협력에서 동아시아공동체(East Asian Community)에 대해 논의를 시작한 것까지, 동아시아에서 지역협력의 부흥은 확실히 포스트냉전시대 동아시아안보에 새로운 요소를 주입하였다.

그러나 경제의 상호의존과 자유무역이 반드시 동아시아의 지역안보 모두에 긍정적인 영향을 주는 것은 결코 아니며, 부정적 영향 또한 뚜렷하다.

이론적으로 본다면, 동아시아 지역협력의 기능주의 영향은 반드시 안보영역으로 스며들어 확산될 것이다. 이러한 영향이 반드시 동아시아가 어떠한 지역경제협력의 방식을 취할 것인지와 관련되어 있는 것은 결코 아니다. 단지 지역협력이 국가 간의 군사충돌의 비용을 상승시킬 것인지 여부와 관련되어 있고, 지역협력이 도대체 어떠한 수준으로 '협력의 습관'을 만들고 기를 수 있을 지와 관련되어 있다. 이로 인해, 낙관주의자들은 동아시아 지역경제협력과 아태지역협력의 '경쟁적' 개념이 존재한다 하더라도, 주체에 대한 협력과정의 협력적 영향은 실제적으로 약화되지 않을 것이라고 여긴다.[379] 특히 지역경제협력은 국가로 하여금 자유무역과 경제교류를 통하여 이익을 크게 상승시키며, 국가의 전쟁개입의 대가를 뚜렷하게 증가시킨다. 따라서 동아시아 지역에서 군사충돌 발생 가능성을 낮추는 데 도움이 된다.[380] 이와 동시에, 동아시아 경제 상호의존의 심화는 이미 우리의 대국관계를 대하는 중요한 분석도구가 되었다. 예를 들어, 최근 몇 년간 대만해협 정세에 나타난 상대적으로 안정적인 국면과 중미가 대만해협을 공동으로 관리하는 문제에서의 공동이익의 상승은, 상당부분 양국 간 경제의존의 확대 덕분이다. 중미양국관계에서 경제와 금융유대의 증강, 양국 전략관계의 안정적 요소의 제고로 인해, 대만해협 양안의 경제교류가 긍정적 작용을 발휘한 전략적 공간이 생기게 하였고, 양안 경제무역교류의 심화는 대만해협에 전쟁발발의 가능성을 낮추었다.[381] 이는 매우 설득력 있는 분석틀이다.

그러나 구성주의자들은 아이덴티티 요소의 독립성과 주도성을 더욱 강조하며, 아이덴티티는 경제 상호의존과 권력을 초월할 수 있는 요소로서, 동아시아 구성원들 간의 안보관계를 결정한다고 여긴다. 예를 들어, 대만독립 세력을 기초로 하는 대만의식과 대만 아이덴티티는 1998년 양안관계가 교류를 개방한 이래 경제무역관계의 장족의 발전으로부터 실질적 영향을 받지 않았고, 양안의 경제무역교류는 대만의식을 결코 약화시킬 수 없기 때문에, 양안 간에 충돌발생 가능성 또한 낮출 수 없다. 따라서 경제 상호의존도의 제고가 안보의제에 대한 영향력은 제

한적이다.[382]

1990년대 이래 동아시아안보의 전환은, 신자유주의의 결론을 검증한 것 같다. 한 국가가 세계 경제체제 진입을 더욱 충분히 받아들이고 통합할수록, 이 국가 정책의 자유화 정도는 더욱 높아지고, 국가경제와 정치의 자유화 또한 지역냉전의 잔재를 철저하게 없애는 데 도움이 된다. 이러한 의미로 본다면, 동아시아 지역경제 협력은 현재 지역안보의 통합을 한층 더 촉진시키고 있고, 제도적 구조의 결여는 동아시아안보가 심화된 경제 상호의존으로부터의 강력한 추진을 받지 않았다고는 결코 설명할 수 없다. 예를 들어, 중국은 아세안과 FTA를 끊임없이 추진하는 과정에서, 중국의 성장에 대한 자신(自信)과 지역 구성원들과의 경제무역 협력 관계 제고를 통하여 중국위협에 대한 의심과 우려를 약화시키는 성공적인 방법을 분명하게 보여주었다. 같은 지역 국가들과의 경제무역 교류를 확대하고 FTA 체결을 협력하는 과정에서, 중국의 확대된 영향력과 개선된 지역안보환경은, 중국이 지역경제협력의 방식을 통하여 자신의 안보관심에 대한 처리 또한 한층 더 촉진시켰다.[383] 중국의 세계화 과정에서의 이득은 중국의 국제행위로 하여금 끊임없이 협력성을 지니게 하였을 뿐만 아니라, 또한 중국이 세계화를 통하여 개발도상국 중에서 '첫 세계적 대국'이 되게 하였다. 이러한 '중국식'의 성장과정은 중국이 '어떠한 새로운 역할을 맡을 것인지'와 '영향력을 지닌 대국으로서 어떠한 새로운 책임을 질 것인지'를 결정할 것이다.[384] 중국의 경제성장과 세계경제 지위의 상승은, 현재 중국의 국제행위를 새롭게 형성하는 중요한 힘이 되었다. 이는 중국과 아세안 관계에서 뿐만 아니라, 중국의 아프리카 자원확장 전략에서도 구현되고 있다.[385]

동아시아 지역안보에서의 문화적 요소에 대한 분석과 해석은 일찍이 1990년대 초 중요한 이론적 시각이 되었다. 그러나 가장 먼저 제기된 방식은 구성주의적인 것이 아니라 현대화 연구에서 문화 현상에 대한 중시였다. 그러나 최소한, 문화가 국제관계이론에서 형성하는 변수관계에 대한 견해는 이미 나타났다.[386] 아미타브 아카야(Amitav Achaya) 교수는 아세안으로 대표되는 하위지역 협력제도는, 아세안 국가들의 상호 간 평화와 안정에 대한 갈망 그리고 외교와 협상을 통한 문제해결의 개념을 반영하였고, 아세안의 제도 또한 이러한 관념이 아세안 내 국가들에 대한 영향을 한층 더 촉진시켜, 아세안 내 각국 관계를 유효하게 규범할 수 있는 '협력문화'가 되었다고 여긴다.[387] 아세안 제도로부터 확립되고 확대되어 나온 구성주의 분석은 종종 동아시아안보의 낙관주의자들이 하였다. 아카야 교수와 그의 동료들은 1990년대 초 이래 중국이 아세안국가들과의 관계를 적극적으로 발전시키고 아세안 다자협력과 다자대화에 참여하는 것으로 중국의 국제행위의 중요한 영향력을 발휘하였다. 미국이 여전히 양자의 아세안관계에 치중하는 것과 비교하였을 때, 중국은 협력규범적 참여와 발전에 더욱 치중하고 있으며, 동아시아안보 노력에서 다자주의적 발전방향을 더욱 대표하고 있다. 또한 중국의 지역행위에서의 협력 아이덴티티는 중국으로 하여금 동아시아 협력문화의 중요한 서포터가 되게 하였다고 여긴다.[388]

비록 냉전종결 이래 동아시아 지역안보의 학술연구는 이미 패러다임의 다양화와 연구진영의 다원화를 형성하였지만, '패러다임 간의 전쟁(Inter-paradigms war)'은 이미 종결되었다. 서로 다른 이론 패러다임이 주도하는 동아시아안보에 대한 각 결론은, 정책적 성향에서의 차이를 형성하였을 뿐만 아니라, 동아시아 지역안보 문제를 투시하고 해석하는 데 여전히 논쟁이 많은 견해를 가져왔다. 예를 들어, 현실주의의 입장에서 본다면, 기본적 판단은 여전히 "중국이 지속적인 경제성장과 군사력의 증강을 실현시킨다면, 미중 간의 안보긴장은 불가피할 것 같다"는 것이다.[389] 중국과 미국 간 안보충돌의 능력과 의도 모두 중국경제의 발전에 따라서 함께 증강할 것이며, 심지어 미어셰이머는 러시아, 일본, 한국, 싱가포르, 베트남과 인도 등 중국의 절대다수 인접국들 모두 점차적으로 미국의 행렬에 참여함으로써 중국을 억제할 것이라고 단언한다. 그는 그의 '공격적 현실주의 이론'이 세계정치에서 대국이 어떻게 행동하고, 이에 다른 국가들은 어떻게 행동하는지에 대한 정확한 이론을 제공하였다고 굳게 믿고 있다.[390] 공격적 현실주의의 각도에서 본다면, 미래 아시아정치에서 중국굴기를 둘러싸고 나타나는 지연정치적 분열은 불가피해 보인다.

신현실주의나 신자유주의, 구성주의든 간에, 모두 포스트냉전시대 동아시아 지역안보의 변화와 발전에 대한 기본적 이론 패러다임과 분석도구를 우리에게 제공하였다. 이러한 패러다임에서 출발하여 제공한 이론적 시각과 기본적 결론 모두, 하나의 측면 또는 하나의 각도에서 동아시아 지역안보의 전환과정에 존재하는 문제를 밝혀냈을 뿐, 모두 단독 또는 독립적으로 우리에게 동아시아 지역안보를 자세히 살피고 파악하는데 확실한 이론적 방법을 제공할 수 없다. 데이비드 샴보가 제기한 것처럼, 이 몇몇의 이론들을 종합해서 모아야만, 진정으로 동아시아 지역안보에 대한 우리의 완전하고 다차원적인 분석각도를 형성할 수 있다.[391] 냉전 후 동아시아안보의 이러한 일련의 변화는, 사실상 현실주의가 강조한 것에 따라, 지역정치는 일종의 불가피한 권력충돌에 결코 빠지지 않았고, 오히려 중미관계에는 안정적이고 제어할 수 있는 기본적 현실이 이미 나타났으며, 이는 일정부분 신자유주의의 기본적 논점을 실현하였다. 즉 대국관계는 경제에서 이미 상호의존의 시대를 실현시켜, 상호 내재된 이익 수요의 일치성이 이미 크게 증강하였다. 우리는 냉전종결 후 조정의 16년을 겪고, 역내 대국외교의 기본 철학적 이념은 여전히 매우 일치하며, 미국, 일본, 중국을 막론하고 모두 평화와 안정 그리고 자유무역과 자유경쟁의 환경에서 경제관계의 지속적인 성장을 희망한다는 것을 분명하게 볼 수 있었다. 동아시아 지역안보는 현재 점차적으로 냉전종결 후 국제체계 내에 발생한 두 개의 과정으로부터 소성(蘇醒)*을 실현하고 있다. 이 두 개의 과정 중 하나는 세계화이며, 다른 한 과정은 바로 양극체제 붕괴 후 국제권력구조의 단극화이다.

비록 냉전 후 동아시아 지역안보에 연구 패러다임 다양화의 발전추세가 나타난 것은, 동아시아 지역정치 경제발전의 풍부함과 복잡함을 반영하였지만, 상술한 동아시아 지역안보를 해석하는 세 가지 이론 패러다임 또한 사실상 단독으로 동아시아안보에 깊고 전면적인 분석과 논술을 할 수 없다. 반대로, 이 세 가지 기본적 이론 패러다임 그 자체들 간에 결코 완전 상호배척하지 않으며, 동아시아안보

---

*　까무러쳤다가 다시 깨어나다. 중병을 치르고 난 뒤에 다시 회복하다.

의 변화추세 또한 최소한 어떠한 패러다임이 정확한지 검증하지 못하지만, 다른 패러다임의 해석능력은 배척한다. 오늘날 동아시아안보의 변화과정은 현재 세 가지 패러다임에서 관련된 문제가 동시에 작용한다는 사실을 나타내고 있으며, 권력과 제도 그리고 문화가 현재 동시에 뒤섞여 동아시아 지역안보를 추진하고, 이에 영향을 주고 있다.[392]

예를 들어, 상당히 많은 학자들은 오늘날의 동아시아안보의 추세는 전체적으로 자유주의 패러다임에 유리하다고 여긴다. 그 이유는 비록 각종 역사문제와 지연정치적 충돌 그리고 안보딜레마의 작용이 존재하지만, 동아시아의 주요국가가 군사경쟁과 충돌을 감행할 가능성은 결코 절대적으로 상승하지 않았다는 것을 우리는 분명히 보았기 때문이다. 중국의 군비증강은 중국에 대한 지속적인 의심론의 중요한 근거인 것 같지만, 어떠한 국가든 모두 경제의 발전에 따라 군사에 대한 투자를 높이며, 이것은 일종의 자연적 법칙이다. 중국 군사력의 현대화는 중국이 착안하는 '근해방위'의 능력과 전략범주를 결코 넘지 않았다. 미국학자 또한 중국의 경제발전은 중국의 전략선택이 도전성을 지닌 군사대국이 되려는 것과 직접적으로 같지 않으며, 오히려, 중국경제의 발전에 따라, 중국은 줄곧 국내 경제건설에 집중하고 있다고 여긴다.[393]

이와 동시에, 포스트냉전시대 동아시아 지역경제관계의 증강과 상호의존의 확대는 동아시아안보의 구조적 특징을 실질적으로 바꿀 수 없었다. 현재로 보아, 성장된 동아시아 경제는 최소한 두 가지 부정적 작용을 만들어냈다. 첫째, 지역경제의 발전은 대국관계의 실질적 개선을 가져온 것이 아니라, 오히려 경제 상호의존이 야기한 국가 권력이 발전시키는 '상대적 수익(Relative gains)'에 대한 영향으로 인해, 중미 그리고 중일과 같은 관계에서의 전략적 상호경계 요소가 끊임없이 상승하고 있다. 둘째, 경제의존의 확대는 지역경제 내부에 새로운 경쟁관계를 야기하였다. FTA모델로 대표되는 지역경제 협력과정이 발전하고 있다 하더라도, EAC 문제상에서의 서로 다른 의견은, 역내 국가들에서 지연전략 요소가 내재된 지연경제적 고려의 경쟁성을 반영하였다. 이러한 각도에서 본다면, 자유주의의 안보영향이 얼마나 중요한지 간에, 동아시아 지역안보는 본질적으로 여전히 안보의 문제영역 내에 독립적으로 논의되고 처리되는 문제이다.[394] 지역경제의 발전이 도대체 어느 정도 실질적으로 지역적 안보관계와 협력을 촉진시키고 발전시킬지, 자유무역과 경제의존 정도의 심화가 진정 실질적으로 대국 간의 안보경쟁을 바꿀 수 있을지 여부는 시간이 지나야만 해결될 수 있는 문제들이다. 최소한 현재로 보아, 경제요소에서 출발하여 안보관계에 대한 결정적 변화는 여전히 하나의 의문이다. 냉전후 동아시아의 지역경제 협력은 비록 장족의 진전을 이루어냈지만, 오늘날에 이르기까지 지역전체를 아우르는 지역적 기구를 형성하지 못하였다. 이에 대한 근원은 다방면적이다. 예를 들어, 안행모델(Flying geese model)의 붕괴에 따라, 지역화에 대한 일본의 견인력은 이미 1980년대에 비해 크게 미치지 못하고 있는 것처럼, 주도적 국가들 간에 지역협력 정책에 대한 전략 조정이 존재할 뿐만 아니라, 각국 간 경제발전 수준과 경제체제상에서의 큰 차이 또한 존재한다. 그러나 되돌릴 수 없는 것은, 지역경제협력 과정의 주도권과 외교 그리고 정치자원의 재분배 과정은 현재 단순히 경제적 수익을 위해 진행된 지역경제협력을 더욱 복잡하게 하였다. 복잡한 정치와 전략적 경쟁요소는 지역경제협력을 막는 중요한 원인이다.[395]

9) 동아시아 지역안보 – 문제와 패러다임 그리고 이론

분명하게, 동아시아를 겨냥해 변화된 문제 그리고 이론적 개괄은 새로운 해석을 발전시켜내야 하며, 변화의 문제와 혁신적 이론을 결합하는 것은, 현재 동아시아 지역안보 연구가 직면한 가장 주된 도전이다.

첫째, 동아시아안보 연구는 일종의 지역이론 또는 지역방법이 더욱 필요하며, 지역안보의 과거와 현재를 결합하고, 또한 이러한 지역 특수성의 기초 위에서 지역안보의 경험적 사실을 이론화하는 것은, 미래 동아시아 지역안보 연구추세의 심화된 중요한 방향이다.

포스트냉전시대의 국제관계연구에서, 지역 단계의 분석을 중시하는 것은 하나의 중요한 이론연구 방향이다. 전통적으로, 국제관계학자들은 지금껏 이론의 보편성을 강조하였고, 절대 다수 사람들은 지역안보와 국가별 연구로부터 발생된 경험을 총결하여, '글로벌'의 의미로 추상하였다. 비록 '지역연구'는 국제관계의 중요한 구성부분이지만, 기존의 국제관계이론은 지금껏 모두 독립적 '지역변수'이다. 전통적 국제관계이론 구성 중에서 분석단계는 국제체계, 국가 그리고 인간의 구성으로 구분된다. 이 세 가지 분석단계는 거의 국제관계의 모든 연구분야를 포괄하고 있다. 통상적인 지역연구는 모두 이 세 단계상의 연구이며, 비록 지역의 역사, 문화, 민족, 경제, 정치와 외교관계의 특수성은 지역연구의 중점이지만, 학자들로 하여금 역내 국가의 행위가 어떠한 영향과 작용을 야기할지에 대해 생각 또는 분석하도록 하나의 독립적 변수를 결코 형성하지 못한다. 국제관계이론은 종종 지역에 대한 고의적인 배척을 하나의 독립적 단위분석 단계(Unit level)의 존재로 한다. 월츠는 그의 명저 『인간, 국가 그리고 전쟁』에서 국제관계 분석의 세 가지 이미지(Images)로 인간과 국가 그리고 국제체제를 제기하였다. 그는 제3 이미지인 국제체제는 세계정치의 구조를 설정하였지만, 제1과 제2 이미지 없이는, 우리도 외교정책을 결정하는 힘을 이해할 수 없고, 제1과 제2 이미지는 국제관계에서의 각종세력을 대표하지만, 제3 이미지 없이 우리는 제1과 제2 이미지의 역할을 발휘할 수 없으며, 또한 그들의 행위를 예지할 수 없다"고 여겼다.[396]

이러한 상황이 나타난 이유는 첫째, 이전의 국제관계이론은 일반적으로 모두 국가행위에 대한 국제관계의 체제요소의 작용을 강조하여, 국가행위의 이성적 선택과 이성적 상호작용 원칙을 지나치게 믿었기 때문이다. 학자들은 이성주의를 기초로 하는 국가행위 분석과 국제관계 이론에서의 분석 구조와 추상모델을 지구상의 모든 지역인 세계정치에 운용할 수 있고, 이성주의적 기초를 바탕으로 하는 국제관계 이론의 추상과 개괄에는 '예외주의'가 없고, 고전적 국제관계 교과서는 더욱이 종종 서로 다른 지역에 대한 특별한 관심을 뛰어넘어, 범지역적 이론총결을 국제관계 전체의 중심적 위치에 놓는다고 믿는다.[397]

둘째, 국제관계 연구에는 지금껏 모두 '대국연구의 편견(Great power bias)'이 존재하기 때문에, 체제단계상에서의 대국관계를 연구해야만 국제관계에 지극히 중요한 영향력을 지닌 전쟁과 평화 그리고 협력 등 중대한 문제에 대한 인식과 해석을 진정으로 파악할 수 있다고 여긴다. 월츠는 "국제정치의 일반이론은 필연적으로 대국관계에 착안한다"고 명확하게 제기한 적 있다.[398] 잭 레비(Jack Levy)는 "세력균형이론과 이것의 상관된 가설을 전반적으로 말하자면, 대국행위의 국제관계이론이다"라고 강조하였다.[399] 그 결과, 지역을 뛰어넘는 대국관계는 단순한 '지역안보'보다 더욱 중요하며, 지역안보의 주제는 종종 지역단계상에서 대국의 상호작용과 행위 연구이며, 또한 체계단계단상에서 대국관계의 의미와 작용에 대한 상호작용과 행위를 총결한다. 국제관계 연구에서 지역은 기껏해야 다른 '정치단위'와 '경제단위' 그리고 '지리단위'이지, 진정한 '분석단위'가 아니며, 방법론에서 공인을 받은 '구조단위'는 더더욱 아니다. 비교정치 연구에서, 지역을 초월하는 비교는 매우 적으며 국제관계이론의 '대국선호'는 많은 부분 냉전의 산물이다. 2차대전 후의 냉전구조는 서로 다른 지역으로 하여금 미국과 소련이라는 두개의 초강대국의 글로벌 대립의 세계체계 아래 압축되게 하였고, 지역의 발전과정은 많은 부분 미국과 소련의 글로벌 전략 수요와 두 초강대국의 영향을 직접적으로 받았으며, 지역의 특징은 상당부분 이러한 양극 구조로 인해 묻혔다. 헤들리 불의 말처럼, "냉전 후의 세계만이, 더욱 지역화된 국제체계가 될 수 있다."[400]

냉전 이후, 지역이 미국과 소련의 세계적 대치를 벗어난 후 국제관계에서의 그 의미와 작용은 끊임없이 증강하고 있다. 이것이 한편으로는 냉전의 종결이 지역문제의 해결과 지역의 발전으로 하여금 세계정치의 가장 중요한 동력으로 만들었다. 냉전 후의 단극체제는 비록 국제체제 권력구조의 특징이지만, 각 지역의 단극체제에 대한 반응과 반대는 서로 매우 다르다. 미국의 단극패권이 지역문제에 영향을 가하는 방식에도 매우 큰 변화가 발생하여, 냉전시대에 소련의 세계 팽창을 상쇄시키기 위해 직접적인 지역 개입과 간섭을 한 것에서, 현재 선택적인 최전방 주둔, 예방적 방어, 군사와 '균형자' 역할로 변하였다. 피터 카젠스타인(Peter J. Katzenstein)의 말처럼, 현재 세계는 '지역적 세계'가 되었고, 각 지역마다 각종 안보와 발전문제에 대한 자신의 대응과 해결방식은 세계정치로 하여금 이것의 미래를 나타내는 진정한 '열쇠'를 갖게 하였으며, "세계정치에 대한 해답은 곧 미국 주도 하의 지역세계에 대한 단서"이다.[401] 서로 다른 지역의 특징을 분석하지 않고, 냉전 이 종결된 국제관계의 의미는 분명하게 서술·인식될 수 없다.

다른 한편으로는, 현재 세계 각각 서로 다른 지역에 대한 세계화과정의 결과 가 매우 다르기 때문에, 이는 세계화 정도가 다를 뿐만 아니라, 각국 정책과 자주 성에 대한 작용 또한 매우 다르다. 세계화가 야기한 결과에 대한 분석은 지역연구 의 기초 위에서만 정확한 판단을 내릴 수 있다.[402] 세계화는 이미 지역을 뛰어넘어 모든 지역에 똑같은 체제적 영향을 줄 수 있는 체제요소가 될 수 없다. 이로 인해, 세계정치 구조에서 지역성의 차이는 이미 나타나기 시작하였고, 세계의 서로 다른 지역의 다른 발전과정 자체는 당대 국제관계에 가장 중요한 발전적 의미이다. 지 역을 기본적 분석단위(Unit of analysis)로 해야만, 세계화와 냉전의 종결이 야기한 영 향과 작용을 더욱 잘 풀어내고 측정할 수 있다.[403] 만약 지역을 하나의 독립된 분석 단위와 분석단계로 한다면, 동아시아안보가 내재된 각 지역의 서로 다른 안보문 제에 더욱 잘 대응하고 해석하기 위해, 당연히 전체 국제관계이론을 포함한, 국제 안보이론은 모두 일종의 '중범위이론(Mid-range theory)'을 점차적으로 발전시킬 필 요가 있다. 이는 이미 냉전종결 이래 안보연구에서 현재 끊임없이 확대되고 있는 일종의 관념과 노력이 되었다.[404] 1992년 미국 부시 대통령이 '세계 신질서' 건설 을 발표할 때, 두 명의 덴마크학자는 '누구의 질서'냐는 의문을 제기하며, 세계정 치에서 지역마다 세계화와 냉전종결에 대한 느낌과 반응이 다름으로 인해, '신질 서'에 대한 이해는 역내 '사회적 교류관계(Societal relations)'에서 서로 다른 행위자들 간의 상호작용과정에 달려있다고 여겼다.[405] 이로 인해,『국제연구평론(International Studies Review)』은 특별히 논의를 통하여 국제관계이론에서 지역단계 연구 강화를 호소하였다.[406]

지역안보연구는 '비교지역안보연구(Comparative regional security study)'의 새로운 시대에 진입할 필요가 있다. 이 시대의 학자들 모두가 완성해야 할 것은, 단순히 동아시아에 안보지역주의가 결여된 원인을 찾아내는 것이 결코 아니다. 이러한 결함은 사실상 몇몇의 간단한 요소들을 나열함으로써 완성시킬 수 있다. 예를 들어, 동아시아가 유럽과 같은 ECES모델의 지역안보 협력을 실현시킬 수 없을 때의 연맹체제로서 나토의 핵심적 작용과 러시아의 제도전환의 결여는, 우리가 쉽게 찾아낼 수 있는 요소이다. 중요한 것은, 왜 동아시아 지역안보의 변화가 전체적으로 그리고 전략상에서 유럽 또는 북미와 완전히 다른 방법을 취하였는가 하는 점이다. 지역안보연구는 단순히 지역별 차이를 찾아내는 것에 그치는 것이 아니라, 기존의 차이가 왜 지역발전과정에서 확장되었는지를 설명하고 이러한 차이의 기초 위에 각 지역안보발전에 내재된 생명력을 해석해야 한다. 이로 인해, 비교지역안보연구가 해결해야 할 문제는, 단순히 차이를 찾아내고 차이를 설명하는 것이 아니라 차이의 기초 위에 서로 다른 지역의 안보체제발전에 '내재된 논리'를 밝히는 것이다. 이러한 논리는 사실상 이미 차이 극복을 초월하여 이상적 목표의 전통적 연구방법에 도달할 수 있다. 이로 인해, 비교지역안보연구의 가장 중요한 점은 각 지역안보발전의 대체불가성과 상호전환불가 현상의 원인을 해석하는 것이다.

지역단계의 분석을 강화하여, 동아시아 각국의 국제행위에 영향을 주는 지역변수를 탐구하고 찾는 것은, 미래 동아시아연구의 중요한 이론적 탐구의 방향이 되어야 한다. 그렇지 않다면, 우리는 동아시아안보에 내재된 특성과 다른 지역과 다른 자신만의 변화방법을 진정으로 파악하고 이해하기 힘들 것이다. 예를 들어, 1990년대 이래의 동아시아 지역경제협력이 취한 기본 방법은, 단일산업의 지역협력에서 관세동맹으로 확대되고, 더 나아가 공동시장을 형성한 유럽모델의 방법이 결코 아니다. 동아시아의 FTA를 중심으로 하는 양자와 다자의 FTA협력은, 동아시아의 지역협력 과정에 시작을 열었고, 미래의 발전에도 새로운 실천의 형식과 근거를 제공하였다. 그렇다면, 동아시아 국제관계의 발전과 동아시아의 지역안보협력도 동아시아의 특수한 지역조건과 환경에 근거해 자신의 실천방식을 찾아내고, 또한 국제관계이론의 발전에 독립적 '동아시아변수' 또는 '동아시아학파'를 제공할 수 있을까? 이에 대한 답은 분명히 긍정적이다.

예를 들어, 왜 중국굴기 이후, 일본을 제외한 다른 동아시아 역내 국가들과 중국의 관계는 갈수록 긴밀해지는가? 이는 분명하게, 전통적 '균형이론'을 위배한 것이다. 중국의 굴기는 유럽경험에서 출발하면, 최소한 더욱 많은 국가로 하여금 '공포'를 느끼게 하며, 따라서 중국에 대해 실질적이고, 비우호적이며, 강경한 견제의 입장으로 전환할 것이다. 이러한 이론은 1990년대 이래 동아시아에서 미국의 군사동맹은 최소한 '일본+한국+N'이지, 현재의 한미와 미일동맹이 아니라는 것을 우리에게 가르쳐줄 것이다. 분명, 현재의 동아시아 정치는 전통적 세력균형이론의 패러독스이지만, 데이비드 강(David Kang)은 동아시아 역사상 '조공제도'의 연구에서 출발하여, 광대한 동아시아의 중소국가들은 역사적으로 '등급체제'를 받아들여, 중국의 강대함은 결코 많은 역내 국가들로 하여금 받아들일 수 없고, 또는 위협을 느끼도록 하지 않는다고 여긴다.[407] 그러나 다른 한 학자는 제3세계 국가의 국제행위에 대한 깊은 연구를 통하여, 개발도상국은 선진국들처럼 동맹을 맺는 것에 열중하지 않고, 국내정치와 외교정책의 자주성을 유지하기 위해, 늘 선진국들보다 '비동맹' 상태에 있는 것을 더욱 원한다는 사실을 발견하였다.[408] 매우 분명히, 단순한 대국관계 또는 유럽경험에서 총결되어 나온 '균형이론'은, 결코 동아시아의 중소국가들의 행위선택을 객관적이고 정확하게 해석할 수 없고, 단순히 서방의 국제관계이론에 근거하여, 동아시아 지역의 특수한 모습의 요소에 대한 분석을 묵시하는 상황에서, 동아시아 역내의 안보문제를 해석하고 예측하는 것은 더욱 불가능하다.

냉전종결 이래, 아프리카와 관련된 국제관계학계의 연구에서 아프리카의 '지역변수' 탐구를 방향으로 하는 연구 성과가 나왔다. 몇몇 학자들은 아프리카의 '지역연구'를 운용하여, 비교적 체계적으로 아프리카와 같은 제3세계국가들이 형성한 대륙의 안보, 국가발전, 국가능력 건설 등 방면에서의 특수한 경험에 대한 이해로 발전시켜, 정통적 국제관계이론에 도전과 충격을 주었다.[409] 이러한 연구는 안보문제상에서 독특한 '아프리카 변수'를 충분히 드러내었고, 기존의 국제관계이론의 '대국선호'와 보편주의 논단을 비판하여, 국제관계와 국제안보연구에 이론상의 미국화 또는 유럽화를 타파하고, 생명력을 주입하였다. 이러한 연구는 매우 중요한 학술적 사실 하나를 확인하였다. 그것은 아프리카정치와 지역안보문제에 대한 인식과 예측이, 단순히 국제관계이론의 기존 내용을 답습하는 것이 아닌, 반드시 '아프리카 시각'에 긴밀하게 둘러싸여야 한다는 것이다. 이것은 '아프리카 지역' 특성 연구가 국제관계학계에 가져다준 '아프리카 경험'이다.[410]

이와 같이, 이제 국제학계와 중국학계가 무엇이 '동아시아 시각'이며 '동아시아 경험'인지를 생각하고 답을 내려할 때이다. 그렇지 않다면, 동아시아 연구는 진정으로 동아시아 자신의 특징과 도전에 근거하여, '동아시아 문제'와 '동아시아 미래'에 대해 의문을 풀고 전망할 수 있는 것이 아닌, 영원히 그저 미국화 또는 유럽화의 국제관계이론에 주석을 달 수밖에 없다.

10) 패러다임의 절충주의와 미래 동아시아안보 연구

동아시아 지역안보연구에서 서로 다른 이론적 패러다임은 도대체 어떠한 관계를 갖고 있을까? 분명히 이 문제에 대한 해답은 국제관계이론의 논쟁과 관련되어 있을 뿐만 아니라, 동아시아연구의 사례와 경험적 사실의 총결과도 관계되어있으며, 도대체 어떠한 이론적 패러다임을 설명하고 증강시키는 데 유리하고 도움이 되는지의 문제이다. 통상적으로 존재하는 현상은, 각 학자들과 국제관계전공 연구생들이 늘 어떠한 패러다임을 인정함으로써 자신의 연구를 진행하고, 또한 끊임없이 늘 어떠한 패러다임의 이론적 해석력이 마치 다른 이론적 패러다임보다 강하다는 것을 표방한다는 것이다. 동아시아안보 연구 또한 이론적 패러다임 분쟁의 '천국'이 되어버렸다. 어떤 이는 신현실주의가 더욱 적합하다 여기고 어떤 이는 신자유주의가 동아시아 문제를 더욱 잘 해석할 수 있다고 여긴다. 동아시아안보문제가 주로 구성주의가 말하는 사회화 문제라고 여기는 이들 또한 존재한다.

국제관계이론의 발전은 21세기에 진입한 뒤 안보문제를 분석하고 해석하는 데 다양한 패러다임을 우리에게 제공하였지만, 이러한 이론방식은 결코 독립적으로 우리가 현재 직면하고 있는 모든 안보도전을 투시하고 예측할 수 없다. 이러한 서로 다른 이론과 패러다임은 함께 국제관계이론의 해석력과 예측력의 발전을 촉진시켰기 때문에, 우리는 국제문제를 관찰하고 분석할 때의 '다중시각'과 '다중수단'을 가질수 있었다. 그러나, 21세기의 오늘, 국제관계이론에서 서로 다른 이론파(派)와 계열 간에 '누가' 이론의 정확성과 철저함을 대표할 수 있는지를 방향으로 하는 '패러다임간의 전쟁(Inter-paradigm war)'은 이미 종결됐다.[411] 서로 다른 이론적 패러다임은 모두 사회과학이론 규범과, 방법에 부합하여 형성되고 발전된 사회과학이론 모두, 이미 국제관계의 경험적 사실을 운용하여 각자 분석도구로서의 필수성을 검증하였고, 이로 인해, 서로 다른 패러다임의 이론적 해석력의 구현은 누가 누구보다 더욱 강한 것이 아니라, 어떠한 문제상에서 어떠한 패러다임이 분석도구로서 더욱 유효한지에 있다. 이러한 국면이 나타난 이유는, 국제관계 학자들이 자연과학과 달리, 사회과학의 변수관계가 직접적이고 선형적이라는 것을 심각하게 느꼈기 때문이다. 인류사회 현상의 복잡함과 다변성은, 국제관계연구에서 뉴턴의 '만유인력의 정률'과 같은 이러한 단일공식 또는 철칙으로 사회생활을 평가하고 판단하는 것을 거의 찾아볼 수 없게 하였다. 이로 인해, 몇몇 학자들은 국제관계의 진화이론(Evolution theory)을 형성하는 것은, 기존의 '구조/과정 이론'보다 더욱 설득력 있다고 믿는다.[412]

현재, 동아시아안보 연구에서 분쟁은 결코 이론적 패러다임의 실용성과 적용성의 문제가 아니며, 단순한 문제해결 능력의 문제가 아니다. 중요한 것은 문제별 차이성에 근거하여 연구 패러다임의 선택을 달리해야 한다는 것이다. 조지프 나이는 이에 대해 다음과 같이 묘사한다.

> 신현실주의든 신자유주의든 간에 모두, 정책결정자에게 중요한 지도적 작용을 하며, 이들의 구별은 고려된 문제의 환경에 달려있다.[413]

동시에 그는 국제관계 관찰자와 실천자들에게 이론의 의미를 생동감 있게 묘사하였다.

> 이론은 노선표와 같다. 그들은 우리가 익숙하지 않은 곳을 알아가는 데 도움을 줄
> 수 있다. 만약 노선표가 없다면, 우리는 길을 잃을 것이다. 우리가 상식에 의지할
> 때에도, 통상적으로 숨어있는 이론이 우리의 행위를 이끌고 있으며, 단지 우리는
> 그것을 모르거나 또는 잊고 있을 뿐이다. 만약 우리의 행위를 아는 이론들을 우리
> 가 비교적 분명하게 의식할 수 있다면, 우리는 그것들의 장점과 단점을 더욱 잘 이
> 해하고, 어떤 때에 운용할지를 더욱 잘 알 수 있다. … (중략) … 21세기에 접어든
> 세계는 연속성뿐만 아니라, 변천성 또한 존재하며, 간단하고 쉽게 이해할 수 있고
> 모든 것을 포함한 답안(이론)은 존재할 수 없다.[414]

틀림없이, 모든 각종 이론적 패러다임에는 그들 자신만의 결함과 단점이 존
재하지만, 또한 동시에 국제문제와 현상을 분석할 때 다른 패러다임이 갖지 못한
장점과 우세를 또 다른 패러다임이 갖고 있다. 이로 인하여, 하나의 패러다임으로
다른 패러다임을 부정하려는 것은 헛수고다. 예를 들어, 1990년대 신현실주의와
자유제도주의의 고전적 분쟁에서, 분산된 개별국가의 권력자유의지가 협력의 전
제를 구성하였는지, 아니면 제도가 형성한 절대이익의 분배가 국가 간의 협력을
촉진하였는지는, 거의 결론이 없는 분쟁이다. 다른 사례에서, 우리 모두는 양측이
론의 입장에 유리한 증거를 찾을 수 있다.[415] 그리고 뒤이은 신현실주의에 대한 구
성주의의 비판은, 진정으로 현실주의자들로 하여금 구성주의의 논점을 받아들이
도록 결코 설득하지 못하였다. 현실주의자들이 보기에, 이성적 선택방법론에 대한
구성주의의 비판 자체는, 패러다임에 대한 토마스 쿤(Thomas Kuhn)의 정의를 곡해
하였다.[416] 국제관계에서의 현상과 문제에 대한 관찰에 대해 각종 서로 다른 패러
다임은 상호보완과 상호심화를 공동으로 형성할 수 있다.

동아시아안보 연구에서 국제관계이론 운용의 가장 좋은 방법은, 우리가 특
별히 어떠한 이론의 가치 또는 특별한 해석력을 믿어, 우리 자신에게 '자유주의자'

또는 '현실주의자' 혹은 '구성주의자'라는 명찰을 붙이는 것이 아니라, 서로 다른 의제에 근거하고, 토론대상의 각기 다른 환경에 직면하여 자신이 사용할 이론도구를 결정하는 것이다. 카잔스타인은 이에 대해 다음과 같이 제기했다.

> 권력, 이익과 규범 간의 복잡한 관계가 어떠한 단일 패러다임에 도전하여 나온 분석결과는, 서로 다른 패러다임에 대한 선택적 흡수를 통해서만이, 그들 간의 복잡한 관계를 더욱 정확하게 이해할 수 있다는 것이다.[417] 추상적으로 어떠한 패러다임을 찬미하고 다른 패러다임을 배척하는 것보다 어떠한 패러다임의 해석력에 왜 특수한 경험적 사실이 나타날 수 있을지를 분명히 하는 것이 훨씬 더 중요한 일이다.[418]

이로 인해, 카잔스타인 교수는 학자들이 국제관계이론을 분석도구로 사용할 때, 분석적 절충주의(Analytical eclecticism)를 취해야 한다고 주장한다. 구체적으로 말하자면, 서로 다른 경험적 사실과 분석의 서로 다른 문제영역에 근거하여 서로 다른 국제관계 이론적 패러다임을 취해야 하며, 전통적 이론파와 패러다임의 학술분쟁을 떨쳐내고, 구체적인 경험적 사례를 더욱 상세히 분석하고 연구함으로써 국제관계 이론의 해석력을 발굴하고, 정리하며 발전시켜야 한다. 이러한 분석의 절충주의는 심지어 동일한 국가의 정책 또는 어떠한 대상을 연구할 때, 동시에 서로 다른 이론적 패러다임을 운용할 수 있어, 다중 패러다임 성질의 연구결과를 찾아낸다. 카잔스타인은 일본과 아태안보를 연구할 때, 물질주의적 능력, 제도의 유효성과 관념 그리고 아이덴티티, 이 세 가지 방면의 한 가지 '문제'에 대한 종합적 분석을 하였다.[419]

사회과학 연구에서 패러다임 전쟁중단과 분석절충주의 운용 관점을 제창하는 학자들의 가장 주된 목적은 다음과 같다. 첫째, 서로 다른 패러다임이 끝없는 분쟁의 지속을 떨쳐버리려는 것이다. 둘째, 그들 또한 이러한 분쟁의 배후에는 매우 큰 문제가 존재하고 있다는 것을 깊이 보았다. 서로 다른 패러다임 분쟁은 문제의 관심점과 받아들일 수 있는 연구방법, 그리고 실질적인 가설 등 많은 방면에서 그들 간의 차이를 드러내었다. 더욱 중요한 것은, 서로 다른 패러다임은 아직 실증하지 못한 중요한 논점에서 그들의 심각한 분열을 반영하였다. 이러한 논점은 사회지식의 가능성과 특징 그리고 목적이 취한 지식획득의 서로 다른 방법, 그리고 행동자와 구조, 사회생활의 물질과 관념 간에 본체론의 지위와 인식론의 함의에서의 심각한 분열과 관련된다.[420] 우리가 이미 패러다임 분쟁에서 보았던 것과 같이, 이러한 분열은 단순히 패러다임 간의 끊임없는 논쟁에 기인하며, 영원히 진정한 결론을 도출해내기 어렵다. 우리가 서로 다른 패러다임이 국제관계이론에 다시각적 인식을 제공했다는 것을 인식했을 때, 각자의 각도에서 관찰물체의 묘사에 대해 분쟁하여, '높고 낮음'과 '옳고 그름'의 결론을 도출해내려 하는 것은 거의 헛수고다. 서로 다른 연구패러다임을 종합적으로 운용하고, 게다가 서로 다른 의제상에서 허위증명의 능력을 가장 효과적으로 갖출 수 있는 어떠한 경험적 사실의 패러다임을 운용해야만, 우리로 하여금 관찰받는 물체의 전경성(全景性)과 투시성(透視性)을 확보한 인식을 얻을 수 있게 한다.

이 의미상에서, '분석적 절충주의'에서는 국제관계와 국제안보 연구는 '연구방향 구동'이 아닌, '문제구동'이 되어야 한다고 주장한다. 이러한 '문제구동'의 국제안보 연구의 최대 장점은 "격렬하고 중복적이며, 비결정적인 패러다임 분쟁을 그만둘 수 있다"는 것이다. 국제관계와 국제안보연구 학자들의 가장 중요한 일은, 이러한 분쟁을 학술적 노력으로만 파악하는 것이 아니라, "의미있는 문제를 포착하고 서로 다른 이론해석을 테스트하는 것"이다.[421]

11) 지역안보 거버넌스 – 이론적 가능성과 현실성

각종 신자유주의와 신현실주의 그리고 구성주의의 안보패러다임을 종합하여, 글로벌 거버넌스(global governance)와 지역 거버넌스를 건설하고 발전시키는 것은 미래 세계와 지역안보의 발전방향을 대표한다. 많은 학자들은 글로벌 거버넌스의 개념을 신자유주의의 국제관계이론 패러다임과 연결시키며, 글로벌 거버넌스를 제의/창도하는 것은 신현실주의의 주장이 아니라, 신자유제도주의의 이론적 산물이라고 여기는데, 이러한 견해는 결코 적절하지 않다. 글로벌 거버넌스는 일종의 포스트냉전시대 정세변화에 대응한 국제 주장으로서, 내용에서부터 방법까지 본다면, 모두 신현실주의와 신자유주의의 혼합물이다.

글로벌 거버넌스란 개념은 몇몇의 학자들이 포스트냉전 세계에서 국가가 비록 국제관계에서 중심역할을 맡고 있지만, 양극체제의 통제 기능의 붕괴와 국제관계에서 권력등급 질서의 기초 위에 패권의 구동으로 건설된 권위의 쇠약으로 인해, 많은 국제안정과 협력 그리고 평화의 정책재정과 집행의 의무는, 국가에서 국제기구와 비정부조직 그리고 글로벌기업과 같은 개인행위체(Private sector)로 확대되어, 포스트냉전시대의 권위 결함과 국제관계 측면상에서 공공정책 이행능력의 부족을 보완해야 한다고 의식한 것에서 비롯되었다.[422] 글로벌 거버넌스의 개념은 상당부분 신자유제도주의의 국제주장과 부합한다. 특히 국제 다자주의제도 발전과 국제공민 사회건설 추진, 이 두 가지 방면에서 부합하며, 글로벌 거버넌스는 상당부분 포스트냉전시대 전통적 현실주의의 균형 이론을 대체하는 자유제도주의의 대체방안을 보여주었다. 따라서 글로벌 거버넌스는 국제학계의 보편적 관심을 받았고, 신자유주의는 냉전종결 후 위대한 '실험장'에 놓여있다. 많은 이들은, 글로벌 거버넌스의 기지 아래, 세계가 다자주의와 국제기구의 역할을 충분히 발휘할 수 있고, 국제적 문제에 오직 국가만 참여하는 것이 결코 아닌, 사회의 참여로 전향해야 하며, 국가주권 개념은 이미 정체되고 시대에 뒤떨어지며, 국내문제에 대한 국제적 개입과 국제적 처리는 국제관계가 진정으로 권력정치의 상투(常套)를 벗어나는 유일한 길이라고 여긴다. 1995년의 「글로벌 거버넌스 위원회 보고서」는 이에 대해 다음과 같이 제기했다.

냉전시대 양극체제의 붕괴는 예를 들어, 예방적 조치 등을 취하는 국제안보위기에 대한 반응으로 하여금, 이미 부득불 이전보다 더욱 많이 국가단체와 국제조직이 참여하게 하며, UN 안보리는 그들의 특수한 주된 책임을 이행할 것이지만, 지역 조직과 더욱 광범위한 공민사회단체 또한 더욱 유용한 역할을 발휘할 수 있을 것이다.[423]

안보영역에서 글로벌 거버넌스의 실행은, 지역조직과 오래된 동맹체제 그리고 UN평화유지활동의 확장과 개입에 더욱 많이 기대야 한다. 1991년 캄보디아에서 UN의 평화재건활동와 1992년의 걸프전쟁 그리고 1999년의 코소보전쟁 모두 글로벌 거버넌스가 평화유지와 국제안전을 촉진시키는 세계의 희망이라는 것을 보여주었다. 이 일련의 사건들에서, UN의 권한부여와 국제기구의 국내문제에 대한 확대된 유지개입, 인도주의 목적의 확대된 무력행사의 범위, 그리고 다국적 행동 등등, 안보 거버넌스를 지탱하는 혁신적 요소가 되었다. 인도주의적 개입 또한 일시적으로 국제관계에 글로벌 거버넌스가 수술적 개조를 하는 중요한 이유가 되었다. 미국이 유일한 초강대국으로서 글로벌 거버넌스를 이끄는 과정은 마치 이미 미국의 의불용사(義不容辭)*적인 의무인 것 같다.[424] 1999년 시애틀 WTO 회의에서 시작된 반세계화 과정과 2001년 9·11사건 후 세계 반테러전쟁의 심화는 글로벌 거버넌스의 중요성을 한층 더 부각시켰다. 글로벌 거버넌스의 합법성은 이미 더욱 많은 국제행위체로 하여금 안정과 협력유지의 책임을 분담하는 것에서부터, '통합과 분열'이 동시에 발생하는 세계에서, 최대한으로 차이와 이견을 보완, 협력과 공동활동 확대의 중요한 출로로 한층 더 확대되었다. 오늘날의 세계에서 국가는 세계화 지지와 세계화 반대, 반테러 지지와 테러활동을 동정하는 양대 진영으로 나눌 수 있을 뿐만 아니라, 각종 비국가행위체에도 마찬가지로 이 두개의 전선에서 중대한 분열이 발생하였다. 이 외에 국제금융, 경제, 환경보호 등 분야에서도 이러한 분열을 쉽게 볼 수 있다. 글로벌 거버넌스의 지지자들은 글로벌 거버넌스의 발전을 통해서만, 이러한 문제의 세계적 분열을 피할 수 있으며, 지속적인 통합

---

*　도의상 거절하지 못하다. 기꺼이 나서다.

의 과정을 촉진할 수 있다고 여긴다.[425] 때문에 몇몇의 현실주의자들은 글로벌 거버넌스에 대한 논의에 개입하기 시작하여 다자 군사동맹이 집단 활동 정당성의 근원으로서, 인도주의적 개입과 서방민주적 가치의 확산 방면에서 더욱 많은 역할을 맡아야 하며, 미국을 우선으로 하는 군사동맹은 글로벌 거버넌스의 골간의 힘이 되어야 한다고 여긴다. 코소보위기와 코소보전쟁의 경험도 많은 유럽학자들에게 글로벌 거버넌스가 미국의 패권보장을 떠날 때, 직면하게 될 능력 차이를 보여주었다.[426] 1999년 나토 정상회의가 발표한 「워싱턴선언」에서, 구미 각국은 나토의 역할이 유럽을 넘어, 갈수록 유럽 외 지역문제에 개입하여 강제적 책임을 져야 한다는 데 동의하였다. 리처드 하스(Richard Haas)는 미국의 슈퍼파워는 세계를 이끌어갈 수 있는 가장 좋은 방식이다. 미국의 각종 동맹관계를 동원함으로써, 미국을 중심으로 하여 각종 안보의제가 내재된 국제문제에 '집단제의/창도'와 '집단개입'을 촉진하는 것이라고 주장하였다.[427] 글로벌 거버넌스의 이론 구조상에서, 미국의 세계파워의 우위, 미국의 국제 지도적 지위와 다자주의적 국제 공동활동은 갈수록 가까워지기 시작하였다.

그러나 2003년의 이라크전쟁과 부시정부의 일방주의 정책은 글로벌 거버넌스로 하여금 전례 없는 위기에 직면하게 하였다. 미국 외교정책에 '제국화'의 추세가 나타나고 있는지와 관련한 논쟁이 끊임없이 제기되기 시작하였다. 분명히 슈퍼파워를 기초로 한 미국의 단극패권 체제과 부시정부의 일방적 행동으로 인해, 국제관계는 '글로벌 거버넌스'와 '미국 거버넌스'의 분수령에 직면하고 있다. 만약 미국의 일방주의가 지속적으로 추진되어 간다면, '글로벌 거버넌스'의 개념을 지속적으로 사용한다 할지라도, 이러한 '글로벌 거버넌스'는 미국의 이득에 따라 왜곡된 개념에 불과할 것이다. 다시 말해, 세계정치가 글로벌 거버넌스를 추구한다 할지라도, 미국패권이 주도하는 '미국 거버넌스'일 뿐인 것이다.

그 결과, 당대의 국제안보는 현재 두 가지 경쟁적 전망을 보여주고 있다. 하나는 미국 패권하의 '미국 거버넌스'이며, 다른 하나는 각국 협력과 다자주의를 기초로 하는 '안보 거버넌스'이다.[428] 만약 부시정부의 일방주의 정책이 바뀌지 않는다면, 워싱턴은 지속적으로 국제안보와 세계문제에 '미국 거버넌스'를 힘껏 추구할 것이며, 그렇다면 세계는 부득불 다시 고전적 세력균형의 국면으로 되돌아갈 가능성이 있다. 동시에 세계 각 주요국가들은 '연성균형(soft balancing)'이 내재된 조치를 취함으로써 미국의 일방적 의지를 약화시킬 것이다. 그렇지 않다면, 슈퍼파워를 소유하여 그들의 정책의 국제적 영향을 무시하는 미국 앞에, 어떠한 국가도 안보를 진정으로 보유할 수 없을 것이다. 만약 부시정부와 미래의 미국 대통령이 일방주의 노선이 통하지 않는다고 여겨, 부득불 동맹국과 우방과의 협력에 치중하는 자유국제주의 외교노선으로 다시 돌아간다면, 각국의 공동협력으로 세계와 지역 단계상에서의 '안보 거버넌스'를 건설하고 발전시키는 것은, 미래 국제안보문제를 처리하는 가장 중요한 방식이 될 것이다.

동아시아에서 지역적 안보 거버넌스를 건설하는 데에는 매우 강한 현실적 가능성이 존재한다. 중요한 근거 중 하나는 안보 거버넌스가 유럽식의 안보 공동체와 전통적 세력균형체제 사이의 중간 단계가 될 수 있다는 것이다. 서유럽의 안보 공동체 모델은 2차대전 후 유럽의 역사과정으로부터 왔으며, 유럽 선진화된 지역의 통합 견인과 유럽연합을 대표로 하는 높은 제도화 협력모델로부터 유래된 것이다. 이 과정에서 대서양 양안의 군사동맹, 유럽 각 개별국가의 기초 위의 민족주의 정서와 역내 국가관계에서의 민족주의정서 제거 모두 유럽에 이러한 제도화된 안보협력을 건설하기 위한 중요한 기초가 되었다. 당연히 유럽 각국의 비교적 근접한 경제와 사회 그리고 문화발전 수준, 장기적으로 개방되고 서로 통하는 사회교류, 그리고 집권사상에서의 자유주의이념 모두 매우 중요한 접착제 역할을 하였다. 유럽 각국이 비교적 철저하게 처리한 역사문제는 유럽국가가 더 이상 막중한 역사의 짐을 지지 않게 하였다. 동아시아 지역안보의 특성상, 다양하고 차별화된 지역안보 문화를 빠르게 봉합하고 해결하는 것은 불가능하며, 단순한 정책구동 또는 정치적 열정으로 성숙한 '유럽의 경험'을 '클론(Clone)'하는 것은 더욱 불가능하다. 이런 의미로 본다면, 유럽 안보공동체 모델은 매우 좋지만, 동아시아 국가들에 즉시 적용하기에는 더욱 많은 연구와 노력 그리고 시간이 필요하다.

동아시아의 지역안보 노력이 만약 전적으로 2차대전 이전의 고전적인 '세력균형체제' 모델 건설이라면, 마찬가지로 출로는 없다. 2차대전 종결 이전 유럽의 전략국면은 바로 전형적인 '대국 세력균형'이다. 세력균형체제의 '유럽경험' 또한 마찬가지로 동아시아안보에는 적합하지 않다.

그 원인은 동아시아는 역사로부터 현실까지 모두 지금껏 발달되고 성숙한 세력균형체제를 발전시켜내지 못했기 때문이다. 동아시아 역사상의 조공체제와 근대의 열강들의 패권쟁탈체제와 2차대전 후의 양극체제 그리고 포스트냉전시대의 패권안정 체제 모두 진정한 의미의 유럽경험의 다극화된 세력균형체제가 아니다. 만약 미래의 동아시아가 진정으로 안정적이며 냉전과 같은 '공포균형'을 기초로 하는 '양극체제'를 건설하려 한다면, 중미 간에 반드시 우선적으로 군비경쟁을 전개해야 하며, 지연정치상에서 동아시아는 냉전시기처럼 다시 분열상태에 빠져야 한다. 사실상, 이것은 중미 이익에 부합하지 않을 뿐만 아니라, 동아시아에서 이러한 신냉전 태세의 발생을 원하는 국가는 없다. 현재 동아시아에는 이러한 지연전략의 수요가 존재하지 않는다. 동아시아에 진정한 의미의 '유럽경험적 다극 세력균형체제'를 건설하는 것 또한 마찬가지로 동아시아 각국의 기본적 이익에 부합하지 않는다. 이것이 동아시아의 경제경쟁력을 실질적으로 약화시키고 파괴시켜, 군비경쟁의 위험을 가져오며, 또한 불확실한 역내 국가관계의 집단적 재편과 영토분쟁의 문제상에서의 군사적 충돌을 유발하기 때문이다. 많은 분석가들은 미일동맹 해산의 직접적인 결과는 일본과 중국의 군비경쟁이며, 일본의 '군사 대국화'의 길로 다시 회귀하는 것이라고 여긴다.[429] 전쟁 후 62년의 민주화 전환을 겪었지만, 만약 미일동맹의 지탱이 없다면 일본의 군사 대국화가 일본을 '황국화(皇國化)'의 길로 이끌 가능성이 매우 크다. 그리고 황국화와 군국화의 거리는 매우 가깝다. 2002년, 일본의 모리 요시로 전총리가 공개적으로 일본은 천황을 중심으로 하는 '신의 국가'라는 황당무계한 논리를 펼친 것은, 이러한 황국화의 사상이 일본정치에서 여전히 일종의 꿈으로 작용하고 있다는 사실을 보여준다.

유럽경험에서의 세력균형체제에는 정통주의적 원칙, 즉 각국 황실권력과 각국 국내권력의 정당성에 대한 존중과 승낙이 존재한 적 있다. 만약 동아시아가 어떠한 다극적 세력균형으로 변한다면, 불안정성은 특히 뚜렷해질 것이다. 데이비드 라우데(David Laude)는 이에 대해 아래와 같이 언급했다.

> 유럽의 세력균형 안정의 전제는, 국내 정치체제의 정당성에 대해 각국의 이견이 없다는 데 있다. 이것은 유럽지도자들로 하여금 권력관계를 계산할 때 감정적요소의 영향을 피하게 하였다.[430]

현재 동아시아에서 상승된 민족주의 감정과 일본외교의 중국정치체제에 대한 편견은, 이데올로기 형태의 요소가 주도하는 충돌의 확대를 매우 쉽게 조성할 수 있다. 이데올로기 대립이 첨예한 지역은 다극적 세력균형의 불안정성이 더욱 뚜렷해질 것이다. 동아시아의 다극 세력균형은 지역안보의 안정에 유리하지 않고, 동아시아에 군사적 충돌을 불러올 가능성이 매우 크다.

동아시아 지역단계의 '안보 거버넌스'는 결코 단지 신자유제도주의적 개념이 아닌, 신현실주의적 개념이며, 게다가 구성주의적 방법이다. 즉 '안보 거버넌스'는 두 가지의 안보패러다임과 한 가지의 안보연구방법의 결합이다. 또한 동아시아의 안정과 건설적인 안보관계 그리고 안보질서 건설에서의 '권력요소'와 '제도적 요소' 그리고 '아이덴티티 요소'의 결합이다.

안보 거버넌스 건설, 권력과 제도 그리고 아이덴티티의 결합 실현, 이것의 전제는 안정적인 대국관계의 전략적 구조이다. 저비스 교수는 현실주의자로서, 유럽 역사상 발생한 적 있는 '대국협조(power concert)'에 대해 각별한 애정을 갖고 있다. 그가 보기에, 제도를 통하여 대국관계를 유지하는 대국협조체제를 건설하여 현실주의의 권력 딜레마를 피하고, 또한 장기적인 안정 국면을 형성할 수 있다.[431] 비록 '대국협조'의 핵심이 제도인지 아니면 권력의 균형인지에 대해 학자들의 서로 다른 견해가 지금껏 존재해왔지만, 본질적으로 본다면, '대국협조'는 모든 안보 거버넌스가 반드시 갖추어야할 기초이다. 동아시아에 어떠한 현대판적인 대국협조를 실현시켜, 세력균형과 균형의 원소를 유지하려 하는 것은, 오늘날 동아시아 지역 안보 구조에서 해소될 수 없는 현실이다. 그러나 동아시아의 문제변화 과정이 나타남에 따라, 단순히 세력균형에 기대는 것으로는 동아시아의 안정과 번영의 질서를 진정으로 보장할 수 없다. 특히, 기존의 균형 구조에서 강자로서의 미일군사동맹이 어떻게 중국의 굴기를 포용하고, 권력변경의 존재를 허가할 수 있으며, 또한 이러한 권력변경을 긍정적 방향으로 향하게 할 것인지는, 동아시아안보에서 반드시 넘어서야 할 막중한 도전이다. 그러나 서방의 주도적 견해는 중국굴기를 안보 분야 내에 천성적인 부정적 요소로 보며, 중국굴기가 가져다줄 수 있는 평화적 효과는 중국이 미국패권 주도 아래의 동아시아 질서의 현황에 적응할 수 있는지, 자신의 능력을 테스트할 수 있는지에 달려있을 수밖에 없다고 여긴다.[432] 그러나 과거 10년간 중국외교와 국제관계는 이미 중국이 현상유지의 국가이자 국제협력의 적극적 지지자, 창도자 그리고 참여자임을 분명히 보여주었고, 오히려 미국이 더욱 세계를 바꾸는 데 힘쓰는 수정주의국가 같았다.[433] 동아시아안보 질서를 발전시키는 데 있어 현재 가장 중요한 것은, '문제변화'의 과정에서 각국이 반드시 두 가지를 고려해야 한다는 점이다. 한편으로는 냉전 후 미국의 세계권력 우위를 위한 새로운 기초를 건설해야 한다. 이 기초는 미국이 그들의 슈퍼파워의 유혹을 이겨내고, 국제사회와의 협력을 강화시킴으로써, 세계 지도적 지위에 대한 미국의 자유국제주의를 진정으로 나타내는 것이다. 다른 한편으로, 새로운 안보질서에서 중국의 굴기가 존중과 인가를 얻어야만, 진정으로 중국이 하나의 대국으로서 더욱 국제적인 책임을 지고, 상응하는 공헌을 하도록 격려할 수 있다는 것이다. 그러나 이 과정은 이익분배의 과정이 아닌, 이익 아이덴티티의 전환과 승격의 과정이다. 다시 말해, 현상에 대한 적극적이고 건설적인 테스트가 필요한 것은 단지 중국뿐만 아니라 역내의 각 주요국가로 확산되어야 한다. '대국협조' 건설만이 어떠한 한 대국이 다른 한 대국의 의지에 근거하여, 자신의 행위와 의도를 바꾸게 할 수 있는 것이 아닌, 협동관계를 건설하려는 대국 모두 자신의 행위를 테스트하는 결심과 용기를 가질 수 있다.

이 과정에서, 중미 간에 새로운 협동관계를 협상해낼 수 있을지는, 동아시아 안보질서 전환의 핵심이다. 이것은 거족경중(擧足輕重)의 두 대국의 동아시아 지역 내 협상변화의 과정이다.[434] 이 과정은 지역이슈 해결 문제에서 양국 간의 협력과 협조를 포함하고 있을 뿐만 아니라, 각자의 지역전략과 안보주장에 대한 양측의 이해와 아이덴티티, 위기처리 협상 단계 그리고 긴밀한 고위급 대화채널의 건설 등도 포함하고 있다. 현재, 중미 간 각종 대화채널은 이미 건설되었다. 문제는 양측의 관계가 긴밀하지만, 친밀하지 않다는 데 있다. 만약 양국이 진정으로 성의(誠意)를 보이고 상호신뢰를 구축하여, 지역안보를 위한 대국협조 구조를 건설할 수 있다면, 동아시아 지역 안보 거버넌스의 기초가 될 것이며, 다자안보제도는 발전의 대로(大路)를 걷게 될 것이다. 다자제도 형태의 '안보 거버넌스'의 시작은 중미 간의 협상변화와 함께 동시에 진행할 수 있다. 제도적 요소의 조절과 규범을 통하여, 이익을 공유하고 상호신뢰를 확보하여 중미 간의 원활한 협상을 이끌어내야 한다.

사실상, 중미 간의 협상변화는 이미 시작되었다. 중미 고위급 회담과 중미전략대화 그리고 2007년 3월 진행한 중미 제2차 경제전략포럼 등의 협상변화는 이미 외교와 경제적 사무등급에서 이미 좋은 출발이 되었다. 문제는 이 협상변화가 국내정치의 영향을 받지 않는 양국의 전략적 방향이 되게 할 방도를 찾는 것이며, 이는 현실적 해답을 기다려야 한다. 그러나 중미관계에 건설적 전략요소를 확립하는 동시에(예를 들어, 중일, 중한, 중러, 중인, 그리고 중국과 유럽연합, 중국과 아세안 등 각국도 대국협조 건설의 방향을 바라보며), 문제변화의 확립 속에서 협상 변화를 위해 노력해야만, 진정으로 다자제도를 바탕으로 하는 협력 아이덴티티 주도의 안보 신질서를 건설할 수 있다.

1 有關中國學者對安全概念研究的代表性成果, 情參見任曉:《安全概念的探索》, 載《外交評論》, 2006(4); 李少軍:《國際政治學概論》, 北京, 中國社會科學出版社, 2005; 朱鋒:《非傳統安全辨析》, 載《中國社會科學》, 136-149頁, 2004(4); 閻學通, 金德湘主編:《東亞和平與安全》, 北京, 時事出版社, 2005; 閻學通, 周學根:《東亞安全合作》, 北京, 北京大學出版社, 2004; 王逸舟:《國際政治析論》上海, 上海人民出版社, 1996。

2 Terry Terriff, Stuart Croft, Lucy James, Patrick M. Morgan, *Security Studies Today*, London: Polity, 1999, pp. 10-12.

3 James Der Derian, "The Value of Security: Hobbes, Marx, Nietzsche, and Baudrillard", in Ronnie D. Lipschutz, ed., On Security, New York: Columbia University Press, 1995, p. 24.

4 Robert Jervis, "Models and Cases in the Study of International Conflict", in Robert L. Rothstein, ed., *The Evolution of Theory in international Relations*, Columbia, SC: University of South Carolina Press, 1991, p.80; Michael Mann, "Authoritarian and Liberal Militarism: A Contribution from Comparative and Historical Sociology", in Steve Smith, Ken Booth and Marysia Zalewski, eds., *International Theory: Positivism and Beyond*, Cambridge: Cambridge University Press, 1996, p.221.

5 Richard H. Ullman, "Redefining Security", *International Security*, Vol. 8, No. 1(Summer 1983), pp. 129-153; Ronnie D. Lipschutz, ed., *On Security*, New York: Columbia University Press, 1995; David A. Baldwin, "*The Concept of Security*", *Review of International Studies*, Vol. 23, No, 1 (Spring 1997), pp. 5-26; Anuradha Mittal, "Redefining Security in the New World Order", *Peace Review*, Vol. 11, No. 3 (1999), pp. 437-442.

6 對國際關系中安全常常是"相對的"而不是"絕對的"概述, 情參見 Graham Evans and Jeffrey Newnham, *The penguin Dictionary of International Relations*, London: Penguin Books, 1998, pp. 490-491.

7 Kenneth N. Waltz, *Theory of International Politics*, Reading, MA: Addison-Wesley, 1979, p. 126.

8 這方面代表性的論述, 情參見 John J. Mearsheimer, "Back to the Future: Instability in Europe After the Cold War", *International Security*, Vol. 15, No. 1 (1990), pp. 5-56; Z. Brezinski, "The Consequences of the End of the Cold War in International Security", Part 1, *Adelphi Papers*, No. 265, London, 1991-92, pp. 1-32.

9 Cynthia Enloe, *Bananas, Beaches and Bases: Making Feminist Sense of International Politics*, London: MacMillan, 1989; Michael Clarke, ed., *New Perspectives on Security*, London: The Center for Defense Studies, 1992; Peter J. Anderson, *The Global Politics of Power, Justice and Death: An*

Introduction to International Relations, London and New York: Routledge, 1996; Richard Wyn Jones, *Security, Strategy, and Critical Theory*, Lynne Rienner publisher, 1999.

10 Terry Terriff, Stuart Croft, Lucy James, Patrick M. Morgan, *Security Studies Today*; David Baldwin, "The Concept of Security", *Review of International Studies*, Vol. 23, No. 1 (1997), pp. 5-26.

11 阿諾德·沃爾弗斯:《紛爭與協作-國際政治論集》, 於鐵軍譯, 12頁, 北京, 世界知識出版.社, 2006。

12 Arnold Wolfers, Discord and Collaboration, pp. 149-155. 作者在這裏之所以不適用中文版的引文, 是因為對中文版譯者對這段原文的翻譯有不同意見。

13 阿諾德·沃爾弗斯:《紛爭與協作-國際政治論集》, 於鐵軍譯, 132頁, 北京, 世界知識出版社, 2006。

14 Harad Muller, "Security Cooperation", in Waller Carlsnaes, Thomas Risse, and Beth A. Simmons, eds., *Handbook of International Relations*, London: Sage, 2002, p. 19.

15 Robert J. Art, "A Defensible Defense: America's Grand Strategy after the Cold War", *International Security*, Vol. 15, No. 4 (Spring 1995), p. 7.

16 這方面的代表性觀點, 請參見 Helga Haftendorn, "The Security Puzzle: Theory-building and Discipline-building in International Security", *International Studies Quarterly*, Vol. 35, No. 1 (1995), pp. 3-17; Richard K. Betts, "Should Strategic Studies Survive", *World Politics*, Vol. 50, No. 1 (1997), pp. 7-33; Stephen M. Walt, "A Model Disagreement", *International Security*, Vol. 24, No. 2 (Fall 1999), pp. 115-130.

17 K. J. Holsti, "International Relations Theory and Domestic War in the Third World: the Limits of Relevance", in Stephanie G. Neuman, ed., *International Relations Theory and the Third World*, London: MacMillan, 1998, p. 105.

18 阿諾德·沃爾弗斯:《紛爭與寫作-國際政治論集》, 第8-9章; Daniel Deudney, "Political Fission: State Structure, Civil Society, and Nuclear Weapons in the United States", in Ronnie D. Lipschutz, ed., *On Security*, pp. 87-123; Terry Terriff, Stuart Croft, Lucy James, Patrick M. Morgan, eds., *Security Studies Today*, Introduction.

19 有關強調安全問題是"全球安全"的代表性論述, 請參見 Paul B. Stares, ed., *The New Security Agenda: A Global Survey*, Tokyo: Japan Center for International Exchange, 1998; John D. Steinbruner, *Principles of Global Security*, Washington, DC: The Brookings Institution Press, 2001; Clive Jones and Croline Kennedy-Pipe, eds., *International Security in a Global Age: Securing the Twenty-first Century*, New York: Columbia University Press, 2003.

20 Joseph S. Nye, Jr., and Sean M. Lynn-Jones, "International Security Studies: A Report of A Conference on the State of the Field", *International Security*, Vol. 12, No. 4 (Spring 1988), P. 6.

21 Marcus G. Raskin, *The Politics of National Security*, New Jersey: Transaction, Inc., 1979.

22 有關冷戰時期國際安全特點的總結與分析, 情參見 Sean M. Lynn-Jones and Steven E. Miller, eds., *The Cold War and After: Prospects for Peace*, expanded edition, Cambridge: The MIT Press, 1993; Michael E. Brown, Owen R. Cote, Jr., Sean M. Lynn-Jones, and Steven E. Miller, eds., *The Theories of War and Peace: An International Security Reader*, Cambridge: The MIT Press, 2001.

23 有關兩級體系的穩定性, 情參考 Kenneth N. Waltz, *Theory of International Politics*, Reading, MA:

Addison-Wesley, 1979, pp. 118-124.

24 這方面的代表性著作, 情參見 Norman Myers, *Ultimate Security: The Environmental Basis of Political Stability*, New York: W. W. Norton, 1993; Joseph N. Romm, *Defining National Security: The Non-Military Aspects*, New York: Council on Foreign Relations Press, 1993; Michael Clarke, ed., *New Perspectives on Security*.

25 The Commission on Global Governance, *Our Global Neighborhood*, Oxford: Oxford University Press, 1995, p. 99.

26 有關全球化與國際安全之間互動關系的代表性剖析, 請參見 Richard L. Kuger and Ellen L. Frost, eds., *The Global Century: Globalization and National Security*, Volume 1-2, Washington, DC: Institute for National Strategic Studies of National Defense University, 2001; Gerald Schneider, Katherine Barbieri, and Nils Petter Gleditsch, eds., *Globalization and Armed Conflict*, Lanham: Rowman & Littlefield Publishers, Inc., 2003; John Baylis and Steve Smith, eds., *The Globalization of World Politics: An Introduction to International Relations*, third edition, Oxford: Oxford University Press, 2006.

27   Mohammed Ayoob, "Security in the Age of Globalization: Separating Appearance from Reality", in Ersel Aydinli and James N. Rosenau, eds., *Globalization, Security, and the Nation State: Paradigms in Transition*, Albany: State University of New York: 2005, p. 18.

28 中国国内有关"非传统安全"研究代表性的成果包括：余潇枫等：《非传统安全概论》, 杭州, 浙江人民出版社, 2006；陆忠伟主编：《非传统安全》, 北京, 时事出版社, 2003；王逸舟主编：《恐怖主义渊源》, 北京, 社会科学文献出版社, 2002.

29 Raimo Vayrynen, "Concepts of Security Revisited", *Mershon International Studies Review*, Vol. 39, No. 3 (Winter 1995), p. 259.

30 Richard Ullman, "Redefining Security", *International Security*, Vol. 8, No. 1 (Summer 1983), pp. 129-153; Barry Buzan, *People, States and Fear*, London: Harvester Wheatsheaf, 1983.

31 Richard Ullman, "*Redefining Security*", pp. 133-134.

32 Barry Buzan, *People, States and Fear: An Agenda for International Security Studies in the Post-Cold War Era*, second edition, Boulder: Lynne Rienner, 1991, pp. 7-15.

33 Barry Buzan, *People, States and Fear: An Agenda for International Security Studies in the Post-Cold War Era*, p. 5.

34 Barry Buzan, *People, States and Fear: An Agenda for International Security Studies in the Post-Cold War Era*, P. 65.

35 轉引之 Terry Terriff, Stuart Croft, Lucy James, Patrick M. Morgan, *Security Studies Today*, P. 19.

36 Bill McSweeney, *Security, Identity and Interests: A Sociology of International Relations*, Cambridge: Cambridge University Press, 1999, P. 68.

37 Ole Waever, Barry Buzan, Morten Kelstrup and Pierre Lemaitre, with David Carlton, *Identity, Migration and the New Security Agenda in Europe*, London: Pinter, 1993, p. 25.

38 Ole Waever, etc., Identity, Migration and the New Security Agenda in Europe, p. 24.

39 Ole Waever, etc., Identity, Migration and the New Security Agenda in Europe, p. 6.

40 Barry Buzan, Ole Waever, and Jaap De Wilde, Security: A New Framework for Analysis, Boulder: Lynne Rienner Publishers, Inc., 1998, pp. 22-23.

41 之所以將布贊教授等人稱之為"根本哈根學派", 壹是因為當時布贊教授和他的研究夥伴奧爾·維弗教授等人當時都在哥本哈根大學從教, 二是因為他們確實發展了不同於壹般理論論述的安全分析方法。

42 布贊教授等人對他們理論努力的這些目標曾做過清晰的闡述。參見 Barry Buzan, Ole Waever, and Jaap De Wilde, Security: A New Framework For Analysis, Ch. 1; Barry Buzan, "Rethinking Security After the Cold War", Cooperation and Conflict, Vol. 32, No. 1 (March 1997), pp. 5-28.

43 Barry Buzan, Ole Waever, and Jaap De Wilde, Security: A New Framework for Analysis, p. 25.

44 Terry Terriff, Stuart Croft, Lucy James, Patrick M. Morgan, Security Studies Today, p. 3.

45 Bill McSweeney, "Identity and Security: Buzan and the Copenhagen School", Review of International Studies, Vol. 22, No. 1 (1996), pp. 3-38; Bill McSweeney, Security, Identity, and Interests; Olav F. Knudsen, "Post Copenhagen Security Studies: Desecuritizing Securitization", Security Dialogue, Vol. 32, No. 3 (2001), pp. 355-368.

46 Kevin Krause and Michael C. Williams, "Broadening the Agenda of Security Studies: Politics and Methods", Mershon International Studies Review, Vol. 40, No. 2 (1996), p. 230; Craig A. Snyder, ed., Contemporary Security and Strategy, New York: Routledge, 1999, p. 3.

47 Michael Weiner, "Security, Stability and International Migration", International Security, Vol. 17, No. 3 (1992/93), pp. 91-126; Marc A. Levy, Is the Environment a National Security Issue?", International Security, Vol. 20, No. 2 (1995), pp. 35-62;

48 Robert Mandel, The Changing Face of National Security: A Conceptual Analysis, Westport, Conn. ; Greenwood Press, 1994, p. 15.

49 Robert Mandel, The Changing Face of National Security: A Conceptual Analysis, pp. 21-22.

50 Mohammed Ayoob, The Third World Security Predicament: State Making, Regional Conflict, and the International System, Boulder: Lynne Rienner Publishers, Inc., 1995, pp. 20-21.

51 Edward Kolodziej, "What's Security and Security Studies?". Arms Control, Vol. 13, No. 1 (1992), pp. 1-31; Beverly Crawford, Economic Vulnerability in International Relations: The Case East-East Trade, Investment and Finance, New York: Columbia University Press; Neta Crawford, "A Security Regime among Democracies: Cooperation among Iroquois Nations", International Organization, Vol. 48, No. 3 (1994), pp. 25-55.

52 Thomas F. Homer-Dixon, "Environmental Scarcities and Violent Conflict: Evidence from Cases", International Security, Vol. 19, No. 1 (Summer 1994), pp. 5-40; Andrew Hoogvelt, Globalization and the Post-Colonial World, Basingstoke: Palgrave, 2001.

53 John Jacob Nutter, Unpacking Threat: A Conceptual and Formal Analysis, in Norman A. Graham, ed., Seeking Security and Development, Boulder: Lynne Rienner Publishers, 1994, pp. 29-51.

54 David Baldwin, "The Concept of Security", Review of International Studies, Vol. 23 (1997), p. 25.

55 Randy D. Kaplan, "The Coming Anarchy", *Atlantic Monthly*, February 1994, p. 7.

56 Sam Robert, *Who We Are: The Changing Face of America in the Twenty First Century?* New York: Henry Holt and Company, 2004.

57 Michael Benson, Danny O. Coulson, and Allen Swenson, *National Security*, Indianapolis: Alpha, 2003; Richard A. Clarke, *Against All Enemies: Inside America's War on Terror*, New York: Free Press, 2004.

58 Robert I. Rotberg, ed., *State Failure and State Weakness in A Time of Terror*, Cambridge, MA: World Press Foundation, 2003, p. 1.

59 2006年1月, 聯合國秘書長安南在發表的聯合國改革報告《大自由:為了壹個更加安全的世界》中, 明確擴大了在國際社會中"合法使用武力"的範圍, 將對"失敗國家"的人道主義幹預以及預防性戰爭行為列為了新的可以聯合國名義合法授權動武的選項。但這壹做法的結果在多大程度上能夠反映國際社會的共識卻依然還是壹個疑問。

60 Philip Shishkin, "Iraqi Troops Bedeviled By A Range Of Problems: Supply Shortfalls, Sectarian Tensions Limit Effectiveness", *Wall Street Journal*, January 19, 2007.

61 Reuters, "Iraq War Cost to Hit $ 8.4 Billion A Month", *Los Angeles Times*, January 19, 2007.

62 Joseph Lieberman, "Why We Need More Troops In Iraq?" *Washington Post*, December 29, 2006, Pg. 27.

63 "President George W. Bush Declares His New Plan to Iraq", *The Washington File*, January 11, 2007.

64 David S. Cloud, *New York Times*, January 19, 2007.

65 Nazila Fathi and Michael Slackman, "Rebuke in Iraq to Its President on Nuclear Role", *New York Times*, January 19, 2007.

66 Gidon Gottlieb, *Nation Against State: New Approaches to Ethnic Conflicts and the Decline of Sovereignty*, New York: Council on Foreign Relations Press, 1993, pp. 35-47.

67 John Baylis and Steve Smith, eds., *The Globalization of World Politics*, P. 260.

68 David A. Baldwin and Helen V. Milner, "Economics and National Security", in Henry Bienen, ed., *Power, Economics and Security*, Boulder, CO: Westview Press, 1992, p. 29.

69 Mark T. Berger, "The End of the Third World", *Third World Quarterly*, Vol. 5, No. 2 (1994), pp. 257-275; Brian C. Smith, *Understanding Third World Politics: Theories of Political Change and Development*, London: Macmillan, 1996.

70 有關阿尤布教授在這方面的代表性研究成果, 請參見 Mohammed Ayoob, "Security in the Third World: The Worm About to Turn?" *International Affairs*, Vol. 60, No. 1 (Winter 1983/84), pp. 41-51; "The Third World in the System of States: Acute Schizophrenia or Growing Pains?", *International Studies Quarterly*, Vol. 33, No. 1 (March 1989), pp. 67-79; *The Third World Security Predicament: State Making, Regional Conflict and the International System*, Boulder: Lynne Rienner Publishers, 1995.

71 Michael E. O'Hanlon, *Defense Strategy for the Post-Saddam Era*, Washington, DC: the Brookings Institution, 2005, p. 3.

72 Walter A. McDougall, *Promised Land, Crusade State: The American Encounter with the World Since 1776*, Boston: Houghton Mifflin, 1997, p. 114.

73 Elke Krahmann, "American Hegemony or Global Governance? Competing Visions of International Security", *International Studies Review*, Vol. 7 (2005), pp. 18-23.

74 Mohammed Ayoob, *Security in the Age of Globalization*, pp. 18-23.

75 Mohammed Ayoob, *The Third World Security Predicament: State Making, Regional Conflict, and the International System*, pp. 131-139.

76 Mohammed Ayoob, *The Third World Security Predicament: State Making, Regional Conflict, and the International System*, pp. 156.

77 Jane Freedman and Nana Poku, "The Socioeconomic Context of Africa's Vulnerability to HIV/AIDS", *Review of International Studies*, Vol. 31, Iss. 4 (October 2005), pp. 665-685.

78 有關發展中國家的實力地位與自身利益述求之間的矛盾, 請參見 Hans-Henrik Holm and Georg Sorensen, eds., *Whose World Order? Uneven Globalization and the End of the Cold War*, Boulder: Westview Press, 1995; Stephanie G. Neuman, ed., *International Relations Theory and the Third World*, London: McMillan, 1998.

79 Lincoln Chen, Sakiko Fukuda-Parr, and Ellen Seidensticker, eds., *Human Insecurity in a Global World*, Cambridge: Harvard University Press, 2003, p. 18.

80 Mohammed Ayoob, "Defining Security: A Subaltern Realist Perspective", in K. Krause and M. Williams, eds., *Critical Security Studies: Concepts and Cases*, London: UCL Press, 1997, pp. 121-146; "Inequality and Theorizing in International Relations: The Case for Subaltern Realism", *International Studies Review*, Vol. 4, No. 3 (December 2002), pp. 27-48.

81 Mary Kaldor, *New and Old Wars: Organized Violence in A Global Era*, Stanford: Stanford University Press, 2001, pp. 137-152.

82 Steven Walt, The Origins of Alliance.

83 這方面最有代表性的觀點是約翰·米爾斯海默教授的論斷, 他認為歐洲的"未來將重回過去". John Mearsheimer, "Back to the Future: Instability in Europe After the Cold War", *International Security*, Vol. 15, No. 1 (Summer 1990), pp. 5-56.

84 對美歐關系中的制度、意識形態、經濟、文化和社會聯系等非"結構性"要素的分析, 情參見 Steven Van Evera, "Primed for Peace: Europe After the Cold War", *International Security*, Vol. 15, No. 3 (Winter 1990/91), pp.7-57; Jack Snyder, "Averting Anarchy in the New Europe", *International Security*, Vol. 15, No. 3 (winter 1990/91), pp.36-67; Emanuel Adler, "Europe's New Security Order", in Beverly Crawford, ed., *The Future of European Security*, Berkeley: University of California Institute for International and Area Studies, pp. 287-326; Samuel P. Huntington, "Why International Primacy Matters", *International Security*, Vol. 17, No. 4 (Spring 1993), pp. 5-33.

85 Karr Deutsch, Political Community and the North Atlantic Area, Princeton: Princeton University Press, 1957, p. 21.

86 Robert Jervis, "Security Regimes", in Stephen D. Krasner, ed., International Regime, Ithaca: Cornell

University Press, 1983, p. 173.

87 John Muller, "Retreat from Doomsday: The Obsolescence of Major Warn, New York: The Basic Books, 1989; Robert Jervis, "The Future of World Politics: Will It Resemble the Past?", *International Security*, Vol. 16, No. 3 (Winter 1991/92), pp. 39-73; Michael Mandelbaum, "Is Major War Obsolete?", *Survival*, Vol. 40 (Winter 1998/99), pp. 20-38.

88 Robert Gilpin, "The Theory of Hegemonic War", in Robert I. Rotberg and Thedore K. Rabb, eds., *The Origins and Prevention of Major Wars*, Cambridge: Cambridge University Press, 1989, p.16.

89 Kenneth N. Waltz, *Theory of International Politics*, p. 126.

90 Alan Forrest, The Nation in Arms I, in Charles Townshend, ed., *The Oxford History of Modern War*, Oxford: Oxford University, 2005, pp. 55-73;

91 Kenneth N. Waltz, *Man, the State and War: A Theoretical Analysis*, New York: Columbia University Press, 1959, p.9.

92 Hans J. Morgenthau, *Politics Among Nations: The Struggle for Power and Peace*, revised by Kenneth W. Thompson, New York: The MacGraw-Hill Companies, Inc., 1985, pp. 451-462.

93 在國際關系中，戰爭研究、安全研究與和平研究當然也是有區別的。壹種通常的區分方法是，戰爭與和平研究屬於現實主義的悲觀論者，而和平研究屬於自由主義的和平主義者。參見 Joshua S. Goldstein, *International Relations*, Boston: Pearson Education, Inc., 2005, pp. 127-135.

94 托馬斯·霍布斯：《利維坦》，87頁，北京，商務印書商，1982.

95 John Herz, "Idealist Internationalism and the Security Dilemma", *World Politics*, Vol. 2, No. 2 (1950), p. 157.

96 Robert Jervis, "Realism, Neoliberalism, and Cooperation: Understanding the Debate", *International Security*, Vol. 24, No. 1 (Summer 1999), pp. 42-43.

97 Kenneth N. Waltz, *Theory of International Politics*, pp. 133-135.

98 Robert Jervis, "Realism, Neoliberalism, and Cooperation: Understanding the Debate", *International Security*, Vol. 24, No. 1 (Summer 1999), pp. 42-63.

99 Robert Jervis, "Cooperation Under Security Dilemma", World Politics, Vol. 30, No. 2 (January 1978), pp. 167-214.

100 Robert Jervis, *Perception and Misperception in International Politics*, Princeton: Princeton University Press, 1976l; "Cooperation Under Security Dilemma", *World Politics*, Vol. 30, No. 2 (January 1978), pp. 167-214.

101 對這兩個趨勢的分析和總結，請參見 Richard N Rosecrance, "War and Peace", *World Politics*, Vol. 55 (October 2002), pp. 137-166.

102 Lioyd Gruber, *Ruling the World*, Princeton: Princeton University Press, 2000; Robert Powell, *In the Shadow of Power*, Princeton: Princeton University Press, 1999; Glenn Snyder, *Alliance Politics*, Ithaca: Cornell University Press, 1997; Jack Snyder, *Myth of Empire: Domestic Politics and International Ambition*, Ithaca: Cornell University Press, 1991; Robert Gilpin, *War and Change in World Politics*, Cambridge: Cambridge University Press, 1981.

103 Richard N. Rosecrance, *War and Peace*, p. 138; 中國學者也同意這樣的觀點和分析；參見秦亞青：《現實主義和新現實主義述評》, 間秦亞青：《權力、制度、文化──國際關系理論與方法研究文集》, 26-53頁, 北京, 北京大學出版社, 2006。

104 John Mearsheimer, *The Tragedy of Great Power Politics*, New York: W. W. Norton, 2001, p. 8.

105 John Mearsheimer, *The Tragedy of Great Power Politics*, p. 21.

106 A. F. K. Organski, *World Politics*, second edition, New York: Alfred A. Knopf, 1968; A. F. K. Organski and Jacek Kugler, *The War Ledger*, Chicago: The University of Chicago Press, 1980.

107 Robert Gilpin, *The War and Change in International Politics*, New York: Columbia University Press, 1981.

108 Kenneth N. Waltz, *Theory of International Politics*, p. 126.

109 Charles Glaser, "The Security Dilemma Revisited", *World Politics*, Vol. 50, No. 2 (Summer 1997), p. 191.

110 Charles Glaser, "Realists as Optimists: Cooperation as Self-Help", *International Security*, Vol. 19, No. 1 (Winter 1994/95), pp. 50-90; "The Security Dilemma Revisited", pp. 171-201.

111 Jeffrey W. Taliaferro, "Security Seeking under Anarchy: Defensive Realism Revisited", *International Security*, Vol. 25, No. 3 (Winter 2000/01), pp. 128-161; Sean M. Lynn-Jones, "Realism and America's Rise: A Review Essay", *International Security*, Vol. 23, No. 2 (Fall 1998), pp. 157-182.

112 Randall L. Schweller, "Neo-realism's Status-Quo Bias: What Security Dilemma?", *Security Studies*, Vol. 5, No. 1 (1996), pp. 90-121.

113 Andrew Kydd, "Sheep in Sheep's Clothing: Why Security Seekers Do Not Fight Each Other", *Security Studies*, Vol. 7, No. 1 (Autumn 1997), p. 143.

114 Andrew Kydd, "Sheep in Sheep's Clothing: Why Security Seekers Do Not Fight Each Other", p. 117.

115 Charles Glaser, "Realists as Optimists: Cooperation as Self-Help", pp. 143-146; Steve Walt, Origins of Alliance, Ch. 6.

116 J. F. K. Organski, *World Politics*, second edition, New York: Totpfu, 1968; Robert Gilpin, *War and Change in the World Politics*, New York: Columbian University Press, 1979.

117 Richard Betts, "Is Strategy an Illusion?", *International Security*, Vol. 25, No. 2 (Fall 2000), p. 5.

118 John Mearsheimer, The Tragedy of Great Power Politics, p. 212.

119 Stephen Van Evera, *Causes of War: Power and the Roots of Conflict*, Ithaca: Cornell University Press, 1999, pp. 9-11.

120 Robert Keohane, "Realism, Neorealism and the Study of World Politics", in Robert Keohane, ed., *Neorealism and Its Critics*, New York: Columbia University Press, 1986, p. 24.

121 有關冷戰後新自由主義學者在安全問題上的代表性論述, 請參見: John G. Ruggie, ed., *Multilateralism Matter: The Theory and Praxis of an Institutional Form*, New York: Columbia University Press, 1993; Charles A. Kupchan, *The Vulnerability of Empire*, Ithaca: Cornell University Press, 1994; G. John Ikenberry, *After Victory: Institutions, Strategic Restraint, and the Rebuilding of*

Order After Major Wars, Princeton: Princeton University Press, 2001; Mary Kaldor, *New & Old Wars: Organizing Violence in a Global Era*, Stanford: Stanford University Press, 2001; G. John Ikenberry, *Liberal Order and Imperial Ambition*, London: Polity, 2006.

122 Helen Milner, "Assumption of Anarchy in international Relations: A Critique", *Review of International Studies*, Vol. 17, No. 1 (1991), pp. 67-85.

123 Francis Fukuyama, *The End of History and the Last Man*, London: Penguin Books, 1992; Richard Little, "International Relations and the Triumph of Capitalism", in Ken Booth and Steve Smith, eds., *International Relations Theory Today*, London: Polity, 1995; Michael Doyle, *Ways of War and Peace: Realism, Liberalism and Socialism*, New York: W. W. Norton & Co., 1997.

124 Immanuel Wallerstein, *The Capitalist World-Economy*, Cambridge: Cambridge University Press, p. 6.

125 在自由制度主義者看來，"制度"不是權力，但制度卻同樣可以扮演某種"結構"的作用去制約和分配權力。參見 Robert Keohane, *International Institutions and State Power*, Boulder: Westview Press, 1989; David Deudney and John G. Ikenberry, "Soviet Reform and the End of the Cold War: Explaining Large-Scale Historical Change", *Review of International Studies*, Vol. 17 (1991), pp. 225-250.

126 Charles W. Kegley, ed., *Controversies in International Relations Theory: Realism and the Neoliberal Challenge*, New York: St. Martin's Press, 1995.

127 參见: James N. Rosenau and Mary Durfee, *Thinking Theory Thoroughly: Coherent Approaches to an Incoherent World*, second edition, Bolder: Westview, 2000; Charles W. Kegley, Jr., *World Politics: Trend and Transformation*, eleventh edition, Belmont, CA: Thomas Wadsworth, 2007.

128 John Baylis and Steve Smith, eds., *The Globalization of World Politics, An Introduction to International Realism*, third edition, Oxford: Oxford University Press, 2006, pp. 185-201; Scott Burchill, etc., *Theories of International Relations*, 3rd edition, London: Palgrave/Macmillan, 2005, pp. 55-83; Walter Carlsnaes, Thomas Risse, and Beth A. Simmons, eds., *Handbook of International Relations*, pp. 374-382.

129 Robert Keohane and Lisa L. Martin, "The Promise of Institutionalist Theory", *International Security*, Vol. 20, No. 1 (Summer 1995), p. 39.

130   Mark W. Zacher and Richard A. Matthew, "Liberal International Theory: Common Threads, Divergent Strands", in Charles W. Kegley, ed., *Controversies in International Relations Theory: Realism and the Neoliberal Challenge*, p. 109.

131 Miles Kahler, "Inventing International Relations: International Relations Theory After 1945", in Michael W. Doyle and G. John Ikenberry, eds., *New Thinking in International Relations Theory*, Boulder: Westview, 1997, p. 32.

132 Robert Keohane and Joseph Nye, Jr., *Power and Interdependence: World Politics in Transition*, Boston: Little, Brown and Company, 1977.

133 John J. Mearsheimer, "The False Promise of International Institutions", *International Security*, Vol. 19, No. 3 (Winter 1994/95), pp. 5-49.

134 Robert Axelrod and Robert O. Keohane, "Achieving Cooperation Under Anarchy: Strategies and Institutions", In Kenneth A. Oye, ed., *Cooperation Under Anarchy*, Princeton: Princeton University Press, 1986, p. 227.

135 有關新自由主義理論中, "福利"與"安全"同等重要性的總結, 請參見 David A. Lake and Robert Powell, eds., *Strategic Choice and International Relations*, Princeton: Princeton University Press, 1999.

136 在這方面最為清晰與簡練的分析, 請參見 David Baldwin, "*The Concept of Security*", pp. 5-26.

137 David Baldwin, "*The Concept of Security*", pp.21-22.

138 Robert Keohane, *After Hegemony: Cooperation and Discord in the World Political Economy*, Princeton: Princeton University Press, 1984.

139 Joseph Nye, Jr., "Neorealism and Neoliberalism", *World Politics*, Vol. 40, No. 2 (January 1988), pp. 235-251.

140 Charles A. Kupchan and Clifford A. Kupchan, "The Promise of Collective Security", *International Security*, Vol. 20, No. 1 (Summer 1995), pp. 52-61; George Downs, ed., *Collective Security Beyond the Cold War*, Ann Arbor: University of Michigan Press, 1994.

141 有關新現實主義和新自由主義在制度合作中的"相對收益"與"絕對收益"的爭論, 請參見 David A. Baldwin, ed., *Neorealism and Neoliberalism: The Contemporary Debate*, New York: Columbia University Press, 1993.

142 Joseph M. Grieco, "Understanding the Problem of International Cooperation: The Limits of Neoliberal Institutionalism and the Future of Realist Theory", in David A. Baldwin, ed., *Neorealism and Neoliberalism: The Contemporary Debate*, p. 335.

143 James Morrow, "Modeling the Forms of International Cooperation: Distribution versus Information", *International Organization*, Vol. 48, No. 3 (1994), pp. 287-418; Andrew Kydd, "Sheep in Sheep's Clothing: Why Security Seekers Do Not Fight Each Other", *Security Studies*, Vol. 7, No. 1 (1997), pp. 114-154;

144 James Morrow, "Strategic Setting of Choices: Signaling, Commitment, and Negotiation in International Politics", In David A. Lake and Robert Powell, eds., *Strategic Choice and International Relations*, pp. 77-114.

145 James D. Fearon, "Signaling Foreign Policy Interests: Trying Hands versus Sinking Costs", *Journal of Conflict Resolution*, Vol. 41, No. 1 (1997), pp. 68-90.

146 Robert Keohane and Joseph Nye, Jr., "Power and Interdependence Revisited", *International Organization*, Vol. 41, No. 4 (1987), pp. 725-753.

147 Robert Keohane, *After Hegemony*, Princeton: Princeton University Press, 1984, p. 108.

148 Robert O. Keohane and Helen M. Milner, eds., *Internationalization and Domestic Politics*, New York: Columbia University Press, 1996.

149 Helen Milner, *Interests, Institutions, and Information: Domestic Politics and International Relations*, Princeton: Princeton University Press, 1997.

150 Dniel Drezner, "Book Review", *American Political Science Review*, Vol. 92, No.2 (1998), p. 507.

151 有關新自由主義對觀念、信仰和外交政策關系的研究, 請參見 Judith Goldstein and Robert O. Keohane, *Ideas and Foreign Policy: Beliefs, Institutions, and Political Change*, Ithaca: Cornell University Press, 1994.

152 Charles A. Kupchang, "After Pax Americana: Benign Power, Regional Integration, and the Sources of a Stable Multipolarity", *International Security*, Vol. 23, No. 2 (Fall 1998), pp. 40-79.

153 G. John Ikenberry, "America's Imperial Ambition", *Foreign Affairs*, Vol. 81, No. 5 (2002), pp. 44-6-; G. John Ikenberry, ed., *America Unrivaled: The Future of the Balance of Power*, Ithaca: Cornell University Press, 2002, Introduction.

154 G. John Ikenberry, *After Victory: Liberal Order and Imperial Ambition*.

155 Robert O. Keohane and Lisa L. Martin, "*The Promise of Institutionalist Theory*", p. 45.

156 Harald Muller, "Security Cooperation", in Walter Carlsnaes, Thomas Risse, and Beth A. Simmons, eds., *Handbook of International Relations*, London: Sage, 2002, pp. 375-276.

157 Edward Mansfield, Helen Milner, and B. Peter Rosendorff, "Free to Trade: Democracies, Autocracies and International Trade", *American Political Science Review*, Vol. 94, No. 3 (2000), pp. 305-322.

158 Alison M. S. Watson, *An Introduction to International Political Economy*, London: Continuum, 2004, p. 76.

159 Robert C. Angell, *Peace on the March: Transnational Participation*, New York: Can Nostrand Reinhold, 1969.

160 Robert O. Keohane and Joseph S. Nye, *Power and Interdependence, World Politics in Transition*, Boston: Little & Brown, 1977.

161 Robert O. Keohane and Joseph S. Nye, *Power and Interdependence, World Politics in Transition*, p. 9.

162 Robert O. Keohane and Joseph S. Nye, *Power and Interdependence, World Politics in Transition*, p. 24.

163 Robert O. Keohane and Joseph S. Nye, *Power and Interdependence, World Politics in Transition*, p. 25.

164 Robert O. Keohane and Joseph Nye, Jr., "Globalization: What's New? What's Not (And So What?)", *Foreign Policy*, Vol. 118, Issue 1 (2000), pp. 104-119.

165 Bruce Russet, etc., "The Third Leg of the Kantian Tripod for Peace: International Organizations and Militarized Disputes", *International Organization*, Vol. 52, No. 3 (1998), pp. 441-167; Han Dorusen, "Balance of Power Revisited: A Multi-Country Model of Trade and Conflict", *Journal of Peace Research*, Vol. 36, No. 4, pp. 443-262;

166 David S. Landes, The Wealth and Poverty of Nations: Why Some Are So Rich and Some So Poor, New York: W. W. Norton & Company, Inc., 1998, Ch. 10-11.

167 Richard Rosecrance, *The Rise of the Trading State: Commerce and Conquest in the Modern World*, New York: The Basic Books, 1986.

168 J. Gowa and Edward D. Mansfield, "Power Politics and International Trade", *American Political Science Review*, Vol. 87, No. 3 (1993), pp. 408-420; David Morrow, "How Could Trade Affect

Conflict?", *Journal of Peace Research*, Vol. 36, No. 4 (1999), pp. 481-489; K. Barbieri and Jack S. Levy, "Sleeping with the Enemy: the Impact of War on Trade", *Journal Peace Research*, Vol. 36, No. 4 (1999), pp. 463-479.

169 Richard Rosecrance, "A New Concert of Powers", *Foreign Affairs*, Vol. 71 (1992), pp. 64-82.

170 有關這方面的論述, 請參見 Ole Waever, "Integration as Security", in Charles A. Kupchan, ed., *Atlantic Security: Contending Visions*, New York: Council on Foreign Relations Press, 1998; Peter J. Katzenstein, "United Germany in an Integrating Europe", in Peter J. Katzenstein, ed., *Tamed Power: Germany in Europe*, Ithaca: Cornell University Press.

171 Daniel Deudney, "The Philadelphian System: Sovereignty, Arms Control, and Balance of Power in the American States-Union, Circa 1787-1861", *International Organization*, Vol. 49, No. 2 (Spring 1995), pp. 191-228.

172 Immanuel Kant, The Perpetual Peace.

173 沃爾茲認為, 人類歷史上只出現過兩種國際系統:壹種是等級制的系統, 例如羅馬帝國, 靠軍事征服管制下屬國家;另壹種是無政府狀態的國際系統。由於羅馬帝國式的國家幾乎不會在出現, 而威斯特法利亞和約以來的國際系統就是主權平等的民族國家系統, 國際系統就是典型的"無政府狀態"系統。參見 Kenneth N. Waltz, Theory of International Politics, Ch. 3.

174 Melvin Small and David Singer, "The War-Proneness of Democratic Regime", *The Jerusalem Journal of International Relations*, Vol. 1, No. 1 (Summer 1976), pp. 50-69; Peter Wallenstein, *Structure and War: on International Relations 1820-1968*, Stockholm: Raben and Sjogren, 1973.

175 David E. Spiro, "The Insignificance of The Liberal Peace", *International Security*, Vol. 19, No. 2 (Fall 1994), p. 50.

176 請參見 P. J. McGowan and H. B. Shapiro, *The Comparative Studies of Foreign Policy*, Beverly Hills, Calif. : Sage, 1973, p. 94; Dina Zinnes, "Why War? Evidence on the Outbreak of International Conflict", in T. R. Gurr, ed., *Handbook of Political Conflict*, New York: Free Press, 1980, pp. 331-360; Erich Weede, " Democracy and War Involvement", *Journal of Conflict Resolution*, Vol. 28 (December 1984).

177 R. J. Rummel, "Libertarianism and International Violence", *Journal of Conflict Resolution*, Vol. 27, No. 1 (March 1983), pp. 27-71.

178 Steve Chan, "Mirror, Mirror on the Wall: Are the Free Countries More Pacific?", *Journal of Conflict Resolution*, Col. 28 (December 1984).

179 Michael Doyle, "Kant, Liberal Legacies and Foreign Affairs", *Philosophy and Public Affairs*, Vol. 12, No. 3 (Summer 1983), p. 213.

180 Michael Doyle, "Liberalism and World Politics", *American Political Science Review*, Vol. 80, No. 4 (December 1986), pp. 1151-1169.

181 Bruce Russet, ed., *Grasping the Democratic Peace: Principles of a Post-Cold World*, Princeton: Princeton University Press, 1994.

182 Jack S. Levy, "Domestic Politics and War", in Robert I. Rotberg and Theodone K. Rabb, eds., *The*

Origin and Prevention of Major Wars, New York: Cambridge University Press, 1989, p. 88.

183 *New York Times*, June 9, 1982.

184 *U. S. Foreign Policy Bulletin*, Vol. 3, No. 4/5, (January-April 1994), p. 5.

185 斯坦利·霍夫曼：《當代國際關系理論》, 林偉成等譯, 232頁, 北京, 中國社會科學出版社, 1990；Kenneth N. Waltz, *Theory of International Politics*, Introduction.

186 Michael W. Doyle, "*Kant, Liberal Legacies, and Foreign Affairs*", p. 205.

187 John M. Owen, "How liberalism Produces Democratic Peace", *International Security*, Vol. 19, No. 2 (Fall 1994), p. 87.

188 Francis Fukuyama, "The End of History?", *The National Interest*, No. 16 (Summer 1989).

189 Bruce Russet, "Can A Democratic Peace Be Built", *International Interaction*, Vol. 18, No. 3 (Spring 1993), pp. 277-282.

190 有關現實主義對冷戰後世界看法的近期文章, 請參見 Kenneth N. Waltz, "The Emerging Structure of International Politics", *International Security*, Vol. 18, No. 2 (Fall 1993), pp. 44-79; John J. Mearsheimer, "The False Promise of International Institutions", *International Security*, Vol. 19, No. 3 (Winter 1994/95), pp. 5-49; John Mearsheimer, Back to Future: Instability in Europe After the Cold War", *International Security*, No. 15 (Summer 1990).

191 Carol R. Ember, Melvin Ember, and Bruce Russet, "Peace Between Participatory Polities: A Cross-Cultural Test of the 'Democracies Rarely Fight Each Other' Hypothesis", *World Politics*, Vol. 44, No. 4 (July 1992), p. 573.

192 對"民主和評論"觀點的概括, 來自於 B. Bueno De Mesquita, R. W. Jackman, and R. M. Siverson, "Democracy and Foreign Policy: Community and Constraint", *Journal of Conflict Resolution*, Special Issue, Col. 35, No. 2 (1991).

193 T. C. Morgan and S. H. Campbell, "Domestic Structure, Decisional Constraints, and War: So Why Kant Democracies Fight?", *Journal of Conflict Resolution*, no. 35 (1991), pp. 187-211.

194 Z. Maoz and Bruce Russet, "Structural and Normative Causes of Democratic Peace", *American Political Science Review*, Vol. 87, No. 3 (September 1993), pp. 624-638.

195 Z. Maoz and B. Russet, "Alliances, Contiguity, Wealth, and Political stability: Is the Lack of Conflict among Democracies, A Statistical Artifact?", *International Interactions*, No. 17 (1992), pp. 245-267.

196 S. A. Bremer, "*Democracy and Militarized Interstate Conflicts, 1816-1965*", Paper Presented at the Annual Meeting of the International StudiesAssociation, Atlanta, 1992; 转引之 Bruce Russet, "*Can a Democratic Peace Be Built?*", p. 280.

197 参见 B. Russet, "*Grasping the Democratic Peace*", pp. 40-42.

198 参见 B. Russet, "*Grasping the Democratic Peace*", pp. 40-42. 同樣的觀點在多伊爾的文章中也有明顯的表示, 參見 Michael Doyle, "*Liberalism and World Politics*".

199 Z. Maoz and B. Russet, "Alliance", 也可参见 T. C. Morgan and V. L. Schwebach, "Take Two Democracies and Call Me in the Morning: A Prescription for Peace?", *International Interaction*, No. 17 (1992), pp. 305-320.

200 Michael Doyle, "*Kant, Liberal Legacies, and Foreign Affairs*", pp. 230-232.

201 有關這壹解釋的具體論述, 請參見 Morgan and Campbell, "*Domestic Structure*", Morgan and Schwebach, "*Take Two Democracies*".

202 Bruce Russet, *Grasping the Democratic Peace*, p. 132; 也可參見 Harvey Starr, "Why Don't Democracies Fight One Another? Evaluating the Theory Findings Feedback Loop", *International Security*, Vol. 14, No. 4 (1992), pp. 53-54.

203 Anne-Marie Slaughter, "The Real New World Order", *Foreign Affairs*, Vol. 76, No. 5 (1997), pp. 183-197.

204 Hedley Bull, *The Anarchic Society: A Study of Order in World Politics*, Third edition, with Forewords by Andrew Hurrell and Stanley Hoffmann, New York: Columbia University Press, 2002.

205 Ronnie Lipschutz, "Reconstructing World Politics: The Emergence of Global Civil Society", *Millennium*, Vol. 21, No. 3 (1992), pp. 389-420; Mary Kaldor, *Global Civil Society: An Answer to War?*, Oxford: Polity Press, 2003; John Keene, *Global Civil Society?*, Cambridge: Cambridge University Press, 2003.

206 Michael Doyle, Ways of War and Peace, New York: Norton, 1997, pp. 155-211.

207 Michael Doyle, Ways of War and Peace, New York: Norton, 1997, p. 210.

208 Christopher Layer, "Kant or Cant: The Myth of the Democratic Peace", *International Security*, Vol. 19, No. 2 (Fall 1994), p. 5.

209 R. B. J. Walker, *Inside/Outside: International Relations as Political Theory*, Cambridge: Cambridge University Press, pp. 1-25.

210 Stanley Hoffmann, "The Crisis of Liberal Internationalism", *Foreign Policy*, Vol. 98, 1995, p. 167.

211 Donald J. Puchala, "World Hegemony and the United Nations", *International Studies Review*, Vol. 7 (2005), p. 580.

212 Robert Cox, "Gramsci, Hegemony, and International Relations: An Essay in Method", in Stephen Gill, ed., Gramsci, *Historical Materialism, and International Relations*, Cambridge: Cambridge University Press, 1993, p. 87.

213 在美國, 社會建構主義即便是建構主義學者都普遍認為並不是壹種真正意義上的理論, 而只是壹種分析和研究的方法。但在英國, 社會建構主義同樣被稱之為理論。參見 John Baylis and Steve Smith, eds., The Globalization of World Politics: An Introduction to International Relations, Second edition, Oxford: Oxford University Press, 2001, pp. 228-249.

214 溫都爾卡·庫芭科娃, 尼古拉斯·奧魯夫等主編:《建構世界中的國際關係》, 肖鋒譯, 12頁, 北京, 北京大學出版社, 2006。

215 彼得·卡贊斯坦, 羅伯特·基歐漢等主編:《世界政治理論的探索與爭鳴》, 秦亞青等譯, 26頁, 上海, 上海世紀出版集團, 2006。

216 這方面最有典型性的國際關系理論分析和研究作品, 請參見 Paul R. Viotti and Mark V. Kauppi, International Relations Theory: Realism, Pluralism, Globalism, New York: MacMillan Publishing Company, 1987.

217 中國學術界有關"英國學派"的最新研究成果, 請參見陳至瑞等主編:《國際關系理論中的"英國學派"》, 北京北京大學出版社, 2006。

218 有關美國和歐洲國際關系研究的不同傳統和特點, 請參見彼得·卡贊斯坦, 羅伯特·基歐漢等主編:《世界政治理論的探索與爭鳴》, 秦亞青等譯, 353-394頁, 上海, 上海世紀出版集團, 2006。

219 Stephen M. Walt, "Rigor or Rigor Mortis? Rational Choice and Security Studies", *International Security*, Vol. 23, No. 4 (Spring 1999), pp. 12-13.

220 Ronen Palan, "A World of Their Making: An Evaluation of the Constructivist Critique in International Relations", *Review of International Studies*, Vol. 26, No. 4 (2000), pp. 575-598.

221 中國學術界對建構主義最系統的介紹, 請參見袁正清:《國際政治理論的社會學轉向:建構主義研究》, 上海, 上海人民出版社, 2005。

222 John Baylis and Steve Smith, eds., *The Globalization of World Politics: An Introduction to International Relations*, p. 228.

223 James Ferron and Alexander Wendt, "Rationalism vs. Constructivism: A Skeptical View", in Walter Carlsnaes, Thomas Risse, and Beth A. Simmons, eds., *Handbook of International Relations*, pp. 52-72.

224 對這兩個特點的概括, 請參見 Peter J. Katzenstein, ed., *The Culture of National Security: Norms and Identity in World Politics*, New York: Columbia University Press, 1996, pp. 34-35.

225 Thomas Risse-Kappen, "Collective Identity in a Democratic Community: The Case of NATO", in Peter J. Katzenstein, ed., *The Culture of National Security: Norms and Identity in World Politics*, pp. 357-399.

226 亞歷山大·溫特:《國際政治的社會學理論》, 秦亞青譯, 22頁, 上海, 上海人民出版社, 2002。

227 Alexander Wendt, "Anarchy is What States Make of It: The Social Construction of Power Politics", *International Organization*, Vol. 46, No. 2 (1992), pp. 391-425.

228 Alexander Wendt, *Anarchy is What States Make of It: The Social Construction of Power Politics*, p. 417.

229 Alexander Wendt, "Collective Identity Formation and the International State", American Political Science Review, Vol. 88, No. 2 (1994), pp. 384-396.

230 Alexander Wendt, *Anarchy is What States Make of It: The Social Construction of Power Politics*, p. 401.

231 亞歷山大·溫特:《國際政治的社會學理論》, 秦亞青譯, 221頁, 上海, 上海人民出版社, 2002。

232 參見:Alexander Wendt, "Constructing International Politics", *International Security*, Vol. 20, No. 1 (Summer 1995), pp. 62-90; 亞歷山大·溫特:《國際政治的社會學理論》秦亞青譯, 325-331頁, 上海, 上海人民出版社, 2002。

233 關於這三種"文化"的具體解釋, 請參見溫特:《國際政治的社會學理論》, 秦亞青譯, 第5章, 上海, 上海人民出版社, 2002;秦亞青:《權力·制度·文化》, 187-189頁, 北京, 北京大學出版社, 2006。

234 筆者在這裏非常感謝哈弗大學政治學系的江憶恩(A. Iain Johnston)教授和科羅拉多大學的傑西卡·C·梯茨(Jessica C. Teets)博士對我的指導和啟發。

235 Gregory Flynn and Henry Flynn, "Piecing Together the Democratic Peace: The CSCE, Norm, and the Construction of Security in Post-Cold War Europe", *International Organization*, Vol. 53, No. 3 (1999), pp. 505-535.

236 Martha Finnemore, *National Interests in International Society*, Ithaca: Cornell University Press, 1996, p. 128.

237 Nina Tannenwald, "The Nuclear Taboo: The United States and the Normative Basis of Nuclear Non-Use", *International Organization*, Vol. 55 (1999), pp. 433-468.

238 Harald Muller, "Security Cooperation", in Walter Carlsnaes, Thomas Risse, and Beth A Simmons, eds., *Handbook of International Relations*, London: Sage, 2002, p. 381.

239 Brian Frian, *Resolving Security Dilemmas: A Constructivist Interpretation of the INF Treaty*, London: Ashgate, 2000; "Constructing Post-Cold War Collective Security", *American Political Science Review*, Vol. 97, No. 3 (August 2003), pp. 363-378; Janice B. Mattern, "The Power Politics of Identity", *European Journal of International Relations*, Vol. 7, No. 3 (2001), pp. 349-297.

240 Brian Frederking, "Constructing Post-Cold War Collective Security", *American Political Science Review*, Vol. 97, No. 3 (August 2003), pp. 363-378.

241 Jef Huysmans, "Defining Social Constructivism in Security Studies: The Normative Dilemma of Writing Security", *Alternatives*, Vol. 27, No. 1 (2002), p. 43.

242 Harald Muller, "Security Cooperation", in Walter Carlsnaes, Thomas Risse, and Beth A Simmons, eds., *Handbook of International Relations*, p. 382.

243 Jef Huysmans, *Defining Social Constructivism in Security Studies: The Normative Dilemma of Writing Security*, pp. 41-62.

244 Alexander Wendt, *Collective Identity Formation and the International State*, pp. 289-391.

245 括號內的內容是筆者自己加的, 以便讀者能更好地理解。

246 Alexander Wendt, *Constructing International Politics*, p. 80.

247 Nicholas Onuf, "The New Culture of Security Studies", *Mershon International Studies Review*, Vol. 42 (1998), pp. 132-134.

248 Alastair Iain Johnston, "Conclusions and Extensions: Toward Mid-Range Theorizing and Beyond Europe", *International Organization*, Vol. 59 (Fall 2005), pp. 1013-1044.

249 Robert Power, "Anarchy in International Relations Theory", *International Organization*, Vol. 48, No. 2 (Spring 1994), pp. 313-344.

250 有關對冷戰後東亞地區安全的悲觀主義看法, 請參見 Sheldon W. Simon, ed., *East Asian Security in the Post Cold War Era*, Armonk, NY : M, E. Shape, Inc., 1993.

251 Sheldon W. Simon, ed., *The Many Faces of Asian Security*, Lanham: Rowman & Littlefield Publishers, Inc., 2001; Samuel S. Kim, ed., *The International Relations of Northeast Asia*, Lanham: Rowman & Littlefield Publishers, Inc., 2004.

252 Michael E. Brown, Sean M. Lynn-Jones and Steven E. Miller, eds., *East Asian Security: An International Security Reader*, Cambridge: MIT Press, 1996; Michael E. Brown, Sean M. Lynn-Jones

and Steven E. Miller, eds., *Rise of China: An International Security Reader*, Cambridge: MIT Press, 1999; G. John Ikenberry and Michael Mastanduno, eds, *International Relations Theory and the Asia-Pacific*, New York: Columbia University Press, 2003; Muthiah Alagappa, eds., *Asian Security Order: Instrumental and Normative Features*, Stanford: Stanford University Press, 2003.

253 Joseph. S. Nye, Jr., and S. M. Lynn-Jones, "International Security Studies: A Report of a Conference on the State of Field", *International Security*, Vol. 12, No. 4 (Winter 1998), pp. 5-27.

254 Hans-Henrik Holm and Georg Sorensen, eds., *Whose World Order? Uneven Globalization and the End of the Cold War*, Boulder: Westview Press, 1995, p. 1.

255 Aaron L. Driedberg, "Ripe for Rivalry: Prospects for Peace in a Multipolar Asia", *International Security*, Vol. 18, No. 3 (Winter 1993/94), pp. 5-33; Richard K. Betts, "Wealth, Power, and Instability: East Asia and the United States after the Cold War", *International Security*, Vol. 18, No. 3 (Winter 1993/94), pp. 34-77; Denny Roy, "Hegemony on the Horizon? China' Threat to East Asian Security", *International Security*, Vol. 19, No. 1 (Summer 1994), pp. 149-168.

256 Zbigniew Brzezinski, "The Cold War and Its Aftermath", *Foreign Affairs*, Vol. 71, No. 4 (Fall 1992), pp. 31-49.

257 這方面代表性的論述, 請參見 James N. Rosenau, *Turbulence in World Politics: A Theory of Change and Continuity*, Princeton: Princeton University Press, 1990.

258 A. F. K. Organski, *World Politics*, Second edition, New York; Knopf, 1968; A. F. K. Organski and Jacek Kugler, *The War Ledger*, Chicago: Chicago University of Chicago Press, 1980.

259 Thomas J. Christensen, "Fostering Stability or Creating a Monster? The Rise of China and U.S. Policy Toward East Asia", *International Security*, Vol. 31, No. 1 (Summer 2006), pp. 81-126.

260 "Special Report: In Dangerous Waters: The Cold War in Asia", *Economist*, October 7, 2006, p. 30.

261 Young C. Kim, "Japanese Policy Towards China: Politics of the Imperia Visit to China in 1992", *Pacific Affairs*, Vol. 74, No. 2 (2001), pp. 225-242; Linus Hagstrom, *Japan's China Policy: A Relational Power Analysis*, London and New York; Routledge, 2005; Saori Katada, "Why Did Japan Suspend Foreign Aid to China? Japan's Foreign Aid Decision-Making and Sources of Aid Sanction", *Social Science Japan Journal*, Vol. 4, No. 1 (2001), pp. 39-48; Jennifer M. Lind, "Pacifism or Passing the Buck? Testing Theories of Japanese Security policy", *International Security*, Vol. 29, No. 1 (2004), pp. 92-121.

262 Robyn Lim, "Don't Rely Solely on America", *The Japan Times*, May 23, 2005.

263 "Roh Tells U. S. to Stay Out of Regional Affairs", *Washington Times*, March 11, 2005.

264 Richard Halloran, "U. S. – Korea Relation at Crossroad", *Washington Times*, March 11, 2005.

265 Evelyn Goh, "Meeting the China Challenge: The U. S. in Southeast Asian Security Strategies", *Policy Studies*, Monograph No. 16 (Washington, DC: East-West Center, 2005) ; Shannon Tow, "Southeast Asia in the Sino-U. S. Strategic Balance", *Contemporary Southeast Asia*, Vol. 26, No. 3 (2004), pp. 434-459.

266 Hans–Henrik Holm and Georg Sorensen, eds., *Whose World Order? Uneven Globalization and the*

End of the Cold War, pp. 119-121.

267 Graham Evans and Jeffrey Newnham, *The Penguin Dictionary of International Relations*, London : Penguin, 1998, pp. 209-210.

268 James M. Goldgeier and Michael McFaul, "A Tale of Two Worlds: Core and Periphery in the Post–Cold War Era", *International Organization*, Vol. 46, No. 2, 1992, p. 467.

269 "Asia: A Quintet, Anyone? Chinese Foreign Policy", *The Economist*, January 13, 2007.

270 Gerald Segal, "What China Matters?", *Foreign Affairs*, Vol. 78, September/October 1999, pp. 23-31.

271 Nicholas R. Lady, "China's Economy: Problems and Prospects", *Washington Quarterly*, Vol. 12, No. 4 (February 2007), p. 6.

272 Nicholas R. Lady, "China's Economy: Problems and Prospects".

273 Harry Harding, etc., "*A World Remade: The United States and Rising Power in the 21st Century*", Stanley Foundation Conference, Washington, DC, December 7, 2006.

274 Mark Thirlwell, "Aussies Surf China's Economic Wave", *Far-Eastern Economic Review*, January/February 2007, p. 18.

275 Evelyn Goh, "A Chinese Lesson for the US: How to Charm Southeast Asia", *Strait Times*, October 31, 2003; Amitav Acharya, "China's Charm Offensive in Southeast Asia," *International Herald Tribune*, November 8-9, 2003.

276 Emily Parker, "The War Memories of China and Japan Diverged Sharply in the early 80s, as Domestic Fueled Nationalistic Myth", *Far-Eastern Economic Review*, January/February 2007, p. 71.

277 Michael Elliott, "The Chinese Century", *Time*, January 22, 2007, p. 33.

278 Jennifer M. Lind, "Pacifism of Passing the Buck? Testing Theories of Japanese Security Policy", *International Security*, Vol. 29, No. 2, 2004, pp. 99-121.

279 Thomas J. Christensen, "Fostering Stability or Creating a Monster? The Rise of China and U. S. Policy toward East Asia", *International Security*, Vol. 31, No. 1 (Summer 2006), pp. 81-126.

280 M K Bhadrakumar "China begins to define the rules", *Asia Times*, February 19, 2007.

281 John Geddes and Jason Kirby, "The China Dilemma", *Maclean's* (Toronto), November 27, 2006, pp. 18-21.

282 Stephen Bosworth and Morton Ambramowitz, *Chasing the Sun*, New York; M. M. Norton, 2006, David Shambaugh, ed., *Power Shift: China and Asia's New Dynamics*, 2006; Morton Abramowitz and Sephen Bosworth, "American Confronts the Asian Century", *Current History*, April 2006, pp. 157-152; William A. Callahan, "How to Understand China: The Dangers and Opportunities of Being a Rising Power", *Review of International Studies*, Vol. 31, 2005, PP. 701-714.

283 "The US finger on China's pulse" By Richard Seldin, *Asia Times*, Jun 16, 2006.

284 有關這方面分析的學術成果, 請參見朱鋒:《中國掘起與中國威脅:美國中國威脅意象的由來》, 載《美國研究》, 2005(3)。

285 Stephen Mosworth, "*U. S. Interests in a Changing Asia*", PacNet 44, September 7, 2006.

286 Steven W. Mosher, *Chia's Plan to Dominate Asia and the World*, San Francisco: Encounter Books,

2000; Bill Gertz, *The China Threat: How the People's Republic Targets America*, Washington, DC: Regnery Publishing, Inc., 2000.

287 有關這方面代表性的論著, 請參見 Edward Timperlake and William C. Triplett, II, *Year of Rat: How Bill Clinton Compromised U.S. Security for Chinese Cash?* Washington, DC: Regnery Publishing, Inc., 1998.

288 Robert Zoellick, September 23, 2005.

289 有關中國國際戰略目標的擴大與發展的詳細論述, 請參見朱鋒:《民族認同、國際意識與中國未來的發展》, 載《當代中國與世界》季刊, 34-45頁, 2006(1)。

290 Kenneth N. Waltz, *Theory of International Politics*, pp. 122-128.

291 Jack Levy, "Declining Power and the Preventive Motivation for War", *World Politics*, Vol. 40, No. 1 (1987), pp. 82-87.

292 G. John Ikenberry, *Strategic Reactions to American Preeminence: Great Power Politics in the Age of Unipolarity*, Washington, DC: National Intelligence Council, 2003.

293 有關20世紀90年代美國東亞戰略的目標和內容, 請參見 Joseph Nye, "East Asia: the Case for Deep Engagement", *Foreign Affairs*, July/August, 1995.

294 Joseph Nye, "*The 'Nye report': Six Years Later*", pp. 96-98.

295 Steve Chan, "Is There A Power Transition between the U. S. and China? The Different Faces of National Power", *Asian Survey*, Vol. 45, Iss. 5 (2005), pp. 687-701.

296 Michael Mastanduno, "Preserving the Unipolar Moment: Realist Theories and U. S. Grand Strategy after the Cold War", *International Security*, Vol. 21, No. 4 (Spring 1997), pp. 54.

297 John Agnew, "American Hegemony into American Empire? Lessons from the Invasion of Iraq", *Antipode*, Vol. 35, Iss. 4 (2003), pp. 871-885.

298 Robert Jervis, "The Compulsive Empire", *Foreign Policy*, July/August 2003, p. 83.

299 Kenneth N. Waltz, *Theory of International Politics*, Ch. 3.

300 David Wilkenson, "Unipolarity Without Hegemony", *International Studies Review*, Vol. 1, No. 2 (1999), pp. 141-172; William C. Wohlforth, "The Stability of Unipolar World", *International Security*, Vol. 24, No. 1 (Summer 1999), pp. 5-41; Barry Posen, "Command of the Commons: The Military Foundation of US Hegemony", *International Security*, Vol. 28, No. 1 (Summer 2003), pp. 5-46.

301 David Wilkenson, "*Unipollarity Without Hegemony*", pp. 141-172.

302 Elke Krahmann, "American Hegemony or Global Governance? Competing Visions of International Security", *International Studies Review*, Vol. 7, No. 3 (2005), p. 533.

303 David Wilkenson, "*Unipolarity Without Hegemony*", p. 142.

304 David Wilkenson, "*Unipolarity Without Hegemony*", p. 142.

305 Andrew J. Bacevich, *American Empire: The Realities & Consequences of U. S. Diplomacy*, Cambridge: Harvard University Press, 2003; Stanley Aronowitz and Heather Gautney, eds., *Implicating Empire: Globalization & Resistance in the 21st Century World Order*, New York: The Basic Books, 2003;

Chalmers Johnson, *The Sorrows of Empire: Militarism, Secrecy, and the End of the Republic*, New York: Metropolitan Books, 2005.

306   G. John Ikenberry, "American's Imperial Ambition", *Foreign Affairs*, Vol. 81, No. 5 (September/October 2002), pp. 44-60.

307   David Wilkenson, "*Unipolarity Without Hegemony*", p. 143.

308   Robert Jervis, "*The Compulsive Empire*", pp. 83-87.

309   John Agnew, "*American Hegemony into American Empire? Lessons from the Invasion of Iraq*", p. 876.

310   Bruce Cronin, "The Paradox of Hegemony: America's Ambiguous Relationship with The United Nations", *European Journal of International Relations*, Vol. 7, No. 1 (2001), pp. 103-130; William Wallace, "American Hegemony : European Dilemmas", *Political Quarterly*, Vol. 73, No. 1 (2002), pp. 105-118.

311   Robert Kagan, "Benevolent Empire", *Foreign Policy*, summer 1998, pp. 24-35.

312   G. John Ikenberry, "*America's Imperial Ambition*", p. 59.

313   G. John Ikenberry, *After the Victory*; Bruce Cronin, "The Paradox of Hegemony: America's Ambiguous Relationship with The United Nations", *European Journal of International Relations*, Vol. 7, No. 1 (2001), pp. 103-130; Robert Jervis, "*The Compulsive Empire*".

314   Robert Gilpin, War and Change in World Politics, New York: Cambridge University Press, 1981; George Modelski and William R. Thompson, "Long Cycles and Global War", in Manus I. Midlarsky, ed., *Handbook of War Studies*, Boston: Unwin Hyman, 1989, pp. 23-54, A. F. K. Organski, *World Politics*, second edition ; Organski and Kugler, *The War Ledger*.

315   Kenneth N. Waltz, *Theory of International Politics*, p. 126.

316   Christopher Layne, "The Unipolar Illusion: Why New Great Power will Rise", *International Security*, Vol. 17, No. 4 (Spring 1993), pp. 5-51; Kenneth N. Waltz, "The Emerging Structure of International Politics", *International Security*, Vol. 17, No. 2 (Fall 1993), pp. 45-73; Charles Kupchan, "After Pax Americana: Benign Power, Regional Integration, and the Sources of a Stable Multipolarity", *International Security*, Vol. 23, No. 2 (Fall 1998), pp. 40-79.

317   David Wikenson, "*Unipolarity Without Hegemony*", p. 143.

318   Barry Posen and Andrew L. Ross, "Competing Visions for US Grand Strategy", *International Security*, Vol. 21, No. 3 (Winter 1996/97), pp. 5-53.

319   Dod, *The Military Power of the People's Republic of China 2006, Annual Report to U. S. Congress*.

320   Carolyn W. Pumphrey, ed., The Rise of China in Asia: Security Implications, Carlisle, PA : *Strategic Studies Institute*, U. S. Army War College, 2002; Paul D. Taylor, ed., *Asia and the Pacific: U.S. Strategic Traditions and Regional Realities*, Newport, RI : National War College Press, 2001.

321   Wang Jisi, "Searching for Stability with America", *Foreign Affairs*, Vol. 85 (September/October 2005), pp. 39-48.

322   G. John Ikenberry, "American Strategy in the New East", *The American Interest*, Vol. 2, No. 1 (September/October 2006), p. 89.

323 有關日美同盟在後冷戰時代的轉型, 情參見 Yoichi Funabashi, *Alliance Adrift*, New York: Council on Foreign Relations, 1999; Steven K. Vogel, ed., *U. S. – Japan Relations in a Changing World*, Washington, DC: The Brookings Institution Press, 2002; Michael J. Green and Patrick M. Crolin, eds., *The U. S. – Japan Alliance: Past, Present, and Future*, New York: A Council on Foreign Relations Book, 1999.

324 Michael J. Green, "Balance of Power", in Steven K. Vogel, ed., *U. S. – Japan Relations in a Changing World*, pp. 9-24.

325 G. John Ikenberry, "American Strategy in the New East", *The American Interest*, Vol. 2, No. 1 (September/October 2006), p. 90.

326 Richard L. Amitage and Joseph S. Nye, Jr., "*US – Japan Alliance: Getting Asia Right Through 2020*", Washington, D.C. : CSIS Report Series, February 16, 2007.

327 Robert Pekkanen and Ellis S. Krauss, "Japan's Coalition of the Willing' on Security Polices", *Orbis*, Summer 2005; Christopher W. Hughes, "Why Japan Could Revise Its Constitution and What It World Mean For Japan Policy", *Orbis*, Fall 2006, pp. 725-744.

328 有關對這壹問題的具體分析, 請參見朱鋒:《中日關系正在進入危險期》, 載《現代國際關系》, 11-14 頁, 2006(3)。

329 這是筆者2006年11月22日在東京進行訪問時得到的觀點。

330 Herman Su, "MND Official Says Taiwan Seeking Japan Military Trade", *Taiwan News*, February 2, 2007.

331 Allen T. Cheng, "China Oppose U. S.–Japan Contingency Plan on Taiwan", *Bloomberg*, January 5, 2007; Randall Schriver, "US-Japan Matters to Taiwan", *Taipei Times*, January 24, 2007.

332 《民進黨主席稱十年內使臺灣變成正常"國家"》,《香港大公報》, 2007-02-23。

333 Mike Mochizuki, "Paradigms Lost: Japan's Nationalist Drift", *The American Interest*, Vol. 22, No. 1 (September/October 2006), p. 88.

334 《安倍批日高官關於中國威脅言論毫無意義》, 中國新聞網, 2007-02-27。

335 David Kang, 'International Relations Theory and the Second Korea War", *International Studies Quarterly*, Vol. 47, 2003, pp. 323-324.

336 對結構現實主義來說, 從理論上堅定地認為冷戰後世界體系會重新恢復到"兩極格局", 因為壹個 新的或者多個新的制衡美國的力量將會出現, 所以, 世界有可能重新恢復到"兩極"或者是壹個 縮小了的"多極"——"三極"體系。結構現實主義者就像等待"戈多"壹樣, 壹直在等待這樣的有能 力制衡美國的國家出現。參見 Kenneth Waltz, "The Emerging Structure of International Politics", *International Security*, Vol. 18, No. 1 (Summer 1993), pp. 44-79; "Structural Realism after the Cold War", *International Security*, Vol. 25, No. 1 (Summer 2000), pp. 5-41.

337 David E. Sanger and Thom Shanker, "Rice is Said to Have Speeded North Korea Deal", *New York Times*, February 16, 2007.

338 如果要套用托馬斯·弗裏德曼(Thomas Freedman)的理論:"兩個擁有麥當勞餐廳的國家不會打仗", 那麼, 今天的東亞安全正處在史無前例的自由主義和平的眷顧之下。

339 這方面代表性的觀點，請參見 Elizabeth Economy and Michael Oksenberg, eds., *China Joins the World: Progress and prospects*, New York: A Council on Foreign Relations Book, 1999; Alastair Iain Johnston and Robert S. Ross, eds., *Engaging China: The Management of an Emerging Power*, New York: Routledge, 1999.

340 Richard Baum, Kurt M. Campbell, James A. Kelly, and Robert S. Ross, "Whither U. S. - China Relations?" Roundtable Discussion, *NBR Analysis*, Vol. 16, No. 4 (December 2005), p. 25.

341 Thomas J. Christensen, "*Fostering Stability or Creating a Monster? The Rise of China and U. S. Policy toward East Asia*", p. 104.

342 Elizabeth Economy, "China's Missile Message", *Washington Post*, January 25, 2007.

343 Robert Jervis, *Perception and Misperception in International Politics*; Alan Collins, *The Security Dilemmas of Southeast Asia*, New York: St. Martin's Press, 2000, pp. 3-6.

344 Alan Collins, *The Security Dilemmas of Southeast Asia*, Part III.

345 Mike Mochizuki, "*Paradigms Lost: Japan's Nationalist Drift*", pp. 80-88.

346 王子昌：《不確定性與安全困境》，載《東南亞研究》，2002（6）；葉江：《"安全困境"析論》，載《美國研究》，2003（4）；楊丹誌：《東亞安全困境及其出路》，載《現代國際關係》，2003（9）；封永平：《安全困境與中日關系》，載《日本問題研究》，2005（4）。

347 Koro Bessho, "Identities and Security in East Asia", *Adelphi Paper*, 325, p. 24.

348 Evans S. Medeiros and M. Taylor Fravel, "China's New Diplomacy", *Foreign Affairs*, Vol. 82, No. 5 (November/ December 2003), pp. 32-45; Orville Schell, "Beijing's New Internationalism", *Newsweek International*, February 19, 2007.

349 任曉：《六方會談與東北亞多變安全機制的可能性》，載《國際問題研究》，38-41頁，2005（1）；蘇浩：《亞太合作安全研究——從啞鈴到橄欖枝》，北京，世界出版社，2003；劉江永：《共建世界和平與發展大廈——兼論東亞地區多邊安全保障》，載《現代國際關係》，6-11頁，1996（12）。

350 綜合新現實主義、新自由主義和建構主義三種理論來分析東亞安全的研究成果，請參見 J. J. Suh, Peter Katzenstein and Allan Carlsonn, *Rethinking Security in East Asia: Identity Power and Efficiency*, Stanford: Stanford University Press, 2004; Samuel S. Kim, ed., *The International Relations of Northeast Asia, Lanham*: Rowman & Littlefield Publishers, Inc., 2004.

351 Sheldon Simon. ed., *The Many Faces of Asian Security, Lanham*: Rowman & Littlefield Publishers, 2001, p. 3.

352 Van Evera, "Primed for Peace: Europe after the Cold War", *International Security*, Vol. 15, No. 3 (Winter 1990/91), pp. 7-57.

353 Aaron L. Driedberg, "Ripe for Rivalry: Prospects for Peace in a Multipolar Asia", pp. 29-33; John Duffield, "Asia-Pacific Security Institutions in Comparative Perspective", in Ikenberry and Mastanduno, eds., *International Relations Theory and the Asia Pacific*, pp. 243—270.

354 20世紀90年代初美國對日本將成為美國新的戰略競爭對手的看法並不只是少數，當時，有相當壹部分分析家認為日本和美國的經濟摩擦和地緣經濟競爭將會擴展到安全領域。

355 Aaron L. Driedberg, "Ripe for Rivalry: Prospects for Pease in a Multipolar Asia"; Thomas

Christensen, "China, the U. S. Japan Alliance, and the Security Dilemma in East Asia", *International Security*, Vol. 23, No. 4 (Spring 19990, PP. 49-80.

356 Gilbert Rozman, *Northeast Asia's Stunted Regionalism: Bilateral Distrust in the Era of Globalization*, Cambridge: Cambridge University Press, 1999.

357 Tong Whan Park, "Regions Matters: The Return of Power Politics in East Asia", *Mershon International Studies Review*, Vol. 40, No. 3 (Winter 1996), pp. 343-345.

358 Joseph Nye, "The 'Nye report': Six Years Later", *International Relations of the Asia Pacific*, Vol. 1, No. 1 (January 2001), p. 95.

359 Robert S. Ross, "The Geography of the Peace, East Asia in the Twenty-First Century", *International Security*, Vol. 23, No. 4 (Spring 1990), pp. 49-80; Andrew Nathan and Robert S. Ross, *Great Wall and Empty Fortress*, New York: W. W. Norton, 1999.

360 Avery Goldstein, "Great Expectations: Interpreting China's Arrival", *International Security*, Vol. 22, No. 3 (Winter 1997/98), pp. 36-73; Robert S. Ross, "China as Conservative Power", *Foreign Affairs*, Vol. 77, No. 3 (1997), pp. 24-36; Avery Goldstein, *Rising to the Challenge: China's Grand Strategy and International Security*, Stanford: Stanford University, 2005; Zbigniew Brzezinski, "Clash of the Titans", *Foreign Policy*, No. 146 (January/February 2005), pp. 46-50.

361 Aaron L. Friedberg, "*Ripe for Rivalry*", p. 5.

362 Kenneth N. Waltz, *Theory of International Politics*, Reading, Mass: Addison Wesley, 1979, p. 161.

363 Thomas J. Christensen and Jack Snyder, "Chain Gang and Passed Buck: Predicting Alliance Patterns in Multi–Polarity", *International Organization*, Vol. 44, No. 2 (Spring 1990), p. 168.

364 John Mearsheimer, *The Tragedy of Great Power Politics*, New York: W. W. Norton & Company, 2001.

365 Richard Betts, "*Wealth, Power, and Instability: East Asia and the United States after the Cold War*", pp. 24-77.

366 Michael T. Klare, "The Next Great Arms Race", *Foreign Affairs*, Vol. 72, No. 3 (1993), pp. 136-152; Desmond Ball, "Arms and Affluence: Military Acquisitions in the Asia Pacific Region", *International Security*, Vol. 18, No. 3 (Winter 1993/94), pp. 78-112.

367 Aaron L. Friedberg, "*Ripe for Rivalry*", pp. 26-33.

368 有關羅伯特·傑維斯的研究方法, 請參見Robert Jervis, *Perception and Misperception in International Politics*, New York: Columbia University Press, 1976; *System Effects: Complexity in Political and Social Life*, Princeton University Press, 1997.

369 有關主導歐洲後冷戰時代區域穩定的"非結構要素"分析, 請參見 Stephen Van Evera, "Primed for Peace: Europe After the Cold War", pp. 7-57; Robert Jervis, "The Future of World Politics: Will It Resemble the Past?", *International Security*, Vol. 16, No. 3 (Winter 1991/92), pp. 29-73; Jack Snyder, "Averting Anarchy in the New Europe", *International Security*, Vol. 14, No. 4 (Spring 1990), pp. 5-41.

370 Avery Goldstein, "An Emerging China's Emerging Grand Strategy: A Neo-Bismarckian Turn? In G. John Ikenberry and Michael Mastanduno, eds., *International Relations Theory and the Asia-Pacific*,

pp. 57-106.

371 David Shambaugh, ed., *Power Shift: China and Asia's New Dynamics*, Berkeley: University of California Press, 2006, Introduction.

372 Robert Ross, "Taiwan's Fading Independence Movement", *Foreign Affairs*, Vol. 85, No. 2 (March/April 2006), pp. 141-145.

373 這壹方面的代表性論述, 請參見 Avery Goldstein, "Great Expectations: Interpreting China's Arrival"; Thomas J. Christensen, "China, the U. S. – Japan Alliance, and the Security Dilemma in East Asia"; David Shambaugh, "China's Military Views the World: Ambivalent Security", *International Security*.

374 Michael Green, *Japan's Reluctant Realism: Foreign Policy Challenges in and Era of Uncertain Power*, New York: Palgrave, 1001, pp. 556-560; Michael Oksenberg, "*China and the Japanese American Alliance*", in Gerald L. Curtis, ed., *The United States, Japan, and Asia: Challenges for U. S. Policy*, New York: W. W. Norton and Company, 1994, pp. 96-121; Michael J. Green and Patrick M. Crolin, *The U. S. – Japan Alliance : Past, Present, and Future*, New York: A Council on Foreign Relations Book, 199.

375 Gerald Friedman and M. LeBard, *The Coming War with Japan*, New York: St. Martin's Press, 1991; Craig C. Garby and Mary B. Bullock, eds., *Japan: A New Kind of Superpower?* Washington, DC: Woodrow Wilson Center Press, 1994.

376 Joseph S. Nye, "The 'Nye Report': Six Years Later", *International Relations of Asia Pacific*, Vol. 1, No. 1 (January 2001), p. 95.

377 有關貿易將抑制戰爭的經典論述, 請參見 Richard Rosecrance, *The Rise of the Trading State : Commerce and Conquest in the Modern World*, New York: The Basic Books, 1086.

378 Robert Gilpin, *The Political Economy of International Relations*, Princeton: Princeton University Press, 1987, P. 11.

379 Richard Higgott and Richard Stubbs, "Competing Conceptions of Economic Regionalism: APEC versus EAEC in the Asia – Pacific", *Review of International Political Economy*, Vol. 2, No. 3 (Fall 1995), pp. 516-535.

380 Matake Kamiya, "Hopeful Uncertainty: Asia-Pacific Security in Transition", *Asia-Pacific Review*, No. 3 (Spring/Summer 1996), pp. 95-115.

381 Ming Wan, "Economics Versus Security in Cross-Strait Relations: A Comment on Krastner", *Journal of East Asian Studies*, Vol. 6, No. 3 (September - December 2006), pp. 319-346.

382 Sott L. Kastner, "Does Economic Integration Across the Taiwan Strait Make Military Conflict Less Likely?", *Journal of East Asian Studies*, Vol. 6, No. 3 (September–December 2006), pp. 347-349.

383 Kevin G. Cai, "Chinese Changing Perspective on the Development of An East Asian Free Trade Area", *The Review of International Affairs*, Vol. 3, No. 4 (Summer 2004), pp. 584-599; Guoli Liu, *Chinese Foreign Policy in Transition*, New York: Aldine De Gruyter, 2004.

384 Ronald C. Keith, China as A Rising World Power and Its Response to Globalization", *Review of*

International Affairs, Vol. 3. No. 4 (Summer 2004), pp. 507-523.

385 Drew Thompson, "Economic Growth and Soft Power: China's Africa Strategy", The James town Foundation: *China Briefing*, December 10, 2005.

386 Wil Hout, "Culture and the Problematic of Region: Southeast Asia", *Mershon International Studies Review*, Vol. 40, No. 3(1996), pp. 343-345.

387 Amitav Acharya, *Constructing a Security Community in Southeast Asia: ASEAN and the Problem of Regional Order*, London: Routledge, 2001.

388 Evelyn Goh and Amitav Acharya, "The ASEAN Regional Forum : Comparing Chinese and Amercan Positions", In Mellissa Gurley, ed., *Advancing East Asian Regionalism*, London : Routledge, 3005.

389 Bonnie S. Glaser, "Sino–U. S. Relations: Drawing Lessons from 2005", *PacNet Newsletter*, February 2, 2006; Fort Lesley J. McNair, "China's Global Activism: Implications for U.S. Security Interests", *National Defense University*, June 20, 2006, at www.ndu.edu/inss/symposia/pacific2006/china.htm

390 John J. Mearsheimer, "China's Un-peaceful Rise", *Current History*, Vol. 105, Iss. 690, pp. 160-163.

391 David Shambaugh, "Asia in Transition: The Evolving Regional Order", *Current History*, Vol. 105, Iss. 690 (April 2006), pp. 153-157.

392 Peter Katzanstein, Allen Calson, and J. J. Sue, eds., *East Asian Security in the Transition*, Stanford: Stanford University Press, 2006; G. John Ikenberry and Michael Mastanduno, eds., International Relations Theory and the Asia–Pacific; Anthony McGrew and Christopher Brook, eds., *Asia–Pacific in the New World Order*.

393 Rober Ross, "China II: Beijing as a Conservative Power", *Foreign Affairs*, Vol. 76, No. 2 (March/ April 1997), pp. 33-44; David Shambaugh, "China Engages Asia: Reshaping the Regional Order", *International Security*, Vol. 29, No. 3 (Winter 2004/05), pp. 64-99; Avery Goldstein, Rising to the Challenge: China's Grand Strategy and International Security, Stanford; Stanford University Press, 2005.

394 Mike M. Mochizuki, "Economic and Security: A Conceptual Framework", in Michael J. Green and Patrick M. Cronin, eds., *The U. S. – Japan Alliance: Past, Present, and Future*, New York: A Council on Foreign Relations Book, 1999, pp. 231-246; Jonathan Kirshner, "States, Markets, and Great Power Relations in the Pacific: Some Realist Expectations", in G. John Ikenberry and Michael Mastanduno, eds., *International Relations Theory and the Asia Pacific*, New York: Columbia University Press, 2003, pp. 273-298; Ming Wan, "Economic Interdependence and Economic Cooperation: Mitigating Conflict and Transforming Security Order in Asia", Muthiah Alagappa, ed., *Asian Security Order: Instrumental and Normative Features*, pp. 280-310.

395 Gilbert Rozman, Northeast Asia's stunted Regionalism: Bilateral Distrust in the Shadow of Globalization, Cambridge: Cambridge University Press; Baogang He, "East Asian Ideas of Regionalism: A Normative Critique", *Australian Journal of International Affairs*, Vol. 58, No. 1, 2004, pp. 105-125; Simon Tay, "Regionalism and Legalization: Recent Trends and Future Possibilities in

East Asia", Singapore Institute of International Affairs: *Reader*, Vol. 4, No. 1 (2004), pp. 20-32.

396 Kenneth N. Waltz, *The Man, State and War*, New York: Columbia University Press, 1957, pp. 238.

397 Donald Gordon, et al, "Teaching International Studies From a Regional Perspective: An ISP Symposium on Power, Wealth and Global Order: An International Relations Textbook for Africa", *International Studies Perspectives*, Vol. 3, No. 3 (August 2002), pp. 235-257.

398 Kenneth N. Waltz, *Theory of International Politics*, p. 73.

399 Jack S. Levy, *War in the Modern Great Power System*, Lexington: University of Kentucky Press, 1983, p. xi.

400 Hedley Bull, *The Anarchical Society: A Study of Order in World Politics*, New York; Columba University Press, 1997, p. 261.

401 Peter J. Katzenstein, *A World of Regions: Asia and Europe in the American Imperium*, Ithaca: Cornell University Press, 2006, pp. xi-xiii.

402 有關全球化對不同區域的影響以及不同區域對全球化的不同反映, 請參見 Paul Hirst and Grahame Thompson, "The Problem of 'Globalization': International Economic Relations, National Economic Management and the Formation of Trading Blocs", *Economy and Society*, Vol. 21, No. 3 (1992), pp. 258-359; Gene M. Lyons and Michael Mastanduno, eds., *Beyond Westphalia? State Sovereignty and International Intervention*, Baltimore: Johns Hopkins University, 1995.

403 Hans–Henrik Holm and Georg Sorensen, eds., *Whose World Order? Uneven Globalization and the End of the Cold War*, pp. 1-9.

404 Alastair Iain Johnston, "Conclusions and Extensions: Towards Mid–Range Theorizing and Beyond Europe", *International Organization*, Vol. 59, Fall 2005, pp. 1013-1044.

405 Hans–Henrik Holm and Georg Sorensen, eds., *Whose World Order? Uneven Globalization and the End of the Cold War*.

406 Robert B. Woyach, "The New Theoretical Challenge: Encompassing Regional Diversity", *Mershon International Studies Review*, Vol. 40, No. 3 (Winter 1996), pp. 339-341.

407 David Kang, "Getting Asia Wrong: The Need for New Analytical Frameworks", *International Security*, Vol. 27, No. 4 (Spring 2003), pp. 57-85; David Kang, "Hierarchy, Balancing, and Empirical Puzzles in Asian International Relations", *International Security*, Vol. 28, No. 3 (Winter 2003/04), pp. 165-180.

408 John Vasquez, "The Realist Paradigm and Degenerative versus Progressive Research Programs", *American Political Science Review*, Vol. 91, December 1997, pp. 35-54; Steven R. David, "Explaining Third World Alignment", *World Politics*, Vol. 43, January 1991, pp. 85-96.

409 這些非洲研究上的代表性成果, 請參見 Christopher Clapham, *Africa and the International System : the Politics of State Survival*, Cambridge: Cambridge University Press, 1996; Kevin Dunn and Timothy Shaw, *Africa's Challenge to International Relations Theory*, New York: Palgrave, 2001; Gilbert Khadiagala and Terrence Lyons, eds., *African Foreign Policies: Power and* Process, Boulder: Lynne Rienner, 2002.

410 Douglas Lemke, "African Lessons for International Relations Research", *World Politics*, Vol. 56, October 2003, pp. 114-138.

411 20世紀70-80年代新現實主義與新自由主義的理論爭論被形容為是"範式間戰爭", 因為這兩種理論流派在爭論的過程中更多涉及究竟應該如何理解與定義國際系統、國家行為以及權力等基本問題, 其爭論的目標也是為了說明哪種理論範式能夠更好地接近和刻畫現實。有關這壹爭論, 請參見王逸舟:《國際政治學:理論與歷史》(第二版), 上海, 世紀出版集團, 2006;羅伯特·基歐漢主編:《新現實主義及其批判》, 北京, 北京大學出版社, 2002;David A. Baldwin, ed., *Neorealism and Neoliberalism : The Contemporary Debate*, New York: Columbia University Press, 1993.

412 Steven Bernstein, Richard Ned Lebow, Janice Gross Stein, and Steven Weber, "God Gave Physics the Easy Problems: Adapting Social Science to An Unpredictable World", *European Journal of International Relations*, Vol. 6, No. 1 (2000), pp. 43-76, 和他們的觀點接近, 強調人類政治生活作爲社會生活具有複雜性和易變性的特征,因而無法簡單地認爲國際關系理論就是揭示"鐵則"的觀點,請參見 Peter J. Katzenstein and Nobuo Okawara, "Japan, Asian-Pacific Security, and the Case for Analytical Eclecticism", *International Security*, Vol. 26, No. 3 (Winter 2001), pp. 153-185.

413 約瑟夫·奈:《理解國際沖突:理論與歷史》, 第壹章, 上海, 世界出版集團, 2005。

414 約瑟夫·奈:《理解國際沖突:理論與歷史》, 8-10頁, 上海, 世界出版集團, 2005。

415 John J. Mearsheimer, "The False Promise of International Institutions", *International Security*, Vol. 19, No. 3 (Winter 1994/95), pp. 5-49; Robert O. Keohane and Lisa L. Martin, "The Promise of Institutionalist Theory, *International Security*, Vol. 20, No. 1 (Summer 1995), pp. 39-51; Charles A. Kupchan and Clifford A. Kupchan, "The Promise of Collective Security", ibid., pp. 52-61; John G. Ruggie, "The False Premise of Realism", ibid., pp.62-70.

416 Jeffrey W. Legro and Andrew Moravcsick, "Is Anybody still a Realist?", *International Security*, Vol. 24, No. 2 (Fall 1999), pp. 5-55; Peter D. Feaver, Gunther Hellmann, Randall L. Schweller, Feffrey W. Taliaferro, William C. Wohlfrth, and Jeffrty W. Legre and Andrew Moravcsik, "Correspondence: Brother, Can You Spare a Paradigm?", *International Security*, Vol. 25, No. 1 (Summer 2000), pp. 165-193.

417 Peter J. Katzenstein and Nobuo Okawara, "*Japan, Asia-Pacific Security, and the Case for Analytical Eclecticism*", pp. 154.

418 Ibid.

419 Peter J. Katzenstein and Nobuo Okawara, "*Japan, Asian-Pacific Security, and the Case for Analytical Eclecticism*", pp. 153-185.

420 Peter J. Katzenstein and Nobuo Okawara, "*Japan, Asian-Pacific Security, and the Case for Analytical Eclecticism*", pp. 182-183; Rudra Sil, "The Foundations of Eclecticism: The Epistemological Status of Agency, Culture, and Structure in Social Theory", *Journal of Theoretical Politics*, Vol. 12, No. 3 (2000), pp. 353-387.

421 Peter J. Katzenstein and Nobuo Okawara, "*Japan, Asian-Pacific Security, and the Case for Analytical Eclecticism*", p. 183.

422 James Rosenau and Ernst–Otto Czempiel, eds., *Governance Without Government: Order and Change in World Politics*, Cambridge: Cambridge University Press, 1992; Lawrence S. Finkelstein, "What Is Global Governance?", *Global Governance*, Vol. 1, No. 3 (1995), pp. 367-372.

423 Commission on Global Governance, *Our Global Neighborhood*, Oxford: Oxford University Press, 1995, p. 99.

424 Samuel Huntington, "Lonely Superpower", *Foreign Affairs*, Vol. 78, No. 2 (March/April 1999), pp. 35-49.

425 Oran R. Young, *Global Governance: Drawing Insights from the Environmental Experience*, Cambridge: Cambridge University Press, 2000; Lloyd Axworth, "Human Security and Global Governance: Putting People First", *Global Governance*, Vol. 7, No. 1 (2001, pp. 19-23; Rodney B. Hall and Thomas J. Biersteker, eds., *The Emergence of Private Authority in Global Governance, Cambridge*: Cambridge University Press, 2002.

426 Graig N. M urphy, "Global Governance: Poorly Done and Poorly Understood", *International Affairs*, Vol. 76, No. 4 (2000), pp. 789-803.

427 Richard Haas, "What to Do with American Primacy?", *Foreign Affairs*, Vol. 78 (September/October 1999), pp. 37-49.

428 Elke Krahmann, "American Hegemony or Global Governance? Competing Visions of International Security", *International Studies Review*, Vol. 7, No. 3 (2005), pp. 531-545.

429 Aaron L. Driedberg, "Ripe for Rivalry: Prospects for Peace in a Multipolar Asia"; Thomas J. Christensen, "China, The US-Japan Alliance, and the Security Dilemma in East Asia", *International Security*, Vol. 23, No. 4, 1999, pp. 5-38; Reinhard Drifte, *Japan's Security Relations with China Since 1989: from Balancing to Bandwagoning?* New York: Routledge Curzon, 2003; Ming Wan, *Sino-Japan Relations: Interaction, Logic and Transformation*, 2006.

430 I. L. Claude, Jr., *Power and International Relations*, New York: Random House, 1962, p. 88.

431 Robert Jervis, "From Balance to Concert: A Study of International Security Cooperation", World Politics, Vol. 38, No. 1 (1985), pp. 59-61.

432 Denny Roy, "Rising China and US Interest: Inevitable vs Contingent Hazards", Orbis (Winter 2003), pp. 125-137; David Shambaugh, "Sino-American Strategic Relations: From Partners", to Competitors", *Survival*, Vol. 42, No. 1 (Spring 2000), pp.98-104; Richard Weiz, "Meeting the China Challenge: Some Insights from Scenario – Based Planning", *Journal of Strategic Studies*, Vol. 24, No. 1(September 2001), pp. 19-48; Richard K. Betts, "Wealth, Power, and Instability: East Asia and the United States after the Cold War".

433 A. Iain Johnston, "Is China a Status Quo Power?", *International Security*, Vol. 27, No. 4 (Spring 2003), pp. 5-56; David Shambaugh, "China or America: Which is the Revisionist Power?", *Survival*, Vol. 43, No. 3 (Autumn 2001), pp. 7-30.

434 Evelyn Goh, "The US–China Relationship and Asia–Pacific Security: Negotiating Change", *Asian Security*, Vol. 1. No. 3 (2005), pp. 216-244.

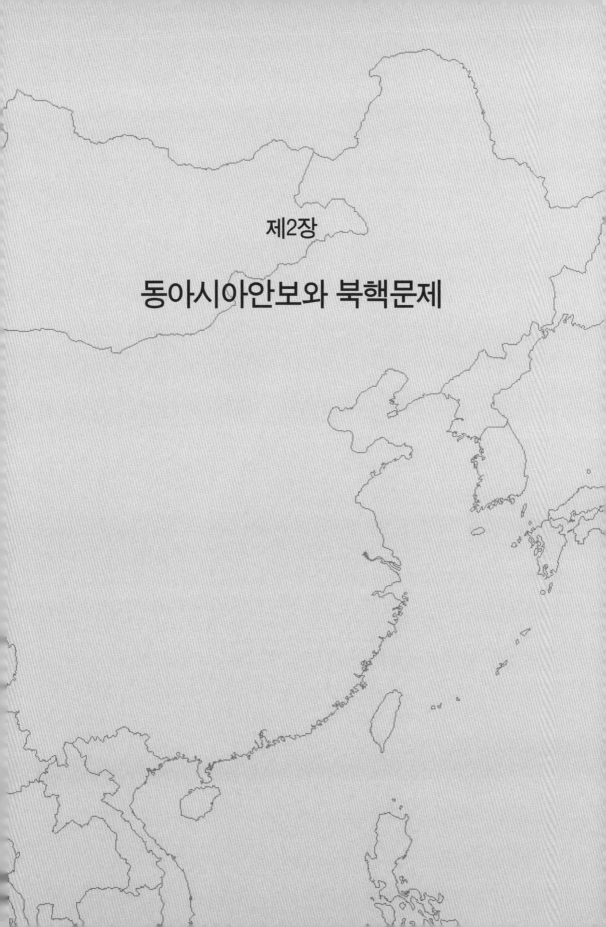

제2장

동아시아안보와 북핵문제

제1절   6자회담: 북핵문제인가 아니면 북한문제인가?

2005년 2월 10일, 북한은 성명발표에서 핵무기 보유와 6자회담 참가 무기한 중단을 선포하였다. 북한의 이 행동은 정치·외교적 방법으로 북핵문제를 해결하려던 국제사회의 기대를 좌절시켰을 뿐만 아니라, 북핵문제를 둘러싸고 진행해오던 동아시아 다자지역안보의 노력을 붕괴 위험에 직면하게 했다. 2003~2004년 제3차 6자회담 협상 이후, 북핵문제는 교착상태에서 아직 빠져나오지 못하였고, 원인은 물론 여러 가지가 있겠지만 가장 깊은 원인은 북핵문제 배후의 '북한문제'에 어떠한 변화와 약화도 없음에 있다. 미래를 전망한다면, 만약 국제사회가 정치와 외교적 방법으로 북핵문제 해결을 추진하고, 북한문제를 완화시키는 과정에서 실질적인 돌파를 이루어내지 못한다면, 동아시아는 북한의 핵무기 보유 사실을 받아들이든지, 아니면 북핵문제를 둘러싼 새로운 지역대립이 나타날 것이다. 사실상 둘 중 어떠한 전망이든 모두 동아시아 지역정세 안정에 불리하고, 중국의 전략적 이익에도 손실이다.

1) 무엇이 북핵문제 배후의 북한문제인가?

냉전 종식 이후, 동아시아 지역안보 정세에 난제인 '북한문제'는 시종 존재해 왔다. 학자와 분석가들은 냉전 후 동아시아 지역안보에서 변화된 대국정치에 주목하였고, 대국관계의 안정과 발전이 대체(大體)적인 전략적 힘의 균형을 형성하였다고 여겼다. 때문에 지역안보는 능력분배(Distribution of Capabilities)를 바탕으로 전반적 안보구조를 형성할 때,[1] 대국안보 구조에 새로운 배치와 포용을 얻지 못한 다른 지역 구성원들의 안보에 대한 요구를 무시하였다. 다시 말해, 냉전 후 동아시아 지역 안보구조의 새로운 통합과 발전 과정에서, 일부 다른 지역 구성원의 안보이익은 대국 안보이익의 조정에 따라 함께 제도적인 변화가 발생하지 않았다.

그 원인을 연구해보면, 가장 핵심은 냉전 후 동아시아안보 구조의 변화가 전통적인 대국의 세력범위에 대한 새로운 구분과 확인, 그리고 대국정치를 통한 세력범위를 보장하고 또한 직접적인 영향을 가하는 과정에서 하위지역 국가의 안보이익을 통하여 안보의 흐름을 새롭게 하는 것이 아니라, 대국관계의 신속하고 전면적인 완화와 이데올로기적 대립의 갑작스런 붕괴 그리고 대국의 내재된 정책조정과 발전을 바탕으로 형성된 것이다.

이 과정에서, 하위지역 국가의 대응능력은 사실상 지역구성원의 안보이익 재형성과 발전에 상당히 중요한 작용을 하였다. 전통적인 지역안보구조 재형성의 역사적 경험은 냉전 후의 동아시아에서는 되풀이되지 않았다. 1814년의 비엔나회의, 1919년의 베르사이유회의와 1945년의 얄타회담을 통해 우리는 대국이 극변 후 지역안보 구조에서 다시 소국의 안보이익에 대한 의무를 부담하는 일종의 역사적 경험을 모두 볼 수 있었다. 그러나 1991년 냉전 종식 후 동아시아에서 이러한 구조는 발생하지 않았다. 이러한 하위지역 국가, 혹은 중소국들은 대국관계 전환과 동시에 자신의 안보 아이덴티티를 형성하였고, 또한 이러한 안보관념의 새로운 형성과정에 따라 자신의 안보정책을 결정하였다. 이러한 국가들의 안보가 처한 환경과 안보반응은 흔히 결정적인 효과를 지닌다.

1991년 이후의 동아시아 대국들이 더 이상 세력범위에 대한 재확인을 통하여 대국정치에서 소국의 안보이익을 포용하지 않아도 된다면, 그것은 역사의 발전이다. 대국정치가 이미 지연정치의 전통적인 구속을 타파함으로써 힘의 모색을 통하여 발전하는 새로운 역사적 사실의 영향을 깊이 받았고, 이와 동시에 냉전 종식자체가 힘의 구조의 거대한 불균형 발전에 따른 산물이기 때문에, 미국의 패권적 지위는 객관적으로 다른 국가들이 부득불 고비용과 고위험성의 지연정치적 의미를 바탕으로 한 전략적 사고를 바꾸도록 강요하였다. 이에 결과적으로는 냉전 후의 동아시아 지역안보 노력에서 주도적인 추세는 각 주요국가들 모두 상호 간의 개방과 활발한 지역협력 과정에 힘쓰며, 경제 상호의존도를 높이고 또한 이익을 상호보완하는 구조를 기초로 한 안보목표 형성을 추구했다.[2] 동아시아 대국관계에서 여전히 심각한 지연정치적 전략이익의 경쟁이 존재한다 하더라도, 상호이익을 억제하는 경제무역 협력관계의 성장은 없다. 그러나 지역안보구조 전환의 과정 속에서 안보 아이덴티티 구성을 성공한 국가도 있고, 안보 구성을 실패한 국가도 나타났다. 그중 북한은 시종 지역안보 추세 밖에 동떨어져 있었고, 그렇기에 반드시 냉전 종식 후 협력이 주류인 동아시아 지역안보 체제에서 고립될 수밖에 없었다.[3]

동아시아에서 냉전이 종식된 지 이미 16년이 흘렀다. 그러나 평양으로 본다면, 냉전은 아직 끝나지 않았다. 북한의 정치적 이데올로기와 국가의 발전노선에 대한 선택은 냉전 후 동아시아 지역발전 과정에 진정으로 융합되지 않았고, 그러므로 동아시아 지역 안보환경에 북한의 불안전감은 아직 진정한 변화가 없다. 북한도 국가의 생존과 발전 환경에 대한 변화를 시도한 적이 있다. 1991~1992년의 남북공동선언과 그리고 2001년 최초의 남북정상회담 모두 북한의 중대한 자주노력을 보여주었으나, 연속성과 끈기있는 목표는 부족하였다. 설령 북한이 최근 몇몇의 개혁 조치를 시작하였다 하여도, 북한이 당면한 문제를 극복하기 위한 일시적인 목표인지, 아니면 평양이 새로운 발전과정을 시작할 수 있게 하기 위한 것인지에 대한 의문은 해결되지 않았고, 국제학술계의 논쟁 또한 끊임없이 진행되어 왔다. 이 외에 미국은 냉전 후 동아시아 지역의 군사동맹 의무를 강화시켰고, 대규모살상무기 확산방지를 중요한 전략적 안보이익으로 보기 시작하였다. 핵비확산 문제는 냉전이 종식되었음에도 북미 간 안보 측면에서 긴장관계가 유지되게 하였다.[4] 그러나 거대한 변화는 이미 발생하였다. 북한이 냉전시대에 '진영대립'에서 미국의 전략적 압박을 공동으로 직면한 것으로부터, 냉전 후 북한이 부득불 독자적으로 미국의 전략적 위협에 직면했다고 인식하는 것으로 바뀌었다. 냉전 후 소위 '불량국가'에 대해 미국은 철저한 억제정책을 폈다.[5] 이로 인해, 북한은 자조(自

助)적 성질의 안보노력을 통하여 자신의 안전감을 증가시켜 국제관계에서 국가의 가장 중요한 목표인 생존을 모색하였다. 북한의 핵계획 발전과 미사일능력 확충은 미국의 군사동맹 체계에 저항하고, 미국의 초강력 재래식 무력 위협에 대한 균형 유지일 뿐만 아니라, 미국과 일본 등 국가들과의 정치적 대화에서 자신의 힘을 증가시키기 위한 것이다.

북한이 자조적 안보를 추구하는 것은 비난할 바가 못 된다. 냉전 후의 동아시아에서 북한이 스스로 더욱 불안정해졌다고 여기는 데에는 많은 이유가 있다.[6] 안보딜레마의 북한에 대한 작용은 매우 소극적이다. 그러나 핵무기 추구를 통해 자주를 진행하는 방식은 미국과의 전략적 대립을 극대화하였고 미국에게서 단호한 제재를 받았으며, 국제사회에서 고립되었다. 게다가 반대로 북한이 핵능력을 얻기 위한 노력이, 자발적이든 아니든 '제재 – 제재방지'의 순환에 빠져들게 촉진시켰다. 그 밖에 북한은 냉전 후 국제사회가 강하게 반대하는 대규모살상무기 확산문제 등 글로벌 안보레짐(global security regimes)을 확실히 위배하였고, 동아시아 지역 정치에서 더욱 고립되었다. 이것은 동아시아 각국이 공동으로 인정하고, 여러 차례 한반도 비핵화 목표를 거듭 표명하는 중요한 원인이다.

북한은 자신의 정치체제와 사회제도의 선택이 당연히 존중받고, 북한의 핵계획 발전의 배후인 생존의지 역시 이해받기를 희망한다. 그러나 북한 혼자만의 노력으로는 동아시아 지역안보 확립에 대한 요구를 막을 수 없다는 사실을 북한은 반드시 의식해야 한다. 북한이 진정한 안보를 얻기 위해서는, 동아시아 전체의 안보 추세와 협조하고 일치될 수 있어야 한다. 또한 북한이 개방하고 협력하며 안정적인 동아시아 집단안보 노력 과정에 융합되어야만, 미국과 일본 등 국가들의 압박과 국제적 고립을 진정으로 완화할 수 있으며, 자신의 경제발전과 제도선택을 위한 믿을 만한 노선을 더욱 쉽게 찾을 수 있다.

이로 인해, 오늘날 동아시아 지역안보에서 북한문제를 결론적으로 말하자면, 평양이 냉전 후 동아시아 지역안보의 변화 추세를 신속히 따라올 수 없다는 문제이고, 북한이 이미 변화된 새로운 안보구조를 지금까지 적응할 수 없다는 문제이며, 더욱이 북한이 새로운 지역안보 환경에서 즉각적인 개혁과 개방을 할 수 없다는 문제이다. 한반도에 냉전 국면이 현재까지도 여전히 존재한다는 것은 비극이다. 이것은 한편으로는, 미국이 냉전 후 동아시아 지역구조에서 군사동맹의 전략적 태세를 완고하게 견지하고 또한 발전시키며, 지역안보에 패권적 성질의 군사적 의무 부담을 견지하고, 더욱이 1990년대부터 북한의 핵노력의 배후인 안보염려를 직시하는 것을 꺼림으로써, 북한에 대한 고립과 억제 정책을 일관적으로 취한 결과이다. 다른 한편으로는, 북한에 새로운 안보 환경에 마땅한 믿음과 상응하는 개혁능력이 결여되어 있다는 점도 매우 중요한 요인이다. 2002년 10월 북핵위기 발발 이후, 북한이 취한 일련의 벼랑 끝 전술과 초강경 조치는 훌륭하지 않다고는 말할 수 없다. 그러나 이러한 극단적인 행동을 자주 취할수록 북한은 동아시아 안보 협력구조 밖으로 더욱 동떨어지게 되며 평양이 만족하는 안보에 반드시 필요한 수단이 결핍될수록, 북핵위기 악화의 가능성 또한 더욱 커진다. 일방적인 도발행위와 상대방의 느낌을 무시하고 단순히 예전의 방법만 고집하는 것 모두 북핵문제를 해결하는 데 있어 큰 손해이며, 국가 간 신뢰를 키우는 것이 더욱 중요한 일이다.

2) 부시정부의 정책 – 눈으로는 북핵문제를 주시, 마음으로는 북한문제를 생각

부시정부의 첫 임기와 두 번째 임기 이후의 북핵정책을 비교해보면, 거의 어떠한 변화도 없다. 더 나아가, 2002년 10월 북핵위기 발발 이래, 부시정부의 북핵정책에는 시종 뚜렷한 실질적인 조정이 없었다. 부시정부의 북핵문제 처리의 일련의 기본 원칙은 '북한의 잘못된 행위에는 장려하지 않는 것'이며, 더 이상 클린턴정부 시기 취했던 타협을 북한의 핵계획 중단으로 교환하는, 이러한 '시간을 버는(Buy Time)' 해결방식은 사용하지 않는 것이다. 또한 북한이 조약의무를 엄수한다는 것을 신뢰하지 않으며, 북한이 '중국식'의 개혁개방의 길을 가지 않을 것이라는 인식 등이 동일하게 유지되었다. 그 원인을 연구해보면, 부시정부가 앞에서 상술한 원칙의 주도하에, 미국의 전략적 시야에서 보길 원하는 '북한문제'를 불(不)해결하든 혹은 해결을 추진하든, 미국은 북핵문제가 진정으로 해결될 것이라고 믿지 않았기 때문이다.[7]

부시정부에서 본다면, 북한문제는 평양정권의 성질, 북한위협의 형식 그리고 대규모살상무기 확산이 야기하는 위협 수준의 '삼위일체' 문제이다.[8] 부시정부는 평양정권의 개혁개방 없이는 북한의 선군 노선의 끝은 없고, 어떠한 구체적인 문제에서의 협상은 미국이 주시하는 북한위협을 낮추기에는 부족하다고 굳게 믿고 있다. 백악관의 논리는 '북한문제'가 '북핵문제'를 결정했고, '북한문제'의 해결 없이는, '북핵문제'를 해결할 수 없다는 것이다. 또는 미국이 단순히 '북핵문제' 해결로부터 출발한 모든 타협적인 외교는 근본적으로 미국이 진정으로 해결하길 원하는 '북한문제'를 해결할 수 없다. 미국으로 본다면 북한위협의 본질은 '북한문제'이지, '북핵문제'가 아니다.

부시정부의 전략적 시야에서 '북한문제'에 대한 평가는 우선 2001년 3월 출범한 뒤 바로 실행한 북한정책에 대한 새로운 평가행동에서 나타났다. 이번 평가의 출발점은 클린턴정부의 북한정책에 대해 비판하고, 한국이 실행하는 '햇볕정책'의 의미를 부정하며, 오히려 '북한위협' 문제를 소위 더욱 철저하고 유효하게 해결할 수단을 모색하는 것이다.[9] 정책평가 결과, 비록 부시정부가 북한과 지속적인 대화를 통한 문제 해결의 정책 주장을 유지하고는 있지만, 기본적으로 클린턴정부 시기에 실행했던 '제한적 포용정책'을 부정하였고, 오히려 북한이 미국 안보관심에 대한 해결을 지연하지 못하도록 '매파포용(Hawk Engagement) 정책'을 취하였다. 구체적으로 말해, 대화는 미국이 북한에 요구하는 위협 중단을 얻는 수단일 뿐이었다.[10] 2002년 2월, 부시 대통령은 일반교서에 이라크, 북한, 이란을 '악의 축 국가'로 일컫고, 공화당정부의 북한정책의 기본 틀을 반영하고 이미 확립하여, '정권교체(Regime Change)'의 모색과 의존을 통한 문제해결 목적의 전략적인 선택이 공식적으로 수면 위로 떠오르게 되었다. 다만, 이라크문제와 북한문제는 부시정부의 글로벌 안보전략에서 우선순위가 다르고, 이 두 국가의 위협을 해결할 때 미국이 직면한 전략적 환경이 다르므로, 부시정부는 다른 처리 방식을 채택하였다. 그것이 바로 2003년 1월 부시 대통령이 강조한 것처럼 후세인 지휘하의 이라크에 대한 미국의 정책은 '군사 결전'이며, 북한에 대한 정책은 '외교 결전'이다.[11] 그러나 미국의 이라크정책과 북한정책에는 한 가지 공통점이 있다. 미국의 외교적 타협과 협상 모두 미국이 걱정하는 안보 위협을 해결할 수 없고, 오히려 정권성질의 변화만이 미국정책이 견지해야하는 믿을 만한 수단이라고 여기는 것이다. 이것 역시 부시 대통령이 후세인정부를 지적할 때 사용하였던 '복합위협'의 개념이다. 즉 미국은 '악의 축 국가'의 정권성질이 대규모살상무기 모색, 국내체제의 인권침해, 또한 대외 군사도발, 심지어 테러세력과의 결탁까지 포함한 그들이 발생시킨 위협의 형식을 결정한다고 여기고 있다.[12]

2003년 미국은 이라크 전쟁과 재건에 열중하기 시작하였고, 미국의 전략 중심은 대중동지역에 제한되었다. 그러나 2003년 12월 리비아 카다피의 핵무기 포기 선포는, 부시정부의 북핵문제 해결에 있어 속도와 유효성 결여의 딜레마 속에서, 지속적으로 '정권교체' 원칙을 견지할 수 있게 하였고, 또한 직접적인 '정권교체'로 북핵문제 해결을 달성하는 방법을 잠시 피할 수 있었다. 이것이 바로 미국이 강조하는 리비아모델(Libya Model)이다. 즉 정권이 비록 즉각적인 변화는 없지만, 미국이 최소한 반드시 이러한 국가들의 정권이 예전 미국의 능력에 대한 도전을 추구하는 것에서부터 철저하게 이러한 능력을 포기하도록 바꿔야 한다는 것이다. 이로 인해, 리비아모델은 정권교체가 잠시 동안 실현될 수 없는 상황에서, 부시정부가 추구하던 북핵문제에서의 정권교체 원칙의 보충판(版)이다.

이러한 상황 속에서, 부시정부는 시종 북한과의 북핵문제 양자회담을 거절해왔고, 북한의 '보상으로 동결을 얻는' 제안 또한 거절했으며, 북한이 실질적인 핵포기를 시작하기 전에 북한에 대한 직접적인 원조 제공 역시 거절하였다. 비록 2004년 6월 제3차 6자회담 전 미국이 북한의 핵포기 전제하에 '좋은 점'을 줄 수 있다고 동의한 적은 있지만, 부시정부의 이러한 양보에는 많은 한계가 있었다, '핵동결'과 '핵포기' 요구는 연계된 과정일 뿐만 아니라, 3개월 동안만의 '핵동결' 기간 내 6자회담 당사국 중에서 미국을 제외한 다른 국가들의 북한에 대한 에너지 원조에 동의하였다. 2004년 11월 부시 대통령 재선 이후, 북핵문제 해결은 부시 정부 제2임기의 선결 의제로 여겨졌지만, 부시정부는 북핵정책을 바꿀 계획이 근본적으로 없고, 현재 리비아모델로 북핵문제를 해결하는 원칙을 견지하는 입장에서 완화에 대한 어떠한 준비조차 없다. 비록 부시대통령은 2005년 2월 2일 국정자문에서 특별히 북한에 대해 어휘상의 '조용한 처리'를 취하였고, 미국정부도 북한을 더욱 자극할 필요가 없다는 것을 의식하고 있지만,[13] 이것으로는 부시정부가 북한문제상에서 견지하고 있는 '타협불가'의 방침을 결코 바꿀 수 없다.

3) 북핵문제와 북한문제 – 어떤 것을 더 쉽게 해결할 수 있나?

현재, 6자회담 정체의 가장 중요한 원인은 각 당사국들이 '북핵문제'와 '북한문제'상에서 완전히 다른 입장을 취하고 있기 때문이다. 이러한 입장의 대립과 상호 간의 실질적인 배척으로 인해 서로의 신뢰도는 거의 조금도 남지 않았다. 북핵문제의 가장 중요한 당사국 중 하나인 북한은, 북핵문제 해결을 방해하는 북한문제가 존재하지 않는다고 여긴다. 반대로 평양은 핵계획 노력을 미국과 일본 등 국가들이 북한문제상에서 취하는 제도적 적대, 고립 정책, 그리고 군사위협을 방지하고 저항하는 중요한 수단이자, 북한의 제도적 선택 및 생존에 대한 보장, 그리고 고립과 제재를 끝내기 위한 외교적 협상 진행 시 그 조건을 제고시킬 수 있는 카드로 보고 있다. 또한 북한은 협상 해결과 반영되어야 할 북한의 안보와 생존에 필요한 북핵문제의 존재만 인정하고, 미국과 일본 등 국가들이 말하는 북한문제는 존재하지 않는다고 여긴다. 2005년 2월 이래, 북한은 조건부로 지속적인 6자회담 복귀 구상을 원하며, 북한이 제시한 조건은 미국의 북한에 대한 적대 종결과 테러지원국가 명단에서 북한을 삭제하는 것이며, 또한 콘돌리자 라이스 미국 국무장관이 북한을 '폭정(暴政)의 최전선 국가'라고 지적한 것에 대한 공개적인 사과를 요구하였다. 분명히, 북한의 의도는 북한문제에 대한 미국 등 국가들의 매우 부정적인 판단을 부정하고 인식을 변화시키는 것이다.

미국과 일본은 다른 유형의 전형이다. '북한문제'가 해결되지 않으면, '북핵문제'를 해결할 수 없다는 인식을 견지하는 미국의 입장은, 심지어 일본보다 더욱 극단적이다. 현재 부시정부의 북핵정책에서, '북한문제'가 해결, 또는 최소한 해결의 시작을 보여야만 상호존중과 양자타협 바탕으로 '북핵문제'에 대해 진지한 해결을 시작할 희망이 존재할 것이다. 일본의 입장은 미국과 비교해 상대적으로 유연하다. 현재 일본의 전반적인 태도는 북핵문제와 북한문제는 다자협상 구조에서 함께 해결할 수 있다고 본다. 북한문제의 확실한 해결이 없으면, 일본이 북한의 핵계획 동결 노력에 부여하는 지지와 승인은 여전히 매우 한계가 있다. 중국, 러시아 그리고 한국의 입장은 매우 적극적이다. 이 3개국의 기본 정책은 일정수준의 북한문제의 존재를 완전히 부인하고 말살하는 것은 결코 아니지만, 북한문제 전체에 대한 분석과 판단은 미국과 일본 등 국가들처럼 그렇게 부정적이지만은 않다. 이 3개국의 전반적인 전략은, 북핵문제와 북한문제는 당연히 다르게 나누어 해결해야 한다는 것과, 북한의 정당한 안보관심과 생존이익은 당연히 필요한 중시와 보장을 받아야 한다고 본다. 이 3개국으로 본다면, 북한문제 자체에는 양면성이 존재한다. 북한의 대규모살상무기 모색은 반드시 저지해야 한다는 것 외에, 북한의 이러한 행위에는 부분적으로는 미국과 일본의 군사타격 위협과 제재압력을 겨냥한 반응적 행동이며, 이러한 행동은 방어를 위한 것이지, 근본적으로 공격성을 띤 것은 아니다. 이로 인해, 3개국의 주장이 북한문제의 다른 일면을 직시하는 것은 북핵문제 해결의 관건이다. 이와 동시에 3개국 모두 북핵문제 해결의 다자협상의 심화와 지속적인 진전은, 각 당사국의 관심인 '북한문제'의 진정한 해결의 유일하며 확실한 방법으로 여긴다. 이것은 최소한, 북한문제 해결의 시작을 선도하는 중요한 기점이다. 북핵문제 6자회담 구조에서 북한문제의 우선적 해결은, 다자회담에 인위적인 장애를 설치할 뿐만 아니라, 사실상 북핵문제 해결의 정치적 염원을 낮추었고, 게다가 해소하기 힘든 긴장관계와 정책적 충돌을 가져왔다. 이로 인해, 중국, 러시아, 한국의 이 문제에 대한 주장은 전면적이고 객관적일 뿐만 아니라 운용성까지 갖추었다.

미래 북핵문제의 다자협상체제의 분명한 돌파에 있어 가장 중요한 문제는 6자회담의 당사국들이 모두 반드시 북핵문제와 북한문제에서의 입장을 새롭게 조정하는 것이다. 다자외교 협상과정으로서 평양자신이 리비아모델을 받아들이기로 동의하지 않은 한, 북핵문제에서 실질적인 진전을 이루어내기 전에 북한문제를 우선적으로 분명하게 해결한다는 방안은 거의 불가능한 것이다. 다자협상 과정은 더욱이 하나의 이익교환의 과정이지, 완전히 강제적인 이행 혹은 단순히 압박을 가하는 과정이 아니기 때문에, 다자협상의 성공 요소는 '독려', '유인', '제도적 안배가 제공하는 이익'이라는 보상이다. 당연히 성공적인 다자체제에는 강제적인 징벌 조치가 필요하지만, 그저 다자협의 혹은 공통된 인식에 도달한 후의 보증성의 체제일 뿐이지, 다자협의 형성 전의 충분한 조건은 아니다.[14] 이로 인해 6자회담에는 구조와 의제 간의 첨예한 충돌이 존재하고 있다. 한편으로는, 다자회담 구조 자체가 효과적으로 압박체제를 제공할 수 없으므로, 북한 혹은 미국의 입장에 실질적인 완화가 발생하게 함으로써 회담의 돌파를 형성하는 것이다. 다른 한편으로는, 6자회담에 참가하는 각 당사국들이 북핵문제를 우선적으로 해결할 것인지, 아니면 북한문제를 우선적으로 해결할 것인지, 혹은 이 두 문제를 동시에 해결하는 데 다른 정책적 요구가 객관적으로 존재하는지 등 북한 핵소유의 문제에서 각자 실현하고자 하는 결정적 의제에는 큰 차이가 존재한다. 그 결과 2003년 이래 세 차례의 6자회담에서 각 당사국들의 일치된 의견을 형성하기 힘들 뿐만 아니라, 회담의 발전에 꼭 필요한 동력을 함께 추진하는 것 역시 힘들다.[15] 미래 6자회담의 어떠한 진전은 모두 반드시 협력건설(collaboration building)과 모멘텀건설(momentum building)의 기초 위에 이루어져야 한다. 선결과제가 북한문제인지 북핵문제인지와 연속선상에 있는 다른 의제 간의 논쟁에서, 6자회담과 같은 다자체제가 속히 복귀된다 하더라도 '북한의 핵포기'와 같은 중대한 의제에 대한 빠른 진전과, 효과적인 협상을 얻어낼 수는 없을 것이다.

현재 회담 각 영역 앞에 놓여있는 문제는 북핵문제와 북한문제 중에 어느 것을 더 쉽게 해결할 수 있는지 선택하는 문제가 아니라, 부득불 북핵문제와 북한문제를 동시에 고려하여 해결해야 하는 문제이다. 예를 들어, 한편으로는 핵포기 이후 북한의 안전보장 문제, 북한의 경제건설과 에너지 부족 완화에 대한 각국의 도움 요구처럼, 북한의 안보 및 발전에 대한 '합리적 요구'는 존중받아야 하며, 보장받아야 한다. 그러나 다른 한편으로, 북한은 6자회담의 문제에서의 일방적인 행동을 반드시 멈춰야 하고, 6자회담은 오늘날 정치와 외교적으로 북핵문제를 해결할 수 있는 유일한 방법이라는 진지한 인식을 진정으로 수립해야 하며, 핵무기가 북한의 안보와 생존문제 해결에 도움을 줄 수 있다는 환상을 버리고, 냉전 이래 줄곧 동아시아 지역 안보협력의 큰 흐름과 동떨어져 고립된 상황을 끝내야 하며, 개방과 협력을 통하여 자신의 안보와 발전을 모색해야 한다. 이와 동시에, 미국과 일본 등 국가들은 반드시 합당하지 않게 북한문제의 우선적 해결을 북핵문제 해결의 유일한 전제로 보는 극단적 판단을 수정해야 하며, 북핵문제 해결은 반드시 북한문제의 해결을 선도하고 촉진시킨다는 인식을 바탕으로 건설적으로 협의에 착수해야하며, 오히려 북핵문제와 북한문제의 해결을 동시에 고려하는 외교의 진행을 위해 노력해야 한다.

이러한 과정에서, '압박을 가하는' 것은 없어서는 안 될 조치이다. 만약 부시정부가 진심으로 두 번째 임기 기간 내에 성공적으로 북핵문제를 해결하기를 기대한다면, 간단히 다른 국가들을 독촉하여 북한에 압박을 가하는 방식으로 평양의 일방적인 굴복을 얻어내는 것이 아니라, 반드시 6자회담 각 참가국들과 북핵문제의 기본 입장을 협의해야 한다. 부시정부는 근래 북한 핵능력의 증강을 강조하고 있고, 북한위협 해결에 새로운 위기의식이 필요하다는 점을 강조하고 있다. 만약 워싱턴에 정말 북핵문제를 해결하려는 위기감이 있다면, 백악관은 반드시 북한을 단순히 힘으로 굴복시키려는 태도를 버려야 한다. 평양은 반드시 핵포기의 결심과 용기를 진정으로 보여주어야 하고, 고립을 탈피한 올바른 정책선택을 보여줘야 한다. 현재 북한의 정책은 사실상의 핵무기 보유 국가가 되고 싶은 것인지, 아니면 핵계획을 통하여 간단히 국가안보와 생존환경의 개선을 얻어내려 하는지의 양자

사이에서 국제사회의 의심과 우려를 해소시키기에는 부족하다. 평양이 반드시 국제 핵비확산 규제로 돌아가기를 진심으로 원한다는 의지를 국제사회에 보여줘야 한다. 그렇지 않으면, 경제 지렛대 등 방식의 진행을 통하여 강제로 북한이 올바른 선택을 하도록 해야 하며, 이 방식의 진행에는 반드시 정치적 고려가 있어야 한다. 북핵문제와 같은 중대한 국가안보 이익 그리고 동아시아 지역안보 이익이 걸린 막중한 문제에서, 관련된 국가 모두 반드시 실제적인 정치적 결정을 내놓아야 한다.

4) 결론

북핵문제 6자회담이 교착국면을 돌파하려면, 반드시 '북한문제'를 처리하고 해야하는지, 아니면 '북핵문제'를 먼저 처리해야 하는지의 관계를 상당부분 새롭게 잡아야 한다. 만약 부시정부가 '북한문제'의 해결 없이는, '북핵문제'에 어떠한 발전도 없다는 인식을 견지한다면, 이러한 견해와 주장은 1990년대 이래 지속된 북미 안보대립을 심화시킬 수밖에 없으며, 6자회담이 회복된다 하더라도 협상자체는 여전히 지속적인 충돌의 과정이 될 것이다. 각 당사국들 모두 상응하는 문제 해결방안을 제시하였다 하더라도, 이러한 방안의 배후에 상호배척의 안보이익 충돌 그리고 양보가 부족한 정치결정이 존재한다면, 진정한 협상의 실질적인 진전을 이룰 수 없다. 이와 동시에, 6자회담에서 '북한문제'의 존재를 완전히 부정한다면, 북한의 핵계획 발전의 책임은 완전히 미국의 적대와 단순한 고립정책으로 귀결된다. 1990년대 말부터 핵확산방지는 줄곧 미국 국가안보전략의 중요한 일환이었다.[16] 동아시아 지역안보의 협력적인 발전과정에서 북한의 충분한 순응과 참여가 이루어지지 않은 것은, 현재 북한문제 장기화의 중요한 원인이라는 것에 대해 부인할 수 없다. 북핵 6자회담의 발전은 북핵문제와 북한문제 해결을 동일선상에 두는 체제를 건설할 것이며, 기술적 측면에서 북핵문제의 발전으로 북한문제에서 안보관심의 점차적인 해결을 촉진시킬 것이다. 동시에, 북한문제상의 새로운 태도는 북핵문제의 외교와 정치적 해결 발전과정의 조속한 실현을 진정으로 보장한다.

중국정부와 인민은 줄곧 북중우의를 중시하고 또 소중히 여겨왔으며, 북한의 당과 인민이 하는 자신들의 발전 과정의 선택 역시 줄곧 존중해왔다. 중국정부는 많은 힘을 들여 북핵위기를 중재하였고, 6자회담을 개최하였으며, 최선을 다해 북한에게 원조를 제공하고 한반도 전체가 안정적이기를 희망하며, 북한의 국가건설 번영과 부강을 희망하였다. 그러나 중국은 동아시아 지역안보 구조의 전체적인 협력과 발전을 위배하는 어떠한 것도 할 수 없을 뿐더러, 하지도 않을 것이다. 또한 북한이 지역안보협력 발전과정을 위배하는 궤도에서 갈수록 더 멀어지는 것을 원하지도 않는다. 북한은 2·10성명을 발표하고, 여전히 6자회담으로의 복귀를 거부하고 있다. 비록 목적은 아마도 협상대가를 높이고, 미국의 양보를 무리하게 요구하는 등 전술적인 고려겠지만, 북핵문제상 협상 지속을 거절하고 자신의 정책조정을 통한 방법을 무시한다는 것 자체가, 평양은 아직 진정으로 북한의 안보보장과 같은 '합리적 요구'의 해결을 도대체 어떠한 합리적 수단을 통해야 하는지에 대해 진정 의식하지 못하고 있으며, 북한의 안보노력이 협력적 지역안보 발전 과정에 융합해야 할 필요성을 진정으로 중요시하지 않고 있다는 것을 명백히 보여주고 있다. 6자회담체제 형성 이후, 북한의 '이성적 요구'는 6자회담을 통해 반응을 얻을 수 있고, 또 그래야만 한다. 북한이 부시정부의 현행 정책에 불만을 갖고 있다 하여도, 6자회담을 통하여 미국에 '강경'해야 한다. 평양은 6자회담은 내버려두고, 끊임없이 일방적으로 협상 복귀의 조건을 제시하는 방법을 고수하는데, 이는 사실상 6자회담체제를 무시하는 것이다. 이것은 북핵문제를 복잡하게 할 뿐만 아니라, 객관적으로 동북아 지역 전체 안정과 협력에 불리하다. 만약 북한이 계속 이런 정책을 고수한다면, 현재 6자회담이 해결해야 할 것은 단순한 '북핵문제'가 아니라 '북한문제'를 함께 해결하는 것이 시급하다고 생각할 수밖에 없다.

제2절 제1차 6자회담 이후의 북핵위기: 문제와 전망

2003년 8월 27~29일, 베이징에서 진행된 북핵문제 6자회담은 국제사회의 높은 관심을 받았다. 6자회담은 북핵문제의 평화적 해결 과정 시작에 있어, 의심의 여지가 없는 중요한 역할을 지녔다. 그러나 북한과 미국 양측의 핵심적 입장이 회담에서 어떠한 완화도 없었고, 서로 간의 적대도 줄어들지 않았으므로, 북핵문제의 전망에는 여전히 많은 불확실성 요소가 만연하다. 회담이 진정으로 북핵위기가 정치와 외교적 해결의 궤도로 올라가는데 역사적 계기를 제공할 수 있는지에 대한 여부에는 각국의 공동 노력이 필요하다.

1) 6자회담의 역할과 의미

2002년 10월 북한핵문제가 공개화된 이후, 위기국면은 끊임없이 격상되었다. 북한이 취한 일련의 냉정하지 않은 행동과 미국이 북핵문제 처리에서 견지하는 강경한 입장으로 인해, 대화를 통하여 북핵 논쟁을 해결하려는 계기를 거듭 놓치게 되었다. 중국정부의 '화해권고, 대화촉진'의 외교적 노력으로, 2003년 4월 23~25일, 북한·중국·미국 3개국이 베이징에서 3자회담을 개최하였다. 이것은 북핵위기 발발 이래 가장 주요한 두 당사국인 미국과 북한의 정부 대표가 공식적인 장소에서 최초로 만남을 가진 것이다. 유감인 것은, 서로의 견해 차이가 크다는 것이고, 북핵위기 해결정책에 대한 주장은 양국이 조금도 변하지 않아 최초의 베이징회담은 기대하던 효과를 얻지 못했다. 그러나 중재외교를 통하여, 북한이 협상으로 복귀하도록 독촉하며, 북핵위기의 정치적 해결의 대문을 연 것으로 성공적인 선례를 창조하였다.

　북미 양국 모두 단순한 대화는 차이를 해결하는 데 도움이 되지 않는다고 인식하고 있기 때문에, 4월 이래 북핵위기는 지속적으로 악화되고 있다. 미국은 북핵위기에 대응하여 군사적 준비를 늘리고 있다. 2003년 5월 주한미군은 배치를 조정하여 점차적으로 한강 이북에서 철수하여, 한국 남부로 새로운 군사기지에 집중할 것을 선포하였다. 이것은 주한미군이 북한의 공격화력을 피할 뜻이 있고, 이후 북미 군사충돌 시 북한의 인질이 되는 것을 피하기 위한 행동으로 인식되고 있다. 2003년 7월 31일, 미국은 미군 3개의 스트라이커 부대 중 1부대를 한국에 주둔시켰고, 또한 110억 달러의 한국 군비강화 계획을 제시하였다. 동시에 미국은 다국적 부대를 조직하여, 공해상에서 북한선박을 강제로 저지하는 계획을 세우고, 이를 긴박하게 준비 중에 있다.[17] 북한은 2003년 4월 2일 핵연료봉에 대한 재처리를 시작한다고 선포하였고, 5월 12일 1992년 「한반도 비핵화선언」 실효(失效)를 선포하고, 7월 1일과 22일 두 차례 1953년 체결한 「군사정전협정」 퇴출을 위협하였다.

　비록 중국은 북핵위기의 당사국은 아니지만, 방관자 역할만 맡을 수 없다. 만약 북핵위기가 제어될 수 없다면, 비극적인 결과는 아마도 중국에 화를 미칠 것이며, 중국 경제건설에 필요한 안정적인 주변 환경에 손해를 끼치고, 중국의 국가이익에 위험을 끼치며, 게다가 중국이 속한 동북아 전체 지역의 안보와 번영이 위협받게 된다. 국제사회의 책임있는 대국으로서, 중국은 북핵위기의 부정적 발전을 마음대로 놔둘 수 없을 뿐만 아니라, 결단력있고 자신있게 북핵위기 해결을 위해 건설적인 역할을 발휘하고, 관련국들과의 소통, 조화와 협력을 촉진시키고, 북핵위기의 외교와 정치적 해결을 보장하는 방향으로 발전해야 한다. 이러한 중국정부의 입장은 국제사회의 높은 지지와 감탄을 받았다. 행동상의 '화해권고, 대화촉진'의 선의(善意)에 입각하여, 6월 하순부터 중국은 북핵위기의 외교적 중재력을 확대시켰다. 다이빙궈(戴秉國) 외교부 부부장과 왕이(王毅) 외교부 부부장은 외교사절로 파견되어, 연이은 왕복외교를 전개했고, 각 국가에게 협상 테이블로 돌아올 것을 열심히 설득하고, 실질적으로 북핵위기 해결의 정치와 외교적 과정을 추진하였다. 6자회담의 예정대로의 진행은 중국 지도자들과 외교관들의 심혈과 기지(奇智)를 응집시켰고, 양자와 다자 외교활동에서 중국의 창조적인 능력과 용기를 더욱 보여 줬다. 6자회담 전야에 왕이(王毅) 외교부 부부장은 "대화를 시작하고, 계속해나가자", "결과를 말하고, 평화를 말하자"의 희망을 담은 담화는 회담 각 참가국의 공통된 바람을 대표하고, 6자회담체제의 발전을 위한 전략적 기조를 확립했다.

비록 2003년 8월 27~29일, 베이징에서 진행된 6자회담은 실질적인 돌파를 속히 이루지 못했지만, 북핵문제의 외교적 해결을 위한 6자회담체제는 결국 정식으로 시작되었고, 앞으로 지속적인 다자회의의 방식으로 점차 공통된 의식을 모으고 서로의 차이를 줄이며, 최종적으로 해결방안 달성을 위한 길을 개척했다. 특히 회담에서 형성된 6개의 공통점은 앞으로 6개국의 북핵문제의 외교적 해결방식에 대한 협상의 중요한 지도적 원칙과, 또한 앞으로 우여곡절이 많지만 전진을 할 수 있는 기본적 조건으로 작용한다. 6자회담이 형성한 다자구조에는 양자 간의 직접 대화 방식을 포함하고 있어, 미국이 견지하는 다자회담과 북한이 견지하는 양자회담 간의 차이를 최대로 메웠다. 8월 27일 베이징회담에 참가하는 북한과 미국, 미국과 일본대표는 나눠서 비공식 양자회담을 진행하였다. 미국은 지금까지 여전히 북한이 핵계획 취소를 승낙하지 않는 전제하에 북한과의 직접적인 양자회담 진행 거부를 강조하고 있으며, 6자회담에서 북한과 미국의 접촉은 비공식일 뿐이고, 한계가 있다고 강조했다.[18] 하지만 6자회담이 예정대로 진행된 것 자체는 북핵위기 해결의 길에서 중요한 첫 걸음이다.

이번 6자회담의 과정은 현재 북핵문제의 막중함과 복잡성도 반영되었고, 북미 간의 입장대립의 심각한 상태를 설명하고 있다. 회담의 각 참가국들이 견지하는 각자의 인식과 견해로 인해, 회담은 일정한 구속력의 공동성명을 통과시킬 수 없었고, 다음 단계의 6자회담 일정 또한 확정하지 못했다. 현재 6개의 공통점에는 큰 취약성이 존재한다. 예를 들어, 각국들은 모두 한반도 비핵화를 주장하고, 동시에 북한이 안보에 관해 제기한 관심을 고려하고 해결할 필요가 있다고 인지하였다.[19] 그러나 북한은 만약 미국의 안전보장을 얻지 못하고, 또한 미국이 북한을 적대시하는 정책을 포기하지 않는다면, 핵 위협력유지는 북한이 부득불 취할 수밖에 없는 선택이라고 강조하였다.[20] '북한의 핵무기 불(不)모색'의 표현법에는 두 가지 양면성이 존재한다. 이 외에, 핵위기를 해결하기 위해 각 참가국들은 단계별로, 동시에 혹은 병행 실시하는 방식으로, 공정하고 합리적인 전체적인 설계를 연구하고 확정하는 데 원칙적으로 동의하였다. 그러나 미국은 회담 중 북한이 반드시 무조건적으로 핵계획을 포기하고, 국제 핵사찰을 허용하며, 핵시설과 핵연료와 관련된 저장 정보를 공포해야지만 기타 문제의 실질적 회담을 시작할 수 있다고 지속 강조하였다.[21] 이와 동시에, 회담 기존의 다자와 양자를 결합시킨 절차의 설계에는 개선의 여지가 있다. 6자회담에서의 대화분량의 안배가 적절하지 않아서 직접적인 당사국인 북한과 미국의 1:1대화의 진정한 효과가 발휘될 수 없었다.[22] 회담 기간, 북한과 미국은 상대방 모두 받아들일 수 있는 방식으로 약 45분 동안 접촉하였고,[23] 6자회담체제에서 다자와 양자 융합의 창조적 설계를 객관적으로 억제하였다.

6자회담이 신속하게 실질적인 극복을 이루어내기 힘든 원인은 다방면적이다. 첫째, 2003년 7월 말 북한이 다자회담 참가에 동의한 이래, 북 - 미 양국의 북핵문제 해결에서 대치국면은 실질적으로 완화되지 못했다. 비록 미국 정책에 약간의 조정이 있었지만, 북한이 제시한 북미 불가침조약 체결의 조건의 차이가 여전히 너무 크다. 북미 양자는 북한의 안전보장, 북한의 핵계획 중단의 방식, 그리고 북핵에 대한 국제 핵사찰 등 세 가지의 주요 문제상의 불일치가 6자회담에서 축소되지 않았다.

둘째, 6자회담 개최가 다가올 때쯤, 북미, 한미 그리고 미일관계의 기본 분위기 역시 동요하였고, 적대적인 정서는 여전히 심각하였으며, 회담의 좋은 분위기의 조화가 결여되었다. 반대로 회담 전 미국은 북한이 제시한 미국이 8월 중순으로 정한 군사훈련 취소 요구를 거절하였고, 미국이 주최하는 11개국 산호해 군사훈련 등 일련의 사건은 6자회담에서 양자의 대립정서를 지속적으로 격화시켰다.

셋째, 제1차 6자회담에서 각국들이 자신들의 기본정책과 이익요구의 의사를 제기하는 것은 양보의 준비보다 훨씬 중요하다. 예를 들어, 미국으로 본다면, 협상에 참가하려는 의사와 타협을 하려는 협상의 의사가 있는지 여부는, 완전히 다른 두 개의 개념이다.[24] 미국이 타협의 협상준비를 보이지 않는 한, 단순히 협상참여국의 수를 확대시키는 것은 결코 북핵문제에 대한 외교적 해결의 실질적 기회를 증가시킬 수 없다.

2) 6자회담과 미국의 전략 선택

현재 6자회담이 최대한 빨리 지속되고, 성공을 향해 발전할 수 있을지에 대한 가장 큰 문제점은 미국에 있다. 미국이 외교적 협상의 성공을 위해 해야 할 마땅한 타협을 원하는지에 대한 여부가 6자회담 성공의 당락을 결정할 것이다. 6자회담에서 북한은 다소 일정한 유연성을 보여주었고, 반드시 핵무기를 추구하려는 것은 아니라는 건설적인 입장도 보여주었다. 북핵문제 이외의 다른 문제들에 대한 북한의 입장에도 여전히 완화의 여지는 존재한다. 예들 들어, 6자회담 전 일본매체는 만약 일본정부가 북한에게 식량 원조를 동의하고, 또한 납치사건을 이만 끝내는 데 동의한다면, 북한은 납치된 일본인 여성의 귀환에 동의할 것이라고 발표하였다.[25] 북한에 납치된 일본인 여성의 귀환요구는 현재 일본정부와 민간의 일본인 납치문제 해결에 있어 우선 조건이다. 일본매체는 북한이 일본정부가 납치된 일본인 여성마다 100억 엔을 지불한다면 그들을 무사귀환시키겠다 제시하였다고 보도했다.[26] 그러나 만약 부시정부가 협상에서 타협의 준비를 하지 않는다면, 미래 6자회담의 전망은 반드시 암담할 것이다.

사실상 부시정부의 모든 북한정책 혹은 북핵정책에는 6자회담체제 출현으로 인해 발생한 실질적 변화는 없었다. 첫째, 부시정부가 비록 6자회담 계획을 비준하였다 하더라도, 북한정부에 이데올로기에서 비롯된 적대시와 불신에는 거의 변화가 없었다. 핵비확산 문제를 주관하는 존 볼튼(John R. Bolton) 미국 국무부 차관은 2003년 7월 13일 한국방문에서 공개적으로 북한은 '지옥 같은 악몽(hellish nightmare)'의 국가라고 지적하였다. 존 볼튼은 부시 대통령의 오른팔이며, 심지어 일부러 미국 국무원으로 배치된 '일방주의자들의 대표'로 인식되어 왔으며, 그의 일관된 입장은 미국정부와 북한의 대화 진행을 반대하고, 북한이 완전히 핵계획을 취소하기 전에는 평양에 대한 어떠한 타협도 반대하였다. 그는『뉴욕타임스』기자에게 공개적으로 '북한을 끝내는 것'이 곧 '우리의 정책'이라고 공개적으로 말한 적 있다.[27] 존 볼튼의 견해 역시 현재 부시정부에서 중대한 영향력을 가진 북핵문제상의 신보수주의 세력의 기본적인 주장이다. 부시정부의 북한정책은 처음부터 클린턴정부 시기 북한에 대한 '제한적 포용', 압력을 가하는 정책을 뒤집고, 오히려 북한을 '악의 축' 중 하나로 보는 것, 즉 억제 정책으로 바꾸었고 북핵위기가 발발한 뒤 북한과 양자대화 진행을 거절하였다. 이러한 모든 것들은 상술한 주장의 결과이다. 현재 부시정부의 외교정책단 중에는 국방부 차관 폴 월포위츠(Paul Wolfowitz)가 포함된 한 무리의 강경파가 존재하는데, 국가안보담당 보좌관인 라이스의 견해는 그들과 기본적으로 같고, 그들은 북핵문제에 '주고 받는(give-and-take)' 방법의 채택에 대한 거절을 견지하고 있으며, '북한에게만 No라고 하는 강경파'로 불리고 있다.[28] 공화당 보수파 중 심지어 어떤 이들은 김정일의 북한 통치와 이라크 후세인 정권을 한데 섞어 논하고, 그들과 미국의 충돌을 냉전시대 글로벌 이데올로기적 대립의 심화로 본다.[29] 줄곧 비교적 부드러운 콜린 파웰(Colin Powell) 국무장관도 백악관의 북한정책을 설명할 때, 부시대통령의 춥고 배고픈 북한평민들에 대한 관심을 강조하며, 김정일정부와의 타협은 곧 북한 인민들의 고난을 가중시킨다고 강조하였다.[30] 6자회담 전야가 되어서도 부시정부는 이러한 북한지도자를 공격하는 정책을 고수했다. 2003년 8월 26일 파웰 국무장관은 미국 국회의원들에게 서한을 보내 볼튼의 강건한 입장을 변호하였고, 북한의 주장들은 단지 '그들의 정책'일 뿐이라고 공개적으로 무시하였다.[31] 2003년 9월 3일 북한지도자층은 새로운 선거를 진행하였고, 김정일이 재차 북한 국방위원회 위원장으로 당선되었다.[32] 북한의 현존하는 권력구조의 안정은 기존 북핵문제 해결과정에서 각국이 모두 반드시 존중해야 할 사실이다. 만약 부시정부의 북핵정책의 목표가 시종 북한의 제도와 정부의 변경에 있다면, 미국이 이후의 회담에서 어떠한 양보를 한다는 것은 불가능하다.

둘째, 부시정부는 정권교체를 통하여 북핵문제를 처리한다는 방법에는 변화가 없고, 북한의 단계적인 핵계획 취소를 받아들이지 않으며, 조약형식의 안보보장을 동의하지 않고, 핵계획을 '협상가능한 문제'로 승낙하지 않는 입장에도 변화가 없다.

9·11사건 이후, 미국은 글로벌 대 테러전 전략을 중점적으로 추진하는 상황에서, 대규모살상무기 기술의 확산을 반대하고, 특별히 '불량국가'가 장악한 대규모살상무기를 제거하는 것은 이미 새로운 국가안보전략의 핵심의제가 되었다.[33] 이로 인해, 부시정부의 북핵문제 해결의 전체적 견해는 클린턴정부의 '위기주도형 반응모델'을 부정하고, 북한과 북핵문제, 미사일 문제 등 구분된 협상을 진행하고, 또한 이러한 협상을 통하여 개체(個體) 문제 해결의 전술적 방법을 찾는 것이 아닌, 북핵문제를 미국이 북한정책상에서 주시하고 있는 기타의제와 결합하여 공동 해결하는 것을 모색하고 있으며, '위협주도형 반응모델'을 추구하고 있다. 그런 의미에서 본다면, 부시정부는 북핵문제상에서 북핵문제라는 이 단일위기를 쉽게 제거하는 것을 기대하는 것이 아니라, 오히려 일종의 한층 더 종합적이고 철저한 방식을 통하여, 북한이 미국의 동아시아 전략적 이익, 핵비확산체제 그리고 그에 따르는 대 테러전에 대해 조성할 수 있는 위협을 종결하려 한다. 이러한 북핵문제상에서 전략적 시각의 전이(轉移)와 해결 방안에 대한 예상 수익의 확대가, 부시정부가 북한과 직접적으로 대화를 하는 전통적 외교방침 채택을 거절하는데 매우 큰 영향을 미쳤다. 위협주도형의 반응모델로 본다면, 미국정부도 '이익유도'와 '군사위협'을 동시에 중시하는 방법을 취함으로써, 핵계획 포기를 촉구하여, 점차적으로 북한을 서방국가들과의 전면적인 협력으로 바뀌게 할 수 있다.[34] 그러나 부시정부는 이러한 일종의 긍정적인 대응방식이 아닌 '최고로 부정적인' 대응방식을 취하였고, 그것은 북한에 대한 어떠한 타협도 모두 그들에 대한 장려 혹은 독려이며,

이 모두 북한의 위협 정책에 굴복하는 것이라고 확신한다. 미국은 반드시 자기의 힘적 우세와 전략적 영향력으로 다른 국가들과 연합하여 공동으로 북한에게 고립과 압박 정책을 실행하고, 강제로 북한이 우선적으로 미국이 만족할 선택을 취하도록 해야 한다고 주장했다.[35] 부시정부의 이러한 정책적 선택은, 이라크전쟁 문제상에서 백악관의 일방주의 정책 추세와 일맥상통한다. 우리는 그것을 신보수주의 강경노선의 결과로 이해할 수 있고, 그것을 '부시주의' 정신이 북핵문제상에서 실질적으로 나타난 것이라고 볼 수 있다. 그러나 가장 중요한 것은, 부시정부에서의 신보수주의 강경파는 평양정권의 성질이 외교적 타협과 포용정책 그리고 시장화 발전 독려 등과 같은 외교정책적 수단 모두 '실패할 운명'을 결정했다고 믿고 있다는 것이다.[36] 북한이 현행정권 구조 아래 있기 때문에, 진정으로 중국식의 개혁개방의 길로 가지 않을 것이고, 그들은 어떠한 개방도 모두 자살로 볼 것이다.[37] 미국의 어떠한 외교적 타협은 모두 새로운 위협을 직면할 것이다. 이것은 미국이 끊임없이 북한의 압박을 받는 끝도 없고, 끝낼 수도 없는 하나의 과정이다.[38]

셋째, 북한 핵계획 시작의 진실된 의도와 핵능력에 대한 기존의 일정수준에 대한 부시 정부의 판단에는 변화가 없다. 백악관은 북한이 핵계획 발전의 최종 목적은 사실상의 핵무기 보유 국가가 되기 위해서지, 단순히 핵문제를 한 장의 '카드'로 여겨 북한이 원하는 국제원조로 쉽게 바꾸려는 것이 아니며. 게다가 만약 북한이 핵무기를 보유한다면, 포기하지 않을 것이라고 믿고 있다.

2002년 10월 북핵위기 발발 이래, 미국 국내에서 북한이 핵계획을 인정한 진실된 의도가 무엇인지에 대한 논쟁은 줄곧 멈추지 않았다. 상당 부분의 학자들은 북한이 재차 핵무기라는 이 '주물(呪物)'을 휘두르는 것은 국내의 경제 빈곤을 해결하고 고립된 국면을 돌파하며 그리고 미일 등 서방대국들과의 관계정상화를 얻기 위한 것이라고 인식하고 있다.[39] 이런 견해를 주장하는 사람들은 2002년 10월 이전 북한의 내정과 외교상에 나타났던 일련의 새로운 조정을 비교적 강조하는데, 미국정부가 북핵문제상에서 협상정책을 취하며 북한이 올바른 선택을 하도록 독려하는 것을 지지하고, 단순히 북한을 사각지대로 몰아넣는 것은 안 된다고 한다.

이런 각도에서 출발한다면, 평양정부의 합법성을 인정하고, 김정일정부를 이성적인 협상 대상으로 존중하고 받아들이는 것이 백악관의 북한정책의 전제가 되어야 한다.[40] 그러나 북한의 핵계획 존재 인정은, 진정으로 핵무기 보유 국가로의 목표 실현과 미국을 위협할 능력을 갖기 위함이며, 핵거부(nuclear denial) 정책을 추구하는 것으로 인식하는 학자들도 상당 부분 존재한다.[41] 조지프 나이(Joseph S. Nye) 교수는 북한의 NPT조약 탈퇴, IAEA 핵 사찰단 추방 그리고 새로운 5메가와트 흑연원자로 가동 등의 행동은 원조를 얻고, 또한 진정으로 핵무기를 보유하기 위해서라고 하였다.[42] 특히 미국이 일으킨 이라크전쟁을 통하여, 이미 상당수 미국인들이 북한은 자신이 미국의 새로운 군사공격의 대상이 되지 않기 위해선, 핵무기 모색이외에 다른 수단이 없다고 믿게 하였다.[43] 이러한 견해를 견지하는 학자들은 또한 핵무기 보유는 북한을 한반도 비무장지대의 재래식 군비축소 문제상에서 북한이 새로운 유연함을 보여주도록 할 수 있고, 북한이 재래식무기 유지비용을 줄임으로써 경제를 개선할 수 있다고 여긴다. 북한정부는 2003년 6월 6일의 성명에서 핵무기와 재래식무기 감축을 서로 연결시킬 수 있다고 하였다.[44] 미국의 전체적인 판단은 북한이 핵무기 보유로 미국, 일본 등 국가들과의 대화에서 전략적 위치를 실질적으로 높이길 원한다는 것이다. 이로 인해, 백악관의 정책설계자들은 어떠한 타협 혹은 양보 모두 객관적으로 북한의 쟁취한 전략적 힘을 견고하게 할 것이기 때문에, 미국의 불타협 정책은 바꿀 수 없다고 여긴다.[45] 북한의 주변국들이 공동으로 한반도 핵무장에 대해 반대하고, 이에 미국은 북핵문제의 '지역해결 방식'을 전력을 다해 추진하여, 북한의 핵보유를 반대하는 '지역연맹'을 형성하였으며, 북한이 핵무기 카드를 꺼내는 것이 지지성의 국제적 반응을 이끌어내지 못할 것이기 때문에, 미국이 북핵문제의 지역성의 소극적 확산 효과를 걱정할 필요는 없다. 그렇기 때문에, 북핵위기 발발 이래 북한에 대한 불타협과 경계선 확정 정책을 취하지 않음으로써 군사적 경고를 견지하는 것은, 사람들에게 미국은 북한의 핵무기추구를 용인할 준비를 한다는 인상을 주는 것 같다.

부시정부가 회담 중과 회담 후 어떠한 타협도 거절하는 강경한 입장을 취하는 것은, 6자회담이 지속적으로 심화되는 데 있어 큰 장애이며, 또한 6자회담 경로를 통해 북핵문제가 외교적 해결에 도달하기 위해 소화해야 할 '주요문제'이다.[46]

현재로 보아, 부시정부가 6자회담에 대해 도대체 어떠한 기대를 품고 있는지에 대한 연구는 매우 가치있는 문제이다. 최소한 세 가지 가능성이 동시에 존재한다.

첫째, 부시정부는 6자회담의 다자체제가 북한에 대한 고립과 압박 정책을 심화하는 수단이 되고, 북한의 우선적으로 일방적인 양보를 강요하도록 희망하고 있다.[47] 설령 북한이 양보하지 않더라도, 6자회담 참가로 북핵문제상에서 백악관 입장의 딱딱한 대중적인 이미지를 개선할 수 있고, 사람들에게 미국은 대화를 원하지만 북한은 대화를 원하지 않으며 비협조적이라는 인상을 줄 수 있고, 대선에서 부시정부의 북한정책이 상대방 진영의 비난의 표적이 되는 것을 피할 수 있다.

둘째, 6자회담을 통해 북한을 진정시키고, 북핵위기의 격상을 피하며, 부시정부가 이라크문제와 이스라엘 – 팔레스타인 충돌문제를 우선 해결할 수 있도록 한다. 2004년 대선 이후까지, 이라크 재건이 정상궤도에 진입하고, 중동평화에 새로운 전망이 나타난 후에, 다시 손을 내밀어 미국이 선택한 방식으로 북핵문제를 해결하려고 한다.

셋째, 현재 미국이 더 효과적으로 북핵문제를 해결하는 방안을 찾지 못했기 때문에, 6자회담은 그저 일종의 일시적인, 과도적인 방식으로 북핵문제를 처리하는 것이다. 미국의 6자회담 동의는, 중국과 러시아 등 국가들에게 북핵문제 해결의 적극성을 독려하고 자극하며, '대국 책임분담' 속에서, 동시에 미국이 일방적으로 나서서 북핵문제를 해결하는 정책적 코스트(Cost)를 줄이게 한다. 이와 동시에 북핵문제상에서 한국 등 전통적인 동맹국들과의 관계도 안정시킬 수 있고, 미국이 시간을 벌어 이라크 전쟁 후의 글로벌 군사배치를 조정하기 쉽게 하며, 단순히 강경한 대북정책이 한미관계에 야기할 불안과,[48] 동아시아에서 미국 전체의 전략적 이익에 손실을 가하는 것을 방지한다.

6자회담에 대한 부시정부의 전략적 기대는 상술한 세 가지 가능성 중 어떠한 한 가지라도, 모두 6자회담에서 미국의 정책적 선택과 대북정책 입장에 결정적인 영향을 끼칠 것이며, 미국의 기본입장을 의미할 것이다. 타협과 양보를 바탕으로 공통된 인식을 응집시키고, 점차적으로 1994년 10월 「제네바협약」의 방식과 같은 최종방안을 형성하며, 평양이 현행하는 정치체제와 정권의 연속을 인정하는 바탕 위에 거래를 통하여 문제를 해결하는 것이 아니라, 북한을 '힘으로 굴복시키고' 미국이 '부르는 값'에 따라 무조건적인 핵계획 취소 혹은 미국이 적합한 기회가 있을 때까지 핵계획을 지연시키고, 군사적 수단이 포함되어 있는 각종 방식으로 북한의 제도변화를 실현하고, 더 나아가 모든 북한문제를 확실하게 해결하는 것이다. 이 세 가지 가능성 모두 부시정부가 6자회담을 그저 북한과 최종적인 '군사적 결전'을 하기 전의 정치적 수단으로 보고 있다는 것을 의미하고 있다.[49] 만약 외교적 해결을 시도한다면, 백악관이 무력행사를 결심하더라도, 중대한 국내와 국제압박에 직면하게 된다.

3) 6자회담체제의 문제와 전망

6자회담체제의 견지는 외교적 방식으로 북핵문제의 평화적 해결을 추진하는 앞으로의 유일한 현실적이며 합리적인 방향이다.

이것의 현실성에 대해 말하자면, 부시정부가 북한과의 직접적인 대화 거부를 견지하고, 북핵문제는 값을 흥정할 수 있는 문제라고 인정하지 않으며, 대국들이 책임을 분담하는 기초 위에 북핵문제의 평화적 해결 보장을 강조하기 때문에 6자회담 구조 외에 다른 외교적 해결을 찾는 것에 대한 가능성은 사실상 존재하지 않는다. 미국이 다자회담을 재삼 강조하는 것의 상당 부분은 각국정책을 협조하고, 미국이 다른 참여국들에게 영향력을 발휘함으로써, 가능한 한 북한을 고립시킬 뿐 아니라 미래의 해결방안에서 다른 국가들에게 책임을 분담하도록 하기 위해서다. 그러나 다자방식에는 여전히 몇 가지 합리성이 있다. 첫째, 6자회담에서의 중국, 러시아, 한국 3국의 입장이 비교적 가깝고, 북핵문제 해결의 구체적인 방식에서 미국과 비교적 큰 차이를 보인다. 6개국의 공동개입은 협상의제 분야에서 미묘한 균형적 효과의 형성에 도움이 되고, 공평하고 합리적으로 북핵문제를 해결하기 위해 마땅한 긍정적인 요소를 주입시키고, 협상의 우여곡절 속에서도 전진하는데 이롭게 한다. 둘째, 북핵문제의 충격과 잠재하고 있는 손해는 북미관계에만 미치는 것이 아니라, 동북아 지역 전체의 안보와 번영과도 직접적인 관계가 있으며, 현재 6자회담체제는 북핵문제와 직·간접적으로 연관된 주요 국가들을 포괄하고 있기 때문에, 북핵문제의 해결방안은 반드시 이 국가들의 이익과 관심이 충분히 반영되어야 한다. 이 두 가지 측면으로 본다면, 6자회담체제 확립 이후, 그 후속 회담 진행에 앞서 회담에 대해 각국이 지속적으로 의무부담을 유지하는 것은, 우선적으로 해결되어야 할 문제이다.

6자회담의 방향에 대한 공통적 결론은 각국이 회담을 지속적으로 진행하는데 동의한 것이고, 또한 외교적 수단을 통하여 최대한 빨리 다음 회담 일정을 확정하는 것이다.[50] 현재로 보아, 중국, 미국, 일본, 러시아, 한국 모두 회담 지속에 대해 명확한 지지의 태도를 보였고, 비록 북한은 일정한 번복을 보이지만, 재빨리 바로 잡는 것 같다.[51] 다음 회담이 최대한 빨리 진행되는 것은 각국들이 문제의 협상 해결에 대한 신념 그리고 협상의 심화를 위하여 상응하는 타협을 하느냐에 달려있다. 만약 북미 양측 모두 현재 각자의 입장이 북핵문제 해결을 위해 상대방이 먼저 양보해야 한다고 보는 것이라면, 그것은 단기 내에 북미양국 모두 실질적인 타협에 대한 준비가 되어있지 않거나 근본적으로 그럴 마음이 없다는 것을 의미한다. 타협준비의 계획은 장기적으로 보아, 협상 참여국의 협상의 형식과 과정에 대한 열정과 기대를 약화시킨다. 이 모든 것들은 6자회담이 현재 직면한 문제들이다.

이 두 문제의 존재는 또한 6자회담의 심화에 필요한 냉정과 조용한 분위기 조성을 실질적으로 방해하고, 북핵문제 위기상황을 단기에 해소하기 어렵게 하며, 이 문제는 결코 관련국들이 협상에서 만족을 얻어내지 못해서 오는 상실감을 메우고, 지속적으로 초지(初志)를 견지함으로써 새롭게 도발적 행위를 취하는 것을 해소시킬 수 없다. 북한의 핵실험 여부에 대한 문제는, 앞으로 6자회담의 운명을 결정하는 중요한 첫 번째 요소가 될 것이다.

일단 북한이 핵실험의 움직임을 보인다면, 미국과 일본은 어떠한 반응을 할 것인가? 6자회담은 이어질 수 있을까? 이 모든 것은 매우 큰 의문이 될 것이다. 1990년대 이래 미국정부의 핵비확산정책의 역사로 보아, 부시정부가 취할 가능성이 매우 큰 정책적 반응은 즉시 북한과 모든 형식의 회담을 중지하고, 최소한 일방적인 경제적 제재를 선포할 것이며, 또한 동시에 공식적으로 다국적 해상 봉쇄와 저지 계획을 실행할 것이다.[52] 이렇게 된다면, 6자회담이 무산될 가능성이 크다.

현재로 보아, 북미 양측 모두 상응하는 자제 행위를 취할 가능성도 존재한다. 북한 측으로 본다면, 한층 더 과격한 행동은 6자회담체제의 붕괴를 가져올 것이라는 엄중성에 대해서는 이미 알고 있다. 북한은 핵실험 혹은 핵무기 보유국 공식선포가 모종의 쇼다운 효과를 야기시킬 것이라는 것에 대한 고려가 있을 것이다. 6자회담체제가 북한의 이익요구 실현에 대한 최대의 기회의 창구를 보류한 것이다. 2003년 9월 9일, 북한 건국 55주년 기념일에, 국제매체들은 북한이 자신을 핵무기 보유국 선포 혹은 핵실험 진행과 같은 종류의 중대한 행동을 취할 가능성이 있다고 예측하였지만, 결과적으로 모두 발생하지 않았다. 평양 측은 그저 만약 미국이 북한을 적대하는 정책을 포기하지 않는다면, 북한은 핵 위협력을 발전·강화시킬 수밖에 없다고 강조하였다.[53] 현재, 북한이 이미 장거리미사일을 보유하고 있다는 매체의 보도와 관련하여,[54] 분명히 미국이 북한의 안보관심을 만족시켜줄 수 없다는 것을 겨냥하여 취한 조치 중 하나이며, 북한 측의 '자주안보'를 강화할 것이라는 주장이다. 기대할 수 있는 것은, 미국이 지속적으로 타협을 거절하기 전, 북한이 여전히 지속적으로 강경한 정책을 견지하고, 위기사태를 유지하여 각국에게 압력을 가할 수 있다는 것이다. 그러나 전체적으로 6자회담체제의 출현으로 인해 북핵위기의 최고조는 아마도 잠정적으로 이미 지나갔다.

미국 측으로 보아, 대화의 과정에서 위기사태를 제어하고, 다른 국가들과 연합하여 북한에 대해 외교적 압박을 유지하며, 미국이 원하는 대화의 외교적 상태를 형성하는 것이 현재 부시정부의 외교이익과 가장 부합한다. 이로 인해, 미국은 지속적으로 다자회담의 방식을 지지하고, 최대한 외교·정치적으로 북한을 고립시킬 것이며, 회담에서 필요한 진전을 얻어내지 못하는 모든 책임은 핵계획 문제상에서의 평양의 지속적인 완고함과 모험으로 돌릴 것 이다. 이와 동시에, 북한에 대한 압력 정책을 유지하며, 어떠한 강제적인 압력 조치를 통하여 강제로 북한이 따르게 할 것이다. 이렇게 하는 것은, 부시정부가 북핵문제 처리를 위해 최대한의 능동적 자세를 취할 수 있게 할 뿐만 아니라, 6자회담에서 미국의 외교적 수단으로 북한의 실질적 양보를 얻어내는 것과 매치되고, 북핵문제에서 백악관의 부작위(不作爲)에 대한 미국 국내의 비판을 피할 수 있다. 현재, 미국은 최소한 3가지 방면의 압박 조치를 고려하고 있다. 첫째, 지속적으로 관련국들이 더욱 강도 높게 북한과의 무역교류를 제한하고 줄이기를 호소하고, 심지어 직접 나서 경제적 제재를 조직하는 것이다. 둘째, 북한을 겨냥한 방어배치를 강화하고 최전방 군 배치를 조정하는 것이다. 셋째, 지속적으로 다국적 해상에서의 저지와 검사 조치를 추진하는 것이다. 그러나 일정한 시기 내에 미국은 상대적으로 조용한 조정을 취하여 이 세 가지를 해나갈 것이지만, 예를 들어, 안보리에서 북핵문제에 대한 공식적인 결의를 추진하는 등 북한에게 큰 규모의 압박은 가하지는 않을 것이며, 민감한 문제에서는 여전히 느슨한 방침을 취할 것이고, 북한을 자극하는 것을 피함으로써 위기사태에서 안정과 억제를 얻어내고, 북한문제에서 부시정부가 직면한 내외적인 압박을 줄여나갈 것이다.

부시정부가 그들의 정책에서 약간의 유연성을 다소 보여주는 것에 대한 준비도 기대할 수 있다. 미국의 북핵정책은 국무부의 유연한 입장과 펜타곤의 '보수 강경파' 입장에서 계속 갈피를 잡지 못할 것이다. 베이징회담 이후, 미국매체는 제임스 켈리(James Kelly)를 단장으로 한 미국 협상대표단이 6자회담에서 미국이 북한에 대해 어떠한 원조도 하지 않을 것에서부터 북한에게 직접적인 원조를 제공할 뜻이 있다는 것으로 변하였고, 북한이 반드시 우선적으로 핵계획을 포기하고, 철저한 핵사찰이 가능하며 되돌릴 수 없게 북한의 핵시설과 핵계획 폐기를 실천하기 전에 북한과 '앞으로 나아갈' 구체적인 조치를 논의하는 것을 포함한 북핵문제 처리의

'새로운 방법'을 제시했다고 보도했다.[55] 미국이 취한 이러한 행동들에 대해서 북한은 또 어떻게 해석하고 반응할 것인가? 이러한 문제들이 6자회담의 후속 회담의 전개 시간과 협상의 구체적인 과정에 영향을 줄 수가 있다.

미래의 6자회담이 어떻게 지속적으로 심화되는지의 관건은, 부시정부가 강경한 대북정책에 대해 새로운 검토를 할 것인지 여부에 달려있는데, 그것은 바로 정권교체(Regime Change)[56]의 전략적 목표에서부터 각종 방법을 통한 북한의 정권전환(Regime Transformation)을 돕고 촉진시키는 것으로 전환하고, 진정으로 외교적 수단을 통하여 북핵위기를 평화적으로 해결하는 것이다. 만약 부시정부의 대북정책이 지속적으로 정권교체에 머무른다면, 6자회담에서 미국은 북한에게 어떠한 실질적 양보도 할 수 없고, 반대로 미국은 북한과의 최종적인 '결전'을 통하여 각종 유리한 조건을 만들어내기 위해, 지속적으로 지연시키는 전술을 취할 수 있다. 단기간 내 대북정책에 중대한 조정이 발생할 가능성은 크지 않다. 이로 인해, 앞으로 한동안 북핵문제는 어떠한 '냉각위기'의 상황이 나타날 가능성이 있다. 즉 새로운 위기가 급격히 악화되지도 않겠으나, 대화의 과정에서 극적인 돌파도 일어나지 않을 수 있다는 것이다. 그러나 이러한 국면 자체에는 매우 큰 위험이 숨어있다. 교착상태는 상황을 변화시킬 수 없고, 사실상 각국이 지속적으로 비교적 극단적인 방향으로 발전하도록 독려할 것이며, 군사적 충돌의 위험이 지속적으로 높아질 수밖에 없기 때문이다.[57] 이러한 상황에서, 만약 6자회담의 각국 모두 전쟁의 전망을 보는 것을 원치 않고, 또한 가장 큰 재난을 초래할 전쟁을 막을 능력을 지녔다면, 6자회담의 지속되는 과정이, 북미 양측의 인내심 경쟁으로 변질될 가능성이 매우 크다. 양측이 치열한 외교적 대치 국면을 지속적으로 유지할 때, 어느 쪽이 먼저 '버티지 못하는지'를 보게되며, 그리고 난 뒤 우선적으로 실질적인 양보를 하는 것으로 교착상태를 타파할 것이다. 이렇게 외교적으로 북핵문제를 해결해야만 진정한 서광이 드리울 수 있다. 당연히 가장 이상적인 국면은 6자회담에서의 중국, 러시아, 한국과 일본이 함께 보조를 맞추어 평행의 원칙을 준수하고 이행하도록 미국을 설득하고, 미국에게 강경한 불타협 입장을 조정할 것을 강력하게 요구하는 것, 혹은 4개국이 '선 핵폐기, 후 협상'의 원칙을 북한이 받아들이도록 설득할 수 있다는 것이다. 그러나 이 두 가지를 실현시키기 위해서 6자회담에 참여한 각국의 지속적인 노력이 필요하다. 어쨌든, 2003년 8월의 6자회담은 하나의 시작일 뿐이고, 앞으로의 북핵문제의 발전에는 여전히 매우 다양한 변수가 존재한다. 진정으로 북핵문제를 해결하고 싶다면, 각국 모두 그에 상응하는 선의(善意)를 보여줘야만 하고, 세 가지 상호연관된 원칙을 엄수하는 것이 필요하다. 즉 한반도 무핵화를 확보하고, 북한의 안보관심을 존중하며 동북아지역 전체의 평화와 안정 그리고 번영을 촉진시켜나가야 한다. 이렇게 해야만, 북핵문제의 해결이 멀지않은 미래에 현실로 이루어질 수 있다.

제3절 북핵문제 제2차 회담 이후의 전망분석

2003년 외교·정치적으로 북핵문제 해결을 위해 건설한 6자회담 구조는 희망의 서광을 가져왔다. 그러나 2003~2004년 제3차 6자회담은 교착상태를 타파하지 못하였다. 단기적으로 본다면, 북미 내부에 중대한 정책조정이 나타나지 않는 한, 2005년에 6자회담이 회의를 재개한다 해도 실질적인 진전을 얻어내기는 어렵다. 현재 북미 양측의 정책 마지노선의 대립이 여전히 첨예하고, 양측이 중대한 타협 진행에 대한 희망도 막연하며, 북핵문제의 외교·정치적 해결 과정이 이미 매우 중요한 교착점에 도달해 있다. 회담을 회복한 뒤에도 여전히 무소작위(無所作爲)한다면, 북핵문제는 6자회담 구조를 뛰어넘을 가능성이 매우 크다. 다자협상 과정이 일단 단절된다면, 한반도 전체는 새로운 불안과 더 큰 불확실성에 직면할 것이다.

1) 부시정부 2기 임기의 북핵정책

2003년 9월, 북한은 제4차 6자회담의 참석을 거부하였고 이로 인해 원래 9월 말로 예정되었던 새로운 라운드의 6자회담은 무산되었다. 북한의 참석거부 이유는 첫째, 한국에 핵 프로젝트가 존재하고, 6자회담에서는 반드시 한국의 핵문제도 동시에 다뤄야 하며, 그렇지 않는다면 이것은 곧 이중 잣대라는 것이다. 둘째, 미국이 북한에 적대하는 정책을 포기하지 않았고, 10월 PSI훈련 등을 포함한 미국의 몇몇 행동들이 6자회담의 기초를 파괴시켰다. 북한의 진정한 의도를 기술적 측면으로 본다면, 미국의 2004년 대선을 이용하여 공화당정부가 패배할 계기를 만들어, 북한이 생각하는 더욱 적합한 협상 상대를 찾으려는 것이다.[58] 그러나, 미국 대선의 결과가 미국의 북핵정책을 크게 바꿀 것이라는 생각은 성립되기 어렵다.

북핵문제는 미국 대선기간 공화당과 민주당 양당후보가 서로 다투어 논쟁한 외교주제(主題) 중 하나다. 민주당 대선후보 존 케리(John Kerry)는 만약 그가 새로운 대통령에 당선된다면, 북한과의 양자회담을 전개해나갈 뿐만 아니라, 협상의 방식으로 북한의 핵시설 제거를 추진할 것을 제기하였다. 이로 인해, 케리도 부시정부의 북핵정책을 힘써 규탄하며, 그들의 정책은 대규모살상무기의 확산을 해소시키지 못했을 뿐만 아니라, 오히려 반대로 이란과 북한의 핵무기 위협을 증가시켰다고 여겼다.[59] 사실상 북핵문제에서 케리의 정책적 주장은 많은 부분 선거용 발언이며, 설령 민주당이 집권을 하더라도, 케리정부 역시 클린턴정부 시기 북핵문제 처리 방식의 '양자타협 모델'로 돌아가는 것은 절대 불가능하다. 1994년 이래, 클린턴정부의 「제네바협약」 체결을 통해 시간을 벌어 북한의 점차적인 변화를 기다리는 구상은 국내에서 많은 비판을 받았다. 공화당이 국회 과반수를 점하는 압박 아래, 클린턴정부는 「제네바협약」 실행과 '한반도 에너지 개발' 경수로 프로젝트에 줄곧 시간을 끄는 전술을 취했다.

'클린턴 모델'에는 매우 중요한 전제가 있다. 그것은 바로 민주당 정부가 북한이 사실상 아직 핵무기를 보유한 사실의 '레드라인'을 넘지 않았다고 여기며, 북한이 실질적으로 핵을 추구하는 것을 저지하기 위해 미국은 원조를 제공하고, 북한의 에너지 문제를 도우며 양자외교 등의 방식을 통하여 북한의 자율을 얻는 것이다.[60] 2002년 10월 제2차 핵위기가 발발하고 난 뒤, 북한은 「핵비확산 조약」을 탈퇴하고, 국제원자력기구의 핵사찰단원을 추방하며 8,000개의 연료봉에서 플루토늄을 새롭게 채취하였고, 이것은 이미 민주당 정부의 북핵문제 타협의 외교적 마지노선을 크게 넘은 것이다.[61] 이러한 상황에서, 케리가 새롭게 클린턴 모델로 돌아간다는 것은 상상하기 매우 어렵다.

2004년 11월 2일 부시대통령이 경선에서 승리하였다. 제2기 부시정부는 북핵문제에서 다자협상의 정책구상을 지속할 뜻을 여러 차례 표하였고, 북한이 6자회담으로 돌아오길 호소하였으며, 6자회담은 북핵문제를 외교적으로 해결하는 유일한 '장소'라고 강조하였다.[62] 차기 부시정부의 국가안보 보좌관에 임명될 스티븐 해들리는 미국의 북한정책은 '정권전환(Regime Transformation)'을 모색하는 것이지, '정권교체(Regime Change)'를 위한 것이 아니라고 표명하였다.[63] 그러나 부시정부의 대북정책의 전체 기조는 더욱 강경하고, 지속적으로 2003년 6월 제3차 6자회담 당시의 입장을 강조하는 것으로서, 즉 북한이 우선적 동결은 가능하지만, 이것은 오직 핵포기 실현 이전 3개월의 '준비기간'만이다. 북한의 전면적 핵포기 전에 미국은 원조를 제공하지 않을 것이지만, 다른 국가들이 북한에게 에너지 원조를 제공하는 것을 반대하지는 않는다. 핵포기는 반드시 핵사찰이 가능하고 되돌릴 수 없도록 해야 한다. 핵포기 이후 북미관계의 정상화는 다른 관련 문제에서 북한이 얼마나 협조하는지에 달려있다.[64] 부시정부의 대북정책의 강경 추세의 원인은 세 가지 방면에 있다.

첫째, 부시 대통령의 연임은 북한문제에서 백악관의 신보수주의 이념을 더욱 견고히 하게 했고, 미국 국내정치에서 그들의 강경정책에 대한 지지를 확대시켰다. 미국의 다수 국민들도 북한과 이란문제 모두 미국외교의 우선적으로 처리되어야 할 문제라고 인정하고, 외교적인 방법의 해결을 지지하였다. 그러나 1993~1994년 제1차 북핵위기 시기와 비교해서, 미국 여야의 북한에 대한 믿음은 더욱 떨어졌고, 더욱더 많은 사람들이 미국의 타협과 원조는 김정일 정권의 생존만 도울 뿐, 북한의 기아와 폭정을 줄이는데 전혀 도움이 되지 않는다고 믿기 시작하였다.[65] 2004년 10월 미국 하원에서 통과되었던 「북한인권법안」은 미국과 북한의 협상 내용에 '인권'을 넣게 할 것이며, 이것은 북한에 대한 미국의 강경한 입장에 대한 중요한 상징이다. 뒤이어 미국은 황장엽의 방미를 요청하였고, 북한의 불량정부 문제에 대한 토론을 조직하기 시작하였다. 미국 정계에서는 단순한 외교적 타협으로 문제 해결을 반대 혹은 의심하는 의견들이 이미 현재 대북정책의 주류가 되었다. 미국공화당 하원의원 마크 커크(Mark Kirk)는 대선 후 부시의 연임은 하나의 각성이며 북한문제상에서 "더 이상의 유화정책은 없다"고 표명하였다.[66]

둘째, 파웰 국무부장관의 이직에 따라 강경파는 이미 절대적 우세를 점하였고, 북핵문제상에서 부시정부의 정책적 유연성은 급감했다. 미국 여야는 보편적으로 김정일정권의 동결 계획은 그저 일종의 시간벌기 전술일 뿐이며, 핵사찰이 가능한 핵포기 요구를 진정으로 실행하지 않을 것이라 인식하고 있다. 부시정부의 외교정책단은 경선 후 개편되었고, 백악관을 움직여 이라크전쟁을 일으킨 강경인사들은 여전히 고위직에 있으며, 그들은 부시대통령이 더욱 강경한 정책으로 북한에 대응하라고 촉구한다.[67] 신보수주의의 중요한 싱크탱크인 'PNAC(Project for the New American Century)'는 심지어 군사적 수단으로 북한에 정권교체를 하도록 공개적으로 부추기는 보고서를 발표하였다.[68] 미국 브루킹스연구소의 중진 연구원인 마이클 오한론(Michael O'Hanlon)은 북핵문제와 관련해 어떠한 타협적 해결방식도 반드시 먼저 미국 국내의 대토론을 거쳐야 하고, 각 기관의 통일된 인식이 형성되기 전에는, 북핵문제상에서 미국정부는 실질적인 외교적 양보를 할 수 없다고 일침견혈(一針見血)하게 지적하였다.[69]

셋째, 9 · 11사건 이후, 테러방지와 대규모살상무기 확산방지는 미국 국가안보전략의 가장 중요한 관심이 되었고, 핵무기 보유와 동시에 대외정책에 도발성을 지닌 북한은, 미국의 해외위협평가에서 이미 제1차 북핵위기 시기와는 다른 자리에 위치하며, 가장 위협성을 지닌 요소 중 하나로 속하였다.[70] 이러한 상황에서, 핵포기는 이미 더 이상 미국의 대북정책의 하나의 목표가 아니라, 주요 위협에 대해 중요한 처리 단계의 하나가 되었다. 핵포기 요구 이외에도, 북한문제상에서 미국의 안보관심은 휴전선 부근의 재래식군 감축, 미사일개발계획 중지, 생물과 화학무기 프로젝트 공개와 북한의 개방과 인권개선 촉진 등 일련의 정책적 요구도 포함하고 있다. 부시정부의 북핵전략은 점점 더 일종의 '종합적 안보관심' 특징의 양상을 띠고 있고, 북핵문제 해결을 일괄적인 북한 위협에 대한 해결을 선도하는 시작으로 보고 있다. 이 정책에는 군사적 위협, 실전준비, 국제적 고립, 정치적 강압 그리고 인권공세 등 억제의 일면을 지녔고, 대화유지와 제한된 인도주의적 원조의 매파포용(Hawkish Engagement)의 일면도 지녔다.[71] 이것 역시 미국이 2002년 10월 북핵위기 이래, 정책상에서 주저하며 고집스럽고, 다자회담을 선도하며 협상테이블에서 쉽게 양보를 원치 않는 원인 중 하나이다. 현재 부시정부의 협상 전략은, 만약 평양이 에너지 원조, 불가침 보장의 서면적 약속, 경제 제재 취소 그리고 북미관계정상화 등을 포함해 그들이 원하는 것들을 얻기 희망한다면, 반드시 핵포기를 계기로, 미국의 안보관심에서 미국이 승낙한 긍정적인 절차를 취해야한다. 그렇지 않는다면, 부시정부는 '나쁜 행동에는 어떠한 보상도 없다'는 원칙을 견지할 것이다.

2) 6자회담 재개의 장애물

2004년 9월 말로 예정된 제4차 6자회담에 대한 북한의 참가 거절은 결코 북한의 6자회담 탈퇴가 아니다.[72] 6자회담 재개의 가능성은 여전히 크고, 이것은 각국 이익에 부합하는 가장 좋은 선택이다. 2004년 전체를 회고한다면, 북미 양측 모두 외교협상을 통하여 문제해결의 뜻이 있고, 이러한 뜻은 2005년에 지속해서 존재한다. 미국이 이라크재건 문제에 깊이 빠져 있어, 북한이 국제 테러조직에 핵원료 혹은 핵폭탄을 수출하지 않는 한, 객관적으로 미국이 단기 내 군사적 수단으로 북핵문제를 해결할 현실적인 조건을 갖추지 못하고 있고,[73] 그렇지 않으면 부시정부가 국내에서도 북한에 대한 무력사용의 합법적인 권한과 지지를 얻기가 어렵다. 이 외에, 부시정부 내부의 강경파가 북한을 얼마나 적대하든지 간에, 펜타곤 역시 북한에 대해 빠르고, 효과있는 군사적 타격 가능한 방안이 없다. 그렇기 때문에, 6자회담을 지속하는 것이 여전히 미국의 우선 방안이다.

북한은 6자회담의 지속을 반대할 이유가 없다. 평양이 핵능력을 모색하는 목적의 첫째는 안전보장 획득이고, 둘째는 필요한 에너지와 물자원조를 얻기 위함이며, 셋째는 그것을 협상 카드로 내걸어 미국, 일본 등 국가들과의 관계를 정상화하여, 장기간 서방으로부터 받아온 제재의 곤경을 끝내고자 희망하는 것이다. 이러한 목적에 도달하려면, 협상은 유일한 방법이다. 케리의 미국대선 패배는 평양이 불리한 협상 상황을 개선해보려는 기회를 상실하게 만들었고, 6자회담으로의 복귀가 사실상 평양의 고립 국면을 깨기 위한 몇 안되는 카드가 되었다. 북한의 6자회담재개 거절의 시간이 길어질수록, 그들이 직면할 국제적, 국내적 압박은 더욱 커질 것이다.

첫째, 6자회담의 지속적인 전개는 각국의 공통된 인식이며, 북한의 재개 거절은 북한이 각국으로부터 고립의 위기에 직면할 수 있게 할 뿐만 아니라, 미국과 일본 등 국가들의 강경파들이 더욱 타협불가 정책을 견지하게 하는 이유가 되며 게다가 한국, 중국, 러시아 등 국가들로 대표되는 이해파(派)들에게 부담을 가져다주어, 그 이해파의 중재활동에도 어려움을 준다. 중국은 적극적으로 북핵위기를 중재하고, 게다가 평화적 해결을 위해 막대한 외교·정치적 노력을 쏟아 부었다. 북한이 재차 6자회담 참석을 거부하는 것은 중국의 외교적 중재노력에 대한 타격일 뿐만 아니라, 동시에 6자회담에서 중국의 중립과 객관적인 중재 역할에 질의를 받게 한다. 북한의 제3차 6자회담 불참 선포이후, 한국과 중국은 줄곧 미국이 북한에게 더욱 유연하고 창조적인 정책을 취하여, 평양을 쉽게 협상테이블로 데려오도록 촉구하였다. 2004년 10월 하순, 미국 국무장관 파웰의 동아시아 3개국 방문 때, 한국과 중국 모두 이에 많은 작업을 하였다.[74] 한국의 노무현정부는 북한에게 '평화번영정책' 실행을 견지하였고, 미국이 북한에게 고압박 정책을 실행해서는 안 된다고 수차례 상기시켰다. 그러나 동시에 서울은 여전히 북쪽으로부터의 위협을 염려하고, 이것 역시 노무현정부의 대북정책이 양난의 상황에 처해있다는 것을 설명해주었다.[75]

둘째, 북핵문제를 지연시키는 것은, 평양 국내 경제에 대한 진흥(振興)과 개혁에 불리하며, 북한의 안정에도 불리하다. 2004년, 한국으로 밀입국한 탈북자 수는 1,890명에 달하여, 2003년의 수치보다 50% 증가하였다.[76] 북한의 밀입국자 문제는 이웃 국가에게 부담을 주었고 외교적 분쟁을 일으켰을 뿐만 아니라, 장기적으로 평양 정권에게는 타격이며 한국의 '평화번영정책'에도 부정적인 영향을 준다. 현재, 한국인의 약 63%는 정부가 북한의 밀입국자를 받아들이는 것을 반대하고 있다.[77] 한국에는 여전히 북한에 대한 투자와 원조를 반대하는 강한 세력이 존재한다. 최근 몇 년 동안 러시아는 이러한 밀입국자들과 노동자들에 대한 태도를 단호하게 바꾸었고, 이것은 북한 내부 붕괴 가능성에 대한 러시아 극동지역의 우려를 반영한 것이다.[78]

셋째, '지연'의 결과는 미국과 일본의 잇따른 북한에 대한 경제제재가 포함된 더욱 단호한 압박정책일 가능성이 매우 크다. 2004년 북한과 일본은 비록 고이즈미 총리의 두 번째 평양행을 실현시켜, 양측은 납치된 일본인 문제해결에 진전을 보였지만, 2004년 12월 발생한 가짜유골 사건은 일본 측의 강력한 반발을 야기시켰고, 고이즈미 총리가 단독으로 행한 평양과 일본인 납치문제 해결의 정치적 열정에 심각한 상처를 입혔다. 일본의 설문조사 결과에 따르면, 일본인의 63%가 대북 제재 실행을 지지했다.[79] 2004년 12월 14일, 일본 국회위원회는 정부에게 북한의 가짜유골 문제로 인해 평양에 대한 인도주의적 원조를 중지하고, 경제적 제재 실행을 요구하는 결의를 통과시켰다. 고이즈미정부의 결정은 제재정책은 잠시 내려놓자는 것이었고, 이것의 근본적 원인은 일본의 제재로 인해 북한의 6자회담 복귀를 지연시키는 핑계가 늘어나는 것을 원하지 않았고, 동시에 일본이 북핵문제상에 유연함을 보일 수 있는 여지를 증가시키기 위해서이다. 그러나 일본정부의 입장에는, 인질문제를 이용해서 북한의 핵문제와 연결시킨다면, 평양에 제재를 가하는 건 어려운 것이 아니다.[80] 2004년 12월 17일 고이즈미 수상은 방일한 한국의 노무현 대통령을 접견할 때, 먼저 공개적으로 일본의 북한 제재문제를 꺼냈고, 제재는 일본정부가 국내 압력에 의해 부득불 취한 방법이라고 강조하였다. 현재 북한과 러시아 관계도 더욱 냉담으로 기울고 있다. 힘을 중시하는 푸틴정부의 입장에선, 러시아는 결코 북한을 위해 어떠한 구체적인 의무를 부담해야한다고 여기지 않고 있다.[81] 한국의 노무현정부는 북한에게 포용 정책을 견지하지만, 6자회담 과정에서 한국은 역할의 한계를 지녔다. 한국의 대북정책은 기타 대국의 한반도 정책에 영향을 줄 수는 있지만, 대국들의 한반도 정책의 흐름은 결정할 수 없다.

북한과 미국 모두 6자회담이 지속되기를 희망함에도 현재 핵심적인 문제점은 지속적으로 양측이 외교적 협상을 통하여 북핵위기 문제의 해결을 원하는지에 대한 여부가 아니라, 협상의 과정에서 각자 제시한 조건의 차이가 너무 큰 것이 문제이며, 그리고 핵계획과 기타 관련된 이익의 수요 간의 관계를 어떻게 취급할지도 문제이다. 북한의 입장에선, 먼저 양보를 하는 것은 미국의 방안을 받아들이는 것을 의미할 뿐 아니라, 최소한 일방적인 우선 핵무기폐기 성명과 국제 핵사찰을 받아들이도록 모든 핵시설을 개방할 것을 의미하는 것이다. 평양은 이미 공개적으로 이것은 무기를 던지고 투항하는 것과 같다고 표명하였다.[82] 북한의 핵계획 개발 목적은 아무래도 북한 현정권의 안보를 증강시키고, 미국이 말하는 '악의 축'에서 또 하나의 공격목표가 되는 것을 피하기 위한 것이다. 예견할 수 있는 것은, 북한이 미국의 원조와 불가침 승낙을 얻기 전 단독으로 실질적인 타협을 하는 것은 어렵고, 이로 인해, 현행정권에 유리한 조건을 얻기 전에는 핵포기를 하지 않을 것이다. 이 유리함과 불리함에 대한 판단기준은 우선 평양정권의 안정이다.[83] 평양은 마치 지속적으로 수동적이고 불리한 조건 아래서 정권의 통치와 제도의 합법성 유지에 대해 마치 여전히 자신감에 충만하여 현재 리비아모델을 받아들일 정치적 의향이 없는 것 같아 보인다.

만약 북한이 회담 재개에는 동의하지만, 새로운 타협적인 표현의 정치·심리적 준비가 부족하다면, 베이징회담은 어떻게 북한이 견지하는 '핵을 동결하여 보상을 얻는' 문턱을 넘을 것인가? 6자회담의 나머지 각국들은 미국이 만든 리비아 모델의 문턱을 넘을 능력이 있을까? 이 문제들에 대한 대답은 낙관적이지 않다. 2003~2004년 제3차 6자회담의 최대 성과는 북미가 서로 상대 정책의 마지노선을 이해했다는 것이다. 만약 2005년에 북미 양측이 여전히 더한 양보를 거절한다면, 6자회담 구조가 핵포기 과정을 진정으로 가동시키는 것은 여전히 어려울 것이다. 주요 원인은 북미 간의 대립 이외에도, 미국 등 국가들이 회담이 '체면(體面)의 방식'으로 협상에 도달해야 한다는 객관적인 사실과 관련하여 인정할 수 없다는 것이다. 소위 말하는 '체면의 방식'으로 협상 도달은, 즉 북한의 핵계획 그리고 평양의 정권의 성질에 대해서는 도덕적 평가를 하지 않고, 북한의 핵노력의 기능성 작용을 인정하고, 각국의 수요를 만족시키는 협상을 달성하는 것이다. 그러나 미국은 북한에게 반드시 잘못된 행위에 대한 변화를 요구할 수 있고, 우선 핵포기에 원칙적인 보장을 할 수 있다. 결과적으로 6자회담에서 한국, 중국, 러시아 등 국가와 미국, 일본이 정책과 주장에 '없어졌다 나타나고', '강했다가 약해지는' 차이와 모순의 형성을 초래하였다. 공통된 인식의 형성이 어려운 것 역시 사실상 과거 몇 년의 6자회담 구조가 유소작위(有所作爲)를 하기에 힘든 원인 중 하나이다. 클린턴 정부 시기 미국의 대북협상대표 잭 프리처드(Jack Pritchard)가 말한 것처럼, 만약 6자회담이 모종의 '대북 심판'의 형식으로 변화하여, 기타 각국이 '다국적 배심단'을 조성한다면, 이것은 반드시 실패할 것이다.[84]

현재 6자회담 구조에 존재하는 심각한 문제는 회담에서 나머지 각국이 어떻게 노력하고 중재하든지 부시정부에 실질적인 영향을 주고 변화를 촉진시키는 것이 힘들다는 사실이다. 미국의 입장으로 본다면, 6자회담 참석을 견지하는 것은 미국이 북한에게 타협한다는 결정을 뜻하는 것이 결코 아니다. 부시정부는 북한은 '나쁜 국가'이며, 많은 '나쁜 행위'를 하고 있다 인정하고, 이로 인해, 북한과 미국이 전면적 협력을 하지 않는 한, 미국이 타협을 통하여 '나쁜 국가'와 협력 혹은 외교거래를 할 일은 없을 것이다.[85] 이러한 생각이 부시정부가 외교테이블에서 의연하고 단호하며 일방적으로 북한이 '나쁜 행위'를 고치고 난 뒤에만, 강경한 정책에 있어서 양보적 정책을 취하도록 하였다. 이것은 부시정부가 북한문제상에서 '도덕주의 원칙'을 고수한 결과이다. 게다가 미국의 현실적인 힘의 위치를 더해 생각한다면, 객관적으로 다른 국가들에게 미국을 변화시킬만한 힘은 없다. 당연히, 미국도 국가들이 취하는 미국과 다른 견해를 결정적으로 바꿀 힘은 없다. 미래의 6자회담이 만약 여전히 도덕주의적 판단과 북한의 안보와 발전의 현실 등 문제를 넘을 수 없다면, 6자회담 구조에 존재하는 내재된 충돌은 여전히 지속될 것이며, 6자회담체제 그 자체가 유소작위(有所作爲)를 지속하기가 매우 힘들 가능성이 크다.

3) 6자회담의 전망

2005년의 북핵문제 6자회담에서, 새로운 협상의 신속한 시행과 차이를 줄이기 위한 관련 각국의 공통적 노력은 서로 연계된다. 6자회담 구조를 더욱 효과적으로 추진하기 위해서는 세 가지 문제를 해소해야만 한다.

첫 번째 문제는, 북핵문제의 정치적 해결을 추진하는 과정을 위해 6자회담 구조에 대대적인 조정이 필요한지에 대한 여부이다. 이 문제에 대한 대답은 부정적이다. 2003년 8월 제1차 6자회담 개최 이래, 6자회담 구조의 유연성과 적합성에 대해서는 의심할 바 없다. 2004년부터 실무진급 회담을 창설하기 시작하고, 오늘에 이르기까지 6자회담의 운용절차와 협상체제에 있어 회담의 과정을 방해할 기술적인 문제는 없다. 예를 들어 국제원자력기구(IAEA)에게 베이징회담의 개입을 건의하는 등,[86] 비록 새로운 협상국 증가와 관련하여 제의가 끊임없이 나타나고 있지만, 6자회담의 진전의 관건은 각국의 정치적 의지와 결심이지, 단순히 회담의 기술적 흐름이 아니라는 것이다. IAEA는 UN의 「핵비확산 조약」의 구체적인 감찰과 실행을 책임지고 집행하는 기구로서, 당연히 6자회담의 구체적인 성과에 완전히 참여하고 집행해야 하지만, 해결방안 모색의 구체적인 정치 과정에 참여하는 것은 아니다. "안보문제 해결 이전, 어떠한 핵확산문제도 모두 스스로 해결될 일은 없을 것이다"라는 IAEA 사무총장 모하메드 엘바라데이(Mohammed ElBaradei)의 말처럼, 북핵문제는 단순히 국제 핵비확산 제도 위반의 문제가 아니기 때문이다.[87]

두 번째 문제는, 6자회담 구조가 비주류화될 것인가 하는 점이다. 6자회담의 과정의 속도지연으로 북미양국 정책 마지노선의 날선 충돌을 해결하기 힘들며, 6자회담에 대한 회의론이 제기되기 시작했다. 그러나 6자회담의 지속적인 전개와 유지는, 현재 북핵문제 해결상에서 관련 국가들의 기본적인 공통된 인식이며, 베이징회담 때 각국의 기본정책을 회복하는 것에 대한 북한의 신속한 동의를 독촉하기 때문에, 6자회담 구조가 '비주류'가 될 가능성은 크지 않다. 미국 국무부 정책기획실장 미첼 리스(Michael Reiss)는 6자회담은 "북핵문제를 외교와 정책적으로 해결하는 가장 좋은 방식이다"라고 단언하였다.[88] 게다가 6자회담이 개척한 동북아 다자안보 협의체제는 미래의 지역안보 사무의 중요한 제도적 안배가 되어야 한다. 이런 의미에서 본다면, 북한이 참여하지 않은 6자회담 구조도 여전히 토론의 주제를 확대시킬 수 있고, 지역안보관심의 협조와 발전을 위해 긍정적 역할을 발휘할 수 있다.

국제매체는 예를 들어, 정권 붕괴, 반미에서 친미로의 변화 등을 포함한 극적인 변화가 북한 내부에 발생할 것이라고 추측하였다.[89] 그러나 현재로 보아, 북한 내부의 급변을 통하여 평양정책을 완전히 바꾸는 것을 희망하는 생각은 그저 일종의 주관적인 억측일 뿐이다. 중국은 북한 내 정세는 안정적이라고 표명하였다. 한국의 노무현 대통령은 이러한 가능성은 매우 적다고 강조하였다.[90] 또 어떤 국제매체는 2004년 11월 칠레 APEC 비공식 정상회담 기간, 한국의 노무현 대통령이 부시 대통령에게 2005년 11월 함께 평양을 방문하자고 요청한 적이 있고, 당시 부시 대통령의 반응은, "당신이 가면, 나도 간다"였다고 폭로하였다.[91] 비록 미국의 관원들은 이것을 부인하였지만, 부시대통령 재임기간 내 북핵문제에 있어 극적인 방법을 취할 가능성은 존재한다. 하지만, 미국이 행동을 취하여 북중관계에서의 난관을 뚫고 헤쳐나간다고 하여도, 최종적으로 북핵문제 해결과 북한위협 문제에 대한 어떠한 국제적 안배를 취하는 것 모두 6자회담의 구조에서 협의를 통해 달성되거나 혹은 6자회담의 구조에서 집행해야하는 것은 피할 수 없다. 이것은 북한문제의 기본적인 성질로 결정된 것이다.

북핵문제의 외교적 해결 추진과정은 현재 백악관의 외교적 일정에 있어 중점적인 의제이다. 주목해볼 만한 것은, 북핵문제를 해결하지 못하면 부시정부는 국내정치로부터의 비판에 직면할 것이며, 미국의 핵안보 문제는 영원히 하나의 뚜렷한 화두가 될 것이라는 점이다.[92] 이로 인해, 북한을 협상테이블로 유도하는 정책을 미국이 실패했을 시, UN안보리를 통해 북한문제에 대한 논의를 호소하고, 북한에 대한 제재를 모색할 가능성이 매우 크다. 다른 국가들의 반대를 피하기 위해, 미국은 심지어 북핵과 한국핵 문제를 함께 안보리에 회부할 가능성이 있고, 이것은 미국이 언제든 꺼낼 수 있는 카드이다.[93] 북핵문제를 안보리 감사에 회부하는 것은 미국이 북한에게 압박을 가하는 조치일 뿐만 아니라, 6자회담의 다른 각국에게 미국과 통일된 입장을 요구하는 지렛대이다. 이와 동시에, 북한을 더욱 고립시키고 억제시키기 위해, 백악관은 북한을 배제하고 한·미·중·일·러 5개국 협상기구와 같은, 새로운 외교적 방식을 통해 부시정부의 북핵문제 해결방안 추진을 시도할 가능성이 매우 크다. 미국관원은 이미 이런 발상을 국제매체에 시사하였다.[94] 북한이 참가하지 않는 6자회담 구조가 정식으로 출범할지에 대한 여부는 동북아지역 안보가 고려해야 할 새로운 문제이다.

세 번째 문제는, 리비아모델을 북한에게 적용할 수 있냐는 것이다. 평양은 트리폴리(Tripoli)가 아니고, 김정일은 카다피가 아니지만, 이것이 결코 리비아모델이 북한에게 절대 적용될 수 없다는 것을 설명해주지는 못한다. 리비아모델의 본질은 '양자의 독자행동(Reciprocal Unilateral Measures)'을 통하여, 양측 모두 공통된 목표 동의에 도달하는 것이다.[95] 그러나 단기간으로 보면, 리비아모델이 북핵문제에 효과적으로 실현될 수는 없고, 6자회담은 상당히 긴 시간 내에 실질적인 진전을 이루기는 어려울 것이다. 첫째, 리비아모델의 가동은 리비아와 서방국가들의 '로커비 사건'으로 21년에 달하는 협상 진행 덕분이다. 트리폴리는 최종적으로 '로커비 사건'에서 결정적인 타협을 하기로 결정하였고, 영국과 프랑스 등 국가들과 40억 불의 배상협정을 체결하였다. 체결 이전, 트리폴리는 흉악범과 관련하여 서방에 넘겨 심판하는 것에 대해 이미 동의하였다. 이 일련의 타협의 결정이 최종적으로 2003년 12월 리비아가 서방국가에게 그들의 대규모살상무기 계획에 대한 솔직한 인정과 자동적으로 이러한 무기와 무기의 연구계발 방안에 대한 포기 선포를 야기시켰다. 이로 인해, 리비아모델은 서방과 카다피정부의 장기간 협상과 접촉 과정 속에서, 압박과 유혹의 상호작용의 결과이고, 리비아정부를 끊임없이 양보하게 하여, 작은 타협이 모여 큰 타협이 된 결과이다. 북핵문제에서 6자회담이 시작된 지 겨우 몇 년의 시간이 흘렀지만, 리비아모델의 21년은 매우 긴 과정이었다. 둘째, 리비아모델에서, 영국은 매우 중요한 파워 브로커(Power Broker)의 역할을 하였다.[96] 런던과 트리폴리는 8개월에 달하는 비밀 회담을 가졌고, 각국 간의 중개 역할을 하였다. 미국과 영국의 특수한 관계가 미국 앞에서 영국이 파워 브로커라는 명성을 얻게 하였고, 카다피정부도 영국정부에게 상당한 믿음을 주었다. 하지만 현재 북핵문제상에서 이런 파워 브로커의 역할이 가능한 국가는 없는 것 같다. 그 이유는 북한과 미국의 믿음을 동시에 얻는 것이 가능해야 하는데, 현재 북한은 '불안전'을 깊이 느끼는 상태로 자신 외에는 주변의 어떠한 대국도 쉽게 믿지 못하기 때문이다.

이로부터 2005년 베이징회담이 가동되든 안 되든, 6자회담 구조는 장기화의 추세가 나타날 것임을 알 수 있다. 미국은 6자회담의 장기화에 대해 벌써 마음의 준비가 있는 것 같고, 북한의 '나쁜 행위'를 고치기 위해 부시정부가 취한 협상방침 자체가 문제해결의 장기화를 고려한 방식이다.[97] 하나의 마라톤식 다자회담 과정에서, 실질적인 돌파를 이루어내기 전 각국은 부득불 이하 매우 중요한 세 가지 문제를 직면하게 될 것이다.

첫째, 만약 북한이 각국의 추측과 같이 진정으로 핵무기를 보유하고 있다면, 하나의 장기화된 협상과정은 국제사회가 북한이 핵무기 보유국이란 사실을 받아들이는 것을 의미하는 것인가 아닌가 이다.[98] 당연히, 북한은 이스라엘의 방법을 배워, 지금껏 공식적인 핵실험을 진행하지 않았지만, 또한 지금껏 핵무기보유의 현실을 철저하게 부인한 적도 없는 것과 같은, 모호함을 고의적으로 만들 수 있다. 국제사회도 이로 인해 북한의 핵무기문제에 대해 반드시 강제로 입장을 밝히지 않아도 된다. 그러나 '핵무기 보유'의 북한이 도대체 동북아지역 안보정세에 어떠한 영향을 주는가? 북한의 핵무기 규모는 도대체 얼마나 큰가? 여전히 끊임없이 발전하고 있는 과정인가? 우리가 수용할 수 있는 북한의 핵규모의 마지노선은 어느 정도인가? 이러한 문제들에 대한 현재 국제사회의 답은 분명하지 않아, 이에 관해 여러 가지 의견이 존재한다.[99]

둘째, 리비아모델 효과의 전제 중 하나는 리비아는 장기간 UN의 제재와 국제사회의 수출입금지 등 징벌을 받아왔다는 것이다. 만약 각국이 리비아모델 목표,

혹은 6자회담의 장기화에 대해 인식을 같이할 수 있다고 여긴다면, 각국은 어떠한 압박 정책을 실행할 것인가? 압박의 정의와 단계는 도대체 어떻게 전개해 나가야 할 것인가? 또한 누가 이 압박정책의 유효한 주체가 될 것인가, UN의 안보리 아니면 미국과 일본 등 국가인가? 현재 국제사회가 리비아와 북한문제에서 다른 정책을 취하고 있다. 리비아에게 장기적인 제재와 고립을 취하는 한편 북한에 대한 정책에는 제재와 고립뿐만 아니라 지원과 격려를 함께 포함하고 있다. 이것은 북한문제에 있어 국제사회의 안보관심을 해결하는 중요한 방법이기 때문일 뿐만 아니라, 동북아의 장기적인 지연정치적 특징이 만든 것이며, 더욱이 북한에 대한 인도주의적 원조의 도덕적 입장을 기초로 한 것이다. 만약 6자회담이 북한에 대한 압박정책 가동을 준비한다면, 압박정책과 격려정책 간에 조화의 어려움의 모순과 충돌이 존재하지 않을 것인가? 이 두 정책은 도대체 어떠한 방식으로 해야 동시에 활용할 수 있고 서로 충돌하지 않을 수 있는가?

셋째, 설령 장기화된 협상에 조정 가능한 압박과 격려정책이 더해진다 하더라도, 이러한 기조의 6자회담을 평양이 받아들일 것인가? 평양은 협상테이블에서 자신들의 핵포기 문제를 토론하는 것을 여전히 원하고 있는가? 만약 북한이 계속해서 6자회담의 참가를 거부한다면, 또 어떠한 정책적 조치가 평양을 협상테이블 앞으로 돌아오게 할 수 있는가? 만약 압박을 증가시키는 방식을 취한다면, 북한은 새로운 벼랑 끝 전술(Brinkmanship) 사용에 이르지 않고 얼마나 큰 압박을 견딜 수 있는가? 만약 격려를 증가시키는 수단을 통하여 유혹한다면, 격려의 결과가 얼마나 큰 신뢰도를 갖고 평양이 핵포기 문제를 진정으로 고려하게 할 수 있는가? 만약 6자회담이 회복된다면, 북한, 미국과 다른 각국은 우선 공동으로 '비핵화선언'을 발표해야 하고, 북한은 반드시 핵계획문제 해소에 진지한 태도를 보여 후속 협상의 조건을 만들어내야 한다.[100] 그러나 현재로 보아, 북한은 안전보장의 해결에 가장 관심을 보이지만, 북한이 사실상 전쟁준비 제고를 통하여 안전을 모색하는 상황에서, 다자외교는 도대체 어떠한 방식으로 북한의 안보우려를 완화시킬 것인가? 어찌 되었든 간에, 6자회담에서 평양이 특수한 '협상 대상'이란 사실은 무시할

수 없다. [101]

4) 결론

국제사회 모두가 평양의 신속한 6자회담 복귀와, 북핵문제의 외교적 해결의 정치적 과정이 돌파를 이루기를 기대하는 상황에서, 단기 내에 6자회담의 전망은 결코 밝지 않다. 미국은 지속적으로 리비아모델을 견지하고, 북한에게 압박을 가하여 먼저 양보하게 하였지만, 북한은 지속적으로 핵동결을 견지하는 것을 핵포기의 첫 단계로 삼아 핵동결로 보상을 받는 방안을 견지하였다. 평양은 6자회담의 지연을 빌려 핵포기를 보상으로 바꾸는 그들의 방안에 대한 결심을 보여주길 희망하였고, 이것 역시 평양이 베이징회담의 다른 각국에게 압박을 가하는 일종의 수단이다. 북한은 6자회담의 탈퇴를 확실히 선포하지는 않았지만, 제4차 6자회담의 참가거부로, 북한이 여전히 회담과정의 능동적인 역할 장악의 희망을 표명했다. 그러나 재선 이후 부시정부의 북핵문제상에서 태도는 더욱 강경한 추세로 흘러가고, 워싱턴 또한 '자기중심적'인, 미국의 방안을 청사진으로 하여 6자회담을 주도하는 기본 전략을 바꾸지 않을 것임을 표명하였다. 오늘날에 이르기까지, 다른 각국은 단독으로 미국을 설득하여 북한과의 정책적 유연성을 증가시킬 수 없는 곤란한 상황에 직면하고 있지만, 가장 중요한 당사국인 북한과 미국의 국내정치 환경에도 역시 극적인 변화가 속히 발생하지 않을 것이며, 이로 인해 북핵문제에 새로운 변수가 더해졌고, 북핵문제의 정치적 해결에 새로운 어려움이 더해졌다.

부시정부의 두 번째 임기의 정책은 각국에게 압박을 가해, 각국이 진정으로 지역적 접근(Regional Approach)을 통하여 북핵문제 해결의 의지를 보여줄 것을 요구하는 것으로 전향할 가능성이 매우 크다. 6자회담의 각국 중, 미국의 회담 장기화에 대한 심리적 준비는 가장 철저하다. 이것은 미국이 북한으로부터의 위협을 전면적으로 낮추고 싶을 뿐만 아니라, 또한 현존하는 정치적 체제 아래의 북한이 미국과 일본 등 국가들이 협력하여 취한 전략을 자각할 것이라고 믿지 않고, 미국이 이라크재건이란 수렁에 빠진 후 북핵문제를 군사적 해결로 전향할 수 없기에 취한 절충된 입장이자, 오늘날 한국, 중국, 일본 등 국가들이 군사와 압력정책에 대해 반대로 취한 실질적인 불변통(不變通)의 정책을 기초로 한 것이다. 그러나 앞에서 말한 북미 양측의 입장은 6자회담과 중국이 주관하는 다자협상 과정을 새로운 곤경으로 밀어붙일 것이다. 장기화된 6자회담은 수시로 붕괴와 중도 폐지될 위협이 모두 존재한다.

미래의 해결 활로는 최대한 빨리 북한을 설득하여 6자회담으로 복귀시키고, 계속 협상해나가는 방침을 견지하여, 협상의 과정에서 각국 간 정책조정과 공통된 인식을 강화함으로써, 다자외교 과정을 붕괴시킬 가능성이 있는 요소들을 최대한 제거하고, 끊임없이 인내심을 갖고 '양적 변화'를 탐구하는 과정에서 '질적 변화'의 시기가 도래하길 기다리는 것이다. 얼마 전, 북한으로부터 '인간쓰레기'라는 비난을 받았던 미국의 군비관리와 확산방지문제를 주관하는 국무차관 존 볼튼은 이미 물러났고, 이로 인해 북미 양국의 언론 공세전은 진정될 것이며, 북한은 이것을 기회로 삼아 6자회담 복귀를 선포해야 한다. 이와 함께, 관련 각국도 6자회담 장기화의 충분한 준비를 해야 할 필요가 있다. 6자회담의 구조를 유지하는데 있어 현재 가장 중요한 임무는, 이미 북핵문제의 외교적 해결에 대해 단순히 상응하는 해결방안을 신속히 찾는 것이 아니라, 6자회담체제를 유지하는 동시에 동북아 지역 안보의지의 다자협력을 확대하는 과정 속에서, 공통된 인식을 응집하여 끊임없이 협상여세의 발전을 추진해나가도록 해야 한다. 이런 의미에서, 6자회담은 관련국들 간의 안보협력을 강화하여 한반도와 동북아 지역 내 안보의 새로운 도전에 공동으로 대응하는 국제제도가 되어야 한다.

제4절 제3차 북핵 6자회담
: 미국의 전략은 전환하기 시작하였는가?

　　2004년 6월 23~26일, 제3차 북핵문제 6자회담이 베이징에서 개최되었다. 비록 회담을 통해 달성된 외교적 협의의 격차는 여전히 컸지만, 북핵문제의 가장 중요한 당사국인 북한과 미국 모두 건설적인 발걸음을 내딛는 것은 이전 두 차례 회담에서 벌였던 단순한 원칙싸움에서 탈피하여 비교적 구체적인 핵동결 그리고 핵폐기 방안의 새 단계에 들어서기 시작하며, 건설적인 발걸음을 내디뎠다. 미래의 북핵문제는 도대체 어떻게 발전되어나갈 것인지, 지속적으로 '끌고갈 것인지' 아니면 다음 차례의 6자회담을 전기로 외교적 해결과정에 속도를 낼 것인지. 미국의 신정부 출범을 통해 북핵문제 해결의 새로운 방법을 찾기 위해 미국의 대선까지 끌고 갈 것인지, 아니면 대선결과와 상관없이 어떻게든 앞으로 미국 새정부의 북핵 정책에 기본적 선택방향을 확립할 것인지. 이러한 문제들이 앞으로 모두 매우 중요한 의미를 지니고 있다. 그중, 미국의 정책 동향을 분석하고 파악하는 것은 지극히 중요하다고 할 수 있다.

1) 제3차 6자회담 성과에 대한 평가

　　제3차 6자회담은 일반적으로 외부의 큰 기대가 없는 상황에서 거행되었다. 그러나 중국정부와 회담 참가국들의 공동 노력으로 인해 이번 회담은 비록 실질적인 돌파는 없었지만, 주시할 만한 명확한 진전은 거뒀다. 첫째, 북미 양측 모두 앞을 향해 한 발짝 내디뎠고, 이전 두 차례의 '원칙다툼'에서 비교적 구체적인 '방안다툼'으로 전향되었다. 미국 측 대표는 회의에서 처음으로 북핵문제 해결의 전면적인 방안을 제기하고, 북한 측 대표도 실질적인 핵 동결의 구체적인 실행 방안을 제시하였으며, 한국은 처음으로 핵포기의 첫 단계의 구체적인 실행방안을 제시하였고, 중국과 러시아 양국은 어려운 점을 해결하기 위해 중요한 구상과 의견을 제시하였다. 이 일련의 방안과 주장은 관련 국가들이 서로의 의도, 목표와 견해에 대한 이해를 더욱 깊이했고, 앞으로의 회담을 위한 기초를 더욱 다졌다.

미국 측이 회담에서 제기한 핵포기의 전면적 계획은, 비록 새로운 것들이 많이 없지만, 2001년 1월 부시정부 출범 이래 미국정부가 처음으로 북핵문제에 대해 제기한 하나의 일괄적인 계획은 3년 임기 동안 부시 대통령이 한 번도 하지 않았던, 북한에 대한 '호의적 표시'를 보여준 것이다.[102] 제2차 북핵 6자회담 이후, 다른 국가들의 압박으로 미국 국무부 정책기획실장 미첼 리스(Michael Reiss)는 2004년 3월 핵포기 이후의 북한은 '좋은 점'을 얻을 수 있다는 한편의 보고를 발표하였지만, 북한이 구체적으로 어떠한 행동을 통해서 미국의 핵포기 요구를 만족시킬 수 있는지를 구체적으로 담고 있지 않을 뿐만 아니라, 원래 미국이 언급했던 핵포기 이후 북미관계 정상화를 원한다는 내용도 담고 있지 않다.[103] 설령 이렇다 하더라도, 미첼 리스의 보고서에서의 입장도 백악관의 다른 관원들의 발언들로 인해 매우 빨리 희미해졌다. 군비관리와 확산방지 사무를 주관하는 미국 국무차관인 존 볼튼은 2004년 3월 해임 전, 하원국제관계 위원회 공청회에서 미국은 '전면적이고, 핵사찰이 가능하며, 되돌릴 수 없는 핵포기 원칙(CVID)'에 따라 북핵문제 해결을 견지하며, 곧 북한의 플루토늄 프로그램과 우라늄 프로그램의 모든 구성요소들을 제거할 것이라며 표명하였다.[104] 국무부 대변인 아담 에렐리(Adam Erelli)도 2004년 5월 19일 미국은 북한에게 어떠한 미끼도 제공하지 않을 것이며, 설령 북한이 핵포기에 동의한다 할지라도, 미국의 정책은 북한이 'CVID'를 받아들이도록 강요하는 것이라고 강조하였다.[105] 만약 6자회담 이전 미국이 취했던 강경한 정책을 고려한다면, 미국 측 대표가 제3차 회담에서 제기한 계획은 의심할 여지없이 중요한 정책적 전환이며, 북한에 대한 미국의 강경 정책이 유연한 쪽의 추세로 흘러가기 시작했다는 표시이다.

둘째, 회담을 통하여 지속적으로 대화해나가는 방침을 확인하고, 다음 6자회담의 시간을 기획하며, 6자회담체제 발전의 여세를 보장하였다. 관련 각국들도 더욱 발전된 토론을 통하여 공통된 인식을 확대시키고, 서로의 차이를 줄여나갈 필요성이 있다고 인식을 같이하였다. 이로 인해, 각국은 원칙적으로 2004년 9월 말 베이징에서 제4차 6자회담을 개최하기로 동의하였다. 그러나 구체적인 시기는 실무단 회의에 따라 외교적 채널을 통하여 협의하여 결정하기로 하였다. 이것은 제4차 6자회담을 앞당겨 개최하는 가능성 혹은 회담의 새로운 진전을 맞이하기 위해 충분한 여지를 남겨 놓은 것이다. 왕이(王毅) 외교부 부부장이 2003년 8월 27일 제1차 6자회담에서 제기한 것처럼, 회담의 가장 중요한 목적은 '대화를 시작하는 것'뿐만 아니라, '대화해나가는 것'이다. 이번 6자회담이 보여준 '원칙전쟁'에서 '방안전쟁'으로의 전환은 객관적으로 각국이 갖고 있는 대화에 대한 열정을 심화시켰다. 비록 미국대표는 회담이 어떠한 성과도 거두지 못했다고 생각하지만,[106] 자신들의 방안을 북한 측에 넘겨줬고, 즉 북한에게 새로운 기회를 주었으며, 협상에서 북미 간의 상호작용은 심화되어 나아갈 수 있다고 여기며, 이것은 일종의 진전이라는 데 동의하였다.[107] 미국도 북한이 제3차 회담에서 미국의 방안에 신속한 입장을 표명할 것이라고 지나친 기대는 하지 않고, 북측대표가 그것을 가지고 돌아가 연구하여, 충분한 권한을 부여받은 뒤 반응을 보이길 희망하고 있다.[108]

셋째, 이번 회담은 이전의 두 차례 회담에서 형성된 몇몇 의견에 대해, 더욱 실질적이고 운용성이 높은 방안에 대하여 새롭고 자세하게 설명하였다. 예를 들어, 세 차례 회담에서 모두 강조되었던 한반도 비핵화의 공통된 목표는 '목표 실현의 첫 단계 조치를 취할 필요성 강조'로 세분화되었다. 이것으로 북핵문제 해결을 '점차적'으로 진행해나가야 한다는 공통된 인식이 기본적으로 수립되었다. 이와 동시에, 제1차 회담에서 선포한 '동시 원칙'은 '공약 대 공약, 행동 대 행동 원칙'으로 새롭게 격상되었다. 이것은 '동시 원칙'상에 존재하던 각국의 의견불일치를 해결하고, 회담에서 이 원칙을 더욱 알맞게 사용하도록 하는 데 공헌하였다.

제1차 6자회담에서 '동시적 행위(Simultaneous Action) 원칙'이 제기되었지만, 미국은 줄곧 결코 완전히 동의하지 않는다고 표명하였고, '공동작용(Coordinated Steps) 원칙'을 실행해야 한다고 하였다. 이 두 가지 원칙의 차이는 전자는 북한의 양보는 반드시 미국의 양보와 함께 진행되어야 하고, 양보는 반드시 대등해야 한다는 것이며, 후자는 쌍방의 타협을 더욱 강조하지만, 양보의 내용은 반드시 각자의 이익 주장과 부합해야 하고, 상호 수용가능한 양보여야 하며, 동시에 회담 각국의 수용 정도와 개입 방식을 반드시 고려해야 한다는 것이다. 말하자면, 미국 측의 의견은 합리성을 지녔고, 이를 위해, 두 차례의 실무단 협상에서 '공동작용 원칙'이 수립되었다.[109] 그리고 북한 측의 보충으로 제3차 회담의 「의장성명」에서 공식적으로 '공약 대 공약, 행동 대 행동 원칙'이 서술되었다.

넷째, 회담의 분위기와 각국의 심리상태 그리고 이번 회담에 했던 준비 모두 이미 진행되었던 세 차례 회담 중 가장 좋았다. 관련 각국들이 준비하고 참가한 것뿐만 아니라, 회담에서 문제에 대한 서로의 표현방식에도 주의를 기울였고, 적대하던 분위기 또한 누그러졌다. 이번 회담에서 북미 양측은 따로 두 차례나 2시간 이상의 양자회담을 진행하였다. 이러한 양자회담의 시간은 역대 6자회담 중 가장 긴 시간 이었다. 북한이 회담 중 미국에게 평양은 핵실험을 할 준비가 되어있다고 협박하였다는 관련 보도에 대해 미국관리는 부인하였다.[110] 양자회담에서 북한대표가 미국 측 대표에게 그들은 미국 측이 제기한 계획을 건설적으로 생각한다는 것을 전달하였다.[111] 북미 양측 모두 핵동결이든 핵포기든 모두 투명성이 있어야 한다는 데에 대해 최소한 동의를 하였다. 미국의 새로운 방안의 조건과 서로 일치하며, 미국 측 대표단 단장 제임스 켈리 국무부 차관보는 개막식 연설에서 양측의 중대한 이견이 있는 'CVID'에 대한 언급을 교묘하게 피해갔다. 마지막 「의장성명」은 각국 정부의 권한을 부여받아 공동으로 발표하였고, 회담 각국과 회담의 공통된 인식을 수립할 때의 엄숙함을 보여주었다.

2) 제3차 6자회담에서 나타난 이견과 논쟁

그러나 회담에 나타난 북핵문제의 핵심 당사국인 북미 간의 대치는 여전히 심각하였고, 앞으로의 6자회담이 어떻게 실질적인 돌파의 방향으로 발전해나갈지 그 길은 여전히 멀기만 하다.

첫째, 북미 양측의 핵포기 과정에 대한 구체적인 이해에 여전히 상당히 큰 차이가 존재한다. 미국은 핵동결은 반드시 핵포기의 일부분이고, 단계적 차이는 반드시 '추상화(抽象化)'해야 한다고 여긴다. 이것 또한 미국 측 방안의 매우 중요한 특징 중 하나다. 미국 측의 방안은 북한 측에 3개월의 시간을 줌으로써 핵동결에서 핵포기로 완전히 전환하고, 이 3개월의 준비 기간을 '핵동결 단계'로 인정하며, 이 기간 내에 기타 국가들이 제공하는 에너지 원조와 양자 간의 임시적인 안보보장협의 체결에 동의하였다. 만약 북한이 미국 측 방안에 동의한다면, 3개월의 준비기간은 자동적으로 전면적인 국제 핵감찰과 감독하의 전면적인 핵포기 과정으로 흘러갈 것이다. 그러나 북한은 핵동결은 핵포기와는 명확히 다른, 독립적인 단계라고 여기고 있다. 보상이 핵동결의 전제일 뿐만 아니라, 실질적인 핵동결 단계는 실질적인 핵포기 단계로 전향할 수 있을지 여부를 결정한다.[112] 이로 인해, 북한은 핵동결로 보상을 받는 것을 강조하고, 보상의 이행과 확대로 핵동결에서 핵포기로의 발전을 고려하고 있는 것이다. 그러나 미국 측 방안의 핵심은 여전히 전체적인 핵포기를 이행해야만 상응하는 보상방안을 점차적으로 실현한다는 것이다.

둘째, 핵포기 범위의 문제상에서 북미 간의 대립은 여전히 변화가 없다. 미국은 설령 먼저 핵동결을 추진한다. 하더라도, 평양 측이 반드시 모든 핵계획의 내용, 지점과 북한이 인정한 비밀 고농축우라늄 프로그램(HEU)이 포함된 관련 정보를 반드시 공개해야 한다고 주장한다. 그러나 북한은 핵무기 제조가 가능한 고농축우라늄 계획의 존재에 대해서는 완강히 부인하고 있다. 미국은 북한이 고농축우라늄 계획의 존재를 부인한다는 것은, 곧 진정으로 핵동결이나 핵포기를 할 생각이 없는 것이라고 본다. 이 외에, 미국이 요구하는 핵포기는 평화적인 핵사용 프로그램을 포함한, 모든 핵 관련 프로그램을 포기하는 것이지만, 북한의 핵포기는 그저 핵무기 관련 프로그램 포기이다. 이를 위해 북한은 미국에게 반드시 먼저 '전면적이고, 핵사찰이 가능하며, 되돌릴 수 없는 핵포기 요구(CVID)'를 거둘 것을 요구하였다. 미국 측 방안은 비록 CVID의 글귀의 사용을 피할 수는 있지만, 북한의 핵포기는 반드시 "영원하고, 핵사찰이 가능해야 하며 철저해야 한다"고 강조하며, 이것의 핵심은 여전히 CVID원칙 아래 북한의 핵포기를 실현한다는 것이다.[113]

셋째, 핵감찰의 방식에 대한 논쟁은 여전히 상당히 뚜렷하다. 미국은 국제 원자력기구(IAEA)로 전면적인 핵사찰을 요구한다. 북한은 비록 반드시 투명한 방식으로 진행되는 핵동결은 받아들일 것이나, 핵감찰과 핵동결은 두 단계라는 것을 강조한다. 곧 구체적인 핵감찰 방식은 '동결로 보상을 얻는' 협의를 달성한 후, 6자회담 구조 아래 토론해야 하며, 6자회담체제의 발전을 통하여 집행해야 한다고 강조한다.

넷째, 북한은 어떻게 해서든 미국을 끌어들여 양자회담을 진행하려 하며, 미국이 북한에 대한 보상 조치에 참여하여, 북한에 대한 적대를 낮추는 것이 핵포기에 없어서는 안 될 조건이라고 한다. 북한 측은 "보상은 상호 신뢰 구축에 없어서는 안 될 요소이며, 만약 미국이 보상에 참여한다면, 북한의 유연함은 더욱 확대될 것"이라고 표명하였다.[114] 그러나 미국은 최소한 첫 번째 단계의 북한에 대한 에너지 원조 제공을 거절하였고, 북한 측의 적대시험을 낮추라는 요구를 만족시켜줄 것인가에 대한 미국의 입장은 많이 모호하며, 핵포기 실행에 근거하여 결정할 것이라고만 강조한다. 미국 국무부 대변인 리처드 바우처(Richard Boucher)는 북한이 미국의 방안을 받아들인다는 것은 북한이 '좋은 점'을 얻을 수 있는 문을 연 것과도 같다고 표명하였다.[115]

제3차 6자회담은 북미 양측의 '완화의 폭'이 한계가 있다는 것을 분명히 보여주었고, 약간의 중대한 원칙 문제상에서 여전히 첨예한 대립과 차이가 존재하며, 각자의 방안이 경로설계와 목표설정의 두 가지 중요한 문제상에서 여전히 큰 차이를 보이고 있다. 하지만 방안의 교환이 가져다준 가장 큰 효과는 첫째, 서로가 서로의 욕구를 이해하였다는 것이다. 미국은 북한에게 핵동결에서 핵포기로의 전환을 실현시키기 위한 3개월의 준비기간을 제공하였지만, 북한이 요구한 보상의 내용에는 우선 200만 킬로와트의 에너지 원조와, 테러지원국 명단에서 북한을 삭제할 것, 북한에 대한 경제적 제재와 봉쇄를 점차적으로 거둘 것이 포함되어있다. 둘째, 각자 견지하는 원칙이 구체화되었다는 것이다. 북한은 미국이 원하는 북한의 '완전하고, 핵사찰이 가능하며, 되돌릴 수 없는' 우선 핵포기 승낙 철회를 요구하고, 보상을 핵동결과 핵포기의 전제로 명확하게 정할 것이며, 보상이 모든 것을 결정할 것이라는 것을 견지하였다. 그러나 미국은 사실상 여전히 핵포기는 북한이 당연히 부담해야할 의무라고 강조하며, 단계적인 운용 그리고 보상이 핵동결과 동시에 발생 가능한 모델을 간접적으로 받아들일 뿐이다. 이와 동시에, 미국은 구체적인 핵포기 과정을 봐야지만 보상을 결정할 수 있다고 강조하였고, 이것은 북한이 제기한 '보상이 모든 것을 결정한다'는 판단과는 전혀 반대이다. 이로 인해, 왕이 중국 외교부 부부장은 2004년 6월 26일 기자회견에서 미래에 '새로운 어려움과 우여곡절'은 피하기 어렵고, 우리는 이에 대해 이미 충분히 짐작하고 있다고 진지하게 환기시켰다.[116]

위에서 언급한 북미 간의 차이와 이견은 광범위할 뿐만 아니라, 그 성질 또한 심각하다. 서로 간의 신뢰결여와 적대상태만 관련된 것뿐만 아니라, 국제 핵비확산 제도에 대한 견해 그리고 지역안보구조에서 핵문제의 위치가 더욱 관련되어 있고, 1994년 북미 간의「제네바협약」체결 이래 양자관계에서 일련의 현안 문제들도 지속되어왔다.[117] 이런 의미에서 본다면, 3차 북핵 회담은 6자체제의 범위 내에서 진전을 얻었지만, 북미 간의 심각한 대립과 상호 배척을 어떻게 낮출 것인가에 대해, 결코 직접적인 효과를 만들어내지 못했다. 북미 양측이 제공한 방안은 상호의 입장표명일 뿐만 아니라, 6자회담체제를 위한 설명이다. 하지만, 일련의 원칙적인 문제에서 만약 상대적인 공통된 인식이 북미 간에 형성되지 못한다면, 입장표명이든 설명이든 매우 제한적일 수밖에 없다. 북한 측이 보인 양보와 유연함에 대한 미국 측 승낙의 정도는 매우 낮으며, 미국은 비록 북한이 핵동결 방안을 제시하였지만, '조건이 맞는 상황에서' 핵포기로 이행할 것이라는 말은 그저 "북한이 최소한의 대가로 최대한 수익을 얻으려고 하는 것이며, 아직도 북한이 핵무기 포기 결심을 확정했는지에 대해서는 알 수 없는 일"이라고 여긴다.[118] 미국 측은 비록 북한이 제시한 핵동결 방안은 도움이 된다고 여기지만, 실질적으로 이 방안을 거부하였다. 미국은 북한의 방안이 많은 구체적인 세밀한 부분에서 분명하지 않다고 여기며, 그러므로 6자회담 폐막 때 서면의 공동성명 발표를 거부하였다. 미국의 주장을 고려하기 위하여, 「의장성명」에서 핵포기의 첫 번째 단계를 직접적으로 핵동결로 정의내리지 않았고, 각국이 최대한 빨리 핵포기의 첫 번째 단계를 가동시킬 것에 동의하였다고 모호하게 표시하였다.[119] 실질적으로 완화되지 못한 북미 간의 대립으로 인하여, 제3차 6자회담의 성과에 대해 우리는 쉽게 낙관할 수 없다.

　　미국 측의 의도는 많은 것을 함축하고 있다. 그러나 워싱턴은 CVID원칙을 버리지 않을 것이며, 또한 CVID의 구체화 과정이 보상의 전제라는 것 또한 버리지 않을 것이다. 미국 측 대표단 단장 켈리 국무부 차관보는 2004년 6월 23일 개막식에서의 발언에서 테크닉적으로 CVID를 언급하지 않았지만, CVID는 사실상 워싱턴의 마지노선이다. 켈리의 대표단은 권한을 위임받아 12페이지의 방안을 제시하였지만, CVID포기 권한은 부여받는 것은 불가능하다. 제3차 6자회담의 각 참가국의 방안에서 상호 협력은 여전히 원칙적인 대립을 벗어나지 못한 상태이다.

3) 미국이 제시한 새로운 방안의 원인 분석

　　미국대표단이 제3차 6자회담에서 제시한 핵포기 방안은 부시정부의 북핵정책 전환을 대표하고 있다. 현재 분명히 해야 할 것은, 이러한 전환이 전략적인 것인지 전술적인 것인지, 이 정책전환의 폭이 도대체 얼마나 큰지, 북핵문제의 외교적 해결에 대해 미국은 전략적 기대를 도대체 어떻게 평가할 것인지의 문제들이다. 이러한 문제들에 대한 분석과 이해는 분명히 다음 단계의 북핵문제 추세를 파악하는 데 있어 매우 중요하다.

확실한 것은, 이번에 미국이 제시한 '켈리방안'은 부시정부의 북핵정책에 '변화요구'가 나타난 것을 확실히 의미하고 있다. 변화요구에 대해 첫째, 미국정책계에서는 이미 미국이 고수한 북한의 반드시 우선적인 CVID 승낙, 북한에게 원조제공에 대한 재고려와 안전보장의 입장은 이미 북핵문제 6자회담 협상 진정에 대해 가장 큰 장애 중 하나가 되었다는 것을 인식하고 있었다. 부시정부가 평양정부를 믿기 어렵다고 여기든, 북한의 본질적인 목적을 핵보유국가가 되는 것으로 여기든, 또한 백악관이 북한의 '나쁜 행위'에 대한 '포상'을 계속 꺼리든, 미국의 기준으로 북한정부가 얼마나 악하다고 여기든, 모두 그저 평양에 대한 백악관의 인식을 말하는 것이지, 취해야할 구체적인 외교적 수단은 아니다. 부시정부가 평양정부에 대한 인식을 견지할 수 있지만, 북핵문제 해결 구체화에서 구체적인 6자회담체제까지, 미국과 북한 모두 양보하지 않는다. 6자회담 참가국인 중국, 러시아, 일본, 한국 등 국가 모두 북한이 '만족할 조건'이 주어진 상황에서 진정으로 핵무기를 포기할 징조가 확실히 보였고, 이를 위해, 미국이 상응하는 유연성만 보여준다면, 6자회담이 앞으로 전진해나갈 수 있다고 믿고 있다. 일본 고이즈미 총리는 2004년 6월 초 미국 조지아주 모스크 제도 G8 정상회담에서 평양에서 온 "북한은 핵무기를 포기할 뜻이 있다"는 메시지를 부시 대통령에게 특별히 전달하였다.[120] 미국이 일방적으로 사견과 맹목적으로 강경한 입장을 지속적으로 고집한다면, 6자회담에서 고립에 처할 뿐만 아니라, 사실상 6자회담체제 자체와의 모순은 점점 더 커질 것이다. 부시정부가 북한의 무조건적 CVID 수락의 우선 승낙을 지속적으로 견지만 한다면, 결과는 이전에 열린 두 차례 북핵 회담과 두 차례의 실무회담에서 추진하고 있는 해결과정에서 거의 무소작위(無所作爲)하는 것이다. 부시정부의 입장은 미국 내부에서도 문제해결에 진지함이 부족하다는 광범위한 비판을 받았지만, 문제해결을 원하는 진지한 입장을 취하지 않고 있다.[121]

문제는 부시정부가 6자회담의 협상 추세의 유지를 통해 자신의 북핵문제 해결에서 거의 무소작위의 곤경을 만회하려고 한다는 것이다. 긴박한 이라크정세와 곧 다가올 11월 대선에 직면하여, 전심으로 연임을 모색하는 부시 대통령은 확실히 북핵문제를 고려할 겨를이 없다. 2004년 2차 6자회담에서 5월과 6월에 거행한 두 차례의 실무자 회담까지, 부시정부의 전술 모두 최대한 공을 북한 쪽으로만 넘기고, 미국의 강경한 주장 견지와 북한의 완고한 입장 돌파를 통하여, 자신의 외교정책 이미지에 받은 타격을 피하려고 한다. 그러나 중국을 포함한 기타 6자회담 참가국들의 압박에 직면하여, 부시정부는 '아무런 변화가 없이' 끌고 가는 것은 미국에게 갈수록 불리하다는 것을 의식하기 시작하였다. 북한의 원자력 향상은 이론상으로 미국을 더욱 큰 위협에 직면하게 하며, 이 외에 미국의 강경한 입장은 중국의 중재 열의에 타격을 줄 뿐만 아니라, 미국과 기타 동맹국의 정책 협력을 더욱 어렵게 한다. 미국은 유연성을 보여줌으로써 다른 참여국들에게 미국의 협상정책은 '진지하다'는 것을 설명해야 할 필요가 있다.[122]

두 번째, 미국은 현재 효과가 결여된 수단으로 북한이 무조건적으로 CVID를 받아들이도록 하는 정책적 목적을 실현시키려고 한다. 만약 미국이 평양에 대해 '부시화' 인식을 견지하고 북한의 일방적인 우선적 양보를 억압적으로 이끌어낼 수 있는 충분한 정책적 수단이 있다 해도, 이는 '인식'이 주도하는 협상전략이라고 할 수 있다. 그러나 현재, 미국은 이 협상전략을 진행할 수 없다.

그중 첫째, 미국은 6자회담 구조 내에서 효과있는 동맹관계를 통하여 미국의 강경정책을 지지하고 추진할 방법이 없다. 대북정책 문제상에서, 비록 1998년 8월 대포동 미사일 실험발사 이래 형성한 한미일 3자 정책협조체제가 여전히 존재하지만, 북핵문제 해결상에서 이 3개국 간의 정책동맹 관계가 이미 거의 결렬되었다. 미국은 2002년 10월 북핵위기 발발 이래, 줄곧 대북 압박과 고립 정책을 실행해왔고, 큰 압박으로 북한이 굴복하길 희망한다. 하지만 한국은 분명하게 이에 대해 동의하지 않고 있다. 노무현정부의 '평화협력정책'은 김대중 대통령의 '햇볕정책'보다 한 단계 더 발전한 것이며, 대북 억제가 아니라 포용 강화를 강조한다. 비록 한국도 핵포기 이전 북한에 대한 대규모 원조제공 불가능함에 대해 강조하였지만, 이전 20개월 동안의 남북관계는 실질적인 발전을 하였다.

남북 양측은 휴전선 부근에 50년 동안 지속적으로 진행해온 적대적 선전에 쓰인 고성용 스피커를 제거하고, 공동으로 '개성공단'을 설립하였으며, 두 차례 장성급 군사대화를 진행하였고, 남북 양측 함정 간 무선통신망 구축으로, 서로 간의 안보에 대한 믿음을 강화하도록 하였다. 이 외에, 남북 철도연결을 위한 북한 간선철도 개조도 곧 공사 단계에 들어갈 것이다. 2004년 남북 정상회담 3주년을 기념할 때, 서울에서는 김정일의 방남을 요청하였다. 북핵문제상에서, 한국은 이미 미국의 정책을 한쪽으로 제쳐놓았다.[123] 한미군사동맹 강화는 이미 더 이상 서울과 워싱턴 관계 발전의 필연적인 방향이 아니다.[124] 3차 6자회담 전날 노무현 대통령은 평양에 유화적 공세를 강화하였고, 북한이 핵을 포기만 한다면, 한국으로부터의 대규모 원조를 얻을 수 있다고 제시하였다.[125] 한국의 입장은 미국의 강경정책을 더욱 무색하게 만들었다.

일본은 정치와 군사에서 미국을 따라, 북한에게 압박과 고립 정책을 실행하고 있다. 하지만 국내정치의 영향을 받아 북일인질사건 해결이 북핵문제 해결에 비해 고이즈미정부에게는 더욱 절박하였다. 진전이 없는 북한문제 6자회담은 북일 간 인질문제 해결의 진전도 지연시켰다. 2004년 일본국회 경선을 위해, 고이즈미 수상은 2004년 5월 20일 평양을 방문하여, 김정일과 제2차 북일정상회담을 거행하였고, 5명의 체류 인질가족과 함께 귀국하였다. 조건으로 일본은 북한에게 25만 톤의 식량과 10만 불의 약품원조 제공을 승낙하였고, 이와 동시에, 북한과의 관계정상화에 관한 협상 진행을 기꺼이 승낙하였다. 일본의 이러한 행동은 일본이 미국의 강경한 대북정책에 대한 인내심이 점점 더 약해져가고, 한미일 3자 정책협조체제상에서 다른 하나의 난관을 열어, 오히려 북한에 대한 독립적인 개입정책을 모색하게 하였다. 2차 6자회담 시작부터, 일본의 정책은 미국보다 더욱더 적극적으로 변하였다. 일본의 원칙상 핵동결을 받아들이는 것은 핵포기의 첫 단계이며, '모종의 조건'하에 북한의 핵동결에 기꺼이 원조제공을 결정할 수 있다. 만약 미국이 지속적으로 북한의 우선적인 CVID 승낙 정책을 견지한다면, 북핵문제상 미일 간의 분열은 의심할 여지가 없이 지속적으로 심화될 것이다. 미국이 제3차 6자회담에서 제시한 새로운 방안은 또한 미일논쟁 공개화 충돌 이전에 양보를 하기 위함이다. 지속적인 '동맹관리'를 바탕으로 한-미-일 협조체제를 유지하는 데에, 미국이 우선적으로 다른 동맹국가와 우방들과 대체적으로 협조하는 정책을 제정하는 것이 필요하다.[126]

둘째, 현재 이라크전쟁상에서 미국이 직면한 안팎의 곤경은, 미국이 북핵문제 해결을 위해 군사적 타격을 감행할지 여부의 선택을 더 어렵게 만들었다. 북한이 외부로 핵물질 이전 및 판매와 같은 극단적인 행동만 취하지 않는다면, 미국이 원하는 군사적 압력으로 북한을 굴복시키는 정책은 어떠한 즉각적인 효과를 만들어내기 어려울 것이다. 이라크정세의 악화가 오늘에 이르기까지, 부시정부의 선발제인(先發制人)전략은 국내외에서 모두 이미 실패에 가까워졌다.[127] 이라크에서 대규모살상무기를 찾을 수 없는 상황과 재건 과정에 드는 높은 비용은, 부시정부로 하여금 무력사용으로 '정권교체(Regime Change)'를 실현시켜 대규모살상무기를 제거하려는 전략적 사고를 지속하기 더욱 어렵게 한다. 이 국면은 부시정부가 북핵문제상에서 부득불 더욱 조심하게 하여 오히려 일종의 현실주의정책을 취하게 한다.[128] 새로운 방안을 내세우는 것에 있어, 미국 역시 최악의 이라크문제 처리방식에 대한 경고로 인해, 이전의 신보수주의 강경의 일방주의 정책선택과 간격을 벌리는 것을 모색하고, 새로운 돌파를 통하여 국제사회와 미국 대중의 부시정부의 외교정책에 대한 믿음을 높이려 한다.

셋째, 2004년은 미국의 대선이 열리는 해이며, 민주당 후보 존 케리 상원의원의 도전에 직면하여, 부시정부도 부득불 북핵정책상의 유연한 입장을 모색하였다. 존 케리 상원의원은 만약 자신이 2004년 11월 미국대선에 당선이 된다면, 북한과 직접적인 협상의 방식으로 북핵문제를 해결할 것이라고 명확하게 표명하였다. 존 케리 상원의원은 부시정부의 북핵문제상의 강경한 입장으로 이미 북핵위기 외교적 해결의 최적의 시기를 놓쳤다고 지적하였고, 부시대통령 역시 북한과 "똑같이 고집스럽다"라고 비판하였다.[129] 존 케리의 견해는 대다수의 미국 정책분석가와 학계의 견해를 대표하고 있다. 국제 핵비확산의 역사로 보아, 어떠한 핵무기보유 국가도 상응하는 보상의 전제가 없는 한 핵무기를 포기한적 없다. 북한의 정권교체로 북한의 핵포기에 도달하는 부시정부의 전술적 목적의 정책설계 자체는 편견과 고집 외에, 결코 합리적인 선택이 아니며, 반드시 필요한 전략적 선택이 아니다.[130] 민주당 후보로부터의 대선압력에 직면하여, 부시정부도 북핵정책상에 다소 새로운 변화가 필요하다.

4) 미국의 양보는 전략적인 것인가, 비전략적인 것인가

이러한 요소의 종합적인 영향으로, 부시정부가 제3차 6자회담에서 제시한 핵포기 방안은 그들의 북핵정책의 중요한 조정이다. 이는 부시정부가 정책상 곤경의 악화를 직면함과 동시에 외교정책에 대한 믿음을 개선하기 위해 부득불 취한 행동 그리고 대선의 해에 선거의 수요에 착안한 결과이다. 즉, 외교정책에 대한 믿음을 개선하고 대선을 고려해 필요한 결과이다. 이 정책은 현재 미국 국내정책 환경에서, 결코 전략적인 정책 조정이 아니다. 이는 그저 전술적인 정책조정이며, 이 정책선택의 조정 범위는 한계가 있다. CVID는 여전히 부시정부의 북핵정책의 핵심이다.

첫째, 부시정부가 제시한 방안에는 새로운 정책 요소가 없었다. 몇몇의 기본적인 정책내용은 부시정부가 이전의 정책성명에서 모두 선포한 것들이었다. 새로운 방안의 가장 큰 변화는 3개월의 핵동결 단계에 동의하였고, 이 단계에서 북한의 보상요구를 일정한 범위 내에서 만족시켰고, 더 이상 북한이 반드시 CVID를 승낙하고 착수해야만 보상을 고려할 수 있다는 전통적인 입장을 견지하지 않았다는 점이다. 이 방안의 목표는 리비아 모델을 계속해서 사용하는 것이며, 북한이 반드시 핵포기 행동을 표명하는 전제하에만 진정으로 북한의 보상 요구를 만족시켜 나갈 것을 강조하였다. 리비아모델이든 지속적으로 CVID를 견지하든, 북한에 대한 양보를 원하는 정도에 대해 고려한다면, 부시정부의 이전 북핵 전략과는 본질적으로 차이가 없다. 시간적으로 보아, 새로운 방안의 제시는 매우 황급하였고, 거의 미국의 제3차 6자회담 참가 1주일 전에야 제시하였다.[131] 새로운 방안의 가장 큰 목적은 6자회담에서 지속적으로 수동적이고, 국제사회에 남긴 완고하게 강경하며, 변통과 유연함이 부족한 이미지를 피하기 위함이다. 제3차 6자회담이 거행되기 바로 이전 주까지 미국의 공개적인 태도는 여전히 북한이 CVID를 승낙해야만 보상 관련 문제에 대해 논의할 수 있다는 것이었다.[132]

둘째, 부시정부의 정책단과 공화당이 우세를 점한 미국 국회 역시 사실상 북핵문제상에서 클린턴모델로의 회귀는 용인하기 어렵다. 이라크문제이든 북핵문제이든, 부시정부의 정책결정 구조에서 진정으로 주도적인 역할을 하는 것은 미국 국무부가 아니라 펜타곤과 부시정부의 신보수주의자들이다. 그들은 북한이 진심으로 핵무기를 포기할 것이라고, 또한 평양이 북핵문제 해결의 새로운 국제협의를 준수할 것이라고도 믿지 않는다. 더욱 중요한 것은, 그들은 평양에 대한 모든 외교적 타협을 '악의 축'에 대한 방임이라고 여긴다. 그들은 이미 이라크전쟁에서 사용했던 강경한 흑백논리에서 출발하여 북한과의 실질적인 타협을 계속 거절할 것이다. 군사적으로 북핵문제 해결을 주장하는 정부인사는 여전히 부지기수이다.[133] 미국의 우익정치세력 역시 여전히 아낌없이 대북 불타협 논조를 고취시키고 있다.[134] 저명한 신보수주의자들은 더욱 공개적으로 북핵문제 해결의 유일한 방법은 평양정권을 전복시키는 것이라고 주장한다.[135] 『월스트리트저널』이 폭로한 소식에 따르면, 미국이 이번에 제기한 새로운 방안은 파웰 국무장관이 힘껏 추진하여 제기한 것이지만, 최종적으로 대북타협 반대의 강경파가 방안의 내용을 주도하였고, 따라서 이 방안에 새로운 요소들은 거의 포함되지 않았다.[136]

이 외에, 현재 미국의 권력구조 역시 북미 간의 새로운 타협적인 협의를 포용하기 매우 어렵다. 북한의 1994년 「제네바협약」에 대한 위배와 국제 핵비확산 제도 탈퇴 등의 행동으로, 클린턴정부의 대북협상과 원조제공을 통해 북한의 핵 양보를 얻어내는 것을 원래부터 매우 반대해온 공화당은 북한에게 타협의 방침을 취하면 안 된다는 것을 더욱 확고하게 하였다. 워싱턴에서 널리 퍼진 견해는, 설령 부시정부가 타협을 하더라도, 북한에게 대규모 원조 제공으로 핵동결을 얻어내는 것과, 새로운 북핵문제 「제네바협약」 역시 공화당이 다수를 점한 국회에서 통과가 되는 것은 불가능하다. 현재 공개적으로 탈북자를 수용하고, 이것으로 평양의 현 정권에 대한 부정과 와해 준비에 관한 국회의안이 현재 심의 중에 있다.[137] 단지 미 국국회는 부시정부가 현재 북핵문제를 돌볼 틈이 없고, 북핵문제상에서 새로운 위 기 국면을 야기시키고 싶지 않다는 것을 잘 알고 있기에, 이 법안을 아직 정식으로 이행하지 않았다. 미국이 북핵문제상에서 평양에 대한 어떠한 중대한 타협을 원하 는 정책 모두 반드시 우선 미국정부, 국회, 국무부, 국방부 그리고 경제부서의 '종 합협상'을 거쳐서, 모두가 받아들일 수 있고, 기꺼이 받아들일 수 있는 정책선택을 확립해야 한다.[138] 그러나 현재 대선 형세와 이라크문제가 부시정부의 대외정책 일 정상에서 모든 것을 압도하고, 이러한 정책적 토론이 현재 시작될 수 없도록 만들 었다. 설령 시작하였다 하더라도, 그 결과는 따로 증명할 필요가 없다.

미국 국내정치의 큰 영향을 받아 부시정부는 북핵문제상의 '코너'를 크게 돌 수가 없다. 부시정부 내부에서 북핵문제에 대한 논쟁은 지금까지 끊이지 않았고, 대체적으로 국무부로 대표되는 온건파와 신보수주의자로 대표되는 강경파로 나 뉜다.[139] 미국의 새로운 방안은 이런 장기화된 논쟁을 끝낼 수 없다. 이러한 논쟁의 영향을 받아 미국의 북핵정책은 반드시 강경에서 유연적 동태의 양상을 띨 것이 다. 그러나 현존하는 켈리방안의 설계는 미국 국내정치상의 안정성을 지녔고, 공 화당정부의 강경한 주류파의 견해를 어느 정도 나타내고 있다. 이에 대해 우리는 충분한 인식과 파악이 필요하다. 새로운 방안의 유연한 자세는 전체적인 국내정치 의 큰 배경 아래에선 반드시 매우 제한적일 수밖에 없다.

셋째, '핵무기 보유의 북한'은 미국의 핵확산방지 전략 그리고 동아시아 지역 안보 전략에서의 중요성을 저평가할 수 없다. 비록 부시정부는 현재 기본적으로 북한문제를 '돌볼 겨를이 없지만', 미국의 국방업무정책 설계자의 눈에는 북한을 미국이 현실적으로 직면한 가장 큰 위협 중 하나로 보고 있다. 부시정부의 북핵전 략은 시작부터 북한위협 해결의 종합적인 고려를 포함하였다. 이러한 북핵문제 해 결로 북한의 미사일부터 재래식 군사력 등 해결을 이끄는 요소들이 내재된 전체적 인 고려는 현재 미국의 북한정책의 기본적인 특징이다. 이것 역시 부시정부가 북핵문제상에서 시종 강경한 정책을 취하도록 만들었다.

2004년에 접어든 뒤로, 미국 국방부서는 끊임없이 정보를 전하며, 북한의 대규모살상무기 능력이 끊임없이 확대되고 있다고 설명하였다. 예를 들어, 미국 정보부서의 가장 최근의 추측에 의하면, 북한은 2기의 핵미사일을 보유하고 있었으나 8기로 늘어났으며, 게다가 북한의 핵능력은 지속적으로 확대되고 있다.[140] 이어서, 미국 매체의 폭로에 의하면, 북한은 미국 괌의 군사기지를 타격 가능하고 심지어 하와이도 타격 가능한 미사일 공격능력을 보유하고 있다.[141] 이외에, 파키스탄의 한 과학자 단체의 지하 핵거래시장이 폭로된 이후, 파키스탄 핵의 아버지 압둘 카디르 칸(Abdul Qadeer Khan)은 그가 북한에게 고농축우라늄 처리 설비를 밀매한 적이 있고, 북한에게 우라늄 미사일 제조의 기술에 도움을 제공했다고 인정하였다.[142] 게다가 미국은 북한이 2002년 10월 켈리 국무차관보의 평양방문 기간에 미국에게 공개적으로 '비밀 고농축우라늄 계획'을 인정하였다고 여긴다. 이러한 모든 것들이 부시정부가 북한은 2003년 5메가와트 원자로를 가동하여 8,000개의 핵연료봉을 처리한 것 외에, 알려지지 않은 고농축 우라늄으로 제조된 원자탄 프로젝트도 보유하고 있다는 것을 굳게 믿고 있다. 이러한 상황에서, 현재 공화당과 민주당의 북핵문제상에서의 정책주자는 어떠한 차이가 있든, 각종 배경의 정책분석에 어떠한 논쟁이 있든 간에, 북핵문제상에서 미국정계와 학계의 일치된 견해는 어떠한 미래의 북핵문제 해결방안 모두 1994년 「제네바협약」 모델로 돌아갈 수 없으며, 핵동결을 목표로 한 정치적 해결 방안을 다시 받아들일 수 없다는 것이다. 전면적인 핵감찰을 통해 북한의 핵무장을 철저하게 끝내고 제거하며, 핵동결과 핵포기 견지의 연속성은 반드시 협의 내용에 들어가야 한다. 만약 합의에 도달할 수 있다면.

제5절 제4차 6자회담 이후의 북핵문제
: 새로운 전망과 오래된 문제

2005년 9월 19일에 막을 내린 북핵문제 4차 6자회담은 실질적인 돌파를 이루어냈다. 2003년 8월 1차 6자회담 이후 2년이 넘는 시간의 길고 막중했던 외교적 일진일퇴를 겪은 이후, 결국 어떻게 정치·외교적으로 북핵문제를 해결할지에 대한 「공동성명」의 체결을 각 회담 참여국들과 발표하였다. 이 성명에는 북한의 핵포기 관련 의무와 권리에 대한 원칙적인 서술이 되어있을 뿐만 아니라, 미래에 어떻게 한반도에 장기적으로 존재하는 군사적 대치와 긴장국면을 끝낼지에 대한 기본 루트를 규범화하였다. 이를 위해서, 북핵문제에 대한 외교적 해결의 문이 이미 열렸고, 앞으로의 6자회담은 2년 동안 맴돌았던 원칙싸움을 끝내고, 북한 핵계획과 핵시설을 실질적으로 제거하는 동시에, 북한의 안전을 보장하고 평양에게 원조를 제공하여 장기적인 북한의 고립과 제재를 끝내고 새로운 단계에 접어들었다. 그러나 「공동성명」이 북한의 핵포기 과정과 관련하여 세부적인 부분이 포함되지 않았기 때문에, 북미 양측은 경수로제공 문제에서 여전히 첨예한 의견차를 보이고 있고, 앞으로 6자회담이 도대체 어떻게 발전해 나갈지의 변수는 여전히 무시할 수 없다.

1) 「공동성명」은 6자회담 실질적 진전의 상징

성명 전문에는 매우 간단하게 6개의 기본 조항이 요약되어 있지만, 6자회담 시작 이후 북한의 핵포기 문제에 대해 각국이 도달할 수 있는 최대한의 일치(一致)

를 집약하여 반영하였고, 각국의 입장은 유례가 없을 만큼 가까웠다. 비록 구체적인 대립은 여전히 존재하지만, 「공동성명」은 최소한 미래의 구체적인 북한 핵포기 과정에 매우 창조적인 기초를 제공하였다. 「공동성명」에는 특별히 주시할 가치가 있는 세 가지 문제가 있다.

첫 번째, 북한정부는 처음으로 다자서면문건의 형식으로 모든 핵무기와 현존하는 핵계획의 포기를 승낙하였다. 이와 함께, 북한은 핵포기와 동시에 새롭게 「핵확산 금지 조약」의 의무를 받아들이고, 새롭게 국제원자력기구의 핵사찰을 받아들이는 것에 대해 동의하였다.[143] 이것은 평양이 2002년 12월 말 이후 탈퇴한 「핵확산 금지 조약」과 국제 핵사찰단을 추방하고, 공개적인 무기급 핵프로젝트로 야기된 혼란을 기꺼이 철저하게 바로 잡을 것을 의미한다. 비록 과거 2년 동안 평양도 그들이 진정으로 핵무기를 모색하는 것이 아니라고 여러 차례 표명하였지만, 이러한 표명이 제스처인지 아니면 일종의 협상 전술인지, 혹은 진실한 의도인지에 대한 국제사회의 의심과 염려는 끊임없이 이어져왔다. 현재 6자회담은 결국 확실하게 평양에게 핵포기 의무를 승낙하도록 하였고, 이것은 6자회담이 오늘에 이르기까지 이뤄낸 가장 중요한 진전이며, 지속적으로 공통된 인식을 응집하고, 믿음을 증진시키며 또한 협상을 구체적인 실행단계로 추진하는데 있어 반드시 필요한 조건을 만들어냈다.

두 번째, 미국정부는 성명에서 일련의 북한의 안전보장과 북한에 대한 고립과 재제 정책의 점차적 해소 그리고 미국의 북한에 대한 행위규범 문제에 대해 승낙하였다. 이러한 승낙은 부시정부가 이전에 북한에게 단호하게 거절했던 부분이다. 예를 들어, 1차에서 2차 6자회담 기간, 부시정부는 북한의 핵포기가 반드시 북미관계의 정상화를 가져다주는 것은 아니라고 강조하였다. 북한에게 서면의 안전보장 제공 여부에 대해서는 부시정부도 매우 망설이고 있다. 그러나 이번 부시정부는 핵무기 혹은 재래식 무기로 북한을 공격 혹은 침입할 뜻이 없다고 성명하였고, 게다가 「UN헌장」에 근거하여 서로의 관계를 처리하는 데 동의하고, 북미 양측이 '관계정상화의 점차 실현'을 취하는 기본 목표를 확립하였다. 미국은 이러한 북미관계 원칙을 확인하였고, 2001년 1월 부시정부 출범 이후 이번이 대북정책에서 '가장 유화적'이었다고 말할 수 있다. 북한의 안전의식을 존중하는 일부분으로서, 성명은 2004년 한 차례 풍파를 일으킨 '한국 핵문제'도 각국이 북한에게 승낙한 안보책무에 대한 찬성의 일부분으로 규정하였다. 미국의 군사동맹으로서, 한국은 1992년 「한반도 비핵화 공동선언」의 준수를 승낙하였고, 핵무기 불반입·불배치 게다가 한국 영토에서 핵무기가 없음을 확인하였다. 이로 인해, 「공동성명」은 객관적으로 다자정부 문건의 방식으로 재차 북한뿐만 아니라 한반도의 비핵화 목표를 거듭 표명하였다.

세 번째, 성명은 각국이 공동으로 동북아지역 평화와 안정의 지속에 힘쓰고, 관련 각국은 별도의 협상으로 한반도의 영원한 평화체제를 건설한다고 제시하고 있다. 이 공통된 인식의 형성은 각국이 북한의 핵포기 과정을 계기로, 한반도문제의 최대 딜레마인 냉전 상태의 여전한 존재라는 문제를 어떻게 해결할 것인지에 대한 토론의 시작을 의미한다. 이것은 점차적으로 북핵위기 발발의 근본적인 원인인 50년 이상 지속된 적대상태와 해소하기 어려운 군사적 대립을 뿌리 뽑는 것을 돕고, 따라서 한반도 전체 국면의 평화발전 선도를 위해 새로운 동력을 제공할 것이다. 한반도를 가로지른 50년 이상의 냉전 상태가 어느날 갑자기 붕괴된다면, 그날은 틀림없이 동북아 지역안보의 경사이며, 더욱이 한반도 통일에 유리한 조건을 만들어낼 것이다. 이와 서로 관련된 것은, 성명은 6자회담체제의 기초 위에 다자안보협력 의제와 방식에 대해 지속적인 모색과 개척을 요구하고 있다. 성명은 "동북아안보협력 경로강화 모색에 대한 각국의 동의"는 다자회담 방식을 통한 지역성 핫이슈 해결의 실천이 점차 제도화될 가능성이 있고, 6자회담을 통하여 집약된 다자협력이 기타 안보의식 해결을 위해 중요한 새로운 모델을 제공할 수 있다는 것을 예시하고 있다고 밝히고 있다.

요컨대, 성명의 최대 역할은 다자문건의 형식으로는 처음으로 북한에게 핵계획 포기와 핵능력에 대한 책임과 의무를 공개적으로 승낙하게 하였고, 예를 들어, 북한에게 에너지 원조 제공, 안전보장 그리고 북한에 대한 점차적인 고립과 제재해소 등등, 각국이 공동으로 한반도 비핵화 목표 실현을 위해 취해야 할 행동들을 규범화하였고, 중대한 국제와 지역 안보의제상에서 다자협력의 강대한 생명력을 구현하였다. 이와 동시에, 성명은 미래의 한반도 국면의 안정과 안보에 대해 전략적인 계획을 하였고, 한반도 긴장국면을 철저하게 끝내기 위해, 거대한 비전을 확립하였다. 「공동성명」은 이미 단순한 북핵문제를 뛰어넘어, 더욱 깊고 광범위한 한반도 지역 안정과 안보의 확립과 북핵문제 해결을 함께 연결시켜나갈 것이며, 각국은 이를 통해 미래에 수십 년 동안 지역안보를 괴롭혀온 북한문제와 북핵문제를 연결시켜 공동으로 해결해나갈 의지와 뜻을 국제사회에 보여주었다. 성명은 사실상 북한문제상에서의 각국의 기본적인 정책을 통합하고, 협력과 대화의 필요성을 강조하며, 양자와 다자의 방식을 통하여 에너지, 무역 그리고 투자영역의 경제무역협력을 촉진시켜나갈 것을 승낙하였다. 2004년 6월 3차 6자회담 시 핵포기 이전에 북한에 대한 어떠한 원조도 완강히 반대한 미국은, 이번 성명에서 중국, 러시아, 일본, 한국 등 국가들과 함께 북한에 대한 에너지 원조도 승낙하였다. 이것은 부시정부의 대북정책의 유연성이 새로운 수준에 도달했다는 것을 의미한다. 미국대표 크리스토퍼 힐(Christopher Hill)은 「공동성명」은 하나의 '윈 - 윈 협의'라고 인정하였다.[144]

그러나 「공동성명」은 그저 실질적인 북핵위기의 해결을 향한 첫 발자국을 내디뎠을 뿐이다. 성명은 여전히 원칙적인 공통된 인식이며, 미래에 구체적인 세부사항과 점차적인 협상은 여전히 어렵고 굴곡이 있을 것이며, 관련 각국 대표단이 돌아간 후에도 성명 내용에 대해 여전히 다른 해석이 존재할 가능성을 배제할 수 없으며, 성명의 구속력이 도대체 얼마나 클지에 대해선 여전히 더욱 관찰이 필요하다.[145] 성명에서 몇몇의 일부러 애매하게 한 어휘가 도대체 앞으로 어느 정도로 협상하여 일치한 구체적인 행동으로 변화 가능할지에 대해서는 여전히 많은 불확실성이 존재한다. 「공동성명」에서 북한의 '모든 핵무기와 핵계획 포기' 요구에 대해 도대체 어떻게 정의내려야 하는지는 여전히 매우 중요한 문제이다. 성명에서 현존하는 어휘들은 이견이 있는 '농축우라늄 계획'에 대해서는 건너뛰었지만, 북한이 줄곧 부인해온 농축우라늄 계획을 미국이 더 이상 제기하지 않는다는 것은 결코 아니며, 미국은 북한의 '농축우라늄 계획'에 대한 추궁을 절대 포기하지 않을 것이다.[146] 「공동성명」은 각국이 북한의 '평화적 원자력사용 권리 보유'의 성명을 존중하고, 적절한 때 북한에 경수로 제공에 대한 협상을 동의한다고 밝히고 있다. 그러나 「공동성명」이 결코 북한의 '평화적 원자력 사용'이 보류 가능한 사실로 각국이 받아들인다고는 이해할 수 없다. 미국은 북한에게 평화적 원자력 사용 권리 부여를 반대하고 있으며,[147] 일본은 줄곧 북핵문제 해결과 동시에, 일본인 인질사건 해결을 요구하고 있다. 이 부분에 대한 성명의 어휘 역시 모호하며, "불행한 역사를 청산하고, 현안관련의 적절한 처리를 바탕으로 점차적인 관계정상화 실현을 취할 필요가 있다"고만 강조하고 있다. 북한이 줄곧 힘써온 북미관계 정상화 문제에 대해, 성명은 각자의 입장을 보류하고, '각자의 상호정책에 근거하여' 점차적인 정상화 실현을 취한다고 밝히고 있다. 이것은 미국이 현재 대북정책에서 강조하는 인권의식 문제가 지속적으로 미국의 대북정책의 중요한 관점이 될 것을 의미하고 있다. 그러나 여전히 존재하는 이러한 대립과 이견의 내용은 각국의 북핵문제에 대한 정치와 외교적 해결의 믿음을 결코 흩뜨려 놓을 수는 없다. 예를 들어 우다웨이(武大偉) 부부장은 회담 이후 기자회견에서 전망이 아무리 힘들다 해도, "우리는 결코 굴복하지 않을 것이다"라고 말한 것처럼 말이다.[148]

2) 제4차 6자회담이 이룬 돌파의 원인 분석

4차 6자회담이 실질적인 진전을 이루어낸 분명한 원인은 다방면적이다. 우선 회담 참가 각국들이 회담의 진전을 위해 보인 전례 없는 긴박한 의식과 상응한 준비는 「공동성명」이 체결되게 한 가장 중요한 원인이다.

2004년 8월 북한이 6자회담 참석을 무기한 연기하기로 결정한 이후, 북핵문제의 위기 수준이 한 단계 더 악화되었다. 첫 번째, 북한 핵무기능력 발전과 관련된 추측과 보도가 끊임없이 이어지고 있고, 도대체 평양이 몇 기의 핵무기를 제조할 핵물질을 보유하고 있는지에 대한 평론은 이전과 비교했을 때 크게 변화했다. 전통적인 추측에 의하면 북한은 2기의 원자탄을 보유하고 있지만, 이러한 평가는 북한이 이미 6~8기의 원자탄을 제조해낼 수 있고, 심지어 더 많은 양의 핵무기를 제조해낼 수 있다는 평가로 대체되었다. 국제 핵비확산 과정에서, 핵무기 능력 발전을 모색하는 국가의 핵무기 수를 실제적으로 파악하는 것과 핵포기 실현의 실제적인 과정은 반비례한다.[149] 다시 말해, 핵보유국을 추구하는 국가의 핵능력이 강할수록, 국제사회가 그들의 핵포기를 추진하는 난이도는 점점 더 높아진다. 평양의 핵능력의 확대는 비록 북한이 고의적으로 위기 분위기를 고조시켜 기타 국가들이 북한의 이익요구를 직시하게 하는 선전효과가 있으나, 6자회담 개시 이래, 각국이 북한 핵포기에 대해 일치된 이익교환의 공통된 인식을 도출하지 못하는 것도 하나의 중요한 원인이다. 역사적으로 보아 핵보유 대국은 상응하는 이익 없이 효과있는 핵무기 감축을 단 한 차례도 한 적이 없다.[150] 두 번째, 핵능력 확대의 기초 위에, 평양은 2005년 2월 10일 핵무기 보유와 무기한 6자회담 탈퇴 성명을 공개적으로 발표하였다. 또한 2002년 10월 북핵위기 폭발 이후 북한정부는 핵문제상에서 취했던 모호한 입장을 깨며, 북한의 핵소유가 미국의 위협에 대한 대응임을 명백히 밝혔고, 이것은 사실상 북한이 핵보유 국가임을 인정케 했다. 비록 북한은 2004년처럼 수차례 세계에 그들의 핵능력을 증명해보이겠다는 위협을 현실화하지는 않았고, 국제매체가 주시하고 있는 핵실험도 진행하지 않았지만, 일방적으로 자신이 핵보유 국가라는 성명을 발표하였다. 때문에 핵문제상에서 국제사회와 북한의 논쟁은 더욱 격화되었다. 이에 대응하여 미국과 일본은 동북아 군사주둔과 연합군사행동 능력을 강화시켰고, 미국은 한국에 대한 핵보호 의무에 대한 책임을 재차 확인하였다. 북한은 2005년 3월 새로운 미사일 실험을 진행하여 미국의 침략 가능성에 대해 핵타격을 거행할 것이라고 위협했다.[151] 세 번째, 북핵위기의 악화와 6자회담의 정체는 선명한 대조를 이루었고 북핵의 새로운 긴장국면에 직면하여 무소작위(無所作爲)에 가까운 것이 사실상 6자회담이 붕괴의 곤경에 빠지게 하였다. 비록 부시 미국 대통령이 포함된 각국 정상은 6자회담은 북핵문제의 해결의 '유일한 협상테이블'이며, 북핵문제의 정치와 외교적 해결을 위한 '최적의 경로'라고 강조하였지만, 북한에게 더욱 큰 압박을 가하길 희망하며, 북핵문제를 UN 안보리 회부해 심의해야 한다는 소리가 끊임없이 증가하고 있다. 북핵문제 해결의 방법에 있어서도 인내심을 갖고 기다려 지속적으로 완만하게 대화해나가야 하는지, 아니면 '압력'과 '제재'를 더욱 강화시켜 북한의 양보를 강요해야 하는지에 대해 6개국 간의 대치와 논쟁도 지속적으로 확대되어가고 있다.

이러한 배경 아래, 2005년 7월 28일 회복한 4차 6자회담은 다자회담 체제가 지속적으로 유지되고 발전할 수 있는지 여부의 관건이 되었다. 회담 전과 회담 진행과정에서 소위 '당근과 채찍'이라 불리는 회유와 압력 수단은 양면전술이다. 회담 전 미국은 인내심을 갖고 참석하는 시도는 이번이 마지막이라고 밝혔다.[152] 미국 국무장관 콘돌리자 라이스는 9월 16일 미국에 있는 북한의 자금을 동결시키는 수단을 취할 수 있고, 미국은 북핵문제 해결을 위해 결코 단순히 6자회담에 의지하지 않을 것이라며 으름장을 놓았다.[153] 이러한 표현은 물론 북한에게 압박을 가하고, 북한의 입장을 약화시키기 위한 것이다. 그러나 4차 6자회담이 만약 여전히 어떠한 진전을 얻어내지 못한다면, 국제사회도 반드시 6자회담체제의 효율을 의심할 것이다. 장기간 돌파할 수 없는 북핵문제의 교착국면은 양국 모두에게 불리하며, 더욱이 동북아지역안보의 긴장국면을 더욱 심화시킬 뿐이다.

이러한 문제를 해소하기 위해 4차 6자회담에는 대화 안배와 진행 형식상에서 이전의 회담보다 큰 개선이 있었다. 첫 번째, 회담시간이 늘어났다. 4차 6자회담의 첫 단계 회의는 2005년 7월 29일부터 8월 10일까지 지속되었고, 13일의 회담 기간은 이전 세 차례 회담을 합친 기간 이상이었다. 두 번째, 회담형식이 다양화되었다. 첫 단계 회담 기간, 미북, 일북, 남북 간 여러 차례 양자회담을 진행하였다. 회담의 분위기와 진지함 모두 이전 다자구조하의 양자대화를 넘어섰다. 세 번째, 회담진전에 대한 의지가 전례없이 제고되었다. 4차 6자회담의 첫 단계에는 합의점을 찾지 못했으나 이전처럼 급히 회담의 종료가 선포되지는 않았고, 8월 29일 2단계 회담을 신속히 결정하였다. 따라서 이 일련의 조치는 참여한 국가들이 진정으로 회담이 성과를 얻기를 염원하고 있음을 보여주었다. 네 번째, 회담 전의 관련 준비가 회담의 성과를 촉진시킬 것이라는 호의적 표현은 새로운 높이로 제고되었다. 이 중에, 중국은 미국이 중국에게 요구한 북한에 대한 식량 제공과 연료공급 중지를 재차 명확하게 거절하였고, 새로운 6자회담 종료이전 북핵문제를 UN 안보리에 회부하는 것에 대한 구상을 거절하였다. 또한 4차 6자회담의 진전을 위해, 북한이 적절하고 필요한 선택을 취할 수 있도록 넉넉한 공간을 남겨줘야 한다는 뜻을 견지하였다. 한국의 노무현정부는 북한에게 '평화번영정책'을 견지하고, 북한에 대한 정치적·경제적 포용을 촉진하여 북한에 대한 개입을 높이고, 북한의 핵포기를 위해 실질적인 에너지 원조를 결정하였다. 이것은 마침 심각한 에너지 부족 상황에 처한 평양정부로선, 거부하기 힘든 유혹이었다. 2005년 6월 17일, 한국의 통일부장관 정동영은 노무현 대통령의 특사자격으로 북한을 방문하였고, 김정일 국방위원장과의 회담에서 한국은 북한의 핵포기 시작 이후 북한에게 2,000만 메가와트의 에너지 원조를 기꺼이 제공할 것이라고 언급하였다. 한국의 이 결정은 이전 세 차례의 회담에서 비교적 모호했던 '원조와 핵포기의 교환' 원칙을 실질화한 것이다.

회담이 돌파를 이루어낸 두 번째 원인은 부시정부가 6자회담에서 오히려 이전보다 더욱 유용한 실용주의(Pragmatism)노선을 추구하여, 기타 각국들과의 협조와 협력을 추진하고, 「공동성명」 발표를 위해 줄곧 백악관이 견지해온 '강경한 정책'을 완화시켜 소위 '미국문턱'을 낮추었기 때문이다.

부시정부는 비록 6자회담의 선도자 중 하나이지만, 이전 세 차례 6자회담의 성과가 미비한 원인 중 하나는 미국이 진지한 협상을 추구하기보다는, 압력을 가해 북한이 잘못을 인정하도록 강요하여 문제를 해결하려 했기 때문이다.[154] 미국의 '실용주의'는 백악관이 북한에게 미국이 줄곧 견지해온 북한이 보유한 비밀 농축우라늄 계획을 공개적으로 인정하라는 것을 더 이상 견지하지 않고, 북한이 현재 원자로를 가동하여 새로운 무기급 우라늄 연료의 채취 프로젝트 진행에 대해서도 평양의 반드시 즉각적인 중단과 동결을 더 이상 요구하지 않고 있으며, 미국은 이전의 핵동결 단계에서의 원조 불가능 태도의 변화와, 기타 국가들과 북한에 대한 에너지 원조에 함께 참여를 원하고 있다. 미국은 그동안 줄곧 반대해왔던 북한의 평화적 에너지 개발 계획을 수정하여, 오히려 적절한 시기에 북한과의 경수로문제 논의할 것에 동의하였다. 4차 6자회담 1단계 회담이 끝나고 얼마 지나지 않아, 미국의 수석 협상대표인 크리스토퍼 힐은 북한의 원자력개발 프로젝트 보유를 공개적으로 반대하였다. 북한의 원자력개발 문제에 대한 논의는 '테이블 위에 놓을 수 없는 것'이며, 북한에게 원자력 계획이 있다면 북한은 '지속적으로 말썽을 일으키는 국가'가 될 것이라고 표명하였다.[155] 더욱 중요한 것은, 4차 6자회담에서 미국은 2004년 6월 3차 6자회담에서 제기한 북한 핵포기 방안을 더 이상 견지하지 않는다는 것이다. 이 방안은 그저 북한에게 3개월의 핵동결에서 핵포기의 이행 시간을 부여했고, 북미관계의 정상화와 한반도 전체의 「정전협정」 모델의 군사적 대항 변화를 미국이 쟁취할 목표로 설정하지 않았다. 미국의 이런 방안은 이전 백악관이 재차 강조했던 핵포기 '노선표'를 북한이 반드시 받아들여야 한다는 것이다. 이 일련의 긍정적인 변화가 현재 미국을 주도하는 북핵문제에서의 기본 방침이 이미 유연한 '라이스-크리스토퍼 힐 노선'으로 교체되었고, 게다가 부시대통령의 지지도 받고 있다는 것을 설명하고 있다. 리처드 체니 부통령과 존 볼튼 UN 대사 그리고 로버트 조지프 국무부 군축담당 차관을 대표로 한 대북 매파입장은 잠시 미국정부 팀에서 비주류가 되었다.[156] 미국이 실용주의 노선을 취함으로써 보인 가장 큰 변화는 반드시 북한이 농축우라늄 계획을 인정하도록 강요하고, 북한 지도층에게 미국식 견해를 고착시키는 등등, 과거에 취한 '고정된 양식'을 포기하고, 설령 원하지 않더라도, 평양정부의 전향을 촉진시킬 가능성이 있는 타협으로 전향하기 시작하였다는 점이다.[157]

세 번째 요인은 중국이다. 두 단계의 4차 6자회담에서, 중국은 서면의 공통된 인식에 도달하기 위해 직접적으로 성명 초안을 잡았을 뿐만 아니라, 여러 번 수정하였다. 각국의 입장을 종합하고 관련 이익요구에 대한 공정한 반응을 토대로, 다섯 번째 성명 초안에 각국이 '동의' 아니면 '반대'만 할 수 있는 방안을 채택하였고,

자신의 일방적인 요구에 따라 내용을 첨삭할 수 있는 권한을 없앴고, 또한 망설이는 미국에 대한 압박을 확대하였다.[158] 중국 측의 이러한 방법은 결정적인 순간에 '가장 중요한' 역할을 하였다. 또한 중국은 중재자로서 공정하게 객관적 입장을 유지하였고, 각국의 관심을 모으는 역할을 훌륭하게 해냈다. 중국 측은 이 기술적인 안배로 「공동성명」의 체결과 발표를 촉진시키며, 능숙한 거래능력(Give and Take)을 국제사회에 보여주었다.[159]

3) 경수로, 6자회담을 막는 다음의 장애물인가?

6자회담의 미래는 각국이 「공동성명」을 성실히 준수하느냐에 달려있다. 2005년 9월 20일, 북한 외무성 대변인은 미국이 북한에게 경수로 제공에 동의해야만 북한이 「핵비확산 조약」으로 복귀할 수 있고, 국제감찰하의 핵포기 과정을 시작할 수 있다고 말하였다. 북한의 이러한 입장은 「공동성명」의 기본 조항을 위배할 뿐만 아니라, 「공동성명」의 체결이 가져다준 4차 6자회담의 성과를 축소시켰다. 미국과 일본은 북한의 새로운 입장에 빠르게 반응을 보였고, 경수로 우선 제공의 요구는 받아들일 수 없다고 강조하였다.[160] 현재로 보아, 평양은 자신의 이러한 입장을 결코 바꾸지 않을 것이다. 9월 26일 북한은 다시 성명을 발표하여, 북미 양측이 북핵문제상에서 반드시 '승낙 대 승낙, 타협 대 타협 원칙'을 취해야 하며, 경수로를 제공하기 이전에 북한은 핵포기의 책임을 이행할 수 없다고 강조하였다. 경수로문제는 4차 6자회담 이후 미래의 대화를 제약하는 새로운 장애물이 되었다.

「공동성명」의 먹물이 채 마르기도 전에 북한이 출이반이(出爾反爾)*하고 경수로문제를 구실삼아 논란을 일으키는 것은 결과적으로 미국이 「공동성명」에서 안전보장 제공, 양자관계 정상화과정 가동, 더 나아가 북한에 대한 고립과 제재정책 종결을 진정으로 이행할지와 관련하여, 평양이 결여된 신뢰와 믿음을 규정하는 것

---

* 언행의 앞뒤가 맞지 않다. 이랬다저랬다하다.

이며, 또한 앞으로의 대화과정에서 지속적으로 능동적 외교를 유지하려는 것이며, 미국 등 관련국들을 압박하여 북한의 구상에 따라 지속적으로 상응하는 양보를 하게 하는 정책적 수단이다. 정치적 각도에서 본다면, 미국이 경수로 제공을 직접적으로 논쟁있는 '평화 핵능력 개발권리 보유'로 정의하도록 북한이 요구하는 것은, 현실에 직면한 북한의 협상전술의 일종의 발전이다.[161] 기술적인 측면에서 본다면, 경수로문제가 구체화된 이후에야 북한의 핵포기가 실현된다는 것은 타당하지 못하다. 경수로의 건설과, 제조, 운송, 설치와 운행에는 최소한 8년의 시간이 필요하다. 설령 미국이 현재 제공을 승낙한다 하여도, 경수로 건설은 2013년 이후의 일이며, 국제사회가 북핵문제 해결을 위해 8년이란 시간을 더 기다린다는 것은 불가능하다. 1994년 「제네바합의」 체결에서 2002년 북핵위기 재차 발발까지, 이미 8년이란 시간이 흘렀다. 그럼에도 「제네바합의」가 해결하지 못한 경수로문제를 현재 다시 끌어들여 해결한다는 북한의 주장이 어불성설인 것은 결코 아니다. 「제네바협의」가 설립한 한반도 에너지 개발기구(KEDO)는 지난 8년 동안 북한에게 경수로 제공을 성실히 이행하지 않았고, 이것의 건설 과정이 2차 북핵문제 폭발 이전에 거듭 지연되었으며, 2002년 10월 이전 경수로 부지선정의 기초작업은 여전히 정체되어 있다. 하지만 KEDO는 46억 달러의 예산을 책정하여, 북한에 2기의 경수로 건설 원조를 할 것을 승낙하였다. 이 원인은, 미국이 근본적으로 김정일정부를 위한 경수로 제공을 진정으로 생각한 적이 없다는 것이다. 즉, 평양은 현재 「제네바합의」에서 성실히 이행하지 못한 경수로문제를 핑계로 삼는 것은 아마도 지난 8년으로부터의 교훈과, 원조 등 방면에 최대한의 만족을 얻기 위함이다.

이 각도에서 본다면, 경수로 관련 논쟁은 단순히 북한이 새롭게 사단을 일으킨다거나, 혹은 실제적인 핵포기 과정을 지연시키기 위한 것으로만 볼 수는 없으며, 이것은 그저 과거 15년 동안 북미 간의 극도의 신뢰부족, 그리고 대립의 연장선일 뿐이다. 2005년 7월 29일부터 시작된 4차 6자회담 1차 협상에서, 북한은 시작부터 평화적 원자력개발 권리 보유를 견지하였다. 미국의 거절에 직면한 이후, 회담의 마지막 며칠을 남겨두고 북한은 미국이 주장한 '선 경수로 제공, 핵포기의 재시작'의 요구를 제기하였다. 경수로는 북한의 원자력 보유권리 보장을 구체화하였다. 그렇지만 당시 미국은 평양의 경수로문제 제기는 '핵포기를 지연하려는 의도'라고 여겼다.[162] 북한의 원자력 개발권리 보유의 주장은 한국의 동정과 지지를 얻었다. 2005년 8월 11일, 한국 통일부 장관인 정동영은 미국과 미국의 동맹국들은 북한에게 원자력개발의 권리를 부여해야 하지만, 동시에 KEDO 구조 내에서 북한에게 경수로 제공의 계획을 중지해야 한다며 공개적으로 표명하였다.[163] 한국의 이러한 입장은 북한에게 원자력 개발권리를 부여하는 것을 거절하는 부시정부의 태도에 대한 분명한 타격을 주었고, 6자회담 구조 내 북한은 원칙적으로 평화적 원자력 개발권리를 보유해야 한다는 것에 대한 동정도 보여주었다. 미국 측으로 본다면, 적합한 시간에 북한과 경수로문제를 논의하는 것이 원칙적으로 북한의 원자력 개발권리 보유에 동의하는 것이나, 북한이 지속적으로 원자력개발을 추진하도록 하는 것보다 훨씬 더 유리하다. 이것은 미국이 최종적으로 2005년 9월 19일 「공동성명」을 받아들이도록 촉진시킨 중요한 원인 중 하나이다. 그러나 북한에게 경수로를 제공하는 것을 반대하는 한국의 입장 또한 북한의 요구에 타격을 주었다. 특별히 「공동성명」에서, 현존하는 북한의 모든 핵무기와 핵계획을 끝내고 옮기는 전제하에, 북한의 경수로 견지를 포함한 북한 핵포기 목표는 합리화하기 힘든 내재된 모순이 존재한다.

북미 간 '뉴욕채널'의 소통작용으로 인해, 미국의 견해에 변화가 나타나기 시작하여 이것은 북한의 새로운 협상 '지렛대' 모색이며, 심지어 북한군 내부강경파의 입장이지, 김정일 위원장의 견해가 아니라고 여기는 경향이다.[164] 미국은 단호하게 북한의 경수로관련 문제의 요구를 거절하였지만, 백악관은 결코 이것이 '6자회담의 방향을 바꾸는' 문제가 될 것이라고 보지 않았다.[165] 현재 미국은 유연한 방식으로 북한과 양자 소통을 원한다. 2005년 9월 29일, 미국 북핵문제 수석협상대표와 동아시아 담당 차관보인 크리스토퍼 힐은 미국하원 국제관계위원회 공청회에서 현재 평양을 방문하여 북한 지도자와 경수로문제상의 이견에 대한 논의할 계획이 있다는 사실을 공개적으로 표명하였다. 크리스토퍼 힐은 10월 4일에도 역시 9월 19일「공동성명」발표 이후 북미 양국이 뉴욕채널을 통해 줄곧 접촉을 해 왔다는 사실을 공개적으로 인정하였다.[166] 만약 경수로문제가 2002년 10월 이후 중단되었던 북미 간 관리의 상호 방문과 양측 고위층의 얼굴을 맞댄(Face to face) 직접대화 진행을 촉진시킬 수 있다면 다음 6자회담 이전 북미 양측이 각자 상응하는 정책적 준비를 마치는 데 도움이 될 것이며, 6자회담체제의 효율을 높여, 북핵문제의 핵심 당사국인 북미 간의 대립과 불신의 '단단하고 두꺼운 얼음'을 녹일 것이며, 전체적으로 북핵문제의 외교적·정치적 해결 과정에 속도를 더할 것이다.

크리스토퍼 힐은 이미 방북 일정을 2005년 10월 하순으로 결정하였다. 평양 측도 미국 관원의 방문을 받아들일 뜻이 있고, 심지어 한 매체는 북한이 현재 부시 대통령의 평양 방문에 힘쓰고 있다고 보도하였다. 현재 북미 양국으로선, 고위급 방문 진행은 매우 매력적이고 창의적인 구상임에 틀림없다. 만약 크리스토퍼 힐의 평양방문이 이루어진다면, 미국은 북한의 고위층과 직접적으로 마주보고 미국의 요구를 전할 수 있을 뿐만 아니라, 새로운 조건을 제공함으로써 북한이 미국의 핵 포기와 관계정상화 등 방면에 대한 요구를 받아들이도록 설득할 수 있다. 또한 크리스토퍼 힐의 북한 방문은 줄곧 북한이 모색해온 미국과의 '관계 정상화'를 진전 시킬 것이다. 게다가, 북한과 미국이 직접적으로 고위급 대화를 거행한다면, 외부 세계에 북한이 북미 간의 교착상태를 직접적으로 해결할 능력이 있다는 것을 잘 보여주어, 외교능력 면에서 북한의 위신을 높일 수 있을 것이며, 한국과 미국에게 정치적 압박을 가할 수도 있으며, 앞으로의 남북과 북일 협상에서 사용할 수 있는 외교적 카드를 늘릴 수 있다. 이로 인해, 경수로문제는 해결할 수 없는 문제가 아니라 협상을 통하여 넘을 수 있는 장애물이다. 미국 전 북핵문제 관련 관리인 조웰 위트(Joel Wit)는 이 문제에 대해, "북한을 '미치광이'로 묘사한 방법은 잘못된 것이며, 어떻게 대화해나갈 것인가 하는 점이 더 중요하다"고 지적하였다.[167] 북한이 경수로문제를 빌려 반기를 드는 것은, 미국의 북한에 대한 중시도를 제고하기 위함인가,「공동성명」에서 각국의 북한에 대한 안보, 원조 그리고 관계정상화 등 관련 승낙의 최대치를 최대한으로 얻어내기 위함인가. 2004년 6월 3차 6자회담 종료에서 2005년 8월 4차 6자회담 거행 이전, 평양은 북한 관련 비난에 대해 미국에게 여러 차례 사과를 요구하였으며, 이를 6자회담 복귀의 '필수조건'이라는 뜻을 견지하였다.[168] 이후 북한은 이 문제에 대한 사실 표명을 더 이상 견지하지 않았고, 경수로문제도 함께 협상과정 중의 '기술적인' 문제가 될 가능성이 있다. 그러나 경수로문제에 대한 분쟁은 「공동성명」 체결 이후 잇달아 발생하였고, 「공동성명」으로 대표되는 회담 진전의 한계성을 깊이 설명해주었다.

4) 6자회담 미래의 작업 – 로드맵을 위한 간격 좁히기

「공동성명」 체결 및 발표 이후, 6자회담의 가장 중요한 후속 임무는 각국의 의견을 통합하여 북핵문제를 시간적 맥락에 따른 구체적 방안으로 해결하는 방도를 찾는 것이다. 핵포기, 원조, 핵감찰, 관계정상화 그리고 기타 관련 목표를 순서대로 하나씩 가동하고 실행할 수 있도록 하는 '로드맵' 공동 제정을 촉진하고자 하는 각국들의 요구는 의심할 여지가 없다. 「공동성명」에서 핵포기의 '로드맵'으로 가는 길은, 현재 두 가지의 핵심적인 요소에 달려있다. 첫 번째, 미국과 북한의 고위급 회담이 대체 어떠한 성과를 얻어내어, 「공동성명」에서 일부러 모호하게 한 이견을 어떻게 좁히고 해소할 것인지. 두 번째, 관련국들이 북한의 핵포기 과정에 속도를 가하기 위하여, 정치적·경제적 그리고 안보 편리에 대해 대체 어느 정도로 제공할 뜻이 있는가이다. 이 두 가지는 상호 관련된 과정이며, 이것의 진전이 최종적으로 각국의 타협과 새로운 전략적인 선택의 정치적 뜻을 결정한다.

현재 부시정부의 실용주의 노선은 확실히 신선한 느낌을 준다. 그러나 미국이 도대체 이 노선에서 얼마나 멀리 갈 것인지는 낙관하기 매우 어렵다. 미국의 북핵문제에서의 새로운 실용주의 노선은 2002~2003년 소위 '악의 축'과의 대화 거절, 뛰어난 군사타격으로 대규모살상무기 확산을 막는 이전 정책을 바꿔 놓았고, 오히려 '유화적 수단'으로 교착상태 타파와 북핵문제 해결에 중요한 효과를 새롭게 발휘하려고 한다. 이를 위해, 미국은 일련의 중요한 정책 조정을 하였고, 부시정부가 외교상에서 북핵문제의 해결을 진정으로 중시하기 시작하였다는 것을 보여주었다.[169] 그러나, 현재 분명하게 밝혀야할 필요가 있는 문제들이 있다. 백악관이 진정으로 북한의 정권교체 혹은 정권전환을 강요함을 포기하는 것을 전략적 목표로 하였는가? 미국이 북한문제를 선결해야만 북핵문제를 해결할 수 있다는 기존의 방침을 더 이상 견지하지 않는가? 미국은 진정으로 중국, 한국, 러시아 등 국가들과 협조를 강화하길 원하여, 핵포기 과정에서 평양의 현행 정권 생존 유지의 사실을 받아들였는가? 2005년부터 시행된 한국의 대북 개입정책에 대한 미국의 반감 표현은 백악관이 아직도 북한에 대한 부정적인 견해를 바꾸지 않았다는 것을 설명해주었다.[170] 김정일 정권이 자각(自覺)하여 중국을 따라 개혁개방을 진행하지 않을 것이며, 중국을 국제사회로 끌어들임으로써 미국이 중국문제를 성공적으로 해결하고 중국위협을 낮추었던 방법은 북한에 결코 맞지 않다는 것은 부시정부의 주류 견해이다. 만약 '라이스 - 크리스토퍼 힐 노선'이 진정으로 고위급 회담을 통하여 북한의 경수로문제상에서 그들의 고집을 포기하는 것과, 핵포기 과정을 가속할 것을 설득하기로 희망한다면, 미국은 반드시 북한정부에게 미국의 북한정책의 마지노선은 평양정권의 현실을 받아들이고, 또한 이 과정 속에서 북한에 대한 장기적인 봉쇄, 고립, 적대시와 제재정책을 취소하고, 북한을 주권국가로 인정하는 것을 바탕으로 평양정권의 합법성과 자신의 생존의 발전의 합리성을 받아들인다는 것을 천명해야 한다. 미국의 대북정책의 이러한 일련의 실질적인 전환이야말로 북한이 진정으로 원하는 것이다. 현재, 아직까지는 부시정부의 대북정책에 이미 이러한 '혁명적인' 변혁이 발생한 것을 충분한 증거를 통해 보여주지는 못하였다.

현재 북핵문제상 미국의 실용주의 노선은 부시정부의 내외정책에 크게 달려 있다. 예를 들어, 이라크 점령 문제, 카트리나 허리케인 이재민 구제 문제 그리고 이란 핵문제 등등, 모두 일련의 곤경에 직면하고 있다. 북핵문제가 지연되고 결정되지 않는 것은, 부시 대통령에 대한 국내외 정치적 압력을 증가시켰을 뿐만 아니라,[171] 동시에 만약 정세악화로 미국이 군사작전 방안이 포함된 압력 수단을 사용한다면, 단기 내에 실현되기 어렵다는 어려움을 직면하고 있다. 그러나 부시 대통령 본인에 대한 여론지지율의 지속적인 하락은 백악관의 강경한 대북정책 추진을 더욱 어렵게 한다. 2005년 9월 14일 '뉴욕타임스-CBS' 여론조사 결과, 부시 대통령의 여론 지지율은 41%였고, 이미 보수파 유권자 기본 마지노선까지 떨어졌다.[172] 이라크 정세의 곤경은 딕 체니 부통령으로 대표되는 매파의 정책 영향력을 지속적으로 떨어트렸다. 그러나 라이스의 신임을 얻은 미국 북한문제 수석대표 크리스토퍼 힐은 그의 전임인 제임스 켈리에 비해 훨씬 넓은 활동공간이 주어졌다. 그러나 미국 국내 북핵문제상의 매파세력이 여전히 존재하고, 정권교체만이 문제를 해결할 수 있다는 주장은 여전히 매우 큰 공감대를 형성하고 있다.[173] '라이스-크리스토퍼 힐'의 실용주의 노선은 많은 부분 포웰의 '활용적인 현실주의(Practical Realism)' 정책을 연장하였지만, 이것들의 가장 큰 차이는 '라이스-크리스토퍼 힐 노선'은 파웰노선보다 외교적 행동의 대통령 권한 부여에서 더욱 큰 공간을 갖은 것이지, 백악관이 완전 새로운 대북정책을 취하도록 비준한 것 때문이 아니다.

북미 간 고위급 회담이 단기 내 실질적인 돌파가 나타나는 것을 희망하는 것은 매우 어렵고, 부시대통령이 1972년 닉슨 전 대통령의 베이징방문을 답습하는 것을 통하여, 그렇게 '해빙의 여정'으로 국면을 열어갈 가능성은 매우 낮다. 현재, 부시정부의 북한정책은 국내외의 매우 큰 정치적 압력에 직면하고 있다. 미국이 「공동성명」에서 부드러워진 입장과 유연함을 보여주었다 하더라도, 국내 강경세력은 미국이 북한의 인권에 대한 관심을 반영하지 않았다고 지적한다. 이로 인해, 국무장관 라이스는 국내 보수파의 정치적 공세를 피하기 위해, 미국이 고수하던 북핵정책과 「공동성명」에 실질적인 변화는 없다고 특별히 강조하였다.[174] 미국 국내에 보편적으로 존재하는 대북 강경입장의 정치적 분위기에, 현재 부시정부와 국회의 긴장관계를 더해 미국의 북한 정책은 '능동적 공세'로 전환하기 시작하였고, 유연한 외교적 자세를 통하여 북한을 설득하려는 태도는 현재 부시정부가 북핵문제 관련 외교적 곤경에서 탈출하려는 중요한 조치이다. 하지만 어떠한 실질적인 협정에서 경수로 제공 혹은 기타 중요한 경제 원조가 언급되기만 하면, 2004년

10월 미국 국회가 통과시켰던 「북한인권법안」의 배경 아래 모두 국회에서 즉각적인 지지를 얻어내기는 힘들다. 대북인권 입장에 매우 강경한 미국 국회는 사실상 6자회담체제 외 존재하는 '7번째 참가자'가 되었다. 「공동성명」 발표 이후, 북한의 경수로에 대한 입장은 대다수 미국 의원의 지적에 부딪혔다.[175] 6자회담이 만약 다자협의를 달성하고, 미국이 국제조약에 필요한 국회의 비준을 이행한다면, 국회가 거족경중(擧足輕重)의 역할을 맡는 것에 대한 인가를 한 것인가. 1994년 10월의 「제네바합의」모델을 참고한다면 대통령 특별행정지령으로 협정이 체결되었다. 그렇다면, 어떠한 지급 관련 항목은 역시나 국회의 심의를 거쳐야 한다. 현재 북한의 인권 상황이 이미 국회의 중요한 관심이 된 상황에서, 미국 정치 체계에서의 '정부와 국회의 싸움'이 부시정부가 더욱 유연한 이데올로기화의 대북정책을 추구한다 하더라도 그것을 폐지시킬 가능성이 있다.

이로 인해, 앞으로 부시정부가 지속적으로 유연한 외교적 수단을 운용하여 6자회담 구조 밖에서 북한에게 직접적인 영향력과 압력을 가할 수 있지만, 「공동성명」에서 잠시 '건너뛰게 된' 과거의 농축우라늄 등 미국이 관심 갖는 문제가 포함된 기존의 북핵문제상의 관심이 약화되거나 낮아질 수는 없을 것이다. 미국이 북한에 대한 고위급 방문을 회복한다면, 이것은 미국의 북핵관심을 한 단계 더 강화시키고, 수단에 있어 유연함을 제고하기 위함이지, 목표상의 관심도가 내려가는 것은 아니다.[176]

2005년 8월 16일, 페르베즈 무샤라프 파키스탄 대통령은 지하 핵판매망을 구성하였던 압둘 카디르 칸 전 과학자가 북한에게 원심분리기와 우라늄 정화 물질 제공을 인정한 이후,[177] 북한 농축우라늄 보유관련에 대한 미국의 견해는 더욱 결연하다. 미국은 「공동성명」에서의 승낙에 의거하여 북한의 핵계획과 핵물질을 모두 공개하라고 지속적으로 북한에게 요구할 것이다. 이를 위해, 핵감찰 문제상에서 미국의 태도는 매우 단호할 것이다. 부시대통령은 9월 19일 당일, "우리는 반드시 (성명이 일종의 진전이라는 것이) 진정으로 나타나는 것을 확인해야한다"라고 명확하게 표명하였다.[178] 2003년 12월 리비아의 핵계획 포기 선포 이후, 상당히 긴 시간 동안 미국과 리비아의 관계가 고조되기 힘들었던 사례로 보아, 북한과 미국이 설령 고위급 대화를 가동시킨다 하더라도, 미국은 북핵문제상의 정산정책을 늦추지는 않을 것이다. 북미관계의 미래는 지속적으로 농축 우라늄, 핵감찰 방식과 범위, 핵포기의 시간표 등 일련의 문제를 둘러싼 격렬한 쟁탈이 전개될 것이다. 10월 4일 크리스토퍼 힐은 "기타 각국이 먼저 원조제공 혹은 우선 양보하고, 이후 북한이 핵포기에 재동의하는 방법은 문제가 있다"라고 말하였다.[179]

북한으로 보아, 미국관리 방문 촉진은 외교적 고립을 타파하고 대한민국과 일본 외교의 중요한 조건을 증가시키며, 평양이 자신의 이익 조건을 견지하는 전제하에 지속적으로 지연전술을 부리게 한다. 이는 제재국면 악화를 피하는 중요한 수단이다. 그러나 「공동성명」이 통과된 이후, 북한이 만약 어떠한 구체적인 의제에서 타협을 거절하는 정책을 고집스럽게 견지한다면, 나머지 각국은 강력히 반대할 가능성이 크다. 또한 미일 등 국가들이 취할 가능성이 있는 강화된 제재와 고립 정책은 북한의 경제적 어려움을 지속적으로 악화시킬 것이다. 일본에서 북한으로의 현금 유입 제한과 일본에서 왕래하는 조총련의 수화물검사 강화 조치를 취한 이후, 2004년 일본에서 북한으로 송금된 금액은 270억 엔으로, 2003년보다 34.5%나 떨어졌다.[180] 일본은 2005년 3월에도 「선박책임보험 강제법」을 통과시켰고, 이 법안을 통하여 일본에 왕래하는 북한 선박에 타격을 가하길 희망하였다. 매년 일본을 왕래하는 100여 척의 북한 선박 중 16%만이 일본의 법률에 따라 선박 책임 보험을 신청하였다.[181] 따라서 선박의 기름 유출을 포함한 많은 책임 모두 보험 강제법에 근거하여 규제받을 수 있다. 평양은 당연히 '김정일―부시 정상회담'과 같은 반향적인 정치적 사건의 설계를 통하여 겉에서 속까지 포함된 각 방면의 이점 모색을 배척하지 않을 것이며, 정권의 생존을 위해서는 심지어 미사일 그리고 핵포기가 포함된 일괄적 거래를 하여, 장기간 북한이 추구해온 북미관계 정상화의 전략적 목표를 실현시킬 수도 있다.[182] 문제는, 평양이 미국에게 중대한 양보를 할 결심을 했냐는 것이다. 북미 간 고위급 정치회담 회복 후 관계에 극적인 변화가 발생할 가능성을 배제할 수 없다. 부시 대통령이 미국 외교사에서 '제2의 닉슨'의 역할을 맡고 싶어 하는지의 여부를 떠나서, 성숙한 조건은 양측에게 모두 꼭 필요한 것이다.

「공동성명」의 원본을 본다면, 3차 6자회담에서 북한이 강조한 '보상 후 핵동결'의 요구가 직접적인 '핵포기'로 대체되었다. 최소한, 앞으로의 6자회담이 다시 한번 핵포기의 시간표에서 하나의 독립적인 핵동결 단계로 단독 분리되기는 힘들다. 이것은 4차 6자회담의 중요한 성과이다. 그러나 실질적으로 상응하는 핵동결 절차가 없으면 분명히 직접적으로 핵포기 단계에 들어가기는 힘들다. 문제는, 핵동결 절차에 도대체 얼마나 긴 시간이 들어야 하냐는 것이다. 또한 기본적인 원칙상 반드시 핵동결 단계에서 핵감찰을 시작해야 한다. 이로 인해, 평양에게는 6자회담 직후 북핵문제 해결의 정치적 결심은 사실상 단순한 북미관계 문제가 아니다. 북한이 기타 각국들과 협력하여 구체적인 핵포기 방안으로 「공동성명」의 원칙을 관철하는 과정에서 야기되는 문제들을 더 많이 내포하고 있다. 이 중, 핵동결 단계가 다음 6자회담에서 '핵포기 로드맵'을 확립한 후 최대한 빨리 진행되어야 한다. 핵동결과 핵포기의 시간의 경과는 절대 6개월을 넘어선 안 된다. 이 기간, 국제 핵감찰원의 북한 입국이 반드시 허가되어야 하며, 모든 핵시설과 핵물질의 구체적인 지점, 수량 그리고 그것들의 제조, 운행, 저장한 설비를 정확하게 확정하고, 핵동결의 전면성과 유효성을 확인해야 한다. 「공동성명」은 핵감찰의 시행을 가능하게 하였으나 핵감찰에 대한 구체적인 규정을 하지는 못하였다. 핵감찰과 핵포기는 상부상조의 과정이기 때문에, 앞으로의 6자회담에서 핵감찰의 방식과 핵감찰 개시의 시간이 사실상 분쟁의 새로운 초점이 될 것이다. 또한 미국은 모든 핵감찰 과정에서 북한이 상응하는 보상을 모두 요구할 가능성이 있다고 예측하였다.[183] 앞으로 이 방면의 난이도는 분명히 매우 높을 것이다. 동시에, 관련된 국제원조도 신속하고, 전면적으로 진행되어야 한다. 평양이 포함된 각국 모두 반드시 「공동성명」의 엄숙함과 권위성을 존중해야 한다. 이로 인해, 다음 6자회담 앞에 놓여있는 심각한 문제는 핵포기 진행과정의 가동 시점이 아니라, 핵포기 진행과정의 순조로운 진행을 위한 협의점을 찾는 것과, 어떤 문제를 선결해야 하는가 하는 우선순위의 문제이다. 현재로 보아, '핵계획과 핵시설'에 대한 정확한 정의를 내리고, 경수로상의 분쟁을 뛰어넘고, 국제 핵감찰단의 북한입국의 정확한 시간과 방식 수립과, 관계정상화를 위해 북한에게 정치적 호의를 보이고,「공동성명」에서의 기타 잠재된 이견의 차이를 좁히는 것은 다음 6자회담이 직면한 중대한 도전이다.

제6절   북핵문제 6자회담과 중재외교
: 북핵문제의 외교적 해결은 왜 어려운가?

2003년 8월 이후, 외교·정치적으로 북핵문제를 해결하기 위해, 6자회담체제를 기초로 한 다자협상은 이미 다섯 차례 진행하였지만, 오늘에 이르기까지, 실질적인 성과를 내지는 못하였다. 비록 2005년 9월 4차 6자회담에서 각국이 체결한「공동성명」을 발표하였지만, 성명은 협상의 지속적인 심화를 위해 결정적인 전기를 가져다주지 못했다. 2005년 11월 5차 6자회담 첫 단계 회담직후, 새로운 후속 회의가 언제 진행될지 여전히 확정하기 매우 어렵다. 이런 국면이 나타난 데는, 북미 간 견해의 대립과 상호 불신임의 단단하고 두꺼운 얼음이 여전히 녹기 어려운 것 외에도, 다자회담을 추진하는 과정에 각국이 유효한 공통된 인식을 형성하기 어렵고, 그리고 서로 간의 북핵문제상에서 암시적인 전략적 이익의 좁힐 수 없는 이견 등 많은 요인들과 관련되어 있다. 이 중에 중국과 미국의 외교적 중재(Mediation)에 대한 역할 인식의 차이, 그리고 더 나아가 발전된 중재 노력의 한계성은 객관적으로 6자회담이 교착상태를 타파하기 어렵게 하는 또 하나의 중요한 요인이다. 국제적 중재의 이론과 6자회담의 실천 이 두 단계에서의 외교적 중재의 의미와 효과에 대한 분석 및 파악은, 우리가 북핵문제상에서 중국외교의 공헌과 제한을 더욱 이해하게 하고, 더 나아가 앞으로 6자회담에서 우리의 역할을 더욱 분명하게 하기 위해 반드시 필요하며, 동시에 시사하는 바가 있다.

1) 중재외교이론과 6자회담에서의 중재외교

중재외교, 또는 충돌에 대한 국제적 중재의 본질은 제3국의 개입을 통하여 충돌하는 각국을 위한 타협의 길을 찾고, 그렇게 함으로써 충돌을 완화시키고, 점차적으로 협상으로 해결하는 방법을 확충해나가는 것이다.[184] 중재외교는 국제관계 역사에서 쉽게 찾을 수 있으며, 종종 국제관계와 각국의 외교실천의 중요한 내용 중 하나이다. 냉전종식 이후, 중재외교는 국제충돌의 방지와 해결 진행과정에서 더욱이 특수한 위치를 점하였다. 그것은 이데올로기의 대립이 전 세계적으로 물러나고, 군사적 충돌로 인한 재난적인 결과의 엄중성 그리고 안보이익의 관련성이 발산된 상황에서, 한편으로는 중재외교가 냉전시기보다 더욱 유리한 각종 국제적 조건을 얻었고, 다른 한편으로는 중재체제의 도입을 통한 해결은 언제나 피하기 힘든 충돌이었고, 세계화시대 국가의 이익에 근본적으로 부합한 것이다. 중재의 결과가 어떻든 간에, 중재외교의 과정 자체가 하나의 충돌을 관리하는 과정이며, 이 자체가 위기 해결을 위해 반드시 다져야할 기초이다.[185]

북핵문제의 중재외교 과정은 하나의 복잡한 충돌 해결절차에서의 중재외교의 문제이다. 이것은 직접적인 군사적 충돌을 중지시키고, 평화질서 건립을 위해 평화유지를 목적으로 한 중재외교와는 다르며, 일반적인 의미의 지역충돌 진행과정에서의 제3국이 강행하여 개입하는 정치적 중재외교와도 다르다. 위에서 언급한 두 종류의 국제적 중재의 중요한 기초는 중재자의 중립적 신분, 단순한 평화 동기, 중재의 방안 설계와 과정 이행의 능력 확립이다.[186] 이 두 가지 중재 과정에서, 중재자가 국제기구의 강제력 혹은 모든 정치와 경제적 영향력 발휘로 힘의 개입태세를 형성하고, 각종 국제 보조적인 힘을 사용하여 중재자의 부족한 자원을 확보한다. 이러한 군사적 혹은 정치적 중재외교에서, 중재자의 도덕적 의무와 이익 방향이 의심을 받지 않고 중재를 성공하는 것은 중재자의 의지와 능력에 달려있다. 이러한 중재 과정에서, 중재자의 지위, 중재를 받는 사태의 성질은 종종 중재 진행과정과 그 결과를 결정한다.

국제적 중재의 기본 이론과 실천으로 본다면, 북핵문제와 같은 중재외교 과정은 난이도가 가장 높고, 또한 중재효과를 가장 발휘하기 어려운 문제이다. 북핵문제의 유래가 이미 오래되었기 때문에, 언급된 시간이 길 뿐만 아니라, 북미 간의 장기적인 불신 그리고 여전히 심각한 이데올로기 대립도 포함되어 있다. 예를 들어, 냉전종식 후 미국은 장기적으로 북한을 불량국가로 보아왔고, 2002년 2월 부시 대통령의 일반교서에 북한, 이라크 그리고 이란을 또 한번 나열하며, 악의 축으로 불렀다. 1993~1994년 1차 북핵위기에 클린턴정부는 북한에 대한 군사적 타격에 대해 진지하게 고려한 적이 있다. 「제네바협약」 체결 이후, 양측의 근거없는 의심과 분쟁은 이제까지 멈춘 적이 없다. 북한은 미국의 평양에게 실행하는 적대와 사살 정책(Kill Policy)에 대해 장기적으로 지적하였으나, 미국은 시종 북한이 사용하는 기만과 불법적인 방식으로 진행하는 핵 노력에 대한 의심을 진정으로 바꾼 적이 없다.[187] 부시 대통령 취임 이후, 더욱 긴 시간 동안 북한과의 직접적인 대화를 중단하였다. 더욱 심각한 것은, 북핵문제에는 대규모살상무기 확산 문제가 연관되어 있고, 이것은 포스트냉전시대 미국의 글로벌 안보의 가장 중요한 관심일 뿐만 아니라, 북한에게는 하이 폴리틱스(high politics)에서 가장 민감한 국가안보 문제이다. 이로 인해, 북핵문제를 어떤 방면으로 보아도, 모두 국제 중재문제 분류에서 '가장 높은 단계'에 해당되는 해결하기 가장 힘든 문제이다.[188]

그러나 이러한 고난이도의 문제야말로 가장 중재가 필요한 문제이며, 진행해 볼 만한 가치가 있다. 중재외교의 가동과 진전은 누가, 어떤 시기에 개입하여 중재를 하느냐에 따라 결정된다. 위기가 연속적으로 새로운 대결구도로 진행되거나 혹은 위기가 최고조에 도달한 직후가 중재 개입의 최적의 시기(Optimal Time)이다. 당사자들 모두에게 영향력을 미칠 수 있는 제3자가 중재에 개입하는 것이 가장 좋다.[189] 전통적 국제중재이론은 늘 중재하기 가장 어려운 것은 국제충돌이라고 여긴다. 직접적인 군사충돌이 아니라 할지라도, 당사국들이 문제를 수습하기 힘들 때까지 기다려야만 중재외교가 진정으로 발휘될 수 있다고 여긴다. 그렇지 않는다면, 충돌 자체 진행과정의 한계성이 충돌 당사자들이 진정으로 타협을 모색할 결심을 저지할 것이다. 그러나 새로이 발전된 중재이론은 중재 개입의 조건으로 봐서, 가장 가능성 있고, 또한 가장 바람직한 중재외교의 모습은 충돌의 양측이 전면적인 교착상태를 형성하고, 위기의 성질의 엄중함으로 인해 당사자들로부터 직접적인 대화 노선을 모색할 수 없을 때 중재에 개입하는 것이 가장 좋다고 여긴다.[190] 당연히 중재가 필요한 문제에 대해 성질의 심각성 여부가 관련될 뿐만 아니라, 이 문제가 다양한 효과와 반응을 훼손할 위험을 포함하고 있는지의 여부도 관련된다. 만약 하나의 충돌문제가 통제력을 잃어 많은 부담을 야기할수록 중재외교의 가능성은 더욱 커지고, 이로 인해 중재의 난이도도 더욱 증가한다. 하지만 서로 상응하는 것은, 현재 중재외교 개입의 이성적 수준은 더욱 높다는 것이다.[191] 다시 말해, 더욱 중재를 진행할 가치가 있다. 중재에 대한 이러한 변수관계 역시 지역성의 군사적 충돌일지라도, 대략 35%만이 국제적 중재와 관련된다는 냉전 이후 국제적 중재의 기본 현상을 반영하여 형성되었다. 이것은 국제적 중재가 흔하지만, 확산되지 않은 사실을 설명한다.

이 과정에서, 성공적인 중재외교는 여전히 중재의 유형(Mediation Style) 혹은 중재행위 자체에 의해 결정된다. 하나의 훌륭하고 적절한 중재외교 행위는 종종 세가지 요소로 결정된다. 첫 번째, 충돌 양측이 직접적인 소통과 협상을 쉽게 할 수있어야 한다. 두 번째, 상관된 문제해결의 원칙 형성을 유도하고, 충돌 해결방안의 튼튼한 기초를 설정할 수 있어야 한다. 세 번째, 중재자가 회담과 협상 진행과정을 컨트롤할 수 있어야 한다, 즉 편리(Facilitation), 성형(成形, Formulation) 그리고 조종(Manipulation)이다.[192] 이 중, 중재자가 충돌의 중요한 당사자 간의 협상 진행과정을 조종할 수 있는지의 여부는, 중재 효과의 가장 강한 제약요소이다.

북핵문제는 전형적인 다양성을 훼손시키는 위기를 포함하고 있다. 북핵문제가 만약 지속적으로 악화된다면, 한반도에 새로운 군사적 충돌을 불러일으킬 가능성이 있을 뿐만 아니라, 동북아지역 전체의 평화와 안정을 위협하게 된다. 게다가 동아시아 지역에 새로운 핵군비 경쟁을 촉발시킬 수 있고, 이로 인해 동아시아 지역 지연전략환경(地緣戰略環境)을 크게 악화시킬 수 있으며, 안보딜레마(Security Dilemma)의 작용으로 지역경제협력과 경제발전의 안전 코스트의 큰 상승을 초래하여, 심지어 지역안보구조가 냉전시기처럼 지연정치적 분열로 쇠퇴될 가능성이 있다. 이러한 부정적인 안보결과가 그렇게 분명하지 않더라도, 북핵위기가 일단 군사적 충돌 혹은 대립이 격상되는 상황에 돌입한다면, 북한 경내의 경제상황은 지속적으로 불안해질 것이며, 탈북자 위기도 주변 국가들에게 막중한 경제적·사회적 부담을 안겨줄 것이다. 만약 정세가 통제력을 잃는다면, 심지어 핵재료 밀매 등의 가능성이 나아가 핵테러리즘을 조성할 수도 있다. 이러한 결과는 모두 상상조차 할 수 없다.

2) 6자회담체제 형성·발전 과정에서 중재외교의 역사적인 효과

중국은 적극적으로 북핵문제에 대해 중재외교를 펼치고 있고, 시기의 파악 그리고 문제의 선택에서 신속하고, 결단력이 있다. 또한 중국은 자신의 '미국과 북한에게 동시에 외교적 영향력을 미칠 수 있는 유일한 국가'라는 지위를 통해 6자회담 체제의 형성과 발전을 위해 대체할 수 없는 역할을 발휘하였다. 6자회담체제가 북핵문제 해결의 '가장 좋은 형식'이라는 것은 현재 국제사회의 공통된 인식이다.

2002년 10월 초, 새로운 북핵위기 발발 이후, 핵문제상에서 북미 양측의 대치는 신속하게 악화되었다. 북한은 그들의 핵계획을 인정하는 방식을 사용하여 미국이 북한과의 대화 참여를 확대하도록 하며, 핵카드 사용으로 북미 간의 관계정상화 협상 그리고 미국을 압박하여 북한에 대한 경제제재 취소 등 일련의 안보와 경제적 보상을 요구할 가능성이 매우 크다. 당연히, 2002년 2월 북한을 '악의 축' 국가로 포함시킨 것과 관련하여 미국의 전략적 압력에 대항하여, 북한이 핵능력을 쟁취하려고 하는 것은 안보상황 개선을 위한 조치로 보인다.[193] 그러나 부시정부는 북한과의 직접적인 대화를 거절하고, 「제네바협약」의 원유공급 중단 등의 방식을 취하여 북한이 모든 핵계획을 공개하도록 압박하였다. 2002년 12월 말에서 2004년 1월까지, 북한은 국제원자력기구 핵감찰단을 추방했고, 5메가와트 흑연 원자로 재가동, 그리고 「핵확산 금지 조약」탈퇴를 선포하였다. 부시정부는 "어떠한 정책적 수단도 포기하지 않을 것"이라는 뜻을 견지하여 북한에게 핵시설 및 핵계획의 포기를 강요하였고, 받아들여지지 않을 시 군사적 수단을 사용할 의사도 있음을 암시하고 있다. 그리고 북한은 벼랑 끝 전술(Brinksmanship)을 취함으로써 미국의 군사적 압력에 대항하고 있다.[194] 2003년 1월, 2차 북핵위기가 격상하는 추세를 보였고, 한반도에서 새로운 군사적 충돌 발발의 가능성이 상승하였다. 핵무기 보유의 북한은 사실상 동아시아 지역안보에 잠복해있는 중대한 문제다. 이러한 배경에서, 중국정부는 정세를 잘 살펴 북핵문제의 중재외교 진행과정을 가동시켰고, 2003년 4월 베이징 3자회담을 거쳐 신속하게 2003년 8월 1차 베이징 6자회담으로 확장하였다. 2005년 11월 5차 6자회담까지, 북핵문제의 정치적 해결 추진에 대해 중재외교는 이하 두드러진 역할을 발휘하였다.

첫 번째, 중국이 주도하는 중재외교는 6자회담체제의 형성과 발전을 촉진시켰다. 이는 중국이 북핵위기에 중재외교를 하며, 더 나아가 각국의 지지 아래 다자대화 플랫폼을 가동함으로써 다자협상 과정에 풍부한 역사적 의미를 지닌 성과를 보였으며, 동아시아의 중대한 지역안보 문제의 다자협력 구조의 첫 번째 공식적인 가동식을 대표하게 하였다. 다자협상을 촉진시키기 위해, 중국은 막중한 교차외교를 진행하여 각국 간의 중개역할을 하였고, 서로의 메시지를 즉각적으로 전달하였으며, 다자협상의 각종 이점과 회담의 신속한 진행의 득실을 강조하였을 뿐 아니라 줄곧 열정적으로 다자회담의 대화 장소를 제공하였다. 더욱 중요한 것은, 중국은 객관적이고 공정하며 긍정적인 원칙을 주관하도록 노력하여, 3년에 가까운 대화 과정에서 시종 다자회담을 견인하여 끊임없이 각종 장애물을 타파하고, 6자회담이 '대화해 나가게'하는 큰 동력이었다. 중국의 중재외교가 없이는 6자회담체제 형성 그리고 현존하는 5차례의 다자협상 모두 상상하기 힘들다. 중국의 북핵문제에 대한 중재외교 그리고 6자회담을 이끌어가려는 노력은 중국이 책임감있는 대국역할을 부담하려고 힘쓰는 것이 생동감있게 나타났고, 이것은 중국이 모색하는 유소작위(有所作爲), 새로운 외교(新外交)의 구체적인 표시라고 평가됐다.[195]

두 번째, 중국이 주도하는 중재외교는 다자협상의 성질과 내용을 창조적으로 발전시켰다. 다자구조 내 양자회담의 배치 등 일련의 방식을 통하여, 각 관련국들이 견지하는 회담요구를 만족시키기 위해 편리의 문을 열었고, 중국 외교관리들은 북핵문제의 정치적 해결을 위해 중재외교 역할을 장악하고 통제하는 뛰어난 외교 기술과 확고한 의지를 보여주었다. 부시정부는 북한과의 양자회담을 꺼려했고, 북한도 시작부터 다자회담을 받아들이기 힘들어 하였다. 이를 위해, 6자회담 구조에서 양자회담을 삽입하였고, 이것은 자연스러울 뿐만 아니라, 각국의 정책 마지노선에도 부합한다. 이러한 전례가 없는 양자와 다자의 결합은, 북핵이라는 고난이도의 충돌 문제에 개입하며 중국의 뛰어난 중재능력을 충분히 보여주었다.

1차 6자회담에서 5차 6자회담까지, 중간 과정의 변화는 풍부하다. 매번 북미 간의 의견 대립이 나타났던 매우 중요한 때, 중국정부와 외교관리들은 언제나 자진하여 나서, 공정한 의견 견지로 6자회담이 오늘날에 이르기까지 진행되도록 할 수 있었다. 예를 들어, 2차 6자회담 이전 북한은 미국의 '서면의 안전보장' 구체화를 요구하였고, 3차 6자회담 이전 미국은 북한이 반드시 비밀 농축우라늄 문제에 '솔직하길' 요구하였다. 4차 6자회담 이전 북한은 미국이 사과를 해야만 복귀할 수 있다고 하였고, 5차회담 전 북한은 선 경수로 해결 후 핵포기를 견지하였다. 매번 새로운 회담 진행 전 개최 준비에 앞서 관계가 경색될 때마다, 중국의 외교관리와 기타 관련 국가들이 함께 공동으로 노력하여 북미 양측의 긴장을 완화시키도록 도왔다. 이 과정에서 중국은 미국으로부터의 외교적 압박을 견디고, 북핵문제는 중미관계의 성질을 검증하는 강경책과 유화책을 함께 쓰는 수단이라는 미국 관리들의 '강조'도 여러 차례 받아들였다. 6자회담체제의 존재가 중국 외교관리들을 응집시켰다.

세 번째, 중국이 주도하는 중재외교는 단기적인 이익과 먼 미래의 이익, 원칙적인 핵확산 금지의 국제적 규제 그리고 현실에서의 안보와 경제 발전의 수요를 아울러 고려하여, 패권국가로서의 미국이 북핵문제 해결에서의 고집과 기타 국가들의 의견 배후의 고충의 균형을 맞추고, 단순한 압력과 고립 전략이 야기시킬 가능성이 있는 충돌의 격상을 피하였고, 동시에 북한이 핵실험 등 대립적인 행동을 통하여 핵 교착상태 형세를 불러일으키는 행위를 저지하려 노력하였다.

미국은 3차, 4차 회담에서 경직된 입장을 견지하여 고립되었고, 이로 인해 미국 국내에서도 비판을 겪었다. 이 과정에서, 중국의 적극적인 중재외교로 6자회담에서 딱딱한 태도를 취하며 보수적이고, 협상대표에게 제한적 권한을 부여했던 부시정부는 부득불 일관된 정권교체(Regime change) 전략을 수립하기 시작하였고, 오히려 미국의 북한정책은 평양의 정권전환(Regime Transformation) 촉진에 목적을 두고 있다고 공개적으로 강조하였다. 3차 회담에서 미국이 견지한 강경한 입장은 4차 회담에서 변화가 있었다. 이때 체결된 「공동성명」은 미국이 줄곧 견지해온 '선핵동결, 후 원조'의 방침이 결여된 상태로 체결된 협상이었기에, 어느 정도 유연성을 가졌다. 이와 동시에, 중국 측의 북한에 대한 핵포기 요구에 대한 의지는 확고하고 진지하다. 중국과 한국이 함께 북한을 설득하여 2005년 2월 10일 성명에서 제기하였던 6자회담의 참가 무기한 연기라는 극단적인 태도를 바꾸어 놓았고, 따라서 9월의 「공동성명」이 존재할 수 있었다. 성명의 통과를 위해, 중국 외교관리들은 각국 의견을 귀담아 들으며 초안에 큰 변화를 주었고, 각국 의견을 전면적으로 대표하는 중재자의 입장에서 출발하여, 각국이 오직 수용가능 혹은 수용불가능으로만 표명하길 요구하였고, 이로 인해, 성명 통과의 단계를 크게 간소화하였으며, 앞으로의 회담이 서면에 의거한 원칙으로 진행되도록 확립하였다. 이 대목에서 중국은 북핵중재에서 '강함과 부드러움'을 조화시킨 훌륭한 외교를 보여주었다. 중국이 진심으로 북핵문제를 희망하는지에 대한 논란과 지역평화와 번영촉진이란 피할 수 없는 책임은 중국의 중재외교와 적극적인 참여라는 행동과 능력으로 증명하였다. 중국이 주도하는 6자회담 과정은 국제사회의 보편적인 공통된 인식이 되었다.

네 번째, 중국이 주도하는 중재외교는 6자회담체제를 유지하는 동시에, 현재 끊임없이 다자대화로 지역안보의제 해결의 제도화 과정을 연구하고 추구하고 있다. 6자회담의 기초 위에 지속적으로 다자안보협력 구조를 유지하고 확대해나가는 것은 동아시아 지역 안보를 위해 더욱 건설적인 지역안보의 새로운 체제를 모색해낼 가능성이 있다.[196] 2005년 2월부터, 북핵문제를 전체적으로 말하자면, 상대적으로 평온한 발전의 궤도를 유지하였다. 비록 명쾌한 진전을 아직 이루어내지는 못하였지만, 중국정부와 외교관리들의 노력으로 2차 북핵위기의 위기사태는 더욱 악화되지 않았고, 군사적 충돌의 위협은 낮아졌다.

3) 6자회담체제에서 중재외교의 어려움

그러나 6자회담 과정의 심화에 따라, 6자회담체제를 통하여 북핵문제의 해결을 촉진하는 것은 이미 단순히 중국의 중재외교 노력으로만 해결할 수 있는 일이 아니다. 6자회담의 다자구조에서 일련의 요소의 존재가 내외 두 가지 방면에 있어서 중국 중재외교 역할 발휘를 제한하였다. 단순히 중국의 중재외교에만 의지한다면, 단순히 6자회담체제를 유지하는 데만 유효할 뿐, 북핵문제 해결의 신속한 실현을 보증할 수 없다.

첫 번째, 중국은 북핵위협 그리고 6자회담 과정의 중재외교에서 완전한 중립을 지키는 것은 힘들다. 설령 중국정부가 사리의 옳고 그름에 의해 입장을 정한다 하여도, 기타국가들은 중국은 자신의 이익과 역사와 전통적인 북중우의 그리고 미래의 한반도에 대한 자신의 영향력에 기초한 고려로 인해 북한에 대한 압력정책을 취하는 것을 거절하였다고 볼 것이다. 우리는 이익 추산을 바탕으로 한 중국의 중재역할에 대한 평가를 간과할 수 없고, 이러한 판단을 바탕으로 한 6자회담과정 중 각국의 상관된 이익 주장 통합과 평행의 난이도 역시 간과할 순 없다.[197] 6자회담 과정 중 각국 간의 복잡한 이익 갈등과 충돌은 공통된 목표실현 과정 중의 다자체제의 응집력을 약화시켰다.

오늘날에 이르기까지 중국정부는 한반도 비핵화 견지의 기본 원칙을 확고하게 표명하였고, 동시에 북한의 정당한 안보와 경제발전 수요는 필요한 존중을 받아야 한다고 거듭 표명하였지만, 구체적인 실행과정에서 이러한 원칙이 모종의 중국과 한국 자신의 이익 가이드라인으로 보이는 것을 언제나 피하기 어렵다. 원인은 매우 간단하다. 중국과 한국 양국이 북핵문제의 중재자일 뿐만 아니라, 북핵사태 발전의 직접적인 당사국이기 때문이다. 북핵문제 그리고 그 배후의 더욱 중요한 북한문제의 변화 방식에 중국과 한국 양국의 이익 추산이 직접적으로 관련되어 있다.[198] 예를 들어, 중국이 북한에 대한 압박을 거부하는 것은, 우리가 생각하는 고립과 압력 정책이 충돌을 격화시킨다는 것뿐만 아니라, 6자회담의 분위기와 환경을 악화시키는 것은 위기의 새로운 격상을 가져올 수 있다는 우려 때문이다. 그러나 북핵위기가 만약 군사적 충돌 혹은 북한 내부 정세에 격렬한 불안 야기로 승격된다면, 중국은 가장 직접적인 피해자가 될 것이다. 이것은 우리가 반드시 피해야할 최악의 시나리오다. 그리고 한국 노무현정부도 국내정치의 영향을 깊게 받았으며 최근 몇 년 한국 국민의 북한에 대한 동포의식은 끊임없이 상승하였고, 서울은 북한에 대해 고립적인 평화와 번영정책보다는 화해적인 정책을 취하길 더욱 원하고 있다.[199] 그러나 이 이익의 연관을 뒤집어도 6자회담의 중재외교 과정에서 미국 혹은 기타국가들의 안중에 중국과 한국의 상대적 중립의 지위와 영향을 제한하였고, 따라서 객관적으로 6자회담의 다자구조에서 중국, 한국, 러시아의 입장이 서로 가깝고, 그리고 미국과 일본은 공통된 주장이 비교적 많은 모습을 보였다. 이러한 다자구조에서 이익원칙으로 인해 발생된 의견 대립은 중재를 통하여 커버할 수 없다. 다자 중재의 이론과 실천으로 보아, 다자체제의 제도적 힘 혹은 힘이 가장 강력한 대국의 권위적인 압력을 통하여도,[200] 이 두 가지는 6자회담구조에서 단기간에 실현될 수 없다.

국제 중재외교의 사례에서 대체로 이익과 직접적인 관계가 있는 중재외교자의 노력은 모두 쉽게 비난을 받았고 실질적인 중재 성과를 이루어내기 힘들었다. 가장 전형적인 예는, 1980년대 초 이래 중동평화 과정에서 이스라엘과 팔레스타인 화해에 대한 미국정부의 중재외교이다. 비록 카터정부부터 시작해서, 이스라엘 – 팔레스타인 충돌 중재는 줄곧 미국의 중동정책의 중요한 일환이지만, 성공한 사례가 너무 적다. 이라크전쟁 후, 부시정부는 중재의 강도를 강화하였지만, 이스라엘 – 팔레스타인 평화 과정의 어려움은 여전히 중첩된다. 미국의 중재행동은 심지어 여지껏 아랍인들의 진정한 신뢰와 지지를 얻은 적이 없다. 이 사례 연구에 대한 결론은 미국의 이익이 너무 깊게 내재되어 있다는 것이다. 중재과정의 성공은 우선 누가 중재를 하느냐가 결정한다.[201] 북핵문제에서 중국과 한반도는 역사에서 현실로, 경제에서 지연(地緣)으로 모두 밀접한 관계가 존재하며, 하나의 안정한, 비핵화의 한반도는 우리 국가인식에 지극히 중요하다. 최소한 6자회담 구조에서 어떠한 이익계산의 배경하에서 정책실행에 대한 논쟁은 중미 간에 북한이 최대한 빨리 핵포기 추진의 합력을 형성할 수 없게 한다. 이로 인해, 한 학자는 6자회담이 도달해야할 북한 핵포기의 목적으로 본다면, 베이징과 워싱턴은 공통된 북한정책이 필요하다고 제기하였다.[202] 이것은 현재 가능성이 없다. 중국과 미국은 공통된 한반도 비핵화 정책을 갖고 있지만, 공통된 북한정책은 없다.

중국이 6자회담에서 진행하는 중재외교의 두 번째 곤경은, 미국정책에 대한 중국의 실질적인 영향력 부족이며, 그들의 관계를 건드리지 않는 기본성격의 전제 아래 북한정책에 대해 강제적인 영향력 역시 상대적으로 부족하며, 이로 인해 6자회담 과정에서의 중재외교는 각국의 실질적인 타협을 추진하는 운용 능력에서가 아닌, 흔히 중재협상과 협상과정 유지 등 형식상에 머물러 있다.

부시정부가 동등한 원칙을 배경으로 한 외교적 양보를 통하여 북핵문제 해결을 원하는지의 여부에 대해 그들의 결심과 의도 모두 의심해볼 가치가 있다. 부시정부는 시작부터 북핵문제에서 대협상의 결심이 있었던 적이 없었다.[203] 어떠한 중재외교 모두 협상과 협의를 통한 문제해결에 주력하며, 양자이든 다자이든 협상과 협의 단계에 반드시 타협과 양보가 있어야 한다. 하지만 부시정부는 현재 북핵문제에서 북한에게 양보할 가능성은 매우 적다. 이것의 기본적인 원인은 첫 번째, 부시정부는 여전히 강경한 대북전략을 주장한다. 두 번째, 북한의 인권상황 등 문제가 미국 국내정치에 대해 부정적인 영향을 끼쳤고, 타협적인 정책 조치는 사실상 미국 국회와 대중에게 충분한 지지를 얻기 힘들다. 세 번째, 북핵 교착상태의 연장은 부시정부의 동아시아안보전략에 대해 지속적으로 메기효과(catfish effect)를 발휘할 수 있고, 일본정부와 대중을 자극하여 미일 군사동맹을 더욱 강화시킨다.

부시정부는 중국의 적극적인 북핵위기 중재 그리고 6자회담의 협상과정을 리드하는 것에 대해 감사를 표했지만, 미국이 북핵위기 해결에서 기대하는 중국의 역할은 중재자보다는 압박을 가하는 자 쪽이다. 중국 측은 미국과 북한이 6자회담에서 가장 중요한 두 당사국이라고 생각하지만, 미국 측으로 본다면 중국도 역시 6자회담의 돌파적인 진전을 얻는 데 더욱 선택과 용기가 필요한 당사국이다. 미국의 논리로는, 중국은 현재 중재보다는, '편 선택'으로 북한을 힘으로 굴복시키려는 미국에 협조해야 한다. 미국 국무장관 라이스는 2005년 중국을 두 차례 방문하였고, 중국행 전후에 모두 공개적으로 강경한 언어를 사용함으로써 베이징이 평양에 압력을 가하도록 요구하였고, 북한이 최대한 빨리 핵포기 결심을 내리도록 촉구할 것을 중국에게 요구하였다. 중국 측에 거절을 당한 뒤, 라이스는 북핵문제상의 중국에 대한 불만을 매우 솔직하게 전달하였다.[204] 2004년 11월 미국은 북한에게 금융제재를 가하였다. 비록 미국은 겉으로 제재를 부인하였고, 북한과 관련된 회사에 대해 조사하여 처리하는 조치를 취하였지만, 이는 현재 북한이 6자회담 복귀를 거절한 이유가 되어버렸다. 인권, 금융 그리고 동아시아 군사배치와 군사협력 증강 등 일련의 문제에서 나타낸 미국의 강경한 태도는, 중국 측으로 보아 북한의 6자회담 복귀 여부에 대한 염려를 깊어지게 할 뿐이다. 이와 상응하는 것은, 평양은 어느 정도로 중국과 협력을 원하는지, 핵포기 다자협상 과정을 통하여 미국과 일본과의 관계를 실질적으로 완화시키고, 개혁개방을 통하여 국가경제와 안보 상황을 개선할 결심을 했는지는 아직도 여전히 하나의 수수께끼이다. 여태껏 북중 전통 우의를 중시해온 중국은 원조감축 혹은 제재사용 위협 등 수단으로 평양이 복종하도록 하는 것을 원하지 않고, 또 그렇게 하지도 않을 것이다. 그러나 중국은 미국의 6자회담에서의 양보를 추진할 실질적인 수단이 결여되어 있다. 패권국으로서, 미국은 중국이 6자회담에서 주도적인 역할을 맡는 것을 환영하지만, 중국은 현재 부시정부의 여전한 대북 강경정책을 바꿀만한 충분한 지렛대가 존재하지 않고, 중국의 중재외교는 6자회담 과정을 실질적으로 지배할 수 없기에 중재를 통한 핵포기 실현은 당연히 제한적이다.

4) 결론

분명한 것은, 북핵문제 해결의 외교과정에서 실질적인 돌파를 하기 위해 가장 중요한 요소는 중재외교가 아니라, 관련 국가들의 핵무기, 국가안보, 경제적 수익, 외교정상화 등 일련의 문제에서 중대한 정책전환과 정책선택의 충분한 정치적 결심이 있는지의 여부이다. 그러나 이것은 중국이 주도하는 중재외교가 중요하지 않다는 것을 말하는 것이 절대 아니다. 앞으로의 6자회담은 중국이 지속적으로 적극적인 중재자 역할을 발휘하는 것이 끊임없이 필요하고 또한 필수적이지만, 돌파적인 진전에는 여전히 각국의 충분한 정치적 결단이 필요하다. 중국의 중재외교는 6자회담을 지속적으로 이끌어 전진해나갈 것이겠지만, 6자회담이 실질적인 돌파를 할 수 있는지의 여부에는, 관련 각국의 공통된 노력이 필요하다.

현재로 보아, 중국이 맡을 수 있는 중재외교의 역할은 동북아 지역 평화와 번영이란 중국의 책임적 공헌에 기초하고 있다. 우리는 어떠한 국가의 이익기준과 전략의도를 위해 파워 브로커(Power Broker)와 같은 역할을 맡을 필요가 없다. 사실상, 설령 중국이 북핵문제상에서 미국의 의지에 더 충실히 파워 브로커의 역할을 발휘하려 한다 해도, 미국은 중국에게 충분한 전략적 신뢰로 권한을 부여하여, 중국이 북핵문제 해결에 있어 미국과 북한의 매니저가 되게 하지는 않을 것이다. 영국은 리비아 핵포기 문제에서 10개월이란 비밀협상을 통하여 이 점을 해내었지만, 중국은 영국이 아니다. 설령 중국이 이를 원하며 미국의 충분한 신뢰가 전제된다 해도 까메오 역할조차 할 수 없다.[205] 그렇기 때문에, 6자회담에서 중국은 우리 자신의 성의와 책임으로 지역국가로서 평화사명을 담당할 수밖에 없다. 현재 6자회담에서 중국의 중재역할이 어디까지 갈 수 있을지, 국제학술계에는 논쟁이 분분하다. 어떠한 사람은 중국은 문화와 역사의 관계에 기초하여, 북핵문제의 정책에 대해 영원히 '안정을 중심으로' 할 것이라고 생각하였고, 다른 사람은 중국의 '평화굴기' 전략은 최종적으로 중국이 북한에게 강제적인 포용(Coercive Engagement) 정책을 실행하게 할 것이라고 생각하였다.[206] 앞으로의 동북아 정세 변화에 직면하여, 중국의 중재역할을 시기적절하게 조정하고, 변화 속에서 지역평화와 번영에 대한 우리의 최대공헌을 파악하는 것은, 반드시 중국의 중재외교 사명의 기본적인 사고의 방향을 이끌어갈 것이다.

제7절   미사일 실험발사, 6자회담과 다자협상 중의 안보딜레마

2006년 7월 5일, 북한의 미사일 실험발사는 북핵문제가 불러일으킨 안보긴장 관계를 악화시켰고, 6자회담 과정에 심각한 타격을 주었다. 다자회담 가동 3년 후에도 북핵문제상의 안보딜레마가 실질적으로 개선되지 않는 이유는 무엇일까? 관련 국가의 안보 아이덴티티가 실질적인 변경과 발전을 할 수 없는 상황에서, 단순히 대화체제에 의지해 대화참여 각국 간의 안보충돌을 해소하는 것은 힘들다고 필자는 생각한다. 6자회담을 추진하고, 점차적으로 동북아지역 안보협력 구조로 키워나가는 것과, 북한 미사일 실험발사가 주는 경험은 반드시 행위체가 개방시스템을 형성하는 전제 아래 규범 가능한 안보 아이덴티티를 발전시키는 것이다.

안보딜레마는 국가 간의 안보 경쟁과 충돌을 구성하는 기본적 요인뿐만 아니라, 다자안보 대화과정에 영향을 주고 심지어 실질적으로 파괴하기까지 하는 두드러진 문제이다. 다자회담 자체는 억제를 통하여 안보충돌을 해결하는 중요한 체제이지만, 다자회담 과정을 방해하는 중요한 원인 중 하나는 회담 자체가 안보대립을 유효하게 억제하지 못하고, 협상에 참가하는 관련국가가 심지어 협상의 조건을 높이기 위해, 혹은 일방적인 이익주장을 강화하기 위해, 사태악화의 방식을 취하여 상대의 주목을 받으려고 하는 것을 불사하며, 자신에게 유리한 방향으로 타협하려 하기 때문이다. 전통적인 협력이론의 관점은 예를 든다면 제도의 구속력과 참여자를 위해 제공하는 '좋은 점'사이의 교역능력, 혹은 국제환경 평가의 배경에서 참여국이 한 전략적 선택 등 제도적 측면에 집중될 것이다.[207] 그러나 당대의 다자주의 이론은 협상자가 자신의 국내정치에 기초한 고려는 군사도발 정책을 취하는 중요한 이유라고 여기고 있다. 이외에, 위협 정도의 판단 역시 다자협상 중 안보딜레마를 해석하는 원인 중 하나이다.[208] 국내정치가 어떠한 '안보/도발' 행위를 취하는 것에 영향을 주든, 외교와 전략에 기초한 요구가 위협정도에 대한 판단이든, 사실상 모두 특정한 '위협/이익' 아이덴티티와 인식과 함께 직접적인 관계가 존재한다.[209] 2006년 7월 5일 북한의 미사일 실험발사 후 야기된 6자회담 참가국들의 다른 반응과 북한의 미사일발사 후 6자회담이 직면한 곤경에 대한 고찰을 통하여, 다자회담을 교착국면에 빠지게 하는 안보딜레마에는 국내정치의 고려뿐만 아니라, 위협 정도의 발전 또한 존재하며, 더욱이 북한과 같은 다자회담 참여국의 '행위습관'의 문제가 존재한다. 다시 말하자면, 비록 6자회담이 이 다섯 차례나 열렸고, 3년이란 시간 동안 지속되었지만, 관련 각국의 '위협/이익'에 대한 아이덴티티에 아직 근본적인 변화가 없다는 전제하에, 다자회담 중의 안보대립은 여전히 증강의 추세를 보이고 있다.

1) 북한은 왜 미사일 실험발사를 하려 하는가? – 습관적 행위 배후의 아이덴티티 경화

1998년 이후 8년간, 핵문제 이외, 북한은 줄곧 미사일 실험발사문제를 통하여 미국과의 직접적인 대화를 모색하였고, 그들이 희망하는 정치와 경제적 이익을 얻으려 힘써왔다. 2006년 7월 5일 북한의 미사일 실험발사는 단지 가장 최근의 한 차례일 뿐이다. 설령 2002년 10월 제2차 북핵위기 발발 이후, 북한의 미사일 발전계획은 제2차 북핵위기 가운데 줄곧 멈춘 적이 없고, 미사일 실험발사 운용을 통하여 북핵문제에 대한 국제사회 반응에 영향을 주는 것은 북한이 여러 번 시도했던 수단이다. 7월 5일 북한이 진행한 미사일 실험발사의 정치적 동기는 여전히 미국이 '미북 양자대화'를 동의하게 하는 것이며, 북한이 원하는 상응한 이익을 도모하는 것이다. 평양정부는 줄곧 미국에게 벼랑 끝 전술을 통한 '갈취외교(Diplomacy of Extortion)'의 고수로 보여지고 있다.[210]

북한은 미사일 실험발사에서 '외교의 단맛'과 실제의 '경제적 이점'을 맛보았다. 제1차 북핵 미사일위기는 1998년 8월의 대포동 미사일 실험발사이다. 이후에 거행한 미북 간의 직접적인 대화에서, 양측은 일련의 직접적인 '이익의 교환'을 형성하였다. 북한은 1999년 9월 미사일 실험 활동 중단(Missile Moratorium) 중지를 선포하였고, 클린턴정부는 페리 방안의 제안 아래 북한과 지속적으로 양자대화를 전개하여, 북미 간의 안보, 정치와 경제 관심사 해결에 동의하였다. 이와 동시에, 클린턴정부는 북한에게 약간의 '이점' 부여를 승낙하였다. 하나는 1999년 9월 17일 클린턴 대통령은 미국인들의 북한여행 개방과 북한에 대한 미국 생산품의 부분적 구매 승낙을 포함한, 북한에 대한 부분적 제재 취소를 선포하였다.[211] 둘째는 1999년 12월 미국 주재의 KEDO(한반도 에너지 개발기구)와 북한은 정식으로 46억 달러의 협의를 체결하였고, 앞으로의 8~10년 내 북한에 2기의 경수로 건설로 북한의 핵계획 중지로 인한 에너지 손실을 보상하는 데 동의하였다. 부시정부 출범이후, 백악관은 클린턴정부의 대북정책을 새롭게 평가하였고, 평양과의 양자회담을 한 차례 거절하였다. 미국의 북한정책에 영향을 주는 지렛대 중 하나로서, 평양은 먼저 2001년 5월에 핵활동 중단을 2003년까지 연장한다고 선포한 직후, 부시정부의 강경정책에 직면하여, 북한은 2001년 6월에 미사일 실험 활동 중단 취소를 고려할 것을 표명하였다. 북한과 미국은 이것으로 '미사일게임'을 시작하였다.

　　제2차 북핵위기 발발 이후, 북한은 2003년 3월과 2005년 5월 세 차례 미사일 실험발사를 진행하였다. 2003년 2월 24일과 3월 7일, 북한은 서방에서 KN-01으로 불리는 단거리 대함미사일을 두 차례 실험발사하였고,[212] 2005년 5월 1일 북한은 단거리 미사일 1기를 동해에 실험발사하였다.[213] 2003년 2~3월 두 차례 미사일 실험발사의 정치적 목적은 평양이 직접적으로 북미대화의 진행을 원하는 것이지, 미국이 제시한 다자대화가 아니다. 2003년 1월, 북한은 장거리미사일 연구제작을 재개할 수 있고, 미사일실험 중지 각서를 취소할 것이라고 위협하였다. 북한의 주UN 대표가 미국 뉴멕시코주 주지사 빌 리처드슨(Bill Richardson)과 거행한 3일간의 회담에서 북한은 북핵문제에 관해 미국과 직접적인 협상진행을 희망한다고 직접적으로 표명하였다.[214] 북한이 이 각서에 대한 이행을 중지하고, 오히려 장거리미사일을 실험하고 개발한다면, 분명히 2002년 12월 말 이후 북한이 IAEA 핵사찰단원들을 추방시킨 것과, NPT조약 탈퇴 그리고 5메가와트 흑연원자로 재가동 등 일련의 사태를 악화시키는 행동들 이후 새로운 '위기 승격' 조치이기 때문에, 미국의 거절에 당면한 후, 2~3월의 미사일 실험발사는 평양이 지속적으로 핵위기 사태의 심각성을 격상시키기 위한 도구가 되었다. 2004년 4월 4자회담의 사전준비와 거행 그리고 이후 6자회담 거행 이후, 미사일 게임은 또 새롭게 시작되었다. 2005년 3월 북한은 미사일 실험 중지 각서가 더 이상 유효하지 않다고 선포하였다. 2005년 5월 1일, 북한은 단거리 미사일 실험을 진행하였고, 그들의 목적 중 하나는 여전히 북한이 원하는 북미 간의 직접적인 대화를 성사시키기 위함이며, 새로운 위기사태를 만드는 것을 통하여 국제사회의 주목을 끌기위한 것이다.[215] 중국의 적극적인 중재외교와 한국의 에너지원조 제공 승낙과 지속적인 화해정책 추진의 성사로 인해, 2005년 5월의 미사일 실험발사는 새로운 미사일위기로 발전하지 않았다.

2006년 7월 5일, 북한이 미사일 실험발사를 한 원인은 첫째, 북한과의 양자대화를 거절한 미국의 태도에 대해 응징하기 위함이다. 둘째, 평양은 습관적으로 새로운 위기사태를 만들어 국제사회의 평양입장에 대한 관심을 집중시킨다. 셋째, 새로운 긴장국면 조성으로 현존하는 6자회담에 대한 평양의 불만을 털어놓는 것이다. 그러나 북한 미사일 실험발사의 직접적인 목적은 그래도 위기 조성의 방식을 통하여 미국이 북한과 우선 양자회담 진행에 동의하도록 압박을 가하는 것이다. 북한이 90년대의 대포동 미사일 경험에 대해 여전히 모종의 환상을 품고 있는 것이 분명하다.

2005년 11월 중순에서 5차 6자회담 종료 이후, 북핵문제 해결의 다자회담은 다시금 교착상태에 빠졌다. 2005년 12월 미국의 대북 금융제재는 경수로문제에서 북한이 보여준 고집스러운 입장에 대한 미국의 응징이라고 할 수 있고, 또한 6자회담의 신속하고도 실질적인 돌파에 대해 부시정부가 더 이상 희망을 품지 않은 후, 오히려 북한에게 새로운 압력과 고립 정책을 취한 결과이다.[216] 금융제재는 북한이 직면한 경제적 어려움을 악화시켰을 뿐만 아니라, 북한이 자신이 제기한

선 경수로 제공 후 핵포기 가능 과정의 문제상에서 미국에게 쉽게 양보하길 꺼리도록 한다.[217] 그러나 북한은 확실히 몇몇 능동적인 자세를 취함으로써 교착상태를 타파하길 희망하였다. 예를 들어, 2006년 6월 초, 북한은 미국 국무부 차관보인 크리스토퍼 힐의 평양방문을 요청하였고, 북미 간의 양자회담 성사를 위해 노력하였다. 그러나 평양의 요청은 미국의 신속한 거절에 직면하였고, 백악관의 입장은 다자회담의 복귀가 있어야만, 북미 간의 양자회담 진행에 대해 미국이 고려할 수 있다는 것이었다. 미국의 '선 다자, 후 양자'의 정책과 평양의 '선 양자, 후 다자'의 요구는 6자회담 이외 북미 간 이견의 새로운 쟁점을 형성하였다. 평양의 미사일 실험발사는 미국에게 금융제재와 선 양자회담에 대한 북한의 거듭된 요구에 어떠한 결과도 없고, 미국의 대북 금융제재 역시 여전히 더욱 엄격히 이행된 직후 발생하였으며, 이것은 미국에 대해 북한이 투쟁을 강화하는 조치에 대한 일종의 표현이었다. 평양에게 불만을 더욱 느끼게 하는 것은, 이란핵문제에 대해 달성한 6개국의 '승낙'에는 테헤란에게 경수로를 제공한다는 내용이 포함되었지만, 2006년 6월 1일, 한반도 에너지 개발기구는 오히려 북한에 대한 경수로 건설 원조를 철저하게 중지한다고 선포하였다.[218] 이렇게 뚜렷한 대조는 평양정부를 더욱 분노케 하였다. 미사일 실험발사는 북한이 2002년 10월 제2차 북핵위기 발발 이후 지속적으로 사용해온 상투적인 수법일 뿐이며, 북한이 벼랑 끝 전술(Brinkmanship)을 통하여 회담을 촉진시키고, 이익을 얻는 목적을 달성하기 위한 수단이다. 미사일 실험발사가 새로운 외교적 풍파를 야기시킨 후에도, 북한은 여전히 양자대화 진행을 미국에게 요구할 것이다. 2006년 6월 20일, 북한 주UN 부대사는 미국과의 직접적인 협상을 통하여 미사일 문제를 해결할 수 있다고 표명하였다.[219]

만약 우리가 북한의 2002년 10월에서 2003년 3월까지 핵과 미사일 문제상에서의 언사와 그리고 2006년 6~8월 북한의 핵과 미사일 문제상의 언사를 비교해본다면, 거의 어떠한 차이도 없다는 것을 발견할 수 있으며, 그 키워드는 '자주적 방위력', '억제력', '국방발전 권리', '미국의 핵공격' 그리고 '군사력의 안전보장' 등등이다. 그러나 2005년 9월 4차 6자회담은 「공동성명」을 통과시켰고, 각국의 한반도 비핵화 실현 공동선언, 미국의 북한에 대한 안전보장 승낙, 그리고 각국이 도발적인 행동을 취하는 것을 피하기로 승낙한 상황에서, 북한의 미사일 실험발사 는 더더욱 필요가 없다. 뿐만 아니라 이는 6자회담이 오늘날에 이르러 달성한 건 설적인 성과를 파괴하였으며, 동북아지역의 안정과 협력에 현저히 부정적인 영향 을 가져다줄 뿐이다.

　문제는 6자회담이 2003년 8월 이후 이미 다섯 차례나 진행되었고, 6자회담 이외에는 북한과의 양자회담을 거절한다는 부시정부의 입장은 이미 오래되었다 는 것이다. 북한이 왜 여전히 미사일 실험발사를 진행하며, 위기사태를 조성하는 방식을 통하여 북미 간의 직접적인 대화를 추진하는 것일까? 이에 대해 대부분 평 양이 부시정부가 견지하는 북한과의 직접적인 불대화 결심을 저평가하고 있다고 해석한다.[220] 또 다른 견해는 평양이 내부 결속과 정권안정을 위한 사기진작에 미 사일 실험발사의 목적이 있다는 해석이다.[221] 심지어 한 분석가는 나머지 국가들 의 대립과 충돌을 야기시키는 것이 북한의 목적이라고 생각한다.[222] 그러나 북한 국내정치에 대한 충분한 정보가 결여된 상황에서, 상술한 세 가지 이유는 억측의 정도가 너무 높다. 1998년 대포동 미사일 실험발사 이후의 경험적 사실에 기초하 여, 합리적 해석은 평양정권의 외교적 수단 선택이 결여되어, 정세에 대한 판단이 새로운 아이덴티티를 형상화하고 구축할 수 없는 이전에는, 전통적이고 극히 제 한적인 군사적 방법 선택을 계속할 수밖에 없다는 것이다. 그들에게 전통적인 투 쟁수단이 운용하기에 익숙할 뿐만 아니라, 북한 국내정치의 인식 환경에 부합하 며, 단기 내 국내 정치에 좋은 결과를 얻어내는 데 유리하고,[223] 게다가 미사일 실 험발사가 좋은 대가를 가져다 준 선례가 있다. 미사일 실험발사 전후 평양이 거행 한 군중집회와 선군노선의 재차 강조로, 6자회담체제 가동에 대한 평양의 '안보 아이덴티티'와 습관성의 군사적 '대응수단'이 현재까지 어떠한 변화도 없다는 것 을 충분히 증명하였다. 무기 혹은 군사력 과시는 여전히 북한의 가장 주요한 권력 자원이며,[224] 가장 주요한 외교적 조건이기도 하다.

2) 북한 미사일 실험발사 - 아이덴티티 대립 아래 악화된 안보딜레마

　　북한은 6자회담 시작부터 3년이 넘는 시간동안 자신의 안보 아이덴티티 그리고 군사적 대응전략을 바꾸지 않았고, 객관적으로 미일 등 국가들도 북한에 대한 완고함과 적대시함의 견해를 바꾸지 않았다. 양측의 아이덴티티 차이와 대립은 북한의 미사일 실험발사가 야기한 안보대립을 새로운 단계에 접어들게 할 것이다. 안보딜레마의 악화는 6자회담을 정지 상태로 접어들게 할 가능성이 매우 크다.

　　기술적인 측면으로 본다면, 북한의 이번 미사일 실험발사는 이전보다 위협 수준이 크지는 않다. 서방국가들은 대포동 2호의 장거리미사일 실험발사가 42초 1.5Km상공으로 날아간 뒤 폭발했다고 하였다.[225] 그리고 북한이 실험발사한 기타 6기의 단거리 미사일은 북한이 이미 보유한 미사일 장비이다. 비록 어떠한 분석가는 북한의 연속적인 6기의 단거리 미사일 실험발사는 북한이 정밀한 미사일 공격 능력을 보유하고 있다는 것을 의미하지만, 북한의 미사일 위협 능력의 확대라고 여길 수는 없다고 밝혔다. 미국의 대외관계 위원회의 핵비확산 문제 전문가 마이클 레비(Michael Levi)는 "북한이 이번 미사일 실험발사가 보여준 기술적인 발전은 매우 제한적이고, 미국의 미사일 방어 시스템 배치 시 북한의 미사일능력에 대한 구상을 초월하지도 않았다"고 표명하였다.[226] 미국 『워싱턴 포스트』는 "북한의 미사일 기술은 줄곧 과거 몇 년간 과대평가되어 왔다"고 보도하였다.[227]

　　그러나 북한의 미사일 실험발사의 부정적 결과는 첫째 북한이 국제적 관심의 의제해결 과정에서 '신뢰와 성실의 원칙'을 견지할 수 있는지 여부에 충격을 가하였다. 북한의 미사일 문제는 세 가지 기본 문건의 구속을 받는다. 첫 번째, 1999년 북한이 자의적으로 미사일 실험중단 각서 선포. 두 번째, 2002년 9월 일본 고이즈미 총리의 북한 방문 시 양측이 체결한 「평양선언」. 세 번째, 2005년 9월 6자회담 「공동성명」이다. 비록 2005년 3월 북한 외무성은 미사일 실험 각서의 실효를 선포하였지만,「공동성명」의 체결과 발표는 북한이 최소한 미사일 실험발사 각서가 규정한 의무의 지속적인 이행을 간접적으로 동의한 것을 의미한다.[228] 이것은 각국이 「공동선언」에서 규정한 '도발행위를 취하지 않는 것'에 대한 기본적인 이해일 것이다. 북한이 이미 이러한 승낙들에도 불구하고 취한 미사일 실험발사 행위는, 국제사회가 북한이 유효하고, 자발적으로 그들이 승낙한 국제적 의무를 준수할 수 있을지 여부를 재차 의심하게 할 뿐이다. 만약 분쟁을 해결하는 과정에서 신용의 원칙이 손상된다면, 6자회담에서의 나머지 각국의 협상의지에 분명히 큰 타격을 줄 것이다. 특별히 미일 등 국가들은, 북한이 진행한 미사일 실험발사는 한계를 넘은 것이며, 자신이 승낙한 국제적 의무를 마음대로 다루는 것으로 만약 미국이 북한이 주장하는 양자회담에 동의한다면, 북한의 '함정'에 빠지는 것이라는 입장이다.[229]

두 번째, 북한 미사일 실험 발사의 실제적인 효과는 미국과 일본 등 국가들이 평양에게 강경하고 단호한 제재 조치를 취하게 하는 명분을 주고 또한 중국과 한국 등 온건파 국가에게 압력을 가해 시작부터 모색해온 북한 고립 전략을 강화하려 하며, 북한과 외부세계 관계의 갈등을 첨예화시키려 한다. 2002년 10월부터 북핵위기 발발 이후, 미사일 실험 발사는 미일 등 국가의 압력정책에 대항하고, 국제사회의 관심을 끌고 자신의 협상조건을 높이는 수단이지만, 매번 북한의 미사일 실험발사는 사실상 모두 북한과 미국, 일본 간의 안보관계에 새로운 긴장을 가져왔고, 동북아 지역안보의 불확실한 요소를 증가시켰다.

2003년 2~3월의 북한 미사일 실험발사는, 미국의 태평양 서부 괌에 12대의 B－52와 12대의 B－1장거리 전략폭격기의 추가 파견 선포를 직접적으로 야기시켰고, 이것으로 한반도의 어떠한 돌발정세에 대응하였다.[230] 부시정부는 비록 북핵문제의 정치적 해결을 힘써 견지하였지만, 어떠한 정책 선택도 포기하지 않을 것임을 강조하였으며, 암시적으로 북한에 대해 군사적 타격의 가능성이 여전히 존재한다는 것을 암시하였다. 그리고 북한은 미국이 북한을 공격할 계획을 갖고 있고, 이 계획이 실행된다면, 북한은 '핵재난'도 불사할 것임을 강조하였다.[231] 7월 5일 미사일 실험발사의 직접적인 결과는 미국과 일본의 북한에 대한 군사적 반응이 더욱 강화되었다는 것이다. 양측은 2006년 8월을 시작으로 일본에 PAC－3 미사일 방어 시스템 조기 배치를 이미 결정하였다. 게다가 이로 인해 아시아대륙의 미사일 조기경보와 유도시스템을 강화하였다.[232] 미국은 그들의 미사일 방어 시스템이 시작부터 '실전상황'에 있고, 또한 현재 미국의 해상 미사일 요격 능력을 보유한 최첨단 이지스함을 일본에 신속히 파견하기로 결정하였다. 북한의 반응 역시 미국과 같이 긴장된 분위기를 악화시키는 것도 불사하겠다는 것이다. 2006년 7월 15일 안보리에서 북한문제 문제에 대해 표결 시, 평양은 자신의 군대를 임시 전쟁상태에 돌입한다고 명령하였다. 이것은 북한이 13년 만에 처음으로 군부에 내린 지령이다.[233]

2003년과 2005년 북한의 3차례 미사일 실험발사가 안보위기를 야기시키지 못하였을 뿐 아니라 6자회담의 진행 과정에도 실질적인 손해를 입히지 못한 것은, 실험발사한 미사일이 모두 단거리 미사일이었기 때문이다.[234] 북한은 현재 중단거리 미사일과 핵무기 기술을 보유했음에도, 핵탄두 탑재수준에 도달하기는 어렵다. 하지만 만약 북한이 장거리미사일 심지어 대륙 간 탄도미사일 발사에 성공하면, 핵탄두 탑재의 가능성은 이론적으로 본다면 크게 높아질 것이며, 이로 인해 미국 본토를 직접적으로 타격함으로써, 부시정부의 대북전략에 새로운 실질적인 변화 출현을 만들어낼 가능성이 있다. 미국으로 본다면, 핵무기와 대륙 간 탄도미사일을 보유한 북한은 미국 국가안보의 악몽이다. 심지어 미국 군부는 북한이 이미 핵무기와 대륙 간 탄도미사일을 합체할 기술을 보유하고 있다고 믿는다. 그러나 북한은 7월 미사일 실험발사를 통해 국제적 만류와 압력을 무시하는 행동을 보였다. 때문에 미국과 일본은 더욱이 평양의 핵무기 추구가 정권의 생존 담보를 위해서만 아니라, 이익을 취할 수 있는 공갈행위를 모색하기 위한 것이라고 여기게 되었다.[235] 이로 인해, 북한의 이번 미사일 실험발사가 야기한 안보딜레마는 전례없이 동요되었고, 이에 대해 미국과 일본 모두 상당히 강경한 반응을 보였다. 미국 국내 전통적인 대북 온건파는 평양에게 강경한 입장을 취하기 시작하였고, 심지어 미사일 실험발사로 북한위협 해소의 외교는 실패하였다는 것을 증명하였기 때문에, 미국은 북한의 미사일 실험발사장에 외과수술식 타격을 가하여, 북한의 장거리미사일 능력을 파괴하자고 건의하였다.[236] 비록 부시정부가 이후 이러한 건의를 불수용함으로, 미국이 북한의 미사일기지에 선발제인의 군사적 타격을 할 것이라고는 생각하지 않지만, 북한정책에 대한 미국 국내의 논쟁은 2002년 10월 북핵위기 발발 이래 미국 야당이 이렇게까지 진지하게 북한에 대한 군사적 타격을 취하는 문제를 논의한 적은 없었다는 것을 보여주었다.

일본은 북한의 미사일 실험발사에 대해 가장 격렬하며, 가장 감정적으로 반응하였다. 미사일 실험발사 당일 발표한 7가지 대북 제재 조치를 제외하고, 일본 국내의 강경파에서는 북한에게 선발제인적인 타격을 가해야 한다고 호소하였다. 임시 내각 관방장관인 아베 신조는 7월 6일 공개적으로 일본은 북한의 미사일 시설에 공격을 가할 권리가 있고, 이것이 일본의 '자위'라고 표명하였다.[237] 이 외에도, 일본은 즉시 UN 안보리에 북한에 대해 엄격한 제재를 가하는 안건을 회부하였고, 심지어 이 안건은 「UN헌장」 제7장을 인용하여 반드시 필요할 때 무력사용을 취함으로써 북한 위협문제 해결에 대한 권한을 받으려 하였다. 북한의 미사일 실험발사 문제는 분명히 일본의 민족주의 정서를 한 단계 더 자극하였고, 일본의 자위대 체제변화를 더욱 촉진시키는 역할을 하였다. 심지어 일본 국회는 이미 일본이 앞으로 감행할 적의 미사일기지에 대한 선발제인적인 공격은 일본인 자위권 행사의 법률규정에 부합한다고 설명하였다.[238] 현재, 미국과 일본 양국의 대북정책과 6자회담 4차회의 시를 대비한다면 이미 전면적인 후퇴를 하였고, 고립과 제재 정책은 한 단계 더 강화되었다. 미국과 일본은 이미 4차 6자회담 기간 협상을 통한 '북한의 잘못된 행위를 고치는' 전략에서 핵위기 시작 초기의 정권교체(Regime Change)로 대표되는 평양정권을 질식시키려는 전략으로 다시 전향했다. 현재 미국과 일본의 북한 정권교체 전략은 군사적 수단을 사용하여 직접적으로 정권교체를 실현하려는 것이 아니라, 금융과 무역제재에 대한 강도와 범위를 확대하고, 북한의 대규모살상무기에 대한 국제 감시를 강화하며, 심지어 북한의 대외 무기 교역을 차단하고, 탈북자들을 위해 공개적인 정치적 보호제공과 대북 인권공세 등 방식을 통하여 북한의 경제와 군사능력을 질식시켜, 북한정권의 조속한 붕괴를 촉진시키는 데 목적을 두고 있다. 그러나 모순되는 것은 비록 6자회담이 보류되었고 북한의 위협도에는 결코 실질적인 변화가 없지만, 미국과 일본의 북한 위협에 대한 인식에는 변화가 발생하였다는 것이다.

세 번째 북한 미사일 실험발사의 반응에 대한 차이로 인해, 6자회담 관련 국가들 간의 논쟁은 현재 더욱 치열해졌다. 하지만 이러한 대립의 격상은 우선 중국과 한국, 미국과 일본의 미사일 실험발사에 대한 인식의 대립이다. 중국과 한국 양국은 모두 일본의 강경한 선발제인식의 타격에 불만을 표출하였고, 일본이 안보리에 회부한 강제적 제재 안건에 대해선 과도한 반응이라고 여겼다.[239] 한국의 청와대 대변인은 아베 신조의 담화는 일본 정책의 '돌돌핍인(咄咄逼人)'의 성격을 보여주었다고 비판하였다. 북한 미사일 실험발사에 대해 한국은 결코 강력한 반응을 보이지 않았고, 원래 정한 대로 북한과의 장관급 회담은 지속해서 진행하고, 북한에 대한 식량원조만 중지하였다. 한국 통일부 장관은 북한의 미사일 실험발사 역시 미국정책의 실패라고 공개적으로 표명하였고, 이러한 언사는 노무현 대통령의 공개적인 지지를 받았다. 현재 대북정책상 미국, 일본, 한국의 대립은 한 단계 더 확대되었고, 이에 대한 근원은 한국은 북한을 적으로 보지 않지만, 미국과 일본은 북한을 중대한 위협으로 간주한 데 있다. 이로 인해, 미국은 한국에 대한 압박을 제고하였고, 한국이 다시 미국의 대북정책에 협조하도록 요구하였다. 워싱턴은 이미 북한은 한미 자유무역협정 범위에 포함될 수 없다고 공개적으로 표명하였다.[240] 이것은 분명히 서울에게 압력을 가함으로써, 한국에게 북한 경내의 개성공단과 금강산 관광사업에 대한 투자를 철회하도록 요구하여, 북한의 경제능력을 더욱 위축시키기 위함이다. 그러나 6자회담의 진전은 관련국들의 회담의 목표설정과 협상노선 선택 그리고 기본전략 운용상의 공통된 인식과 협력에 상당부분 달려있고, 또한 무엇이 북한문제이고 북핵문제인지와 현재 미사일 문제의 기본적인 인식에 달려있다. 만약 북한을 제외한 각국들 간의 이견을 좁히지 못하고, 서로가 견제를 한다면, 6자회담체제는 필연코 돌파하기 어려울 것이다.

3) 6자회담 중의 안보딜레마 낮추기 – 문제와 도전

북한의 미사일 실험발사는, 국내정치가 주도하는 안보 아이덴티티에 실질적인 변화가 나타나기 전에는 북미 간의 상호 불신과 군사도발과 위협에 대해 지적만 하는 다자대화 체제는 안보딜레마의 변화에 대해 유소작위(有所作爲)하기 힘들다는 것을 분명히 보여주었다. 마찬가지로, 만약 기타 각국이 한반도 문제상에서 충분한 정책적 통찰력과 실용적인 태도를 취하지 못한다면, 역시 북한이 가지고 있는 부정적인 안보 아이덴티티를 바꾸기는 어렵다. 문제는 6자회담에 참여하는 기타 각국들이 도대체 어떠한 정책적 조치를 통하여 대립적 안보 아이덴티티를 실제로 약화시키고, 또한 사건을 일으키는 구실이 지속적으로 존재하는 습관적 행위가 북핵문제의 정치와 외교적 해결을 막는 것을 피하는 과정을 고려할 수 있냐는 것이다.

첫 번째, 북한은 반드시 충분한 용기와 믿음을 보여주어, 국가의 고립상황을 끝내고, 개혁개방을 실현해야 한다. 이것은 북한의 국가와 민족이익에 부합할 뿐만 아니라, 보수적이고 딱딱한 안보 아이덴티티와 습관적 행위의 유일한 출로이다. 또한 동북아지역 안정, 협력과 번영보장을 위한 길이다. 합리적인 아이덴티티 형성은 개방적인 상호작용의 환경에서 국제행위체가 국제제도와 국제규범에 대해 얼마나 이해하고 적용하느냐에 달려있고, 또한 지역 구성원 간의 광범위한 정치, 무역 그리고 사회적 교류과정에서 형성된 '지식 공유'에 달려있다.[241] 북한의 안보 아이덴티티 문제는, 평양의 국내 시스템에 반드시 있어야 할 개방과 개혁의 결여 문제인가? 인류의 정치생활에서, 무기와 군대는 비개방적인 시스템에서만이 가장 중요한 권력자원을 구성한다. 북한은 자신의 시스템 개방문제를 해결하지 않으면, 진정으로 그들의 안보 아이덴티티에 존재하는 문제를 다룰 수 없고, 군사능력 의지가 보여주는 이러한 습관적 행위를 바꾸기 어렵다.

중국은 언제나 전통적인 북중우호와 양국의 협력관계 건설의 대세에서 출발하여, 북한문제상에서 부드러운 접근법(Soft Approach)을 취하였고, 원조와 지지를 통한 북한의 경제건설과 실제적인 어려움을 해결하는 각도에서, 북한이 개혁개방의 전략적인 선택을 하도록 인내심을 갖고 기다리며, 중국의 경험을 통하여 점차적으로 북한이란 동지의 마음을 움직이고 유도할 것을 원한다. 그러나 만약 북한의 습관적 행위를 바꿀 수 없다면, 중국의 고심은 효과를 보이기 어렵다. 북한의 미사일 실험발사 그리고 현재 한반도 정세를 둘러싸고 나타난 새로운 긴장 국면은, 객관적으로 중국의 이익에 손해를 끼쳤고, 중국의 호의를 저버렸으며, 또한 중국의 북핵정책은 전례가 없는 난처한 국면에 놓였다.[242] 중국은 언제나 다른 국가의 내정에 간섭하지 않고, 북한이 어떠한 발전 노선을 선택하든 북한인민 자신의 선택이지만, 동북아지역의 책임감 있는 대국으로서, 중국은 더욱 즉각적이고 효과적으로 북한이 알맞은 선택을 하도록 도울 필요가 있다. 중국은 북한 사람들의 지혜와 용기를 믿고, 또한 그들이 분별할 능력을 지녔다는 것과, 중국 인민의 장기적인 우호, '선린(睦隣)과 부린(富隣)'의 숭고한 마음을 소중히 여길 것 이라고 믿는다. 만약 북한이 결국 힘있는 개혁개방을 거절한다면, 국내체제의 교착상태에 더욱 자신있고 협력적인 안보 아이덴티티 형성이 힘들 뿐만 아니라, 더욱이 미국 매파의 정권교체론을 위해 가장 좋은 구실이 될 것이다.[243]

두 번째, 북한 핵문제상에서의 6자회담이 실질적인 돌파를 이루어내기 전에 평양은 반드시 미사일 실험발사와 연구개발 과정을 중지해야하며, 진정으로 핵포기의 실질적인 뜻을 나타내야 한다. 또한 각국의 염려를 불식시키려는 노력을 통해 6자회담체제와 중국의 중재 역할과 북한의 안보관심에 대한 국제사회의 이해와 존중을 증진시켜나가야 한다.

부시정부가 고수하는 북한에 대한 단호하고 엄격한 정책은, 전통적인 불신과 적의(敵意) 때문이기도 하지만, 상당부분은 미국의 정보부서가 줄곧 북한이 비밀 핵 프로젝트를 보유한 것 외에도, 장거리미사일의 연구제작을 진정으로 멈춘 적이 없다고 여겨왔기 때문이다.[244] 한국 매체는 미국이 2002년 11월 북한 대포동 미사일 실험장에서 실험가동 중인 로켓 추진체가 폭발했다는 정보를 동맹국들에게 통보했다고 보도하였다.[245] 2003년 10월, 미국정부는 평양이 이미 대포동 미사일 실험장을 복구하였고, 이것은 북한이 언제든지 새로운 미사일 실험을 감행할 수 있다는 것을 의미한다고 표명하였다. 2004년 9월, 미국은 북한이 현재 새로운 로켓엔진 점화 실험을 진행 중인 것을 정찰해내었다.[246] 2006년 6월 중순부터, 미국의 스파이 위성과 기타 정찰수단은 현재 미사일 실험발사 진행 준비에 대한 각종 동향을 관측해냈다. 미국과 일본 등 국가들은 여러 차례 북한에게 경고를 하였고, 북한이 미사일 실험발사를 중지하길 희망하였다. 북한에게 보낸 경고의 등급과 어휘의 위협성은 2006년 6월 중순 이후 끊임없이 격상되어 왔다. 6월 17일, 우선 주일본 미국대사 토마스 시퍼(John Thomas Schieffer)와 일본 외무상 아소 다로는 긴급히 회담을 갖고, 북한의 미사일 실험발사는 위험한 행동이며, 직접적으로 북한 자신의 이익에 손해를 끼칠 것이라고 공개적으로 표명하였다.[247] 즉각, 미국은 6월 20일부터 북한인근 해역에 이지스함 2척을 파견하여 북한의 장거리미사일 준비와 발사상황을 관측하고, 또한 해상 미사일 방어 시스템(Sea‒based Missile Defense System)가동에 착수하여, 반드시 필요할 시 군사적 반응을 보이기 위함이다. 심지어 미국 매체는 펜타곤이 이미 미사일 방어 시스템 가동을 결정하였고,[248] 이로 인해 백악관 안보보좌관 스티븐 해들리는 부시 대통령 유럽 비엔나 방문 수행 중 "미국의 정보는 결코 북한이 미사일을 실험발사할 것이라는 것을 확인하지 못했다"라고 표명하였다.[249] 하지만 이후의 각종 조짐들이 북한이 진정으로 미사일 실험발사를 할 것이라는 것을 보여주었고, 미국과 일본이 보낸 위협적인 경고뿐만 아니라, UN 사무총장 코피아난, 중국 원자바오 총리, G8 회의 성명, 미국 러시아 정상회담 성명 모두 북한이 미사일 실험발사를 중지하여, 불필요한 사태악화를 피하기를 요구하였다. 그러나 북한 지도자는 결코 국제사회의 주류의견을 진지하게 고려하지 않았다. 이러한 국제영향 무시, 6자회담체제에 반드시 있어야할 존중 결여, 단순히 소위 말하는 '초강경한 대응'을 하는 것은, 북한자신의 이익을 해칠 뿐이다. 2006년 7월 15일, UN 안보리는 북한이 현 국면을 분명히 인지하는데 도움이 될 1695호 결의안을 통과시켰다.

　세 번째, 미국과 일본 등 국가들은 북한 미사일 실험발사에 대한 과도한 반응은 피해야 하며, 국내정치의 고려로부터 나오는 또는 기타 지역안보 목표로 인한 '차제발휘(借題發揮)'와 북한 미사일 실험발사 문제에 대한 단호한 제재와 고립 전략을 취하거나 더욱 나아가 능동적인 군사적 위협 조치를 취하는 것은 더욱이 피해야 한다. 북한에게 필요한 압력을 가하는 것은 단기적으로 보아 피하기 어렵지만, 중장기적으로 본다면 단순히 북한에 대해 제재를 고수하는 것은, 평양의 대항정서의 고가행진을 촉진시킬 뿐이며, 한반도 전체 국면을 복잡하게 만들 것이다.

미사일 실험발사의 효과 때문에, 북한과 미국, 북한과 일본 간의 정치와 전략적 대립의 골은 더욱 깊어졌다. 이에 미국과 일본 모두 북한에 대한 강화된 제재를 고려하고 있다. 현재, 전 세계 이미 25개의 은행은 미국이 선도하는 대북 금융제재에 참여하고, 새로운 제재 조치는 미국의 대북금융 제재를 1999년 9월 이전의 수준으로 회귀하도록 할 가능성이 높다.[250] 일본에서도 북한으로의 송금 채널을 완전 동결하였고, 심지어 양국 간의 민간왕래 단절도 고려하고 있다. 미국과 일본은 북핵정책상의 전략흐름은 매우 분명하게 북한에 대한 전략적 압력을 전면적으로 격상시켜, 북한의 위협능력을 없애고, 더 나아가 정권교체의 목적을 실현하려는 것이다. 그러나 과거 5년 동안 미국의 강경정책은 결코 한반도정세 또는 북핵문제에 실질적인 완화를 가져오지 못하였고, 미국과 일본의 고립과 제재조치가 정말로 목적에 도달할 수 있는지는 사람들의 의심을 받고 있다는 것을 우리는 여실히 보았다. 미사일 실험발사 문제상의 일본의 격앙된 반응은, 더욱 일본에 장기간 존재해온 북한 혐오 사상을 재차 일어나게 하였다.[251] 부시정부의 북한과의 양자회담 거절입장은, 북한 미사일 실험발사를 강력하게 반대해온 매파에서도 강력한 비판을 가하였다. 유명한 칼럼니스트 토머스 프리드먼(Thomas Freidman)은 미국은 북한의 '잘못된 행위'를 고칠 능력만 있을 뿐, 북한정부를 바꿀 능력은 결코 갖고 있지 않다고 명확하게 지적하였다.[252] 그는 미국이 반드시 북한과 직접적인 회담을 가져야 한다고 강력하게 호소하였다.

사실은 북한의 미사일 실험발사의 직접적인 효과는 군사적인 것이 아니라, 정치적인 것에 있다. 미국과 일본은 반드시 중국, 러시아 그리고 한국과 대책을 더욱 협조해야 하며, 미사일위기 수습 이후 악화되었던 6자회담 정세에 대해 더욱 확고한 정치적 책임을 져야 하고, 단순히 예방성 방어 그리고 제재 등 강경수단을 강조해서는 안 된다. 미국과 일본 양국 모두에게는 진정으로 평양이 워싱턴과 도쿄가 평양의 정치 현황을 바꿀 뜻이 없고, 여전히 확고하게 북핵문제의 외교와 정치적 해결에 지속적으로 힘쓸 것을 믿도록 해야 하며, 진지하고 진실한 협상전략을 취할 여지가 여전히 존재한다고 믿도록 해야 한다. 이런 의미에서 본다면, 미국이 단순히 6자회담체제 중의 북미 양자회담을 견지하는 것으로는 부족하다. 현재 북핵문제상의 미국에게 가장 해결이 필요한 장애물은 '북한의 6자회담 복귀거부의 구실' 제거이다.[253] 북미 양자대화 진행은 미국이 할 수 있는 첫 발걸음이다.

네 번째, 물론 북한의 미사일 문제도 중요하지만 한반도 전체 정세 그리고 동북아 지역안보에서 가장 절박한 문제는 여전히 북핵문제의 해결이다. 비록 현재 북한의 미사일 실험발사가 북핵문제 해결의 다자회담을 막고 있지만, 북한의 미사일 문제가 국제사회의 북핵문제 해결의 시야로 들어가서는 안 된다.

2006년 7월 5일, 북한 미사일 실험발사가 동북아지역에 가져온 안보위기는 심각하였지만, 한반도문제의 핵심은 핵이지 미사일이 아니다. 미국과 일본은 미사일 방어 시스템의 역할을 강조하는 것으로 북한의 '미사일 위협'에 대응하려 하지만, 이것은 동아시아의 새로운 군비경쟁을 촉발할 가능성이 매우 크며, 또한 오히려 북한을 핵포기 문제상에서 더욱 망설이게 할 것이다. 북한의 미사일 위협을 과도하게 과장하는 것은, 더욱 각국의 북핵문제 해결에 대해 반드시 있어야 할 관심을 다른 곳으로 이동시킬 가능성이 있다. 미국과 북한 각자 미사일 공격과 방어 경쟁의 기술적인 수치로 본다면, 형식이 실질적인 의미보다 크며, 전략적 고려가 실제적인 방위 수요보다 높다.[254] 결과적으로 이번의 새로운 '미사일 게임'은 현재 6자회담에 필요한 기본적인 분위기를 모살하려 한다. 만약 6자회담이 즉시 회복될 수 없다면, 안보딜레마는 지속적으로 증가할 것이며, 새로운 라운드의 미사일 게임이 다시 발생한다면 군사적 충돌 발생 가능성은 더욱 커질 것이다.[255] 이러한 일은 그 누구도 원하지 않는 것이다.

제8절   북한 핵실험이 가져온 위협과 동아시아 지역안보의 전망

2006년 10월 9일 오전 11시경, 북한 함경북도 땅속 깊은 곳에서 울린 소리는, 추측만 하고 있었던 북한의 핵능력을 현실화했다. 비록 2006년 10월 3일 북한이 핵실험을 진행할 것이라는 성명을 발표한 후에도, 상당히 많은 국제 정치평론가들은 북한이 여전히 핵실험 진행으로 모종의 '떠보는 외교'를 한 가능성이 있다고 여겼지만, 사실 북한은 빨리 국제사회에 그들의 핵무기를 보여주고 싶었다. 한국은 바로 북한 동북부에서 3.58의 지진이 감측되었다고 발표하였고, 북한 중앙통신도 핵실험의 성공적인 진행을 신속히 보도하였으며, 핵실험이 북한인민과 군부에게 행복을 가져다줄 것이라고 강조했다. 그러나 극적인 것은 전세계가 이 소식을 접한 뒤 거의 모두 분노와 우려의 반응을 보였다는 것이다. UN 안보리가 10월 14일 1718호 결의를 통과시킴에 따라, 북한 제재의 국제적 행동은 이미 정식으로 가동되었다.[256] 앞으로의 북핵 정세가 도대체 어떻게 변해갈 것인지는 중국에게 정치와 외교 그리고 전략면에서 하나의 큰 시험이 될 것이다. 현재 북한 핵실험이 도대체 어느 정도로 동아시아지역 전략과 안보질서에 충격을 가할지에 대한 예언을 하기에는 아직 이르지만, 분명한 것은, 핵무기 보유의 북한이 만약 협상을 통한 핵포기를 실현시킬 수 없다면, 동아시아안보에 받아들이기 힘든 부정적인 영향을 가져올 것이다. 중국 원자바오 총리가 10월 9일 중국을 방문한 미국 라이스 국무장관에게 말한 것처럼, 북핵문제는 이미 어디로 가야할 것인가의 갈림길에 도달했다.[257] 이 갈림길은 각국의 대북정책의 갈림길이며, 북핵정세가 앞으로 패러다임을 변화시킬 가능성의 갈림길, 또한 동북아 지역안보 변화의 갈림길이다.

1) 북한 핵실험의 동기 분석

북한의 10월 9일 핵실험 결과는 이미 발표되었다. 비록 최초단계에서 진정한 의미의 핵실험이었는지에 대해서 국제사회는 다른 견해를 가지고 있었다. 예를 들어 러시아는 5,000~15,000톤 TNT, 한국은 5,000톤, 미국은 550~1,000톤으로 발표한 것처럼 북한 핵실험 폭발당량의 수치에 대한 각국의 견해는 매우 다르지만, 분명한 것은 북한이 핵실험을 감행하였고, 결코 성공적인 핵실험은 아니었으므로,[258] 일반적인 폭발가능성에 대한 의심도 분명히 있었다. 그렇다고 북한이 중국에게 통보한 4,000~15,000톤 TNT 폭발 당량의 핵실험 역시 결코 아니다.[259] 기본적인 결론은 북한의 핵실험은 실패하지 않았지만, 결코 성공하지도 않았다. 만약 앞으로 북핵문제가 신속하고 유효하게 외교적으로 해결되지 않는다면, 북한이 재차 핵실험을 감행할 가능성은 언제나 존재한다. 2006년 10월 하순, 미국 정보부서는 북한이 새로운 핵실험을 위해 각종 준비를 하고 있는 것 같다고 생각하고 있다.[260]

북한이 왜 핵실험을 결정하였는지, 이것은 매우 의미심장한 문제이다. 북한 중앙통신이 발표한 10월 3일의 핵실험 성명과 10월 13일 북한 지도자 김영남이 일본 『교도통신』의 인터뷰를 받아들인 것으로 보아, 국가안보를 위함이고, 북한에 대한 미국의 핵공격 가능성에 저항하기 위함이며, 미국 일본 등 국가들의 대북 제재 정책에 대한 부득이한 반응이다.[261] 그러나 문제는, 냉전종식에서 오늘날에 이르기까지, 북한이 직면한 미국의 군사적 타격의 가능성은 이제까지 오늘날처럼 이렇게 낮아진 적이 없다. 이 원인은 첫째, 오늘날 미국이 이라크재건이란 깊은 수렁에 빠져있고, 둘째, 중국과 한국 그리고 러시아의 완강한 반대에 부딪히고 있으며, 셋째, 미국의 국내정치는 부시정부가 재차 대규모 해외전쟁을 벌이도록 동의하지 않을 것이라는 사실이다.[262] 2005년 9월 19일 6자회담 4차회담에서 발표한 「공동성명」에서, 부시정부는 북한에 대한 공격을 감행하지 않는다는 것과 북한 안전보장에 대한 책임을 승낙하였다.[263] 6자회담은 2003년 8월 가동에서 2006년 10월 북한 핵실험까지, 한편으로는 협상하고 한편으로는 새로운 위기를 조성하여, 표면적으로도 북한은 6자회담 참여의 원래 목적을 위배하였다. 북핵 분석가들은 일반적으로 핵실험은 6자회담에서 북한의 최후이자 최대의 카드라고 여긴다.[264] 핵실험 이전에는, 북한은 구두의 핵 위협력을 통하여 모호감을 만들어 국제사회에 상상의 공간을 남겨 불안감을 증폭할 수 있었으나, 북한이 정말 핵실험을 통하여 자신의 핵능력을 선포한 이후에는 도리어 북한에 대해 더욱 강경한 제재 조치를 취할 정도는 아니다. 이로 인해, 통념적으로, 북한이 '핵실험을 진행하지 않는 것'은 실제적으로 '핵실험을 진행하는 것'보다 협상과정에서 북한에게 더욱 유리한 '압박효과'를 만들어낼 수 있다.

북한이 왜 2006년 10월 9일에 핵실험을 하기로 선택하였나? 이것은 매우 의미심장한 문제이지만, 이에 대한 답은 결코 복잡하지 않다. 가장 근본적인 원인은 여전히 북한은 북핵위기을 한 단계 더 격상시켜, 미국이 금융제재 문제상에서 양보를 하도록 하는 것이다. 2006년 6월 초, 미국은 크리스토퍼 힐 차관보의 평양방문을 결정하였고, 북한의 '잘못된 행위'에 대한 우선 시정과 금융제재 문제를 미국의 금융정책과 같은 이러한 내정문제로 선포하도록 요구하고, 6자회담과 직접적으로 엮는 것을 거부하는 입장을 견지하여, 평양 지도자를 철저하게 분노케 하였다. 미국이 금융제재 조치를 바꾸길 원하지 않는 상황에 직면하여, 평양은 강경한 것만이 진정으로 미국이 북한에 대한 금융제재 조치 약화를 고려할 수 있다고 여기는 것 같다. 객관적 입장에서 보면, 설령 북한이 핵실험을 감행하더라도, 2006년 7월 4일의 미사일 실험발사처럼 UN안보리 제재에 부딪힐 것이며, 6자회담을 차치하여도, 북한은 핵실험을 통하여 '사실상의 핵무기 국가(Status of Nuclear Power)' 지위를 얻을 수 있다.[265] 핵무기 보유는 북한의 두 세대에 걸친 지도자의 공통된 꿈인 사실은 부인할 수 없다. 국제사회의 큰 압력 아래, 북한지도자는 부득불 '최종 핵포기'의 뜻을 표명하였지만, 북한의 핵무기 능력과 지위에 대한 모색의 실제 생각은 이제까지 변한 적이 없다. 현실적인 방위능력 발전 전략으로 본다면, 북한과 같은 이러한 작고 가난한 국가에게, 핵무기 확보는 선진화된 재래식 군사능력보다 비용 면에서나 효과 면에서 훨씬 높다. 비록 북한이 220만 군대를 보유하고 있지만, 장비가 낙후되었고, 충분한 훈련이 되어 있으며, 전투능력에서도 많이 뒤떨어지고, 인구 규모면에서도 한국에 비해 많이 적다.[266] 게다가 한반도에 주둔하고 있는 28,000명의 미군도 직면하고 있다. 이런 전략에서 출발해서, 북한의 핵계획 발전이야말로 핵무기를 실질적으로 보유하여, 그들의 재래식 군사능력의 열세와 국력의 한계로 인해 이러한 능력의 열세를 철저하게 보충하기 위함이다. 2004년 9월부터, 미국정부 부서는 이미 북한의 적극적인 핵실험 준비를 발견하였다.[267] 미국 라이스 국무장관도 "북한의 핵실험은 세계가 북한의 핵무기보유 사실을 받아들이도록 하기 위한 것"이라고 노골적으로 지적하였다.[268] 평양의 계산은 북한이 제재를 버틸 수만 있다면, 1998년 인도와 파키스탄의 핵실험 이후의 상황처럼, 결국 국제사회가 북한이 핵무기 보유 국가라는 사실을 받아들이도록 하는 것이다.[269]

1994년 제1차 북핵위기가 외교적 해결을 할 수 있었던 것은, 한편으로는 미국이 유연한 입장을 취하여 시간을 버는(Buy Time) 방식을 통하여 북한 내부에 실질적인 변화가 발생하기를 기다렸기 때문이고, 다른 한편으로는 평양이 대화 실패 후 클린턴정부의 북한에 대한 군사적 타격 결심을 확인한 결과이다.[270] 현재, 미국의 부시정부는 6자회담이 북핵문제 해결에 있어 최상의 방식이라는 뜻을 견지하고 있다. 그러나 이와 함께 '다중노선'을 통한 북핵문제 해결을 지속적으로 견지하고 있으며, 미국정부의 일방적인 입장에서 철저한 위협을 통한 해결방안도 견지하고 있다. 이것은 북한이 미국의 북한의 핵시설에 대한 미국의 군사적 타격의 압력이 시종 존재한다고 생각하게 한다. 가장 중요한 것은, 북한의 지도자들이 자신의 핵능력을 분명하게 보여줘야지만 미국을 놀라게 하여 북한에 대한 직접적인 군사적 위협을 유효하게 저지할 수 있다고 믿을 가능성이 있다. 심지어 평양은 공개적으로 자신의 이러한 핵능력을 보여주는 것이 중국과의 관계를 유지하는 것보다 더욱 중요하다고 믿고 있다. 문제는 평양이 핵실험을 전략으로 결정하는 과정에서 중국의 반대는 도대체 어떠한 영향을 주는가이다. 중국정부가 북한이 2006년 7월에 진행한 미사일 실험발사를 완강히 반대하기 때문에, 평양은 핵실험이 중국을 더욱 분노케 할 것이라는 것을 매우 분명하게 알고 있으며, 중국과의 관계를 실질적으로 해쳤고, 심지어 중국의 북한에 대한 무역에서 원조 등 많은 협력 항목상의 삭감을 불러올 가능성이 매우 크다는 것 또한 알고 있다. 실제로 북한은 중국의 반대를 완전히 들은 체 만 체하였고, 이로 인한 핵실험은 중국의 한반도 비핵화 입장과 중국의 국가이익에 대한 심각한 도전이다.[271] 서방 매체들은 북한이 소위 중국의 보호국이 되기 싫어하기 때문에, 북한의 핵실험은 어느 정도 중국을 겨누고 있다고 여긴다.[272] 그러나 최소한 중국의 반대에도 불구하고 핵실험을 진행한 것은, 중국이 설령 불만이 있더라도 '엄격한 처리'로 북한을 벌하지 못할 것이라고 굳게 믿는 것인지, 아니면 실제적인 핵보유국 지위를 얻기 위하여 쉽게 오지 않는 북중 우호의 희생도 불사할 결심을 한 것인지 알 수 없으나, 이러한 도박에 가까운 심리상태는 북한의 확고한 권력 신념으로부터 오는 것이다. 그들은 '자신이 힘있게 보여야만' 상대의 양보를 얻을 수 있다고 믿는다. 핵실험 후 북한은 자신의 핵능력을, 다시 말해 평양이 모색하는 일종의 독선적인 '힘의 지위'를 공개하였다. 어떤 분석가는 미사일 실험과 핵실험을 직접적으로 북한이 행하는 '힘의 게임'의 법칙이라고 불렀다.[273]

2) 북한 핵실험이 가져온 손해

북한 핵실험이 가져온 동요와 위기는 지역적인 것일 뿐만 아니라, 전 세계적인 것이다. 이것은 정치와 외교적인 손해이며, 또한 군사, 전략 의미상의 손해이다. 정치와 외교의 각도에서 본다면, 북한의 핵실험은 북핵위기를 전례없이 고조시켰고, 6자회담이 3년 넘게 지속된 이후, 북한이 여전히 국제사회의 엄정한 반대에도 불구하고, 제멋대로 핵실험을 감행한다는 것은, 단순한 외교적 협상은 이미 북한이란 '말썽 제조자'의 성질을 구속하고 변화시키기에 충분하지 않다는 것을 설명해준다. 1991년 냉전종식 이후, 어떠한 단일사건도 2006년 10월 9일 북한 핵실험처럼 동아시아 지역안보의 장래를 이렇게까지 심각하게 위협한 것은 없다는 사실에 대해서는 조금도 의문이 없다. 지역안보에 대한 북한 핵실험의 부정적인 충격은 거의 전지역적인 것이다. 싱가포르의 STI지수는 이미 발생과 동시에 하락했고, 한국의 주식시장은 발생 당일 3%가 빠졌고, 세계 원유값도 북한 핵실험 이후 60달러 문턱을 넘어섰다. 북한의 핵실험이 만든 것은 대부분 세계 외교의 위기였다.[274] 동아시아 지역경제도 이미 북한의 핵실험 후 흔들리기 시작하였다. 이러한 상황에서, 제재는 반드시 필요할 뿐만 아니라, 반드시 즉각적이며 확고해야 한다.[275]

북한의 핵실험은 불법이며, 세 가지 항목의 가장 기본적인 국제법을 위배하였다. 첫째 1970년에 이미 발효되었던 「국제 핵비확산 조약」, 둘째 1991년 남북한 「한반도 비핵화 선언」, 셋째 2005년 9월 북한 자신이 체결했던 6자회담 「공동성명」을 위배하였다. 특히 2006년 7월 5일의 북한 미사일 실험발사 3개월 후 또 한번 취했던 노골적인 도발과 같은 연속적인 위기사태 조성의 방법은 완전히 인위적으로 조성한 충돌과 긴장 국면에 있다.[276] 핵실험과 미사일 실험발사는 모두, 2005년 9월 4차 북핵문제 6자회담의 각국이 달성한 '돌발행위를 취하지 말자'는 협정을 위배했을 뿐만 아니라, 지역안보 위협 면에서 미사일 실험발사보다 더욱 심각한 위협[277]이 2003년 4월의 4자회담과 8월의 1차 6자회담에서 2005년 11월의 5차 6자회담까지, 북핵문제 전체는 중국의 중재외교와 국제사회의 공통된 노력 아래, 줄곧 외교와 정치적 해결의 과정을 힘들게 이어가고 있다. 비록 각국은 북한의 핵포기 방식에 대해 이견이 있지만, 2005년 9월의 「공동성명」에서 북한은 핵무기포기의 책임을 승낙하였다. 10월 9일 북한의 핵실험은 중국외교관들의 많은 심혈이 응집된 「공동성명」을 한 장의 폐지로 만들었다. 더욱이 평양은 원래의 승낙을 위배하였고, 국제사회가 북한에게 한 도발과 거친행위 정지 요구를 무시하였다. 만약 북한 핵실험이 국제 핵비확산 제도에 대한 답이라면, 북한 핵보유의 어떠한 합법화도 더욱 많은 국가에 대한 도전과 국제 핵비확산 제도의 부정을 야기시킬 것이다.[278]

중국은 시종 북한의 정당하고 합리적인 안전수요는 반드시 보장을 받아야 한다고 생각한다. 중국의 노력으로 2005년의 「공동성명」에서 미국은 북한에게 군사적 타격을 하지 않는다는 의무를 승낙하였다. 현재 한반도 정세에서 외적이 북한을 침입할 현실적인 가능성은 결코 존재하지 않는다. 이러한 상황에서, 북한의 핵실험 감행은 2006년 7월 5일의 미사일 실험발사를 잇는 새로운 도발이며, 북한이 이미 6자회담을 대표로하는 국제사회의 북핵문제의 외교적 해결의 대립 면에 거의 도달했다는 것을 증명하였다. 평양이 핵무기를 통하여 국가안보 담보의 필요성을 아무리 강조하여도, 핵실험은 한반도정세에 새로운 긴장을 야기시켰을 뿐 아니라, 기존 6자회담 구조에서 정상적인 외교채널을 통해 해결할 수 있는 핵 모순을 악화시켰으며, 동시에 북한을 더욱 고립된 국면에 직면하게 하였다. 두 번째, 핵실험은 국제사회에서의 대북 강경입장을 전례없이 격상시켜, 온건노선을 주장하는 세력이 거대한 좌절에 부딪히게 하였고, 중국과 한국 등 국가들이 장기간 동안 보여온 대북정책의 호의와 북한에 대한 지지에 심각한 손상을 입혔으며, 북핵문제 해결에 원래의 외교구조에서의 힘의 비율을 상당히 바꿔놓았다. 그리고 핵실험은 6자회담 중의 온건세력에게 치명적인 타격을 가했고, 국제사회가 북한문제에 더욱 단호한 제재입장을 취할 수밖에 없게 하였고, 이로 인해, 외교협상의 공간을 급속히 줄어들게 하였으며, 고립과 압박정책의 운용성이 더욱 강화되었다. 2006년 10월 6일, UN안보리는 10월 3일 북한의 핵실험 성명에 특별히 1715호 안보리 의장성명을 통과시켰고, 북한의 즉각, 무조건적으로 6자회담 복귀를 촉구하였고, 만약 북한이 핵실험을 한다면 반드시 안보리의 '더욱 강화된 행동'에 직면할 것임을 경고하였다. 평양은 중국이 전통적 우호와 선린관계를 바탕으로 다년간 북한에게 때때로 베풀었던 호의는 도외시할 수 있고, 또한 미국과 일본 등 국가들로부터의 위협적인 경고도 무시할 수 있지만, UN안보리 결의는 들은 체 만 체할 수 없다.[279] 만약 북한이 핵무기 보유를 위해 세계의 미움을 사는 것도 불사할 수 있고, '초억제력' 보유를 위해 마음대로 국제 핵비확산 제도의 엄중한 법칙을 우롱할 수 있다고 생각하며, 또한 만약 평양이 핵무기보유만이 자신의 생존 방법이라고 생각한다면 분명한 것은, 북한의 이러한 책임감 없는 태도는 그들의 국가안보 환경을 악화시킬 뿐이고, 개선할 수 없으며, 핵무기 보유와 정책의 비일관성, 신용

불량의 북한은 동아시아 지역안보가 감당하기에는 버거울 것이라는 사실이다.

정치적인 각도에서 본다면, 북한의 핵실험은 현재 한국의 김대중 대통령의 '햇볕정책'과 노무현 대통령의 '평화번영정책'에 관련하여 큰 논쟁을 불러일으켰고, 반대당인 한나라당과 보수 세력들은 이 정책의 결과는 북한의 핵무기 야심을 방임하였고, 형식만 변한 채 내용은 변하지 않고 북한의 도발을 격려하였다고 잇달아 맹렬히 지적하였다. 이로 인해, 2006년 10월 25일, 한국의 이홍구 통일부장관은 사직하였고, 마찬가지로, 윤광웅 국방장관도 사직을 준비하고 있으며, 반기문 외교부장관이 곧 UN 사무총장으로 취임하기 때문에, 한국정부의 대대적 개편은 이미 피할 수 없게 되었다.[280] 현재 한국사회의 압박으로 인해 노무현정부는 부득불 내각에 새로운 인선과 정책성향상에서 오히려 북한에 대한 강경입장을 모색할 가능성이 매우 크다. 북한 핵실험 후 수주 내에, 노무현 대통령은 상대적으로 온건한 대북입장을 유지하려 힘썼다. 예를 들어, 금강산관광과 개성공단 이 두 가지 북한과의 협력사업 폐쇄는 거절하였지만, 내각의 개편에 따라, 그리고 2007년 대선을 고려해, 반드시 자신의 국가안보정책단을 개편해야만 한다고 주장했다. 그렇지 않는다면, 집권의 열린우리당은 대선패배와 당의 거품화에 직면할 위험에 처할 것이다. 심지어 노무현 대통령은 현재 '대북포용정책'으로 인해 당내의 거대한 압박에 직면하고 있다. 현재, 노무현 대통령의 대북정책은 첫째 반드시 UN 북한 제재의 1718호 결의와 일치를 보여야 하며, 둘째, 반드시 포용정책을 실질적으로 수정해야 한다. 2005년 남북 무역 금액이 처음으로 10억 불에 도달하였다.[281] 남북무역 중단은 마찬가지로 반드시 서울의 대북 원조사업의 감소를 가져올 것이다. 2006년 9월 초, 서울은 총액 2,000억 원의 대북 원조계획을 선포하였다.[282] 이는 한국의 대북 포용정책의 새로운 최고점이다.

군사와 전략의 각도에서 본다면, 북한 핵실험의 결과는 어떠한 방면에서 본다 해도 모두 재난적인 것이다. 우선, 동북아지역안보는 북한 핵실험이 현재 새로운 불안한 시기에 진입하여 이미 한반도 정세는 분명히 악화되었고, 한반도 정세에 새로운 군사적충돌 가능성 또한 급속도로 상승했다. 줄곧 북한에게 '평화번영정책'을 적극적으로 고수해온 한국의 노무현정부는 현재 거대한 국내정치의 압박을 받고 있다. 노무현정부는 줄곧 미국의 강경한 대북정책에 불만을 가져왔다. 비록 2005년 11월 하순 한미정상회담 후, 노무현 대통령은 특별히 언론에 한미 간 북한문제상에 어떠한 실질적인 정책 이견도 없다고 강조하였지만, 한국의 북한에 대한 포용정책 견지는 줄곧 부시정부의 큰 골칫거리였고, 부시정부도 북한이 핵포기를 원하지 않는 전제하에, 노무현 대통령이 새로운 남북정상회담을 모색하는 견해를 비판하였다.[283] 북한 핵실험 이후, 한국은 북한이 핵실험에 따라 긴급 국가안보회의 소집, 군의 경계태세 강화 등 일련의 대응조치를 부득불 취하였다. 상상할수 있는 것은, 북한의 핵실험은 평양이 한반도 정세 완화와 북한경제 개선 그리고 남북통일의 한반도 평화와 협력에게 유리한 과정을 단숨에 상실하게 할 가능성이 매우 크다는 것이다.[284] 북한이 사실상의 핵무기를 보유한 후, 한국의 전략방향은 앞으로 매우 관심을 끌 것이다. 한국은 전략상 더욱 미국의 핵보호에 의지할 것이며, 한미군사동맹은 최근 몇 년간의 표류를 마칠 가능성이 매우 크다. 군사(軍事)와 전략상에서 더욱 미국의 군사적 보호에 의지하는 한국은, 동아시아에서 미국의 패권지위를 더욱 공고히 하며, 지역안보에서 미국의 주도적 역할을 강화시킬 뿐이다. 만약 한국정부가 김대중정부 이후 고수하는 '햇볕정책'을 부득불 종결한다면, 한반도의 안보정세는 실질적으로 후퇴할 것이며, 심지어 제2차 한국전쟁이 발발할 가능성이 있다.[285]

현재, 국제사회는 북한 핵실험이 야기한 핵확산 효과가 대만으로 확대될 가능성에 관련하여 우려하고 있다. 이론적으로 본다면, 대만이 핵무기 연구를 할 가능성이 크지 않고, 북한 핵실험으로 인한 양안정세에 대한 변화는 소극적일 것이지, 적극적이지 않을 것이다. 만약 북핵문제가 야기한 지역안보 긴장효과가 한 단계 더 확대된다면, 안보상에서 지역 주요 국가들 사이의 시기와 불신이 확대될 것이며, 대만의 독립세력들에게 더욱 많은 이용 공간만 줄 뿐이다. 2006년 10월 30일, 첸수이볜 총통은 '타이베이 - 도쿄 화상회담'에서 일본에게 '대만과 일본의 안보대화'를 만들자고 요구하였고, 일본은 일본버전의 「대만관계법」을 통하여, 대만과 일본이 밀접한 전략동반자가 되어 공동으로 소위 미래의 위협에 대응해나가야 한다고 하였다.[286] 북한 핵실험이 야기한 동아시아지역의 새로운 혼란에 대해, 미국의 라이스 국무장관은 2006년 10월 30일 미국 전통제단에서 발표한 강연에서 처음으로 북한 핵실험과 대만문제를 연결시켜, 현재 동아시아 지역안보가 충격을 받은 국면에서 대만해협의 양측 모두 최대한 자제를 유지하여, 일방적으로 현 상황을 바꾸는 행동을 피해야 한다고 강조하였다.[287]

10월 9일 북한의 핵실험에 대해 부시정부가 취한 대책은 신속한 제재 이외에 여전히 '외교적 해결'을 강조하였지만, 객관적으로 핵실험의 결과가 미국과 북한과의 군사적 충돌로 이어질 가능성을 배제할 수 없다. 이 중에, 중요한 위험 하나는 만약 미국과 일본 등 국가들이 UN 1718호 결의안의 '선박검사'를 이행할 경우, 어떠한 방식을 취할 것이며 이에 대해 북한은 대체 어떠한 반응을 보일 것인가 하는 점이다. 북한은 이미 2006년 10월 14일 UN이 통과시킬 1718호 결의안을 북한에 대한 '선전포고'로 받아들인다고 명확하게 밝혔다.[288] 만약 앞으로의 6자협상이 실패하고, 1718호 결의안의 단호한 제재조치로 엄격하게 회귀한다면, 이 모두 북한과 미국에게 직접적인 군사적 마찰과 심지어 군사적 충돌의 기반을 조성할 것이다.

미래 한반도의 군사적 충돌에서, 직접적인 핵공격 발생의 가능성은 비록 크지 않지만, 미국의 군사적 타격 가능성으로 북한을 '놀라게 하여 저지하는' 효과는 이미 뚜렷하게 약화되었다.[289] 한미군사동맹으로 본다면, 북한의 핵실험은 원래의 위협전략을 흔들어 놓았고, 한미는 군사력의 배치를 증강시켰고, 새로운 위협공세 발전을 이미 시작하였다. 2007년 2월, 미국 최신형 F-22A 랩트 전투기는 이미 일본 오키나와의 카데나 공군기지에 배치하기 시작하였고, 이것은 미국이 처음으로 자신의 영토 이외에 이 전투기를 배치하는 것이다. 2007년, 미국 핵추진 항모 조지 워싱턴 호도 일본에 진주할 것이다. 미국의 동아시아에서의 군사 존재의 뚜렷한 증강은 북한에 대한 위협효과를 제고시킬 뿐만 아니라, 더욱이 반드시 필요할 때 군사적 행동 선택의 안정성을 확보할 수 있다. 하지만 이러한 결과는 지역

안보의 긴장도를 증가시킬 뿐이다. 북한은 이번 핵실험은 국가안보를 위한 것이었다고 선포하였지만, 1990년대 인도와 파키스탄의 긴장관계 그리고 핵군비경쟁의 과정이 안보를 위한 핵 위협력 추구의 결과는 핵충돌 발발 그리고 군사적 적대 행동의 가능성이 한 단계 더 상승한다는 것을 이미 충분히 증명하였다.[290] 인도와 파키스탄 간의 핵대립은, 핵 위협력은 군사적 충돌의 확률을 낮출 수 없을 뿐만 아니라, 반대로 군사관계를 더욱 취약하게 한다는 것을 우리에게 보여주었다. 핵 위협력은 위기사태 중 군사충돌의 직접적인 변수를 결코 낮출 수 없고, 오히려 군사적 충돌로 하여금 개입적인 변수로 상승되게 한다.[291]

우리가 설령 북한이 '핵 부인 전략(Nuclear Denial Strategy)'을 바탕으로 핵위협을 하는 한국에게 핵무기를 사용하지 않는다고 가정해도, 현재 한국은 UN안보리 1718호 결의안에 협조하기 위해 진행하는 제재행동과 미국의 압박으로 부득불 참여해야 하는 PSI행동 등은 모두 남북 간의 직접적인 군사적 충돌을 야기시킬 가능성이 있다. 한국은 자신의 '햇볕정책' 파괴와 한국에 대한 북한의 적대가 심화되는 것을 걱정하여, 예전부터 줄곧 미국이 주도하는 PSI계획에 참여하는 것을 꺼려하였다.[292] 현재 한국은 북한의 군사동향에 대해 매우 소극적으로 평가한다. 한국 국방부의 보고에 따르면 북한이 보유하고 있는 무기급 플루토늄이 7기의 핵폭탄을 제조할 수 있는 양인 110파운드에 달하며, 북한은 현재 핵탄두를 탑재한 미사일을 보유하기 위한 핵폭탄의 소형화 연구제작에 힘쓰고 있다.[293] 이것은 사실상 한반도의 군사 균형을 바꿀 것이며, 김대중정부 시기 시작된 햇볕정책의 근본을 흔들 뿐만 아니라, 한국의 새로운 공격과 방어적 수단의 제조와 배치를 강요할 것이다. 한국은 이미 북한 국내 어디도 공격할 수 있는 순항미사일의 배치를 선포하였다. 만약 북핵의 교착상태가 지속된다면, 한국의 군사적 준비는 지속적으로 속도를 낼 것이며, 확대될 것이다. 한반도 정세 안정으로 본다면 이 과정은 매우 부정적이다. 남북한 양측의 적극적인 전쟁준비는 새로운 군사적 마찰과 충돌 발생 가능성을 높일 뿐이지 낮추지 못한다. 케네스 월츠의 말처럼, 냉전 후 대국 간의 핵전쟁 가능성은 제로에 가까우나, 진정한 핵전쟁의 위험성은 대응전쟁 준비

과정에서 존재한다.[294]

세 번째, 북한의 핵실험은 6자회담체제를 붕괴의 벼랑 끝으로 몰아갔고, 북한의 '핵무기 보유국' 사실이 일단 장기화된다면, 전체 동아시아 지역 내 핵확산의 도미노현상을 야기시킬 것이다. 만약 정치와 외교적 협상으로 북핵문제 해결의 국제적 노력이 단절된다면, 북한의 핵실험은 동아시아의 새로운 핵군비경쟁을 유발시킬 가능성이 매우 크고, 일본 우익세력에게 핵무기를 추구할 더욱 많은 구실은 주게 된다. 심지어 동아시아정세에 '남아시아화' 발전추세가 나타날 가능성이 있다.

북한 핵실험 후, 일본의 정책동향은 매우 관심을 끌었다. 북한 핵실험에 대한 직접적인 반응으로, 일본은 첫째, 북한에게 세 가지 금지의 새로운 무역과 경제 제재조치를 취하였고 둘째, 미사일 방어 시스템의 연구제작과 배치의 가속화를 즉각적으로 준비하였고 셋째, 일본 방위청은 2007년 1월 방위성으로 승격되었다.[295] 하지만 북한 핵실험 문제가 일본에게 끼친 가장 중요한 영향은, 일본 국회가 현재 1999년 「주변사태법안」의 수정에 대해 논의하여, 일본군대가 '주변 유사상황'에서만 미군의 군사적 행동에 대한 협조와 미일군사동맹의 공동군사행동에 대해 참여하는 의무를 가졌던 기존의 상황에서 더 나아가, '주변 유사상황'에서, 일본군대가 다른 국가의 군사적 행동에도 협조·참여하며, 심지어 UN안보리 1718호 결의안에서 발표된 북한 선박검사에 대한 해군의 저지와 핵감찰 의무에 적응하기 위해, 일본군대의 독립적인 군사적 행동 임무 수행으로 확대하려는 것이다. 일본도 아태지역 내 기타국가들과의 방어협력 확대에 힘쓰고 있고, 이로 인해 단순히 미일동맹 범위 내 군사적 역할을 맡는 고유의 한계를 돌파하여, PSI 임무 중에서 호주 혹은 영국군함의 해상저지와 검사에 대한 협력과 같이, 해상 자위대와 기타국가들과의 군사연합을 확대하였다. 이결과, 일본 자위대의 해외 군사행동 반경, 임무 그리고 전투무기의 사용 상황 모두 실질적으로 변하였다.

일본 군사력 건설은 북한 핵실험 추진의 영향을 받아 현재 새로운 시기에 접어들었다. 2006년 7월 북한 미사일 실험발사 후 일본이 신속히 결정한 PA-3 미사일 방어 시스템의 배치의 가속 외에도, 현재 일본의 군사 스파이위성 시스템은 이미 전 세계를 덮고, 24시간 아태지역의 어떠한 목표물도 감측할 수 있는 능력에 도달했다. 2007년 1월 일본은 새로운 공중발사 미사일의 연구개발과 일본 항공 자위대의 장거리 타격능력의 대폭인상을 선포하였다. 일본 군사작전능력은 현재 전체적으로 본토방어에서 공수겸비의 방향으로 전환하였고, 군사대국이자 전쟁 능력을 보유한 일본은 현재 '회귀'하고 있다.[296] 2007년 3월 13일, 도쿄를 방문한 호주 총리 존 윈스턴 하워드는 일본의 아베 신조 수상과 「일호안보협력협정」을 체결하였다. 이 협정의 주요 내용은 반테러, 연합해상훈련, 그리고 핵무기 보유의 북한 대응 등을 담고 있지만, 양측은 진정한 의미상의 군사동맹의무를 확립하지 않았다.[297] 그러나 이 조약의 체결은, 분명히 일본 해상자위대의 군사활동 범위와 영역을 한층 더 확대하였고, 아태지역에서의 일본의 군사와 방위역할을 증강시켰으며, 또한 미래의 일본, 미국, 호주 간의 군사연맹의 다자화 확산을 위한 새로운 기초를 마련하였다.

이 협정은 아시아–태평양 양자 군사동맹이 점차적으로 다자 군사동맹으로 전환하는 미국의 전략적 구상에도 완전히 부합한다.[298] 이와 동시에, 일본은 현재 새로운 '해상 자위대 지위법안'을 내세우려 준비함으로써, 일본군함과 전투인원이 비동맹국의 군사전투부서와 협동하여 해상 선박저지와 심지어 전투행동의 직접적인 참여의 권한을 부여받으려 한다. 북한 핵실험 이후 일본은 신속히 해외용병 체제 건설의 새로운 시기에 접어들었고, 해외파병의 개념은 이미 시대에 뒤떨어진다. 이러한 관련 방안의 통과와 추진, 그리고 일본 군사 전투능력의 발전 모두 아베 신조 수상이 추구하는 '보통국가화'과정에 크게 유리하며, 여론과 야당의 정치적 힘을 설득하기에 유리하므로, 아베가 제기한 '헌법 수정' 과정을 조기에 도래하게 한다.

그러나 북한 핵실험 이후 가장 주목을 끈 것은 일본 핵정책의 동향이다. 일본 아베 신조 총리는 2006년 10월 10일 일본 국회 예산위원회의 자문에 답할 때 일본의 '비핵 3원칙'의 정책에는 어떠한 변화도 없다고 강조하였지만, 일본정계 내부에서는 일본 핵무장을 주장하는 목소리가 다시 한번 고조되었으며, 심지어 아베 내각의 중량급 관리들은 직접적으로 나서서 일본의 핵능력 추구 요구에 대해 토론하였다. 10월 15일, 일본 자민당 정조회장 나카가와 쇼이치는 아사히TV의 인터뷰에서, 일본의 핵무기 보유에 대한 토론을 반드시 허가해야 한다고 표명하였고, "헌법은 일본의 핵무기 보유를 금기하지 않는다고" 밝혔다.[299] 3일 후인 10월 18일, 일본 외무상 아소 다로는 국회에서 "주변국이 핵무기 보유를 계획할 때, 어떤 나라는 이 문제를 전혀 고려하지 않을 수도 있지만, 내 생각에는 이 문제에 대해 토론을 하는 것은 매우 중요하다"라고 표명하였다.[300] 11월 28일, 아소 다로 외무상은 국회에서 "일본은 원자탄 제조의 기술을 보유하고 있지만, 현재 정부는 핵무기 추구의 계획은 없다"라고 재차 표명하였다.[301] 일본 학술계와 주요매체는 비록 일본이 북한 핵실험을 이용하여 핵무장으로 가는 것을 반대하지만, 북한 핵실험은 이미 일본이 자신의 '핵능력' 건설 문제에 대한 새로운 검토와 이해를 하기 시작하게 하였다. 예를 들어, 일본 도쿄대학의 기타오카 신이치 교수는 적절한 5가지 건의를 제기하였고, 그중에 하나는 일본의 핵무장이었다. 그렇지만 그는 일본의 핵무장 선택이 중국을 철저히 격노케 할 것이라고 여기기 때문에 핵무장은 반대하지만, 일본이 이로 인하여 지속적으로 군대 전투력을 제고하는 것은 동아시아의 이웃 나라들이 받아들일 수 있을 것이라고 제기하였다.[302] 타쿠쇼쿠대학의 가와카미 다카시 교수는, 비록 일본이 비핵 3원칙을 취소하고 신속한 핵무장의 길로 갈 필요는 없지만, 일본은 반드시 자신의 핵안전과 국가안보문제에 대해 새롭게, 깊이 생각해야 한다고 여긴다. 또한 일본이 확실히 핵보호를 얻기 위해서는 반드시 '영국형(型)'의 미군동맹전략을 배워야 한다고 하였다. 구체적으로 말하자면, 일본은 반드시 미국이 핵무장을 격려하는 신뢰받는 동맹국이 되어야 하며, 또한 일본은 반드시 미국 핵전략의 한 쪽을 담당할 수 있는 중요한 동반자가 되어야 한다는 것이다. 이러한 목표에 도달하기 위해서 일본은 반드시 미일동맹을 대대적으로 강화시켜, 미일동맹관계를 냉전시기의 미영, 미불동맹과 같은 전략수준에 도달해야 한다. 이러한 단계에 도달하기 위해서, 단연코 일본은 반드시 집단 자위권을 다시 보유해야 하며, 동시에 미일군의 수정협의를 충실히 이행해야 하며, 미국과 대등한 위치에서, 미일동맹의 공동관리자가 되어야 한다.[303] 일본 우익학자들도 핵무기 보유의 북한과 소위 '중국 위협'을 연결시키고, 핵실험 이후의 북한은 '중국의 속국'이 되는 것이 가속화될 것이라고 여긴다. 일본에 대한 북한의 위협은 곧 일본에 대한 중국의 '위협'이다.[304]

　비록 일본은 단기간 내에 핵무장의 개발과 보유에 대한 결정을 하기는 힘들지만, 일본이 반드시 혹은 도대체 어떻게 해야지만 핵무기를 보유할 수 있는지에 대한 논쟁은 이미 활성화되었다. 심지어 2006년 12월 25일 일본의『산케이신문』은 아베정부가 이미 소형 핵무기 연구개발에 대한 정부문건을 작성했다고 보도하였다. 비록 일본 내각 관방장관 시오자키 야스히사는 빠르게 사실무근이라고 반박하였지만, 이 신문은 일본 내부 핵보유 주장의 목소리가 느리지만 지속적으로 커지고 있다고 보도하였다.[305]

제9절 북핵 6자회담과 동아시아 대국관계: 북한 핵포기과정이 동아시아 대국협조 형성을 추진할 수 있는가?

북핵문제 해결의 6자회담체제는 동아시아 대국협력의 산물이며, 미래의 6자 회담의 성공 그리고 북한 핵포기와 상관된 국가관계정상화 실현과 동북아평화와 안보체제 형성이라는 세 가지 큰 목표에는 동아시아 대국의 협력강화가 더욱 절실하다. 북핵문제의 해결과정은 결국 동아시아 대국이 상호신뢰 체제를 형성할 수 있는지, 역내 다른 국가의 안보와 번영의 필요를 수용할 수 있는지, 그리고 대국 협조의 바탕에서 다자안보체제가 만든 시금석을 실현할 수 있는지에 달려있다.[306] 대국협력 제도의 결여는, 냉전 후 동아시아안보정세의 두드러진 곤경 중 하나이다. 현재의 정세로 보아, 6자회담에서의 대국협조 체제 형성에는 희비(喜悲)가 있다. 희(喜)는 북핵 국면이 만들어낸 지역안보 요동이 상응하는 제어가 되고, 대국협력을 통해 2006년 10월 9일 북한 핵실험 이후 북핵위기가 지속적으로 승격되는 것을 막았다는 것이다. 비(悲)는 대국들이 북한 핵포기라는 막중한 임무에 대응하기 위한 진정한 통일전선을 형성하지 못한 데 있다. 북핵문제 외교협상의 과정의 우여곡절은 가장 중요한 두 당사국인 북미 간의 신뢰가 결여되어 있고, 자신의 정책과 정치적 마지노선을 고집한 결과일 뿐만 아니라, 마찬가지로 동아시아 대국관계의 정치 생태가 전환기에 있다는 생동감있는 묘사이다. 북한 핵실험 이후 6자회담 재가동의 불안정한 과정은 현재 동아시아 대국관계의 진화의 궤적에 굴절되어 나타났고, 미래의 지역안보 구조에서의 대국 사이의 상호작용에 중요한 사고의 맥락을 제공하였다.

1) 북한 핵실험과 대국관계의 복잡성

북한의 핵실험은 잠시 동안 미국의 동아시아안보전략에 충격을 주었고, 부시 정부의 동아시아 외교를 난감하게 하였다. 그러나 중장기적으로 본다면, 북한 핵실험과 핵포기의 교착상태를 타파하기 어렵고, 미국이 동아시아에서 패권지위를 유지하는데 유리하며, 또한 외교와 정치 그리고 전략상에서 지속적으로 중국의 전략동향을 경계하고 감시하는 것이 가장 중요한 목표의 동아시아안보전략을 취하는 데도 유리하다. 그리고 일본은 이 기회를 통하여 군사력을 증강시키고, 지역방어와 군사외교를 활발히 전개해나갈 수 있다. 동아시아의 대국정치가 북핵문제로 야기된 부정적인 경쟁을 피할 수 있는지 여부와, 이미 심화된 안보딜레마의 제거는 동아시아 안보가 직면한 중대한 도전이다.

만약 동아시아 각국이 새로운 핵확산과 핵군비경쟁 저지를 힘써 강구한다면, 전체적인 전략동향에서 미국의 전략에 대한 의존은 반드시 강화될 것이며, 객관적으로 역내 미국의 패권지위는 위축되기 보다는 오히려 증강하고 있다. 미국의 능동적인 정치적 관여와 리더 지위가 있어야만, 북한 핵실험이 야기할 수 있는 지역적인 핵확산의 연쇄반응을 사실상 억제시킬 수 있다. 북한 핵실험 이후, 한국과 일본 모두 서로 다투어 미국이 단순히 한국과 일본에게 핵우산을 제공하는 정치적 승낙이 아니라, 명확한 핵보호 부여에 대한 승낙을 요구하였고,[307] 동아시아에서 미국의 전략과 안보역할은 위축되기보다는 오히려 증강되었다. 특히, 중국은 혼란스럽고 중국이 제어할 수 없는 일본과 한국의 군사발전의 미래에서 직접적으로 미군주둔의 안보가치를 깊이 느꼈을 것이다.[308] 부시정부가 동아시아에서 미국의 굳건한 전략적 이익을 유효하게 유지하고 싶다면, 미국은 반드시 우선 북한 핵실험이 일으킨 지역적 영향에 유효한 관리를 할 수 있어야 한다. 이런 까닭에, 한편으로 미국의 관리는 일본에 대한 핵보호를 여러 차례 거듭 표명하였고, 다른 한편으로는 북한 핵실험 이후 일본의 미국 전략과 방위에 대한 협력이 한층 더 쏠리는 상황에 대해 의기양양하다.

북한 핵실험은 동아시아와 아태지역에 일본의 군사역할의 승격과 방위능력의 대대적인 발전을 가져왔고, 미일군사동맹을 한층 더 긴밀하게 만들었다. 일본의 정치굴기와 동아시아안보에서 일본의 '영국화(英國化)' 과정은 확고하게 가속화되었다. 2007년 1월, 미국과 일본은 동아시아에서 긴급사태 발생 시 연합군사 개입과 관련한 계획에 대해 공식적으로 협상과 제정을 시작하였고, 이는 한반도를 포함할 뿐만 아니라, 대만해협도 포함하고 있다.[309] 이전 일본정부에서 대만해협의 유사시 일본이 직접적으로 미국에게 군사적 지지를 제공해야 하는지에 대한 불분명한 논의가 다소 있어왔지만, 현재 이 문제상에서 아베정부는 이미 더 이상 중국의 걱정과 반대를 고려하지 않는다.[310] 동아시아안보상에서 일본의 미국 편향적인 전략은 미국이 줄곧 희망하던 것이며, 또한 미국의 방위와 전략문제 전문가들이 중국굴기에 직면한 때 가장 얻고 싶은 전략적 지지이다. 미국으로 보면, 일본의 군사력 굴기에는 여러 가능성이 존재하지만, 미국에게 가장 유리한 가능성과 일본이 한 선택은 미국의 동아시아 전략과 미국의 아태지역 주둔에 대해 의존과 협력을 바탕으로 군사굴기와 정치굴기를 강화하는 것이다. 따라서 미국은 중국과 일본 이두 아시아의 거인 사이에서 주위의 관계를 매끄럽게 처리할 수 있다. '중국요소'의 사용을 통하여 일본을 격려하고 변화시킬 수 있을 뿐만 아니라, '일본요소'를 통해 중국을 견제하고 대비할 수 있다. 당연히, 일본이 이러한 전략적 선택을 한 근본적인 목적은, 미국의 승낙과 지지에 입각하여, 반세기 동안 지속해 온 일본의 국가평화주의와 고립주의를 끝내고, 현재 21세기의 전략 각축에서 주요역할을 맡기 위한 준비를 하기 위함이다.[311] 북한 핵위기 연속의 객관적인 결과는, 2002년 이후 미일군사동맹 관계와 일본의 방위전략에 새로운 실질적인 변화가 발생하였다는 것이다.

그러나 일본의 대국화 과정의 목표에서 북한 이외에, 가장 중요한 것은 중국이다. 다시 말하자면, 북한위협이 아니라 중국위협이 미일군사동맹 강화의 가장 중요한 요소이다.[312] 비록 미국정부는 6자회담에서 중국의 역할에 대한 감격과 칭찬을 구두로 수차례 표명하였지만, 중국을 겨냥한 미국의 전략적 방위는 이제까지 느슨해진 적이 없다. 과거 여러 해 동안 미국 방위부서의 「중국 군사력 보고서」부터 미일동맹의 연합군사훈련까지 모두, 중국을 '가장 주된 적'으로 보고 있다. 중국위협은 결코 근거가 없다. 그러나 이에 대해 미국의 유명한 한반도문제 전문가는 아래와 같이 제기했다.

> 만약 중국이 미국의 이익에 위협을 가한다면, 그것은 미국 '제국'에 대한 위협이지, 미국 '공화국'에 대한 위협이 아니다. 워싱턴이 동아시아에서 패권지위를 추구하는 것은 기본적인 사실이다.[313]

비록 로버트 게이츠 미국 국방장관은 2007년 3월에 "현재 나는 결코 중국을 전략적 적수로 보지 않는다"라고 표명하였지만, 현재 미국 군부는 중국을 '권투링'에 올라와 미국에게 '도전'하는 적수로 보고 있다.[314] 북핵문제와 한반도 정세는 분리할 수 없는 동아시아안보 구조의 일부분이다. 전략상의 미중 상호방위(Hedge Against)가 동북아 각국의 북핵정책에 침투하고 영향을 주는 것을 피하기는 분명히 어렵다. 동아시아 대국 간에 이러한 상호방위의 안보전략이 협력과정에 줄 수 있는 충격을 제거하기 위한 중요한 선택은 대국협조를 추진하고, 또한 이것을 끊임없이 체제화·제도화시키는 것이다.[315]

북한 핵실험 이후 동아시아 지역 안보관계의 새로운 긴장은, 역내 대국관계와 앞으로의 흐름에 새로운 심각한 시험을 제기하였다. 이 시험들의 매우 큰 부분은 북핵문제에 대한 대응조치가 협조적 안보행동이 될 수 있는지 여부에 대한 것이다. 한편으로는, 북핵문제에 대한 대국 간 협력과정이 어떻게 서로 간의 안보관심을 수용할 수 있는지, 또 한편으로는, 미래 한반도 정세의 발전을 협상으로 변화시킬 수 있는 사태와 함께 일관성을 형성하는 것이다. 다시 말해서, 북한 핵포기 문제 해결의 공통된 안보관심을 동아시아안보문제상에서 각국의 다른 안보관심과 어떻게 연결시켜, 역내의 대국들이 협조하는 방식으로 역내의 다른 안보의제에 대해 심사하고 대응하는가 하는 것이다. 이것은 오늘에 이르기까지 북핵문제 6자회담체제에서 취약한 부분이다. 다자회담에서 북핵문제와 거의 평행인 안보관심은 동시에 하락하는 것이 아니라 지속적으로 상승하고 있다. 주목받고 있는 안보관심은 중국 군사력 발전 동향에 대한 미국의 우려와 중일 간의 안보딜레마를 들수 있다. 우리는 6자회담이 다양화된 지역안보 문제를 해결할 수 있다고 지나치게 바라서는 안 되지만, 6자회담의 과정은 반드시 제도 형성에서 안보의제에 관련한 완화를 촉진시키고 선도하는데 도움이 되어야 한다. 그래야만 6자회담에서 한층 더 확대되고 발전된 대국협조도 역으로 동시에 회담의 심화를 추진할 수 있다. 안보문제는 본질상 분할할 수 없고, 떼어놓을 수도 없다. 설령 무역과 투자 그리고 국가를 뛰어넘는 사회적인 교류 모두 안보와 함께 갈라놓을 수 없는 연관성이 존재하지만,[316] 만약 국부(局部)안보 의제에 대응하는 체제 형성이 결여된다면, 정치와 외교 그리고 전략상에서의 대국 간의 협조는 단일의제의 안보관심이라 할지라도 신속하게 힘을 합치기는 힘들다.

　　이러한 국면도 6자회담 시작 이후 줄곧 존재해온 두 가지 노선에 대한 논쟁에서 구체적으로 드러났다. '강경노선'은 북한이 몇번이고 되풀이하는 도발행동으로 국제사회를 더 이상 참을 수 없게 만들었고, 이로 인하여 결국 북한에 대해 반드시 한결같고 단결된 강경입장을 선택할 것이며, 제재와 압박 등의 수단으로 결국 북한정권과 쇼다운하여, 북한의 핵포기를 강요할 것을 주장한다. '온건노선'은 여전히 제한적인 제재조치를 취하며, 지속적으로 북한의 6자회담 복귀에 희망을 걸고, 핵보유의 대가가 크다는 것에 대한 인식을 통하여 국제사회와의 협력을 결심한다면, 진정으로 핵포기 과정을 가동시킬 수 있다고 여긴다. 분명한 것은, 2006년 10월 14일 UN에서 1718호 결의안이 통과된 후, 기존의 두 가지 노선 사이의 경계가 이미 많이 축소되었다. 안보리 결의안을 관철시키고, 북한에 대한 경제 제재 실행은 이미 각국의 서로 다른 대북정책에 대한 국제사회의 기본적 요구가 되었다. 북한 핵실험 후, 중국정부는 이미 대북 수출입 물자에 대한 검사와 국경 도시와 북한과의 자금거래 동결 그리고 선택적으로 북한 차량의 출입 검사 등을 포함한 조치를 취함으로써 북한에 대한 제재를 성실히 이행하기 시작하였다.[317] 한국정부도 이미 북한에 대한 원조를 중단하였고, 서울이 UN 관련 제재 행동에 확고하게 참여할 것을 강조하였다.[318] 2006년 10월 27일, 한국은 북한에 대한 제재 실행의 구체적인 세부사항을 발표하였다. 중국 외교부 대변인 류젠차오(劉建超)는 중국의 UN 1718호 결의안 이행에 대한 태도는 "명확하고 또한 확고하다"고 거듭 표명하였다. 그러나 6자회담에서 이 두 가지 노선의 싸움은 끝나지 않을 것이다.

대국협조는 상당부분 대국 간 전략의도에 대한 판단에 달려있다. 냉전 후 전세계 대규모살상무기 확산방지 입장이 가장 확고한 미국은 북한의 핵실험에 대해 결코 강력한 반응을 보이지 않았고, 이것은 많은 사람을 의아하게 한 것 같다. 부시정부의 외교정책은 매우 강한 공격성을 지녔다고 전통적으로 여겨지기에, 북한 핵실험 후 미국 라이스 국무장관의 일본, 한국, 중국, 러시아를 도는 미소외교는 우리에게 아프가니스탄과 이라크에서 모두 무력을 행사한 미국의 이미지와 연관시키기 힘들도록 한 것 같다. 그래서 중국 국내 어떤 사람들은 음모론을 제기하기 시작하였고, 부시정부 혹은 미국의 우익 매파가 북한 핵실험이라는 기회를 이용하여 중국을 한층 더 포위하려 한다고 여긴다. 다른 어떤 사람들은 '전이(轉移)론'을 제기하고, 현재 부시정부가 북한에게 군사적 행동을 취하지 않은 것은, 일부러 북한의 핵능력을 증강시켜 쉽게 중국과 일본을 위협하여, 일본을 핵무장의 길로 가도록 하고, 중국과 일본 간의 안보대립을 한층 더 도발하여, 동아시아에서 중국을 억제하는 미국의 전략적 압박을 전이하려고 한다고 여긴다. 사실, 만약 이 두 가지 가설이 모두 존재한다고 하더라도, 그것들은 미국 소수인의 견해이며, 오늘날 부시정부의 북핵정책의 주류가 아니다. 이 두 가지 가설로 문제를 바라보는 것은, 더욱이 미국외교에 대한 분석을 당연하게 중국화하여 간단하게 생각하는 것이다.[319] 이와 함께, 미국은 북핵문제상에서 중국의 역할을 긍정적이고 협력적이라며 높이 칭찬하는 자세로 대하였고, 백악관은 중국을 벗어나 단독으로는 북핵문제를 해결할 수 없다는 사실을 깊이 깨닫고 있다. 그러나 많은 매파는 중국의 역할은 제한적이며, 심지어 도움이 되지 않는다고 여긴다.[320]

2006년 북핵 정세는 전체적으로 부시정부의 외교와 안보전략에 심각한 타격을 주었다. 한편으로는 워싱턴이 북한과 어떠한 직접적인 양자회담 진행불가를 견지하고, 북한이 거듭 요구해온 금융제재 취소를 거절하며, 게다가 북한이 희망하는 5월 말과 6월 초 크리스토퍼 힐 국무차관보의 평양방문에 대한 북한의 외교적 타진을 한마디로 거절하였기 때문에, 북한은 한동안 초강경 조치를 빈번하게 꺼내들었고, 먼저 7월 5일에 미사일 실험발사를 하였으며, 후에 10월 9일 핵실험을 하였다. 부시정부는 저지하고 싶어도 저지할 수 없다. 북핵위기의 승격은 미국이 숨기고 싶지만 숨길 수 없었던 외교 적자이다. 이 일련의 위기사태는 부시정부의 북핵외교를 더욱 깊은 곤경에 빠지게 하였다. 부시정부의 대북정책은 정부 출범 6여 년 이후, '6자회담 전술'은 클린턴정부의 '북한과 직접적인 회담 전략'과 함께 실패한 전략이라고 지적당했다.[321] 현재, 6자회담에서는 어떠한 실질적인 해결방안도 나타나지 않았을 뿐더러, 북한은 핵실험 후 사실상 핵무기 보유국가가 된 것 같다. 다른 한편으로는, 2006년 11월에 거행되었던 미국 국회 중간선거에서 공화당은 상하원 의석을 많이 잃었고, 민주당이 다시 국회를 제어하는 것은 부시정부의 남은 임기 내 조기에 '레임덕(lame duck)'에 빠지게 할 가능성이 매우 크다. 혼돈과 피비린내 나는 이라크재건 국면의 충격 아래, 실제적으로 부시정부는 자신의 북핵정책이 양당정치에서 2004년 대선 본인과 민주당 후보 케리의 정책 논쟁의 초점 중 하나처럼 되는 것을 원하지 않는다. 북핵정세의 악화는 이미 만신창이가 된 부시정부의 외교정책에 대해 본다면, 틀림없는 설상가상이다.

또 다른 한편으로는, 현재 백악관은 북한에게 군사적 타격 혹은 군사적 수단을 감행하여 문제를 해결할 계획이 확실히 없다. 미국 군부에는 각종 대북 무력행사의 대응책이 있고, 부시정부의 공개적인 정책성명에서도 군사타격을 미국의 북핵문제의 정책 선택사항에서 배제시킨 적이 없다. 그러나 부시정부는 북한에게 무력행사를 하고 싶지 않을 뿐만 아니라, 준비도 하지 않고 있으며, 이에 가장 중요한 원인은 현재 미국에 북핵문제의 군사적 해결을 실행시킬 실제적 방법이 없다는 것이다.[322] 미국은 북한의 핵시설을 파괴할 능력을 가지고 있지만, 군사적 타격이 야기할 수 있는 평양의 한국에 대한 보복성 공격을 막을 능력은 없고, 군사적 타격을 받은 후의 북한이 도대체 어떻게 '국가재건'을 할 것인가에 대한 명확함도 없다. 게다가 미국 국내정치도 부시정부가 재차 새로운 해외전쟁을 벌이도록 권한을 부여하지 않을 것이다. 북한문제상에서 펜타곤의 군사적 대책은 전략적인 억제를 강조하고 있다. 즉 힘으로 북한이 주변 국가들에게 군사적 도발 혹은 군사적 공격을 하는 것을 방지하고, 힘으로 북한의 대외 핵확산 진행을 방지한다는 것이며, 반드시 필요할 시에는 군사적 반응을 보일 능력이 있다는 것이다.[323] 중국, 한국, 러시아가 북핵문제를 군사적 수단으로 해결하는 것에 대해 완강하게 반대하는 것 역시 미국이 군사적 해결의 대가가 너무 크다고 여기는 중요한 원인이다. 미국의 군사적 타격 행동은 한미군사동맹 종결이란 대가를 치러야 할 가능성이 매우 크다. 북한 혹은 이란에게 무력을 행사하지 않는 것은 2009년 초 임기를 마친 후 남길 수 있는 중요한 '정치적 유산'으로 보인다. 이는 미국이 경찰이 되려 하며, 한 번에 반드시 하나의 적수와만 싸워야 하기 때문이다.[324]

그러나 부시정부도 미국이 넘어서는 안 된다고 여기는 레드라인을 북한에게 그어주었다. 그것은 만약 북한이 국제 테러세력에서 핵재료와 핵기술을 판매하고 넘겨준다면, 백악관은 북한에게 단호한 군사적 타격을 가할 것이다. 미국 국내정치에도 결정적인 역전이 발생하여, 오히려 북한이 테러리즘을 통하여 미국에게 핵위협을 가할 수 있는 가능성에 대통령이 강렬한 군사적 반응을 보이는 것에 대해 지지할 것이다. 북핵문제상에서 부시정부는 평양과 양자회담을 꺼릴 뿐만 아니라, 거리낌 없이 전쟁에 착수할 수도 없다. 부시정부의 대책의 핵심인 6자회담의 견지는 북핵문제 해결의 가장 좋은 경로이며, 다자회담에서만 북한과 1:1회담을 갖겠다는 북핵문제 해결의 지역적 방법을 지속적으로 강조하는 것이다. 북한의 미사일 실험발사와 핵실험을 겨냥해 '나쁜 행위'에 대한 강경한 징벌로, 7월 UN안보리의 1695호 결의안에서 10월의 1718호 결의안 모두 UN의 개입과 제재압력의 제고를 모색했다. 그러나 이러한 조치는 근 몇 년 동안 북한에 대한 미국의 압박 및 고립 정책과 결코 본질적인 차이가 없고, 그 효과 역시 미국이 북한에게 한 금융제재를 뛰어넘기 어렵다. 백악관은 이러한 반응으로는 단기 내 실질적으로 북한을 바꿀 수 없다는 것에 대해 매우 분명히 알고 있고, 현재 북핵문제상 미국이 도무지 어찌해볼 수 없는 일면을 보여주었다. 그러나 이것은 결코 워싱턴이 신속한 북핵문제의 해결을 원하지 않거나, 혹은 부시정부의 외교일정상 북핵문제에 절박함이 없다는 것은 아니다. 부시 대통령은 10월 30일 북핵문제 해결에 있어 다자외교의 완만함이 그에게 깊은 좌절을 느끼게 했다고 공개적으로 표명하였다.[325] 부시정부는 북핵문제의 신속하고 철저한 해결만이, 현재 이미 불안정하다고 비판을 받고 있는 국제 핵비확산 체제를 유지할 수 있고, 냉전 후 매회 미국정부가 국가안보전략의 기둥 중 하나로 보는 핵확산금지 전략이 진정으로 지속되도록 할 수 있다. 또한 진정으로 북한을 짓누르는 것을 통하여 핵비확산의 국제외교연맹을 공고히 하여, 북한 핵실험이 이란의 핵대립의 입장을 격려하고 악화시키는 촉진제가 되는 것을 피할 수 있다. 이란과 후세인시대의 이라크와 서로 비교한다면, 북핵문제가 미국의 동아시아 전략적 이익에 야기할 수 있는 도전의 능력과 마지노선에 대해 미국은 가장 잘 알고 있고, 또한 가장 잘 파악하고 있다.[326] 이것 역시 북한과 이라크에 대한 미국의 태도가 완전히 다른지를 설명하는 중요한 원인 중 하나이다.

북한 핵실험에 대한 부시정부의 온화한 반응, 북한이 이미 조성한 핵확산 사실에 대해 미국의 반응이 약한 것이 아니라, 오히려 다른 깊은 뜻이 있는 것이다.

첫 번째, 부시정부는 이러한 상대적으로 소극적인 정책적 반응을 통하여, 중국과 한국 그리고 기타 다른 국가들이 대북정책에 결정적인 조정을 하도록 독려하려 한다.

2006년 10월 9일 북한 핵실험 후, 미국은 북한이 핵실험의 "모든 책임을 져야하며 반드시 큰 대가를 치러야 한다"고 격하게 비난하고 위협하였지만, 우선 미국은 북한에게 무력을 행사하지 않고, 지속적으로 외교적 해결을 견지해나갈 것임을 분명히 하였다. 그리고 지속적으로 동아시아 동맹국인 일본과 한국에게 확고한 핵보호를 제공할 것임을 성명하였다. 2006년 10월 라이스 국무장관은 동아시아 3개국과 러시아 순방길에서, 이러한 결정을 명확하게 표명하였다.[327] 백악관은 제재의 방식에 의존하여 북한의 양보를 강요하는 방법이 효과적으로 작용하려면, 중국과 한국 등 기타 국가의 태도가 중요하다는 것에 대해 매우 잘 알고 있다. 만약 중국이 제재에 큰 역할을 하지 않는다면, UN의 제재는 효과를 보기 힘들다. 현재 미국은 중국이 북한에게 단호하게 대하기를 희망할 뿐만 아니라, 가장 중요한 것은, 중국이 북한의 핵능력과 6자회담이 해결할 수 없는 교착상태의 현황을 바꾸려는 진정한 결정을 하기를 희망한다.[328] 백악관은 만약 워싱턴이 '뒤로 물러나지' 않으면, 중국은 '앞으로 전진'하지 않을 것임을 깊이 알고 있다. 그래서 중국의 마음을 움직이고, 북핵문제 처리에서 '중국요소'를 높이려면, 미국은 자제해야할 뿐만 아니라, 더욱이 중국이 '위협'으로 생각하지 않는 방식으로 핵실험 후의 북한문제에 개입해야 한다. 이를 위해, 중국의 반대하에, 부시정부는 1718호 결의안과 「UN헌장」 제7장의 "반드시 필요할 시에는 법에 의거하여 무력을 행사할 수 있다"의 연결을 결코 견지하지 않는다. 그러나 이것이 미국이 제재를 제고하는 방식을 통하여 북한에게 압력을 가할 수 없다는 것을 뜻하는 것은 아니다. 2006년 11월 29일, 카를로스 구티에레스 미국 상무장관은 북한에게 모든 사치물품의 수출을 금지하고, 공격의 창끝을 직접적으로 김정일에게 겨냥한다고 선포하였다.[329] 제재된 사치품으로는 레이싱카, 고급 포도주, 배기량이 큰 오토바이, 요트 등 60가지 이상의 항목이 포함되었다. 이러한 물품들은 북한지도자의 개인생활에 없어서는 안 되는 소비품이다.[330] 2005년 미국에서 북한에 제재 제한을 받지 않고 수출한 개인사치 소비품의 금액은 580만 달러에 달했고, 보도에 따르면, 헤네시 고급 주류의 수출은 70만 달러에 달한다.[331]

두 번째, 소극적인 반응은 미국이 동아시아 각국과의 전략적 관계를 쉽게 공고히 하게 한다. 현재 북핵문제상에서 동아시아 주요국가들 간의 분열 형세는, 특히 북한 핵실험의 지역영향이 대체 어떻게 소요될 것인지, 이것은 미국의 또 다른 중요한 관심의 초점이다.

한국의 노무현정부는 햇볕정책의 확고한 이행자이며, 서울에 고조된 민족주의는 상당부분의 한국 국민이 북한에 대해 동정의 입장을 유지하게 하였고, 북한 핵실험에 대해 모호한 태도를 취하게 하였다. 만약 안보리 제재에 한국의 적극적인 지지가 없다면, 효과가 뚜렷할 수 없다. 그러나 북핵문제상에서 일본의 입장은 정부와 민간 모두 일변도이다. 일본은 이전부터 북한에 대한 강경한 태도로 유명하고, 대북강경으로 인기가 크게 높아져 수상의 권좌까지 간 아베정부에는 위로가 필요하다. 이러한 배경 아래, 미국의 자제된 정책적 반응은 워싱턴이 지속적으로 한국과 일본을 억누를 수 있게 하는 정책수요이다. 한편으로는, 부시정부는 북한을 동정하는 노무현정부에게 압력을 가하여, 서울이 미국을 바짝 뒤따라 평양에 대한 단호한 제재를 하도록 강요할 필요가 있다. 다른 한편으로는, 북한 핵실험이 야기한 핵수요가 일본으로 확산되어, 일본의 보수세력이 일본의 핵무장을 공개적으로 제창함으로써, 지속적으로 동아시아의 전략적 안보 정세를 혼란시키는 것을 확실히 최대한으로 피해야 한다. 이를 위해, 2006년 10월 9일 부시 대통령의 담화에 뒤이은 라이스 국무장관의 한국과 일본 방문까지, 미국은 동맹국이 의존할 수 있는 핵보호 이외에, 동맹들이 핵능력을 추구하는 것에 명확한 반대를 하며, 한국과 일본의 반응과 앞으로의 정책 흐름을 워싱턴과 긴밀하게 맞추는 것을 재차 표명하는 것은, 북한 핵실험이 동아시아 지역질서에 가한 충격을 우선 미국이 제어할 수 있는 한도로 낮추기 위한 것이다.

세 번째, 강경하지만, 군사적 타격을 모색하지 않는 정책적 반응은 부시정부가 일관적으로 취한 북핵정책이다. 일찍이 2003년 3월 이라크전쟁 전야, 부시 대통령은 북핵문제가 '외교적 결전'이지, '군사적 결전'이 아니라고 하였다. 북한의 핵능력은 미국과 국제사회에 이미 비밀이 아니다. 2005년 2월 10일 북한이 선포한 핵 위협력 보유성명은 이미 북한이 불법적이지만, 사실상의 핵무기 보유국이라는 지위를 반영하였다. 미국으로 본다면, 핵실험은 그저 북한이 미국에게 압박을 가하는 도발의 수단일 뿐, 북한 핵능력을 소유했다는 사실은 실질적인 의미가 없다. 핵실험 후 단기 내, 부시정부는 북한과의 양자회담 진행을 거부를 견지하고, 어떠한 핵공갈도 받아들이지 않고, 북한에 대한 금융제재를 완화하지 않는 기존의 정책선택을 견지하는 것은, 북한 핵실험이 객관적으로 결코 미국이 북한정책에 대해 반드시 재평가해야 한다고 생각하지 않는다는 근거이며, 그저 기존 정책의 틀

내에서 중국요소를 활성화하고, 한국요소를 끌어들이고 일본요소를 진정시키는데 노력하고 있다. 미국 국내에서는 북한에게 회유전략을 사용하자는 요구의 목소리도 커지고 있다.[332]

일본의 전략적 선택에 미국과 '같이 죽자'는 발전추세가 나타났고, 북한 핵실험은 객관적으로 일본 핵보호에 대한 일본의 전략적 의존을 확대시켰다. 이와 동시에, 일본의 방위와 군사정책의 미국과의 협력을 한층 더 강화하는 데 유리하고, 북한 핵실험 후 미국의 동아시아안보전략의 기초는 안정적이다. 전략적 측면에서, 북핵위기의 승격은 동아시아에서 미국 패권의 강세와 기타 대국의 전략 동향에 대한 주도적인 영향을 끼치는 데에 유리하다. 중국과 일본의 장기적인 긴장 관계는 더욱 동아시아에서 미국의 권력변경 과정에서 이전보다 더욱 행운유수(行雲流水)인 것처럼 보이게 한다. 장기적으로 본다면, 동아시아에서 미국의 전략적 이익의 전망은 북한 핵실험의 부정적인 파괴를 받지 않을 뿐만 아니라, 반대로 동아시아에서 미국이 현존의 패권안정 정책을 유지하고 펼치는 데 유리하다. 이러한 국면에서, 설령 미국이 대북정책을 완화하더라도 동아시아에서 지속적으로 미국에게 유익한 전략을 유지한다는 전망에는 영향을 주지 못할 것이다. 반대로, 미국의 대북외교의 유연한 조치는, 지역 내 주요국가의 외교와 전략에 대한 미국의 영향력만 높일 뿐이다. 이런 의미에서 본다면, 북한 핵실험 후, 비록 미국은 단기 내 북한에 대한 강경한 제재 조치를 유지하였지만, 이것은 아주 잠시였다. 미국의 동아시아안보전략의 기초가 결코 흔들리지 않았다는 것을 확인한 후, 오히려 부시정부는 워싱턴이 북핵문제의 장기판에서 전략적 능동을 유지하기 위해, 유연한 입장을 취할 가능성이 있다.

2) 대국협력, 위기관리와 핵실험 후 시대의 한반도 정세

2006년 12월~2007년 3월, 북핵 6자회담의 회복과 진전에는 동아시아 대국 관계가 깊게 반영되었다. 특히 냉전 후 이미 형성된 중미 전략적 협력의 발전이 이에 깊이 반영되어 있다. 비록 2006년 10월 9일의 북한 핵실험은 북핵위기의 승격을 촉진시켰고 동북아 지역안보에 새로운 혼란을 가져다주었지만, 결코 악성의 대국경쟁은 나타나지 않았고, 뒤이어 북핵정세의 발전에는 지역안보 구조 중 대국협력과 협조체제의 중요성이 깊이 반영되었다. 북한 핵실험은 냉전종식 후 점차적으로 형성된 지역의 핫이슈에 대한 대국협력 강화와 공동관리 형성의 기초를 결코 흔들지 못하였다. 반대로, 핵실험 후 악화된 북핵 정세는, 대국협력관리와 위기사태 제어에 대한 결심을 한층 더 촉진시켰다. 중국과 미국 등 국가들의 공통된 노력을 통하여, 2007년 2월 13일, 5차 북핵문제 6자회담 3단계 회의에서 결국 「공동성명」의 구체화에 반드시 취해야할 「공동문건1」을 체결하였다. 북핵 정세는 어지럽고 복잡한 새로운 시대에 접어들기 시작하였다.

북한 핵실험 후, 2006년 10~11월, 중미 양국은 고위급 대화를 빈번하게 진행하였고, 북한 핵실험 후의 현실의 교착상태를 타파하는 문제와, 정체상태에 빠진 6자회담을 다시 가동하는 것에 대해 고밀도의 대화를 전개하였으며, 압박으로 대화를 촉진시키고, 변화로 변화를 모색하는 기조를 형성하였다. 6자회담의 신속한 재가동은 북한의 핵실험에 있어 중미 양국의 공통된 인식이다.[333] 2006년 10월 18일, 중국특사 탕자쉬안(唐家璇) 국무위원의 평양방문은 건설적인 소통의 효과를 일으켰고, 국제매체는 그가 이후에 내방한 미국 라이스 국무장관에게 "평양에서 결코 빈손으로 돌아오지 않았다"고 표명하였다고 보도하였다.[334] 중국정부의 적극적인 대화촉진 입장이 미국과 북한 양측의 접촉과 회견을 조성하였다. 특히 북한 핵실험 후 미국은 '중국요소'의 변화를 보았고, 중국이 북한의 그릇된 핵실험 등 도발적 행위에 대해 압박정책의 방식을 취하는 것을 원함은, 미국이 자신의 정책조정을 통하여 북한의 완고하고 또한 강경한 입장에서 난관을 뚫고 길을 찾아낼 수 있다는 희망을 느끼게 하였다. 미국으로 본다면, 북한 정책상에서 중국의 새로운 유연성은 성공적인 대북정책의 선택을 위해 반드시 필요한 조건이다.[335] 미국은 중국이 자신의 지렛대를 행사하여 북한에게 영향을 주는 사실 또한 보았다.[336]

북한 핵실험 후, 미국이 택한 주요 정책은 세 가지가 있다. 첫째는 지속적으로 다른 국가들과 협력하여 엄격하게 UN안보리 1718호 결의안을 이행하고, 북한의 경제생존 정책과 국제적 공간에 제재를 가하여 점차적으로 고사시키는 것이다. 둘째는 강경한 제재를 바탕으로 하지만, 일정한 유연성으로 북한이 교역을 진행하도록 유혹하는 것이다. 비록 교역을 통하여 한 번에 북한의 핵포기를 실현할 수는 없지만, 북한 핵실험 후 입장이 변화된 대국을 이용할 수 있다. 예를 들어, 중국과 러시아 모두 북한의 핵도발 정책에 대해 강경한 반응을 보였고, 이 교역의 협상 교착상태를 북한에 대한 새로운 국제압력으로 전환시키는 것이다. 셋째는 강제성을 지닌 선박, 비행기에 대한 검사를 실행하는 방식을 통한, '고강도 압박'으로 북한의 국제교류를 제한하고, 북한의 새로운 강경한 반응에 대한 대응을 준비한다. 예를 들어, 2차 핵실험과 직접적인 군사적 충돌발생 가능성의 전제 아래, 더욱 강제성을 지닌 압박과 고립정책을 이행하고, 북한정권 교체를 목표로 한 강제적인 전략을 전면적으로 추진하는 것이다.

그러나 이 세 가지 정책 선택에서, 첫 번째와 두 번째의 현실적인 조건은 비교적 부족하다. 한국의 노무현정부는 비록 북한 핵실험 후 UN 제재정책을 지지하지만, 금강산 여행 사업과 개성공단의 폐쇄를 거부하였고, 북한에 대한 개입정책 중단선포를 거부하였다.[337] 게다가 중국은 비록 국제 제재에 동참하였지만, 북중무역과 정상적인 경제교류에는 결코 실질적인 변화가 나타나지 않았고, 이것은 엄격한 경제적 제재 수단이 단기내 거의 효과를 볼 수 없게 하고 있다.[338] 북한은 여전히 금강산 관광과 개성공단 사업을 통하여 지속적으로 필요한 자금을 얻을 수 있고, 북한의 중국을 통하는 국제항공 경로는 여전히 원활하다. 미국은 핵실험으로 인해 중국과 한국이 북한과 결별할 가능성을 보지 못하였다. 만약 세 번째 정책선택을 취한다면, 미국은 일본, 호주 등 국가들을 규합하여, 해상 PSI을 방향으로 한 강제적인 검사를 진행할 수 있지만, 반드시 위험의 확대와 위기의 승격에 대한 준비를 해야만 한다. 1718호 결의안에 대한 토론과정 중에서, 중국은 충돌을 악화시킬 수 있기 때문에, 저지와 검사에 대한 보류를 표명하였고,[339] 만약 미국이 강제적 저지의 조치를 취하고 싶지만 중국이 거절한다면, 1718호 결의안 통과 때의 대국 단결은 붕괴될 것이다. 부시정부의 외교 의사일정 중에서, 북핵은 결코 주요 위치를 차지하고 있지 않다고 말해야 할 것이다. 백악관의 외교적 에너지 대부분이 이라크 정세에 얽매여있고, 또한 이라크문제에 대한 미국 양당의 정치적 문제의 해결이 더욱 시급한 시점에 부시정부는 북핵을 외교의제의 우선순위에 둘 수 없다. 이로 인해, 북핵위기의 확대를 피하는 것만이 기본적인 외교정치에 대한 요구이다. 세밀하게 숙고한 후, 부시정부는 2006년 12월부터, 북한에 대한 금융제재 취소를 조건으로, 북한이 영변핵시설을 동결하고 철거하며, UN 국제원자력기구에 자신들의 모든 핵계획을 보고하도록 하는데 동의하는, '핵실험 후 시대'의 새로운 대북전략을 실행하기 시작하였다. 이것은 핵실험의 괴로운 영향을 깨끗이 제거하고, 또한 반드시 북핵위기를 관리하는 현명한 선택이다.[340]

핵실험 후 북한의 정책에도 양면성이 존재한다. 한편으로, 북한지도자는 핵무기는 '불사르는 데 사용하는 것'이 아니라고 표명하였고, 지속적으로 북한의 핵보유 결심을 나타내었다.[341] 다른 한편으로는, 국제제재의 압박과 북한의 경제발전이 맞닥뜨린 큰 어려움 때문에 어쩔 수 없이, 6자회담으로 복귀하고 협상을 통한 문제해결은 객관적으로 북한이 안보와 보상 그리고 관계정상화 등을 얻기 위한 값을 부르는 유일한 출로이다. 사실상 평양도 일련의 6자회담으로 복귀의 탐색적인 행동을 취하였다. 2006년 11월말, 남북 장관급 회담에 참석했던 김계관은 베이징에서 매체를 통해, 한반도 비핵화는 사망한 북한최고 지도자인 김일성의 유훈이며, 그저 북한은 일방적인 핵포기는 불가능하다고 표명하였다.[342] 김계관은 또한 북한이 6자회담으로 복귀하는 조건은 미국이 금융제재 취소와 UN이 통과시킨 제재항목의 동결이라고 명확하게 제기하였다. 2002년부터, 북한은 국내경제의 장기화된 매우 어려운 상황을 부양하기 위하여, 몇몇의 개혁조치를 모색하기 시작하였다. 그러나 이러한 조치는 시시때때로 멈추었으며, 시장경제 할당·확대 등 실질적인 조치는 결코 나타나지 않았다. 이것은 상당부분 평양과 장기간 적대상태에 있던 대외관계와 매우 큰 연관이 있다. 핵실험 후, 미국과 일본 등 국가들은 제재조치를 끊임없이 승격시킴으로써, 북한이 일본과의 무역에서 법률을 교묘하게 피해가며 필요한 군민 양용기술을 얻던 루트도 거의 막아버렸다. 보도에 의하면, 일본 국내 친북한의 조총련 종속회사는 줄곧 북한이 민감한 기술을 얻는 중요한 원천이다.[343] 핵실험 후, 북한은 세 가지 큰 제재 타격에 직면하였다. 미국의 금융제재, 미국과 일본과의 양자무역, 사람의 왕래와 송금제재 그리고 UN 1718호 결의안이 요구하는 제재이다. 이 제재들은 확실히 북한경제에 유례없는 공전의 압력을 가하였다.

중국의 중개역할과 적극적인 추진 아래, 2006년 11월 29~30일, 중국, 한국, 미국 3국은 베이징에서 회담을 거행하였고, 6자회담 회복과 상관된 조건에 대해 북한 핵실험 이후 처음으로 3자협상을 진행하였다. 회담은 최소한 6자회담을 다시 가동하는 데 대한 공통된 인식을 확립하였다.[344] 크리스토퍼 힐 차관보는 뒤이어 기자들에게 미국은 이미 북한에게 6자회담 복귀의 제안을 제시하였고, 북한의 답을 기대하지만, 제안에는 북한이 '특별히 의외'라고 느낄 부분은 결코 없다고 표명하였다.[345] 현재로 보아, 힐의 이 제안은 이미 북한에게 미국이 부분적인 금융제재의 취소 고려를 할 것임을 답해주고 있다. 이것은 2005년 11월 이후, 미국이 처음으로 대북 금융제재 문제상에서 자신의 강경정책을 바꾸기 시작한 것을 의미한다. 2006년 12월 18일, 13개월 동안 중단되었던 5차 6자회담 2단계 회담이 정식으로 회합하였고, 북한이 견지하는 2005년 11월 5차 6자회담 1단계 때의 방안에 따라, 경수로 선제공 요구 때문에, 회담에는 실질적인 진적이 없었다. 중국이 포함된 각국은 모두 경수로는 북한 핵포기 과정 시작 후 '적합한 시기'에 제공할 수밖에 없다고 여기고 있다. 그러나 이번 회담이 제시한 「공동성명」구체화의 시작단계 행동'의 회담취지가 각국의 동의를 얻었다.[346] 중국의 중재와 노력하에, 2007년 1월 17~18일, 북미 양측은 베를린 회담을 거행하였다. 베를린은 북미양자회담에서 본다면, 행운의 땅이며, 1994년 12월 북한과 미국이 체결한 「제네바협약」의 회담도 베를린에서 출구를 찾았다.

베를린회담은 북핵문제 협상과정을 통해 역사에 기재될 것이다. 2007년의 베를린회담은 북미 간에 재차 협의를 달성하게 하였고, 미국은 금융제재 취소에 동의한 것과 동시에 북미관계 정상화와 관련된 협상을 전개하였다. 북한은 영변핵시설의 불능화와 핵감찰을 받아들이고 북한 내 모든 핵계획을 상세히 보고하는데 동의하였다.[347] 북미 베를린협의의 바탕에서, 2007년 2월 13일, 5차 6자회담 3단계 회의는 베이징에서 「공동문건」을 달성하였다. 이것은 2005년 9월 「공동성명」 체결 이후, 북핵 다자회담은 또 하나의 중대한 진전을 이루었다. 「공동문건」은 30일을 '준비단계'로, 60일을 '시작단계'로 규정하였고, 이 시간 내에, 미국은 북한에 대한 금융제재를 취소하고, 북한은 반드시 영변핵시설을 무능화하고, 국제 원자력기구 핵감찰을 환영하며 모든 핵계획을 보고해야 한다. 동시에, 「공동문건」은 5개의 워크그룹(Work Group)을 만들고, 북미와 북일관계정상화, 북한 핵포기, 에너지와 경제원조, 평화와 안보체제 건설 등 문제에 대해 협상을 전개하였다. 워킹그룹은 6자회담에 대한 보충일 뿐만 아니라, 6자회담체제의 중요한 발전이다. 2006년 11월에서 2007년 7월의 상황으로 본다면, 부시정부의 대북정책에는 이미 중대한 조정이 나타났다. 이러한 조정에는 이하 네 가지 방면이 포함되었다. 첫째, 북미 간 직접적인 양자회담 거절, 혹은 오직 6자회담 틀에서만 양자회담을 진행하는 것에서 뉴욕채널을 추월하는 동시에 직접적인 양자회담을 북한과 진행하는 것에 대해 동의하는 수준까지 발전하였다. 2007년 3월 5~7월 힐과 김계관은 1월의 베를린회담에 이어, 뉴욕채널을 재차 진행하였으며, 이러한 모든 것들이 최근의 정책적 조정이다. 둘째, 지속해서 북한의 돈세탁, 위조지폐 제조 등 불법행위에 대해 고발하였지만, 금융제재 취소와 북핵회담 과정을 연결시키지 않았다. 오히려 북한에 대한 금융제재를 마카오 방코델타아시아 은행(BDA 은행)에 전가하였고, 북한 자금을 해동시키는 동시에 방코델타아시아 은행과 미국 금융기관과의 어떠한 교역도 금지한다고 선포하였다. 셋째, 기존에 북한의 핵포기 과정의 구체적인 상황을 보고 북미 간 관계정상화 실현을 결정하겠다는 태도에서, 북한 핵포기 과정과 동시에 양국관계정상화 과정을 협상하겠다는 태도로 바뀌었다. 넷째, 기존의 제1단계는, 즉 핵동결 단계에서 미국은 북한에 대한 원조와 경제무역 보상에 참여하지 않겠다는 태도에서, 미국은 중국, 한국, 러시아 등 국가와 함께, '시작단계'의 북한에게 인도주의적 원조와 에너지, 경제원조를 실행하는 것으로 바뀌었다. 부시정부 첫 번째 임기 때의 북핵정책과 비교하면, 오늘 북핵문제상의 부시 외교에는 극적인 변화가 발행하였다. 오늘날 크리스토퍼 힐과 거의 같은 주장을 갖고 있는 파월 전 국무장관은 워싱턴 신보수주의자들의 호된 억압에 시달렸다. 부시정부는 현재 북핵문제상에서 '포웰노선'을 다시 시작하고 있지만, 미국의 명망과 신용에 이미 모두 심각한 타격을 입었다.[348] 북핵문제 해결상에서 중국의 협력과 솔직함과 성실함은, 부시정부가 교착상태를 타파하고 새로운 '호전의 기미'를 보여주는 외교를 다시 형성하게 하였다. 미국 북핵정책의 유연성이 끊임없이 제고되는 과정에서, 북핵문제 다자협상의 주도적 역할은 이미 중국으로 넘어왔다.[349]

그러나 북핵문제상에서 중국과 미국 간의 외교협조를 강화하는 동시에, 일본은 오히려 자신의 독립적인 역할을 강화하였다. 2007년 2월 13일 「공동문건」을 체결하던 그날, 일본의 아베 수상은 일본이 관심 갖는 인질문제에 대해 북한으로부터의 긍정적인 회답을 얻지 못했기 때문에, 일본은 북한에 대한 원조제공을 거부하고, 대북 경제와 에너지 보상의 '시작단계'에 참여하지 않겠다고 명확하게 표명하였다. 2007년 3월 6~7일의 북일 하노이 관계정상화 협상은 단명할 뻔했다. 비록 이후에 협상을 진행하였지만, 실질적인 어떠한 내용도 없었고, 뉴욕회담에서 북미 양국의 건설적인 협상과는 선명한 대조를 이루었다. 인질납치와 6자회담을 연결시키는 것은 고이즈미 시대에서 이미 시작되었던 것으로 결코 아베정부가 제안한 것이 아니다. 그러나 인질문제와 북한에 대한 일본의 경제보상을 완전히 연결시키는 것은 아베정부의 새로운 결정이다. 2002년 9월 고이즈미 총리가 평양을 방문하여 김정일과 「평양선언」을 발표하고, 2004년에도 평양을 재차 방문하여 인질문제의 해결을 추진한 것과 비교한다면, 현재 아베정부가 인질과 대북원조정책을 연결시키는 것에 대한 견지는, 6자회담에 임하는 일본의 큰 입장변화이다. 인질문제에 있어 북한에 대한 일본 국내 견해는 매우 부정적이고, 일본 국민들은 북한에게 분노를 표출하고 있다. 따라서 아베정부의 북한정책은 반드시 일본 국민의 견해와 의견에 부합해야하며 때문에 완전히 일본 국내 여론정서가 주도하는 대북정책의 과도한 경직화는 불가피하다. 그러나 사실상 더욱 뚜렷이 나타나는 것은, 아베정부가 북핵정책상에서 힘써 일본의 기본적인 역할을 전환하려 하는 전략적인 기대며, 한반도 정세에 영향력을 행사할 때 일본의 설계방식을 반영한 것이다. 그러나 일본이 북핵 6자회담과 북일 양자회담에서의 인질문제를 연결시키는 것에 대해 미국에서도 이에 대한 우려와 비판의 목소리가 존재한다. 데이비드 강 (David Kang) 교수는 이것은 미국의 북핵정책을 망가트린다고 여긴다.[350]

　　일본의 대북 강경정책과 한국의 대북 긍정정책은 똑같이 선명한 대조를 이루었다. 2005년 한국의 대북 무역액은 50%증가하여, 10억 달러에 달하였고, 한국은 이미 중국을 뒤이어 북한의 두 번째로 큰 무역파트너가 되었다. 남북 무역액은 북한무역총액의 26%를 차지하고 있고, 39%의 중국에 버금간다.[351] 한국의 북한과의 평화회담과 보상정책 추진의 가동력과 적극성은, 한국이 핵실험으로 인한 한반도의 새로운 긴장과 충돌의 정세를 낮추는 중요한 요소가 되게 하였다. 2007년 3월의 6자회담에는 비록 결과가 없었지만, 한국은 이미 「공동문건」에 따라 북한에게 5만 톤의 중유 제공에 대한 준비가 이미 되었다고 명확하게 표명하였다. 한국은 또한 2007년 3월 27일부터 북한에 대한 화학비료 원조제공 회복을 결정하였고, 이산가족상봉과 관련하여 매우 신속히 회복시키고 또한 발전을 이루었다. 대북문제상에서 한일 양국의 태도는 판이하게 달랐고, 이는 동북아 대국관계상의 복잡성을 반영하였다. 한국은 민족감정에 기초할 뿐만 아니라, 한반도 일은 한민족 자신의 이익과 일의 범주라는 각도에 더욱 기초하고 있으며, 긍정적인 개입 정책을 통하여 한반도 남북한 양측의 대립을 완화하길 희망하였고, 개입과 원조를 통하여 평양의 대외행위에 영향을 끼치고, 북핵문제가 주변의 대국에게 완전히 제약받는 것을 피하길 더욱 희망하였다. 북한으로 본다면, 한국의 당기기와 일본의 밀기는 한반도 정세의 두 가지 다른 힘의 대결을 구현하였다.

　　보아하니, 평양은 일본의 납치된 인질문제에 대한 진일보한 해결 요구에 대해 현재의 대응입장을 바꾸지 않을 것이다. 북한과 일본 간의 인질문제가 이미 해결되었다 해도, 만약 납치된 인질문제에 대해 북한에게 배상을 요구한다면, 일본이 먼저 50년 가까이 식민통치 시기에 북한 인민에게 가져다준 손실에 대한 보상을 해야 한다는 것에 대해 북한의 태도도 비교적 완강하다. 2007년 3월 20일 김계관은 일본은 "6자회담이 달성시킨 화해의 협의를 파괴하고 있다"고 공개적으로 지적하였다.[352] 일본이 요구하는 인질문제에 대한 북한의 철저하고 솔직한 사과와 보상, 북한이 요구하는 일본의 역사청산을 바라보면, 북일 간 이러한 입장 대립은 단기 내 완화되기 매우 힘들다.

　　6자회담체제에서 현재 일본의 독자적인 정책은, 미국과 일본의 대북전략에 대한 협조의 결과이다. 미국 수석협상 대표인 크리스토퍼 힐은 지금껏 어떠한 공개적인 장소에서 모호하게라도 일본의 강경한 입장을 비난한 적 없고, 오히려 "일본의 인질사건에 대한 관심을 주의하라고" 북한을 여러 번 독촉하였다. 아베정부로 본다면, 인질문제상에서 북한에게 양보할 수 없는 입장을 견지하는 것은 첫째, 이것이 대중에게 아베정부의 명망과 이미지를 높이는데 도움이 되기 때문이다. 아베 총리가 고이즈미 내각에서 명망이 급등한 중요한 원인은, 바로 1960~70년대 납치됐던 인질문제의 해결을 힘써 주창하고, 북한에 대한 매파의 입장이 대중의 큰 인기를 얻었기 때문이다. 아베 총리는 자신의 이러한 방침을 바꾸지 않을 것이다. 둘째, 6자회담에서 일본이 원하는 독립적 역할을 맡는데 유리하며, 그렇지 않으면, 사실상 도쿄는 6자회담체제에서 중국과 미국을 따르는 것과 원조를 제공하고, 상관된 정책협의를 지지하는 것 외에는, 거의 할일이 없다. 인질 납치문제와 핵포기 후 원조의 연결을 강조하는 것은, 단순한 북핵문제의 해결뿐 아니라, 북한문제의 해결도 추진할 수 있다. 더욱 중요한 것은, 6자회담체제에서 일본의 독립적인 역할과 위치가 존재한다는 것이다. 이것은 대국화를 추구하는 일본으로서는, 일종의 신분과 책임을 구체적으로 나타내고 있다. 셋째, 6자회담에서 인질문제를 강하게 붙드는 것은, 표면적으로 본다면 마치 다자회담에서 일본이 장애를 만드는 것 같지만, 일본은 미국의 정책 마지노선과 북한 정권성질에 대한 미국의 정의와 판단에 대해 너무도 잘 알고 있으며, 6자회담이 단기간 내 중대한 돌파를 이루지 못할 것을 이해하고 있다. 도쿄는 자신의 이러한 '악역'의 효과와 현재 미국의 '키다리 아저씨' 역할은 서로가 보완 가능하며, 이것이 실질적인 회담과정을 진정으로 파괴하지 않을 것이라고 여긴다. 하나 매우 분명한 예는, 2007년 2월 13일「공동문건」에 뚜렷이 게재한 북한 영변핵시설의 폐쇄, 북한의 핵보고 그리고 UN 핵사찰단의 현장 핵사찰 허가 등의 내용은 2006년 11월 18일, 베트남에서 진행하였던 한－미－일 3자회담에서 이미 결정되었고,[353] 또한 북미 회담의 '미국 측 방안'이 되었다. 그러나 이미 북미 간 베를린협의를 체결하고 「공동문건」을 발표한 2007년 2월 13일 직후 아베정부는 일본의 '원조 불참가' 결정이라는 강경한 입장을 선포함으로써 미국을 난처하게 만들었다.

3) 북핵문제의 장기화와 대국협조

설령 초기단계의 행동이 순조롭게 실현된다 하더라도, 북핵문제의 최종적인 해결은 여전히 느리고 긴 과정이다. 북핵문제의 장기적인 어려움에 직면하여, 동아시아 국가들은 부득불 정치와 심리 그리고 전략적인 준비를 철저히 할 가능성이 매우 크다.

현재 미국에 나타나는 일련의 대북정책 조정은 '전술적인 것'인가, '전략적인 것'인가? 세 가지 요소가 이러한 조정의 보폭의 크기와 속도를 제약했다. 첫째, 미국 국내에는 완전히 화해적인 대북정책을 이행할 정치적 기초가 결여되어있다. 2007년 2월 13일「공동문건」체결 후, 부시정부의 북한에 대한 양보적인 행동은 미국 국내 각 방면의 강렬한 비판을 받았고, 금융제재 취소를 북한 영변핵시설의 무능화로 바꾸려는 방법은 부시정부의 지지도를 하락시켰으며, 각종 우려와 반격을 받게 했다. 대다수의 미국 분석가들은, 「공동문건」이 결코 1994년의 「제네바협약」의 수준을 넘지 못했다고 여긴다. 지지의견도 북핵 정세는 "여전히 다시 시도해볼 가치가 있다고"여긴다, 부시대통령 본인조차도 부득불 「공동문건」을 위해 직접 변호하였고, 이 문건과 1994년 「제네바협약」의 가장 큰 차이는 '중국요인'의 개입이라고 제기하였다.[354] 현재 미국 국내정치에 보편적으로 존재하는 반북정서 앞에서, 부시정부의 대북타협정책은 멀리 갈 수 없다.

둘째, 부시정부의 외교정책단이 「공동문건」이 하나의 '성공한 교역'으로 대표되는 것이라고 진정으로 믿는지 여부에 대해, 여전히 낙관하기 힘들다. 미국정부의 외교관원들은 사실상 모두 비관적인 정서를 형성하고 있어, 김정일이 북한에서 여전히 권력을 장악한다면, 외교협상의 성공을 이루면서 북한이 핵을 철저하게 포기하게 할 가능성이 미약하다고 여긴다.[355] 현재 6자회담 문제상에서 미국의 전략은, 전형적인 '눈치보기 전략(one step and look around)'인 것으로 간추릴 수 있다. 만약 타협적인 '부드러운 방안'이 통하지 않는다면, 미국은 다시 제재와 고립, 심지어 강제적인 저지와 핵사찰 등의 강경한 방안을 모색할 것이다. 특히 부시정부의 임기가 1년 정도밖에 남지 않았기 때문에, 막중한 협상을 통하여 대교역을 만들어낼 시간이 매우 제한적이다. 2008년에 곧 돌아올 미국 대선을 겨냥하여, 국내정치의 영향을 받아, 부시정부가 부드러운 방안을 견지할 국내정치 공간이 점차 축소될 것이다. 6자회담에서 결정적인 변화가 나타날 수 있는지에 대한 여부는 사실상 2007년에 남은 몇 개월에 달려있다. 만약 2008년이 되어서도 '시작단계'를 실질적으로 완성하지 못한다면, 부시정부는 북한에게 지속적으로 타협할 정치적 이유를 상실하게 될 것이다. 그들은 그로인해 연약한 대북외교의 이미지를 다음 정부에게 남겨주게 되는 것을 원하지 않을 것이다.

셋째, 북한의 고집스러운 태도와 변덕스러움 때문에 단기간 내에 미국이 북핵외교에서 지속적인 타협을 해야 할 강한 명분을 가져다 줄 수 없다. 2007년 3월 19~22일의 새로운 6자회담은 비록 금융해금 문제상에서 운용 가능한 방법을 형성하였지만, 기술적인 운영상의 문제로 인해, 해금된 북한 자금을 누구도 받길 원하지도 않았을 뿐 아니라 북한의 중국은행으로 넘겨지지도 못했다. 북한 대표는 뜻밖에도 회담을 거절했고, 해금된 2,500만 달러가 입금되어야만 영변핵시설의 무능화에 대해서 지속적으로 논의할 수 있다는 입장을 견지하고 있다.[356] 새로운 6자회담의 진행은 할 수 없이 계속해서 연기되고 있다. 이러한 상황은 핵카드밖에 남지 않은 북한의 심리적인 긴장과, 취약함 그리고 6자회담체제 자체에 대해 여전히 품고 있는 깊은 염려를 설명할 수밖에 없다. 북한의 '이득이 없으면, 한 치의 양보도 없다'는 협상 전술이 극적으로 변화할 가능성은 크지 않다. 만약 어떠한 미세한 기술적인 단계 모두가 6자회담과 한반도 비핵화 실현을 지연시킬 수 있다면, 앞으로 협상의 길은 지난(至難)한 과정일 수밖에 없다. 이외, 비록 2007년 이후, 북한이 경제발전과 압록강변의 경제개발구역 건설 등을 통해 새로운 면모를 보였지만, 북한 내 정치와 경제환경은 전체적으로 위축되고 있다.[357]

6자회담체제 추진 과정 중에서, 평양의 선택이 물론 가장 중요하지만, 대국협조와 협력은 어떠한 각도에서 본다 해도, 회담의 성공을 보증해주는 필수조건이다. 북핵문제에서 관련된 대국관계에서, 중미간의 전략협조와 정책협력은 시종 가장 핵심요소이다. 미국으로 본다면, 북한과 중국과 한국의 현존하는 관계에 단기내 실질적인 변화 발생이 불가능함과 동시에, 중국의 중재역할과 '막후 원동력'의 역할에 어떻게 협력하고 지지하는가는, 6자회담의 지속적인 개최를 보증하는 핵심이다. 중국으로 본다면, 미국이 북한에 대한 화합의 문을 여는 것은, 중국과 기타 관련 국가들이 북한에 대해 한층 더 긍정적인 영향을 발휘하는 중요한 발판이다. 이것은 사실 빅터 차(Victor Cha) 교수가 제기한 '매파포용' 전략과 매우 큰 부합점이 존재한다. 북한이 외부세계에 긴장을 풀수록 개혁개방을 할 것이며, 곧 국제사회의 긍정적 영향을 쉽게 받을수록 자신의 잘못된 행위를 고쳐나갈 것이며 북한 자신의 안보와 발전 그리고 정권안정을 아울러 돌보는 동시에, 국제사회에 더욱 빨리 유입될 수 있다.[358] 더그 벤도우(Doug Bandow)(케이토 연구소 선임연구원)가 제기한 것처럼, 미국은 북핵문제 6자회담을 촉진시키는 과정에서 중국이 발휘하는 주도적인 역할을 반드시 믿어야 한다.[359] 이러한 역할은, 수단과 방법상에서 미국과 차이를 보일 수 있지만, 한반도 비핵화 실현과 북한 핵포기를 통한 동북아 전략환경개선, 대국이익의 공영 실현의 전망상에서, 중국과 미국 간 실질적인 차이는 없다. 이러한 생각에 따라, 긍정적이고 건설적으로 북미 간 고위급 상호방문을 추진하는 과정에서, 북한정권 성질에 대한 미국인들의 깊은 혐오와 불신을 떠나서, 유연하고 실용적인 현실주의 방침을 취하는 것은 반드시 필요하다. 미국이 이렇게 함은, 중국역할에 대한 적극적인 존중과 협조이다. 부시정부는 '중국요소'의 개입으로 인하여, 제2차 북핵위기의 다자협상 과정과 효과는, 반드시 1993~1994년 제1차 북핵위기 후의 상황과는 절대 다를 것임을 굳게 믿어야 한다. 중국과 미국이 북핵문제상에서 진정으로 상호 협조하고 협력해야만, 6자회담로 대표되는 북핵문제의 협력적인 해결의 지역적 해결방안을 진정으로 키우고 발전시킬 수 있다. 한반도 비핵화 실현에 대해, 어떤 미국의 우익 인사는, "이것은 중국의 사정이다"라고 말하였다.[360] 그러나 현실은, 이것은 중미 양국이 공통으로 맡아야 할 책임이며, 또한 동아시아 역내 모든 국가의 공통된 책임이다.

북핵문제상에서 중국과 미국의 전략적 협력과 협조, 역시 북한이 대국관계에서 해소하기 어려운 모순과 경쟁적인 이익을 이용하여, 핵포기 과정을 지연시켜, 자신의 이익의 최대화를 강구하는 것을 피하는 핵심이다. 북한은 지금까지 미국과 서방국가들과의 관계를 개선하여, 소위 주변 대국의 전략적 압력을 균형잡기를 희망한다.[361] 평양의 이러한 생각은 변화하기 힘들며, 심지어 평양은 자신의 핵노력도 미국만을 겨냥한 것이 아니라, 중국이 포함된 주변 대국영향의 저울추로 보고 있다.[362] 북한의 이러한 태도에 대해, 중국은 이해할 수 없다. 유일한 대응조치는 2007년 1월 러시아 협상대표가 북한을 경고했던 것처럼, 핵무기 보유의 북한이 "러시아에 중대한 위협을 형성했다"고 노골적으로 지적해야 한다.[363] 앞으로 북한의 어떠한 정책 선택도 반드시 중국의 분위기와 기본적인 이익을 고려해야 한다. 어떤 방면으로 본다하더라도, 북한은 극히 '특수한 나라'이며, '가장 딱딱한 견과'로 불린다.[364] 이에 대해 우리는 반드시 충분한 마음의 준비가 되어있어야 한다. 2007년 3월 새로운 6자회담 개최 직전, 우다웨 중국 외교부 부부장은 불신은 6자회담을 지속해서 괴롭힐 수 있다고 환기시켰다.[365]

중국의 북핵정책이 지속해서 전통적인 북중우호를 중시하며, 자신의 이익과 가치판단의 바탕 위에 이를 세워나가, 한반도 평화와 안정 그리고 북한이 합리적인 안보와 경제발전을 촉진시키는 것은 중국의 선린(睦隣)정책의 필연적인 요구이다. 과거 몇 년, 북핵문제상의 중국과 미국의 이견은 지금까지 "최대한으로 한반도 안정을 유지하는 동시에 핵포기를 실현할 것인지" 아니면, "최대한으로 북한에게 압박을 가하는 동시에 평양에게 핵포기를 강요할 것인지", 이 두 가지 중점 위에 있다. 그러나 최근 미국의 대북정책 전술 추세는 유연화되어가고, 6자회담 추진 중에 북한이 보인 긍정적인 기운은 2002년 8월 1차 6자회담 이후 중국과 미국 간의 북핵정책 이견을 계속해서 좁혀지게 하였고, 양국의 북핵입장에는 서로 가까워지고 있는 추세를 보였다. 북핵문제상에서의 중국과 미국 간의 '대국협조'는, 첫째 양측이 분업하지만, 전체적으로 본다면 독려성의 대북 개입 정책을 공동으로 이행할 수 있는지 여부에 달려있다. 둘째, 미국이 국제정치의 구속을 뛰어넘어, 북한에게 지속적으로 현실주의적인 실용노선을 추진할 수 있으며, 평양 정치제도 형식에 대한 호불(好不)을 뛰어넘어, 실질적으로 북한의 국제적 행위가 정책관심의 중심에 속하도록 영향을 줄 수 있는가 하는 것이다. 셋째, 북핵문제로 인해 발생한 모든 지역의 불안정 요소를 중국과 미국이 반드시 공동으로 관리하고 구속해야 한다. 전략대화와 6자회담을 통하여, 창조적으로 중국과 미국이 동아시아에서 지역 안정과 번영의 책임을 공동으로 분담하여 수호할 수 있는 다자안보체제를 만들어야 한다. 예를 들어, 대만해협안정이 지속적으로 대만독립세력의 인질이 되는 것을 방지하고, 일본 국내에 팽창된 민족주의가 역사적 사실에 도전하고, 핵무장으로 가는 것을 피해야 한다.

북핵문제상에서, 앞으로 가장 협조하기 힘든 것은 아마도 중일관계일 것이다. 일본국내에 상승된 민족주의 정서와 일본의 대국역할에 대한 고집스러운 추구에 비추어 보면, 6자회담은 일본정부에게 하나의 대국화된 일본의 "매우 훌륭한 솜씨를 먼저 작은 일에 발휘하는" 중요한 장소로 보일 가능성이 매우 크다. 일본이 인질납치 문제를 고집스럽게 6자회담에 밀어 넣는 방식에 대해, 중국 측은 당연히 편할 수 없다. 인질문제로 아베정부가 '시작단계'의 대북원조 참여에 거부한 것에 대해, 중국 측은 역시나 만족함을 느낄 수 없다. 그러나 중일 양국관계의 수호와 발전을 바탕으로 한 전반적인 정세에서 출발하여, 중국 측은 인질문제상 일본의 입장을 마땅히 존중하고 이해하였다. 중국 원자바오 총리는 2007년 3

월 15일의 기자회견에서, "중국은 인질납치 문제상의 일본의 입장을 이해하고 존중한다. 이 문제의 해결을 위해서는, 북일 간의 공통된 협상과 담판이 필요하다"고 명확하게 제기하였다.[366] 중국의 지지로 인해, 2007년 1월 필리핀 동아시아 정황회의(EAS)의 연합성명에서 일본과의 인질납치 논쟁의 해결을 북한에게 호소는 문자를 집어넣었고, 북일 간의 인질납치 문제의 진전은, 처음으로 동아시아 외교의 공통된 관심이 되었다.

그러나 일본의 강경한 대북정책은 미래의 중국에게 6자회담을 주도하는 능력에 대한 중요한 도전이며, 또한 중미 협조가 회담을 촉진시키는 과정의 중대한 충격임에는 틀림없다. 현재 일본은 6자회담에 대한 전체적인 태도는 협조적이지만, 2007년 1월 북미 간의 베를린회담 직후, 북핵정세가 잠시 완화되었지만, 일본의 대북정책은 더욱 단호한 제재조치에 대한 고려를 포함하여, 전체적으로 지속해서 강경한 흐름이었다.[367] 6자회담 회복에 협조하기 위해, 일본은 잠시 북한에 대한 더욱 단호한 제재조치를 보류하였다. 일본의 아소 다로 외무상은 2006년 12월 말, 일본은 현재 북한에 대한 새로운 제재조치를 고려하고 있지만, "결코 즉시 실행에 대한 준비는 아니다"라고 명확하게 표명하였다.[368] 그러나 일본 국내에 팽창된 민족주의 정서가 대북제재 문제상에서 일본을 더욱 강경하게 할지에 대해선 현재까지는 예측하기 매우 어렵다. 2007년 3월 10일, 일본 의원연맹은 북한과의 무역에 대한 전면적인 금지, 일본인 혹은 재일 북한인들의 북한방문 금지, 어떠한 북한선박도 일본항구에 진입 금지를 요구하였다.[369] 이러한 법안이 일단 통과되면, 북일 간의 대립은 분명히 지속해서 승격될 것이며, 2개월여 동안의 6자회담에서 보인 진전의 기미를 파괴시킬 것이다. 북핵문제 처리상에서 중국과 일본의 이견은 또렷하다. 2006년 9월과 10월의 북한 미사일 실험발사와 북한 핵실험 후, 일본은 안보리에서 북한에 대한 단호한 제재 법안 통과를 적극적으로 요구하였고, 심지어 반드시 필요할 시 북한에 대한 합법적인 무력사용 비준도 요구하였다. 이 외에, 일본 정치인들의 일본이 북한에 대한 선발제인할 권리를 갖고 있다는 발언에 관련하여 역시 중국을 깊이 불안하게 하였다. 북핵문제상에서, 비록 중일 간 한반도 비핵화 목표의 높이는 일치하지만, 각자 한반도문제와 북핵문제에 대한 대응 방식과 방법상의 차이는 뚜렷하다. 게다가, 각자가 북핵 다자협상에서와 동시에 각자의 방위능력 건설과 방위전략의 변화에 대해 모두 깊은 불안을 느낀다. 중국은 북핵 문제로 인해 일본의 핵무장으로 가는 것을 원하지 않고, 미국도 역시 일본의 핵노 력을 반대한다고 믿지만, 미국이 도대체 일본의 핵무기 추구를 저지할 능력이 있 는지에 대해서는 자신이 없다.[370] 더 나아가, 일본의 북한에 대한 원조제공 불가 견 지와 북한이 인질납치 문제에 대해 분명히 해야만 북일 정상화협상을 시작할 수 있다는 방침이, 미래의 6자회담 좌절의 원인이 될 것인가 하는 점에 대해서는 아 직 불분명하다. 그러나 5개의 워크그룹의 협상이 분명히 상호 영향을 줄 것이라는 데서 출발하여, 일본의 이러한 강경한 입장은, 미래의 북핵문제를 둘러싼 화해과 정에 짙은 그림자를 드리울 것이다.[371]

　　일본의 민족주의 보수세력이 북핵문제를 크게 문제 삼는 것에 대한 결과는 일본의 군사대국화를 진일보시켜, 점차적으로 일본의 '비핵 3원칙'을 파기하여, 핵대국의 꿈을 실현시키는 것이다.[372] 최근 몇 년 동안 일본의 방위지출은 확실 히 이미 5년 연속 하락하는 추세였고, 2007년도 재정의 국방예산은 2006년보다 0.3% 하락하였지만, 미사일방어 항목 경비지출은 오히려 42.7% 증가하였다.[373] 그러나 일본의 미래의 방위 동향은 상당부분 일본 민족주의 세력의 발전에 달려 있다. 만약 일본이 핵무기 추구를 선포한다면, 6자회담이 반드시 존재해야할 필 요가 있을까?

제10절 6자회담의 제도건설과 동북아 다자안보체제

　　북핵문제 6자회담 시작 이래, 동북아 안보체제 확립에 관한 토론 또한 따라서 시작되었다. 그러나 각국의 큰 의견차로 인해, 양자 간의 제휴는 진정으로 실행에 옮기기 힘들다.[374] 북핵문제의 외교협상 과정이 차일피일 미루며 결정되지 못하는 것은, 다자안보체제가 결여된 어려움 속에서 동북아지역 안보협력의 부족을 노출했을 뿐만 아니라, 지역안보 체제 형성이 절박히 필요함을 보여주었다. 2007년 2월 13일, 5차 6자회담 3단계 회의에서 발표된 「공동문건」은 2006년 10월 9일 북한 핵실험 이후의 북핵 교착상태를 타파하였고, 북한 핵포기를 얻어내기 위한 다자회담은 어려움 속에서 진일보하였다. 비록 6자회담의 앞으로의 전망과 북한이 진정 실질적인 핵포기 단계에 진입하는 것을 원하는 지에 대해, 현재 여전히 많은 염려가 존재한다. 그러나 북핵문제 다자협상은 가동 약 4년 이후, 새로운 단계에 접어들었고, 이것은 북핵문제가 북한문제와 함께 해결될 가능성의 새로운 단계이며, 또한 한반도 비핵화 실현과 한반도 냉전체제를 끝낼 중요한 기회이다. 6자회담 방식으로 북핵문제의 해결을 추진하는 것은 지역 각국이 지역의 중대한 안보의제를 진정으로 협조적인 해결로 발전시킬 수 있는지에 대한 의향과 능력을 시험하고, 또한 동북아 다자안보체제 건설을 위해 전무후무한 계기와 동력을 제공하였다. 본문은 6자회담을 통하여 동북아 지역안보체제 건설 실현의 목표에는, 우선 반드시 6자회담 자체의 '제도화' 건설을 강화시켜야 한다고 여긴다.

1) 6자회담과 동북아 다자안보

냉전종식 이래, 동아시아 지역안보에는 다자안보체제 건설·강화 필요성에 대한 분석과 논증은 시종 지역안보연구의 큰 쟁점이다. 많은 학자들은 동아시아 지역안보의 다자제도 건설에 치중하며, 동북아 지역안보가 유럽, 동남아 등 기타 지역과 비교하여 불확실하고 취약하게 된 중요한 원인은 '다자안보 체제의 결여'라고 여긴다.[375] 그러나 각국의 경제, 정치, 사회와 방위전략 등 방면의 차이가 매우 큰 동북아는 다자안보체제를 직접적으로 건설하려 해도 현실적인 조건이 상당히 결핍되어 있다. 현존하는 동아시아안보질서는 양극 혹은 다극의 권력을 제약하여 균형을 이루는 체제이며, 비대칭적인 핵위협은 평화의 기초이다.[376]

2003년 이래, 북핵문제 해결의 정치와 외교적 과정의 확립과 6자회담 성공 추진의 절박한 요구는, 동북아 다자안보체제 건설의 정책과 학술적인 토론을 재차 야기시켰다. 잭 프리처드(Jack Pritchard) 미국 전 북한문제 협상대표는 가장 먼저 6자회담을 동북아 다자안보체제로 발전시킬 것을 제기한 전 정부관리이다. 프리처드의 시각에서는, 6자회담을 동북아 다자안보체제로 격상시키는 것은 첫째, 6자회담에서 나타나는 5대 1의 국면을 피할 수 있고, 북한이 단독으로 심문을 받는 어려운 상황을 바로잡으며, 핵포기 문제상에서 긍정적인 조치를 취하도록 북한을 독려할 수 있다. 둘째, 한반도의 냉전체제 종식에는 다자구조가 필요하다.[377] 프리처드의 견해는 2003년 8월 가동된 6자회담체제가 북핵문제를 유효하게 협상으로 해결할 수 있는지에 대한 본인의 예리한 관찰을 반영하였다. 그의 관점은 다른 정책인사들의 긍정적인 호응을 얻었고, 6자회담의 구조, 목표와 대국참여의 행동능력은 이미 동북아 다자안보체제의 초기형태를 형성하게 하였다고 여긴다.[378]

그러나 6자회담체제가 도대체 어떻게 동북아 다자안보체제로 진화하는지에 대해서는 다른 구상이 존재한다. 프랜시스 후쿠야마(Francis Fukuyama)는 동북아 다자안보체제는 반드시 6자회담에서의 중국, 미국, 일본, 러시아, 한국 등 5개국이 조성하고, 북핵문제를 초월하는 영구적인 지역안보기구를 건설해야 한다고 제기하였다. 5개국은 정기적으로 협상하고 북핵문제상에서 공통적인 대책을 취하여, 공동으로 북한에게 압력과 영향을 가하도록 해야 한다.[379] '프리처드 모델'은 6자회담이 직접적으로 지역적인 안보기구로 격상되어야 하며 이 조직의 제도구조 안에서 북핵문제를 포함한 기타 지역안보 문제에 대해 협상하고 해결해야 한다고 주장한다.[380] '후쿠야마 모델'은 더욱 대국협조과 같은 방안이며, 동북아지역에서의 대국협력을 통하여 지역안보 사무를 결정해야 한다고 주장한다. 그러나 이 두 가지 방안 모두 국한적이다. 프리처드 모델이든 후쿠야마 모델이든 간에, 직접적으로 지역안보기구 건설을 우선하지 않는다. 첫째, 부시정부의 동아시아안보전략의 우선 선택은 여전히 양자 기초의 군사동맹이며, 예방적인 방위를 바탕으로 북한에게 압력 정책을 취한다. 비록 미국은 여러 번 동북아 다자안보체제 건설 문제를 언급하였지만,[381] 부시정부가 시종 북핵의 군사적 수단으로의 해결을 고수하지 않겠다고 선포하지 않기 때문에, 북미회담은 실질적인 돌파를 이루어내지 못했고, 정식외교관계 형성 이전 미국은 북한이 새롭게 만들어진 동북아 다자안보체제의 정식구성원이 되는 것을 받아들일 수 없다. 6자회담 구조를 떠나서 동북아 안보체제 건설과 현재 미국의 동아시아안보전략, 대북정책에는 본질적인 충돌이 존재한다. 둘째, 동북아 다자안보체제는 공혈래풍(空穴來風)*일 수 없다. 만약 북핵문제상의 다자대화 과정을 각국이 협조하여 추진할 수 없고, 미국이 실질적으로 북한과의 관계를 완화하게 하며, 북한이 핵포기의 의지를 갖게 한다면, 령기로조(另起爐竈)**의 동북아 안보체제를 확립하거나 아니면 느슨하고, 비실효한 포럼으로 아니면 곧 미국화의 강제적인 체제로 흘러갈 것이다. 북한을 배척한 5국 방안은 객관적으로 북한의 대립정서를 악화시키고, 6자회담 과정을 지연시킬 뿐이다.[382]

지역안보체제 건설을 기존의 이론으로 정리하자면, 다자안보대화는 사용규칙, 규범과 절차상의 실질화는 제도의 유효성을 검증하는 핵심 지표이다. 이러한

---

*   풍문이나 소식 등이 전혀 근거가 없다.

**   따로 하나의 파(유파)를 세우다.

실질적인 내용은 연속적인 협상과정에서만이 진정으로 실현된다. 일단 협상이 규칙과 규범이 이끄는 실질적인 내용을 완성한다면, 다자체제에서 다자안보대화에 참여하는 각국은 반드시 공동으로 준수해야 한다. 다자안보체제가 도대체 어떠한 제도적 형식을 취할지는 사실 중요하지 않다.[383] 그러나 다자안보체제 건설의 제도화 과정에는 역시 유연하지만 강제적인 행동을 취할 필요가 있고, 협력과정에서 나타난 위반행위에 대해서는, 반드시 기타 각국이 공동으로 징벌에 대해 상의하는 등, 집단적 행동으로 한 국가가 독단적으로 6자회담체제의 권위에 도전과 충격을 가하는 것을 피해야 한다.[384] 이로 인해, 6자회담을 통하여 동북아 다자안보체제의 건설을 이끄는 것에, 가장 중요한 것은 북핵의제를 방향으로, 문제해결의 능력 발전의 목표로, 각국의 협력을 통하여 북핵문제 해결의 돌파구로, 위기문제상에서 역내 각국이 협력하는 습관·절차·신념을 형성하고, 상응하는 협력규칙과 협력의식을 배양하고 만들어야 하며, 지역안보충돌에 대응할 시 다자협력체제의 노선선택을 명확히 해야 한다.

이 각도에서 출발하여, 6자회담체제의 제도화 확립은 6자회담의 3대 임무 실현을 유도하고 선도한다. 한반도 비핵화, 관련국가 관계정상화와 동북아 다자안보체제 건설의 기본적인 출루와 전략보장이다.[385] 6자회담의 4년 가까운 여정을 회고하면, 2007년 2월 13일 「공동문건」의 체결에는 각국, 특히 중국외교관의 지혜와 심혈이 응집되어있다. 그러나 제도 건설상, 회담이 상대적으로 취약하여, 우다웨이(武大偉) 중국 외교부 부부장의 표현을 빌리자면 "6명의 선장이 있는 배 한 척"처럼 각종 논쟁과 이견을 피하기 어렵다. 그러나 '방향과 목표'를 확정해야 할 때, 반드시 6자회담은 다자체제로서 권위와 이행능력을 구비해야 한다. 어떠한 국가가 규칙을 준수하지 않을 때, 다른 국가들이 6자회담의 제도적 권위를 보호하는 공통된 행동을 취해야 한다. 이것은 다자회담 추진과정에 반드시 필요한 단계이며, 또한 미래 어떠한 형식의 동북아 다자안보체제에 반드시 구비해야할 제도적 요소이다.

모든 지역제도의 시행에 있어 제도적 권위를 배양하고 형성해야 한다. 제도적 권위의 핵심은 제도의 이행능력을 형성함으로써, 국가가 협력규칙과 절차를 위배하는 위배행동을 공동으로 벌하며, 이와 동시에 제도적 요구에 부합하는 협력행위에는 장려하는 것이다. 6자회담체제 건설상, 제도건설의 촉진은 이미 미래 6자회담 효과의 핵심이다. 「공동문건」이 규정한 5개의 워크그룹이 대화과정을 순조롭게 전개할 수 있는지 여부는, 6자회담 전체적인 역할에도 관계되어있다. 5개의 워크그룹에는 제재취소, 관계정상화, 인질과 납치, 핵포기 그리고 안전보장과 동북아안보체제 건설 등 많은 문제가 관련되어 있기 때문에, 모든 워크그룹은 '독립적인 의제'를 구성하였고, 또한 서로 관련되어 있다. 2007년 3월 19일, 회복된 6자회담은 워크그룹의 판단과정을 반드시 리드하고, 조절하며 일정한 수준의 통제할 능력을 갖춰야 한다. 그렇지 않는다면, 6자회담의 모든 체제는 워크그룹의 인질이 되어버릴 것이다.[386] 예를 들어, 어떤 한 국가를 공동으로 배척, 응징하는 것을 피하여, 회담의 '다자와 양자 결합', '회담 내의 회담과 회담 외의 회담 결합'을 실현한 것은 이미 6자회담이 건설적인 단계의 경험을 축적한 것이다. 그러나 새로운 6자회담의 핵심 의제는 이미 어떻게 교착상태를 타파할 것인가가 아니라, 각자가 요구하는 수준에 도달하는 것과 더욱 복잡하고 실질적인 이익교환 관계에서의 핵포기 '로드맵'의 제정과 이행 보장이다. 짐작할 수 있는 것은, 미래 6자회담 협상의 임무는 더욱 막중해질 것이며, 협조해야할 관계는 더욱 어렵고 힘들 것이다.

북핵문제를 만든 원인은 장기간 해소되지 못한 한반도의 냉전상태이며, 북핵문제의 흐름 역시 동아시아 지역 내외 주요 대국 간의 경쟁적인 전략적 관심 그리고 한반도 비핵화 문제상에서 분리할 수 없는 공동전략적 이익과 관련된다. 예를 들어, 상당한 기간 내, 미국과 일본 등 국가들이 추진한 북핵정책의 중요한 목표는 정권교체의 실현이다. 중국, 러시아, 한국 등 국가들은 북한현상 유지에 치우치며, 북한내부의 안정과 발전 유지를 더욱 희망한다.[387] 모종의 다자안보체제를 건설하지 않고, 북핵위기해결에서 한층 더 협조하고 다듬으며, 심지어 동아시아 지역안보 국면에서 대국전략관심을 재건하려 한다면, 분명히, 복잡하고 모순적인 대국사이의 이익갈등이 6자회담에서 통일된 걸음걸이를 건설하는 것을 저지할 것이다.

바꾸어 말하자면, 합리적이고 철저하게 다자협상 방식을 통하여 북핵문제를 해결하려면, 각국이 모두 동의하여 협조 가능한 장려, 유도, 압박 등 다양한 조치를 취해야 하며, 믿음, 열정, 타협과 창조성이 더욱 필요하다. 북핵문제는 냉전 후 동북아 안보에 장기간 존재해온 북한문제와 분리하여 해결할 수 없다. 북한문제의 본질은 "북한이 개혁개방을 받아들이고, 동아시아지역 협력과정에 참여하고, 벼랑끝 도발정책을 포기함과 동시에 그들의 국제행위를 바꿀지 여부"이다. 이와 동시에, 또한 "미국과 일본 등 국가들이 장기적 대북제재와 고립 정책을 끝내고, 양자관계 정상화 실현"의 문제이기도 하다.[388] 6자회담체제의 발전이 제도확립의 길로 가지 않고, 단순히 양자협상에 의존하는 것으로는 북미, 미일 간의 장기간 적대와 불신상태를 진정으로 해결하기 어렵다. 6자회담의 제도적 권위야말로, 각국이 일시적인 의견대립으로 가는 것을 막고, 핵포기와 관계 정상화 과정의 유지와 지속을 견인하는 동력이다. 예를 들어, 미국 여야는 줄곧 북한의 비밀 핵계획은「제네바협약」을 위배한 것이라고 여기지만, 미국학자 리온 시걸(Leon V. Sigal)은 미국정부와 국회 모두「제네바협약」에서 고의적으로 태만하고 시간을 끄는 행위가 있다고 객관적으로 지적하였다.[389] 조나단 폴락(Jonathan Pollack) 교수도「제네바협약」실패의 원인 중 하나는, 다자적 제도요소로 각 측에 이견과 논쟁이 나타났을 때 해결하고 중재하는 방식이 결여되었기 때문이라고 날카롭게 지적하였다.[390]

2) 북핵문제의 긴박성과 관련성

6자회담과 동북아 다자안보 체제를 연결시켜, 6자회담의 '제도화건설'을 통하여 각국의 제도화적인 대화, 차이와 분쟁에 대한 제도화적인 협조, 행동의제에 대한 제도적 추진을 촉진하는 것은, 1994년 제1차 북핵위기 후「제네바협약」실패의 교훈을 피할 수 있을 뿐만 아니라,「공동문건」에 규정한 북한의 현존하는 영변핵시설의 무능력화가 실질적 핵포기 과정에서 퇴보하지 않도록 할 수 있다. 특히 시작단계의 공동행동이 속히 핵포기 과정으로 흘러가기 어려울 때, 6자회담은 반드시 북핵 국면 장기화의 위험에 직면하게 된다. 새로운 위기사태가 「공동문건」 체결 후 나타나는 긍정적인 정세를 악화시키는 것을 피하고, 2005년 9월 19일 「공동성명」의 점차적인 이행을 보장하기 위해서는 6자회담의 제도화건설이 더욱 필요하다.

2006년 10월 북한의 핵실험은 매우 심각한 도발행위이다. 이 사건은 북핵위기 그리고 북핵문제의 동북아 안보정세에 대한 충격을 새로운 경지에 오르게 하였다. 결과는, 북한의 핵무기 보유는 문제일 뿐만 아니라, 현실이다. 국제사회는 북한의 합법적 핵무기 보유에 대한 인정을 거부하고, 조금도 흔들림 없이 북한에게 한반도 비핵화를 요구하였기에 북한의 핵보유가 합법화되지는 않을 것이지만, 이것이 결코 북한의 핵능력의 비확장을 보장하는 것은 아니다. 비록 국제사회가 핵실험 자체의 기술적 수치에 대해 부정적인 견해를 갖고 있지만, 일반적으로 이번 폭발당량은 1,000톤이 안 되는, 심지어 200톤 정도이며, 진정으로 성공적인 핵실험이 아니었다고 여긴다.[391] 이것은 북한 자신이 발표한 5,000~1,5000톤 폭발당량과 매우 큰 차이가 존재하므로, 핵실험이 북한의 새롭고, 기존의 예상을 초월하는 핵능력을 보여주지 못했다는 것이 보편적인 견해이다.[392] 그러나, 만약 북한의 핵무기와 핵기술 보유의 현상을 결정짓지 못한다면, 평양의 핵능력은 지속적으로 증가할 것이며, 핵포기 문제 해결의 난이도 또한 증가하여 북핵문제가 조성한 동아시아안보의 불확실성은 더욱 높아질 가능성이 있다.

첫째, 북한의 핵능력으로 본다면, 다양한 추측과 평가가 존재하지만, 북한의 핵무기 개발이 현재 10기의 핵폭탄 수준에 근접하였다는 것은 비교적 보수적인 평가이다. 2007년 2월 28일 크리스토퍼 힐 미국 차관보의 말에 의하면, 설령 2007년 3월 이후 북한이 영변 5메가와트 원자로를 폐쇄하였지만, 북한은 핵연료봉에서 무기급 플루토늄을 50kg이상 추출했고, 시작단계의 감시 범위를 이미 벗어났다.[393] 이는 북한이 6~8기의 핵무기를 충분히 제조할 수 있는 양이다. 장기적으로 북한을 추적해온 국제 핵과학자들의 북한 핵무기 계획에 대한 연구 결론은 더욱 비관적이다. 북핵의 무기급 플로토륨 비축량은 이미 8~12기의 핵폭탄 제조가 가능할 정도라고 여긴다. 만약 원래의 평가를 더한다면 북한은 1~2기의 핵폭탄을 제조할 수 있는 무기급 플루토늄을 보유하고 있고, 2007년까지, 북한의 핵폭탄 제조능력은 이론적으로 12~14기로 상승할 수 있다.[394] 북한 자신의 핵능력도 가장 간단한 핵폭탄 정도에 국한되지 않을 것이다. 2006년 7월 4일 북한의 대포동2호 미사일 실험은 비록 성공하지 못했지만, 제고된 핵무기의 장거리 투척능력 보유는 미사일 실험이 전달한 명확한 메시지이다. 핵무기 발전의 역사는, 어떠한 핵무기 보유 국가도 핵무기를 실험·연구할 때, 핵폭탄 발사능력에 대한 연구계발 계획을 동시에 취하지 않는다는 것을 이미 증명해주었다.[395] 핵무기의 발사능력과 발사방식 자체는 위협효과를 형성할 수 있도록 하는 핵무기의 분리할 수 없는 구성부분이기 때문에, 더욱이 중등 국가들은 종종 먼저 미사일 기술을 보유하고, 그리고 능력을 보유한다. 인도, 파키스탄, 60년대의 중국 모두 이러했다. 북한 핵능력 평가 중에는, 평양이 현재 진행 중인 핵탄두 소형화, 핵탄두의 미사일탑재 기술, 다양화된 발사수단 그리고 공중탑재와 투척 방안 등과 관련한 핵무기 투척능력도 반드시 포함되어야 한다. 북한이 단기 내 믿을 만하고, 운용가능한 핵무기 투척능력을 발전시킬 수 있을지 여부에 대해서 국제사회는 결코 낙관적이지 않다.[396] 이것에 대해 필요한 기술적 조건과 고성능의 핵폭탄 제조는 똑같이 어렵다. 특히, 현재 북한의 궁핍한 경제상황 및 기술, 무역에 대한 국제봉쇄가 긴밀한 상황에서, 단기 내 북한이 투척능력의 기술과 제조기술의 수준을 도약시키기는 힘들다. 설령 북한의 핵개발이 동결된다고 해도, 투척수준의 개선을 통한 핵능력의 실질적인 발전이 나타날 가능성도 있다.

이론적으로 본다면, 핵보유의 북한은 핵무기를 '정치적 휘장'으로 삼을 가능성이 있다. 이를 협상 카드로 사용하며, 현 권력구조와 정치제도의 안전을 보장하는 '방어 수단'으로 볼 수 있다. 당연히 핵무기를 '공격의 검'으로 사용할 수도 있다.[397] 조나단 폴락(Jonathan Pollack) 교수는 이에 관해 더욱 합리적인 해설을 내놓았다. 그는 북한의 핵무기 발전에 세 가지 가능성이 존재한다고 여긴다. 첫째, 상징적인 혹은 소량의 핵무기 유지를 통하여 정치적 위협을 감행할 수 있다. 둘째, 실전 사용가능한 핵능력을 추구하여 자신의 핵위협 능력을 형성할 수 있다. 셋째, 지속적인 핵기술의 개선을 통하여, 믿을 만한 핵 위협력을 완전히 실현시킬 수 있다.[398] 현재의 각종 조짐으로 보아, 북한의 핵능력은 현재 첫 번째의 가능성에서 두 번째 가능성으로 전환 중인 것 같다. 핵무기의 단순한 정치적 위협은 평양의 정치적 개성에 맞지 않을 뿐만 아니라, 6자회담 과정에서 과거 4년 가까운 시간동안 북한의 우여곡절 과정에서 보상과 관련한 높은 조건제시를 정확히 대표할 수 없고, 동아시아 지역 정세에서 핵문제로 고립에 처한 상태를 탈피하는 것에 대한 북한의 오랜 희망은 더욱 표현할 수 없다. 핵무기를 정치적 위협의 용도로 이용하는 것은, 곧 핵무기를 간단한 협상의 카드로 이용한다는 것이다. 만약 이렇다면, 과거 4년의 6자회담은 벌써 교역을 완성했을 것이다. 북한의 핵능력은 사실상 2006년 10월 9일의 핵실험이 증명한 것이 아니라, 핵실험 이전 평양당국이 언급한 것 중의 '위협능력 건설'이라는 항목이 각국의 실제적인 판단에 모두 이미 존재한 것이다. 2005년 2월 10일 북한의 핵보유 성명에서 이미 이점에 대해 표명하였다. 6자회담의 지속된 교착상태와 북한의 핵실험은 평양의 마음속에 '핵이라는 카드'가 다양한 기능을 갖고 있다는 것을 증명하였다. 최소한, 미국과 일본의 군사적 위협 상쇄와 소위 주변 대국의 전략적 압박에 균형을 시도하는 것은 지금까지 평양이 핵위협을 이용하여 도달하려는 전략적 목표이다.[399] 즉 핵무기는 북한의 세 가지 목표를 동시에 실현시킬 유일한 수단이다. 이는 각국이 평양의 현황과, 안보 제공, 경제와 에너지 등 각종 문제에 있어서의 보상을 받아들이게 한다. 이러한 목표들은 북한으로 말하자면 정치적 생존에서 국가 생존까지 모두 없어서는 안 될 조건들이며, 또한 장기적인 전략적 목표이다. 이러한 목표들의 배후 논리는, 평양의 핵능력 건설이 진전될수록, 이것이 이 목표들을 보장하고 실현시킬 가능성이 더욱 커진다. 과거 몇 년 동안의 6자회담에서 평양은 지금까지 이러한 제한된 수단을 통하여 광범위하고 심원한 목표를 달성하려는 의지와 기술을 보여주었다.[400] 당연히, 북한 내부에 존재하는 각종 조건에 구속받아, 북한은 단기 내에 오늘날 핵대국 수준의 위협력으로 발전될 수는 없다. 그러나 6자회담이 만약 앞으로의 10년 중 북한 핵포기를 실현시키지 못한다면, 회담에 진전이 있다 할지라도 북한 핵능력의 승격과 발전을 실질적으로 저지할 수 없다. 반대로, 발사능력이 내재된 안전하고 유연하며 정확한 사용의 핵 위협력의 보유는 지속적으로 평양의 '핵이라는 카드'의 중요한 발전 방향이 될 것이다. 최소한, 2차대전 후 중소국가들의 핵능력발전 역사로 보아, 핵무기는 '간단한 정치적 위협(Sole political Deterrence)'이 아닌, '안정적 위협 균형(Stable Deterrence Balancing)' 논리에 입각하여 발전되었다.[401]

둘째, 북한 핵무기 사용원칙은 무엇인가. 비록 북한이 밝힌 핵무기 보유는 국가안보를 위한 것이지만, 국제사회는 결코 핵보유의 북한이 전략 선택상 어떻게 행동할지 정확하게 단정지을 수 없다.

북한의 핵무기 사용원칙 판단에 대해 현재 찾을 수 있는 문건은 매우 제한되어 있다. 2005년 2월 10일, 북한의 핵보유 성명 발표는, 북한이 핵능력을 발전시키는 것은 '위협'을 위함이라고 제기하였다. 그 위협은 미국의 침략 의도로부터 온 것이다. 2006년 10월 3일 북한이 발표한 핵실험 성명은 핵보유의 목적을 한층 더 강조하였고, 그것은 "미국의 극단적인 전쟁 위협, 제재와 압박조치에 기초하여 부득불 취한 상응하는 방어적 조치"이다. 이와 동시에, 성명은 또한 북한의 핵능력 사용 원칙을 '우선 핵무기 불사용'으로 정의하였고, 핵무기 혹은 핵 양도를 통하여 위협을 형성하는 것도 금하고 있다.[402] 10월 17일 북한 외무성은 UN이 통과시킨 북한제재의 1718호 결의안에 대해 신속한 성명을 발표하였고, 북한의 핵보유는 '믿을 만한 전쟁위협 수단' 보유이며, 국가의 최고 이익과 민족의 안전을 보호하고, 미국의 침략위협을 피하며, 한반도에 새로운 전쟁이 발생하는 것을 방지하며, 이와 동시에 북한이 "그들의 핵비확산에 대해 책임지는 국제적 의무 이행은, 책임감 있는 핵무기 보유 국가가 되는 것이다"라고 재차 강조하였다.[403] 종합적으로 본다면, 오늘날에 이르기까지, 북한이 선포한 핵능력 사용과 그들이 인정한 상관된 핵안보 조치는, 1964년 10월 16일 중국의 핵폭탄 실험을 처음으로 성공한 후 발표한 성명과 매우 비슷한 점이 있다. 이는 쉽게 1964년 중국의 성명과 연상시키게 한다.[404] 그러나, 중국은 냉전의 압박 아래, 당시 미국과 소련의 핵위협을 타파하여

자력으로 갱생하기 위해 자신의 핵능력을 발전시켰고, 게다가 중국이 핵실험을 진행했을 때는 UN에서 「핵비확산 조약」이 아직 통과되지 않았었다. 오늘날, 냉전이 끝난 지 이미 16년이 지났고, 북한이 핵실험을 진행하는 시대적 환경 및 현실적 이익 요구와 60년대의 중국은 완전히 다르며, 양자에는 결코 비교성이 존재하지 않는다.

북한의 핵능력 원칙에서 가장 주목해볼 만한 것은, 북한이 강조하는 핵포기의 전제는 '공동 핵감축'이라는 것이다. 2006년 10월 3일의 성명에서 북한은 비록 한반도 비핵화를 자신의 최종 목표라고 제시하였지만, 한반도 비핵화는 반드시 북한의 일방적인 핵감축이 아니고, '북미 간의 적대관계 해결과 한반도와 부근 지역에 모든 핵무기 철수'를 목표로 하는 비핵화라고 강조하였다.[405] 만약 이 3개의 성명이 강조한 것들이 모두 압박하의 부득이한 위협력 건설, 핵무기 우선 불사용의 담보성의 승낙과 비확산 의무를 강조한 60년대 이래 핵보유국들의 핵실험 관례라면, 북한성명에서의 '공동감축 원칙'은 매우 곰곰이 생각하게 한다. 최소한, 이 태도는 북한이 핵동결에서 핵포기로 전환하는 시간을 지연시키고, 자신의 현존하는 기술적 조건 아래의 핵 위협력을 한층 더 발전시키기 위한 구실을 제공하였다. 북한의 힘과 군사방위로 보아, 북한은 서방의 핵 대국의 위협력 건설과 사용원칙 모방을 통하여 대규모의 핵개발을 진행할 필요도 없고, 또한 그럴 수도 없다. 북한의 핵능력은 최저한도의 유효한 투척의 군사위협으로도 침략 가능성을 충분히 억제할 수 있기 때문에, 협상테이블상에서 '카드놀이'를 하며, 정치적 고려로 인해 양보 조치를 취할 것을 상대에게 강요한다. 2007년 1~3월, 북미 간 양자대화의 회복은 생생한 예이다. 북한의 핵능력 사용원칙은 서방의 위협이론의 기본적 개념을 답습할 필요가 없다.[406] 그러나 만약 북한이 핵위협의 '중국경험'을 배운다면, 북한의 핵능력과 핵능력 사용원칙의 공간은 또 지속적으로 상승할 것이다. 중국경험의 핵심은 '최저한도의 핵위협'에서 '제한된 핵위협'의 건설로 가는 것이기 때문이다.[407]

주목해볼 만한 것은, 북한의 핵능력 수준과 사용원칙, 그리고 상관된 전략적 동향에 대한 미국, 일본 등 국가들의 정책적 반응은 상당히 다를 것이라는 점이다.

몇 개월 동안 부시정부가 북한에 취한 유화적 태도는 금융제재 취소 동의, 김계관의 방미요청과 북한을 테러지원국 명단에서 제외시키는 것에 대한 고려 등의 조치이지만, 이것은 전략상의 조정일 뿐 결코 미국의 대북전략이 바뀐 것은 아니다. 최종적으로 북한이라는 이 '견과'를 두드려 깨는 목적에 도달하기 위해, 미래에 미국은 언제든지 자신의 판단과 북한의 행위에 근거하여, 다시 압박과 고립 정책을 취하며 군사적 억제에 박차를 가하거나 혹은 온화한 정치와 경제의 포용 정책을 교차적으로 사용할 수 있다.[408] 6자회담의 제도건설은 단순한 북한과 미국 정치와 전략적 판단의 국한을 넘어, 확고부동하게 회담 성과의 축적과 발전을 보증할 수 있어야 한다.

3) 6자회담의 제도화건설과 북핵문제 해결

한반도 비핵화 실현과정과 한반도에서 냉전의 철저한 종식 실현에 6자회담의 제도화건설 강화는 급선무이다. 2007년 2월 13일 5차 6자회담 3단계 회의에서 달성한 「공동문건」과 3월 5~6일 북미뉴욕협상에서 나타났던 새로운 진전의 상황에서, 일련의 새로운 긍정과 부정요소에는 6자회담의 제도화건설 추진이 더욱 필요하다.

긍정요소로 본다면 첫째, 부시정부의 북핵정책에 2002년 10월 북핵위기 발발 이래 보기 힘든 완화와 유연함이 나타났다. 미국의 대북정책에 있어 새로운 사고의 등장은 북핵문제를 외교적으로 해결할 수 있는 '기회의 창'을 열었다. 부시정부가 어떠한 목적으로 북한에게 유연한 협상전술을 취했든지 간에, 미국의 대북협상전술 모두에 결정적인 변화가 나타났고, 진정한 의미상에서 북한의 핵포기 권장과 오랫동안 지속되어온 북미 간의 긴장 관계 해결, 점차적인 경제제재 취소와 관계정상화 실현의 '새로운 사고'는 현재의 형세를 이루었다. 6자회담 구조를 통하여 북핵문제상에서 결과를 도출해 내려는 방침은, 이미 이전의 압박과 고립정책 위주에서 과거 2003년 마이클 오한론(Michael E. O'Hanlon)이 힘써 제창한 그랜드 바게닝(Grand Bargaining)으로 전환되었다.[409] 이 협상전술의 핵심은 대북정책의 전체적인 완화를 통하여 북한 핵포기 정책을 가동시키는 것이며, 또한 핵포기 과정의 깊은 협조를 통하여 북핵문제를 해결하는 것이다. 이것의 핵심은 강경이지만, 또한 유도하는 방식을 취하여 핵포기를 점차적으로 실현시키고 북한문제상에서 미국의 전략관심을 해결해내는 것이다.[410] 이로 인해, 2007년 1월부터, 미국은 북한과 일련의 양자회담을 경험한 후, 3월 북한의 2,400만 달러의 마카오 방코델타아시아은행 계좌 동결문제를 마카오에 넘겨 처리하는 것에 대해 선포하였고, 이것은 2005년 11월 이후 북한에 대한 금융제재 취소 선포와 같다. 미국은 김계관 북한 부외상의 방미를 요청하여, 크리스토퍼 힐 차관보와 뉴욕에서 회담을 진행하였고, 북한을 테러지원국 명단에서 제외시키는 것에 대해 승낙하였다.[411] 이와 동시에, 미국 매체는 북한 고농축우라늄(HEU)문제에 대한 이전의 국가정보부서의 분석이 확실하지 않을 가능성이 있다고 보도하기 시작했다.[412] 미국 정보부서가 애써서 조심하는 것은 한편으로는 북핵문제상에서 정보 부정확의 난처한 상황에 재차 빠지는 것을 피하기 위한 것일 수도 있지만, 또 다른 한편으로도 역시 미국이 오랜 기간 견지한, 북한이 솔직히 비밀 고농축우라늄 계획을 시인할 것을 요구하는 미국의 기존 입장에서 물러남을 반영하였다. 이것은 부시정부가 고농축우라늄이라는 이 기술적 세부사항에 더욱 휘말리는 것을 꺼리는 새로운 태도를 보여준 것 같다.

둘째, 북한의 입장도 명확하게 완화되었다. 비록 어떤 이유로 평양이 최종적으로 영변핵시설 동결, 핵사찰 개방 그리고 자신의 모든 핵계획 보고 등 초기단계의 행동에 동의하게 했는지에 대해서 분명하지 않지만, 최소한 확실한 것은, 2006년 10월 UN 1718호 결의안 통과 이후 국제 제재압박 강화와 깊어진 고립상태 때문에 김정일정권은 부득불 새로운 타협을 모색하기 시작하였다. 평양의 입장으로 보면, 핵실험 후 비록 더욱 큰 제재를 맞닥뜨렸지만, 북한의 핵무기 보유는 이미 사실이다 설령 다른 국가들이 여전히 정식으로 받아들일 수 없는 사실이라 하더라도. 그러나 일본이 취한 '운송, 운항과 송금 금지' 조치를 포함한 새로운 제재조치는 북한경제의 대외교역에서 일종의 '질식'에 가까운 타격이다. 미국의 유연한 태도는 동시에 평양에게 '명예롭게' 계단을 내려올 명분을 주었다.[413] 이 외에, 북한이 미국과 교역을 서두르는 것은, 6자회담에서 수동적이었던 대미외교의 돌파를 이용하고, 대미외교의 긴장의 힘을 빌려 북한 주변의 다른 국가의 영향을 균형잡고, 동북아 지리적 정치환경에서 평양 자신의 자주성을 모색하기 위한 것이며, 아마도 이번에 북한이 양보를 한 또 하나의 중요한 원인일 것이다. 비록 평양의 행위는 기이하지만, 줄곧 소위 '자주 외교'를 강조해왔고, 오랫동안 평양에 원조를 제공한 국가들을 신뢰하지 않은 채 대국 간의 모순과 경쟁을 이용하여 자신의 힘을 얻으려 한다.[414] 2006년 12월 이후, 부시정부의 대북정책 조정이라는 이 풍파는, 평양이 특별한 '맛을' 느끼게 하였다. 북한의 특사 김계관은 3월 방미기간 심지어 중국이 북한을 흔들고 있고, 북한에게 그렇게 큰 영향력은 없으며, 미국은 북핵문제 해결의 희망을 중국에게 못 박아버려서는 안 된다고 공개적으로 표명하였다.[415] 2007년 1월 17~18일 동안의 북미 베를린회담, 1월말 미국 재정부 차관보와 북한대표 간의 베이징회담, 이 일련의 밀집된 양자회담은 북미 양측이 타협의 자세를 취하는 결정을 내리게 하기 위한 토대를 마련하였다. 2007년 2월 13일의 「공동성명 시작단계 행동이행」 공동문건의 체결은, 북미 양측 모두 유화한 태도를 취했기에 얻을 수 있었던 결과이며, 모두가 변화를 희망한 결과이다. 뒤이어 미국의 김계관의 방미 요청과 크리스토퍼 힐의 뉴욕회담 거행은 양측 모두가 취한 새로운 방법이 서로의 동감을 야기시켰다는 것을 증명하였고, 또한 교착상태 타파에 대한 양국의 보기 힘든 절박함이 반영되었다. 2007년 2월 27일, 미국국가정보국 국장 존 마이클 맥코넬(John Michael McConnell)은 하원 군사위원회가 거행한 공청회에서, 이미 파악한 정보에 근거하면 북한이 이행중인 핵포기 초기단계 행동에 대해서 "현재 올바른 방향으로 가고 있다"고 표명하였다.[416]

　　그러나 「공동문건」의 구체적인 실현에 영향을 주는 부정적인 요소는 여전히 존재한다. 첫째, 5차 6자회담 3단계 회의에서, 일본은 북한이 인질납치문제에 대해 진지하게 해결의 태도를 취하는 것을 거절했다고 여겼기 때문에, 북한에 대한 에너지, 경제와 인도주의적 원조의 초기단계 참가를 거절하였다. 2007년 3월 8일의 북일 하노이회담에서 서로 불쾌하게 헤어졌다. 북한은 인질문제가 이미 해결되었다고 강조하지만, 일본은 이것은 일본이 북한에게 원조를 제공하는 데 있어 반드시 해결되어야할 조건이라고 강조하였다. 일본은 북한의 인질문제에 대해 일본과의 진지한 대화 거절은 일본을 고립시키려는 목적이라고 주장하였다.[417] 미국과 일본이 각각 북한과의 관계정상화에 대해 뉴욕과 하노이협상을 진행하였기 때문에, 북한과 일본 간의 협상 실패는 명백하게 긍정적인 분위기인 북미 간의 뉴욕협상과 선명한 대조를 이루었다. 만약 북일관계가 북미관계처럼 진전을 이룰 수 없다면, 그것은 6자회담 내부에 새로운 분열이 발생할 가능성을 의미할 뿐만 아니라, 미국이 추진하는 북한 핵포기의 양자외교 노력에 그림자가 드리울 것이다. 사실상, 북한의 일본인 납치는 미국이 북한을 테러지원국 명단에 포함시킨 중요한 근거이며, 만약 미국이 북한을 이 명단에서 제외시키고, 일본이 인질납치 문제가 해결되지 않았다고 항의한다면, 이것은 미국과 일본의 밀접한 동맹으로 본다면 분명히 일종의 충격이다. 2007년 3월, 크리스토퍼 힐과 김계관은 뉴욕회담에서 특별히 인질문제에 대해 토론하였다.[418] 미일 양국이 도대체 이 사건에 대해 어떠한 입장을 취할지는, 후속 회담에 미묘한 영향을 줄 것이다. 미국이 일본의 입장을 완전히 떠나서 일방적으로 북한이 더 이상 테러지원국이 아니라는 '블랙리스트 제거 요구'를 만족시키기는 매우 힘들지만, 이것 또한 북미대화의 변수를 증가시킨다.

둘째, 「공동성명」 초기단계 이행의 행동이 어떻게 다음 단계의 북한 핵포기 행동과 치밀하고 효용성있게 맞물릴지에 대해서는 여전히 매우 큰 의문이 존재한다. 이에 대해 국제평론가들은 보편적으로 "기적이 나타날 것을 믿지 말라"는 자세를 취하고 있다.[419]

미국의 각도에서 본다면, 시작단계 후의 후속 핵포기 행동이야말로 부시정부의 북핵정책이 진정으로 얻으려 하는 '알맹이'이다. 2월 13일의 「공동문건」은 미국 국내 좌우익으로부터의 공동비판에 맞닥뜨렸다. 우익은 이 협의가 기껏해야

1994년 「제네바협약」의 재판이며, 평양이 진정으로 핵무기를 포기하지 않은 채 지연으로 변화를 기다리는 것이라고 여겼다. 자유파는 북한에 대한 양보가 너무 크고, 정책 턴(turn)이 너무 급하여, 북한과 진정 적절한 협상을 진행하는데 불리하다고 부시 대통령을 비판하였다.[420] 부시정부의 북핵정책의 유연한 조정도 백악관이 거대한 압력에 직면하게 하였다. 국내정치의 견제와 「제네바협약」 실패에 대한 교훈과 핵비확산 문제에 대한 전략적 중시를 비롯해, 미국정부가 도대체 어느 정도로 또 어떠한 단계로 북한이 원하는 안전보장, 관계정상화와 경제와 에너지 보상을 그들이 얻게 할 것인지에 대한 의문은 시종 존재하고 있다. 관계정상화에 대한 정의 자체도 매우 복잡하다. 외교대표관계 형성과 공식수교 아니면 무역제재 취소를 정상화로 부를 수 있는가, 여기에는 다른 판단기준과 북한행위에 대한 백악관의 판단의 근거와 전략적 목표가 관련된다. 게다가 2005년 10월 미국 국회에서 통과된 「북한인권법안」과 이후 북한난민에 대해 일정 한도의 난민보호개방 규정으로, 북미 간 관계정상화는 단기 내 절대로 해결될 수 없다. 1986년 미국은 베트남과 접촉하여 관계정상화에 대한 협상을 진행하기 시작하여, 1994년에야 하노이에 대한 모든 경제제재를 취소하였다. 2003년 12월 리비아는 핵계획을 포기하였지만, 미국과 리비아 관계정상화는 2006년 6월까지 지연됐다. 중국은 1972년 닉슨 대통령의 중국방문부터 1979년 1월에 공식수교를 맺는데 7년이라는 시간이 걸렸다. 1950년 한국전쟁 발발에서 2007년까지, 북한은 미국의 제재와 무역 금수, 수출통제가 가장 엄격한 국가이고, 미국 국내에 13조항이 넘는 법률과 법규가 북한에 대한 제재와 금수와 관련되어 있다.[421] 북미 관계정상화의 길은 힘든 여정일 것이다.

　단순히 북미 간의 관계개선이 6자회담을 성공적인 추진의 길로 이끈다고 여기는 것은, 일종의 착각이다. 국내정치 문제에서 북미 간에 존재하는 구조적 대립, 그리고 한국전쟁 종결부터 54년 동안 축적된 불신 심지어 혐오는, 하루아침의 노력 혹은 어느 쪽의 일방적인 양보로 해결되는 것이 결코 아니다. 크리스토퍼 힐은 2007년 3월 6일 북미 뉴욕회담 후 기자에게 "나는 북한이 오늘 길 위에 있는 것을

보았지만, 북한이 또 길 위에 있을지에 대해서는 제대로 보지 못하였다"라고 솔직하게 말하였다.[422]

4) 결론

만약 북미 양측 모두 확실히 더욱 밀집한 교류로 축적된 '새로운 느낌'을 통하여, 각국이 계획에 맞춰 「공동문건」이행을 인도하려면, 구체적인 기초단계 이행의 행동과 6자회담의 제도화건설을 반드시 동시에 시작해야 한다. 「공동문건」에서 요구하는 5개의 워크그룹을 형성하여 공동으로 핵협상을 추진하는 것은, 미래 6자회담이 더욱 실질적인 문제를 해결하기 위한 기초를 다졌을 뿐만 아니라, 동시에, 북핵문제가 포함된 한반도 안보의제의 일괄해결을 위한 대문을 열었다. 만약 5개의 워크그룹의 협상이 동시에 순조롭게 전개된다면, 동아시아 다자안보체제 건설의 전반적인 발전이 더욱 뚜렷해질 것이다. 5개의 워크그룹의 대화의 틀이 진정 성공을 하려면, 반드시 제도건설 능력으로 보장된 6자회담체제의 협력이 있어야 한다. 6자회담이 미래에 동북아 안보체제로 격상될 수 있는지 여부에 대해, 현재 다자회담 자체의 제도건설은 중요한 계단이다. 한반도 비핵화 또는 유핵화 모두 포스트냉전시대 동북아 안보에 어떠한 국가도 피할 수 없는 거대한 변혁이 되었고, 다자협상을 기반으로 형성하고 건설된 다자안보체제는 북핵문제 해결 보증의 최적의 노선이다. 논쟁이 필요한 문제는 동북아에 다자안보체제 건설이 필요한지에 여부가 아니라, 오히려 6자회담이 어떠한 다자안보체제와 연결될 수 있는가이다. 6자회담을 동북아 다자안보체제로 연장시키는 이 목적은 곧 각국 공동의 노력을 통하여, 지역성의 해결방안을 취함으로써 북핵문제상에서 각 구성원의 다른 안보의식의 협조적 해결을 실현할 수 있다는데 있다. 또한 조건이 성숙해졌을 때, 6자회담이 시작한 다자안보체제를 다른 지역적 안보의제로 확산시켜가는 데 있다. 이행능력을 방향으로 한 6자회담의 제도건설이 없다면, 미래 성공의 길에 대한 모색은 더욱 어려워질 것이다.

제11절   6자회담과 북한 핵포기
: 다자주의는 왜 효과를 발휘할 수 있는가?

　　6자회담은 북한 핵무기문제 해결을 위한 다자주의 로드맵 설계이다. 이것의 목적은 관련된 각국들이 공동으로 한반도 비핵화를 확인하는 전제 아래, 상관된 정책을 협조하고, 더 나아가 다자협상의 방식을 통하여 북한이 합법적 이익에서 만족을 얻으면서, 핵무기를 포기하는 동시에, 한반도의 평화와 협력을 실현하고, 북한에 대한 고립과 제재상태를 해결하여, 북한이 국제사회로 다시 돌아오게 하는 데 목표를 두고 있다. 그러나 2003년 8월 1차 북핵문제 6자회담 개최 이래, 북핵문제의 정치와 외교적 해결의 다자협상의 진전이 느려졌다. 국제 분석가들은 그 원인을 세 가지에 두고 있다.

　　첫 번째 원인은 북한이 근본적으로 핵무기를 포기할 수 없다고 여기기 때문이다. 평양의 6자회담 참여는 단지 수중의 '핵'이라는 카드를 이용하여 끊임없이 원조를 얻고, 국제 제재를 완화시키고 안보정세를 완화하는 데 목적이 있다. 북한의 핵포기 결심이 결여됐기에, 6자회담이 어떻게 대화해나가도, 모두 진정으로 북한 핵무기 제거라는 최종 목표에 도달할 수 없다.[423]

　　두 번째 원인에 더 많이 고려된 것은 6자회담 구조 내의 '권력요소'이다. 이러한 관점은, 미국이 핵심요소로서 북한과 다른 국가들에게 실질적인 타협을 하기 힘들고, 중국, 미국, 일본 등 북핵문제상에서 오랫동안 가시지 않는 권력경쟁 요소의 작용 또한 6자회담의 발전을 더디게 한다고 여긴다.[424] 적지 않은 국제 정치평론가들은, 6자회담이 오랜 기간의 교착상태를 타파하기 힘든 것은, 미국요소가 시종 다른 국가들을 초월하여 위에 있기 때문이다. 다시 말해, 부시정부의 대북강경 정책은 지금까지 변하지 않고, 언제나 정권교체의 방식을 통하여 최종적인 문제해결을 희망하기 때문에, 각국 간 협상수단의 사용에 대해 통일될 수 없다. 6자회담 중 각국의 다자회담 '형식'의 차이에 대한 인식과 유효하게 발전하기 힘들다는 '단계적 인식'이, 협상내용이 실질성을 결여시키고 다자주의 자체의 곤경이 6자회담의 심화를 저지하게 하였다.

세 번째 원인은, 6자회담에 오랜 기간 존재하는 교착상태가 6자회담 자체 제도적 측면의 요소로 귀결되며, 6자회담 자체의 제도설계에 매우 큰 문제가 존재한다고 여긴다.[425] 예를 들어, 6자회담은 그저 공통된 인식에 의존하여 진전을 이루는 체제이며, 그 자체에 강제력은 존재하지 않는다. 이러한 상황에서, 북한 자체는 6자회담체제의 '부결표'를 보유할 수 있다. 2005년 11월 5차 6자회담 1단계 회의 직후, 북한에 대한 미국의 금융제재로 인해, 북한은 6자회담 탈퇴로 협박하였고, 2006년 12월 6자회담 회복까지, 13개월이란 시간 내, 북한의 회담복귀 거절로 인해 6자회담은 정체상태에 처하였다. 6자회담 구조 외에, 결코 북한 혹은 다른 각국이 능동적 입장을 취하도록 강요할 수 있는 다른 보조적인 다자회담체제가 없다. 예를 들어, 북한을 제외한 5개국 외교장관회담과 북한이 포함된 5개국 외교장관회담 모두 제의를 많이 할 때도 있었지만, 줄곧 실현되지 못했다. 6자회담은 오늘에 이르기까지 효과있게 다른 국가들의 핵안보를 주시할 수 있는 체제가 결여되어,[426] 제도설계상에서 비강제적이고, 공동인식을 방향으로 하는 운행절차는, 반드시 핵포기와 같은 이러한 매우 민감하고, 각국의 전략적 이익을 불러일으키는 문제상에서 신속한 유소작위(有所作爲)를 힘들게 한다. 6자회담의 제도 특징은 일종의 전형적이고, 비법률화의 '소프트 다자주의(Soft Multilateralism)'이다.[427]

2002년 10월 2차 북핵위기 발발에서 2006년 10월 9일 북한 핵실험까지, 전체적인 북핵위기는 끊임없이 승격되었다. 상술한 3대 요소 모두 북핵위기 악화에 부정적인 작용을 했기 때문에 비난을 피하기 어렵다. 2007년 북핵정세의 우여곡절은, 2007년 2월 13일 각국이 체결한 「공동성명 제1단계 이행 공동문건」에서, 10월 3일 체결한 「공동성명 제2단계 이행 공동문건」까지, 6자회담에 긍정적인 진전이란 반가운 국면이 나타났다.[428] 북한 영변핵시설 무능력화는 2007년 11

월 5일 공식 가동되었다. 북한은 2007년 말까지 얼마나 많은 무기급 플루토늄을 생산하였는지를 포함한, 모든 핵계획과 핵능력을 전부 보고하도록 승낙하였다.[429] 2006년 10월 9일 북한 핵실험 직후, 6자회담이 전례가 없게 밑바닥에서 긍정적으로 올라, 북한 핵포기 그리고 한반도 평화와 협력을 위해 오늘 2개의 「공동문건」으로 나아가, 새로운 기회의 창을 연 것을 깊이 관찰하고 분석을 통하여, 가장 중요한 원인은 상술한 3개 요소에 근본적인 변화가 나타난 것이 아니라, 6자회담 체제를 대표로 하는 북핵문제상의 다자주의는 3년의 모색과 교섭을 경험한 직후, 드디어 '실효'를 만들어내는 새로운 단계에 들어가기 시작했다. 미래에 북한문제를 철저하게 해결할 수 있는지 여부는, 여전히 상당부분 동아시아 다자주의 협력 과정의 발전에 달려있다.

1) 다자주의와 문제해결 능력 – 이론과 분석

다자주의는 일종의 국가 간의 협력 형식이며, 국제관계에서 협력을 형성하고 발전시키는 중요한 수단이다. 정의로 본다면, 다자주의는 "3개 혹은 3개 이상의 국가 사이에서 어떠한 행위원칙에 따라 협조하는 관계의 시스템"이다.[430] 다자주의 협력에 가장 중요한 정책적 의미는, 그것이 단순한 양자협력의 제한성을 떠나서 협력주체의 다양화와 협력체제의 제도화를 통하여 복잡한 경쟁과 충돌성 관계를 조정하며, 더 나아가 안정적·장기적이며 제어가능한 협력 프로그램을 형성함으로써, 이익충돌의 영역에서 국가들이 제도적·습관적으로 협력을 실현토록 하는 것이다. 이를 위해, 존 러기(John Ruggie) 교수는, 다자주의의 본질은 국가가 '특정한 행위'를 취함으로써, 다른 국가들과 생각을 같이하고, 구체적인 문제영역에서 공통된 목표를 실현시키는 것이라고 여긴다.[431]

다자주의 협력 형성의 본질적인 힘은 단순한 제도설계가 아니라, 이익의 추진이다. 다자주의 협력의 제도형식은 이익의 복잡성 및 협조를 통하여 생산할 수 있는 이익의 중요성으로 결정된다. 다자과정에 참여한 각 국가가 이익의 복잡성과 중요성을 평가할 때, '협력체제(Cooperative regimes)'에 대한 적응과정이 존재한다. 이와 동시에 개인의 행위와 이익이 다자행위와 다자이익과 협조할 때 관련정보에 대한 접수과정에 더욱 직면한다.[432] 다자협력의 형식자체는 시작부터 늘 개별국가의 자기중심적이고, 개인행위의 정당성과 합리성을 지속적으로 강조하는 판단을 바꿀 수 없다. 반대로, 다자협력 초기에 협력에 참여하는 국가자체는 모두 개인의 가치와 행위에 대한 적극적인 추구자이다. 이것은 다자협력 자체가 개별국가의 이익 요구를 완전히 대체할 수 없고, 더욱이 완전히 부정할 수도 없다는 기본적인 특징이 결정한 것이다. 국제관계이론에서든, 국제관계실천에서든, 우리 모두는 다자협력 전개와 동시에, 개별국가 행위 선택성의 존재와 다자협력 자체 도한 양자협력을 대체할 수 없다는 사실을 무시할 수 없다. 케네스 월츠는 "무정부상태에서, 협조는 자동으로 형성될 수 없다"고 지적하였다.[433] 다자주의 협력과 양자협력에는 매우 강한 상호보완성이 존재하지만, 다자협력은 어디까지나 협력의 형식이며, 다자주의 협력에서의 '협력체제'가 진정으로 발휘되도록 하려면, 반드시 협력에 참여하는 국가들로 하여금 협력과정의 기본적 요구에 적응하고 받아들이도록하여, 자신의 정책내용에 능동적으로 적응케 하여, 다자구조 내에서 각자의 정책주장과 행위에 반드시 필요한 일치성을 형성해야 한다. '제도건설' 측면에서 다자협력에 '긴밀형'과 '느슨형' 등 서로 다른 제도적 특징이 존재하기 때문에, 느슨형에서의 다자주의 과정에서, 개별국가의 정책과 목표의 자아적응의 다자에 대한 행위방향은 특별히 중요하게 보인다.

당대 국제관계는 다자주의를 주창하지만, 성질과 적응성 면에서 양자주의가 다자주의보다 못하다는 의미는 아니다. 각 국가의 권력적 영향하에서 양자협력 관계는 다자주의 발전의 중요한 기초라는 것이 여러 사례들을 통해 증명되었다. 이를 위해, 월츠는 특별히 다자주의가 효과를 발휘하는 데 있어 전제는 대국협력과 대국의 우세한 권력자원의 운용이 발휘하는 영향력이라고 특별히 지적했다.[434] 다자주의적 협력 형식은 단순히 일정 문제영역 내에서의 문제해결 능력으로 결정해서는 안 된다. 반대로, 다자주의 협력의 '문제해결 능력'은 상당 부분 참여하는 각국 간의 양자협력의 정도로 제공되는 것이며, 더욱이 협력에 대한 각 국가들이 부담하는 의무의 정도로 보장되는 것이다. 더 나아가, 협력에 대해 국가가 부담하는 의무는 '제도요소'에서 오는 것이 아니라, 협력이 발생할 때의 정책 환경과 내외의 정책적 요구에서 오는 것이다. '환경요소'에 대한 국가의 판단과 인식 그리고 상응하는 정책 선택이 국가의 협력 또는 충돌의 태도와 행위를 결정한다.[435]

이 의미에서 본다면, 다자협력의 '제도형식'은 단지 협력의 유효성을 보장하는 가장 중요한 변수가 아니다. 다자협력에 대해 각 국가가 부담하는 의무의 정도 또한 꼭 다자주의의 '제도형식'을 결정할 수 있는 것은 결코 아니다. 제도형식 설계에는 문화, 사회공동체의 발전 그리고 법률주의에 대한 국가의 인식, 협력의 전통과 배경 등 많은 요소가 포함된다. 예를 들어, 유럽연합은 세계정치에서 다자협력제도의 구속력이 가장 뛰어난 지역조직이다. 유럽연합의 헌법 문제에서, 유럽의 각국이 유럽연합 헌법 설정의 '밸브'를 받아들이는지를 위해, 유럽 각국은 마찬가지로 '전면적인 투표'의 방식을 취할 수 있다. 프랑스와 벨기에의 국민투표로 유럽연합 헌법 가입이 비준되지 못했기 때문에, 유럽연합의 정치통합의 과정은 잠시 좌절을 겪었지만, 결코 유럽연합의 제도협력의 의무에 대해 프랑스와 벨기에에 엄격한 의미상의 완화가 나타났다는 것은 절대 아니다. 이것은 그저 유럽연합 헌법의 효력발생 과정에서, 각국에게 판단의 권리를 이미 부여했기 때문에, 각국이 국민투표를 통하여 그들의 입장을 결정할 때 반드시 나타나는 일종의 단계성의 권리운용일 뿐이다.

이런 의미로 본다면, 제도형식상에서 6자회담이 취한 비강제성의 방법과 협상으로 운용규칙의 일치를 얻어내는 것은, 6자회담이 효과를 얻기 힘든 결정적인 요소는 결코 아니다. 북한이 핵포기에 대한 진짜 결심이 있는지는 당연히 북핵 해결과정에 가장 중요한 화제이지만, 이 문제에 대한 대답은 아마도 북한 지도자 김정일의 일기를 보든지, 혹은 북핵문제에 앞으로 어떠한 문제가 나타날 때까지 기다려야만 최종 답변을 얻을 수 있을 것이다. 그러나 북한이 6자회담을 참가한 만큼, 다른 각국들과 함께 2005년 9월 19일의 「공동성명」을 체결하였기 때문에, 우리는 북한이 적절한 조건하에 핵무기를 포기할 수 있다고 가정해야 한다. 이 '조건'은 북한이 일방적으로 정하는 것이 아니고, 다자회담에서 협상과 양보, 그리고 '협력규칙' 형성을 통해 정해져야 한다. '일방주의'는 다자협력에 있어 최대의 적이다.[436] 이로 인해, 6자회담 차제는 곧 끊임없는 흥정으로, 최종적으로 북한의 핵포기를 촉진시키는 과정은 북한이 설령 핵무기를 포기하고 싶지 않더라도, 부득불, 다시 말해 반드시 핵무기를 포기해야 하는 과정이다. 이것은 6자회담이 달성해야 할 목표이며, 더욱이 해결해야할 문제이다. 북한이 진정으로 또는 거짓으로 핵무기 포기를 원하는지는, 6자회담의 운용 여부에 대한 하나의 가정 혹은 진전을 이룰 수 있는지에 대한 전제가 되어서는 안 된다. 설령 현재 우리가 북한이 핵무기를 포기하고 싶지 않고, 6자회담은 확실히 '시간낭비'라고 판단하더라도, 이러한 판단은 결코 다자회담의 전제가 될 수 없다.

이 외에, 다른 국가가 북한의 현존하는 국가체제를 존중해주는 것에 대한 여부는, 북한의 기본 이익의 수요를 합리적으로 대하고, 게다가 북한에 대해 화해와 개입정책을 고수하는 동시에, 북한의 정권교체(Regime Change)가 아닌 행위변화(Behavior Change)를 이루게 하는 것은, 분명히 6자회담 과정중의 다자협력이 전진할 수 있는 또 하나의 중요한 변수이다. 2002년 10월 북핵위기 발발에서 2006년 10월 북한 핵실험까지, 이 우여곡절은 평양의 위기 정책 이외, 미국의 대북 강경노선과 양자회담 거절, 심지어 북한의 변화가 있어야만 미국이 뒤따라 변할 수 있다는 강력한 요구의 정책은, 평양이 위기사태의 악화에도 불구하고도, '핵'이라는 카드를 모험적으로 사용하는 중요한 원인이다. 6자회담 시작 후, 미국의 강경정책은 줄곧 다른 국가들의 비판의 대상이었다. 이라크전쟁의 최악의 결과는 기존에 반(反) '악의 축'이었던 미국의 전략을 바꾸어 놓았다. 전쟁의 결과에는 원래 예측한 북한에 대해 중점적으로 압박을 가하는 정책은 결코 나타나지 않았다.[437] 이것은 확실히 6자회담에게 새로운 전망을 가져다주었다. 6자회담 추진을 일종의 다자협력 형식의 발전으로서, 한반도 비핵화 실현 과정에서 6자회담의 '문제해결능력'을 형성하고 증강시키는 데 있어, 당연히 반드시 북한문제의 특수성이 고려되며, 부시정부의 대북정책의 변화성도 마찬가지로 중요한 요소이다. 5년 동안의 북핵정세를 종합해보면, 다자과정에서 가장 중요한 변수는 여전히 각국이 정책적 입장에서 부담하는 의무 그리고 상호 간 입장협조의 정도이다. 종합해본다면, 6자회담체제에서의 문제해결 능력은, 몇 가지 방면의 핵심요소로 결정된다. 첫째, 관련 국가정책의 겨냥성. 둘째, 달성된 단계적인 협의에 대한 각국의 의무. 셋째, 6자회담체제가 제공할 수 있는 협조능력이다.

2) 미국의 정책조정과 6자회담의 진전

부시정부의 첫 번째 임기 내의 북한정책의 최대 특징은 신보수주의 외교 이념만의 독특한 '강경'이다.[438] 백악관이 과도하게 믿는 북한에 대한 가치, 고립과 압박을 방향으로 한 자신의 정책에, 부시정부의 북한으로 대표되는 불량국가와 불타협의 입장이 반영될 수 있을 뿐만 아니라, 더욱이 다른 동아시아 국가와 미국이 함께 분담하여 대북정책 주장으로 실질적인 효과를 만들어 내도록 추진할 수 있다. 그러나 사실상, 부시정부의 첫 번째 임기의 대북정책에는 6자회담에서 북한과의 협상을 이루어내 핵포기 진전을 얻어낼 가능성을 갖기는 어렵다. 6자회담이 비록 2003년 8월에서 2005년 12월까지 5차례의 회담을 거행하였지만, 미국의 입장과 다른 국가들 간에 분명한 차이가 존재한다.[439] 부시대통령은 심지어 2004년 10월 대선기간 민주당 후보 존 케리(John Kerry)와의 TV토론에서, 여전히 북한과의 직접적인 협상의 방법은 "유치하고 위험하다"고 지적하였다.[440] 부시정부의 고집으로 그들의 북한정책에 반드시 있어야 할 타국과의 협조가 결여되었다. 더욱 중요한 것은, 이익상의 일치점을 찾아 6자회담 구조에서 다자협력을 발전시키고 추진하는 것이 어려워졌다.[441] 그 결과, 부시정부가 6자회담이 대표하는 지역 접근법(Regional Approach)을 통하여 북핵문제를 해결하자고 주장했고, 한반도 비핵화는 '함께 나눌 목표'라고 주장하지만, 협상의 진전을 추진할 '함께 나눌 수단'이 결여된 국면에 처해있다.

부시정부 첫 번째 임기의 압박과 고립 정책은 미국의 북한에 대한 합법의 양자정책이며, 6자회담 구조 내 합리적인 다자정책이 되기 힘들다. 그 원인은 다음과 같다.

첫째, 북한정권 생존에 대해 부시정부의 명확한 승낙을 얻지 못한 조건하에, 미국은 북한을 침략할 뜻이 없다 혹은 북한에게 안전보장을 제공할 용의가 있다는 등 많은 정책의 공개적인 표명이 없다면, 진정으로 평양당국을 움직이기는 힘들다. 6자회담에서 북한이 진정으로 얻고자 하는 것은 '정권안정'이지, '국가안전'이 아니다. 부시정부는 6자회담을 지지하고, 또한 자신의 대북정책 입장은 '외교적 해결'이지, 후세인시대의 이라크를 대할 때처럼 '군사적 해결'이 아니라고 표명한 바 있다. 부시 대통령은 2003년의 APEC정상회담에서도 역시 북한에게 구두상의 '안전보장'을 제공할 뜻이 있다고 인정하였다. 2004년에 정의가 모호한 '서면의' 안전보장을 제공할 뜻이 있다고 또 표명하였고, 2005년 미국국가안전보장회의 부보좌관 스티븐 해들리(Stephen Hadley)는 미국은 북한의 정권교체 실현을 추구하지 않고, 그저 정권전환을 추구한다고 명확하게 표명하였다.[442] 그러나 이러한 정책의 공개적인 표명은 상당부분, 결코 평양으로 하여금 북한정권을 받아들이고 존중한다고는 이해되지 않았다. 반대로, 한편으로는 6자회담이 존재하고, 다른 한편으로는 양국의 지도자가 서로 공격하는 상황은, 양국정치상의 적대를 극대화하였다. 6자회담의 협상과정에는 근본적으로 상대에게 협상의 진전에 필요한 조건을 제공하기 위한 더욱 많은 기회의 제공이 없다. 북한으로 본다면, 핵무기에는 상당부분 안보를 얻을 필요가 있을 뿐만 아니라, 더욱 중요한 것은 현존하는 정권의 생존이다.[443] 미국이 북한 현정권의 합법성에 대한 존중을 회피할 시, 평양은 자신의 목표가 실현될 수 없다는 배경하에 자연적으로 외교적 유연함을 발휘할 수 없다. 평양이 그저 미국이 군사공격을 감행하지 않을지에 대한 여부와 같은 단순한 '국가생존'에 쉽게 만족하여, 핵포기의 실질적인 동력을 만들지는 않을 것이다.

둘째, 6자회담 1차에서 '행동 대 행동'의 '동시발생 원칙'을 확립하였다. 각국이 행동을 취하도록 추진하는 하나의 전술적 단계로서, '동시발생 원칙'은 매우 큰 합리성을 지녔다. 그러나 기술적인 부분은 대체 누가 첫발을 내디딜 것인가 하는 점이다. 누가 첫발을 내디딜지에 대한 논쟁은, 2003년 8월에서 2005년 9월 꼬박 2년이란 시간동안 6자회담을 괴롭혔다. 분명한 것은, 북한은 그 첫발을 내딛지 않을 것이다. 평양으로 본다면, 약자이며 겨우 '핵'이라는 카드를 보유하였지만 거대한 목표를 가진 소국으로서, 만약 자신의 정권의 합법성이 줄곧 의심을 받는다면, 핵능력을 통하여 다른 국가들에 대항하려는 결심과 믿음은 분명히 격화될 것이다. 이로 인해, 6자회담에서 가장 첫발을 내딛어야하는 것은 간단한 국가 안전보장 약속, 혹은 북한 핵포기 승낙의 단계가 아니라, 미국이 평양의 현정권에 협상대상으로서 이해와 존중을 보여주어야 한다. 이러한 점이 없다면, 협상의 교착상태는 타파될 수 없다.[444] 이로 인해, 6자회담의 첫발은 사실 북한에 대한 미국의 압박과 고립 정책을 중지하며, 평양을 평등한 협상대상으로 받아들이고, 북한의 현행체제 유지하에 미국의 제재를 끝내고 북미 관계정상화 실현의 합리적인 요구를 받아들일 뜻이 있어야 한다. 2007년 1월 북미 베를린회담 직후, 양국 대화과정의 극적인 변화와 6자회담에 나타난 두 단계의 무능화 진전, 모두 미국이 이러한 첫발을 내디딜 결심을 한 후, 북한의 유연성도 확실히 수장선고(水漲船高)[*]가 있음을 생생하게 설명해주었다. 현재 북한의 정책 유연성은 심지어 1953년 한국전쟁 휴전 이래, 평양이 처음으로 진정 국제사회로 돌아오는 것을 원하는 것처럼 보였다고 표현할 수 있다.[445]

셋째, 북한은 특수한 협상 상대이다. 북한의 특수성은 북한의 '폐국'에 가까운 정책이 국제협상에서 통상적인 의미의 경제, 금융, 혹은 다른 국제참여로 국가발전에 좋은 점을 가져다줄 수 있는 방법 혹은 유혹들이, 모두 평양에게는 거의 효과를 발휘하기 어려웠다는 데 있다. 6자회담에서 북한에게 제공할 수 있는 '협상의 좋은 점', 혹은 다른 국가가 생각하는, 북한의 정책결정에 영향을 줄 수 있는 '협상 지렛대'는 협상 초기에 미리 설계 가능한 것이 아니며, 협상 중에 좋은 점의 증가

---

[*] '물이 불어나면 배도 올라간다'는 중국 성어로, 기초가 향상되면 그것에 기반을 둔 사물도 향상된다는 의미이다.

의 정도를 통하여 구현되는 것은 더욱 아니다. 평양은 확실히 에너지, 경제원조 등 방면에 현실적인 이익이 존재하지만, 6자회담 중 북한에 영향을 주는 협상 지렛대, 혹은 북한을 움직이게 할 수 있는 '좋은 점'의 제공 자체는 협상에 의지하여 만들어져야 하는 것이다.

2005년 4월부터 제임스 켈리(James Kelly) 대신에 미국 6자회담 수석 협상대표를 맡은 크리스토퍼 힐은, 부시정부에서 실용파 세력의 북한정책 정책결정상에서의 부상을 대표하였을 뿐만 아니라, 라이스 국무장관의 전적인 지지를 얻었고, 이것 역시 미국 대통령 부시가 직접 대북정책에 박차를 가한 결과이다.[446] 이러한 큰 폭의 정책조정이 2006년 11월 후 이행될 수 있었던 것은 첫째, 미국 전 국무장관 헨리 키신저와 미국 국무부 동아시아 태평양 담당 차관보 크리스토퍼 힐 그리고 미국 외교정책 틀에서 실용파의 강렬한 추진이다. 둘째, 부시정부는 2006년 국회 중간선거 패배와 상하원에서 민주당의 득세에 직면한 상황에서, 부득불 그들의 외교정책에 대해 새롭게 조정하여, 이라크, 이란과 북한 이 세 가지 핵심문제상에서 전면적인 곤경에 빠지는 것은 피하도록 하였다. 민주당의 북한정책은 강경한 직접적인 개입과 협상이다. '힐 노선'이 주도하는 부시정부의 북한 정책은 국회에 대한 백악관의 타협의 결과이며, 북한과의 직접적인 대화를 호소하는 민주당의 압박에 의해 양보를 한 것이다.[447] 셋째, 힐 노선이 주도하는 미국의 대북정책 역시, 존 볼튼, 도널드 럼스펠드 등 강경파의 이직과, 외교정책 제정상 부통령 체니의 대권이 다른 곳에 넘어간 결과이다. 부시정부 출범 후 2006년 11월까지, 미국의 북한정책은 줄곧 매파가 좌우하였고, 이것은 6자회담에서 부시정부의 태도가 일관되게 강경하고 경직된 중요한 원인이다.[448] 부시정부는 2001년 1월 출범 후, 내부에서는 북한과의 직접적인 협상인지, 아니면 압박을 가해 정권교체를 이룰 것인지에 대한 논쟁이 줄곧 존재해왔다. 강경파가 권력을 잃음으로, 실용파는 대북정책을 새롭게 계획하고 이행하기 시작했다. 넷째, 중국과 한국의 반대 때문이다. 중국과 한국의 대북정책은 2006년 10월 9일 북한의 핵실험 직후, 부시정부가 더욱 엄격한 대북 제재와 압박정책을 취하려 해도, 진정한 유소작위를 힘들게 하였다. 2006년 7월 북한의 미사일 실험발사와 10월의 핵실험 모두 노무현정부의 대북 개입정책을 근본적으로 바꿔놓지 못했다. 2006년 상반기, 남북해상 화물 운송량은 5,102만 톤으로, 2005년의 동기간에 비해 115%나 증가하였다.[449] UN에서 북한제재의 1718호 결의안을 통과시킨 후에도, 한국은 금강산과 개성공단에서 한국기업의 경영사업의 폐쇄를 거부하였고, 북한에 현금유입의 통로를 지속적으로 유지하였다. 2006년 11월 14일, 서울은 미국이 이끄는 PSI(Proliferation Security Initiative)의 참여를 거부하였고, 이것은 한국이 미국의 어떠한 강제적인 제재에도 참여하지 않을 것을 분명히 보여준다.[450] 만약 미국이 단순히 북한을 억압하는 정책을 견지한다면, 충분한 국제적 지지를 얻기 힘들 뿐만 아니라 북한 그리고 동아시아 정치와 전략적 영향력 모두에 더욱 큰 손상을 받게 될 것이다.

미국 대북정책의 힐 노선, 결론적으로 말하자면, 북한 현존정권과 체제를 대화와 접촉의 대상으로 받아들이고, 이러한 바탕 위에 에너지 원조 제공, 정치적 왕래, 심지어 관계정상화 협상 가동을 통하여 평양의 양보 '설득'을 원하며, 최종적으로 핵포기를 이뤄내는 것이다. 구체적으로 6자회담이 힐 노선이 가장 성공한 곳이라는 것은 단순히 부시정부가 먼저 "첫발을 내디뎠다"는 것을 의미할 뿐만 아니라, 엄격한 기준의 핵포기 이전에 모호한 무능력화에 대해 미국이 동의하고 또한 평양이 핵사찰을 받아들이며, 핵보고에 진전을 이룬다는 조건 아래, 미국이 단계별로 북한을 지원하고 그들의 요구를 만족시키는 데에도 동의하였다는 것이다. 평양은 2007년 9월 초에 끝난 북미 제네바협상에서 경우에 따라 제한을 깨는 무능력화, 전면적인 핵 보고와 IAEA부터 미국의 기술 전문가까지의 핵사찰을 받아들이는데 동의하였다.[451]

2007년 6자회담에서 이룬 일련의 진전은, 당연히 우선적으로 유연하고 어떻게 북한과 접촉하는지를 진정으로 알기 시작하며, 6자회담의 구조 내에서 문제를 해결을 얻어낼 수 있는 '힐 노선' 때문이다. 2007년 7월 20일에 끝난 새로운 라운드의 북핵 6자회담은 '무능력화'에 대한 일정을 얻어내지 못했고, 원인은 평양이 미국이 북한을 테러지원국 명단에서 삭제해줄 것을 요구했기 때문이다.[452] 미국은 분명 즉시 삭제하지 않았고, 6월 크리스토퍼 힐은 켈리의 2002년 10월 북한방문 후 5년 만에 평양을 방문하였고, 10월에 이미 새로운 「2단계 공동문건」을 체결하였다. 2003년에서 2005년, 2년 가까이 6자회담이 결단을 내리지 못하고 주저하여 2006년 북한 핵실험이 새로운 위기를 가져온 것보다, 2007년 북핵문제 다자협상은 류암화명요일촌(柳暗花明又一村)*이라고 할 수 있다. 2007년 북미 간의 긍정적인 교류는, 다자회담에서 각국의 입장 협상에서 공통된 인식 형성의 중요성을 깊이 설명해주었다. 힐 노선의 본질은 북한에 대한 부시정부의 전략에 근본적인 조정을 말하는 것이 아니라, 전술상 큰 폭의 조정을 말하는 것이다. 미국의 정책 조정 후, 미국 국내 북미교류가 대체 어디까지 멀리 갈 수 있는지에 대해 여전히 염려로 가득하며, 힐도 강경파의 맹렬한 비판에 맞닥뜨렸지만,[453] 최소한 2003년 8월 1차 6자회담 이래, 각국 대북정책의 현실적 겨냥성이 오늘날처럼 이렇게 두드러졌던 적은 없었다.

3) 남북정상회담과 6자회담 중 하위국가의 역할

제한적인 다자회담 과정에는 주도적 국가의 노력이 필요할 뿐만 아니라, 하위국가의 적극적인 참여가 더욱 필요하다. 하위국가의 활발한 역할분배와 담당이 각국 정책의 전체적인 협조하에 발전할 수 있는 것은, 분명히 다자협력으로 보아 역시나 없어서는 안 될 보완과 추진이다. 2007년 10월 2~4일, 한반도 남북한은 7년만에 평양에서 정상회담을 재차 개최하였다. 이는 한국이 6자회담에서 '하위국가'의 역할의 신속한 격상이 반영되었다.

북한 지도자 김정일은 2005년 5월, 김대중 한국 대통령과 제1차 남북한 정상회담을 개최하고 7년 후, 한국의 대통령 노무현과의 정상회담 개최에 동의한 원

---

* 송나라 시인 육유(陆游)의 시 유산서촌(游山西村)의 한 구절로, '버드나무 그늘이 우거지고, 온갖 꽃이 만발하다'로 해석할 수 있다. 곤경 속에서 희망이 나타난다는 의미이다.

인은 분명히 다방면적이다. 현재 서울이 평양이 정상회담 개최 동의를 설득하기 위해 대체 얼마나 많은 현금을 썼는지 여전히 분명하지 않은 것 외에,[454] 2007년 10월 개최된 정상회담이 김정일 정권에게 분명히 매우 중요한 정치와 경제적 이익을 지니고 있다. 그중 첫째, 평양은 반드시 한국 내부에 대북정책과 관련해서 여야 간 격렬한 논쟁이 있다는 것을 알아차렸고, 서울의 평양에게 친선을 주장하는 개혁파와 북한에 대해 강경을 주장하는 보수파 이 두 세력은 여태껏 큰 차이가 존재하고 있다. 현재 야당의 한나라당의 대선후보 이명박이 경쟁에서 크게 앞서는 상황에서, 평양이 매우 잘 아는 열린우리당이 2007년 12월 19일의 대선에서 패배한다면, 한국의 대북정책은 노무현정부가 추구하던 '친선'에서 '강경'으로 변할 가능성이 매우 크다. 정상회담 개최 동의는, 노무현정부가 집권 끝자락에 남북화합을 통하여 한반도의 민족주의 정서를 고무시키게 하며, 분명한 것은 평양은 한국의 선거상황을 제약할 수 있고, 한국이 지속적으로 친북정책을 이행하도록 독려하는 중요한 지렛대이다. 둘째, 2006년 11월과 2007년 8월, 두 차례 침수피해를 입은 후, 북한의 경제는 더욱 어려워 졌다. 정상회담 개최는 북한이 한국의 확대된 경제원조를 얻을 수 있는 중요한 경로이다. 국제매체의 추측에 따르면, 2006년 11월의 침수피해는 북한주민 7,300명의 집을 앗아갔고,[455] 2007년 8월의 침수피해는 200명 이상의 사망자를 발생시키고 3만 명의 집을 앗아갔으며,[456] 그해 겨울 식량과 에너지 부족은 더욱 악화됐다. 더욱 중요한 것은, 남북정상회담 개최 및 한반도 남북 양측의 화해와 협력의 개선과 조성 주도는, 평양이 6자회담의 협상테이블에서 미국, 중국과 일본 등 기타국가들에게 압력을 가하는 수단이다. 6자회담에서의 고립상태를 탈피하기 위해, 최대한의 외교적 자원과 국제적 동정을 얻기 위한 노력은, 2006년 11월 북한의 6자회담 복귀 동의 이래, 줄곧 전력을 기울여 쟁취하여 대국 간에 '균형외교'를 휘두르고 있다. 한편으로는 힘껏 미국과 거리를 좁혀, 금융제재 취소와 북한을 테러지원국가 명단에서 삭제시키고, 미국과의 관계정상화를 직접적으로 설득하길 희망하며, 또 다른 한편으로는, 일본을 고립시키고, 중국과 소원해지며, 한반도 민족주의 정서를 부추겨 한국을 끌어들이는 것도 불사하며, 평양의 외교적 공간의 개선을 힘껏 모색하여, 더욱 많은 국제적 지지를 얻으려 한다. 이번 남북정상회담의 개최는, 매우 큰 부분 평양이 고수해온 "균형외교"의 구현이다.

그럼에도 불구하고, 6자회담에서와 북한에 영향을 주는 과정에서 활발한 역할을 맡고있는 한국은 확신할 만하다. 노무현정부는 비록 종종 한국 국내 정치에서 '친북'으로 비판을 받고 있으며, 그들의 어떠한 정책들은, 예를 들어 10월 2~4일 정상회담에서 고의적으로 북한 핵포기와 개혁개방문제에 대한 토론을 회피하는 것은, 북한에 대한 서울의 북한정책의 실제적인 영향력이 제한적임을 나타냈지만, 한국은 2006년 10월 북한 핵실험 직후 금강산관광과 개성공단 이 두개의 남북 협력사업의 폐쇄를 거절하였고, UN 1718호 제재 결의안 틀 밖에서 따로 북한에 대한 강력한 제재 조치 등 행동을 원하지 않았다. 이는 객관적으로 본다면, 서울이 북한에 대한 대화경로와 영향력을 유지하기 위한 조건을 만들었다고 볼 수 있다. 노무현정부가 대체 어떠한 목적을 바탕으로 새로운 한반도 남북정상회담을 추진하든 간에, 이 회담의 결과는 결국 북한이 국제사회와의 교류와 접촉 강화를 건설적으로 추진하는 것이다. 이것이 북한이 봉쇄와 고립상태를 끝내는 데 대해, 긍정적인 심리로 6자회담과 국제사회가 함께 공인하는 한반도 비핵화 목표를 대하고 처리하는 것 모두 매우 중요한 의미가 있다. 2007년 10월의 한반도 남북정상회담은 북한의 개혁 혹은 개방의 중요한 변화를 잠시 가져다주지 못했다. 노무현 대통령이 승낙한 북한의 기초시설 대규모 투자에 대한 관심 외에, 평양은 서울에게 다른 어떠한 실질적인 양보도 하지 않았다. 노무현 대통령이 요구한 '3통(三通)'에 대한 회답 역시 얻지 못하였다.[457] 2007년 12월 19일 한국의 대선으로 인해, 북핵문제 해결에 대해 전례가 없이 낙관적이었던 노무현 대통령의 재임 기간도 이미 매우 제한적이므로,[458] 미래의 한국정부는 노무현정부의 정책을 수정하여, 오히려 '조건적인' 대북개입 정책을 취할 가능성이 매우 크다. 그럼에도 불구하고, 6자회담과 남북관계에서 서울이 긍정적인 역할 발휘를 위해 노력하는 기존의 정책은 변하지 않을 것이다.

6자회담에서 하위국가가 활발한 대화 촉진 역할을 맡는 것은, 사실상 2007년 이래 6자회담에 나타난 긍정적 진전에 없어서는 안 될 보조적인 수단이다. 2007년 3월에서 6월까지 3개월간 지속된 마카오 방코델타아시아 은행에 동결된 북한자금에 대한 해금의 교착상태가 최종적으로 타파된 것은, 러시아은행의 공헌 때문이다. 북한의 해금 자금의 현금이체에 대한 집요한 태도 견지는, 평양이 2,500만 달러의 해동된 자금을 얻기를 희망하는 동시에, 세계은행 체제의 업무승인을 다시 얻어, 세계은행 체제와 정상적인 업무교류를 유지하여, 미국 재정부로부터 2007년 2월 하순에 북한이 혐의를 받은 달러위조, 돈세탁 등 지목에 대해 거부하려 한다는 것을 밝혀주었다.[459] 북한핵무기는 주변국인 러시아의 '직접적인 위협'이라는 러시아의 확고한 표명과 동시에, 북한의 마카오 방코델타아시아 은행에 해동된 자금의 이체문제의 해결을 도와주는 것은, 6자회담에서 없어서는 안 될 러시아의 역할을 설명해주었다.

북핵문제상에서 일본의 입장은 최근 몇 년간 강경한 추세이다. 2006년 9월 후 아베정부의 인질문제와 6자회담의 연결에 대한 견지는, 북한에 대해 어떠한 원조도 거절하며, 「2·13합의」에서의 대북원조 부분에 대한 반대입장 견지이지만, 일본의 강경정책의 영향력은 결국 제한적이다. 반대로, 다른 방면으로 본다면, 북핵문제의 복잡성과 심각성을 비추어 보면, 강경하지만 비핵심적인 일본의 대북정책은 일정 부분 다른 국가들과 함께 공동으로 '홍검(紅瞼)과 백검(白瞼)*' 등 다중역할을 맡을 수 있고, 북한이 환상을 버리고, 핵포기를 해야만 출로가 생긴다는 사실을 실제적으로 의식하도록 공동으로 추진한다. 2007년 9월에 출범한 일본의 후쿠다 야스오(福田康夫) 정부는 북핵문제상에서 점차적으로 아베정부의 강경한 입장을 수정하기 시작하였고, 일본의 대북정책과 다른 국가들과의 협조는 상승하기 시작하였다. 비록 후쿠다 정부는 2006년 10월 북한 핵실험 후 북한에 대한 일방

---

* '홍검'은 중국 전통극에서 얼굴에 붉은 분장을 하는 충신·열사 등의 남자배역을 뜻하며, '백검'은 하얗게 분장하는 악역을 뜻한다.

적인 엄격한 경제제재 조치를 연장하였지만, 일본은 북한과의 양자회담 거행, 북일관계 정상화에 대한 진지한 토론에 대한 뜻이 이미 뚜렷하게 상승하였다.[460] 후쿠다 정부는 아베시대 일본의 경직된 북한정책을 바꾸는 데 가장 좋은 선택이다. 북핵위기 시작 후 5년 이래, 일본 각계에 대북정책의 겨냥성이 전례없이 발전하는 드문 국면이 나타났다.

4) 북한의 살라미전술과 미래의 동북아 안보체제

비록 2007년 6자회담에 긍정적인 진전이 나타났다 하더라도, 북핵문제 분석가들은 여전히 보편적으로 북한이 살라미전술(Salami tactics)*을 통하여 6자회담 과정을 최대한으로 지연시키고 있다고 염려하고 있다. 이러한 살라미 전술은 쉽게 설명하자면, 평양이 자신의 현존하는 모든 핵계획, 핵시설과 핵연료를 따로 포장해 '핵포기'를 진행하여, 한 조각, 한 조각씩 꺼내 교환하려 하는 것이다.[461] 이것의 최종목표는 핵포기가 아니라, 최대한의 이익과 만족을 얻고, 더 나아가 핵무기를 보유하는 동시에 미국과의 관계정상화를 실현하는 것이다. 북한이 결코 진심으로 핵포기를 하지 않는 것을 의심하는 이유는 매우 많고, 북한의 이전 변덕의 역사기록과, 인민의 기본 권리를 무시하며, 김정일 정권에 어떠한 변화도 없는 것 등 각 방면에서 결론을 얻을 수 있다.[462] 그러나 북한 의도의 불확실성은 사실상 6자회담에서 다자협력체제의 격상을 통해야만 해결할 수 있다.

첫째, 6자회담체제의 법률적 구속력 확립은 앞으로 6자회담이 직면할 중요한 시험대이다. 동아시아 다자협력에도 법률화가 결여되었다는 특징이 존재한다. 말하자면 다자제도의 강제적 구속력의 취약함과 협력에 참여하는 국가들에 대한 법률규범 결여라는 약점이 존재한다.[463]

---

* 하나의 과제를 여러 단계별로 세분화해 하나씩 해결해 나가는 협상전술의 한 방법으로, 얇게 썰어 먹는 이탈리아 소시지 '살라미(salami)'에서 따온 말.

이는 또한 경제 분야이든 안보 분야이든 동아시아 협력의 제도 확립이 미국과 유럽의 다자협력제도가 높은 법률적 특징을 지닌 것과 달리, '소프트 다자주의적' 특징을 보여주었다. 이것의 가장 기본적인 수단은 다자협력 의무위배에 대해 집단적 응징을 취하는 것이다. 6자회담체제의 법률화 추진은 분명히 6자회담제도 확립 추진의 중요한 목표이다. 현재로 보아, 6자회담 구조는 주로 응징보다는, 지원불가를 통하여 이미 승낙한 협력 의무의 이행능력을 얻는다. 이것은 한편으로, 북한문제의 특수성이 결정한 것이다. 예를 들어, 북한의 대외 의존도는 매우 낮고, 경제와 사회의 개방부족은 전통적인 의미상의 투자와 경제무역 등의 징벌 수단이 효과를 발휘하지 못하게 한다. 다른 한편으로는, 이것 역시 북미, 미일 등 관계의 특수성이 결정한 것이다. 1953년 한국전쟁 휴전 이래, 미국과 일본 등 국가들이 줄곧 이행한 것은 북한에 대한 엄격한 제재와 고립정책이다. 2006년 10월 9일 북한 핵실험 후, UN에서 새로운 북한제재의 1718호 결의안을 통과 시켰지만, 이 효과는 북한의 '2·13합의' 체결의 직접적인 원인이 결코 아니다. 이러한 배경아래, 단계별로 북한의 합리적인 안보, 외교, 경제 그리고 에너지 이익을 만족시키고, 또한 단계별 협력 과정에서 북한의 합의 위배 행위에 대한 지원불가는, 6자회담이 오늘날에 이르기까지 형성할 수 있는 최대한의 이행 능력이다. 단기적으로 본다면, 이러한 상황을 바꾸기는 매우 힘들다. 지역협력의 이론과 정책으로 본다면, 다자체제의 법률화 과정은 필요에 의해 추진되며, 또한 법률화 과정 중 기능주의 모델의 승격과 서로 적응한다. 2·13합의 구체화의 과정에 따라, 미래 6자회담체제의 법률화 발전은 공동으로 추구하는 목표이다.

2007년 10월 3일 「공동성명 제2단계 실현 공동문건」의 규정에 근거하여, 북한은 2007년 말 영변 3개 핵시설에 대한 무능화 실현, 12월 31일 전 모든 핵계획에 대해 완전하고 정확한 보고를 완성하고, 또한 핵연료, 핵기술 혹은 핵관련 지식을 넘기지 않겠다는 승낙을 재차 표명하는 데 동의하였다.[464] 미국에게 북한 핵시설 무능화에 대해 책임지고, 북한에게 1,000~2,000만 달러의 무능화 비용 제공을 책임지게 하였다.[465] 미국의 입장도 매우 명확하다. 워싱턴은 북한 핵보고와 무능화 진전이 순조로운 상황에서, 북한을 테러지원국 명단에서 삭제하며, 또한 빠르면 2008년 1월 북한과 관계정상화 협상을 가동할 뜻이 있다.[466] 그러나 미국 국무부 차관보 크리스토퍼 힐 또한 "북한이 모든 핵 야심을 포기하고 이미 보유한 50kg의 핵물질을 포기하기 전에, 북한과 완전히 정상적인 외교관계를 형성하지 않을 것이다"라고 매우 분명하게 말하였다.[467] 「공동성명」 문건의 제2단계 실행의 진전에 따라, 북미관계 정상화 협상은 반드시 한반도 평화협정의 협상과 관련되며, 1953년 7월 27일의 「휴전협정」에 대체한다. 평화조약의 체결은 최종적으로 북미 간의 적대상태의 종결을 선포할 뿐만 아니라, 또한 점차적으로 북미관계 정상화의 정치적 조건 중 하나가 될 것이다. 현재 미국의 입장은 북한 핵포기 이전, 중국, 한국 등 다수 국가가 공동으로 체결하는 국제조약을 포함한, 한반도 평화조약문제에 가입하지 않겠다는 것이지만, 이 조약은 분명히 한반도 평화와 동북아 지역안보 문자상에서 각국의 명확한 의무를 통하여 6자회담체제를 법률화할 수 있다. 이것 또한 6자회담체제 발전이 동아시아 다자안보 제도로 발전하는 중요한 계기이다.[468] 예견할 수 있는 것은, 미래 한반도 평화조약의 협상과정과 내용은, 많은 부분 6자회담 구조가 동북아 다자안보체제로 승격할 수 있을 지에 대한 여부를 결정할 것이다. 그러나 한반도평화조약 협상은 반드시 북한의 핵포기 이후의 일이다. 핵사찰이 가능하고 명확한 북한 핵포기 목표실현에 대한 보장이 없다면, 한반도 평화협상은 북한의 핵포기 지연의 구실이 될 가능성이 있다. 2007년 10월 한반도 남북정상회담에서 미래 한반도평화조약 협상을 '3개국 혹은 4개국 진행'이란 모호한 어휘를 사용함으로 인해,[469] 사실상 미래의 평화협상이 대체 어떻게 진행될지에 대해 여전히 아직 해결되지 않은 논쟁이 존재한다.

둘째, 6자회담의 문제해결 능력 확립을 앞으로의 발전 요구로 본다면, 반드시 각국의 정책협조 강화를 요구하고 최종적으로 각국 공동안보 관심과 각국의 안보이익 존중을 반영되게 함으로써, 동시에 동북아 안보에 대한 전체적인 공헌을 실현하는 것이다.

북한의 살라미 전술의 성공은, 평양이 단계별로 그들이 원하는 이익을 얻을 수 있는지 없는지에 달려 있을 뿐만 아니라, 더욱 중요한 것은 6자회담 구조 내에 평양이 틈탈 수 있는, 이용할 기회가 있는지 없는지에 달려 있다. 2007년 '2·13 합의'이전, 평양이 살라미전술을 사용할 수 있었던 최대 이유는 미국의 '적대 정책'이다. 다자회담에서 미국이 제재를 가할수록, 북한은 더욱 확고해지며, 평양의 저항의 강도가 더욱 격렬해지는 사실은, 북한이 위기의 확대를 통해서만이 이상적인 협상조건을 얻을 수 있고, 다른 국가들로부터 더 나은 수준의 지원을 얻을 수 있다고 여기게 한다.[470] 2005년 11월 이후, 한때 북한에 대한 미국의 금융제재와 핵포기 협상 분리와, 크리스토퍼 힐의 평양방문 거절은 북한이 공개적으로 핵실험을 진행한 중요한 원인이다. 2007년 1월 북미 베를린협상, 3월 뉴욕협상, 6월 크리스토퍼 힐 국무부 차관보의 직접적인 평양 방문과 9월의 제네바협상을 통하여, 미국은 북한에 대한 2,500만 달러의 금융제재를 취소하였을 뿐만 아니라, 북한과 직접적으로 접촉하는 '클린턴 방식'으로 회귀하였다. 이러한 백악관의 현 유화 전술은 당분간 평양이 강경책을 구사할 실질적인 구실을 갖기 어렵게 만들었고,[471] 2007년 11월 1일, 미국이 담당한 10만 톤의 중유도 북한에 운송되었다. 그러나 2005년 9월 「공동성명」으로 인해, 2007년 2월의 2·13합의와 10월 3일 「제2단계 공동문건」 모두에 일정한 모호성이 존재한다. 예를 들어, 북한의 평화적 핵능력개발 권리보유에 대해 명확하게 설명하지 않았고, 북한이 요구하는 경수로에 대한 어휘가 모호하며, 또한 북한이 문건의 요구를 이행하지 않았을 시 어떠한 제재를 받게 될지에 대해 설명하지 않았으므로, 앞으로 평양이 문건의 이러한 '모호한 공간'을 지속적으로 이용할 가능성은 여전히 존재한다. 현존하는 문건의 무능화에 대한 정의도 철저하지 않다. 예를 들어, 현 단계의 무능화는 단지 핵물질 추출과 처리시설의 부분 핵심장치 제거일 뿐, 소멸 혹은 핵포기가 결코 아니며, 이론상으로 무능화 이후, 북한은 재조립과 갱신을 통하여 새로운 핵능력을 건설할 수 있다. 현재의 6자회담은 북핵시설의 완전한 제거에 의한 무능화로 나아가도록 북한을 설득하기 힘들며,[472] 이로 인해, 현존하는 단계별 무능화와 핵포기 협상과정은 여전히 지지부진(遲遲不進)하다. 가장 해결이 필요한 문제는 여전히 현실에 직면하여, 6자회담에서 북한을 제외한 다른 국가들이 정책적 협조를 효과있게 강화시킬 수 있는지 여부이며, 북한에게 어떠한 사용가능한 기회를 주지 않는 것과 동시에 북한의 정당한 이익 요구를 만족시키는 기본적 결심을 보여주는 것은, 현재 6자회담이 직면한 중대한 시험대이다.

이와 동시에, 북한의 진정한 의도에 대해 특별히 비관적인 인식을 가질 필요는 없다. 지속적으로 6자회담 참여와 협상을 통하여 평양의 목표를 달성하는 것은, 2002년 10월 북핵위기 이래 북한이 일관되게 주장하는 것이다. 북한이 여러 차례 고의로 위기를 악화시키는 정책 혹은 도발의 벼랑 끝 전술(Brinkimanship)을 취했지만, 6자회담에서 북한은 아무런 수확도 얻지 못하였다. 그러나 1차 핵실험 직후 북한은 6자회담의 재가동을 원한다고 신속히 선포하였고, 이는 새롭게 중국과 한국의 호평을 얻기 위해 표명한 최소한의 조치였다.[473] 현재로 보아, 서방과 특히 미국과의 관계개선 모색은, 평양의 기본적인 정치와 전략적 목표이다. 이것은 북한정권 생존에 필요한 것일 뿐만 아니라, 각종 내외의 어려움을 극복하는 기본적 조건이다. 평양의 외교를 전통적으로 본다면, 이것 역시 북한이 일관되게 추진하는 균형 정책의 연속이며, 즉 대국들과의 관계를 발전시키고, 북핵문제상에서 서로 제약하며 균형을 이루게 함으로써, 북한이 가장 유리한 외교와 이익 구조를 얻기 위함이다.[474] 이로 인해, 북핵문제상에서 6자회담이 단계별로 점진적인 방식을 취한다 해도, 북한의 근본적 이익에 부합된다. 2007년 7월 미국이 해동시킨 북한 자금이 조달된 후, 2·13합의 실현과 국제 핵사찰 협조 방면에 북한의 태도는 단호하다. IAEA 핵 사찰단 이외에 9월 중국, 미국, 러시아 3국의 전문가단을 북한에서 핵사찰로 초청하였을 뿐만 아니라, 10월 11~18일 미국의 기술단이 북한으로 가 핵사찰을 하였다. 이것들은 북한의 협력이 '새로운 수준'에 도달했다는 것을 보여주었다.[475] 평양은 현존의 6자회담 구조를 포기할, 혹은 미국의 태도에 중대한 조정이 나타난 배경하에, 재차 새로운 위기사태를 만들어 6자회담의 존재를 위협할 아무런 이유가 없다.

그러나 단계별로 북한의 핵포기를 장려하는 본질은 북한의 개혁개방과 북한의 현재 스탈린모델의 사회경제 체제 포기를 독려하여, 국제사회로의 북한의 회귀를 인도하는 것이다. 개혁개방과 국제사회에 융합된 북한은 핵무기를 포기할 수 있고, 또한 더 이상 동북아안보의 문제점 중 하나의 근본이 되지 않을 것이다. 6자회담 구조에서 만약 다른 각국들의 북한에 대한 실질적인 정책적 협조가 결여된다면, 자신의 정치와 전략적 고려를 바탕으로 북한에게 일방적인 개입 정책을 이행하는 것은, 북한에게 핵포기 의무이행 지연에 대해 소극적으로 구실을 제공할 뿐만 아니라, 더욱이 한반도 문제상 대국경쟁을 격화시킬 것이며, 북한 핵포기 문제에 복잡한 '벼랑 끝 전술'적인 경쟁을 섞을 가능성이 있을 뿐만 아니라, 심지어 충돌요소도 존재한다. 예들 들어, 북한의 개혁개방 이전 북한에 대해 어떠한 대규모 투자와 원조 모두 북한 현존의 정치엘리트들의 권력에 대한 통제를 실질적으로 증강시킬 것이며, 북한 핵무기 능력을 증가시키며, 북한의 핵포기 희망을 낮출 것이다.[476] 반대로, 5자회담 과정의 심화에 따라, 북한의 대외관계는 2007년부터 '해빙'분위기가 조성되었다. 2007년 10월 북한총리 김영일의 베트남방문 등 아세안 국가에게 북한 지도자 김정일의 베트남 모델의 개혁개방에 대한 깊고 짙은 관심을 전달하였다.[477] 북한이 단계별 무능화의 협의를 받아들이는 것은, 지금까지 보여준 대외접촉의 확대, 미국 일본 등 국가들과 타협 달성을 희망하는 일련의 행동이며, 2006년 10월 북한이 핵실험을 진행했을 때의 입장과는 결국 180도 전환이 발생하였다.[478] 북한이 세계와 접촉하는 정책으로 전향한 것은 핵포기 과정과 마찬가지로 세상 사람들을 기대에 차도록 했다.

설령 북한이 내심 핵포기를 보류하고, 북한의 개혁개방 여부에 대해 여전히 의문이 있더라도 북한이 6자회담에서의 진전을 통하여 미국과의 관계에 실질적인 변화를 얻으려 하는 것은 진실된 것이다. 김정일과 정상회담을 진행한 후 한국의 노무현 대통령은 "북한이 핵문제를 해결하려는 이유는 그들이 미국과의 관계를 개선하려고 하기 때문이다"라고 명확하게 표명하였다.[479] 미국과의 관계 개선은 북한이 미국의 경제제재 취소를 얻어 국내경제 건설의 외부조건을 바꿀 수 있을 뿐만 아니라, 더욱 중요한 것은, 북한으로 보아, 미국과의 관계정상화는 북한이

'미국요소'를 얻음으로써 북한 주변 다른 대국과 균형을 맞추게 한다.[480] 가까운 시기 미국의 대북정책상의 '힐 노선'에서도 북한이 북미관계를 바꾸려는 전략적 의도를 통하여, 다시 북한에게 결정적인 영향력을 발휘할 수 있는 시기를 최대한으로 잡으려는 것을 보았다. 이전 부시정부의 강경노선은 북한과 한반도 이슈상의 영향력이 격상되었다기보다, 오히려 쇠약하였다. 북한이 자신의 플루토늄 수량과 고농축우라늄 활동 중단의 공포를 결정한 것 모두, 미국 측에 대한 실질적인 양보이다.[481]

6자회담이 꼭 동북아 다자안보체제로 성장한다고 할 수는 없지만, 한반도 평화문제 해결의 다자평화 협정과 6자회담의 결합에는, 모종 형식의 동북아 다자안보체제로 발전할 가능성이 존재한다. 비록 북핵문제의 많은 정치평론가들은 6자회담과 동북아 다자안보체제를 같이 연결시켜, 6자회담이 이 체제를 건설하는데 기초와 협력실천을 제공하였지만, 더욱 중요한 것은 많은 지역안보문제를 다자체제에 놓고 토론해야만, 진정으로 각국이 북핵문제의 정책을 협조하기 위해 보편적인 협력의 길을 닦을 수 있다고 여긴다. 이러한 견해는 물론 중요하지만, 문제는 북핵문제의 성공적인 해결은 여러 가지 가능성을 가지고 있고, 설령 최종적으로 북한 핵포기를 성공적으로 실현시킨 6자회담도, 동북아 다자안보체제로 꼭 발전할 수 있다고 장담할 수는 없다. 그러나 6자회담의 각 참여국들이 지속적으로 다자협력에서 마땅한 의무를 부담한다면, 무능화는 점차적으로 북한 핵포기와 동아시아 다자안보의 대문을 결국 열 것이다.

제12절 2차 핵실험 후 북핵위기: 6자회담과 강압외교

2009년 5월 25일 북한 2차 핵실험은, 2003년 8월 제1차 6자회담 가동부터 시종 다자외교를 둘러싼 과정의 난제에 대한 해답을 얻게 하였다. 북한은 대화를 통한 핵계획 포기를 진정으로 원하는가 아니면 시종 다자대화 과정을 이용하여 핵포기 승낙을 지연시키려 하는가. 북한은 진심으로 핵무기 포기를 원하는가, 아니면 근본적으로 핵무기를 포기할 생각이 없는가. 이러한 점이 그동안의 난제였다.[482] 현재 답은 평양은 결코 핵무기 포기를 원하지 않고, 그들이 6자회담에 참여하는 것은 대가이고(待价而沽)*일 뿐만 아니라, 실리를 얻고 세력 확장의 기회를 찾는 것이며, 더욱이 기회를 빌려 각국에게 압력을 가하고, 여러 차례 벼랑 끝 전술 사용도 불사하여 긴장 국면을 형성하고, 실질적인 핵무기 보유를 모색하는 중요한 수단이라는 것이다. 북한의 2차 핵실험과 뒤이어 선포한 1953년의 한반도「정전협정」탈퇴 등 일련의 방법들은, 평양이 핵카드를 통하여 북한의 핵무기 보유사실을 받아들이는 전제하에, 새로운 협상을 다시 진행하던지, 아니면 6자회담을 철저히 중단시키고, 북핵 교착상태를 장기화하는 쇼다운을 국제사회에 하려는 것을 설명하고 있다.[483] 한반도 정세의 새로운 형세와 동향은, 우리로 하여금 북핵문제의 해결 방법을 새롭게 모색하도록 강요하고 있다.

1) 북한의 행동, 그 진실된 의도

2008년 북핵문제는 어떠한 방식으로 북한의 핵보고에 대해 핵사찰을 진행

---

* 　값이 오를 때를 기다려 팔다.

해야 할지의 곤경에 빠졌다. 부시정부는 북핵정세의 돌파를 이루어내고, 서둘러 '부시의 유산'을 남기기 위해, 북한을 테러지원국 명단에서 삭제하였지만, 이 조치는 결코 미국이 제기한 핵사찰 조건을 북한으로 하여금 받아들이도록 촉진시키지 못하였다. 부시정부가 남긴 북핵문제상의 주된 '외교적 유산'은 세 가지가 존재한다. 첫째, 북미 양국은 직접적인 협상을 회복하였고, 이로 인해 2007년 「1단계 공동 행동 계획」과 「2단계 공동 행동 계획」이란 2개 문건의 체결을 촉진시켰다. 둘째, 북한 핵포기 과정에서 북미관계정상화 실현과 한반도 평화체제 확립을 미국이 원하였지만, 선결 조건으로 철저한 핵사찰의 전제 아래 2단계 공동행동계획을 완성하고, 더 나아가 실질적인 북한 핵포기의 3단계로 넘어가는 것이다. 셋째, 북미 간 핵문제와 관련한 진전에는 일본이 제기하는 인질 납치 문제와 북한을 테러지원국 명단에서 삭제하는 것을 반대하는 유럽연합의 관심사가 우선시되어야 한다. 심지어 부시정부는 북한이 시리아로 핵확산을 진행한다는 정보의 확산을 저지하고, 북한이 핵확산을 진행해서는 안 된다는 전통적 레드라인을 모호하게 함으로써 평양과의 실질적인 핵포기 협의 달성을 모색할 뜻도 있다. 미국의 이러한 일련의 정책은 '힐 노선(Hill Approach)'으로 개괄할 수 있으며, 일본으로부터 '단세포적'이라고 비판을 받았다.[484]

2008년 미국 대선에서, 민주당 대통령 후보인단은 힐 노선에 대해 이의를 제기하지 않았다. 2009년 1월 20일 출범한 오바마정부는 부시정부의 주장을 견지하며, 미국은 북한이 미국의 핵사찰 조항을 받아들이는 상황에서 무능화와 핵보고가 핵심 내용인 '2단계' 공동행동계획을 완성하길 원한다고 표명하였다. 미국의 신임 대북정책 특별 대표인 스티븐 보스워스(Stephen Bosworth)는 2월 초 평양을 방문하려 하였다.[485] 그러나 새로운 정부가 막 출범하고 정책단이 재편되는 과정에서, 중대한 외교의제에 대한 재평가 또한 필요하며, 이로 인해 오바마정부 북핵정책의 윤곽은 현재로선 분명하지 않다. 분명한 것은, 부시정부와 비교하여, 새로운 정부는 이라크, 이란, 아프간과 파키스탄 그리고 중동평화 등의 외교의제에 더욱 치중하며, 그들의 외교의제에서 북핵문제의 중요성은 뚜렷이 하락하여, 중요하지만 결코 절박하지 않은 문제가 되었다.

이러한 상황에서 북한이 취한 일련의 행동은, 4월 5일 미사일 발사에서 4월 14일 6자회담 탈퇴와 영변핵시설 핵사찰단 추방 선포, 핵원자로 재가동 선포까지, 또한 4월 25일 2차 핵실험 선포, 4월 27일 1953년 한국전쟁「정전협정」탈퇴와 5월 25일 2차 핵실험 진행까지, 이미 협상카드를 얻기 위한 조치를 크게 넘어섰을 뿐만 아니라 많은 부분은 치밀하게 계획된 전략적 조치이며, 이것의 목적은 오바마정부의 반응을 시험해보는 것 뿐만 아니라, 더 나아가 위기단계를 점차적으로 악화시키고, 제고된 핵억제력을 보여주는 등의 방식을 통하여 기존의 6자회담 중심의 북핵문제 외교적 해결체제를 완전히 전복시키려는 것이다.[486] 2009년 2월 북한의 광명2호 위성 실험발사와 평양이 평화적 우주개발권리 보유를 둘러싸고 발생한 긴장국면은, 계획된 평양의 단계적 위기 반응 과정이며, 이것의 목적은 북한의 모든 행동은 '반응적'인 것이고, 박불득이(迫不得己)*한 것이며, '능동적 도발'이 아니라는 명분을 애써서 만들기 위함이다.

북한이 이렇게 하는 이유의 주된 원인은 여전히 북한 국내 선군정치의 특수성, 정치구조의 특수성과 현 단계에 필요한 권력승계의 특수성 때문이다. 2008년 북한 지도자 김정일의 건강상태가 급격히 악화됨에 따라, 권력승계 문제가 빠르게 수면 위로 떠올랐다. 북한이 어떻게 국내 응집력을 유지하고, 인민이 고난행군을 지속하도록 설득하는 것은 정치적 난제가 되었다. 북한이 새로운 장거리미사일을 실험하고, 2차 핵실험을 통하여 핵무기 능력을 제고시키는 것 또한 북한정권의 선군정치의 업적을 부각시키는 중요한 조치이다.[487] 2차 핵실험은 북한군부에 대한 김정일의 타협이 결코 아니라, 북한의 현존하는 체제의 생존과 연속의 필요로 인한 것이다.[488] 다른 한편으로는, 6자회담에서 6년 가까운 시간동안 지속되고, 북한이 이미 2005년 9월의「공동성명」에서 핵무기를 결코 추구하지 않는다고 승낙한 상황에서, 평양이 2009년 상반기에 북핵위기를 지속적으로 악화시키는 것은, 많

---

* 어쩔 도리가 없다.

은 부분 현재 진행 중인 권력승계에 북한지도자의 '동양식의 부성애'가 작용된 것이다. 국내정치와 권력계승의 필요는, 북한이 근래 수차례 취한 강력한 대립적 조치의 핵심이다.[489]

몇몇 사람들은 북한정부가 2차 핵실험 후 강력한 국제적 비난과 더욱 엄격한 국제적 제재를 짐작하지 못했을 리가 없고, 또한 한미일 등 국가들의 강경한 반응을 예상하지 못했을 리가 없다고 여긴다. 평양이 단번에 수중(手中)의 모든 카드를 다 쓰는 것의, 근본적 원인은 김정일 국방위원장이 자신의 승계자에게 '많은 유산'을 남겨주기 위함에 있다. 이 유산 중 하나는 2009년 4월 9일 새로운 국방위원회의 개편이며, 둘째는 북한의 핵능력 모색 시 반드시 부담해야할 국제적 위험이 계승자에게 압박을 가하는 상황을 모면케 하는 것이다. 서방은 2009년 상반기 평양이 자신의 힘으로 국제사회 전체에 대항도 불사하는 것은, 상당부분 북한에 현존하는 지도자가 젊은 왕세자를 위해 취한 보호적 조치라고 여긴다. 어쨌든 "악역은 모두 자신이 한 뒤, 앞으로 승계자가 즉위한 뒤 북한 핵능력 보유가 이미 이루어진 상황에서, 전면적인 대립을 야기시키는 심각한 부담을 짊어질 필요 없이, 각종 외교적 대화와 협상을 상대적으로 평탄하게 처리할 수 있도록 하기 위함이다. 특히, 만약 김정일이 북한의 핵무기 보유 사실을 다음 세대 지도자에게 승계하여, 북한이 지속적으로 정권안정을 얻고, 미국의 직접적인 군사공격을 피하며, 한국과 정치와 사회적 대립을 유지하는 유일한 '보검(寶劍)'이다. 이 보검은 북한이 기존 체제를 유지한 채 생존과 발전을 얻으려는 중요한 조건이다.[490] 이러한 의미에서 본다면, 최근 몇 개월간의 한반도 핵, 미사일 풍파와 김정은을 승계자로 지목했다는 매체의 보도가 만약 사실이라면, 북핵문제의 '포스트 김정일 시대'의 서막은 곧 열릴 가능성이 있다.

북한이 이렇게 하는 주된 목적은, 핵능력 발전과정에서 '중국모델'을 답습하고 '인도모델'을 통하여 자신의 핵무기보유 국가의 사실화와 합법화를 실현시키려는 환상을 갖는 것이다. 소위 '중국모델'은 허리띠를 바짝 졸라매는 것을 감수하면서 량탄일성(兩彈一星)*을 만들고, 설령 국제적 고립과 제재에 직면한다 할지라도, '자력갱생'을 통하여 곤경을 넘길 수 있다는 것이다. 일단 '살아남는다면', 핵대국에 주어지는 국위와 국제적 영향력은 북한의 지속적인 생존의 '전략적 핑계'와 '정치적 자금'이 될 수 있다. 그리고 '인도모델'은 핵실험 초기에는 국제사회로부터 인정을 받지 못할 뿐만 아니라, 심지어 제재를 겪지만, 충분한 시간이 지나기만 하면 국제환경의 변화에 따라 국제사회의 묵인을 얻을 수 있다는 것이다. '중국모델'과 '인도모델'의 결합은, 자력갱생으로 압력을 버텨냄으로써, 변화를 기다리는 것이다. 그러나 '중국모델'이든 아니면 '인도모델'이든 간에, 북한에게는 적용되기 힘들다. 중국모델은 첫째, 냉전적 배경과 관련되며 둘째, 설령 자력갱생할지라도, 중국의 1960~70년대의 공업체계와 국민경제는 북한보다 훨씬 강하고 건전하다. 북한 국내경제가 지속적으로 그들의 핵대국 지위를 지지해줄 수 있을지와 이로 인한 국제적 대립 야기라는 이 의문은 이미 갈수록 심각해지고 있다.[491] 인도모델은 복잡한 지연정치라는 원인과 인도와 파키스탄간의 상호핵위협이란 안정성과, 인도가 민주국가라는 완충기(緩衝器)를 지녔다. 그러나 북한의 문제는 동아시아의 어떠한 국가도 북한의 핵무장을 받아들이지 않고, 어떠한 국가도 쉽게 북한의 핵능력을 이용하여 지리적 정치의 이익을 추구하지 않는다는 것이다.

2) 북핵문제 해결에 필요한 새로운 사고

근래 들어 재차 악화된 북핵위기는 표면적으로는 마치 6자회담을 붕괴에 이르게 한 것처럼 보이지만, 6자회담은 한반도 핵문제 해결의 체제적 구조로서, 쇠약해지지 않았고, 오히려 갈수록 중요해지고 있다. 2차 핵실험은 6자회담체제의 종결이 아니라, 6자회담체제의 새로운 시작이다.

6자회담은 다자구조일 뿐만 아니라, 북핵문제와 같은 이러한 복잡한 지리적

---

*　원자폭탄과 수소폭탄 및 인공위성을 가리키며, 중국이 자력으로 개발에 성공한 것을 자랑삼아 하는 말.

정치와 지역안보에 대한 도전을 해결할 때 최적의 방법이다. 다자구조의 우위는 서로 다른 국가들의 경쟁적 관심사를 반영하고 구현시킬 수 있는 동시에, 개방과 협조의 방식으로 각국 간 서로 다른 이익관심을 촉진시킨다. 이 외에 북핵과 한반도 문제에서 자신과 결부된 이익과 안보 관심을 지닌 모든 동아시아 국가를 수용하였기 때문에, 6자회담은 북핵문제 해결의 '지역 접근법(Regional Approach)'을 대표한다. 한반도 문제와 같은 이러한 지역적 핫이슈에 대한 모든 해결은, 반드시 동아시아 지역 특징과 지역협력 이념에 부합하는 해결방식을 견지해야 하며, 더군다나 6년 동안, 6자회담은 많은 긍정적 성과를 거두었다. 비록 지금까지 북한의 실질적인 핵포기 추진과정에서 이룬 진전은 제한적이지만, 6자회담은 미-중 관계를 개선시켰고, 각자의 정책적 입장을 분명히 하였으며, 지역협력을 증진시켰고, 단계별 핵포기와 동시에 공동행동에 보조적 핵제거 원칙을 도출해냈다. 6자회담의 체제화는 북핵문제 해결에 최적의 방법일 뿐만 아니라, 또한 미래 동아시아안보 다자주의 확립의 발전을 위한 동력을 제공하였으며, 앞으로 지속적으로 다자적 방식을 통하여 지역안보 관심을 해결하는 모판(模板)이 되었다.[492] 북한의 일방적인 6자회담 탈퇴와 회담에서 이미 합의된 문건의 의무에 대한 준수 거절 선포는, 결코 6자회담의 의미와 역할을 부정할 수 없다. 미래 어떠한 새롭게 가동될 북핵문제 대화과정과 해결방안 모두, 6자회담의 구조를 뛰어넘을 수 없다.

그러나 6자회담 견지는 결코 6자회담의 기존 설정과 운용과정에 대해 검토와 갱신이 필요하지 않다는 것이 아니다. 현재 한반도 정세의 급격한 악화, 위기 악화, 군사적 충돌 발생 가능성이 존재하는 상황에서, 6자회담체제는 한반도 비핵화의 다자협상체제 실현에만 머무는 것이 아니라, 더욱이 한반도의 각종 복잡한 정세에 대응하는 '위기대응체제'와 어떠한 수단 사용을 통해서라도 신속히 한반도 핵논쟁을 종결시키는 '집단행동체제'를 확립해야 한다. 현재 6자회담이 직면한 긴박한 임무는 바로 '기능 업그레이드'의 실현과 6자회담의 '이행체제' 확립강화이다.

6자회담은 시작부터, 줄곧 일종의 공동추진의 협상과정이다. 공통된 인식 결여, 또는 어떠한 한 국가의 일방적인 협력 거절 모두, 6자회담의 정체를 가져올 가능성이 있다. 공통된 인식을 찾고 형성하는 과정에서, 6자회담은 '동기체제(Motivation system)'에 깊이 의존하는데 이는, 바로 '행동 대 행동'의 원칙이다. 이 원칙은 과거 6년의 협상과정으로 보아, 분쟁으로 인해 대립상태에 빠지기 매우 쉽다. 일단 공동행동을 완성 또는 이해하는 데 있어 분쟁이 발생한다면, 6자회담은 보류될 것이다. 그 결과, 6자회담이 직면한 최대의 문제는, 이 우수한 다자협상체제가 종종 북미 간의 교착상태로 인해 저효율에 머무르는 것이다. 6자회담 탈퇴, 또는 6자회담으로 복귀거절 위협은, 북한이 다른 참여국들을 압박하는 수단이 되었다. 북한은 6자회담에서 사실상의 '한 표의 부결권'을 누리고 있다.[493] 이 문제를 해결하기 위해, 단계와 체제상에서 6자회담의 이행기능을 강화시켜야 하고, 6자회담에서 일부국가의 '부결표' 현상을 해결해야 하며, 가장 중요한 것은 6자회담에 집행력을 유입시켜, 6자회담의 이행체제를 확립하고 증강시키는 것이다. 다시 말해, 일부 국가의 탈퇴 또는 탈퇴위협이 재차 발생한다면, 다른 국가들이 응징조치를 취할 권리가 있어야 하며, 6자회담 제도적 규칙을 위한 행위에 대해 집단적 대응과 강제적 징계를 가해야 한다.

현재, 6자회담의 이행체제는 UN안보리 결의안의 권한을 부여받은 집단제재와 북한에 대한 개별국가의 단독제재에 의해 실현된다. 이 두 가지 제재조치는 사실상 6자회담과 평행을 이루지만, 6자회담 구조 밖에 존재하고 있다. 안보리 결의안의 적용 정도가 다르며 개별 국가들의 제재력 또한 다르기 때문에, 단순히 UN안보리에 의지하여 6자회담의 이행력을 증강시키려 하는 것은 매우 제한적이다. 서로 다른 국가들의 북한제재라는 이 수단에 대한 이해가 다르기 때문에, 개별적 제재는 6자회담의 이행체제의 효력으로서 종종 모순을 악화시키며, 심지어 상호상쇄시킨다. 북한이 6자회담의 현존하는 구조를 애써서 전복시키려 하며, 거칠게 국제사회에 자신의 핵대국 지위를 강요하려는 오늘날, 6자회담은 일종의 협력이 일치된 이행체제를 형성하였는지, 아니면 북한의 핵무기 보유의 장기화를 좌시하고 있는지 의문이다.

만약 6자회담에 집행체제가 결여된다면, 앞으로 북한이 6자회담으로의 복귀에 응한다 하더라도, 협상의 결과는 여전히 '일보전진 이보후퇴'할 가능성이 있고, 이러한 6자회담 모델은 반드시 바뀌어야 한다. 그렇지 않다면, 북한이 지속적으로 6자회담 참여 각국들을 압박하는 것을 방임하는 것과 같고, 다자회담은 계속해서 모종의 '말만 무성한 곳(Talking shop)'의 역할에 머물 것이며, 제한적인 기간 내 문제를 해결하는 권위성과 집행력이 결여될 것이다. 6자회담의 실효성 문제를 해결하고, 북한의 입장이 반복적으로 다변함으로서 지속적으로 다자회담 과정을 파괴하는 국면이 나타나는 것을 유효하게 피하기 위해, 6자회담 구조에 강력한 집행체제의 유입이 필요하다. 6자회담 '기능의 업그레이드'든 '체제의 승격'이든, 6자회담의 발전 방향에는 '강압외교(Coercive diplomacy)' 개념 도입에 대한 분석이 필요하며, 북한을 제외한 기타 5개국의 공통된 힘과 지혜를 결집하여 북한이 핵무기 능력 확대를 선포하고, 절대 핵무기를 포기하지 않겠다고 협박하며, 심지어 군사적 행동을 취한다고 위협을 가한 새로운 위기태세에 대응해야 한다.[494] '강압외교'의 기본 내용은 평화와 핵비확산 수호 목적에 도달하기 위해, 국제사회에 협력과 단결이 필요하다는 의식하에 위협의 확대를 막고 지역안보를 수호하고 보장하며, 위기국면의 수습과 해결을 촉진하기 위한 모든 수단을 취할 결심을 하는 것이다.[495] 냉전 후 국제관행으로 보아, 중대한 지역안보 문제상에서, '강압외교'는 최종적으로 문제의 해결을 추진하는 기본적 수단 중 하나이다. 중대한 지역안보 핫이슈가 관련될 때, 국제협력 기초 위의 강압외교에는 장단점이 존재한다. 예를 들어, 1992년 걸프전쟁, 1994~1995년의 소말리아-르완다 내전, 1999년 코소보전쟁, 2002년 동티모르 독립 등, 이러한 일련의 강압외교를 활용한 일련의 국제적 사건의 결과를 결코 일률적으로 논할 수는 없다. 강압외교가 반드시 군사적 수단을 포함한 것은 결코 아니며, 제재, 금수 그리고 핵사찰 등 조치 모두 강압외교 영역에 포함시킬 수 있다.[496] 유효하며 합리적인 강압외교는 군사적 충돌을 피하는 효율적인 대체 수단이다. 오늘날의 북핵문제가 이미 강압외교를 가동시켜야 하는 수준에 도달하였는지에 대해 논의할 수 있지만, 미래 한반도의 긴장국면의 지속적인 악화에 따라, 어떠한 형식이든 강압외교를 모색하는 것은 아마도 이미 피하기 어려운 것 같다. 최소한 한반도 대립국면이 지속적으로 악화되어 군사적 충돌을 유발시킬 가능성, 또는 북한 핵무기 보유의 상황을 오랜 기간 바꿀 수 없다면, 국제사회는 강압외교 단계 가동을 통한 대응을 모색해야 한다.

한반도 문제의 강압외교와 관련하여 몇 가지 부분의 내용을 포함할 수 있다. 첫째, UN의 1718호 결의안과 1874호 결의안의 기초 위에 무역, 금융, 핵사찰 등 제재행동을 취하는 것은, 6자회담체제의 집행을 보장하는 필요한 수단이다. 사실상, UN결의안의 제재 내용은, 북핵문제의 외교적 해결을 위해 반드시 필요한 강제체제를 제공하였다. 2006년 10월 15일 채택된 결의안인 제1718호는 6자회담 시작 이후 처음으로 북핵문제에 대해 UN 안보리가 취한 제재 결의안이다.[497] 2009년 6월 12일 채택된 결의안인 제1874호는 즉각적인 1718호 결의안의 전면적 집행, 북한의 모든 무기 수출금지, 출입하는 북한선박에 대한 검사와 북한의 대규모살상무기와 관련한 연구·제작 활동에 외부자금의 유입방지 등의 제재조치를 규정하였다.[498] 1718호 결의안과 비교하여, 1874호 결의안은 제재범위를 확대하고, 제재강도를 제고하였을 뿐만 아니라, 전문가 그룹을 설립하여 제재에 대해 감독하도록 하여, 1718호 결의안의 문제점이었던 '제(制)'는 있지만, '재(裁)'가 없었던 상황을 피하도록 하였다. 결의안의 최종 원문은 각국의 비교적 균형잡힌 입장을 반영하였고, 이는 북한의 도발행위에 대한 응징과, 미래의 국면에 긍정적 변화 유도를 서로 결합한 산물(産物)이다. 1874호 결의안의 엄격한 이행은 UN안보리 제재 결의안이 6자회담체제의 역할을 증강시킬 수 있는 중요한 보장이다. 그러나 단순히 1874호 결의안에 기대는 것으로 북핵문제를 결코 해결할 수 없으며, 이것이 북핵문제에 대해 도대체 어떠한 효과를 만들어낼 것인지 또한 시종 존재하는 의문이다.[499] 현재의 상황에서, UN1874호 결의안의 엄격한 이행을 보장하는 것은 북핵위기에 대응하는 기본방법이다.

둘째, 6자회담의 다른 각국들은 신속히 장관급 협상채널을 가동시켜, 한반도 정세에 군사적 충돌 또는 다른 돌발사건이 발생했을 시, 각국이 어떠한 대응조치와 협조된 행동을 취할 것인지를 결정해야 한다. 특히 북핵문제가 장기화된 후, 각국이 어떻게 입장을 조절하여 협조하며, 지역안보에 대한 북핵문제의 부정적 충격을 완화시켜, 새로운 형세가 동아시아 지역 안보에 불필요하게 새로운 긴장을 유발시키는 것을 피할 수 있도록 논해야 한다. 그중, 한반도 문제와 직접적으로 관련된 각국인 중국, 미국, 러시아 한국, 일본 등 국가들은 다른 국가와 협상을 통하지 않고, 일방적인 행동을 취하는 것을 피하고 또한 금해야 하며, 어떠한 한 국가가 북핵문제를 이용하여 방위정책상 '과도한 반응'을 취하는 것 또한 피해야 한다. 미래 한반도 정세에 대응하는 어떠한 국제적 행동은 북한을 제외한 5개국의 공동행동 원칙을 준수해야 한다. 1874호 결의안이 북한의 군사적 도발행동 억제에 어떠한 효과를 만들어낼지는, 결의안 자체에 달린 것이 아니라 각국의 정치적 염원과 한반도 정세에 대한 전략적 판단에 많은 부분 달려있다.

셋째, 북한이 능동적으로 다른 국가들에 대해 공격, 또는 의도적으로 변경(邊境) 충돌을 야기하는 행동을 취한다면, UN안보리는 신속히 개입할 것이다.[500] UN안보리의 권한을 부여받아, 6자회담 관련 5개국이 공동으로 군사위기에 대한 대응조치를 취할 것이다. 북한 국내에 혼란이 발견된다면, 안보리 또는 6자회담의 다른 각국은 즉각적으로 협상하고, 국제사회로부터 권한을 부여받아 인도주의적 개입, 국제안전부대를 주둔하고 그리고 국제구조의 힘을 합치는 등, 집단적 반응을 보여야 한다. 북한에 내부 혼란 또는 한반도 정세에 군사적 충돌의 발생은, '5자회담' 개최의 유일한 이유이다. 중대한 지역 또는 글로벌 문제에 대해 UN안보리가 직접적인 책임을 지고, 안보리를 가동시켜 북한과 한반도 정세에 대해 밀접한 관심을 유지하는 것은, 6자회담체제 발전과 집행력을 제고시키는 핵심 단계이다.

6자회담은 북핵문제 '지역해결' 방식의 장치로서, 반드시 어떠한 군사적 동맹이 일방적으로 한반도위기에 대해 어떠한 강제적 행동을 취하는 것을 배제해야 한다. 모든 개별 국가들은 북한문제에 대해 일방적인 강제적 타격을 취할 권한이 없어야 한다. 그렇지 않다면 한반도 정세를 복잡하게 만들 것이며, 6자회담체제의 협력과 협조적 역할을 파괴시킬 것이다. 6자회담 구조 내의 기능 업그레이드와 체제 승격도 마찬가지로 반드시 다자주의적 행동규칙에 따라, 각국의 일치된 원칙 아래 행동을 취해야 한다.

3) 1874호 결의안 후의 북핵정세 – 미래 발전적 가능성 분석

단기적으로 본다면, 2009년 이래 북핵정세 발전에서의 대립성은 완화되기 힘들며, 이것의 위기태세는 여전히 지속적으로 악화될 가능성이 있다. 5월 25일 북한의 모든 힘을 다해 '핵 억제력'을 발전시킨다는 성명과, 6월 13일 '핵무기 포기 절대 불가' 성명 후, 북핵문제는 이미 새로운 발전 단계에 접어들었다. 예전과 비교하여, 이 단계는 몇 가지의 새로운 특징을 지녔다.

첫째, 북한의 핵무기 보유는 이미 현실이지만, 북한 핵능력의 불법화는 더욱 변하지 않는 현실이다. 국제사회가 북한의 핵무기 보유의 합법성을 받아들이지 못하고, 북한이 사실상 핵무기 보유국가가 된 사실 또한 받아들이지 못하며, 북핵문제의 외교적 해결과정은 이미 협상을 통하여 합리적인 조건 아래 북한 핵포기 실현에서, 어떠한 수단 사용도 배제하지 않지만, 지속적으로 외교적으로 북핵문제를 해결하는 강압외교로 전환하였다. 당연히 북한이 일정한 시간을 지나 안정된 후, 6자회담으로 다시 복귀를 원하는 것을 배제하지 않았다. 그러나 지속적으로 핵포기 협상을 취할 것인가, 아니면 강압외교로 완전히 전환할 것인가. 한반도 비핵화 문제에서 이러한 모델 선택의 열쇠는 북한의 손에 달려있다.

둘째, 미래 외교적 협상은, 북한이 핵대국이 된 후의 한반도 정세에 대해 협상하는 것이 아니라, 북한의 핵포기 문제에 대해 지속적으로 협상하는 것이다. 존재하지 않는 북한의 핵대국 지위는 협상할 수 있는 문제인지, 또는 어떠한 조건 아래 북한의 핵무기 보유 사실은 묵인 또는 합법적으로 받아들여질 수 있는 문제인지, 그리고 핵포기는 협상가능할지의 문제만이 존재한다.

셋째, 북한이 핵보유를 고조시키는 상황에서, 6자회담 각국의 협력은 예전의 어떤 시기보다 더욱 절박하다. 미국, 일본, 한국의 북핵정책 중점은 이미 북한의 이익 관심사의 협조에 대해 협상하고, 더 나아가 평양의 핵포기를 돕는 것에서, 한반도와 동아시아안보를 수호하고, 동맹체제를 강화시키며, 북한의 핵확산 시도를 방지하는 등 문제로 전이되었다. 중국을 포함한 다른 국가들이 한편으로 자국의 자제와, 6자회담 재가동을 독려하며, 다른 한편으로는 국제 핵비확산제도 수호를 견지하고, 아태지역에 새로운 핵확산의 기세가 나타나는 것을 억제하며, 또한 한반도 군사충돌을 방지해야 한다. 현재 6자회담을 가동할 수 없는 상황에서, 어떻게 6자회담 참여국들 간의 협력과 단결을 보장할 것인가는 북핵 정세의 심각한 도전에 대한 급선무적 대응 방안이다.

넷째, 6자회담은 이익균형, 공영적 협조 대화체제이며 제1874호를 채택한 UN안보리는 강제력을 지닌 집행체제이다. 미래 북핵문제의 외교적 해결 과정에서, 어떻게 이 두 가지 체제의 상호 협력을 실현시킬 것인가는, 국제사회에 대한 중대한 시험이다. 안보리의 의사원칙은 결코 단순한 이익균형이 아니라, 사태의 성질과 위해도에 근거하여 강제적 행동을 취하는 국제제도이다. 비록 중국과 러시아는 정세의 긍정적 발전 추진의 호의로부터, 1874호 결의안의 '적절한 균형의 방식'으로 현재 북핵위기에 대한 대응을 보장하였다.[501] 그러나, 안보리의 개입의 실질은 위기사태에 대해 제재를 통하여 강제적 개입을 보장하려는 것이다. 결의안 제1874호 채택은, 6자회담의 이익협조체제가 이미 일시적으로 안보리의 강압집행체제를 대체한 것을 의미한다. 미래 6자회담의 이익균형체제를 어떻게 다시 가동시킬 것인가는 이미 하나의 난제가 되었다.

단기적으로 보아, UN안보리의 1874호 결의안이 북핵문제에 실질적인 영향력을 발휘하기는 힘들다. 한편으로는, 북한의 대외무역 의존도가 매우 낮기 때문에, 북한의 무기수출을 금지한다 하더라도, 매년 북한 교역에 가져올 영향은 2~3억 불일 것이다.[502] 이 숫자는 비록 외환이 급한 북한에게 매우 중요하지만, 북한의 외환 출처를 고갈시키는 단계에 이를 정도는 아니다. 1874호 결의안은 '북한의 국제융자, 자금의 원조와 낮은 이자의 차관을 통하여 대규모살상무기 발전 방지'를 요구한다. 이점은 많은 부분 미국이 어떠한 방식을 통하여 북한에 대한 금융제재를 회복할 것인가에 달려있다. 북한과 서방국가의 금융관계가 비교적 적기 때문에, 설령 미국이 엄격한 금융제재를 선포한다 할지라도, 단기 내 북한의 금융과 경제능력을 실질적으로 약화시키기 힘들다.[503] 다른 한편으로는, 1874호 결의안은 북한에 대해 안보리가 취하는 관련조치의 목적은 "북한 국민에 불리한 인도주의적 결과를 야기시키려는 것이 아니다"라고 명확하게 제기하고 있으며, 이것은 결의안이 북한의 정상적인 대외무역을 결코 금지 혹은 제재하지 않고, 북한 민생의 무역활동을 만족시킴으로써 실질적인 상해를 가하지 않도록 하는 것을 표명하는 것이다. 특히 북한의 대외무역의 중국에 대한 높은 의존으로 인해, 2008년 북 - 중 무역액은 28억 달러에 달하였고, 이는 북한무역 총액의 73%이며,[504] 북중무역 교류의 지속은 1874호 결의안이 규정한 인도주의 원칙 실현에 도움이 된다. 이 외에, 북한제재 문제상에서 각국의 입장과 견해의 차이로 인해, 미래 1874호 결의안의 집행상황이 도대체 어느 정도까지 진전될 수 있을지에 대해, 여전히 논쟁이 존재한다. 분명히, 강제적 제재를 통하여 신속히 북한 정권을 약화시키고, 또한 단독 제재 행동을 통하는 것도 불사하고 북한의 붕괴를 희망하는 미국과 일본 등 국가들과, 북한의 핵포기를 견지하지만, 북한 국내정세의 안정 또한 원하는 중국과 러시아 등 국가들을 비교했을 때, 제재강도와 집행정도상에 비교적 큰 차이가 존재할 것이다. 1874호 결의안과 관련된 집행효과가 도대체 어떠할 것인가? 이에 대해 시작부터 비교적 큰 분쟁이 존재한다.[505]

이 외에도, 북한 현존의 권력구조에 중대한 조정이 나타나기 이전, 단순한 경제와 금융제재는 결코 진정으로 북한 지도자들의 현행의 전면적인 대립적 입장 변화를 촉진시킬 수 없다. 근래 북한정부의 일련의 행동에는, 새로운 미사일 발사, 고농축우라늄 계획 가동 선포, 잔존한 모든 플루토늄의 무기화, 1874호 결의안 집행에 대한 군사적 반응 등을 포함한 모든 방법들은 위기사태를 고조시키고 있다. 또한 미국 정보부서는 심지어 북한이 제3차 핵실험을 감행할 것으로 여긴다.[506] 이와 서로 대응하는 것은, 미국, 일본, 한국 등 국가도 끊임없이 북한의 도발행위는 "엄중한 결과에 직면할 것임"을 강조하고 있다. 근래 한 - 미 - 일 3국은 최악의 군사적 행동의 준비를 진행하며, 미국은 일본의 가데나 공군기지(嘉手納飛行場)에 F-22랩터를 배치하고, 주한미군의 경계태세도 강화시키는 등, 북한이 지속적으로 '극도로 흥분된' 상태를 유지하게 하였다. 현재로서, 오바마정부는 미국의 북핵정책을 결정적으로 바꾸어 비핵화의 '외교적 교역' 실현에서 '북핵위기 하락'의 종합적 '모살전략'으로 전환할 가능성이 매우 크다.[507] 미국의 제재, 고립, 억압, 권고 등 정책적 수단은 번갈아가며 운용될 것이며, 심지어 한-미, 미-일동맹 보호를 이유로 북한에 대한 군사적 공격도 배제하지 않고 있다. 비록 한반도정세에 일시적으로 새로운 전쟁의 위험이 나타나지는 않았지만, 위기상태는 장기적으로 지속될 것이다. 이 사태는 역으로 북한이 자신의 핵능력을 의지하도록 한층 더 자극할 것이다.

4) 결론

6자회담 견지 아니면 6자회담 탈퇴는, 지금껏 북핵문제상에서 북한과 국제사회의 핵심적 이견 중 하나이다. 비록 2차 핵실험과 북한의 핵무기 포기 절대불가 강조의 방법들은 6자회담을 새로운 어려움에 빠지게 하였지만, 6자회담 견지는 북핵문제의 외교적 해결의 희망을 견지하는 것이다. 북한의 6자회담 탈퇴 선언으로 결코 6자회담체제의 가치와 중요성에 대해 부정될 수 없다. 근래 북핵문제에 나타난 새로운 위기에 직면하여, 6자회담체제가 어떻게 기능 업그레이드와 집행 체제 유입을 실현시킬 지는, 이 다자구조가 북핵문제의 기존 어려움을 벗어나는 데 있어 중요한 단계이다. 미래 북핵문제에서 다자협상을 회복하기 위해, 평양은 반드시 우선 2005년 9월의 「공동성명」으로 복귀해야 한다. 만약 북한이 핵무기 포기의 책임과 의무를 재천명하지 않는다면, 6자회담은 북한의 이 의무와 책임에 대한 집행제도가 결여되며, 다자회담은 여전히 실질적으로 돌파되기 어려워질 것이다. 북한이 모든 핵계획과 핵시설을 개방하고, 국제 핵사찰을 철저히 받아들이고, 또한 그들의 기존 핵무기 개수와 탑재능력 그리고 저장 장소를 사실대로 보고하는 상황에서, 북핵문제의 해결은 6자회담이 강조하는 '행동 대 행동 원칙'으로 돌아갈 수 있으며, 그리고 안전보장과 제재 취소 그리고 국제원조 등과 관련된 북한의 합리적인 요구를 만족시킬 수 있다. 1874호 결의안은 북한이 조속히 「핵비확산 조약」으로 돌아옴으로써, "전면적이고, 되돌릴 수 없으며, 핵사찰이 가능한 방식으로 모든 핵무기와 기존의 핵계획에 대한 포기"를 요구하고 있으며,[508] 이것은 국제사회의 공통된 염원일 뿐만 아니라, 미래 6자회담을 다시 회복시키는 데 필요한 기본 전제이다. 그렇지 않다면, 6자회담의 어떠한 회복도 그저 이미 여러 번 되풀이된, 북한으로부터 '부축'받는 연약한 과정의 반복일 수밖에 없다. 북한의 핵포기가 '되돌릴 수 없는' 상태에서 이루어진다는 전제 아래 6자회담 회복 또한 오바마정부의 현재 기본입장이다.[509]

UN 1874호 결의안의 이행은 북한에 대한 응징일 뿐만 아니라, 또한 북핵 교착상태를 타파하는 중요한 출발점이다. 1874호 결의안을 이행하고, 한반도정세의 돌발사태에 대응하며, 오랜 기간 해결되지 못하는 북핵문제의 국면을 피하기 위해, 6자회담체제는 '협의(協議)외교'에서 어느 수준의 '강압외교'로 전환할 필요가 있다. 북한이 협상으로 복귀하는 과정에 '조건'이 달릴 가능성이 매우 크며, 핵포기 협상이 기존의 이익협조에서 1874호 결의안이 규정한 '제재행동'으로의 전환하는 등의 몇 가지 놀라운 변화는 북한의 도발적 행위가 자초한 것이다. 북핵문제가 여기까지 온 것은, 중국을 대표로 하는, 북한이 합리적인 국가이익에 대한 만족을 얻어야 한다고 지지하는 국가로서는 매우 안타까움이 크다. 북한은 6자회담이 북한 자신의 국가행위의 체면을 존중해준 것임에도 불구하고 분쟁을 야기시켰고, 사태를 악화시켰으며, 국제사회의 안정과 협력 그리고 번영을 지향하는 공통된 염원을 무시하고, 줄곧 핵능력의 합법화를 추구하는 행동을 취한 것은, 6자회담 개최국으로서의 중국의 성의를 져버렸을 뿐만 아니라, 더욱이 북핵문제가 늘 해결되기 어려운 배후에는 북한문제가 존재하고 있다는 것을 국제사회에 분명히 각인시켜주었다.[510]

제13절 포스트 천안함 시대
한반도 비핵화 과정에 대한 평가와 분석

    2010년 3월 26일 발생한 '천안함 사건'과 11월 23일 발생한 '연평도 포격 사건'은, 한반도 정세로 하여금 역사적인 새로운 단계에 접어들게 하였다. 이 두 가지 위기 사건은 북핵문제의 정치와 외교적 해결의 다자과정에 심각한 타격을 입혔을 뿐만 아니라, 더욱이 한반도를 전쟁의 벼랑 끝으로 몰고 갔다. 한반도 정세의 긴장은 관련 각국의 중대한 정책조정을 직접적으로 야기시켰다. 2008년 12월 중단 이래 6자회담은 지금까지 34개월에 달하는 정체기에 빠졌다. 6자회담이 다시 가동되기 힘든 것은, 2009~2010년 한반도 정세의 새로운 변화의 결과이지만, 그것의 근본적인 원인을 분석해 본다면, '포스트 천안함 시대'의 북핵문제 해결상에서 한－미－일 동맹 협조체제가 6자회담체제보다 우선시되는 새로운 변화가 나타났기 때문이다. 이것은 2003년 8월 제1차 6자회담 가동 이래, '포스트 천안함 시대'의 북한과 북핵에 어떻게 대응하느냐는 문제상에서 동맹내외(內外) 사이에 직접적으로 최대의 분쟁을 야기시켰다. 6자회담의 정체가 6자회담이 효력을 잃었다는 것을 의미하는 것은 결코 아니다. 미래 한반도 정세의 안정과 협력 그리고 비핵화과정은 여전히 반드시 6자회담의 회복과 발전의 역사적인 새로운 단계를 겪어야만 한다. 6자회담을 가동시키는 데에는, 관련 각국의 정책의 공통된 인식의 새로운 확립이 필요하다.

1) 한반도 정세의 변화와 불변

    천안함 사건과 연평도 포격 사건은 한반도 비핵화와 안정 그리고 평화 과정에 심각한 손상을 입혔고, 제1차 6자회담 개최 이래 한반도 비핵화 다자협력체제에 가장 심각한 도전을 가져왔다. 이러한 타격과 도전 앞에, 새로운 변화는 이미 나타나기 시작하였다.

첫째, 한반도 정세에 1953년 한국전쟁 종결 이래 최대의 변화가 발생하여, 한반도 전통적 전략균형이 붕괴되어, 한국의 대북정책과 지역안보전략에는 냉전 종결 이래 최대의 조정이 나타났다. 전통적 한반도 전략균형에서, 북한은 줄곧 공세의 위치에 있었고, 한국은 수세(守勢)의 위치에 있었다. 경제와 군사력 발전에서 1980년대 중반부터 한국은 이미 북한을 완전히 추월하였지만, 북한 군대의 규모와 휴전선 부근의 대포진지를 위주로 하는 재래식 위협 그리고 한국의 미국의 안전보장에 대한 지나친 의존으로 인해, 냉전 후에도 한국이 전체적인 한반도 정세에서 여전히 수세에 처하게 하였다. 이 수세에는 세 가지 큰 특징이 있다. 첫째, 한국정부는 결코 군사력을 통한 현상 변화를 추구하지 않으며, 북한의 군사위협에 대해 한미동맹체제 아래의 침략억제 위주의 위협전략을 유지한다. 둘째, 한국의 여야 모두 독일통일 모델인 흡수통일에 대해 내심 꺼려하며, 또한 이 정책을 추구하지 않는다. 이로 인해 북한의 붕괴를 능동적으로 추진하는 것을 꺼려한다. 셋째, 한국이 북한의 군사적 도발에 직면하여도, 보복성 반격은 추구하지 않는다.[511] 그러나 2010년 2개의 큰 위기사건은 1953년 이후 한반도 전략형세를 바꾸어 놓았고, 한국은 '공세'의 위치에 서기 시작하였으며, 북한은 '수세'로 몰리기 시작하였다.[512]

한반도의 사건상에서, 이명박 정부의 '전략공세'에는 몇 가지 내용을 포함하고 있다. 첫째, 서울은 군사력 확대, 방위태세 강화를 결심하였고, 앞으로의 충돌에서 무력으로 북한을 응징할 것임을 표명하였다. 연평도 포격사건 발생 후, 한국은 북한의 미사일 기지에 대해 습격을 통한 보복을 고려한 적 있다.[513] 한국의 김태영 전 국방장관은 신속히 교전규칙을 수정하여, 앞으로 충돌이 발생할 시 한국군이 강한 군사적 반응을 취할 수 있도록, 최전방 군사지휘관이 한국 최고군사부서의 비준 없이 군사적 반격을 취할지를 결정할 수 있는 권한을 부여하도록 신속히 제기하였다. 분쟁해역 부근의 서해5도에 군배치를 증가시켰고, 경계와 위협을 강화시키는 것 외에도, 한－미 양국은 분쟁중인 북방한계선 문제상에서 더욱 강경한 입장을 취하고, 북한에 대해 각종 무력과시와 대립적 결심을 나타내는 군사훈련은 이미 일반화되었다. 2010년 11월 28일의 '서해 한미연합훈련'에서, 12월 24일의 백령도 사격훈련, 2011년 8월의 '을지－프리덤가디언 연습'까지, 한미 양국의 빈번한 군사훈련은 북한에 대한 군사적 위협강조를 유지하는 데 목적을 둔다. 둘째, 한국의 조건위주로 남북 간의 대화와 접촉 설정의 과정 견지는, 기본적으로 전통적인 한국정부가 북한에 영향을 가하는 정책인 경제적 수단을 포기하도록 하였다. 개성공단 유지를 제외한, 북한에 대한 모든 정부차원의 원조와 경제교류를 중단하였다. 2010년, 북한에 대한 한국의 원조액은 겨우 100억 원으로 줄었다. 셋째, 오바마정부가 한국을 등지고 북한과 단독적인 접촉을 해선 안 된다고 권유하였고, 남북관계 개선은 6자회담 회복의 전제조건임을 견지하였으며, 남북회담에서의 비핵화 내용을 증가시켜, 한국 주도의 북한 및 북핵문제 해결 촉진을 힘쓰는 과정의 정책적 결과이다. 넷째, 정치와 여론 이 두 가지 방면에 한국 대중에 대한 통일교육을 확대하고, 통일목표의 홍보를 고조시키며, '3단계 통일구상'을 확산하고, 또한 국민에게 통일세(稅)증수를 준비하였다.[514] 다섯째, 각종 수단을 취하여 북한 대중을 분열시키고, 북한의 권력기반을 부식시키고 약화시켜, 김정일 정권의 '평화적 변화' 실행을 강구한다. 탈북자 수락과 안치문제에서, 정보와 홍보 그리고 비정부조직 등을 강화하는 등 여러 방면을 통하여 북한과 심리전을 함으로써, 이명박 정부의 대북정책의 초점이 이미 압박과 고립 후 북한에 나타날 가능성이 있는 정권붕괴를 북핵문제의 해결로 하는 전략적 선택으로의 실질적인 전환을 나타낸다.

이명박 정부의 새로운 대북정책은 한국의 집권여당이 남북관계 처리상에서의 보수주의적 이념을 대표할 뿐만 아니라, 이는 북핵문제의 외교와 정치적 해결에 대한 한국 여야의 큰 실망을 반영하였고, 더욱이 외교와 안보전략 측면에서 한국의 전면적인 '미국경향'과 '한미동맹강화'를 핵심으로 하는 전략적 선택을 대표한다. 이 전략 전환의 핵심은 미국과 일본 공동의 지지를 한국이 모색함으로써, 미래 한반도 문제의 해결방안에서 주도적 위치를 추구하는 것이다. 2009년 6월 이명박 대통령의 미국 방문 때, 한미정상이 발표한 「공동 비전성명」은 오바마정부와 이명박정부가 지역협조 틀이 아닌, 동맹의 틀 안에서 북한문제 해결에 힘쓰겠다는 기본입장을 나타내었다.[515]

이와 상응하는 것은, 국내 경제발전의 지속적인 어려움으로 인해, 북한정권은 생존보장에 직면한 전략적 압박은 전례 없이 상승하였다. 한－미－일로부터의 고압정책에 직면하여, 북한은 기존의 국제외교 그리고 경제와 안보자원은 크게 압축되었다. 2011년 3월 미－영－프는 UN안보리가 설치한 '비행금지구역'의 1973호 결의안을 이용하여, 리비아 카다피정부에 공중군사적 공격을 가하여, 9월 14일 카다피 정권이 수도 트리폴리를 떠난 사실은, 한반도 비핵화 과정을 한층 더 복잡하게 하였다. 북한 지도자는 당연히 '제2의 카다피'가 되고 싶지 않으므로, 핵포기 염원은 이미 한층 더 낮아진 것 같다.

동시에, 미국 오바마정부의 북핵정책은 2009년 북한 2차 핵실험 직후의 불신과 적은 접촉으로 인해, 2010년 후의 외교와 군사 그리고 경제적 제재와 고립 그리고 고압 정책으로 전면적으로 전환하였다. 백악관은 한반도 긴장국면 완화와 해결의 정책 중점을 중국에서 한국으로, 6자회담에서 미국이 주도하는 동맹국가들 간의 정책과 전략적 협조로 전환하였다. 북핵문제 해결에 대한 워싱턴의 전략적 의지는, 미－중협력과 6자회담 다자구조안에서의 정치적 해결 실현에서, 군사동맹간의 위기대응 방안과 이명박 정부의 통일계획을 전적으로 지지하며, 중국에 지속적으로 압력을 가하여, 베이징이 대북정책을 바꾸고, 6자회담 회복의 문턱을 높이며, 여러 가지 방식을 통하여 미래 '북한붕괴'에 대해 계획하고 나아가 이러한 상황이 도래하기를 희망하고 있다.

천안함 사건과 연평도 포격 사건 후, 미국 여야 엘리트들은 북한의 위협성이 뚜렷이 상승했다고 일반적으로 여긴다.[516] 중국이 지속적으로 "북한 편을 든다"는 인식은 오바마정부로 하여금, 만약 미국이 완강하게 "한국 편에 서지 않는다면", 동아시아에서 미국의 지역패권 지위가 흔들릴 것이며, 지역에서 부담하는 안보의무에 대한 신뢰 또한 잃을 것이라고 의식하게 하였다. 이로 인해, 오바마정부는 한

미동맹을 한층 더 강화하였고, 북－미 양자회담을 북한을 설득하는 데 성의를 나타내는 중요한 방법으로 하지 않고, 오히려 한국 주도의 대북 평화회담 과정을 지지하고, 남북대화에서 '핵의제' 설립을 지지한다. 한미관계는 수십 년 동안 가장 좋은 시기에 있다고 생각된다.[517] 북핵과 북한 문제상에서 오바마정부가 한국에 끌려가는 것에 대한, 한미 양국은 지도자 간의 신뢰관계 구축으로 해석하지만, 본질적으로는 그래도 북핵 교착상태의 장기화를 피하고, 대규모살상무기를 보유한 북한의 동아시아에서의 미국의 전략적 이익에 대한 위협을 피하고, 한반도 문제에서 중국의 영향력이 미국을 추월하고 대체하는 것을 피하기 위함이다. 이로 인해, 오바마정부는 "힘을 빌려 공격한다"고 할 수 있으며, 이 두 개의 위기사건을 이용하여 동아시아에서 한－미－일 3자 군사협력을 강화하고, 한국경제의 중국에 대한 의존이 끊임없이 심화되어가는 배경 아래 한국을 끌어들이고, 한국의 동아시아 지역에서 미국과의 군사동맹과 안보협력 관계를 촉진시켜, 한반도 문제상의 영향력에 대해 '굴기 중인 중국'과 미국의 경쟁을 방지하고, 한미동맹의 약화와 동아시아에서 미국의 전략적 자산의 유실을 방지한다.

이 시기, 오바마정부의 남북정책은 삼관제하(三管齊下)[*]라 말할 수 있다. 첫째, 소위 북한문제 해결상에서 '중국선행' 원칙을 강조하며, 중국이 일련의 분쟁 문제상에서 반드시 분명한 입장을 표명하고 또한 한－미－일의 편에 서서 북한에 대해 압력을 가하길 요구한다. 둘째, '한국우선' 원칙을 견지하고, 이명박 정부의 대북강경 주장과 한미군사증강으로 반격의 준비를 지지한다. 셋째, 오바마정부의 핵안보 구상에서, 북한을 지역뿐만 아닌, 세계의 수당기충(首當其衝)[**]적인 대규모살상무기의 확산자로 규정하기 시작하였다.

---

[*] 쌍관제하(雙管齊下)의 앞 글자만 바꿔서 사용한 말로, '두 자루의 붓으로 동시에 그림을 그린다', '두 가지 일을 동시에 진행하다', '두 가지 방법을 병행한다'는 뜻이다.

[**] 제일 먼저 공격을 받거나 그 대상이 되다. 맨 먼저 재난을 당하다.

2) 한 - 미 - 일동맹의 협조체제 및 대북정책

2010년 양대 위기 사건이 가장 직접적으로 영향을 끼친 것은 미국이 주도한 동맹구조 안의 협조체제가 북핵문제상에서 6자회담의 작용을 배척한 것이며, 이는 6자회담체제의 가동을 힘들게 하는 근본적 원인이다. 한반도 문제상에서 한미일 동맹협조체제는 2010년 12월 5일 3국 외무장관의 워싱턴회의부터 공식적으로 틀을 갖추기 시작하였다. 회의는 6자회담의 전제는 북한의 성의(誠意)와 행동이라고 강조하였다.[518] 일 년이 넘는 시간동안의 정책적 실천으로 보아, 그 내용에는 네 가지 방면을 포함하고 있다.

첫째, 대북정책의 전략중점은 협상을 통하여 비핵화문제를 해결하는 것에서, 북한이 취할 가능성이 있는 새로운 도발행위에 대한 위협과 억제 그리고 방범으로 전환하였다. 미국 랜드연구소 선임연구원 브루스 베넷(Bruce W. Bennett)의 분석에 따르면, 북한이 지속적으로 취할 가능성이 있는 도발 행동에는 6가지가 존재한다. 제한적 군사공격, 정치적 테러암살, 핵실험과 장거리미사일 실험, 대규모살상무기 확산, 간첩파견을 통한 한국의 정보수집 그리고 인터넷 해킹 공격이다.[519] 한국과 미국은 북한이 정권생존의 필요로 인해, 반드시 끊임없이 도발행동을 취할 것이라고 믿는다. 이로 인해, 포스트 천안함 시대에 미국이 주도하는 대북반응의 중점은, 핵포기 협상에서 늘 위협성을 지닌 북한행위를 방범하고 억제하며 변화시키는 것으로 완전히 전환되었다. 연평도 포격 사건은 한미 연합의 군사적 대응 준비수준을 급격히 제고시켰고, 북한의 위기정세에 대한 한미의 연합 대응인 '5029방안'은 이를 통해 한층 더 실제화되고 있다. 동시에, 한미는 일본을 옵저버로 한미연합군사훈련에 참여하도록 한 것은, 미래 북한의 군사적 위기에서, 한미일이 다시금 새롭게 방위집단을 형성하는 발전추세를 보여주었다. 미래에 만약 북한이 새로운 군사적 도발행동을 취하거나, 또는 남북 간에 새로운 대규모 군사적 마찰이 발생한다면, 한반도정세를 전쟁상태로 전이시킬 가능성이 존재한다. 이 과정에서, 비록 한일 군사결맹의 가능성은 단기 내 나타나지 않겠지만, 한일 양국이 방위협력을 강화하여, 점차적으로 한-미-일 군사력의 전시협조체제를 형성하고, 더 나아가 일본과 한미군사력의 통합과정 추진이 기본 추세가 될 것이다.

둘째, 북핵문제에 대한 전략 중점은 양자, 다자대화와 개입에서 북한의 대규모살상무기 확산을 감시하고, 평가하며 저지하는 정책으로 전환하였다. 2009년 6월 북한의 2차 핵실험 진행 이래, 북한 핵능력에 대한 미국의 평가는 점점 더 부정적으로 변하고 있다. 2차 핵실험 직후 북한은 여러 차례 강경한 메시지를 내보냈고, 그들의 핵능력의 제고를 강조하며, 이를 통하여 미국으로 하여금 북한과의 양자대화를 중시하도록 강요하는 것을 희망하였다. 2009년 11월 초, 북한 측은 이미 8,000개의 핵연료봉의 플루토늄의 채취작업을 마쳤다고 표명하였다.[520] 2010년 9월 북한을 방문한 미국의 전 관료인 잭 프리처드(Jack Pritchard)에게 현재 영변에 새로 건설 중인 경수로를 공개하였고, 11월에 방문한 미국 스탠포드대학교 국제안보와 협력연구센터의 선임연구원인 지그프리드 헤커(Seigfrid Hecker)에게 고농축우라늄 시설을 보여주었다. 헤커의 짐작에 따르면, 북한의 고농축우라늄 시설은 2,000대의 원심분리기의 규모에 달한다.[521] 북한이 미국 전문가의 눈을 통하여 세계에 그들의 경수로와 고농축우라늄 프로그램을 공개한 것은, 분명히 이를 통하여 양자와 다자협상을 강요하고, 미래 협상대가를 제고시키려는 것이다. 11월 21일 헤커가 자신의 방북을 통한 수확을 세계에 공개한 직후, 23일 북한은 연평도 포격 사건을 발생시켰고, 이것은 북한이 이를 통하여 위기사태를 악화시키려는 구체적인 단계일 가능성이 매우 크며, 그 목적은 3차 북핵위기를 조성해 북한의 협상요구에 대해 한국과 미국의 중시정도의 제고를 강요하는 데 있다. 그러나 미국의 정보부서는 북한의 핵능력 발전에 대해 크게 경각하기 시작하였다. 2010년 12월, 미국 국가안전보장회의 비확산 국장인 개리 새모어(Gary Samore)는 공개적으로 북한의 핵무기능력은 "이란보다 선진화되어 있고 고효율적이며, 때문에 이것은 매우 큰 문제를 만들었다"고 표명하였다.[522] 2011년 1월, 미국 게이츠 전 국방장관은 "북한이 5년 내 미국에 직접적으로 공격을 가할수 있는 대륙 간 핵탄도미사일 능력을 갖출 것이다"라고 경고하였다.[523]

게이츠의 이 발언은, 북한의 대규모살상무기 위협에 대한 미국의 평가에 이미 결정적인 전환이 발생하여, 미국의 눈에 북한은 이미 세계에서 가장 위험하고, 가장 긴박한 대규모살상무기의 확산국이 되었다는 것을 의미한다. 미국은 줄곧 북한이 이란, 파키스탄과 시리아에 대한 미사일기술 확산, 파키스탄에 대한 핵연료 제공, 시리아의 원자로 제조에 대한 도움을 지적하였다. 이외, 미국은 이미 북한이 파키스탄의 고농축우라늄 기술을 비밀리에 획득하였다고 확인하였다.[524] 심지어 어떤 소식은, 북한이 1950년대 중반에 소련으로부터 200kg의 플루토늄과 관련된 원자탄 설계방안을 획득하였을 가능성이 있다고 주장했다.[525] 미국의 언론은 북한이 이미 이란의 중요한 해외무기 출처가 되었다고 강조하였다.[526] 북한의 대규모살상무기에 대한 오바마정부의 평가의 부정적 전환은, 지루한 6자회담을 통하여 한반도 비핵화 목표를 이루려는 것에 대한 미국의 열정을 크게 식게 하였고, 미국의 대북정책의 목표는 6자회담 참여를 통하여 북핵문제의 외교와 정치적 해결 실현에서, 지속적인 고압과 고립 정책을 통하여 북한의 핵무기 포기 강요로 전환하였다. 이와 동시에, 북한의 대외 무기수출의 선박과 비행기 감시와 추적 그리고 차단을 포함한, 북한의 대규모살상무기의 대외확산에 대한 타격과 방지는, 이미 북한관련 정책의 초점 중 하나가 되었다. 그러나 북한의 대외 운송에 대해 미국이 빈틈없이 밀착마크하고, 또한 공개적으로 차단할 때, 오바마정부의 북한정책은 사실상 이미 더욱더 '공개적 대립'의 경향을 띠는 것이다.

셋째, 6자회담에 대한 외교중점은 이미 북한이 행동을 취하도록 설득하는 것에서, 중국이 북한을 관리하도록 압박을 가하는 것으로 전환하였다. 천안함 사건 발생 직후, 중국의 북한정책에 대한 오바마정부의 비판은 공개화와 첨예화되었다. 미국 정부관료들은 여러 장소에서 중국이 북한문제상에서 평양을 방임하고 두둔한다고 여러 차례 지적하며, 중국이 북한에 대해 더욱 실질적 의미를 지닌 압력을 가하도록 요구하였다. 북한문제는 이미 중미관계에서의 중대한 이견 중 하나가 되었다. 미국 등 국가들은 심지어 UN안보리에서 중국의 대북정책이 안보리제재 결의안을 위배하였다고 지적하였다.[527] 그러나, 포스트 천안함 시대에서 한반도 문제와 관련하여 중국과 미국의 이견의 문제점은 한반도 비핵화 실현 여부에 있는 것이 아니라, 한반도 비핵화 실현의 구체적인 방법과 방식상에 있다. 중국의 입장과 주장은 한반도 평화와 안정 수호에 중요한 작용을 하였다. 중국의 정책에 대한 한미의 불평은 중국이 한미의 편에 서지 않는다고 여기는 것이지만, 남북 간의 대립과 적대는 결코 단순히 압박과 고립을 통하여 해결할 수 있는 문제가 아니다. 중국의 북핵 대책에 구체적으로 드러난 것은, 위기상태에서 우선 불에 기름을 붓지 않고, 또한 충돌국들이 감정적 반응을 보이는 것을 최대한 피하도록 하는 것이다. 천안함사건 발생 후, 중국 측은 UN안보리가 2010년 7월 9일에 발표한, 어떠한 도발 행동에도 규탄과 반대하는 「의장성명」을 지지하며, 연평도 포격사건 발생 후 중국은 다이빙궈(戴秉國) 국무위원 담당의 '위기외교'를 가동시켰다. 그러나 천안함 사건 발생 이래, 중국 측의 여러 차례 6자회담 수석대표회의 개최와 관련한 제안은 모두 한미일의 진지한 반응을 얻지 못하였다.

넷째, 양자접촉의 중점은 미국 요소를 이용하여 북한에 영향을 가하는 것에서, 한국과 미국의 정책협조로 전환되었고, 남북관계의 개선은 북미대화와 6자회담 회복의 중요한 전제임을 강조한다. 미국 힐러리 국무장관은 2011년 7월 23일 인도네시아 발리에서 개최된 아세안 지역 포럼회의에서, "북한이 도발을 중단하고, 한국과의 관계를 개선하며, 또한 핵포기의 실제적인 행동을 취하지 않는다면, 미국은 6자회담으로 돌아가지 않을 것임"을 표명하였다.[528] 남북관계의 개선은 '포스트 천안함 시대' 한미일이 강조하는 6자회담 회복의 조건 중 하나이다. 이명박 정부는 이로 인해 줄곧 천안함 사건에 대한 북한의 선 사과, 후 대화를 강구하고 있으며, 이것 또한 2011년 2월 남북군사대표회담이 취소된 중요한 원인이다. 비록 서울은 천안함 사건에 대해 북한이 완전한 사과를 하도록 하는 것은 결코 현실적이지 않다는 것을 의식하였지만, 6자회담 회복문제상에서 여전히 높은 문턱을 설정하였다. 2011년 8월 28일, 한국 위성락 6자회담 수석협상대표는 6자회담 회복의 조건은 바로 "북한이 반드시 모든 핵계획과 핵활동을 중단하고, UN원자력기구의 핵사찰을 받아들여야 한다"고 공식적으로 제기하였고, 또한 이러한 것들

은 북한의 핵포기에 대한 성의(誠意)를 테스트하는 전단계(Pre - steps)라고 밝혔다.[529]

북한문제는 결코 오바마정부 세계안보의 중점은 결코 아니지만, 북핵문제는 미국의 핵안보 전략의 동아시아 초점이다. 배후에 복잡한 대국경쟁으로 인해, 미래 북한문제가 미국의 아시아정책의 중점이 될 가능성이 매우 높다. 포스트 천안함 시대의 한반도 군사위기는 미국의 동아시아안보전략 조정에 중요한 '전략적 손잡이'를 제공하였다. 한미일 동맹협조가 주도하는 북한정책은 사실상 동아시아 지역 안보에서 중국의 건설적 역할을 '비주류화'하였고, 북핵문제상에서 관련 국가들의 정책분쟁을 인위적으로 확대시켰으며, 동아시아 지역 안보의 잠재된 전략경쟁 태세를 지나치게 증폭시켰다.

3) 6자회담 VS 한 - 미 - 일동맹 협조체제

한미일 동맹협조를 핵심으로 하는 대북정책은, 북한에게 쉽게 타협하지 않는 방침을 지속적으로 견지해나갈 것이며, 제재와 고립 그리고 봉쇄 등 고압정책과 수시로 군사적 반격을 준비하는 등의 보복행동을 통하여, 핵포기 문제에 있어서 북한의 실질적인 양보를 강요하도록 힘쓴다. 설령 이러한 고압정책이 단기 내 북한을 굴복시키는 목적을 실현시키지 못한다 하더라도, 최대한으로 북한의 경제와 군사력을 약화시키고, 북한의 대규모살상무기 기술의 발전을 억제시키며, 또한 북한 현 정권의 생존환경을 악화시킬 것이다. 오바마 대통령은 2011년 9월 21일 UN총회 연설에서, "북한은 여전히 실질적이며 유효한 핵무기 포기행동을 취하지도, 한국을 겨냥한 호전적 도발을 중단하지도 않았으며, 만약 북한이 지속적으로 국제법을 위배하는 행동을 취한다면, 북한을 겨냥한 고립과 압박을 지속적으로 강화될 수밖에 없다"고 재차 경고하였다.[530]

다른 한편으로, 미국 내 정치와 경제 상황의 불황, 중동과 아프가니스탄 그리고 파키스탄 정세의 긴장과 혼란, 오바마 연임에 대한 정세가 긴박함으로 인해, 북한문제상에서 민주당 정부가 재차 저자세를 취할 국내 정치적 조건이 결여되었다.

2012년 11월 미국 대선결과 및 2013년 1월 새로운 정부 출범 이전, 미국의 북한 정책에는 어떠한 실질적 변화가 나타나기 힘들다. 평양의 정책에 극적인 변화가 발생하지 않는 한, 한반도 긴장 정세의 장기화는 기본적으로 이미 정해졌다. 2011년 10월 7일, 김태효 대통령실 대외전략비서관은 북한이 2012년 한국대선 이전 3차 핵실험을 할 가능성이 매우 크다고 예측하였다.[531] 만약 미래에 북한의 새로운 도발사건으로 군사적 충돌이 승격하거나, 또는 북한 내 변고로 인해 미국이 주도하는 동맹의 군사적 개입이 발생한다면, 북핵문제가 가져올 안보 도전은 핵확산에서 동아시아 지리적 정치가 재차 분열될지의 문제로 전환될 가능성이 매우 크다.

그러나 중대한 돌발사건이 재차 발생해야만, 북한문제가 단기 내 오바마정부의 외교의제상에서의 우선사항이 될 수 있으며, 한-미-일의 대북 '동맹협조'는 여전히 지속적으로 북한문제에 대해 '냉정한 처리'를 유지할 것이고, 선택적이며 시험적인 양자접촉을 진행할 것이다. 오바마든 이명박이든 간에, 모두 자신의 북한정책이 단순히 딱딱하고, 강경하다고 지적당하길 원하지 않는다. 한미 양국 모두 접촉을 통하여 북한의 반응을 시험하고 평양에 대한 영향력을 유지하며, 제한적으로 대화와 접촉을 유지하고, 심지어 소규모의 인도주의적 원조를 지속적으로 제공하길 희망한다. 그러나 이러한 대화는 결코 북미, 남북 혹은 북일 관계의 실질적인 완화를 반드시 가져오는 것은 아니며, 더욱이 단기간 내 한미 양국이 제기한 '선(先)단계'를 자동으로 낮추고, 신속한 6자회담 가동을 목표로 하지 않을 것이다. 2011년 7월 아세안 포럼회의 기간, 남북의 6자회담 수석대표인 위성락과 이용호는 천안함 사건 발생 이래 첫 접촉을 가졌다. 2011년 9월 21일, 두 대표는 베이징에서 재차 대화를 가졌다. 회담의 분위기는 비록 건설적이었지만 양측의 기대에는 여전히 큰 차이가 존재한다.[532] 미국은 종합적인 북핵문제 해결방안 모색을 견지하며, 현재 그들의 대북정책에는 위협, 억제, 접촉, 원조 그리고 사회교류 등 많은 수단들이 포함되며, 이러한 수단은 '종합적인 사용'이 가능하다.[533] 극적인 것은, 한미일이 양자 측면에서 모두 엄격한 제재조치를 이행하기 때문에, 6자회담은 북한이 제재완화와, 원조에 대한 논의를 할 수 있는 거의 유일한 채널이 되었다. 한미 양국 모두 6자회담 회복을 문제의 협상해결 무대로 활용하여 북한에게 '압박을 통한 변화추구'가 아닌, 6자회담 회복을 '미끼'로 하여 지속적으로 오바마정부가 제기한 '전략적 인내심'을 유지하는 것이다.

이 배경 아래, 6자회담체제는 기존의 중미안보와 전략관계 관리, 동아시아 지역 안보협력의 기능이 현재 심각하게 약해지고 있으며, 북핵 교착상태가 가져온 부정적 효과는 여전히 지속적으로 확산될 것이다. 한반도 정세의 장기적인 긴장화는 심지어 동아시아에서의 안보와 전략 경쟁을 악화시킬 것이며, 또한 지역안보의 중심이 지속적으로 미국으로의 실질적 전이의 부정적 전망을 야기시킨다. 런던국제전략연구소(IISS)가 2011년 발표한 북핵문제 보고서에, 북핵문제는 중미 간의 공통된 인식 결여의 장기화로 인해, 북한은 중국의 두둔 아래의 '위성국가(Satellite State)'가 될 것이라고 하였다. 이에 따르면, 이 보고서는 북한에 대한 전면적인 '억제'를 건의하며, 북한을 보호한 모든 외교와 전략적 대가를 중국이 부담하게 해야 한다고 위협하였다.[534] 북한에 대한 서방의 비관주의적 논조는 많은 부분은 북한에 대한 깊이 뿌리박힌 불신 때문이다. 예측 가능한 것은, '북한요소'의 복잡화 추세를 단기 내 근본적으로 시정하는 것은 확실히 힘들다는 것이다. 북한과 북핵문제의 연착륙을 실현시키는 데에는, 아마도 우리의 더욱 높은 전략적 경각과 더욱 강한 정책적 집중성이 필요하다.

그러나 북한요소는 결코 일성불변(一成不變)*한 것은 아니다. 2011년 1월 이래, 북한은 남북, 북미관계에 대한 일련의 새로운 유화적 태도를 나타냈고, 국내경제 건설과 대외교류상에서 또한 일련의 새로운 사고와 행동을 취하였다. 2009년 6월 핵실험으로 인해 UN안보리의 제재를 받은 후, 북한은 한차례 6자회담 영구 탈퇴를 선포한적 있으며, 2010년 1월 11일, 북한은 한반도 평화 조약에 대한 협상을 제의하였다. 미국의 눈에는, 우선 한반도 평화조약 협상 진행은 비핵화협상이 아니라, 북한이 다른 나라들에게 자신의 핵보유 국가지위를 공식적으로 인정하

---

* 법이 한번 정해지면 고칠 수 없다. 고정불변하다.

라고 강요하기 위한 음모이다. 그러나 2011년 1월 후, 북한은 한국과 각종 형식과 단계의 대화를 원하는 것으로 전환하였고, 또한 무조건적인 6자회담 회복을 제기함과 동시에 투자 유치와 나선경제 특별지역 개발 가속화 그리고 AP통신의 평양 지국 개설 허용 등 일련의 조치를 보여주었다.[535] 이러한 조치로는, 북핵문제의 정치와 외교적 해결의 기회가 결코 있을 수 없다. 현재 일련의 흔적들은 여전히 6자회담 가동과 북한에 대한 한－미－일의 단호하고 엄격한 압박과 제재를 완화시키기 위해 북한이 실제적인 행동들을 취하기를 원한다는 것을 분명히 보여주고 있다. 2011년 8월 24일, 김정일은 메드베데프(Dmitry Medvedev) 러시아 대통령과의 회담에서, 6자회담이 회복되어야만, 자신들의 핵실험 을 동결할 수 있다고 제기한 적이 있다.[536] 2011년 9월 19일 베이징에서 개최된 「제4차 6자회담 공동성명」 체결 6주년을 기념하는 회의에서, 북한의 신임 6자회담 수석대표인 이용호도 북한이 2005년 9월 후 무기급 플루토늄 재료의 생산을 중단했다고 표명하였다. 현재 서방의 엄격한 제재와 군사적 강한 압박에 직면하여, 우리는 북한 또한 '변화추구'에 대한 염원을 갖고 있다는 사실을 무시해서는 안 된다.

6자회담 없이는, 한미일 동맹협조체제가 강조하는 남북관계의 개선은 매우 제한적일 가능성이 매우 크다. 2011년 2월 남북군사협상 취소 후, 양측은 일련의 문제상에서 첨예한 분쟁에 빠졌다. 예를 들어, 한미 군사훈련, 금강산 한국 측 자금처리, 탈북자 반송 그리고 북한의 자연재해에 대한 원조 등이다. 한반도 남북양측의 적대가 고조되고 있는 현실적인 배경아래, 단순히 남북 간의 접촉을 통하여 한반도 긴장국면을 완화하고, 6자회담을 위한 순탄한 환경을 조성한다는 것은 지나치게 일방적인 소망이다. 2011년 8월 남북은 남측 금강산의 자산에 대한 경매를 선포하였고, 이는 평양이 이미 남북협력의 상징인 금강산여행 사업을 철저하게 끝낼 것을 의미하고 있다.[537] 얼마 뒤, 한국은 2011년 10월 4일 북한에 대한 50억원의 수해복구 원조에 대한 취소를 선포하였고, 그 이유는 북측이 구체적인 원조목록을 제시하지 않았기 때문이지만, 사실상 북한은 8월초 한국에게 시멘트 등 물품을 포함한 원조요구를 명확하게 제시하였다.[538] 2011년 7월 인도네시아 발리에서의 남북접촉 이래, 남북관계에는 사실상 어떠한 실질적인 완화도 나타나지 않았다. 북한은 근래 들어 "북한여론을 분열시키고 선동하기 위해" 한국이 선전방송을 확대시켰다고 지적하였고, 한국은 북한이 1년에만 한국에 2,770번의 사이버 공격을 했다고 지적하였다.[539] 이로써 알 수 있듯이, 남북관계의 실질적인 완화는 이명박 정부의 남은 임기 내 실현되기 어려울 것 같다.

2010년의 2개의 위기사건은 한반도 정세의 안정이 없다면, 한반도 비핵화과정의 실질적인 진전이 없다는 것을 이미 충분히 증명하였다. 현재의 큰 문제는 어떻게 북한의 도발행위에 대해 정의를 내리고 예측을 하느냐는 것이다. 존재하는 견해 중 하나는, 북한의 도발행위와 그들의 평화공세는 종종 상부상조하는 것으로 여긴다. 만약 그들의 요구가 마땅한 중시와 만족을 얻지 못한다면, 북한은 도발로 전환할 것이며, 핵무기는 북한이 생존을 유지하고 대가를 제시할 수 있는 유일한 카드가 될 것이다.[540] 또 다른 견해는, 북한 외교정책은 여전히 실무적인 일면이 존재하여, 만약 비용이 너무 높다고 북한이 인식한다면, 도발하지 않을 것이라고 여긴다.[541] 6자회담 2003년부터 과정에서 보아, 건설적인 양자 또는 다자대화가 있을 때 북한은 상대적으로 성실하였고, 그러나 이러한 대화와 교류가 결여되었을 때, 북한은 종종 극단적인 행동을 취하였다. 이러한 경험적 사실에서 출발하여, 중국정부가 제기한 "대화는 늘 대립보다 좋으며, 완화는 늘 긴장보다 좋다"는 명제는 각국이 반드시 새겨야할 기본 방침이다.

4) 한반도 비핵화 과정의 출로는 어디에 있나?

한반도 전략 형세의 새로운 변화는 한반도 정세를 더욱 긴장되고 혼란스럽게 했을 뿐만 아니라, 6자회담체제를 새로운 평가와 검토의 기로에 서게 하였다. 6자회담체제와 한미일 동맹협조체제는 앞으로 끊임없는 논쟁에 빠질 것이 아니라 '합병'되어야 한다. 북한이 핵포기라는 일련의 교류를 결심하지 않는 한, 새로운 다자회담 과정은 여전히 국제사회가 북한의 외교와 정치에 영향을 주고 바꾸려는 과정의 일부분이며, 또한 동시에 정치와 경제 그리고 사회분야에서 북한에 영향을 주고, 그들을 바꾸기 위한 기회 창조이다. 가까운 시기 6자회담이 회복된다 하더라도, 단기간 내 실질적인 '그랜드 바게닝(Grand Bargaining)' 형태의 핵포기 과정을 형성하기는 힘들다. 그러나 문제는, 6자회담 없이는 한반도 긴장 국면은 완화될 수 없다는 것이다. 한미일 동맹협조체제는 더욱더 단기간 내 한반도 현상을 받아들이고, 중단기 내 한반도 현상을 철저하게 바꾸는 경향이 될 가능성이 있다. 다시 말해, 기존의 교착상태가 지속되어 갈수록, 한미일은 각종 수단을 운용하여 북한의 정권교체를 실현시키려는 대립적 정책을 더욱 뚜렷하게 할 것이다. 예를 들어, 미국이 탈북자 문제를 어떻게 해결할지는 줄곧 그들의 대북정책의 시금석 중 하나이다.『월스트리트 저널(Wall Street Journal)』은 얼마 전 미국은 주미 중국대사관 이용을 강화하여 탈북자를 받아들여야 한다고 공개적으로 주장하였다.[542] 그러나 미국이 탈북자를 대규모로 받아들인다면, 이는 워싱턴이 북한정권을 전복시키기 위한 직접적인 조치로 보일 것이다.

중국은 '6자회담 구조 내에서 「9·19공동성명」 실현과 한반도 비핵화 과정 추진'을 견지하고 있다.[543] 그러나 한반도 비핵화 과정의 새로운 가동에는 각국의 공동추진이 필요하다. 6자회담의 회복이 없다면, 중국의 적극적인 협조와 지지는 없을 것이며, 한미일 동맹협조체제는 단독으로 한반도 비핵화와 한반도 전체의 정세 안정 및 개방을 실현시킬 수 없다. 한반도 평화와 안정의 큰 배경 아래 북중관계를 한층 더 개선시키고, 북한에 대한 중국의 영향력을 확대시켜, 북한 내 정치권력의 과도(過渡)와 경제발전의 연착륙을 실현시키는 것은, 중국 및 관련 각국의 기본적 이익에 부합한다. 적극적인 지지와 영향을 가함으로써 북한지도자로 하여금 심시탁세(審時度勢)*하도록 촉진시켜, 북한정권과 사회발전의 미래에 합리적이고, 공정한 선택을 하게 하는 것은, 중국정부의 일관된 목표이다. 2011년 6월 10일, 중국 공산당 중앙조직부장 리위안차오(李源潮)는 평양을 방문하여 북중 양국은 '북

---

* 시국을 자세히 연구하고, 발전 추세를 정확하게 추측하다.

중 전략소통체제' 확립에 동의하였고, 9월 27일, 후진타오(胡錦濤) 국가주석은 중국을 방문한 최영림 북한 내각총리 접견 때 "북측이 한반도 정세를 더욱 나은 방향으로 발전시켜나갈 현재의 유리한 시기를 잡을 수 있음을 믿는다"고 표명하였다.[544] 이는 사실상, 북중관계의 개선과 발전은 줄곧 한반도 안정과 평화과정에 가장 중요한 건설적 요소임을 증명하였다.

현재의 전략적 도전은, 한미일동맹 협조체제 외에도, '북－중－러 협조체제'를 겸용할 수 있는지 이다. 즉 압박과 고립 그리고 분열의 방식을 통하지 않고 한반도 안정과 개방 그리고 비핵화를 실현시킬 수 있는가 하는 것이다. 이 가능성 또한 마찬가지로 존재하며, 또한 두 가지 체제는 상호경쟁, 상호보완뿐만 아니라, 상호협력도 가능하다. 결국 한반도 비핵화 실현과 동아시아 평화와 번영 보장은 각국의 이익 주장 간의 '최대 공약수'이다. '북－중－러 협조체제'는 경제무역 협력과 교류의 방식을 통하여 북한의 정당하고 합법적인 안보이익을 수호하는 동시에, 그들이 국제사회에 새롭게 융합되고, 한반도 비핵화를 실현시킬 수 있다. 포스트 천안함 시대에 중국은 한반도 안정과 평화 유지를 위해 막중한 외교적 대가를 치렀다. 북중관계 개선은 근본적으로 북한의 개혁개방에 유리하며, 국제사회가 공통적으로 희망하는 북한에 긍정적 변화를 나타나게 하는 데에도 유리하다. 북한은 '2012년 강성대국의 문을 연다'는 목표를 실현시키기 위해, 현재 외자유치, 특히 중국 측의 투자 및 산업원조에 급급하다. 그러나 북한 내 경제체제에 실질적인 개혁을 하기 전에, 평양은 공평과 신뢰 그리고 법치적 투자대상과는 여전히 큰 차이가 존재한다. 게다가 UN안보리가 채택한 북한제재의 결의안 제1718호와 제1874호로 인해, 북중경제 협력의 전면적이고 심화된 발전은, 북한이 유효한 핵포기 행동을 취하기전에는 실현되기 어렵다. 2003년 8월 6자회담 이후의 사실들은, 경제 지렛대는 여태껏 북한 핵포기 결정에 영향을 주는 핵심이 아님을 증명하였다. 더 나아가, 경제협력을 방향으로 하여, 각국의 이익주장의 미묘한 균형을 중심으로 하는 '북－중－러 협조체제'에는 반드시 평양의 협조가 필요하며, 한미일의 이해와 존중 또한 반드시 필요하며, 더욱이 북한의 용감한 핵포기를 통하여 생존

기회로 바꾸는 전략적 결단으로 보장되어야 한다.

　북핵문제 해결은 결과적으로 여전히 6자회담으로 돌아가야 하며, 북핵문제 해결의 지역의 공통된 인식과 각 대국들 간의 협력방법으로 돌아가야 한다. 중국의 협력과 협조 없이는, 다른 어떠한 국제적 파워 모두 한반도의 평화와 안정과 번영을 유효하게 실현시킬 수 없다. 6자회담의 체제 확립을 실제적으로 증강시키는 것은, 미래 6자회담체제 역할을 제고하는 중요한 방법이다. 날이 갈수록 혼란하고, 복잡한 한반도 정세에 직면하여, 6자회담체제는 한반도 안정과 평화의 관리자 역할을 맡아야 하며, 한반도 비핵화 과정에서 현실적인 핵포기 방안과 단계의 설계자역할을 발휘해야 하고, 더욱이 지속적으로 2005년에 체결한 「제4차 6자회담 공동성명」이 상세히 서술한 9·19정신을 실현시킬 구속력 있는 추진자가 될 수 있다. 「공동성명」은 높은 전망성과 운용가능성을 지닌 문건이며, 이는 행동 대 행동, 승낙 대 승낙 등 원칙을 규정하였을 뿐만 아니라, 더욱 중요한 것은, 이것이 요구한 북한 핵포기 의무와 한반도 냉전상태 종결과 평화체제 확립, 또한 관련원조 부여 그리고 관계정상화 실현 등 일련의 프로그램은, 전면적과 균형적이라는 취지 아래 한반도 비핵화 실현을 위해 올바른 방향으로 길을 밝혔다. 그러나 예전의 6자회담은 많은 부분 줄곧 하나의 '공통된 인식 구동(驅動)'의 다자대화 과정이었으며, 상응하는 강제적 집행력이 결여되었을 뿐만 아니라, 문제 토론에 대한 시간적 틀의 마련 또한 결여되어, 이로 인해 종종 보류되어왔다. 의제상에서 구속력 있고, 다자결의상에서 집행력 있으며, 9·19정신을 위반하는 행위에 대한 강제력있는 6자회담의 새로운 구조를 새롭게 확립하는 것은, 현재 각국 분석의 중점일 것이다.

제14절   한반도 비핵화, 여전히 실현 가능한가?
     : 3차 핵실험 후의 정세에 대한 평가와 분석

     2013년 2월 12일, 북한은 국제사회의 강력한 반대에도 불구하고 3차 핵실험을 감행하였고, 2012년 12월 북한이 발사한 광명성 3호 위성으로 유발된 한반도 긴장 국면을 재차 악화시켰다. 3월 7일, UN안보리는 북한제재의 결의안 제2094호를 만장일치로 채택하였고, 북한에 대한 국제사회의 압박과 고립 또한 새로운 단계에 도달하였다. 뒤이어 북한이 취한 일련의 대립국면을 악화시키고, 한미일에 대해 핵공격과 전쟁을 불사른다는 위협적인 언행과 조치는, 한반도의 군사긴장과 군사대립이 1953년 7월 북한이 정전협정체결 이래 가장 위급한 시기로 발전되게 하였다. 한반도 위기가 유발한 공황심리는 전세계 대부분 지역까지 전도되었고, 2013년 3~4개월간, 북한 지도자 김정은은 국제 언론의 보도와 분석 그리고 평가가 가장 많은 지도자가 되었다.[545] 많은 국제 언론 모두 한반도 정세가 통제력을 잃고, 군사적 충돌 발발 가능성의 국면에 두려워하고 있다. 2013년 4월 하순에 접어들고 난 후, 비록 정세는 완화되었지만, 4개월 넘는 시간동안 북한의 미사일 실험과 핵실험 또한 「정전협정」 탈퇴 선포, 그리고 전쟁 발발 위험은 '분초(分秒)로 계산'하는 방법으로서, 이미 국제사회의 한반도 비핵화와 안정 그리고 평화에 대한 노력이, '패러다임의 변화(Paradigm Change)'의 새로운 단계에 접어들게 하였다. 한반도 남북양측 힘의 대비에 기초하여, 미래에 한국과 북한의 직접적인 군사적 충돌 발생의 가능성은 매우 낮지만, 한반도의 위기상태는 여전히 지속될 것이다. 북한이 직접적인 군사적 도발행위를 취하고, 한국이 군사적 보복을 하며, 더 아나가 전쟁위기를 직접적으로 유발시킬 가능성은 배제할 수 없다. 단기 내 6자회담이 가동될 가능성은 매우 적다. 만약 미래 북핵문제의 해결방법과 어떠한 수단이 한반도 위기태세를 유효하게 완화시킬 수 있을지 그리고 대화와 협상의 방식이 어떻게 해야만 회복될 수 있을지를 생각한다면, 바로 이때, 새로운 판단과 새로운 발상 그리고 새로운 방법이 있어야 한다.

1) 북한은 왜 한반도 위기를 악화시켰는가?

2013년 2월 12일 북한의 3차 핵실험은, 그들이 승낙한 「6자회담 공동성명」에 대한 위배이며, 한반도 핵확산 위협을 더 악화시켰으며, 오랜 기간 북중우호에 힘쓰고, 북핵문제의 정치와 외교적 해결 실현을 심열을 기울여 희망한 중국은 이에 대해 단호하게 반대한다고 표명하였다.

북한이 3차 핵실험을 감행한 이유는 2013년 1월 23일 UN안보리가 채택한 북한 제재결의안인 제2087호에 대한 보복을 위한 것이지만, 위성발사는 결코 북한의 정당한 '주권적 권리'가 아니라, 북한의 핵확산 도모에 따라 함께 UN의 금지를 받고 있는 대규모살상무기 추구의 행동이다. 위성기술과 대륙간탄도 미사일 기술에는 많은 공통성이 존재함으로 인해, UN안보리는 각각 2006년과 2009년 북한 위성과 장거리미사일 실험을 금지하는 결의안인 제1718호와 제1874호를 채택하였고, 북한이 위성발사의 명목으로 미사일 기술을 제고·발전시키는 것을 명확하게 금지하였다. 북한의 대규모살상무기 확산방지 과정에서의 핵과 미사일 문제의 연결은, 동아시아 대국의 기본적인 공통된 인식이다.[546] 이러한 배경 아래, 북한이 핵실험과 위성발사를 통하여 그들의 핵포기와 대규모살상무기 발전 중단을 요구하는 국제사회의 바람에 대응하는 것에 대한 견지는, UN안보리 결의안에 대한 거친 도발일 뿐 아니라, 동시에 평양이 지속적으로 대립적 행동을 통하여 자신의 핵 억제력을 발전시키려는 전체적 전략의 일부분이다. 2차대전 종결 이래, 주요 핵무기 보유국가의 핵 위협력은 하나의 예외도 없이 모두 로켓과 미사일을 합치는 방식을 통하여 중거리 또는 장거리 핵미사일을 실험하고 보유함으로써, 그들의 핵무기 발사와 실제적인 사용 능력을 드러내고 강화하였다. 1998년 10월 북한의 첫 대포동 장거리미사일 실험발사에서 2009년까지 10년 가까운 시간 동안, 북한은 총 3차례의 장거리미사일 실험발사를 하였다. 그러나 2012년 1년간, 북한은 각각 4월과 12월 위성발사를 두 차례 하였다. 같은 해 4월 헌법을 수정하여, 북한은 핵보유 대국임을 헌법에 명확하게 포함시켰고, 핵무기 보유는 김정일이 남긴 3대 유산 중 하나임을 강조하였다. 평양은 그들의 핵보유 국가 지위에 대한 과장과 그들의 위성발사에 대해 내재된 밀접한 관계가 존재하며, 결코 평양이 말하는 '평화적인 우주 이용'이 아니라, 명백히 핵능력 증강을 위해 북한정부가 취한 계획적인 단계라는 것을 보여주었다.

핵무기와 장거리미사일이 포함된 대규모살상무기의 확산 방지는, 포스트냉전시대 글로벌 안보의 초석이다. 북한이 합법적인 핵무기 보유 국가의 지위를 얻기 위해 궁리하는 것은, 단지 그들의 정권 생존과 지속을 위한 것일 뿐이다. 오늘날 북한 정권의 모델과 호전성 게다가 종종 감정적인 대외정책 언행, 그리고 국내 경제발전이 오랜 기간 처해있는 어려운 상황은 해소하기 힘든 악순환을 형성하였다. 평양의 핵도모는 결과적으로 북한 기존체제를 유지하고, 국내 대중에 젊은 지도자의 집권능력과 재래식 무기에서 한국과의 큰 차이에 대한 대외균형을 과시하는 도구이다. 이 모든 흔적들은 김정은 시대의 북한은 이미 핵포기 승낙과 그의 생각을 공개적으로 포기했고, 도리어 국제사회가 북한의 핵대국의 지위를 받아들이도록 강요하기위해 공개적으로 대립적인 정책도 불사한다는 것을 보여주고 있다. 북한은 3차 핵실험과 동시에, 더 이상 6자회담을 참가하지 않을 것임을 명확하게 선포하고, 핵포기 문제에 대해 양자 또는 다자협상 전개를 거절하며, 현재 한 걸음 한 걸음 이미 자신이 정한 목표를 향해 나아가고 있다. 이러한 방법들과 생각은 위험할 뿐만 아니라, 북한에게 어떠한 실제적 이익도 가져다줄 수 없으며, 동아시아안보체제에 내재된 대국 관계 긴장의 거대한 전략적 위험을 더욱 악화시킨다.[547]

2013년 3월 7일, UN안보리는 북한에 대한 제재를 강화시키는 결의안 제2094호를 채택하였다. 이것은 뒤이어 북한이 미국에게 핵공격과 철저한 되갚음을, 한국은 핵으로 파멸, 그리고 일본에게는 핵벼락로 철저하게 파괴할 것임을 선포하는 등 끊임없는 위협적인 언사와 행동을 유발하였다. 3월 25일 북한의 「정전협정」 탈퇴에서, 4월 5일 개성공단 폐쇄까지, 더 나아가 4월 9일 동해안에서 미사일을 발사하였고, 2013년 3월에서 4월간 북한이 취한 전략적 위협의 언행은 전례 없는 수준에 도달하였으며, 북한은 언제든 한국, 일본 심지어 미국 괌 군사기지에 핵타격을 할 수 있을 것이라는 인상을 주었다. 북한은 전쟁공포 분위기를 인위적으로 형성하는 것도 불사하여, 서울에 있는 외국인들에게 떠날 것을 요구하였고, 평양 주재 외국사절들이 전쟁으로 피해를 입는 것을 피하기 위해 평야에서 철수할 것을 요구하며, 미국에 대한 핵공격의 시뮬레이션 영상자료를 공개하였다. 이에 중국마저도 북한에게 인내의 한계를 느끼기 시작하였다.[548] 북한의 일련의 행동들은 국제사회에 핵전쟁의 심리적 공포를 확산시켰을 뿐만 아니라, 더욱이 전쟁의 벼랑 끝 전술을 통하여 주변 국가들에게 위협도 불사하는 것이다. 이 시간, 한반도의 군사적 긴장 분위기는 1953년 7월 북한의 정전협정 체결 이래 최고조에 달하였다.[549]

북한이 위성발사든 핵실험이든 간에, 모두 국제사회 핵비확산 원칙과 UN안보리가 북한의 대규모살상무기 문제상에서 예전에 채택한 지난 매번의 결의안 정신을 심각하게 위배하였다. 2012년 12월부터 현재까지 북한의 지속적인 전쟁 소란과 그들이 취해온 사태를 악화시키는 일련의 위기 행동들의, 근본적인 목표는 현재의 북한지도자가 국내를 결속시키고 자신의 권력지위를 강화하고, 한국과 미국을 파괴하겠다는 결심과 용기를 보여줌으로써, 젊은 지도자에게 도전할 수 없는 지위와 권위를 수립하려는 것이다. 이와 동시에, 북한이 내적으로 각종 경제적·사회적 어려움에 직면한 상황에서, 위기를 대외에 전가시키고 국내정치를 통제함으로써, 국내경제와 사회발전의 정체된 현실을 감추려는 것이다. 정권의 안정과 권력계승의 합법성을 위해, 소위 핵실험으로 그들의 '핵무기 보유 국가'의 실질적인 지위를 강화하고, 더욱이 핵실험을 통하여 국제사회가 평양이 '핵무기 보유 국가'임을 인정하도록 강요한다. 젊은 김정은은 대내정책상에서 자신의 '유업'을 남기고, 개인의 명망을 수립하는 것에 급급해 하는 것은, 북한의 이번 위기악화의 근본적 원인일 가능성이 매우 크다.

더욱 중요한 것은, 지속적인 대외 도발과 무력 위협은, 또한 평양이 그들의 '핵포기 불가' 정책을 국제사회가 받아들이도록 강압하는 현실적인 이유이며 더욱이 전쟁 위협을 통하여 외교와 심리상의 '선발제인'을 모색하고, 핵포기 문제에 대해 지속적인 양자와 다자대화를 거절하는 전략적 요구이다. 2013년 3월 31일, 북한은 노동당 중앙전체회의를 개최하여, 핵무기를 '생명선'으로 선포하고, 핵무장과 경제발전 확대를 병행하는 '병진노선'을 이행하기 시작하였다. 이 결의는 근 2개월 동안 북한의 모든 행위에 대해 가장 좋은 설명을 해주었다. 북한은 핵보유 정책이 반드시 국제사회의 일치된 반대에 직면할 것임을 잘 알고 있다. 이로 인해, 북한은 핵 위협의 강도를 고의적으로 상승시키고, 새로운 국제적 긴장을 능동적으로 형성하며, 소위 핵전쟁 발발도 불사하고 핵파멸의 공포를 형성함으로써, 북한의 핵보유 주장을 반대하는 국제사회가 놀라도록 의도하여, 최종적으로 다른 국가들이 북한은 핵무기 보유 국가라는 현황을 어쩔 수 없이 받아들이도록 하는 것이다. 4월 14일, 미국이 제시한 대화요구에 회답할 때 평양은 북미대화의 조건은 "UN이 대북제재 결의안을 취소하고, 한반도로 부터 미국이 핵무기를 철수시키며, 북한을 겨냥한 군사훈련 중단"임을 선포하였다.[550] 그리고 한국에게는 박근혜 정부가 반드시 '북한 최고준엄 침해'에 대해 사과할 것과 모든 적대 행동을 중단하라는 대화조건을 제시하였다.[551] 이러한 대화조건은 북한 핵포기에 대한 토론을 배제하였다. 북한은 "전세계가 철저한 핵감축을 실행하거나, 미국이 제국주의 정책을 중단하지 않는 한, 영원히 핵포기에 대해 양자 또는 다자회담을 전개하지 않을 것"임을 맹세하였다.[552] 비록 김정일 시대 북한도 2009년 직후 핵포기 협상을 다자 핵감축 협상으로 전환해야 한다고 강조하였지만, 이렇게 핵문제상에서 핵포기에 관한 대화를 하지 않겠다는 북한의 입장을 체계적으로 설명한 것은, 김정은이 첫 번째이다.

2) 북한의 충돌형세 악화의 부정적 영향

2013년 2월 북한 미사일 실험, 3월 북한 3차 핵실험이 야기한 이번 한반도 핵위기의 형태와 강도상에서 모두 1993년 1차 북핵위기 발발 이래 매번 북핵위기를 뛰어넘었다. 북한 핵문제와 한반도 안정 및 평화문제에도 뚜렷한 패러다임의 변화가 발생하였다. 이번 북핵위기가 주변국가의 한반도 정책을 결정적으로 바꿀지에 대해선, 여전히 기다려봐야 하지만, 최소한 북핵문제에 대한 외교와 군사적 반응 방식과 동북아 지역안보 국면에서의 북한위협에 대한 평가, 모두에 뒤따라 중대한 전환이 발생할 것이다.

첫째, 북한의 행위는 국제사회가 북한과의 직접적인 대화와 협상 진행에 대한 정치와 외교적 염원을 상당부분 저하시킬 가능성이 있다. 미래 북핵문제의 대치는, 이미 기존 6자회담 구조 내의 '행동 대 행동 원칙'에서, 철저한 '힘 대 힘 원칙'으로 전환될 가능성이 있다. 다시 말해, 북한이 '핵보유와 경제발전'의 병진노선을 제기하였지만, 한국과 미국은 북한과 대화의 문턱을 낮출 뜻이 없음을 강조하여, 앞으로 북핵 교착상태 타파의 난이도는 더욱 커질 것이다. 북핵정세는 이미 외교 및 정치적 교류를 촉진시키는 것이 아니라, 북한의 정권생존과 국제국제사회의 격화된 북한위기에 대한 공동대응 간의 경쟁으로 전환될 가능성이 매우 크다.

미국 국방장관 척 헤이글은 2013년 4월 10일, 북한의 호전적 언론과 도발행동은 이미 위험한 경계에 매우 가까워졌음을 경고하였다. 헤이글은 같은 날 펜타곤에서의 기자회견에서, 북한의 언론은 일촉즉발의 정세 해소에 도움이 되지 않으며, 미국 및 동맹국들은 북한이 선동적 언론을 다시 발표하는 것을 희망하지 않고, 이와 동시에, 미국은 어떠한 돌발상황과 북한이 선동할 가능성이 있는 어떠한 도발행위에도 충분히 대응할 준비가 되어 있다고 표명하였다. 또한 헤이글은 "김정은은 예측할 수 없는 사람이고, 북한은 예측할 수 없는 국가"이기 때문에, 북한 지도자 김정은의 의도가 전쟁발발인지, 협상테이블로 돌아오려 하는 것인지 예측할 수 없다고 표명하였다.[553] 그러나 미국은 북한의 어떠한 행동에도 대응할 수 있는 충분한 힘이 있다. 북한이 핵탄두를 탑재해 일본 또는 더욱 먼 곳까지 도달할 수 있는 미사일 기술 보유까지의 시기가 얼마나 가까운지의 문제에 대해, 뎀프시 미국 합참의장은 기자회견에서 "북한은 이미 두 차례의 핵실험을 하였고, 또한 여러 차례 성공적으로 미사일 실험발사도 했기 때문에, 미군은 최악의 상황에 대한 계획을 세웠고, 언제든 최악의 상황에 대응할 것이다"라고 표명하였다. 2013년 4월 9일, 사무엘 록클리어 미국 태평양군 사령관은 상원 군사위원회 청문회에 참석해 "북한의 미사일은 여전히 하와이와 미국 본토까지 위협할 수 없으며, 설령 괌이 위협 범위 내에 포함될 수는 있으나, 미국은 북한이 한미일에 발사하는 미사일을 저지할 능력이 있다"고 표명하였다. 록클리어는 또한 김정은은 결코 그의 부친인 김정일처럼 '도발 – 대화 – 재도발'의 극본에 따르지 않을 것이며, 그의 행동 패턴은 더욱 예측하기 힘들며, 심지어 근본적으로 어느 때 멈춰야 할지에 대해 분명하게 생각지 않아, 이 또한 한반도 정세가 더욱 도전성을 지니게 하였다"고 솔직하게 인정하였다.[554]

둘째, 젊은 북한 지도자는 경험이 없고, 일처리에 경솔하며 국제규칙을 따지지 않고, 언사에는 마지노선이 결여됐으며, 한반도 군사충돌을 유발시킬 가능성이 있다. 만약 북한을 더욱 가늠할 수 없고, 예측하기 어려워진다면, 앞으로 북핵정세의 위기는 장기화될 것이며, 국지적 군사충돌 발생의 가능성은 배제하기 힘들다.

북한의 미사일 발사는 결코 전쟁시작을 의미하지 않지만, 만약 북한의 미사일이 한미일의 저지를 당하게 된다면, 북한의 제한적 군사보복을 유발할 가능성이 있으며, 따라서 한미동맹의 군사공격을 야기시킬 수 있다. 이러한 상황에서, 한반도 정세는 직접적인 군사충돌에 빠질 가능성이 매우 크다. 만약 북한이 미사일 발사를 하고, 한미일의 어떠한 저지도 당하지 않는다 해도, 현존의 위기형세는 한층 더 악화될 것이지만, 이것이 직접적으로 군사충돌을 유발시키는 것은 아니다. UN 안보리는 새롭게 북한문제에 대해 논의할 것이며, 또한 북한에 대해 더욱 강경한 제재 결의안을 취할 가능성이 있다. 현재 평양은 이미 진퇴양난이 되어버렸고, 미사일 발사의 가능성도 매우 크다. 그러나 북한이 도대체 어떠한 모델의 미사일을 발사할지, 단거리일지 아니면 중거리일지, 이는 후속 결과에 따라 분명하게 다른 영향을 줄 것이다.

이와 동시에, 한국과 미국, 일본 등 동맹국들은 함께 언제든 북한의 군사행동 위기에 대응할 준비를 마쳤고, 한국은 북한의 직접적인 군사도발에 군사적 보복을 취할 가능성이 있으며, 게다가 국지전쟁의 방식으로 북한의 새로운 전쟁도발에 대한 위협과 방지를 배제하지 않고 있다. 미국의 기본 판단은, 북한이 설령 군사위협을 가하고, 4차 핵실험과 미사일 발사를 할 가능성이 있다 하더라도, 사실상 한국과 미국으로부터의 직접적인 군사공격을 매우 두려워하고 있으며, 또한 한국과의 군사충돌이 미국의 직접적인 개입과 대규모 한반도 전쟁을 야기시킬 것에 대해 두려워하고 있다. 근래 북한의 전쟁위협은, 서둘러 전쟁을 하려는 것이 아니라, 북한에 내재된 취약함을 숨기기 위함이다.[555] 미국과 한국이 북한의 광기의 군사위협에 쓰러지고, 따라서 외교석상이 북한으로 넘어가지 않은 한, 북한의 전쟁위협과 핵실험 그리고 미사일 실험은 미국의 외교적 양보 강요와 북한에 대한 한국과 미국의 원조제공 강요라는 목적에 도달할 수 없다. 국내적 요소든 아니면 국제적 요소로 비롯된 고려 모두, 오바마정부는 북한의 '핵보유 국가 지위'를 공식적으로 인정할 수 없다. 반대로, 북한의 비핵화 실현은, 꽤 오랫동안 미국 대북정책의 우선목표일 것이다.

마지막으로, 북한이 선포한 '한손으로는 핵보유, 다른 한손으로는 경제발전'의 병진노선은, 국제사회가 북한의 핵무기 보유 국가 지위를 인정하고 받아들이도록 강요하고, 또한 이러한 기초 위에 새롭게 한반도와 동북아지역안보의 새로운 질서를 확립하는 데 목적이 있다. 이러한 북한의 규칙을 다른 국가들에게 강요하는 방법은, 틀림없이 더욱 큰 국제적 반발을 불러일으킬 뿐이다. 북한에 결정적인 변화가 발생하지 않는 한, 그들이 국제사회의 고립과 압박을 받는 국면은 오랜 기간 지속될 것이다.

2013년 2월 12일 북한의 3차 핵실험과 뒤이은 전쟁위협을 겪고 난 뒤, 오바마정부의 북한정책은 더욱더 강경하게 변할 것이다. 비록 존 케리 국무장관이 여러 차례 북한과의 대화를 원하고, 북미 간 대화의 창은 언제든 활짝 열려있다고 표명하였지만, 북한과의 대화에 대해 미국은 매우 높은 문턱을 설정하였다. 그것은 바로 전쟁위협을 반드시 중단하고 핵포기 행동을 취할 뜻이 있어야만, 미국은 대화를 진행할 뜻이 있다는 것이다. 이러한 조건적인 대화론은, 북한에 대한 미국의 외교적 영향력을 유지하고, 북한의 전쟁위협 언행 악화를 피할 수 있게 할 뿐만 아니라, 미국의 북한정책이 지속적으로 반드시 필요한 국제와 국내정치의 지지를 얻게 한다. 설령 미국의 몇몇 사람들은 북핵문제는 대화를 통해서만 해결할 수 있다고 여기지만,[556] 국내정치 여건 또한 오바마정부가 새로운 외교적 유연성을 나타내기 어렵게 한다.

미국은 북핵문제를 대화를 통해 해결할 수 있다는 믿음이 갈수록 쇠퇴하고, 북한이 조건적으로 6자회담에 복귀할 것이란 믿음도 갈수록 사라지고 있다.[557] 북한의 미사일과 핵무기 능력의 발전을 겨냥해, 오바마정부는 제한과, 심지어 북한의 대규모살상무기 능력의 증강을 모살하는 방식을 통하여, 북한이 미국본토에 직접적으로 위협을 가할 가능성이 있는 핵미사일 능력 건설을 절하시키려는 경향이다. 현재, 북한의 대규모살상무기가 저평가된 언론기사가 여러 차례 보도되었다.[558] 북한의 대규모살상무기의 발전을 제한하고 모살하는 것은, 북한의 공업과 경제발전을 제한하고 모살하여, 북한의 전체적인 국민경제와 군사공업 능력을 전면적으로 위축시키는 상황에서, 핵무기와 미사일 능력 발전을 더 이상 진행할 능력이 없도록 하는 것이다. 이것은 미국이 동맹국들과 협조를 통하여, 북한에 대해 한층 더 엄격하고 전면적인 고립과 봉쇄 그리고 제재 정책을 이행할 가능성을 지속적으로 증가시킨다. 그 결과는 북한의 경제와 금융 그리고 공업능력을 한층 더 고갈되는 상황으로 가게하며, 북한정권의 국내생존 위기 심화를 촉진시킬 것이다.

현재 미국 국내정치의 영향을 깊게 받음으로 인해, 앞으로 오바마정부의 대북정책에 유연한 변화가 나타날 가능성은 매우 적다. 특히 미국 언론에서 북핵과 이란핵을 연결시킨 것과 관련한 각종 추측과 분석들 또한 오바마정부의 대북 강경정책 선택을 한층 더 격화시켰다. 존 케리 미국 국무장관은 2013년 4월 17일

하원 외교위원회에 참석하여, "중국의 원조가 없다면, 북한은 붕괴할 것이며, 외교적 수단을 통하여 북한문제를 해결하는 데에는 중국과의 협력이 필요하다"고 표명하였다.[559] 케리는 또한 미국의 대북정책은 '전략적 인내(Strategic Patience)'가 아닌, '전략적 비인내(Strategic Impatience)'라고 규정하였다. 이와 동시에, 케리는 미국이 전철을 밟지 않을 것임을 강조하였다. 케리는 한국, 중국, 일본 방문기간 "미국은 과거의 길을 가지 않을 것이며, 만약 비핵화 조치에서 북한이 개선의 생각이 없다면, 미국은 북한과 대화에 임하지 않을 것이며, 식량원조도 지원하지 않을 것이다"라고 명확하게 표명하였다.[560] 케리는 대화를 원하거나 또는 원조를 얻고 싶다면, 북한은 단순한 말 또는 승낙이 아닌, 반드시 구체적인 행동을 취해야 한다고 밝혔다. 문제는, 김정은정부가 미국과의 대화를 위해 병진노선을 포기할 것인가 하는 점이다.

3) 중국은 더 나은 정책을 선택할 수 있나?

2012년 12월에서 2013년 4월까지 한반도에 심각한 위기형세의 재차 출현은, 한반도문제와 관련된 각국들 간의 심각한 불신과 인식적 대립을 반영하였을 뿐만 아니라, 더욱이 북핵문제와 북한문제를 분리시킬 수 없는 기본적 형태를 반영하였다. 북한 김정은정권이 국내체제의 개혁 없이 주체사상과 선군정치에 의존하는 고질병에서 벗어나고, 북한이 고립과 봉쇄를 타파하지 않고, 적극적으로 국제사회와 타협하여 국가발전의 새로운 길을 모색한다면, 북핵문제는 늘 돌파되기 어렵다. 북한의 변혁추진은 중국 혼자서 실현시킬 수 있는 것이 아니다. 북한 3차 핵실험 직후 한반도 위기 심화의 새로운 현실은, 중국, 미국, 일본, 한국, 러시아 등 동북아의 주요 국가들이 더욱 협력적이며 협조적인 대북정책을 생각하고 취하도록 호소하고 있다. 북한의 핵도발에 대해 국제사회가 단결을 유지해야만, 북한에게 진정으로 동북아는 북한의 핵위협을 받아들이지 않는다는 강한 결심을 보여줄 수 있다.

중국은 반드시 한미일이 북한요소를 이용해 아시아태평양 지역에 군사력 배치와 군사동맹 협력강화의 동향을 경계해야 한다. 현재 북한의 핵전쟁 위협아래, 한미일의 상응하는 군사적 조치는 바로 북한의 광적인 행동으로 인해 수인이병(授人以柄)*하는 것이다. 중국은 이 동향을 관찰할 때, 단순히 한미일을 원망하기 보다는, 현재 북한의 전쟁 소란이 저지당하지 못함이, 한미일로 하여금 군사배치의 기세를 완화시키기 힘들게 하는 것을 원망해야 한다. 러시아의 북한에 대한 지적과 판정 정도는 중국보다 높으며, 현재 북한도발에 대한 정책적 대응상에서도 뚜렷하게 한국과 미국의 추세를 보이고 있다. 오늘날 중국과 러시아만이 연합하여 북한에 반대하는 것이 아니라, 국제사회 전체가 북한의 극단적 언행을 반대하고 있다. 한미일의 군사배치 강화만 보고 북한의 전쟁위협에 반대하는 것이 아니라, 북한의 현존하는 위협적 언행이 동아시아평화와 안정을 심각하게 파괴할 것이라는 문제의 성질을 관찰하여, 생각하고 반응해야 한다. 왕이 중국 외교부장은 2013년 4월 6일 반기문 UN사무총장과의 전화 통화에서 "중국의 문 앞에서 일이 벌어지는 것을 결코 용납할 수 없다"고 경고하였고,[561] 시진핑 주석은 4월 8일 보아오포럼에서, "어떠한 국가도 개인적 이익을 위해 지역전체를 충돌로 몰아넣어선 안 된다"고 표명하였다.[562] 이 모두는 현존하는 한반도 위기문제상에서 중국정부의 단호한 입장을 보여주었다.

실질적인 핵포기 대화와 각국이 화해를 원하는 명확한 입장이 없이는, 앞으로 한반도 위기의 장기화는 동북아지역 안보정세의 설상가상일 뿐이다. 현재 한국과 미국은 모두 북한과의 대화를 원한다고 표명하였지만, 동시에 미사일 방어체제 배치와 군사경계, 작전능력 강화에 힘쓰며, 지속적으로 빈번하게 연합군사훈련을 거행하고 있다. 설령 대화에 동의한다 하더라도, 워싱턴은 대화의 선행 조건은 "북한이 다시 핵포기를 승낙하고, 언행상의 위협을 중단하는 상황에서만, 미국은 북한과 대화할 수 있다"고 강조한다. 한국의 박근혜 대통령은 2013년 5월 7일 미

---

* 남에게 칼자루를 주다. 주도권을 상대방에게 주다.

국을 방문하여 오바마 대통령과 한미정상회담을 거행하여, 남북한의 '신뢰강화'조치, 즉 서울 프로세스(Seoul Process)를 지속적으로 추진해나갈 것임을 선포하였다. 이와 함께 박근혜 대통령은 대북 군사억제력 확립 강화와, 북한의 어떠한 군사도발도 절대 용인할 수 없다고 강조하였다.[563] 현재, 박근혜 대통령의 서울 프로세스 제의는, 전임 이명박 대통령의 대북정책과의 거리를 두었기에, 더 이상 단순히 핵포기 동의를 남북한의 정치적 접촉과 식량원조의 전제로 하지 않지만, 한국과 미국이 북한의 도발 행동과 모든 행위에 대해 타협적 태도를 취한다는 것을 의미하는 것은 절대 아니다. 북한의 핵포기 행동 없이, 서울 프로세스는 김대중－노무현 시대의 햇볕정책으로 돌아갈 수 없으며, 또한 한반도 남북 양측 간의 실질적인 대립형세도 결정적으로 바꿀 수 없을 것이다.

미래의 한반도에 최대의 불확실한 요소는 여전히 북한의 내부정세와 김정은의 내외정책이다. 만약 북한이 진정으로 국민경제를 다시 진작시키고, 김정일 시대가 제기한 '강성대국의 문을 여는' 목표를 실현시키고자 대내로 체제변혁을 진행하고, 대외로는 한국, 미국, 일본 등 국가들과의 관계를 완화시키는 것은, 상부상조하는 일체양면(一體兩面)'이 될 것이다. 북한이 핵도발을 포기하고, 핵포기의 성의와 결심을 보여야만, 다른 국가들과의 협상과 접촉과정을 다시 가동할 수 있고, 북한의 내재된 발전이 진정으로 건설적인 외부환경을 갖출 수 있다. 만약 북한이 단순히 핵대립을 통하여 국제사회가 북한 핵무기의 합법화를 인정하도록 강요하여, 대화와 협상에서 주도권을 갖으려 한다면, 자신에게 더욱 큰 압박만 가져다줄 뿐이다. 북한의 실질적인 핵포기 과정 없이는, 북한 경제발전에 필요한 국제화해가 진정으로 나타날 수 없다.

심각한 내외압박에 직면하여, 김정은은 유연한 일면을 보여주었다. 2013년 5월 22일, 조선인민군 총정치국장 겸 조선노동당 중앙위원회 정치국 상무위원, 조선노동당 중앙위원회 군사위원회 제1부위원장인 최룡해는 김정은의 특사로 베이징을 방문하여, 시진핑 주석에게 김정은의 친서를 전달하였다. 중국 지도자들과의 회견 기간, 최룡해는 평양의 세 가지 중요한 메시지를 전달하였다. 첫째, 북한은 북중관계의 개선과 공고함, 그리고 발전을 희망하지만, 전제는 북중 양국의 공동 노력임을 강조하였고 둘째, 북한은 경제발전과 민생개선 그리고 평화적 외부환경 조성에 집중하길 희망한다. 셋째, 북한은 중국 측 제의를 받아들여, 관련 각국들과 6자회담을 포함한 여러 대화를 전개해나가길 원한다고 하였다. 그러나 평양은 결코 명확한 승낙을 하지 않았기 때문에, 이것이 김정은이 이미 핵포기 협상 가동을 결정하였고, 또한 2005년의 6자회담 공동성명으로 돌아가길 원한다는 것을 결코 의미하지 않는다. 국제사회는 결코 최룡해의 베이징행이 북한입장의 중대한 전환을 밝히고 있다고 여기지 않는다.[564] 최룡해의 귀국 당일, 북한매체는 핵보유입장에 대해 재차 선전 공세를 하였다.[565]

만약 최룡해의 이번 베이징행이 단지 중국에게 북한이 대화를 원한다는 메시지만 전달하였다면, 베이징은 결코 진정으로 만족하지 못할 것이다. 그 이유는 북한이 언급한 대화는 현재 한반도 긴장국면을 완화시키는 대화일 수 있고, 개성공단을 다시 회복하는 대화일 수도 있으며, 또는 북한이 줄곧 원하는 미국과의, 한반도 평화체제 확립 관련의 대화일 수 도 있기 때문이다. 이러한 대화들은 모두 평양이 '핵포기 대화'를 받아들인다는 것을 의미하지 않는다. 이와 동시에, 최룡해는 김정은이 경제발전과, 민생개선 그리고 평화적 외부환경 조성에 집중하길 원한다고 강조하였다. 그렇다면, 북한은 핵보유를 전제로 경제를 발전시키고, 그들이 줄곧 강조하는 핵 억제력 강화를 이루는 상황에서의 평화를 원하는가. 아니면 핵포기 과정에서 한국, 미국, 일본과의 관계정상화를 이루고, 한반도 평화협정 체결 후의 평화를 원하는가. 중국은 최룡해의 중국방문의 실제적인 효과에 대해 신중한 판단을 할 필요가 있다.

북한의 앞날은 두 가지 선택 사이에서 발버둥칠 가능성이 매우 크다. 한 가지는 핵보유의 조건 아래 내재된 변혁을 통하여, 제한적인 개방을 이루는 것이지만, 국제사회는 북한에 대한 고립과 압박정책을 포기하지 않을 것이며, 앞으로의 한반도 정세는 지속적으로 긴장되고 혼란스러울 것이다. 다른 한 가지는 핵포기 협상 과정에서 국제환경을 개선시켜 국내체제의 변혁과 대외개방을 가속화하여, 국가의 안보와 발전을 진정으로 실현하는 것이다. 핵문제에 대한 태도는, 많은 부분 북한이 도대체 어떠한 방식으로 변혁을 실현시킬 것인지를 검증하고 결정한다.[566] 그러나 어찌되었든 간에, 전면적인 핵포기 모두는 이 변혁의 결과이지, 그것의 전제가 되기는 힘들다. 시진핑 국가주석이 2013년 5월 24일 최룡해 특사를 면담할 때 표명한 것처럼, "한반도 비핵화는 많은 사람들이 바라는 것이며, 대세이다"[567] 북한의 지속적인 핵도발의 결과는, 북한 핵문제의 경착륙 가능성을 끊임없이 상승시킬 뿐이다.

북한은 이미 6자회담의 영구탈퇴를 선포하였고, 또한 국내에 법률을 제정하고, 당강(黨綱)을 수정하며 내각 내에 핵개발부서를 신설하는 등의 형식으로 끊임없이 자신들의 핵보유국 지위를 공고히 하고 있다. 이 정세에 직면하여, 6자회담 재가동은 북한지도자의 계산에만 의지해서는 안 된다. 한반도 정세를 안정시키고, 비핵화 목표를 확고하게 실현시키기 위해, 중국은 국제협력을 강화시켜, 정책협조를 촉진시키고, 국제사회와 함께 공동으로 북한정세에 대응하여, 북한정세의 각종 변화의 가능성을 방지할 뿐만 아니라, 관리해야 한다. 그중, 중미 간의 소통과 대화 그리고 협력은 한반도 정세가 통제력을 잃고 동북아 지역전체의 안보정세를 위태롭게 하는 상황을 피하기 위한 관건이다. 2013년 4월 3일, 창완취안(常萬全) 중국 국방부장과 척 헤이글 미국 국방장관은 대화통화에서, 현재의 한반도 정세에 대해 양국 모두 깊은 우려를 나타냈다. 4월 13일, 존 케리 미국 국무장관은 중국을 방문하여, 중국 지도자들과 매우 건설적인 소통과 협상을 하였다. 중미 양국은 한반도 비핵화 문제상에서 중요한 공동이익을 지녔기에, 양국은 적극적으로 북핵문제상의 새로운 도전을 이용하여, 전략적 신뢰를 강화하고 동아시아 지역 안보 소통의 비전을 키워나가야 하며, 북핵문제의 협력해결은 '신형 대국관계'의 이행으로서 중요한 계기가 될 것이다. 이점을 이루기 위해, 양국 지도자는 적절한 시기의 회담을 통해, 상호존중과 지역평화와 안정 그리고 번영을 공동으로 수호할 담력과 식견 그리고 안목을 갖추어야 한다.[568] 한반도 비핵화가 실현될 수 있는지 여부는, 결과적으로 결코 북한의 뜻이 아닌, 동북아 국가들이 중대한 지역안보 문제처리에서 협력을 할 수 있는지, 그리고 어느 범위 내의 협력인지에 달려있다.

4) 결론

2013년 2월 이후의 북핵위기는 한반도 핵문제상의 정치적 각축(角逐)이 새롭고, 더욱 위험한 단계에 도달하게 하였다. 김정은의 1년 넘는 집권기간 동안 대내외 정책은, 이제 드디어 뚜렷한 결과를 얻었다. 젊은 북한 지도자가 국가를 개혁으로 이끌어갈 것에 대한 어떠한 지나친 기대는 이제 환상이 되었다. 김정은의 지도 아래, 북한의 행위는 틀림없이 더욱 큰 도전성과 불확실성을 지녔고, 한반도 정세의 불확실성 또한 뚜렷이 상승하고 있다. 앞으로 중국의 북한정책을 어떻게 조정하고 발전시킬 것인지는, 중국의 새 지도자에게 분명히 막중한 시험이다. 앞으로 북핵정세의 변화의 심각성과 위험성을 저평가할 수 없으며, 북한의 전쟁 소란과 위협을 겪은 후, 외교적 방법을 통한 북핵문제 해결의 가능성은 하락하고 있다. 미래 한반도 정세에 대한 전망의 암담함과 불확실함에 대응하여, 중국은 침착하고 냉정해야할 뿐만 아니라, 유연하게 대응해야 하며 더욱 중요한 것은 새로운 발상과 새로운 관념 그리고 새로운 방법이 있어야 한다.

중국정부와 인민은 지금껏 북중우호를 소중히 여기고 중시해왔으며, 중국은 한반도 정세의 긴장과 핵 딜레마의 심화를 가장 꺼리고 있다. 그러나 2013년 2월 이후 악화된 한반도 긴장국면에 직면하여, 중국의 안보이익은 현재 전례 없는 충격과 도전을 받고 있다. 공개적으로 핵포기 불가를 선언하고, 끊임없이 핵무기 능력 확대에 힘쓰는 북한에 앞으로 어떻게 대응할 것인가? 현재 나날이 더욱 긴장되어가는 핵대립에서 어떻게 관련 대화와 협상을 가동하고, 어떻게 한반도 안정의 실현과 더 나아가 새로운 안보질서를 확립할 수 있는가? 이 일련의 문제들은 이미 중국의 새로운 지도자 앞에 놓인 심각한 화두이다. 중국은 북핵대립의 장기적인 지속을 좌시할 수 없고, '오랜 기간 결정되지 못한' 핵무기 보유의 북한은 중국 국가안보의 중대한 위협이며, 또한 동북아지역안보가 감당할 수 없는 막중함이다. 베이징으로 본다면, 2개의 현실적 문제에 행동을 취할 필요가 있다. 첫째 북한 비핵화 실현의 효율을 어떻게 높일 것이지, 둘째 만약 북한의 핵도발 정책과 핵보유정책 포기를 설득할 수 없다면, 어떠한 수단이 북핵문제와 북한 문제상에서 중국의 영향력을 확대시키는 데 도움을 줄 수 있는가? 근래의 풍파를 겪은 후, 단순히 시간에 의지하는 것은 북핵문제의 교착상태를 해결할 수 없다. 북핵문제는 결과적으로 '지연시킬 수 없고', 북한의 경제발전이 머지않아 북한의 도발행동을 '연화(軟化)'시키고, 최종적으로 북한으로 하여금 그들의 도발행동을 줄이도록 할 수 있다는 인식은 이미 비현실적인 기대임을 증명하였다. 북핵문제의 본질은 '북한문제'이다. 핵무기 포기를 원하지 않고, 여전히 낡은 체제를 견지하며 선군정치를 유지하는 북한은 경제상에서 한숨 돌리고 기회를 회복한다면, 분명히 더욱 도발성을 지닐 것이다. 이 시각, 중국은 전통적 한반도정책을 새롭게 고려하고 평가해야 한다.

반가운 것은, 중국의 대북정책에 이미 현재 모종의 '새로운 발상'이 보이기 시작했다는 것이다. 그것은 중국의 북한 정책과 한반도 정책은 평양으로부터 인질이 되어선 안 되고, 한반도 비핵화와 안정문제상에서 중국의 국가이익은 북-중 전통적 관계로 인해 대체될 수 없다는 것이다. 이는 북중관계를 처리하고 발전시키기 위해 견지해야할 기본원칙이다. 국제매체 또한 비핵화 문제상에서 중국이 확고한 메시지를 전달했다는 점을 알아차렸다.[569] 북중우호와 협력은 북중 양국 정부와 인민이 각자의 안보와 이익의 관심을 상호존중하는 기초 위에 형성되어야 한다. 북한의 경제건설과 국가안정에는 중국인민의 지지와 이해가 필요하지만, 북한의 극단적이고, 대립적이며 감정인 대외적 행위는, 중국의 이익에 손해를 가져다 줄 뿐만 아니라, 이와 동시에 북한의 안정과 건설 그리고 발전에도 불리하다. 만약 북한정부의 발상과 행동이 조정되지 못한다면, 중국은 북한에 대해 정색을 하고, 북한으로 하여금 고통을 느끼게 할 필요가 있다.

주 注

1 　關於東亞後冷戰時代建立在權力均勢基礎上安全結構再造過程的代表性論述, 請參見Thomas J. Christensen, "China, the U. S. – Japan Alliance, and the Security Dilemma in East Asia", *International Security*, Vol. 23, No. 4 (Spring 1999), pp. 29-80; Robert S. Ross, "the Geography of the peace: East Asia in the Twenty-First Century", *International Security*, Vol. 23, No. 4 (Spring 1999), pp. 81-118.

2 　Koro Bessho, "Identities and Security in East Asia", *Adelphi Paper*, 325, 1999, PP. 53-77.

3 　對於朝鮮安全認同重建異化於東亞區域主流的原因分析, 有以下幾種觀點, 壹是認為朝鮮的體制缺乏必要的內在新能力, 二是認為地緣和歷史特點導致朝鮮過強的民族主義, 三是認為外在環境的敵意, 例如曾費朝鮮造成巨大殖民傷痛的日本始終對朝鮮采取歧視和壓制政策, 四是美國的朝鮮政策總是立足於增強韓國對朝鮮的"吞並"能力, 五是安全觀念上的"自閉心態"。有關這方面的研究, 請參見 Selig S. Harrison, *Korean Endgame: A Strategy for Reunification and U. S. Disengagement*, A Century Foundation Book, 2002; Kongdan Oh and Ralph C. Hassig, *North Korea: Through the Looking Glass*, the Brookings Institution, Washington, DC: 2000; Leon U. Sigal, *Disarming Nuclear Strangers: Nuclear Diplomacy with North Korea*, Princeton, NY: Princeton University Press, 1997; Anthony Lake, "Confronting Backlash States", *Foreign Affairs*, Vol. 73, No. 2(1994), pp. 45-46.

4 　有關美國對朝鮮大規模殺傷性武器的長期關註和冷戰時代的相關政策, 參見 Michael J. Mazarr, *North Korea and the Bomb: A Case Study in Nonproliferation*, New York: St. Martin's Press, 1995: Michael Klare, *Rogue States and Nuclear Outlaws: American Search for A New Foreign Policy*, New York: Hill and Wang, 1999.

5 　Robert S. Litwak, *Rogue States and U. S. Foreign Policy: Containment After the Cold War*, the Woodrow Wilson Center Press, 2000, pp. 198-255.

6 　這些理由包括俄羅斯對朝鮮援助的急劇下降、南北韓軍費開支差距的拉大、中韓關系的改善和迅速發展以及美國所提出的"流氓國家"定義等。學術界普遍認為, 謀求生存是朝鮮發展核計劃最重要的原因。Victor Cha, "The Rational for enhanced Engagement of North Korea: After the Perry Policy Review", *Asian Survey*, Vol. 39, No. 6 (November/December 1999), pp. 845-866; Roberto Suro. "Ex-Defense Officials Decry Missile Plan", *Washington post*, May 17, 2000; David Kang, "Acute Conflicts in Asia After the Cold War: Kashmir, Taiwan, and Korea", in Muthiah Alagappa, ed., *Asian Security Order: Instrumental and Normative Features*, Stanford, CA: Stanford University Press, 2003, pp. 349-379.

7   美國國內雖然對如何進行朝核談判有不同的爭論，但在這個關鍵點上沒有爭議。參見Michael O'Hanlon and Mike Mochizuki, "Economic Reform and Military Downsizing: A Key to Solving the North Korean Nuclear Crisis?" *Brookings Review*, Vol. 21, No. 4, Fall 2003, pp. 12-17; Michael O'Hanlon and Mike Mochizuki, *Crisis on the Korean Peninsula: How to Deal With A Nuclear North Korea*, Brookings Institution, Washington, DC., 2003.

8   Victor Cha and David Kang, *Nuclear North Korea: A Debate on Engagement Strategies*, New York: Columbia University Press, 2003; Yoel Sano, "Talks Aside, North Korea Won't Give Up Nukes", *Asian Times*, March 2, 2004; 朱鋒:《朝核問題六方會談前途分析》, 載《現代國際關系》, 26-33頁, 2005(1)。

9   布什上臺之前美國的朝鮮政策仍繼續強調美朝高層對話以及由美國直接出面說服朝鮮停止核計劃和暫停導彈發展, 克林頓政府並不認為朝鮮的政權性質是妨礙美國以有限接觸的方式關註朝鮮"威脅"的根本障礙。參見 Joseph De Thomas, "The Perry Report and US Policy Towards the DPRK", *LNCV-Korea Peninsula: Enhancing Stability and International Dialogue*, Roma, 1-2 June 2000:Joel S. Wit, Daniel B. Poneman, and Robert L. Gallucci, *Going Critical: The First North Korea Nuclear Crisis*, Brookings Institution, Washington, DC, 2004.

10 有關"鷹派接觸"政策的內容, 請參見 Victor D. Cha and David C. Kang, *Nuclear North Korea: A Debate on Engagement Strategies*, New York: Columbia University Press, 2003.

11 "Powell Says Bush Committed to Multilateral Diplomacy on North Korea", *Interview with John King of CNN*, Octorber 19, 2003: Disarmament Documentation, at www.acronym.org.uk/docs/0310/doc11.htm/

12 有關美國基於政權性質以及以往政策經驗所得出的朝鮮同樣也是"復合性威脅"的評論, 參見 Jasper Becker, "Don't Repeat Mistakes in N. Korea", *Christian Science Monitor*, December 30, 2002; Daniel A. Pinkston and Philip C. Saunders, "Seeing North Korea Clearly", *Survival*, Vol. 45, No. 3, Autumn 2003, pp. 79-102; Bill Gertz, "N. Korea, Al Qaeda Union a Threat", *Washington Times*, April 1, 2004.

13 Glenn Kessler, "N. Korea Talks May Hinge on Bush: Lawmaker Advises President to Choose His Words Carefully", *Washington Post*, January 28, 2005.

14 Judith Goldstein, "Creating the GATT Rules: Politics, Institutions, and America Policy", in John G. Ruggie, ed., *Multilateralism Matters : The Theory and Praxis of An Institutional Form*, New York: Columbia University Press, 1993, pp. 201-232.

15 Zhu Feng, "*Why China and the U. S. Diverge over Disarming Nuclear N. Korea?*" Center for Strategic and International Studies, Washington, DC, August 16, 2004.

16 Janne E. Nolan, *An Elusive Consensus: Nuclear Weapons and American Security after the Cold War*, the Brookings Institution, 1999.

17 對大規模殺傷性武器擴散進行海上強制攔截方案的全稱是"Nonproliferation Initiative"共有11國參加。2003年以來, 已經舉行了三次磋商會議, 分別是2003年6月12日的馬德裏會議, 7月9-10日的布裏斯班會議和9月6-7日的巴黎會議。有關這壹方案的具體內容, 請參見 Bradley Graham, "Gaps in Plan to Halt Arms Trade: Legal Authority for Intensified Interdiction is Questioned", *Washington Post*, August 3, 2003.

18 James Brooke, "U. S. and North Korea Announce Accord on Wider Atom A Talk", *The New York Times*, August 2, 2003.

19 《王毅副部長為"六方會談"舉行新聞發布會》,《人民日報》, 2003-08-30。

20 Sam How Verhovek and Sonni Efron, "N. Korea Sends Mixed Message", *Los Angles Times*, August 29, 2003.

21 Joseph Kahn, "U. S. Set to Take a Hard Line in Talks on Korea Arms", *The New York Times*, August 27, 2003.

22 同意在多邊會談中舉行美朝"非正式雙邊對話", 被視為美國對"六方會談"機制的妥協性舉動, 這也是"六方會談"比"三方會談"在對話形式上的壹個進步。2003年4月的"三方會談"中, 白宮曾否決了美國代表想要與朝鮮進行非正式雙邊會談的要求。Philip P. Pan and Glenn Kessler, "U. S., North Korea Plan One-One-One Talks: Administration Concession Led to Deal for Multilateral Meeting on Nuclear Crisis", *Washington Post*, August 2, 2003.

23 參見王毅副部長2003年8月29日下午在記者招待會上的講話;《王毅介紹北京六方會談:與會各方達成六項共識》, 中國日報網站, 2003-08-29。

24 美國有談判的意願, 但如果沒有妥協的意願, 談判同樣不可能取得進展。對布什政府這方面政策的批評, 請參見 Ivo H. Daalder and James M. Lindsay, "Nuclear Wal-mart?" The American Prospect, September 1, 2003.

25 《朝鮮在綁架時間上要錢》,《東京新聞》, 2003-08-20。

26 《用錢換人, 平壤的新策略》,《日本經濟新聞》, 2003-08-19。

27 Christopher Marquis, "Absent from the Korea Talks: Bush's Hard-Liner", *The New York Times*, September 2, 2003.

28 John Feffer, "Fearful Symmetry: Washington and Pyongyang", Foreign Policy in Focus (FPIF) Policy Report, July 2003, p. 3.

29 Joshua Muravchik, "Facing Up to North Korea", *Commentary*, December 2002.

30 Transcript: Powell Discuss North Korea, Iran, War on Terrorism, Interview by Regional News Syndicates on August 1, 2003; *Washington File*, August 5, 2003, p. 5.

31 AP. "Powell Defends Aide's N. Korea Speech", *Washington Post*, August 27, 2003.

32 James Brooke, "Suspense Ends in North Korea: The 'Dear Leader' Is Re-elected", *The New York Times*, 4, 2003.

33 有關"流氓國家"與大規模殺傷性武器的結合為什麼對美國的國際禮儀構成核心威脅的系統論述, 請參見 Stephen M. Walt, "Containing Rogues and Renegades: Coalition Strategies and Counter-poliferation", in Vicrot A. Utgoff, ed, *The Coming Crisis: Nuclear Proliferation, U.S. Interests, and World Order*, Cambridge, Massachusetts: MFT Press, 2000, pp. 191-226.

34 美國國內對布什政府朝鮮政策的眾多批評, 都是認為布什拒絕與朝鮮對話和妥協的路線客觀上是"自我設限", 人為地降低了政策選擇的範圍和壹項政策本來所應表現出的靈活性。Morton

I. Abramowitz and James t. Laney, "Testing North Korea: The Next Stage in U. S. AND ROK Policy", New York: Council on Foreign Relations, 2001; Gary Samore, "The Korean Nuclear Crisis", *Survival*, Vol. 45, No. 1 (Spring 2003), pp. 19-22; Samuel R. Berger and Robert L. Gallucci, "Two Crisis, No Back Bumer", *Washington Post*, December 31, 2002; Ashton B. Carter, "Alternatives to Letting North Korea Go Nuclear", Testimony before the Senate Committee on Foreign Relations, Washington, D. C., March 6, 2003.

35 在"六方會談"之間, 美國朝鮮問題特別談判代表傑克·普裏查特突然宣布辭職本身就是壹個很明確 的信號, 表明布什政府並不想改變在朝核問題上原有的策略和主張。普裏查特壹貫主張溫和路線, 但始終被排斥在北京會談之外。參見Sonni Efron, "Top U. S. Expert on North Korea Quits on Eve of Talks", *Los Angles Times*, August 27, 2003.

36 布什政府的邏輯很簡單:因為"流氓國家"都是"壞政府", "壞政府"是不可能接受規則制約, 也是不 能通過"妥協"來改變的。參見George Perkovich, "Bush's Nuclear Revolution-A Regime Change in Nonproliferation", *Foreign Affairs*, Vol. 82, No. 2 (March/April 2003), pp. 2-8.

37 Nicholas Eberstadt, *The End of North Korea*, Washington, D.C.: American Enterprise Institute Press, 1999.

38 Jonathan Rauch, "Yes, Bush Has a Policy on North Korea. It Might Even Work", *National Journal*, Mach 18, 2003.

39 參見James T. Laney and Jason T. Shaplen, "How to Deal with North Korea", *Foreign Affairs*, March/April 2003; Kondan Oh and Ralph C. Hassig, *North Korea Through the Looking Glass*, Washington, D. C.: Brookings Institution, 2000; Ashton B. Carter and William J. Perry, "Back to the Brink", *Washington Post*, October 20, 2002.

40 Philip W. Yun, "The Devil We Know in N. Korea May be Better than the Ones We Don't Know", *Los Angles Times*, May 7, 2003.

41 John McCain, "Rogue State Rollback", *the Standard Weekly*, February 20, 2003; Victor D. Cha, "Hawk Engagement and Preventive Defense on the Korea Peninsula", *International Security*, Vol. 27, No. 1 (Summer 2002), pp. 40-78; "North Korea's Weapon of Mass Destruction: Badges, Shields, or Swords?" *Political Science Quarterly*, Vol. 117, No. 2(Autumn 2002), pp. 209-230.

42 Joseph S. Nye, "Bush Faces a Tougher Test in N. Korea", Boston Globe, May 7, 2003.

43 Doug Sturck, "Citing Iraq: N. Korea Signals Hard Line on Weapon Issues," *Washington Post*, March 30, 2003; James Brooke, "North Korea Watches War and Wonders What's Next," *New York Times*, March 31, 2003.

44 David Sanger, "North Korea Says It Seeks to Develop Nuclear Arms", *New York Times*, June 10, 2003.

45 這種"不妥協"政策甚至被解釋為美國準備接受朝鮮作為有核武器國家的事實, 轉而通過導彈防 禦、經濟制裁與反擴散措施加以防範和遏止。參見Sonni Efron. "U. S. Said to Be Resigned to a Nuclear Korea", *Los Angeles Times*, March 5, 2003.

46 王毅副部長2003年9月1日在馬尼拉公開作出了上述表示。Joseph Kahn, "Chinese Aids Says U. S. Is

Obstacle in Korean Talks", *The New York Times*, August 31, 2003.

47 美國官員在談到北京"六方會談"成功之處時特別提到，會談讓朝鮮感受到了更多的壓力，讓朝鮮看到除了取消核計劃別無出路。Joseph Kahn and David E. Sanger, "North Korea Ends Disarmament Talks", *New York Times*, August 31, 2003.

48 有關朝核危機對美韓關系的沖突，參見 Sung-han Kim, "ROK – U. S. Relations after the Summit Meeting: How to Realize the Vision", *Korea and World Affair*, Vol. 27, No. 2 (Summer 2003), pp. 189-201.

49 有關談判對美國考慮運用其他政策手段的重要性，請參見 John Kerry, "Next Step on Korea", *Washington Post*, August 6, 2003.

50 參見王毅副部長2003年8月29日下午在記著招待會上的講話。《人民日報》，2003-08-30。

51 John Pomfret, "N. Korea Retreats From Further Talks on Weapons", *Washington Post*, August 31, 2003; Joseph Kahn, "U. S. Stand Could Stall Korea Talks, Chinese Say", *The New York Times*, September 2, 2003.

52 目前支撐布什政府采取願意談判解決朝核問題立場的壹大政策基礎，是朝鮮和地位的"模糊性"。雖然美國政府官員公開地說朝鮮擁有"兩顆原子彈"，還仍然只是壹種"判斷"；由於朝鮮本身沒有進行核試驗，盡管朝鮮政府曾多次承認它擁有核武器，但在理論上講，還可以視之為壹種"訛詐"，而非事實。但如果朝鮮正式進行了核試驗，朝鮮就變成了事實上的"有核武器國家"，美國的政策反應會出現決定性的變化，至少在短期內是如此。有關美國對超和政策的變化形式的探討，請參見 Leon V. Sigal, *Disarming Strangers: Nuclear Diplomacy with North Korea*, Princeton, N. J.: Princeton University Press, 1998; Victor D. Cha, "Hawk Engagement and Preventive Defense on the Korea Peninsula", pp. 40-78; "North Korea's Weapon of Mass Destruction: Badges, Shields, or Swords?" pp. 209-230.

53 James Brooke, "North Korea Birthday Parry in Japan Illustrates Strains", *New York Times*, September 9, 2003.

54 Reuters, " N. Korea May Display New Missile on 55th Birthday", *Washington Post*, September 8, 2003: Soo-Jeong Lee, "Report: N. Korea Has Long- Range Missile", *Washington Post*, September 8, 2003.

55 Sonni Efron, "U.S. Is Concerned Its North Korea Overture Got Lost", *Los Angeles Times*, September 5, 2003; David E. Sanger, "U. S. Said to Shift Approach in Talks with North Korea", *New York Times*, September 5, 2003.

56 "政府轉型"的政策定位是認可朝鮮的現行政府和政治體制，通過談判以實現對朝援助、幫助朝鮮解決經濟困難和取消核計劃結合起來，並鼓勵朝鮮進行改革和制度轉型以融合國際社會，以此來徹底改變朝鮮對國際社會的挑戰。參見 Michael O'Hanlon and Mike Mochizuki, "Toward a Grand Bargain with North Korea", *The Washington Quarterly*, Vol. 26, No. 4 (Autumn 2003), pp. 7-18.

57 美國前總統卡特在2003年9月的亞洲之行中就曾發出警告，認為美朝在核危機問題上的對立是當代國際和平的"最大威脅"。James Brooke, "North Korea Standoff Poses 'Great Threat', Carter Says", *New York Times*, September 6, 2003.

58 有關朝鮮拒絕參加第四輪六方會談的原因分析, 請參見 Paul Kerr, "North Korea Criticize U.S. Nuclear Proposal, Blasts Bush", *Arms Control Today*, October 2004: "North Korea Skips Six-Party Talks", *Arms Control Today*, October 2004; Agencies, "N. Korea Sets 3 Conditions for Nuke Talks", *China Daily*, October 23, 2004.

59 The Associate Press, "U. S. Policies on North Korea Criticized", *The New York Times*, December 30, 2004.

60 Michael J. Mazarr, *North Korea and the Bomb: A Case Study in Nonproliferation*, New York: St. Marin's Press, 1996, pp. 52-65; Leon V. Singal, *Disarming Strangers: Nuclear Diplomacy with North Korea*, Princeton, NJ: Princeton University Press, 1988, pp. 219-223.

61 Joel S. Wit, Daniel B. Poneman, and Robert L. Gallucci, *Going Gritical: The First North Korean Nuclear Crisis*, Brookings Institution Press 2004, pp. 223-254.

62 "U. S. Ready to Talk with N. Korea", *Washington* (AP), December 6, 2004. http://www.edition.cnn. com/2004/world/asiapcf/12/06/northkorea/nuclear/

63 Andrew Salmon, "U.S. Hints at Reward to a Disarmed North Korea", *International Herald Tribune*, December 10, 2004.

64 白宮發言人麥克萊倫2005年1月6日表示, 美國呼籲朝鮮盡快回歸六方會談, 稱第三輪六方 會談中美方建議"為解決這壹重大問題提供了現實步驟"。http://www.whitehouse.gov/news/ releases/2005/01/20050106-6.htm1#9

65 Adam Nagoutney and Janet Elder, "Americans Show Clear Concerns on Bush Team", *Arms Control Today*, December 2004. P. 21.

66 Miles A. Pomper, "The Politics of Arms Control in the Second Bush Team", *Arms Control Today*, November 24, 2004.

67 Jim Lobe, "Hawks Push Regime Change in N. Korea", *Asia Times*, November 24.2004.

68 William Kristol, "Toward Regime Change in North Korea", The Project for New American Century, November 22, 2004. http://www.newamericancentury.org/northkorea 200411222.htm

69 Michael E. O'Hanlon, "Why America's South Korea Plan Makes Sense", *International Herald Tribune*, June 10, 2004.

70 Assistant Secretary of State James A. Kelly's Testimony before the Senate Foreign Relations Committee on March 2, 2004. *The Washington File*, March 4, 2004.

71 有關"鷹派接觸"的概念定義, 請參見 Victor Cha and David Kang, *Nuclear North Korea : A Debate on Engagement Strategies*, Columbia University Press, 2003.

72 James Kirk, "Pyongyang Agrees in Principle to New 6-Way Talks", *Washington Times* December 10, 2004.

73 布什政府目前給朝核問題設置的動物"底線"是朝鮮相國際恐怖主義組織轉移或者出售核材料和合 計數, 2004年11月布什政府公開表達了這壹"底線"。日本《讀賣新聞》, 2004-11-09。

74 Glemm Kessler, "S. Korea Joins China in Criticizing U. S. on N. Korea", *Washington Post*, October 27, 2004.

75 Andrew Faiola, "S. Korea Weighs Allowing Once-Taboo Support for the North: Debate Reflects Division over Détente", *Washington Post*, November 22, 2004.

76 Andrew Salmon, "Defections to South Korea Rose", *International Herald Tribune*, December 31, 2004.

77 Editorial, "Increasing N. K. Refugees", *The Korea Herald*, December 28, 2004.

78 James Brooks, "Russia Turns Sour on North Korean Refugees", *The New York Times*, January 3, 2005.

79 Hoshinori Takeda, "The Perilous Tokyo-Pyongyang Rift", *Asian Times*, December 17, 2004.

80 "N. Korea Sanctions Unlikely for Now", *The Asahi Shimbun*, December 27, 2004. http://www.asahi.com/engish/politics/TKY200412270119.htm1/

81 Andrei Lankov, "The Troubled Russia-North Korea Alliance", *Asia Times*, December 14. 2004.

82 James Brooke, "North Korea Calls U. S. an Obstacle to Project", *International Herald Tribune*, October 8, 2004.

83 Nogdan Oh and Ralph C. Hassig, "North Korea's Nuclear Politics", *Current History*, September 2004, pp. 273-279.

84 Jack Pritchard, "Beyond Six Party Talks: An Opportunity to Establish a Framework for Multilateral Cooperation in the North Pacific", *Conference Paper for NORPAC*, Japan, October 7, 2004.

85 布什政府目前在朝核問題上的立場很明顯就是要朝鮮先"改變", 再"談判"; 而不是通過"談判"尋求朝鮮的"改變"。這種不同談判戰略的差異, 請參見 Michael E. O'Hanlon, "A 'Master Plan' to Deal With North Korea", *The Brookings Institutions Policy Brief*, No. 114, January 2003; Michael O'Hanlon and Mike Mochizki, "Toward a Grand Bargain with North Korea", *The Washington Quarterly*, Vol. 24, No. 4, Autumn 2004, pp. 7-18.

86 Park Song-wu, "Rep, Park Suggests Role for IAEA in 6-Way Talks", *The Korea Times*, December 6, 2004.

87 James Brooke, "Official Stresses Need for Security in Koreas", *International Herald Tribune*, October 7, 2004.

88 Mitchell B. Reiss, "The United States and Korea: A Partnership for Progress", Sejong Institute, Seoul, Korea, December 3, 2004.

89 Anthony Faiola and Sachiko Sakamaki, "Missing Homaes Spur Rumors on N. Korea", *Washington Post*, November 19, 2004; James Brooke, "Japanese Official Warns of Fissures in North Korea", *The New York Times*, November 22, 2004; Anna Fifield, "North Korea Washers Intrigued as 'Dear Leader' Adopts a Humble Tone", *Financial Times*, November 19. 2004.

90 Ryu Jin, "North Korea Won't Collapse: Roh", *The Korea Times*, December 5, 2004.

91 "U. S. Official Deny North Korea Visit Plans For Bush", *AFP*, January 5, 2005.

92 Anna Gearan, "Iraq, Iran, North Korea Top Bush Agenda", *Washington Post*, November 25. 2004.

93 美國在2004年就曾經設想將韓國核問題提交安理會。參見 Dafna Lizer and Anthony Faiola, "U.S. Won't Report South Korea to U. N. for Nuclear Tests", *Washington Post*, November 25, 2004.

94 Reuben Staines and Park Song-wu, "U. S. Stresses No Hostile Intent Toward NK", *The Korea Times*, December 20, 2004; 日本《讀賣新聞》, 2005-01-04。

95 James E. Goody and Donald G. Gross, "The Libya Model Could Help Disarm North Korea", *International Herald Tribune*, September 3, 2004.

96 Scott Snyder, " The Fire Last Time: Lessons From the Last Korean Nuclear Crisis", *Foreign Affairs*, Vol. 83, No. 4, July/August 2004, p. 146.

97 有關當前美國的朝鮮政策的理論及戰略思考, 請參見 Victor D. Cha, *Alignment Despite Antagonism: The US–Korea–Japan Security Triangle*, Stanford University Press, 1999; *Nuclear North Korea: A Debate on Engagement Strategies (co-authored with David C. Kang)*, Columbia University Press, 2003. 作者維克多·車目前是美國國家安全委員會負責東亞問題的官員。

98 朝鮮迄今最為公開的核能力的表示是其外交部副部長崔壽憲2004年9月27日在第59屆聯合國代表大會上的發言。他指出朝鮮已經完成了對8000根核燃料棒提取武器級鈈的過程, 並將其轉化為了核武器能力。他還表示朝鮮半島爆發戰爭的危險"正在迅速增加"。http//www.dynamic.sohu.com/template/news/print.jsp?

99 國際原子能機構在2004年12月初表示朝鮮的核能力有了進壹步發展, 按照他們的評估, 朝鮮的核武器應該在4-6枚之間, 遠遠突破了美國所估計的1-2枚。參見 David E. Sanger and William J. Broad, "UN Aton Chief Certain North Korea Has Made Fuel for 4 to 6 Bombs", *International Herald Tribune*, December 7, 2004. 但最近美國《外交》雜誌刊文對迄今美國等國對朝鮮核計劃與核能力的猜測表示懷疑。參見 Selig S. Harrison, "Did North Korea Cheat?", *Foreign Affairs*, Vol. 84, No. 1, January/February 2005.

100 有關"無核化宣言"的重要性, 請參見 Selig S. Harrison, *Ending the North Korean Nuclear Crisis: A Proposal by the Task Force on U. S. Korea Policy*, December 2004.

101 Nongdan Oh and Ralph C. Hassig, "North Korea's Nuclear Politics", *Current History*, Sept. 2004, p. 279.

102 美國在第三輪朝核會談中提出的方案尚沒有公開版本。媒體的詳細報道, 請參見 David E. Sanger, "U.S. to Offer North Korea Incentive in Nuclear Talks", *The New York Times*, June 23, 2004: Philip P. Pan and Glenn Kessler, "U.S. Revises Proposal at North Korea Nuclear Talks: Fuel Aid, Security Statement Possible During 3-Month Test", *Washington Post*, June 24, 2004, p. A 17.

103 Paul Kerr, "North Korea Nuclear Talks: If at First You Don't Succeed, Meet Again", Arms Control Today, June 2004, p. 7.

104 Deputy Secretary of State Charles Bolton's Remarks in the Hearing by the congress International Relations Committee on March 12, 2004. *The Washington File*, March 13, 2004.

105 Spokesman of Department of State Adam Erelli in the news briefing on May 19, 2004: *The Washington File*, May 30. 2004.

106 Mark Magnier, "N. Korea Nuclear Talks Conclude in China", *Los Angels Times*, June 26.

107 Luis Ramirez, "Some Progress Reported in North Korea Nuclear Talks", CNN Report, June 25, 2004.

108 Philip P. Pan and Glenn Kessler, "U. S. Revises Proposal at North Korea Nuclear Talks: Fuel Aid, Security Statement Possible During 3-Month Test", *Washington Post*, June 24, 2004, Page A 17.

109 中國外交部副部長王毅2004年6月22日在接受中國記者聯合采訪時就曾提出, 六方會談迄今取得了三個方面的進展, 其中第三個進展就是各方同意采取"協調壹致"的步驟, 以"口頭對口頭, 行動對行動"的方式解決核問題和各方關切。《王毅16自概括中方參加第三輪六方會談態度》, 新華社, 2005-06-22。http://dynamic.sohu.com/template/news/print.jsp ENTITYID=220664124&Dynamic =yes/

110 Joe McDonald, "N. Korea Threatens to Test Nuclear Weapon", *Washington Post*, June 24, 2004.

111 Glenn Kessler, "U. S. Meets With N. Korea Over Nuclear Program", *Washington Post*, June 25, 2004, Page A15.

112 有關朝鮮在"凍核"與"補償"與"棄核"問題上的原則立場, 請參見朝鮮代表集團發言人玄學峰2004年6月25日晚在平壤駐華使館門口新聞發布會上的講話。李拯宇:《朝鮮表示將在朝核問題上保持靈活和耐心》, 新華社, 2004-06-25, http://news.sina.com.cn/c/2004-06-26/00192909564s.shtml/

113 David Gollust, "U. S. Officials Discuss New Disarmament Offer to North Korea", CNN Report, June 23, 2004, at www.Globalsecurity.org/wmd/library/news/▨/2004/06/dprk-040623-2c9e0552. htm/

114 Philip P. Pan, "N. Korea Says It Can 'Show Flexibility: Possible Dismantling of Nuclear Arms Programs Tied to Broader Aid Package'", *Washington Post*, June 26, 2004.

115 Richard Boucher's News Briefing on June 23, 2004. *The Washington File*, June 24, 2004.

116 《王毅副部長宣布六方會談五大成果》,《人民日報》(海外版), 2004-06-27。

117 這些問題包括美國對朝鮮的戰略選擇, 對朝鮮核能力的評估, 對朝鮮政府在談判行為中的認識以及在美國國內政治中如何建立對朝政策的政黨共識等諸多問題。參見 Victor D. Cha and David C. Kang, *Nuclear North Korea: A Debate on Engagement Strategies*, New York: Columbia University Press, 2003.

118 Gordon Fairdough, "Talks Display U. S. Rift on Pyongyang", *Wall Street Journal*, June 28, 2004.

119 《第三輪六方會談主席聲明》(全文), http://news.sina.com.cn/c/2004-06-26/11422914218s.shtml/

120 "Koizumi Tells Bush: N. Korea is Serious", *The New York Times*, June 3, 2004.

121 Alan D. Romberg, "Resolving the North Korea Issue and Bringing Peace to the Peninsula: An Appraisal of U.S. Strategy", paper for the conference of "Assessing Key Trends in U. S.-China-Korea Relations: Implications for Korean Peninsula Security", CSIS, November 18-19, 2003; Michael O'Hanlon and Mike Mochizuki, Crisis on the Korean Peninsula, Washington, DC: the Brookings Institution, 2003: Alan D. Romberg, "Six-Party Talks, Round 2: in Search of a U. S. Policy", *Asian Times*, February 12, 2004; Joel S. Wit, Daniel Poneman, and Robert Galluci, Going to Critical: The First North Korean Nuclear Crisis, Washington, DC: 2004.

122 David E. Sanger, "About-Face on North Korea: Allies Helped", *The New York Times*, June 24, 2004.

123 James Brooke, "Koreas Sidestep U. S. to Fore Political and Pragmatic Links", The New York Times, June 26, 2004.

124 Victor D. Cha, "America and South Korea: The Ambivalent Alliance?" *Current History*, Vol. 102, No. 665 (September 2003), p. 284.

125 Steve Herman, "South To North Korea: Major Aid for Ending", CNN Report, June 15, 2004.

126 James Glay Moltz and C. Kenneth Quinones, "Getting Serious about a Multilateral Approach to North Korea", *The Nonproliferation Review*, Spring 2004, pp. 136-144.

127 Robin Wright, "Iraq Occupation Erodes Bush Doctrine, *Washington Post*, June 28, 2004: PA. 101.

128 Jim Bobe, "Realism Takes Root in Washington", *Asian Times*, June 25, 2004.

129 Jeremy Bransten, "U. S. / North Korea: Is Washington Softening Its Rhetoric With Pyongyang?" Rueter News, Prague, June 25, 2004.

130 對以"政府更替"來謀求消除大規模殺傷性武器的戰略認識的批評，請參見 Alan D. Romberg and Michael D. Swaine, "The North Korea Nuclear Crisis: A Strategy for Negotiations", *Arms Control Today*, May 2004: Robert S. Litwak, "Non-Proliferation and the Dilemmas of Regime Change", *Survival*, Vol. 45, No. 4(Winter 2003), pp. 7-26: Doung Bandow, "Wroon War, Worng Place, Wrong Time: Why Military Action Should Not Be Used to Resolve the North Korean Nuclear Crisis", Cato Institute: Foreign Policy Briefing, No. 76, May 12, 2003.

131 Gordon Fairdough, "Talks Display U. S. Rift on Pyongyang", *Wall Street Journal*, June 28, 2004.

132 Luis Ramirez, "U.S. Offers North Korea Energy Aid and Security Guarantee", CNN Report, June 23, 2004.

133 Aaron L. Friedberg, "U. S. Strategy in Northeast Asia: Short and Long-Term Challenges", in Wilson Lee, Robert M. Hathaway, and William M. Wise, eds., *U.S. Strategy in the Asia-Pacific* Region, A Conference Report, Woodrow Wilson International Center for Scholars, May 5, 2003, pp. 18-30.

134 這方面的代表性觀點，請參見 Y. Hwang, "Don't Make Concessions to North Korea", *The Asian Wall Street Journal*, February 25, 2004: "Curtailing North Korea's Illicit Activities", The Heritage foundation, Backgrounder, No. 1679, August 26, 2003.

135 "How Would You Define Neoconservativism? Interview with Mar Boot", *The Daily Yomiuri*, March 19, 2004.

136 Gordon Fairdough, "Talks Display U. S. Rift on Pyongyang", *Wall Street Journal*, June 28, 2004.

137 審議中的該法案的全稱為《在朝鮮民主人民共和國促進人權和自由法案》，也可能命名為《2004年朝鮮人權法案》。該法案的英文文本，請參見，http://thomas.loc.gov/cgi-bin/query/C?c108:/temp/-c108rEPpmE/

138 Brad Glosserman, "A Verification Regime for the Korean Peninsula", Nautilus Institute Special Report, June 22, 2004: at www.mac,com/weobjects/webmail.woa/172/wo/io8pzuisi48jb5AMrt tb00/14.0.9.10/

139 David E. Sanger, "About - Face on North Korea: Allies Helped", *The New York Times*, June 24, 2004.

140 Glenn Kessler, "N. Korea Estimate to Rise: U. S. Report to Say Country Has At Least 8 Bombs", *Washington Post*, April 8, 2004; Page A01.

141 Barbara Demick, "N. Korea May Have a Missile That Can Hit Guam: Pyongyang Is Ready to

Deploy a Longer-Range Ballistic Weapon, South Korea", *Los Angels Times*, May 8, 2004.

142 Peter Slevin, "3 Nuclear Devices Cited in N. Korea: Verifying Remarks of Pakistani Is Difficult for U. S.", *Washington Post*, April 14, 2004.

143 《第四輪六方會談通過共同聲明》(全文)，參見 www.news.sina.com.cn/w/2005-09-1-/13086982258s. 以下引文來源相同。《共同聲明》的英文版，請參見 "A6-Party Statement: The Deal and Details", *International Herald Tribune*, September 19, 2005.

144 Burt Herman, *North Korea Agrees to End Nuclear Program*, Associated Press, September 19, 2005.

145 美國總統布什在《共同聲明》發表的當天就表示懷疑各方是否能切實遵守聲明內容。"Bush: NK Nuke Deal Positive Step", CNN.com, September 20, 2005.

146 Ralph A. Cossa, "Six Party Statement of Principles: One Small Step for Man", *The Pacific Forum of CSIS*, September 19, 2005.

147 Edward Cody, "U. S. Raises Objections to Chinese Proposal in North Korea Talks", *Washington Post*, September 18, 2005.

148 《環球時報》, 2005-09-20(1)。

149 Lawrence S. Wittner, *Toward Nuclear Abolition: A History of the World Nuclear Disarmament Movement, 1971 to the Present*, Stanford: Stanford University Press, 2003.

150 James Clay Moltz and C. Kenneth Quinones, "Getting Serious about a Multilateral Approach to North Korea", *The Nonproliferation Review*, Spring 2004, pp. 136-144.

151 "N. Korea Threatens to Hold Missile Tests, Slams U. S.", *The New York Times*, March 2, 2005.

152 "Time Out for North Korea", *Asia Times*, August 9, 2005.

153 "U. S. Threatens Korea Asset Freeze", *Beijing, China (Reuters)*, CNN, Com, September 17, 2005.

154 布什政府的這壹政策被戲稱為壹直處於"冬眠"狀態。參見 Donald C. Hellman, "America's North Korea Policy Has Been in Hibernation", *Seattle Times*, September 2, 2005.

155 "Christopher Hill is Firmly Opposed to Nuclear Energy Program for the North Korea", *The Washington File*, August 11, 2005.

156 有關鷹派觀點為什麼在目前的白宮對朝政策中失勢的分析，請參見 Bruce Klingner, "North Korea: When the talking Ends", *Asia Times*, September 15, 2005: "6 Party Talks 'SITREP'" *The Nelson Report*, October 4, 2005.

157 Jonathan Pollack, "Finally, Washington Is Ready to Play Ball", *The Yale Global*, July 19, 2005.

158 Joseph Kahn and David E. Sanger, "U. S. – Korean Deal on Arms Leaves Key Points Open", *New York Times*, September 20, 2005.

159 Tom Plate, "Chinese Show Commendable Patience", *Japan Times*, September 23, 2005.

160 Jonathan Watts, "Nuclear Deal at Risk after North Korea Demands Reactor", *Guardian*, September 21.

161 美國六方會談首席談判代表希爾也承認這壹點。參見 AP, "North Korea Insists on Peaceful Nuclear Program", *International Herald Tribune*, September 13, 2005.

162 Edward Cody, "N. Korea Demand Torpedoed Arms Talk: Diplomatic Balked at Guaranteeing Right

to Reactor", *Washington Post*, August 8, 2005.

163　Choe Sang-Hun, "Seoul, Defying U. S., Backs North on Use of Nuclear Power", International Herald Tribune, August 12, 2005.

164　"6 Party Talks 'SITREP'" *The Nelson Report*, October 4, 2005.

165　Steven R. Wesman, "U. S. Says North Korea Demand For Reactor Won't Derail Accord", *New York Times*, September 21, 2005.

166　David Gollust, "US Sees North Korea Nuclear Deal as Potential Peace Catalyst", State Department, October 2005, at www.globalsecurity.org/wmd/library/news/dprk/2005/dprk-05100.

167　Brian Knowlton and Sang-hun Choe, "U. S. Minimizes North Korea Demand", *International Herald Tribune*, September 21, 2005.

168　Sang-hun Choe, "N. Korea Insists U. S. Apologies for Remark", *The Washington Times*, March 3, 2005.

169　Sonni Efron, "A New Tilt Toward N. Korea: President Bush Is Now Warily Engaging the Nation He Had Called Part of an Axis of Evil", *Los Angeles Times*, September 21, 2005.

170　James Goodby, "Enlarge the North Korea Problem", *International Herald Tribune*, June 21, 2005.

171　有關民主黨對布什朝核政策的批評，請參見 Brian Knowlton, "2 Key Senators Assail U. S. Policy on Korea", *International Herald Tribune*, June 15, 2005.

172　Todd. S. Purdum, "Support for Bush Continues to Drop", *The New York Times*, September 14, 2005.

173　Jim Lobe, "Hawks Push Regime Change in N. Korea", *Asia Times*, November 24, 2004.

174　Choe Sang-Hun, "News Analysis: Do all Countries Have the Right to Develop Atomic Energy?" *International Herald Tribune*, September 19, 2005.

175　Dan Robinson, "Lawmakers Uneasy about North Korean Intentions in Six Party Talks", CNN, Com, October 6, 2005.

176　有關在六方會談機制外通過直接對話影響朝鮮政策的必要性分析，事實上在2005年8月第四輪六方會談前就已經進行了。朝鮮在《共同聲明》中承諾棄核，為布什政府實行這壹政策提供了政治上的臺階。參見 Scott Snyder, Ralph A. Cossa, and Brad Glosserman, "A Path to Progress for the Six Party Talks", *The CSIS*, August 2005, at www.csis.org/pacfor/issues%5Cvo5no8.pdf/; Eric Heginbotham and Christopher P. Twomey, "America's Bismarchkian Asian Policy", *Current History*, September 2005, pp. 243-250.

177　Kurt Achin, "Pakistan Calls North Korea Nuclear Ties A Closed Chapter", *Korea News Service*, September 29, 2005.

178　Andrew Yeh and Anna Fifield, "Bush Hails North Korea Nuclear Accord", *Financial Times*, September 20, 2005.

179　David Gollust, "US Sees North Korea Nuclear Deal as Potential Peace Catalyst", State Department, October 2005, at www.globalsecurity.org/wmd/library/news/dprk/2005/dprk-0510.

180　Editorial, "Increase Pressure on North Korea", *The Japan Times*, March 4, 2005.

181 "Japan Implements Veiled Sanctions against North", *The Japan Times*, March 2, 2005.

182 朝鮮政府以公開表示願意為了朝美關系正常化放棄導彈。參見Agencies, "N. Korea to Give Up Missiles for US Ties", at www.chinadaily.comcn/english.doc/2005-06/20/content_452975.htm/

183 Edward Cody, "N. Korea Vows to Quit Nuclear Arms Program", *Washington Post*, September 19.2005.

184 Chester a. Crocker, Fen Osier Hampson, and Pamela Aall, *Taming Intractable Conflicts: Mediation in the Hardest Case*, Washington, D. C.: United States Institute of Peace Press, 2004, P. 4.

185 有關後冷戰時代國際斡旋在解決國際性沖突中的意義和作用，請參見 Jacob Bercovitch, ed., *Resolving International Conflicts: The Theory and Practice of Mediation*, Boulder: Lynne Rienner Bublishers, 1996, pp. 11-35. 有關冷戰後國際外交斡旋的回顧與總結，請參見 Saadia Touval and I. William Zartmam, International Mediation in the Post-Cold War Era", in Chester A Crocker, Fen Osler Hampson, and Pamela Aall, eds., *Turbulent Peace: The Challenges of Managing International Conflict*, Washington, D. C.: United State Institute of Peace, 2001.

186 有關國際關系中外交斡旋在沖突解決中的理論總結，請參見 Jacob Berovitch, ed., *Resolving International Conflicts: The Theory and Practice of Mediation*, Boulder: lynne Rienner Publishers, 1996; J. A. Wall and A. Lynn, "Mediation: A Current Review", *Journal of Conflict Resolution*, Vol. 37, No. 1 (1993), pp. 225-229; C. R. Mitchell and K. Webb, *New Approach for Conflict International Mediation*, New York: Greenwood, 1988.

187 有關第壹次朝核危機以及克林頓政府的朝鮮政策，請參見 Michael J. Mazarr, *North Korea and the Bomb: A Case Study in Nonproliferation*, New York: St, Martin's Press, 1996; Leon V. Sigal, *Disarming Strangers: Nuclear Diplomacy with North Korea*, Princeton: Princeton University Press, 1998; Joel S. Wit, Daniel B. Poneman, and Robert L. Gallucci, *Going Crilical: The Ferst North Korean Nuclear Crisis*, Washington: Brookings Institution Press, 2004.

188 按照 Chester A. Crocker, Fen Osier Hampson, and Pamela Aall的分類，最難解決的我選問題是那些沖突事件常、性質嚴重和存在對立意識形態的問題。參見 *Taming Intractable Conflicts: Mediation in the Hardest Cases*, pp. 7-9.

189 Chester A. Crocker, Fen Osier Hampson, and Pamela, Taming Intractable Conflicts: Mediation in the Hardest Cases, pp. 121-135.

190 J. Michael Greig, "Stepping into the Fray: When Do Mediators Mediate?" *American Journal of Political Science*, Vol. 49, Iss. 2 (April 2005), pp. 249-266.

191 Lesley G. Terris and Zeev Maoz, "Rational Mediation: A Theory and A Test", *Journal of Peace Research*, Vol. 42, Iss. 5 (September 2005), pp. 563-570.

192 Kyle C. Beardsley, David M. Quinn, Bidisha Biswas, Jonathan Wilkenfeld, "Mediation Style and Crisis Outcomes", *Journal of Conflict Resolution*, Vol. 50, Iss. 1 (February 2006), pp. 58-87.

193 有關2002年10月朝鮮在與美國當時的東亞事務助理國務卿詹姆斯·凱利的會談中承認又"核計劃"的原因分析，請參見 Victor D. Cha and David C. Kang, *Nuclear North Korea: A Debate on Engagement Strategies*, New York: Columbia University Press, 2003; Michael O'Hanlon and Mike

Mochizuki, *Crisis on the Korean Peninsula: How to Deal With A Nuclear North Korea*, Washington: the Brookings Institution Book, 2003; 劉沛主編：《朝鮮核危機透視——美俄日韓專家論朝核危機》, 北京, 軍事誼文出版社, 2003。

194 有關對朝鮮、美國即相關各方對朝核問題基本政策的跟蹤與分析, 參見 *Korea Research Institute for Strategy, The Strategic Balance in Northeast Asia : 2003-2005*, Seoul: Korea Research Institute for Strategy, 2003-2005; The National Institute for Defense Studies of Japan, *East Asian Strategic Review*, 2003-2005, Tokyo: NIDSJ, 2003~2005: *CSIS Comparative Policy Quarterly of East Asia*, CSIS Pacific Forum E-Journal, 2003-2005.

195 Evan Medeiros and R. Taylor Fravel, "China's New Diplomacy", *Foreign Affairs*, Vol. 82, No. 6 (November/December 2003), pp. 22-35: Kokubun Ryoser and Wang Jisi, eds., *The Rise of China and A Changing East Asian Order*, Tokyo: Japan Center for International Exchange, 2004; David Shambaugh, "China Engages Asia: Reshaping the Regional Order", *International Security*, Vol. 29, No. 3 (Winter 2004/05), pp. 64-99.

196 在朝核六方會談的基礎上擴大並建立東北亞地區安全機制的呼聲目前已經成為政策與學術界的共識。而這壹地區安全多邊機制的建立很有可能進壹步帶動朝核問題的解決。有關這兩者相互關系的探討, 請參見 Joseph R. Cerami, "From the Six Party Talks to A Northeast Asian Security Regime? Cooperative Threat Reduction Strategies and Institutional Development", The Korea Economic Institute of America: The North Korea Nuclear Issue, 2004, pp.59-76.

197 對中國外交斡旋角色與中朝關系問題上"美國式"的解讀, 請參見 Andrew Scobell, "China and North Korea: From Comrades-in-Arms to Allies at Arm's Length", March 2004, www.carlistle.army.mil/ssi/pdffiles/00364,pdf: Anne Wu, "What China Whispers to North Korea", *The Washington Quarterly*, Vol. 28, No. 2 (Spring 2005), pp. 35-48.

198 有關"朝核問題"與"朝鮮問題"之間的聯系, 為什麼更需要首先解決"朝核問題"才能解決"朝核問題"的具體分析, 請參見朱鋒：《六方會談：朝鮮問題還是朝核問題？》, 載《國際政治研究》, 28-38頁, 2005(3)。

199 韓國在六方會談中這壹對朝立場背離了美韓同盟協調壹致的對朝鮮政策的傳統, 被視為是美韓同盟能夠"漂流"的重要原因。有關這方面的分析, 請參見 Norman D. Levin, *Do the Ties Still Bind? The U. S. - ROK Security Relations after 9/11" Rand*: Project Air Force, 2004.

200 Chester A. Crooker, Fen Osler Hampson, Pamela Aall, eds., *Herding Cats L Multiparty Mediation in a Complex World*, Washington, D. C.: United States Institute of Peace, 1999.

201 Philip A. Schrodt and Deborah J. Gerner, "An Event Data Analysis of Third Party Mediation in the Middle East and Balkans", *Journal of Conflict Resolution*, Vol. 48, No. 3 (June 2004), pp. 310-330.

202 John S. Park, "Inside Multilateralism: The Six Party Talks", *The Washington Quarterly*, Vol. 28, No. 4(Autumn 2003), pp. 7-18.

203 Michael O'Hanlon and Mike Mochizuki, "Toward a Grand Bargain with North Korea", *The Washington Quarterly*, Vol. 26, No. 4 (Autumn 2003), pp. 7-18.

204 Joel Brinkley, "In New tone, Rice Voices Frustration with China", *New York Times*, August 20, 2005,

P. A: Condoleezza Rice, "Interview With the New York Times:, Washington, D. C., August 17, 2005, at www.state.gov/secretary/rm/2005/53655.htm/

205 Scott Snyder, "The Fire Last Time: Lessons From the Last Korea Nuclear Crisis", *Foreign Affairs*, Vol. 83. No. 4 (July/August 2004). p. 146.

206 Sukhee Han, "China's Peaceful Development and the Future of the Six Party Talks", *Korea and World Affairs*, Vol. 14, No. 2 (Summer 2005), pp. 234-248.

207 有關國家間的合作理論, 請參見 Kenneth A. Oye, ed., *Cooperation Under Anarchy*, Princeton: Princeton University Press, 1986, Ch. 1-2. Robert O. Keohane, ed., *International Institutions and State Power: Essays in International Relations Theory*, Boulder: Westview, 1989, Arthur A. Stein, *Why Nations Cooperate: Circumstance and Choice in International Relations*, Ithaca: Cornell University Press, 1990.

208 Peter F. Cowbey, "Elect Locally, Order Globally: Domestic Politics and Multilateral Cooperation", in John G. Ruggie, ed., *Multilateralism Matters: The Theory and Praxis of An Institutional Form*, New York: Columbia University Press, 1993.

209 有關"認同"對國家安全行為的影響, 請參見 Peter J. Katzenstein, ed., *The Culture of National Security: Norms and Identity in World Politics*, New York: Columbia University Press, 1995; *Cultural National Security: Police and Military in Postwar Japan*, Ithaca: Cornell University Press, 1996; *Tamed Power: Germany in Europe*, Ithaca; Cornell University Press, 1999.

210 Tom Hyland, "Why North Korea Has Us Worried", July 9, 2006, at www.theage.com.au/news/world/why-north-korea-has-us-worried/2006/07/08/115224053823.

211 有關克林頓政府1999年9月取消部分對朝經濟制裁的舉動與"大浦洞"導彈試射的關系, 參見 Madeline Albright with Bill Woodward, *Madam Secretary*, New York Miramax Books, 2003, pp. 460-475.

212 "N. Korea Hints at 2nd Missile Test", CNN Report, March 7, 2003: at www.cnn.worldnes.printthis. clickability.com/pt/cpt?action=cpt&t.; "Pentagon Monitoring Possible N. Korea Missile Test", *USA Today*, March 7, 2003.

213 "N. Korea May Have Tested Missile" CBS News, May 1, 2005, at www.cbsnews.com/stories/2005/05/01/world/printable692233.shtml.

214 "N. Korea May End Missile Test Moratorium", *USA Today*, January 11, 2003.

215 "Diplomatic Disagreement", CNN Report, May 1, 2005, at www.cnn.worldnews.printthis.click abilityy.com.

216 有關美國財政部對朝鮮的金融制裁措施, 參見 http://uninfo.state.gov/eap/Archive/2005/Dec/19946 101.htm1; 有關美國對朝金融制裁的原因分析, 參見 Larry A. Niksch, "Korea: U. S. - Korea Relations--Issues for Congress", *CRS Issue Brief for Congress*, April 14, 2006.

217 Anthony Faiola, "N. Korea Invites U. S. to Bilateral talks on Arms", *Washington Post*, June2, 2006, A 15.

218 Paul Kerr, "U. S., Allies End North Korea Reactor Project", *Arms Control Today*, July/ August 2006.

219 AP: "*S. Korean Official: N. Korea Missile Test Unlikely*", June 22, 2006, at www.msnbc.msn.com/ id/13476356/from/RSS/print/1/displaymode; "*N. Korea Wants Missile Talks with U. S.*", CBS News, at www.cbsnews.com/stories/2006/06/21/world/printable1737807.shtm1

220 Joseph Coleman, "Little Known about N. Korea's Intentions", *AP News*, June 23, 2006.

221 "North Korea Can Book Missile Tests as Diplomatic Success", *The Chosun Ilbo*, July 20, 2006.

222 Donald Kirk, "N. Korea's Ace Threatens US-Seoul Alliance", *Asia Times*, July 12, 2006.

223 有分析家指出，朝鮮試射導彈是壹種自我滿足性質的"挑釁"。參見 Bruce Cumings and Meredith Jung-en Woo, "What Does North Korea Want?" *New York Times*, July 7, 2006.

224 Barbara Demick, "In N. Korea, Weapons Are Key Instrument of Power", *Los Angeles Times*, July 30, 2006.

225 "Taepodong Missile Exploded in Midair", *Korea Times*, August 1, 2006.

226 Michael Levi, "Missile Defense Collaboration Efforts Tighten U. S. Bonds with Israel and Japan", *Council on foreign Relations*, July 26, 2006, at www.cfr.org/publication/11156/levi.htm1

227 Thomas E. Ricks and Anthony Faiola, "Experts Say Missile Failure Highlights Ineptness", *Washington Post*, July 6, 2006.

228 Paul Kerr and Wade Boese, "Potential North Korean Missile Test Raises Tension", *Arms Control Today*, July/August 2006.

229 Peter Wallestein and Maggie Farley, "Bush Strongly defends His N. Korea Policy", *Los Angeles Times*, July 8, 2006.

230 "U. S. Suspects N. Korea Missile Test", *CBS News*, March 7, 2003. At www.cbsnews.com/stories/ 2003/03/08/world/printable543258.shtm1/

231 "N. Korea Warns of Nuclear Disasters", *CBS News*, March 2, 2003, at www.cbsnews.com/stories/ 2003/03/03 world/printable542493.shtml/

232 Anthony Faiola, "U.S., Japan to Start Deploying Missile Interceptors", *Washington Post*, July 21, 2006.

233 "N. Korea Put Troops on Alert Ahead of UN Vote", *MSNBC News*, July 19, 2006, at www.msnbc. msn.com/id/13708085

234 2005年5月朝鮮短程導彈試射之後，美、日、韓等曾有意淡化朝鮮的"到單位寫"，這是因為朝鮮的中短程導彈的存在已經是壹個事實；短程導彈試射並不意味著朝鮮的導彈技術有了新的實質性突破。為了繼續"拉攏"朝鮮在六方會談中采取積極態度，各國對短程導彈都采取了溫和地反映。這和2006年7月5日朝鮮的導彈試射前後的立場形成了鮮明的對比。有關當事各國的反應，請參見 AP: "North Korea Missile 'No Big Deal'", CBS News, May 2, 2005, at www.cbsnews.com/stories/2005/ 05/02/world/printable692481.shtml/

235 Gary Hufbauer, "Confronting the 'Dear Leader': Economic Sanctions Coupled with Offers of Aid aren't Much, But They're All We Have in Our Standoff with N. Korea", *Los Angeles Times*, July 15, 2006.

236 William J. Perry and Ashton B. Carter, "What if N. Korean Missile Attacks the US", *Washington*

Post, June 22, 2006.

237 Hiroko Nakata, "First Strike Permitted if Attack Imminent: Abe", *Japan Times*, July 11, 2006.

238 Anthony Faiola, "Japan, Tough Talk About Preemptive Capability: China, Russia Deplore N. Korea's Missile Test", *Washington Post*, July 11, 1006.

239 Choe Sang–hun, "Japan and South Korea Wrangle over Response to North's Missiles", *New York Times*, July 12, 2006.

240 "U.S.: N. Korea Zone Can't Be in Trade Deal", *ABC News*, July 24, 2006: at www.wjla.com/news/stories/0706/346895.html

241 有關認同如何形成、並由此建構國際行為體審視和追求自身利益的基本方式的理論論述, 請參見 Alexander Wendt, *Social Theory of International Politics*, Cambridge : Cambridge University Press, 1999; 溫度卡爾·庫芭科娃等主編:《建構世界中的國際關系》, 北京, 北京大學出版社, 2006。

242 有關朝鮮導彈試射、不接受聯合國1965號決議以及拒絕重回六方會談的強硬立場對中國利益損害的分析, 請參見 The Monitor's View, "China Under North Korea's Missile Toe", *Christian Science Monitor*, July 7, 2006; Niall Ferguson, "When Will China Pull the Plug on north Korea?" *Los Angeles Times*, July 10, 2006.

243 從朝鮮的國內體制分析出發論述只有"政權更替"才能解決朝核問題的代表性成果, 參見Andrew Scobell, "Making Sense of North Korea: Pyongyang and Comparative Communism", *Asian Security*, Vol. 1, No. 3 (December 2005), pp. 245-66.

244 "N. Korea's Weapons Development", *USA Today*, January 1, 2004.

245 "Explosion Hit N. Korea's Missile Test Site in November", April 21, 2003, at www.rense.com/general137/test.htm

246 "U.S. Detects Signs of N. Korea's New Missile Engine Test", *Yonhap News*, September 24, 2004.

247 Chisaki Watanaabe, "U.S., Japan Urge N. Korea to Forgo Test–fire of Missile", *Washington Post*, June 18, 2006.

248 "Pentagon Weighing Shooting Down N. Korea's Missile if Necessary", *Washington Post*, June 21, 2006.

249 Thomas E. Ricks and Joohee Cho, "U. S. Readies system for Missile Detection", *Washington Post*, June 21, 2006, A15.

250 Krishna Guha, "US Mulls Re–imposing Economic Sanctions on N. Korea over Missile", *London Financial Times*, July 31, 2006.

251 Gregory Clark, "Japan's Anti-North Korea Complex", *Japan Times*, July 20, 2006.

252 Thomas L. Friedman, "A Choice for the Rogue", *New York Times*, August 2, 2006.

253 Arnold Kanter, "North Korea Missile Launches and Implications for U. S. Policy", *PacNet 35A*, July 21, 2006.

254 無論是美國的導彈防禦系統還是朝鮮的導彈威脅, 都有很多誇大的成分。美日導彈防禦系統在東亞的加速部署只是單純增強了美日同盟合作和美日地區安全架構中的軍事霸權, 並不利於東亞地區安全局勢朝著合作與和解的方向發展。有關對這壹輪"導彈遊戲"的技術質疑, 請參見 David

Isenberg, "Hollow US Defense for an Empty Threat", *Asia Times*, June 28, 2006; Stephen J. Hedges, "Experts Skeptical on Japan Missiles: Patriots May be Unable to Down N. Korea Rocket", *Chicago Tribune*, June 27, 2006.

255 六方會談舉行至今，由於沒有實質性的突破，對朝鮮的核彈數量的估計從1-2枚上升到了8-13枚；從1998年8月第壹次"大浦洞"導彈試射到2006年7月5日第二次試射，估計的射程從2500-3300公裏擴大到了6500公裏，甚至14,200公裏。本來只是中長程的"大浦洞"變成了可以打到美國西海岸、甚至全境的洲際導彈。參見 "Study: N. Korea Lifts Nuke Arsenal: Bush Calls for Pyongyang to Say What's on Missile", *CNN News*, June 26, 2006; Donald Kirk, "N. Korea's Test Threat Launches Uproar", *Christian Science Monitor*, June 22, 2006.

256 有關聯合國安理會1718號決議的內容，請參見 AP: "The Text of the U.N. Resolution on N. Korea", October 14, 2006, at http://news.Yahoo.com/s/ap.20061014/aponreas/koreasnucleartex/

257 《中國領導人與美國國務卿舉行會晤》，《人民日報》，2006-10-20。

258 Mark Mazzetti, "Preliminary Samples Hint at North Korean Nuclear Test", *New York Times*, October 14; Dafna Linzer and Walter Pincus, "U.S. Detects Signs of Radiation Consistent with Test", *Washington Post*, October 15, 2006.

259 "U.S. Detects Radiation from Test: Chance Seen Slim North Korea Exploded Conventional Bomb", *Washington Post*, October 15, 2006.

260 Anna Fifield, "US General Warns of N. Korea Nuclear Test", *Financial Times*, October 30, 2006.

261 有關朝鮮核試驗聲明的全文，請參見 Korean Central News Agency of DPRK via Korea News Services (KNS); "*DPRK Foreign Ministry Clarifies Stand on New Measure to Bolster War Deterrent*", October 3, 2006.

262 美國總統布什2006年10月9日對朝鮮核試驗後所發表的政策講話明確地排除了迅速采取軍事行動解決的可能性。請參見 "President Bush's Statement on North Korea Nuclear Test", October 9, 2006; at http://www.whitehouse.gov/news/releases/2006/10/200610009thml/

263 布什政府雖然從來沒有承諾將軍事打擊的手段排除出解決朝鮮核問題的"選項"之中，但《共同聲明》中美國強調對朝鮮提供"安全承諾"應該被視為美國對朝鮮政策"靈活度"的表現。在壹定程度上履行了布什政府提出的可以給朝鮮提供"文字性"安全承諾的立場。

264 Michael E. O'Hanlon, " North Korea Announces Nuclear Test", *Washington post.com*, October 9, 2006.

265 這方面的分析，壹是認為謀求核武器是朝鮮在後冷戰時代半島均勢變化的情況下，尋求自身安全"在保障（reinsurance）"的基本措施，因此朝鮮不會放棄；二是認為朝鮮的政權性質，爭取核能力與核地位是平壤政權的生存需要，朝鮮的政治體制決定了朝鮮不會放棄和武器。請參見 Michael J. Mazarr, North Korea and the Bomb: A Case Study in Nonproliferation, New York: Sr. Martin's Press, 1996; Scott Snyder, "Pyongyang's Pressure", *The Washington Quarterly*, Vol. 12, No. 3 (October 2000), pp. 163-170; Morton I. Abramowitz and James T. Laney, *Meeting the North Korean Nuclear Challenge*, Council on Foreign Relations, 2003; Andrew W. Scobell, "Making Sense of North Korea: Pyongyang and Comparative Communism" *Asian Security*, Vol. 1, No. 3 (October 2005), pp. 245-

266.

266 有關對朝鮮均勢能力的分析以及朝韓戰鬥力的比較, 請參見 Seung Joo Back, "North Korea's Military Buildup and Strategic Outlook", in Jonathan Pollack, ed. *Korea: East Asian Pivot*, Rhode Island: Naval War College Press, 2006, pp. 199-214.

267 David E. Sanger and William J. Broad, Eric Schmitt, "Fresh Concerns on Atomic Moves By N. Korea", *New York Times*, September 12, 2004, p. 1.

268 Debra Sauners, "Rice's Reasoning", *Washington Times*, October 11, 2006, p.11.

269 有關印巴核試驗給朝鮮的核武器計劃帶來的影響分析, 請參見 Derek D. Smith, Deterring America: Rogue States and the Proliferation of Weapons of Mass Destruction, Cambridge: Cambridge University Press 2006, Ch. 4.

270 Leon V. Sigal, *Disarming Srangers: Nuclear Diplomacy with North Korea*, Princeton: Princeton University Press, 1998; Selig S. Harrison, *Korean Endgame: A strategy for Reunification and U.S. Disengagement*, New York: A Century Foundation Book, 2002.

271 有些西方媒體將朝鮮核試驗視為中國缺乏對朝鮮"影響力"的表現。但更合理的解釋應該是平壤政權的"特殊性質", 使得他們對核武器的重視超越對朝中關系的認識。請參見Jonathan Pollack, "North Korea's Nuclear Test: the Shock Waves Continue", *IISS Strategic Comments*, Vol. 12, Issue 11, November 2006.

272 Benjamin Kang Lim, "Exclusive--N. Korea Generals Want Early Nuclear Test-Source", *Reuters*, October 8, 2006; at www.msnbc.msn.com/id/15177667/print/1/displaymode/1098

273 Donald Kirk, "Pyongyang Plays from Position of Strength", *Asia Times*, August 29, 2006.

274 George Wehrfritz, "North Korea Joins the Nuclear Club and Sets off a Global Diplomatic Crisis", *Newsweek*, October 9, 2006.

275 正是在這個意義上, 中國外交部在2006年10月9日發表聲明, 指責朝鮮不顧國際社會的嚴正反對立場, "悍然"進行核試驗。在《人民日報》, 2006-10-10。

276 連續制造的危機事件是危機事態中最嚴峻的問題, 它證明朝鮮已經不是簡單地通過危機氣氛和緊張來引起國際社會的重視, 而是想要利用連續的危機事件和核武器成為朝鮮外交的壹部分。有關核武器與核試驗在外交中的作用, 請參見 McGeorge Bundy, "The Unimpressive Record of Atomic Diplomacy", in Robert J. Art and Robert Jervis, eds., *International politics: Enduring Concepts and Contemporary Issue*, New York: Harper Collins Collage Publishers, 1996, pp. 227-235.

277 核試驗已經讓朝鮮成為了世界上大規模殺傷性武器擴散最"齊全"的國家之壹。西方的研究認為, 朝鮮擁有化學、生物、導彈武器, 再加上核武器, 這"四項"平壤都占全了。請參見 Joseph Cirincione, *Deadly Arsenals: Tracking Weapons of Mass Destruction*, Washington, D. C.: Carnegie Endowment for International Peace, 2002, pp. 241－254.

278 Alissa J. Rubin, "A New Global Nuclear Order", *Los Angeles Times*, October 15, 2006.

279 維護國際核不擴散制度的穩定是冷戰後國際安全的重要組成部分。如果朝鮮為了自己的安全與生存, 根本拒絕與聯合國安理會及聯合國原子能機構等國際組織合作, 將從根本上動搖國際核不擴散制度的基礎。有關核不擴散與國際軌制和國際制度的重要性, 請參見 Alexander T. J. Lennon,

Contemporary Nuclear Debates: Missile Defense, Arms Control, and Arms Rave in the Twenty–First Century, Cambridge: MIT press, 2002; Janne E. Nolan, Bernald I. Finel, and Brian D. Finlay, eds., *Combating Weapons of Mass Destruction: Ultimate Security*, New York: The Century Foundation Press, 2003; Bates Gill, etc., *Tipping Points: Last Weapon Revisited*, Washington, D.C.: the Brooking Institution Press, 2003.

280 Anna Fifield, "Top Seoul Official to Resign After Nuclear Test", *Financial Times*, October 26, 2006.

281 Evan Ramstad, "Roh Is Set to Rebuild Seoul's Security Team", *The Wall Street Journal*, October 26, 2006.

282 這項計劃雖然從表面上來看是韓國對朝鮮2006年7月洪水災害的援助, 實際上卻是首爾近年來宣布的最大規模的對朝援助計劃。其中, 10萬噸大米的援助以及災後重建的建設設施與裝備的援助, 都是目前朝鮮最為匱乏的物資之壹。

283 "Bush Sticks to hard Line on North Korea: Roh Leaves Open Prospect of Summit With Kim Jong Il", *CNN News*, November 17, 2005.

284 朝鮮核試驗之後對盧武鉉政府的"和平繁榮政策"的批評意見認為, 正是這壹政策助長了朝鮮獲得核武器的能力。請參見 Editorial, "Engagement? What Engagement?" *Chosun Ilbo*, October 20, 2006.

285 Young Whan Kihl, "Security on the Korean Peninsula: Continuity and Change", *Security Dialogue*, Vol. 33, No. 1, 2006, pp. 59-72.

286 《陳水扁:盼日美臺形成三方對話機制》, 鳳凰衛視網站, 2006-10-31。

287 Condoleezza Rice, "*U.S. Foreign Policy in the Northeast Asia*", Heritage Foundation, October 30, 2006, at http://www.heritage.org/Research/Asiaandthepacific/bclee11.cfm/

288 William Branigin, "N. Korea Says U.N. Sanctions Are 'Declaration of War'", *Washington Post*, October 17, 2006.

289 Michael E. O'Hanlon, "North Korea: World Must Present United Front", *The Baltimore Sun*, October 10, 2006.

290 Steve Fetter and Devin T. Hagerty, "Nuclear Deterrence and the 1990 Indo-Pakistani Crisis", *International Security*, Vol. 21, No. 1 (Summer 1996), pp. 176-185.

291 有關這方面的研究, 請參見 James G. Blight and David A. Welch, "Risking 'The Destruction of Nations': Lessons of Cuban Missile For New and Aspiring Nuclear States", *Security Studies*, Vol. 4, No. 4 (Summer 1995), pp. 811-850; Scott D. Sagan, "The Perils of Proliferation: Organization Theory, Deterrence Theory, and the Spread of Nuclear Weapons", *International Security*, Vol. 18, No. 4 (Spring 1994), pp. 74-96; Devin T. Hagerty, "Nuclear Deterrence in South Asia: The 1990 Indo-Pakistani Crisis", *International Security*, Vol. 20, No.3 (Winter 1995-1996), pp. 65-86.

292 有關韓國政府在PSI問題上的立場, 請參見 Nam Man-Kwon, "Prospects of Inter-Korean Military Tension Reduction and the ROK Approach", *Korea and World Affairs*, Vol. 28, No. 3 (Fall 2004), pp. 249-264; Cheon Seong whun, "North Korea Nuclear Crisis: Current Status and Past Lesson", *Korea and World Affairs*, Vol. 29, No. 3 (Fall 2005), pp. 341-358.

293 AP, "S. Korea Moves to Enforce U.N. Sanctions against the North: Seoul will ban some Officials and Curb Financial Dealings", *Los Angeles Times*, October 27, 2006.

294 Kenneth N. Waltz, "Nuclear Myths and Political Realities", *American Political Science Review*, Vol. 84, No. 3 (Winter 1990), pp. 731-745.

295 Michiyo Nakamoto, "Tokyo Plans to Speed up Anti–Missile Programme", *Financial Times*, October 26, 2006.

296 Michael J. Green, "Japan is back: Why Tokyo's New Assertiveness is Good for Washington?" *Foreign Affairs*, March/April 2007.

297 Isabel Reynolds, "Japan, Australia to Sign Defense Pact In Tokyo", *AP*, March 13, 2007.

298 Brendan Taylor, "The Australia to sign Defense Pact in Tokyo", *AP*, March 13, 2007.

299 《中川昭壹言論引起亞洲及歐美國家密切關註》,《環球時報》, 2006-10-17。

300 《麻生稱日本英公開討論是否擁有核武器》, 中國新聞網, 2006-10-18; www.sina.com.cn/w/2006-10-18/144311271337.shtl/

301 Mari Yamaguchi, "Japan Envoy Says Nuke Talks Possible", *AP*, November 30, 2006.

302 北崗申壹:《北の核を抑制するためのつの五選擇肢》, 載《中央公論》, 33-43頁, 2006(12)。

303 川上高司:《"封印"された: 日本核武裝論を解き放て》, 載《世界周報》, 6-10頁, 2007-01-16。

304 獲原遼:《中國の屬國化すう北朝鮮》, 載《政論》, 74-83頁, 2006(12)。

305 Anatoly Koshkin, "Japan and the Atomic Bomb", Russian News and Information Agency: *Novosti*, December 27, 2006.

306 有關東亞安全缺乏"大國協調"機制所帶來的消極影響, 請參見 David Shambaugh, ed., *Power shift: China and Asia's New Dynamics*, Berkeley: University of California Press, 2005; Michael K. Connors, Remy Davison and JornDosch, *The New Global Politics of the Asia-Pacific*, London: Routledge Curzon, 2004.

307 "S. Korea Presses U.S. over 'Umbrella'", *Washington Times*, October 21, 2006.

308 "George Perkovich U.S. Leadership with China, South Korea and Japan Key to Containing Nuclear China Reaction", *Carnegie Endowment for International Peace*, October 2006

309 "Japan, U.S. to Discuss Asia Emergency Plan: Media", *Reuters*, January 4,2007.

310 Allen T. Cheng, "China Opposes U.S. – Japan Contingency Plan on Taiwan", *Bloomberg*, January 5, 2007.

311 Kenneth B. Pyle, *Japan Rising: The Resurgence of Japanese Power and Purpose*, New York: Public Affairs, 2007, p. 5.

312 Kosuke Takahashi, "China Threat Strengthens US–Japan Military ties", *Asia Times*, June 23, 2005; Michael J. Green, "Japan is Back: Why Tokyo's New Assertiveness is Good for Washington"; Kenneth B. Pyle, *Japan Rising: The Resurgence of Japanese Power and purpose*, New York: Public Affairs, 2007.

313 Dong Bandow, "Searching for the Next Enemy", Anti-war.com, May 26, 2006; at http://antiwar.printthis.clickability.com/pt/cpt? action =cpt&tilte=S.

314 Richard Halloran, "A Game of Watching: Waiting With China", *Honolulu Advertiser*, March 18, 2007

315 Evans S. Medeiros, "Strategic Hedging and the Future of Asia–Pacific Stability", *The Washington Quarterly*, Vol. 29, No. 1 (2005), pp. 145-167. Ian Bremmer, Choi Sung – hong and Yoriko Kawaguchi, "A New Forum for Peace", *The National Interest*, Vol. 82, Winter 2005/06, pp. 107-111.

316 James A. Caporaso, "False Divisions: Security Studies and Global Political Economy", *Mershon International Studies Reviews*, Vol. 39, No. 1 (1995), pp. 117-122; Robert Mandel, *The Changing Face of National Security: A Conceptual Analysis*, Westport: Greenwook Press, 1994.

317 Zhu Feng, "Shifting Tides: China and North Korea", *China Security Quarterly*, Autumn 2006, pp. 35-50.

318 2006年10月27日，韓國政府公布了對朝鮮的首批制裁措施。這些措施包括禁止朝鮮官員訪問韓國、停止對朝鮮的糧食和化肥援助。請參見 Martin Fackler, "Gingerly, South Korea Imposes First Sanction on the North", *New York Times*, October 28, 2006.

319 朱鋒:《美國為什麼不對朝鮮采取軍事打擊行動？》,《環球時報》, 2006-10-27。

320 Nicholas Kralev, "China Wrests N. Korean Pledge", *Washington Times*, October 22, 2006; Ian Bremmer, "The Dragon Awakes", *The National Interest*, Summer 2005, pp. 128-134; Anne We, "What China Whispers to North Korea", *The Washington Quarterly*, Vol. 28, No. 2 (Spring 2005), pp. 35-48.

321 Walter Pincus, "Analysis: N. Korean Nuclear Conflict Has Deep Roots: 50 Years of Threats and Broken Pacts Culminate in Apparent Atomic Test", *Washington Post*, October 14, 2006; Debra J. Saunders, "Rice's Reasoning", *Washington Times*, October 14, 2006.

322 David Stout, "Bush Sees No Need to Change N. Korea Policy", *New York Times*, October 11, 2006.

323 Stephan Faris, Containment Strategy: Iran, N. Korea, Uganda? Why the Pentagon Ranks Africa's AIDS Crisis as a Leading Security Threat?" *Atlantic Monthly*, December 2006, pp. 3-4.

324 Philip Carter, "Waging War, One Police Precinct at a Time", *New York Times*, October 15. 2006.

325 "President Bush Disappeared About the Diplomatic Standoff over N Korea", *The Washington Post File*, October 31, 2006.

326 有關這方面的詳細分析, 請參見 Victor Cha, "Korea's Place in the Axis", *Foreign Affairs*, Vol. 81, Iss. 3 (May/June 2003), pp. 7-9.

327 有關美國在朝鮮核實驗之後的政策反應, 請參見 "President Bush's Statement on North Korea Nuclear Test on October 9, 2006". at www.whitehouse.gov/news/releases/2006/10/20061009.html; Neil King and Evan Ramstad, "U.S. Seeks Asian Support on Squeezing Pyongyang", *Wall Street Journal*, October 16, 2006.

328 Glenn Kessler, "U.S. Officials Call on China to Help Enforce U.N. Resolution on N. Korea", *Washington Post*, October 16, 2006; Thom Shanker, "Rice to Urge Radiation Inspections to Thwart North Korea", *New York Times*, October 18, 2006.

329 "U.S. Bans Luxury Exports to North Korea", *AP*, November 30, 2006.

330 Elizabeth Williamson, "Hitting Kim Jong IL, Right in the Cognac", *Washington Post*, November 30, 2006.

331 Dan Glaister, "Sanctions Target Dear Leader's Taste for Bling", *Guardian*, November 20, 2005.

332 Fareed Zakaria, "Let Them Eat Carrots: America Has Used Sanctions Since the 1950s, but Nothing has Stopped North Korea From Getting the Bomb", *Times*, October 23, 2006; Lally Weymouth, "North Korea Should be More Realistic", *Washington Post*, October 16, 2006; Aaron L. Friedberg, "An Offer Kim Can't Refuse", *Washington Post*, October 16, 2006; Bret Stephens, "Global View: Paging Dr. Strangelove", *Wall Street Journal*, October 17, 2006.

333 Thom Shanker and Joseph Kahn, "U. S. and China Seek to Resume North Korea Talks", *New York Times*, October 20, 2006.

334 Nicholas Kralev, "China Wrests N. Korea Pledge", *Washington Times*, October 20, 2006; Melinda Liu and Sarah Schafer, "Never too Late to Say 'I Am Sorry'", *MSNBC News*, October 21, 2006.

335 Jon B. Wolfsthal, "China's Newfound Flexibility toward North Korea", *CSIS Fires Report*, November 2006.

336 Joseph Kahn, "China May Be Using Oil to Press North Korea", *New York Times*, October 31, 2006.

337 Normitsu Onishi, "Questions Grow over U. N. Curbs on North Korea", *New York Times*, October 16, 2006; Anne Gearan, "Rice to Press S. Korea on N. Korea Sanction", *Los Angeles Times*, October 19, 2006.

338 Robin Fields and Mark Magnier, "N. Korea Sanctions Hang on Bridge Across the Yalu", *Los Angeles Times*, October 19, 2006.

339 Frank Ching, "Dark Clouds over Asia", *The Korea Times*, October 22, 2006.

340 Michael Schiffer, "Managing the N. Korea Crisis or Suffer Dire Consequences", *Des Moines Register*, October 12, 2006.

341 2006年11月22日, 在北京機場轉機的朝鮮副外相姜錫柱曾對記者表示, 朝鮮通過核試驗發展核能力不是用來銷毀的. 參見《環球時報》, 2006-11-24。

342 Mari Yamaguchi, "Japan Envoy Says Nuke Talks Possible", *AP*, November 30, 2006.

343 Bertil Lintner, "North Korea's Creepy–Crawly Capitalism", *Asia Times*, May 26, 2006.

344 "Agreement to Seek North Korea Talks, but No Date", *Reuters*, November 30, 2006.

345 《美國已向朝鮮提出六方會談復會提案》, 中新網, 2006-12-01.

346 《中方認為應討論確定落實共同聲明各方行動》, 新浪網國際在線, 2006-12-18. http://news.sina.co,.cn/c/2006-12-18/164611823153.shtml

347 Alexa Olesen, "U. S. Envoy Sees Potential in Korea Talks", *AP*, January 22, 2007.

348 William D. Hartung, "The Choice on North Korea: Fake Money or Real Nukes", *The National Interest Online*, January 22, 2007.

349 Robert S. Ross, "Lead Role Shifts from U. S. to China: After Nuclear Test, Beijing Now Set to Manage Stability on Korean Peninsula", *The Nikkei Weekly*, November 20, 2006.

350 David C. Kang, "Japan: U. S. Partner or Focused on Abductees?" *The Washington Quarterly*, Vol. 28,

No. 4 (Autumn 2005), pp. 107-117.

351 Ralph A. Cossa, "North Korea: Assessing Blame, Examining Motives", *CSIS Pacific Forum: PacNet Newsletter*, October 20, 2006.

352 袁雪:《朝鮮明確表示重返IAEA, 敦促日本誠實履行協議》, 中國日報網站, 2007-03-21。

353 《日美韓要求朝接受關閉核試驗基地等棄核五措施》, 國際在線, 2006-11-26。

354 "President Bush Talked on New Deal of February 13 over N. Korea", *The Washington File*, February 15, 2007.

355 Kay Seok, "North Korea's Cruelty", *Washington Post*, March 17, 2007; Dematri Sevastopula, "Rice Helped Unfreeze N. Korean Fund", *Financial Times*, March 23, 2007.

356 "North Korea Nuclear Talks stall Once Again", *International Herald Tribune*, March 20, 2007.

357 Robert Marquand, "N. Korea Escalates, Cult of Kim' to Counter West's Influence", *Christian Science Monitor*, January 3, 2007.

358 Victor Cha, "Hawk engagement and Preventive Defense on the Korean Peninsula", *International Security*, Vol. 27, No. 1 (Summer 2002), pp. 40-78.

359 Doug Bandow, "Defang North Korea; Let Beijing Take the Lead", *The National Interest Online*, October 10, 2006.

360 Anne Applebaum, "It's China's Problem", *Washington Post*, October 17, 2006.

361 Tony Hall, "What North Korea Really Wants", *Christian Science Monitor*, January 30, 2007.

362 Robert Carlin and John W. Lewis, "What North Korea Really Want?" *Washington Post*, January 27, 2007.

363 Sebastian Smith, "Russia Warns North Korea over Nukes 'Threat'", *AP*, January 31, 2007.

364 Kongdan Oh and Ralph C. Hassig, "North Korea: The Hardest Nut", *Foreign Policy*, December 2003, pp. 44-47.

365 "China Warns Distrust Tests N. Korea Nuclear Talks", *AP*, March 9, 2007.

366 溫家寶總理2007年3月15日在中國人大與政協兩會閉幕式後的答中外記者問。《人民日報》, 2007-03-16。

367 Natsuko Waki, "Japan Mulls Heavier Sanctions on N. Korea-PM Advisor", *AP*, January 26, 2007.

368 "N. Korea Six–Party Format Should Be Kept: Japan", *AP*, December 24, 2007.

369 《日本議員聯盟要求全面禁止與朝鮮貿易》, 中國新聞網, 2007-02-10。

370 "Special Report: In Dangerous Waters: The Cold War in Asia", *Economist*, October 7, 2006, p. 30.

371 P. Parameswaran, "Japan Impasse Casts Shadow on US Bid to End Korean Nuclear Crisis", *AP*, March 9, 2007.

372 Editorial, "Nuclear Armed Japan", *The Korea Herald*, October 23, 2006.

373 Hisane Masaki, "Japan Shield Itself From Attack", *Asia Times*, March 23, 2007.

374 中國國內對六方會談和東北亞多變安全機制建設之間關系的探討, 請參見魏玲:《東北亞多邊安全機制建立——以朝核問題六方會談為例》, 載《外交評論》, 44-50頁, 2006(2);任曉:《六方會談與東北亞多邊安全機制的可能性》, 載《國際問題研究》, 38-41頁, 2005(1);楊伯江:《東北亞安全機制:

現實與前景》, 載《現代國際關系》, 43-53頁, 2004(4)。

375 這方面代表性的成果, 請參見 Aaron L. Driedberg, "Ripe for Rivalry: Prospects for Peace in a Multipolar Asia", *International Security*, Vol. 18, No. 3 (Winter 1993/94), pp. 5-33; Richard K. Betts, "Wealth, Power, and Instability: East Asia and the United Stateds after the Cold War", *International Security*, Vol. 18, No. 3 (Winter 1993/94), pp. 34-77; John Duffield, "Asia – Pacific Security Institution in Comparative Perspective", in Ikenberry and Mastanduno, eds., *International Relations Theory and the Asia Pacific*, pp. 243-270.

376 Douglas T. Stuart and William Tow, "A US Strategy for the Asia Pacific: Building a Multipolar Balance-of-System in Asia", *Adelphi Paper*, No. 229, 1995; Charles A. Kupchan, "After Pax Americana: Benign Power, Regional Integration, and the Source of Stable Multipolarity", *International Security*, Vol. 23, No. 2 (Fall 1998), pp. 62-66; Robert S. Ross, "The Geograph of the Peace, East Asia in the Twenty–First Century", *International Security*, Vol. 23, No. 4 (Spring 1999), pp. 49-80; 閻學通:《東亞和平的基礎》, 載《世界經濟與政治》, 2004(3)。

377 Charles L. Pritchard, "A Guarantee to Bring Kim into Line", *The Financial Times*, October 10, 2003; "Beyond Six Party Talks: An Opportunity to Establish a Framework for Multilateral Cooperation in the North Pacific", *Hokkaido Conference for North Pacific Issues*, October 7, 2004.

378 Balbina Y. Hwang, "Resolving the North Korean Nuclear Crisis", *The Heritage Foundation: Executive Memorandum*, No. 875, May 8, 2003.

379 Francis Fukuyama, "Re-Envisioning Asia", *Foreign Affairs*, Vol. 84. Iss. 1 (January/February 2005), pp. 75-83.

380 Charles L Pritchard, "*Beyond Six Party Talks: An Opportunity to Establish a Framework for Multilateral Cooperation in the North Pacific*", p. 5.

381 前東亞事務助理國務卿凱利(James Kelly)在2004年就曾明確表示, 布什政府願意考慮以發展東北亞多邊安全機制的方式促進朝核問題的解決;2006年8月, 美國國務卿賴斯在約翰霍普金斯大學的演講中再度提出了建設東北亞多邊安全機制的話題。

382 朱宰佑教授就提出, 不解決美國長期對朝鮮采取制裁和遏制為中心的壓力政策, 六方會談不可能發展為某種區域安全制度。詳見 Jaewoo Choo, "Is Institutionalization of the Six Party Talks Possible?" East Asia, Vol. 22, No. 4 (Winter 2005), pp. 39-58.

383 David Lake, "Beyond Anarchy: The Importance of Security Institutions", *International Security*, Vol. 26, No. 1 (Summer 001), pp. 129-160.

384 Barbara Koremenos, Charles Lipson, and Duncan Snidal, "The Rational Design of International Institutions", *International Organization*, Vol. 55, No. 4 (Autumn 2001), p. 762.

385 對六方會談三大任務的概括, 請參見譚晶晶、白潔:《要找到利益結合點——武大偉話六方會談》, 新華網, 2007-03-10。

386 James L. Schoff, "Make the Working Groups Work", *CSIS Pacific Forum: PacNet Newsletter 10*, February 27, 2007.

387 有關各國在六方會談中競爭性的目標與利益考慮, 請參見 David Kerr, "The Sino-Russian Partnership and U.S. Policy Toward North Korea: From Hegemony to Concert in Northeast Asia", *International Studies Quarterly*, Volume 49, Issue 3 (2005), pp. 411-438; David Shambaugh, "China and the Korean Peninsula: Playing for the Long Term", *The Washington Quarterly*, Vol. 26, No. 2 (Spring 2003), pp. 43-56; Victor Cha and David C. Kang, "The Korea Crisis", *Foreign Policy*, May/June 2003, pp. 20-27; ZhuFeng, "China's Policy on the North Korea Nuclear Issue", *China Strategy*, Vol. 3 (Washington, DC: Center For strategic and International studies, July 20, 2004), pp. 5-10; 有關各國在朝鮮問題上不同的戰略選擇, 請參見 Samuel S. Kim and TaiHwan Lee, eds., *North Korea and Northeast Asia*, Lanham: Rowman and Littlefield, 2002; Jonathan D. Pollack, ed., Korea: The East Asian Pivot, New port: Naval War College, 2006.

388　朱鋒:《六方會談:朝核問題還是朝鮮問題》, 載《國際政治研究》, 23-31頁, 2005(2)。

389　Lion V. Sigal, *Disarming Strangers: Nuclear Diplomacy with North Korea*, Princeton: Princeton University Press, 1998.

390　Jonathan D. Pollack, "The United States, North Korea, and the End of Agreed Framework", *Naval War College Review*, Vol. 4, No. 3 (Summer 2003), pp. 1034.

391　Jungmin Kang and Peter Hayes, "Technical Analysis of the DPRK Nuclear Test", *Nautilus Institute Policy Forum*, 06-89A, October 2006; Richard Garwin and Frank N. von Hippel, "A Technical Analysis: Deconstructing North Korea's October 9 Nuclear Test", *Arms Control Today*, November 2006, PP. 14-16.

392　Michael Swaine, Randall Schriver, Allen Romberg, "Next Steps on North Korea: Options Beyond Sanctions", Washington, DC: Carnegie Endowment for International Peace, October 12, 2006.

393　希爾表示朝鮮已有的鈈會在第壹階段凍核行動中處理, 中新網, 2007-03-01。

394　David Albright and Paul Bannan, "The North Korean Plutonium Stock Mid 2006", *Institute for Science and International Security*, 2006; www.isis-online.ort/publications.dprk.dprkplutonium.pdf/

395　Geoffrey Kemp, "Nuclear forces for Medium Power, Part I: Targets and Weapons System", *Adelphi Paper* 106, 1974.

396　有關對朝鮮核彈投擲技術能力方面的各種制約因素的分析和對其現有能力的評估, 請參見 IISS, "North Korea's Weapons Programmes: A Net Assessment", London: IISS, January 21, 2006. www.iiss.org/pulictions/strategic-dossiers/north-korean-dossier

397　Victor D. Cha, "North Korea's Weapons of Mass Destruction: Badges, Shields, or Swords?" *Political Science Quarterly*, Vol. 117, No. 2 (2002), pp. 209-230.

398　Jonathan D. Pollack, "North Korea's Nuclear Weapons Program to 2015: Three Scenarios", *Asia Policy*, No. 3 (January 2007), pp. 105-123.

399　Robert Carlin and John W. Lewis, "What North Korea Really Wants", *Washington Post*, January 27, 2007.

400　Bennett Ramberg, "Why North Korea Loves the Bomb", *Los Angeles Times*, November 1, 2006; Editorial, "Faith–Based Nonproliferation: We'll Believe it When Kim Jong Il Hands over His Plutonium", *The Wall Street Journal*, February 14, 2007. Editorial, "The Lesson of North Korea",

New York Times, February 14, 2007.

401 *Avery Goldstein, Deterrence and Security in the 21st Century: China, Britain, France, and the Enduring Legacy of the Nuclear Revolution*, Stanford: Stanford University Press, 2000; Ivo H. Daalder, "What Vision for the Nuclear Future?" *The Washington Quarterly*, Vol. 18, No. 2 (Spring 1995), pp. 127-142.

402 Statement of the DPRK Foreign Ministry, Korea Central Broadcasting Station and Korea Central News Agency (KCNA), October 3, 2006.

403 Spokesmen Statement of the DPRK Foreign Ministry, Korean Central Broadcasting Station, October 17, 2006.

404 Jonathan D. Pollack, "North Korea's Nuclear Weapons Program to 2015: Three Scenarios", p.112

405 Statement of the DPRK Foreign Ministry, Korean Central Broadcasting Station and Korea Central News Agency (KCNA), October 3, 2006.

406 Peter Hayes, "The Stalker State: North Korean Proliferation and the End of American Nuclear Hegemony", Nautilus Institute Policy Forum, 06-82A, October 4, 2006.

407 有關對中國"核威懾戰略"的介紹, 請參見 "China's New 'Old Thinking,': The Concept of Limited Deterrence", *International Security*, Vol. 20, No. 3 (Winter 1995/96), pp. 5-42.

408 有關布什政府對朝政策的戰略構想, 請參見 Victor D. Cha, "Hawk Engagement and Preventive Defense on the Korean Peninsula", *International Security*, Vol. 27, No. 1 (Summer 2002), pp. 40-78; Victor D. Cha, "Korea's Place in the Axis", *Foreign Affairs*, Vol. 81, Iss. 3 (May/June 2002), pp. 17-29.

409 Michael O'Hanlon, "A Master Plan to Deal With M. Korea", Washington, DC.: The Brookings Institution Policy Brief 14, January 2003; Michael O'Hanlon and Mike Mochizuki, "Toward a Grand Bargaining with North Korea", *The Washington Quarterly*, Vol. 26, No. 2 (Autumn 2003), pp. 2-12.

410 對"大談判"的擴大解釋, 請參見 Michael O'Hanlon and Mike Mochizuki, *Crisis on the Korean Peninsula: How to Deal With A Nuclear North Korea*, Washington, DC: A Brookings Institution Book, 2003.

411 Edith M. Lederer, "U.S., N. Korea Optimistic after Talks", *AP*, March 6, 2007.

412 Mark Mazzetti, "Latest Reports on Iran and North Korea Show a Newfound Caution Among Analyst", *New York Times*, March 2, 2007.

413 David E. Sanger, "U.S. to Offer North Korea Face-Saving Nuclear Plan", *New York Times*, March 5, 2007.

414 對朝鮮外交這壹特點的分析, 請參見 Jonathan D. Pollack, ed., Korea: The East Asian Pivot; Samuel S. Kim and TaiHwan Lee, eds., *North Korea and Northeast Asia*.

415 "China Warns Distrust Tests N. Korea Nuclear Talks", *Yahoo News*, March 9, 2007. http://news.yahoo.com/s/nm/20070309/w1_nm/korea_north_china_de_1&pr-

416 J. Michael McConnell, "Annual Threat Assessment of Director of National Intelligence for the

Senate Arms Service Committee", Statement in the Hearing of Senate Arms Service Committee, February 27, 2007. www.dni/testimonies/20070227_testimony.pdf

417 Harumi Ozawa, "Japan Accuses N. Korea of Isolation Tactics", *AP*, March 9, 2007.

418 P. Parameswaran, "Japan Impasse Casts Shadow on US Bid to End Korean Nuclear Crisis", Yahoo News, March 9, 2007. http://news.yahoo.com/s/afp/20070310/p1_afp/nkoreausjapannuclearwea---

419 James E. Goodby, "Don't Expect Miracles in North Korea Deal", *OhmyNews International*, February 20, 2007.

420 Richard Lloyd–Parry, "Comment: Caution Required after North Korea Breakthrough", *Times*, February 14, 2007; Editorial, "North Korea Comes in From the Cold", *Christian Science Monitor*, February 14, 2007; Editorial, "Nuclear Bargaining", *Washington Post*, February 14, 2007.

421 Nicholas Eberstadt, "The Persistence of North Korea", *Policy Review*, No. 127 (2004), p. 22.

422 Warren Hoge, "U. S. Presses North Korea over Uranium", *New York Times*, March 7, 2007.

423 Mitchell B. Reiss, "A Nuclear Armed North Korea: Accepting the Unacceptable?" *Survival*, Vol. 48, No. 4 (Winter 2006/07), pp.89-104; Jonathan D. Pollack, ed., *Korea: The East Asia Pivot*, Newport: Naval War College Press, 2006; Jacques AE. C. Hymans, *The Psychology of Nuclear Proliferation: Identity, Emotions, and Foreign Policy*, Cambridge: Cambridge University Press, 2006; Kurt M. Campbell, Robert J. Einhorn, and Mitchell B. Reiss, eds., *The Nuclear Tipping Point: Why States Reconsider Their Nuclear Choices*, Washington, DC: Brookings Institution Press, 2005.

424 Mitchell B. Reiss, "Prospects for Nuclear in Asia", in Ashley J. Tellis and Michael Wills, eds., Strategic Asia 2005-06: *Military Modernization in An Era of Uncertainty*, Seattle: National Bureau of Asian Research, 2005, pp. 313-335; Victor D. Cha, "Nuclear Weapons: Missile Defense, and Stability: A Case for Sober Optimism", in Muthiah Alagappa, ed., *Asian Security Order: Instrumental and Normative Features*, Stanford: Stanford University Press, 2003, pp. 458-496; David Kerr, "The Sino-Russian Partnership and U.S. Policy Toward North Korea: From Hegemony to Concert in Northeast Asia", *International Studies Quarterly*, Vol. 49, No. 4 (Winter 2005), pp. 411-437; Michael O'Hanlon & Mike Mochizuki, *Crisis on the Korean Peninsula : How to Deal with a Nuclear North Korea*, Washington, DC: Brookings Institution Press, 2004.

425 Francis Fukuyama, "Re-envisioning Asia", *Foreign Affairs*, Vol. 84, No. 1 (January/February 2005), pp. 81-88; Scott Snyder, Ralph A. Cossa, and Brad Glosserman, "The Six Party Talks: Developing a Roadmap for Future's Progress", *Issues and Insights (Pacific Forum/CSIS)*, Vol. 5, No. 8 (August 2005), pp. 1-49; Jaewoo Choo, "Is Institutionalization of the Six Party Talks Possible?" *The Journal of East Asia*, Vol. 22, No. 4 (Winter 2005), pp.39-58; Gilbert Rozman, *Northeast Asia's Stunted Regionalism: Bilateral Distrust in the Shadow of Globalization*, Cambridge: Cambridge University Press, 2004.

426 有關朝核沖擊下日本與韓國的核能力考慮, 請參見 Christopher W. Hughes, "North Korea's Nuclear Weapons: Implications for the Nuclear Ambitions of Japan, South Korea, and Taiwan", *Asia Policy*, Number 3 (January 2007), pp. 75-104.

427 對於六方會談這樣的"軟制度設計"與其協商過程的漸進性分析，請參見 Chadwick I. Smith, "North Korea: The Case for Strategic Entanglement", *Orbis*, Spring 2006, pp. 343-353.

428 有關六方會談已經簽署的三份文件的文本, 請參見*Joint Statement of the Fourth Round of the Six-Party Talks Beijing*, September 19, 2005, at www.state.gov/r/pa/prs/ps/2005/s3490.htm: *North Korea: Denuclearization Action Plan-Initial Actions for the Implementation of the Joint Statement*, February 13, 2007. at www.state.gov/r/pa/prs/ps/2007/feburary/80479htm; *Second-Phase Actions for the Implementation of the Joint State*, October 3, 2007, at www.state.gov/r/pa/prs/ps/2007/oct/93223. htm.

429 Miho Yoshikawa, "North Korea Nuclear Disabling to Begin Monday: Hill", *AP*, November 3. 2007.

430 目前對朝鮮擁有的武器級鈈只有大致的推測數字, 壹般認為是50公斤, 也有說是40公斤, 具體的數字在平壤申報之前確實無法驗證。參見 Graham Evans and Jeffrey Newnham, *The Penguin Dictionary of International Relations*, London: Penguin Books, 1998, p. 340.

431 John G. Ruggie, ed., *Multilateralism Matters*, New York: Columbia University Press, 1993, p. 13.

432 Stephen D. Krasner, *International Regimes*, Ithaca: Cornell University Press, 1983; Robert O. Keohane, *After Hegemony: Cooperation and Discord in the World Political Economy*, Princeton: Princeton University Press, 2005.

433 Kenneth N. Waltz, *Man, the State and War*, New York: Columbia University Press, 1959, p. 182.

434 Kenneth N. Waltz, "The Continuity of International Politics", in K. Booth and T. Dunne, eds., Worlds in Collision and the Future of Global Order, London L: Palgrave Macmillian, 2000, p. 350.

435 Arthur A, Stein, *Why Nations Cooperate: Circumstance and Choice in International Relations*, Ithaca: Cornell University Press, 1990.

436 Kenneth A. Oye, *Cooperation under Anarchy*, Princeton: Princeton University Press, p. 11.

437 Gary Samore, "The Korean Nuclear Crisis", *Survival*, Vol. 45, No. 1 (Spring 2003), pp. 7-24.

438 有關對布什政府第壹任期內朝核政策的批評, 請參見 Victor Cha and David Kang, *Nuclear North Korea: A Debate on Engagement Strategies*, New York: Columbia University Press, 2003; David Kang, "The Avoidable Crisis in North Korea", *Orbis*, Summer 2003, pp. 495-505; Stephen Halper and Jonathan Clarke, *America Alone: Neo-Conservatives and Global Order*, Cambridge: Cambridge University, 2004; Elke Krahmann, "American Hegemony or Global Governance: Competing Visions of International Security", *International Studies Review*, Vol. 7, No. 4 (2005), pp. 531-545; Jimmy Carter, "Saving Nonproliferation", *Washington Post*, March 28, 2005.

439 例如, 美國壹直認為中國是對朝鮮最有影響力的國家, 而中國則始終堅持六方會談中美國和朝鮮是最主要的"當事國"。參見 Gavan McCormack, "The Great Divide over North Korea", *Asia Times*, May 10, 2006; Doug Bandow, "Defan North Korea: Let Beijing Take the Lead", *The National Interest Online*, October 10, 2006; at www.natonalinterst.ort/Printer-Friendly.aspx?id=12482; *S. Korea and Russia Want Diplomatic Push, China Blames US Policy*, Agence France-Presse, September 1, 2003.

440 Glenn Kessler, "To Reach Pact with N. Korea, Bush Adopted an Approach He Had Criticized",

Washington Post, October 4, 2007.

441　美國曾壹度努力推動中國對朝鮮實施嚴厲的政策，視中國對朝鮮翻臉為"壓力與孤立"政策的關鍵；對於韓國盧武鉉政府的"和平繁榮政策"也采取批評態度。其結果，2005年9月第四輪六方會談簽署《共同聲明》之前，美國面臨著朝鮮問題事實上的孤立局面。參見 Charles L. Pritchard, "Six Party Talks Update: False Start or A Case for Optimism", *conference paper*, December 1, 2005.

442　有關布什政府自六方會談以來對朝態度的壹些變化及布什政府內部的朝鮮政策辯論，請參見 Helene Cooper, "U. S. Debates Value of North Korea Talks", *New York Times*, November 2, 2006; Pat M. Holt, "Using the North Korea Crisis to Stop Nuclear Proliferation", *Christian Science Monitor*, November 2, 2006; Guy Dinmore and Anna Fifield, "US Hardliners Grab North Korea Policy Reins", *The Financial Times*, December 20, 2005.

443　Chandwick I. Smith, "North Korea: The Case for Strategic Entanglement", *Obis*, Spring 2006, pp. 343-353.

444　對朝鮮來說，核武器是政權合法性需要得到理解和尊重的最重要手段；政權無法獲得安全只會激發朝鮮通過對抗和危機措施來制造事端。因為這樣的危機政策是平壤能吸引其他國家註意到自身政權安全要求的唯壹手段。參見 Jasper Becker, *Rogue Regime: Kim Jong Il and the Looming Threat of North Korea*, New York: Oxford University Press, 2006; Bradley K. Martin, *Under the Loving Care of the Fatherly Leader: North Korea and the Kim Dynasty*, New York: St. Martin's Griffin, 2004.

445　Jason T. Shaplen and James Laney, "Kim Jong-il's Last Card", *New York Times*, October 8, 2007.

446　Jason T. Shaplen and James Laney, "Kim Jong-il's Last Card", *New York Times*, October 8. 2007.

447　Editorial, "Chang In Korea Policy", *The Korea Herald*, November 11, 2006.

448　Robert Tait, "Rumsfeld Exit Lessens Threat to Nuclear Sites, Hardliners Believe", *Guardian*, November 10, 2006. "U. S., Pyongyang Officials May Meet Soon, Report Say", *The Washington Times*, November 12, 2006; Glenn Kessler "Bolton Book Cites Effort to Halt Powell's Iran Initiative", *Washington Post*, October 22, 2007.

449　朝鮮積極拉攏韓國，韓國稱不會對朝鮮追加制裁。《環球時報》，2006-11-16。

450　Norimitsu Onishi, "South Korea Won't Intercept Cargo Ships from the North", *New York Times*, November 14, 2006.

451　David E. Sanger, "Nuclear Pact Broadening, North Korea and U. S. Say", *New York Times*, September 3, 2007.

452　Howard W. French, "North Korean Nuclear Talks Fail to Set Disarmament Timetable, but yield Agreement on Goals", *New York Times*, July 20, 2007; Jim Hoagland, "North Korea Mystery", *Washington Post*, October 7, 2007.

453　David E. Sanger and Norimitsu Onishi, "U. S. to Hold Direct Talks in North Korea on Arms", *New York Times*, June 21, 2007; David E. Sanger, "Nuclear Pact Broadening, North Korea and U. S. Say", *New York Times*, September 3, 2007.

454　韓國前總統金大中為了說服朝鮮同意舉行2000年5月首腦會談，向平壤支付了約3億美元的現金。有關這段歷史的描述，請參見 Bradley Martin, *Under the Loving Care of the Fatherly Leader: North*

Korea and the Kim Dynasty, New York : St, martin's Press, 2004, pp. 525-530.

455 Burt Herman, "Storm Left 7,300 Homes less in N. Korea", *AP*, November 7, 2006; at www.news. yahoo.com/s/ap/20061107/ap_on_re_as/nkorea_storm&printer=1.

456 "Downpours Devastate Crops in Impoverished North Korea", *New York Times*, August 16, 2007.

457 "Change in North Korea? So Far, there is little sign of it", *Washington Post*, October 13, 2007.

458 韓國總統盧武鉉在2007年10月8日表示, 他本人相信朝核問題會很快解決。Hyung Jin Kim, "S. Korea Sure of Early Nuclear Settlement", *Washington Post*, October 8, 2007.

459 Steven R. Weisman, "The Ripples of Punishing One Bank", *New York Times*, July 3, 2007.

460 Reuters, "Japan Says Secret Talks with North Korea Necessary", *Washington post*, October 14, 2007.

461 Jasper Becker, "The Man Who Would Be Kim", *Washington Post*, October 14, 2007.

462 Editorial, "A Reactor Shut Down: Diplomacy with North Korea Finally Takes a Step forward", *Washington Post*, July 17, 2007; Helene Cooper, "North Korea Says U. S. Will Lift Sanctions", *New York Times*, September 4, 2007.

463 Miles Kahler, "Legalization as Strategy: The Asia-Pacific Case", *International Organization*, Vol. 54, No. 3 (Summer 2000), pp. 549-571.

464 The Second–Phase Actions for the Implementation of the Joint State, October 3, 2007, at www. state.gov/r/pa/prs/ps/2007/oct/93223.htm.

465 張春燕:《美朝最早明年1月啟動關系正常化談判》, 中國日報網環球在線, 2007-10-22。

466 "Christopher Hill's Remarks in the Senate Committee of Foreign Relations Testimony", October 25, 2007; at www.state.gov/

467 Christopher Hill, *Interview in Charlie Rose Show in PBS*, October 9, 2007.

468 通過六方會談的推動在東北亞建立多邊安全機制已經成為學術界的重要研究課題之壹, 中國國內的代表性研究成果請參見朱鋒:《朝核問題、六方會談與東北亞多邊安全機制》, 載《現代國際關系》, 2007(1); 中國現代國際關系研究院:《東北亞地區安全政策及安全合作構想》, 時事出版社, 2006; 任曉:《六方會談與東北亞多邊安全機制的可能性》, 載《國際問題研究》, 2005(1); 楊伯江等:《東北亞安全機制:現實與前景》, 載《現代國際關系》, 2005(9); 楊魯慧、郭延軍:《從霸權穩定論到安全共同體: 東北亞安全合作架構新走向》, 載《世界經濟與政治》, 2005(4); 江西遠:《朝核問題與東北亞安全合作機制的可能性》, 載《東北亞論壇》, 2004(3)。

469 "Joint Declarati of South – North Summit Meeting of Korean Peninsula on Octoob4 of 2007: Faithful Implementation Key to Establishing Peace Regime", *Korea Times*, October 5, 2007; at www. koreatimes.co.kr/www/news/include/print.asp?newsIdx=11338

470 Hadwick I. Smith, "North Korea: The Case for Strategic Entanglement", p. 345; Donald Kirk, "North Korea: A Bomb at the Negotiation Table", *Asia Times*, November 5, 2006.

471 壹個很大的例外是美國壹直懷疑朝鮮所擁有的秘密濃縮鈾計劃。雖然2007年春天美國情報部門說 朝鮮的秘密濃縮鈾計劃可能不像以前所說的那麼確定, 但布什政府堅持朝鮮必須澄清, 或者如實 申報其秘密濃縮 David E. Sanger and William J. Broad, "U. S. Had Doubts on North Korea Uranium Drive", *New York Times*, March 1, 2007; Mark Mazzetti, "Latest reports on Iran and North

Korea Show a New Found Caution Among Analysts", *New York Times*, March 2, 2007; David E. Sanger and Norimitsu Onishi, "U. S. to Hold Direct Talks in North Korea on Arms".

472 有關現階段"去功能化"的局限性的分析, 請參見 David Albright and Paul Brannan, "Disabling DPRK Nuclear Facilities", *United States Institute of Peace Working Paper*, October 23, 2007.

473 Robert Marquand, "Now Nuclear, North Korea Will Talk", *Christian Science Monitor*, November 1, 2006.

474 對平壤在六方會談中這壹戰略目標的分析, 請參見 Tony Hall, "What North Korea Really Wants: The Hermit Kingdom Desires A Better Relationship with the West-the US in particular", *Christian Science Monitor*, January 30, 2007.

475 Christopher R. Hill, "The Six Party Process: Progress and Parties in North Korean Denuclearization", "Testimony before House Committee on Foreign Affairs Subcommittee on Asia", "The Pacific and the Global environment and Subcommittee on Terrorism", *Nonproliferation, and Trade*, October 25, 2007.

476 Andrew Lankov, "The Natural Death of North Korean Stalinism", *Asia Policy*, Vol. 1, No. 1 (January 2006), pp. 95-121; Nicholas Eberstadt and Richard J. Ellings, "What if? Economic Implications of a Fundamental Shift in North Korean Security Policy", *Asian Policy*, Vol. 1, No. 2 (July 2006), pp.1-39.

477 Jung Sungki, "Kim Jong-il Interested in Vietnam Style Reform Policy", *Korea Times*, October 29, 2007.

478 Howard LaFranchi, "N. Korea Shifts Towards Engagement with World", *AP*, November 3, 2007.

479 Jon Herskovetz, "Roh Sees North Korea as Stable", *Washington Post*, October 19, 2007.

480 John Lewis, "North Korea Myth", *Washington Post*, March 12, 2007.

481 Michael Perry, "U. S. Sees North Korea Ending Uranium Enrichment", *Washington Post*, October 16, 2007.

482 2009年 6月 13日, 針對聯合國安理會通過的制裁朝鮮二次核試之後的 1874號決議, 朝鮮政府回應說將"絕不放棄核武器"。參見："North Korea Vows not to Give up Nuclear Weapons", AFP, June 13, 2009.

483 Kim Hyun, "N. Korea Forces U.S. to Choose between Dialogue or Collapse of Nuclear Talks: Analysts", Yonhap News, April 14, 2009.

484 Masahiro Matsumura, "Simple-minded or Farsighted? US' Handing of North Korea", AJISS-Commentary, No. 36, July 2008.

485 朝鮮在2008年 12月 31日的新年文告中還重申了棄核意願, 但進入2009年 2月之後完全改變了自己的立場, 沒有接受博斯沃思對平壤的訪問是壹個重要預兆。參見："Jon Herskovitz, "North Korea Issues New Year Denuclearization Pledge", AP, December 31, 2008; Matthew Lee and Robert Bums, "US Dispatches Envoy for N. Korea Talks", VOA News, February 9, 2009.

486 Zhu Feng, "North Korea and Comered China", CSIS Pacific Forum: PacNet Newsletter, No. 41, June 1, 2009.

487 "Experts Explain Why N. Korea Wants to Conduct Long-Range Missile Test", Chonsun Ilbo, April 2, 2009.

488 有關朝鮮對外關系中的反美立場與朝鮮國內權力結構之間關系的深入分析, 請參見：Tim Bael, North Korea: Struggle against the American Power, New York: Pluto Press, 2005; Bertil Lintner, Great Leader, Dear Leader: Demystifying North Korea Under The Kim Clan, Boulder. Silkworm Books, 2005.

489 Scott Snyder, "North Korea's Harsh Verdict", Global Security Blogger Posts, June 9, 2009; http://sitrep.globalsecurity.org/articles/090609381-north-koreas-harsh-verdicr.htm.

490 參見： Charles L. Pritchard, Failed Diplomacy: The Tragic Story of How North Korea Got the Bomb, Washington, DC: the Brookings Institution, 2007.

491 Mike Chinov, Meltdown: The Inside Story of the North Korean Nuclear Crisis, New York: W. W. Martins, 2008.

492 美國新任副國務卿斯坦伯格在2009年 4月的壹次講話中明確提出, 多邊性的安全安排是未來解決朝核及半島問題的重要措施之壹。James Steinberg, "Engaging Asia 2009: Strategic for Success", Remarks at National Bureau of Asian Research, Washington, DC., April 1, 2009, http://www.state.gov/s/d/2009.121564.htm.

493 Choe Sang-Hun, "U.S. Condemns North Koreas Missile Tests", New York Times, July 5, 2009.

494 Kim Kwang-tae, "N. Korea Says It will Weaponize its Plutonium", AP, June 13, 2009.

495 有關對"強制外交"的理論與政策分析, 請參見： Robert J. Art and Patrick M. Cronin, United States and Coercive Diplomacy, Washington DC: US Institute of Peace, 2003; Kenneth A. Shultz, Democracy and Coercive Diplomacy, Cambridge: Cambridge University Press, 2001; Alexander L. George, Limits of Coercive Diplomacy, Boulder, Westview Press, 1994.

496 Alexander L. George, Forceful Persuasion: Coercive Diplomacy as an Alternative to War, Washington, DC: US Institute of Peace Press, 1992.

497 有關1718號決議的文本, 請參見： United Nations Security Council, Resolution 1718(2006), "Action Prevents Provision of Nuclear Technology, Large-Scale Weapons, Luxury Goods to Country, Permits Inspection of Cargos to Ensure Compliance", http://www.un.org/News/Press/docs-2006/sc8853.doc.htm.

498 有關1874號決議對於涉疑船只的檢查權利, 請參見：United Nations Security Council, Resolution 1874(2009), "Strengthens Arms Embargo, Calls for Inspection of Cargo, Vessels If States Have 'Reasonable Grounds' to Believe Contain Prohibited Items", http://www.un.org/News/Press/docs/2009/sc9679.doc.htm.

499 Stephen Haggard and Macus Noland, "What to do about North Korea: Will Sanctions work?" Oriental Economist, July 3, 2009.

500 許多分析都認為, 朝鮮存在著內部動蕩、甚至崩潰的可能性。Paul Stares and Joel Wit, "Preparing for Sudden Change in North Korea", Council on Foreign Affairs Special Report, No. 42, January 2009; Mike Chinoy, Meltdown: the Inside Story of North Korean Nuclear Crisis; Ted G. Capenter,

The Korean Conundrum, London: Palgrave MacMillan, 2004; Marcus Noland, "Korea After Kim Jong Il", Policy Analysis in International Economics, No. 71, January 2004.

501 中國外交部發言人秦剛2009年 6月13日就聯合國安理會通過朝鮮核試驗問題 1874號決議所發表的談話。中國新聞網, 2009年6月 13日, http://news.sina.com.cn/c/2009-06-13/014915780798s.shtml.

502 Choi Jinwook, "North Korean Response to the Lee Myung-bak Administration's North Korea Policy", East Asian Review, Vol. 20, No. 3 (Fall 2008), p. 39.

503 有關這方面的具體分析, 請參見: Marcus Noland, "Impacts of UN Sanctions to North Korea", Peterson Institute Working Paper Series, December 2008, pp. 1-29; Stephan Haggard, and Marcus Noland, "North Korea's Foreign Economic Relations", International Relations of the Asia-Pacific, Vol. 8, No. 2 (2008), pp. 219-246.

504 Colum Lynch, "U.N. Imposes Tough New Sanctions on North Korea", Washington Post, June 12, 2009.

505 Blaine Harden, "Value of N. Korea Sanctions Disputed", Washington Post, June 12, 2009; Martin Fackler and Choe Sang-hun, "Will Sanctions Ever Work on North Korea?" New York Times, June 13, 2009; William Foreman, "UN Sanctions on N. Korea May Be Futile", AP, June 12, 2009.

506 Pamela Hess, "North Korea May Be Prepping New Nuclear Test", AP, June 11, 2009.

507 Nicholas Eberstadt, "A New Plan for Pyongyang: Threat Reduction must be the goal", The All Street Journal, June 12, 2009.

508 有關聯合國1874號決議對朝鮮棄核的原則性規定, 參見: United Nations Security Council, Resolution 1874 (2009), "Strengthens Arms Embargo, Calls for Inspection of Cargo, Vessels If States Have 'Reasonable Ground' to Believe Contain Prohibited Items", http://www.un.org/News/Press/docs/2009/sc9679.doc.htm.

509 Shaun Tandon, "US Nominee Seeks Re-engagement with Asia", AFP, June 11, 2009.

510 有關'朝鮮問題'的定義以及與"朝核問題"的聯系, 請參見: 朱鋒, "堅定地維護六方會談的尊嚴", 《環球時報》, 2009年 6月 3日。

511 有關從冷戰時代到後冷戰時代韓國所追求的"侵略遏制"為核心的威懾戰略, 請參見: Kim Yongho, North Korean Foreign Policy: Security Succession, Boston: Lexington Press, 2010; Scott Snyder, China's Rise and Two Koreas: Politics, Security and Economy, London: Lynne Rienner Pub, 2009; Hyung Gu-lynn, Bipolar Order: Two Koreas since 1989, New York: Zed Press, 2007; Samuel S. Kim, and Tai-hwan Lee, eds., North Korea in Northeast Asia, New York: Rawmen & Littlefield Publishers, 2002.

512 有關李明博政府對朝政策的重大調整, 請參見: Hong nack Kim, "Inter-Korea Relations under the Lee Myung-bak Government", Korea and World Affairs, Vol. 33, No. 2 (Summer 2009), pp.198-230; Sung-han Kim, "North Korea Policy of the Lee Myung-bak Administration and ROK – U.S. Relations", East Asian Review, Vol. 20, No. 2 (Summer 2008), pp. 21-40.

513 Kim So-hyun, "S. Korea may strike N. Korea's missile base: President Lee", The Korea Herald, November 23, 2010.

514 ROK President Lee Myung-bak, "Marching Together toward a Great Republic of Korea", Address on the 65th Anniversaries of National Liberation, Seoul, August 2010.

515 Joint Vision for the Alliance of the United States of America and the Republic of Korea, Washington, DC., June 16, 2009, http://www.whitehouse.gov/the_press_office/Joint-vison-for-the-alliance-of-theUSA-and-theROK. (上網時間：2011年9月10日)

516 Mark Fitzpatrick, "North Korea may be more dangerous than even", Daily Telegraph, July 22, 2011; "North Korea poses multiple threats", Pacific Forum CSIS: PacNet, July 22, 2011.

517 Remarks by Secretary Clinton and ROK Minister Kim after their meeting, Washington, DC., June 24, 2011.

518 "Trilateral Statement by Japan, the ROK, and the U.S.", Washington, DC., December 6, 2010.

519 Bruce W. Bennett, "North Korean Provocation and Approaches to Deterring Them", The Paper for the symposium on new thinking for dealing with the North Korean unclear issue sponsored by the Brookings Institution and the Korean Institute for Defense Analyses on September 7-8, 2011.

520 Choi Sang-hun, "North Korea aid it has more weapon-grade plutonium", *The New York Times*, November 3, 2009.

521 David E. Sanger, "North Koreans unveil new plant for unclear use", *The New York Times*, November 20, 2010.

522 David E. Sanger and William Broad, "U.S. concludes North Korea has more nuclear sites", *The New York Times*, December 14, 2010.

523 Elisabeth Bummiller and David E. Sanger, "Robert Gates warns of North Korean missile threat to the U.S." *The New York Times*, January 11, 2011.

524 美國媒體公布的1998年朝巴官員秘密信件，參見 "A letter to A. Q. Khan", *The New York Times*, July 13, 2011.

525 Robert Farley, "Plutonium transfer from former Soviet Union to North Korea?" *The Progressive Realists*, July 2011, http://progressiverealist.org/blogpost/pu-transfer. (上網時間：2011年8月25日)

526 William J. Broad, James Glanz and David E. Sanger, "Iran Fortifies Its with the Aid of North Korea", *The New York Times*, November 28, 2010.

527 Dan Belefsky, "China delays report suggesting North Korea violating sanction", *The New York Times*, May 15, 2011.

528 William Wan, "Clinton issues challenges on North Korea, South China Sea", *Washington Post*, July 24, 2011.

529 Choi sang-hun and Stevens Lee Myers, "Seoul set terms for the resumption of talks with the North", *The New York Times*, July 29, 2011.

530 "Obama warns North Korea of more isolation, pressure", *The Korea Times*, September 22, 2011.

531 Kim Deok-hyun and Lee Hye-ah, "Six-party talks only possible if N. Korea accepts preconditions: officials", *Yonhap News Agency*, October 7, 2011.

532 "North Korea fails to agree on the term of resumption of the 6 Parties Talks", *AP*, July 21, 2011.

533 Charles L. Pritchard, John H. Tilelli Jr. and Scott A. Snyder, *U.S. Policy Toward the Korea Peninsula*, New York: Council on Foreign Relations, 2010, pp. 57-60.

534 Institute of International Strategic Studies, *North Korean Security Threats: A Net Assessment*, 2011, p. 156.

535 Choi Sang-hun, "Russian trip signals North Korea is ready to do business", *The New York Times*, August 21, 2011; Chico Harlan, "In a North Korea port city, Foreign investment starts to flow", *The Washington Post*, September 26, 2011.

536 Seth Mydans and Choi Sang-hun, "North Korea is said to weigh nuclear test moratorium", *The New York Times*, August 24, 2011.

537 Choi Sang-hun, "North Korea to auction the resort owned by the South", *The New York Times*, August 22, 2011.

538 "韓國因朝沒有回應援助要求而取消對朝援助", 2011年10月4日, http://news.xinhuanet.com/world/2011-10/04/c_122119790.htm. (上網時間：2011年10月6日)

539 "N. Korea accuses S. Korea of airing propaganda broadcasts via North's TV frequency", *AP*, October 2, 2011; "Lawmaker: South Korean military websites hit by 2,770 hacking attempts in past year", *AP*, September 28, 2011.

540 Kim Young-jin, "Caution needed toward N. K.. charm offensive", *The Korea Times*, August 30, 2011.

541 Tong Kim, "Resumption of the nuclear talks", *The Korea Times*, July 25, 2011.

542 Editorial, "Aiding North Korea's Victim", *The Wall Street Journal*, October 5, 2011.

543 參見外交部新聞發言人2011年9月28日的新聞發布會, http://news.cntv.cn/china/20110928/114321.shtml. (上網時間：2011年10月5日)

544 "胡錦濤會見朝鮮內閣總理崔永林",《人民日報》, 2011年9月28日。

545 Tong Kim, "New Phase of Confrontation", *The Korea Times*, April 28, 2013.

546 Ken E. Gause, *North Korea Under Kim Chong-Il: Power, Politics, and Prospects for Changes*, Santa Barbara, CA: Praeger, 2011, pp. 169-171.

547 Multhiah Alagappa, "North Korean Nuclear Test: Implications for Asian Security", *Pac-Net*, No. 10, February 13, 2013.

548 Jennt Jun, "Dealing with a Sore Lip: Parsing China's 'Recalculation' of North Korea Policy", *38North*, March 29, 2013.

549 Andrew Salmon, "Korea Nightmare: Experts Ponder Potential Conflict", CNN, March 27, 2013.

550 Ashed Mahammed, "Kerry Calls N. Korea to Meet Its Obligations Before Talks", *The Wall Street Journal*, April 15, 2013.

551 Song Sang-ho, "U.S. Steps Up Diplomatic Efforts Toward N.K. Faced with a Host of Challenges, Washington Seeks to Prevent Tensions From Getting Out of Control", *The Korea Herald*, April 15, 2013.

552 Chico Harlan, "North Korea Hints at Openness to Talks, Despite Still-venomous rhetoric", *The*

Washington Post, April 20, 2013.

553 "North Korea Looks to Parlay 'Crazy' into Concessions", *AP*, April 13, 2013.

554 Robert Birsel, "North Korea Reiterates It Will Not Give Up Nuclear Arms", *Reuters*, April 20, 2013.

555 David Horsey, "Kim Jong Un Is a Pudgy Punk with the Power to Create Great Misery", *The Los Angeles Times*, April 3, 2013.

556 Pat Buchanan, "Is War With North Korea Inevitable?" *The New York Times*, February 5, 2013.

557 Kim Tae-gyu, "Will Six-Party Talks Resume?" *The Korea Times*, May 25, 2013.

558 "N. Korea Thought to Have 200 Mobile Missile Launchers", *The Korea Herald*, May 16, 2013; "North Korea: Prepare for War", *The Wall Street Journal*, March 13, 2013; Shin Hyon-hee, "Seoul, Washington offer Dialogue with North Korea", *The Korea Herald*, April 12, 2013.

559 "Kerry: China Key to Resolving North Korea Standoff", VOA, April 17, 2013; http://www.voanews. com/content/kerry-china-key-to-resolving-north-korea-standoff/1643608.html.

560 Kang Seung-woo, "Kerry Snubs NK Conditions", *The Korea Times*, April 19, 2013.

561 "中國外長王毅談朝鮮局勢：勿在中國家門口生事", 網易新聞, 2013年4月7日。http://money.163. com/13/0408/11/8RUFTF4200254TI5.htm。

562 "國家主席習近平在博鰲論壇發表重要講話", 《人民日報》, 2013年4月9日。

563 參見樸槿惠總統2013年5月訪美期間接受《華盛頓郵報》的專訪。"The Right Path' for North Korea", *The Washington Post*, May 15, 2013.

564 "Seoul, Washington Wary of N. K. Talks Offer", *The Korea Herald*, May 25, 2013.

565 Sarah Kim and Shin Yongho, "North's War of Words Rages on", *Korea Joongang Daily*, May 27, 2013.

566 Alexandre Mansourov, "North Korea: Turning in the Wrong Direction", *The 38 North Korea*, April 10, 2013, http://38north.org/2013/04/amansourov041013/.

567 "國家主席習近平會見朝鮮特使", 《人民日報》, 2013年5月25日。

568 有關對中美是否能在朝核問題上合作的具體分析，請慘見朱鋒："中美可以在朝核問題上合作嗎？"新加坡《聯合早報》, 2013年4月30日。

569 Jane Perlez, "Xi Delivers Stern Message at Talks with North Envoy", *The New York Times*, May 27, 2013.

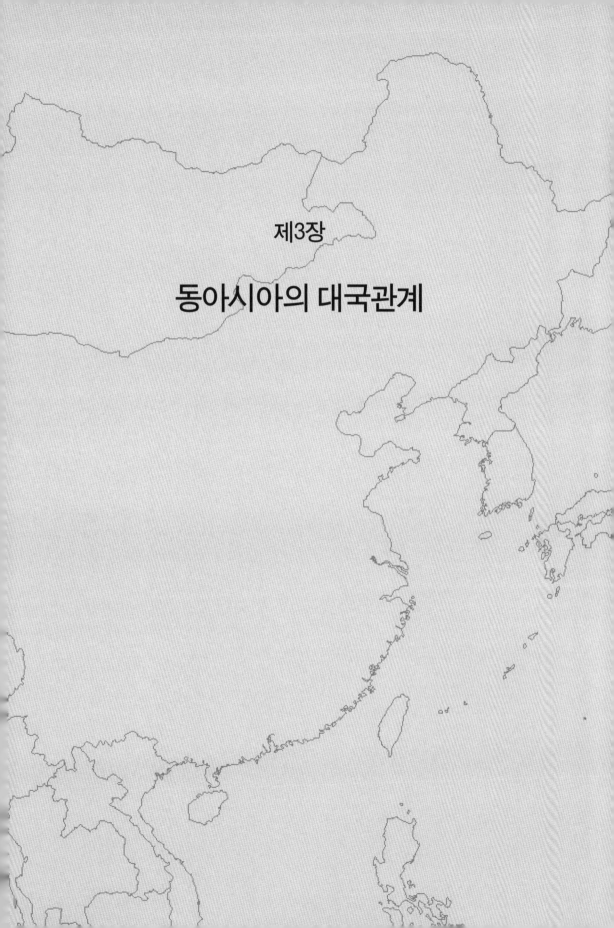

제3장

동아시아의 대국관계

제1절 권력변동과 아이덴티티 대립 그리고 전략선택
: 중일관계 전략의 미래

국제관계의 신현실주의 이론은, 국제체제의 권력구조 변화를 각국의 국제행위를 결정하는 중요한 요소로 여긴다. 국가 간 힘의 분배의 변화로 인해 야기된 권력변화는, 종종 국가가 부득불 '상대적 수익' 기준의 안보수요를 바탕으로 균형(Balancing), 편승(Bandwagoning), 책임전가(Buck-passing), 체인 갱(Chain gang) 등 전략적 반응을 취하게 한다. 케네스 월츠는 직접적으로 이러한 권력변동 이후의 국가행위 모델변화를 안보딜레마 작용의 결과로 해석하였다. 그의 눈에 안보는 가장 필요한 것이며, 이를 위해 국가는 일반적으로 견제와 균형을 취하고, 비교적 소수의 국가들이 편승을 선택한다.[1] 월츠는 행위선택의 변수를 위협의 성질과 정도로 설정하였다.[2] 1990년대 부흥한 방어적 현실주의와 신고전 현실주의는 권력구조 변화조건 아래서 국제행위의 모델전환을 '정책결정의 과정'으로 보며, 그리고 국내정치가 도대체 어느 정도로 국가의 목표기대, 이익계산, 국가형태, 자각과 국제제도에 대한 인식에 영향을 주며, 또한 국내정치의 변수를 도입하여 권력변동의 과정에서 국가의 국제행위의 전환을 고찰하고 분석한다.[3] 만약 우리가 중일관계를 하나의 사례로 들어 이러한 이론을 검증해본다면, 우리는 부득불 일련의 문제에 대해 질문해야 한다. 왜 '중국굴기' 시 중국과 주변 국가들의 관계는 모두 개선되어 가는데, 유일하게 일본과의 관계만은 긴장되는가? 만약 중국의 선린정책에 일본에 대한 예외가 결코 존재하지 않는다면, 일본이 1990년대 말부터 지속적으로 강경한 중국정책을 취하게 한 원인은 무엇인가? 만약 역사문제로 인해 생긴 인식의 차이가 일본의 대중정책의 강경함을 결정하였다면, 80년대에도 마찬가지로 이러한 차이는 존재하고 있었다. 그렇다면 그 시기에 관계는 안정적이었는데, 지금은 왜 그렇지 못한가? 이러한 질문들에 답을 하려면, 우리는 새로운 개입적 변수를 도입하여 권력변동의 과정에서 국가의 국제행위를 해석해야 한다.

1990년대 말부터, 중일관계의 지속적인 하락은 줄곧 동아시아 지역안보를 괴롭히는 중대한 잠복해있는 병폐 중에 하나였다. 지속적으로 긴장되고 악화되어 온 중일관계는 동아시아지역 협력과정의 발전을 저해하였을 뿐만 아니라, 활발한 경제지역화 과정이 안보분야로 확대되는 것을 가로막았고, 새로운 군비경쟁과 대국 대립을 유발할 가능성을 더욱 증폭시켰다.

신현실주의 이론에서 출발하여, 일찍이 1990년대 초 어떤 이는 "부와 권력 그리고 명예를 위해, 동아시아가 '불안정한 다극충돌'의 시대로 접어드는 것은 불가피하다"고 예언하였다.[4] 중일관계 악화와 관련한 원인을 분석하며, 많은 해외 학자들은 1998년 지도자 방일분쟁, 중일 정치체제의 차이, 역사문제에서 양국의 분쟁과 중국 군사 현대화 과정 등의 문제를 중점에 두었다.[5] 대부분의 중국학자들은 원인을 일본 우익세력의 고조, 중국의 부강에 대한 일본의 우려, 일본 지중(知中)인사들의 상실 그리고 일본정책에 대한 중국의 '새로운 사고' 결여로 해석하였다. 필자는 일본 대중정책의 전면적 강경 추세를 야기한 가장 중요한 원인을 중국굴기에 직면한 일본의 전략선택의 변화로 여긴다. 동아시아의 권력변동 그리고 동시에 일본에 나타난 정치굴기 과정은, 중국에 대해 일본이 연미억중(聯美抑中) 전략을 취한 원인이다. 이러한 일본 국내정치 발전을 기초로 형성된 전략선택은 단순한 의미상의 안보를 위한 것일 뿐만 아니라, 아시아에서 일본의 경제 주도적 지위, 일본의 상업경쟁력 그리고 아시아 국가들과의 관계에서 일본의 전통적인 우세도 포함하고 있다. 일본 정치굴기의 목표는 일본으로 하여금 평화헌법을 수정하여, 집단자위권을 보유한 '보통국가'가 되게 하려는 것뿐만 아니라, 심리, 국민 의지, 국가 법률 체제 및 방위력을 포함한 전체적인 국력 건설에서 일본이 미래의 강대한 중국 그리고 북한의 핵능력 등 문제에 대응할 수 있도록 하려는 것이다. 고이즈미정부에서 아베 내각까지, 일본의 대중정책의 지속적인 전환은 미래의 일본이 소위 중국위협을 전면적으로 제어하고 심지어 승리하여(戰勝), 일본의 정치엘리트들이 희망하는 '국력'과 국민의지로 발전해내기 위한 것이다. 중국 대국굴기와 일본 정치굴기의 동시출현과 양국의 안보전략에 대한 선택은 미래 중일관계 전략동향 해석의 열쇠이다.

1) 중일관계 - 가장 복잡한 대국관계인가?

당대의 대국관계에서, 중일관계는 가장 복잡하고 머리 아픈 관계임이 틀림없다. 중일관계는 대국관계가 긴장과 대립의 추세가 되도록 하는 모든 기본적 요소를 거의 망라하고 있다. 이러한 요소에는 권력(Power) 측면의 변수뿐만 아니라, 양국의 능력(Capabilities)이 상승한 후 미래 권력구조는 어떠할지에 대한 우려와 공포, 중일 양국 간의 문화·심리적 차이로 종종 나타나는 착각, 정치제도와 이데올로기적 차이로 빚어진 인식의 차이, 인접한 지리적 위치로 인해 발생한 지연정치(Geopolical)상의 경쟁관계, 대국 간에 불가피한 안보딜레마가 악화시킨 각자의 의도와 미래 정책동향에 대한 불확실성, 댜오위댜오와 같은 이러한 영토 충돌, 양국의 전환시기에 불가피한 정책의 '비연속성', 각자의 국내에 악화된 민족주의로 유발된 정책 배후의 감정적 요소, 역사문제가 형성한 가시지 않는 '역사기억'의 차이, 현실정치와 관념의 배후에 늘 그늘을 드리우고 있는 '역사갈등'이 존재하고 있다.[6] 중일관계의 복잡성은 '권력요소'와 '아이덴티티 요소'라는 양대 요소로 단순화할 수 있다. 권력요소는 힘의 대비의 변화로 인해 조성된 이익경쟁 심지어 충돌, 그리고 힘의 대비 변화를 다루는 현실주의 권력정치 이념을 가리킨다. 아이덴티티 요소는 상호 간의 인식과 지각 그리고 견해를 가리킨다.[7]

포스트냉전시대의 동아시아안보에는 중대한 변화가 발생하였고, 그것의 가장 두드러진 문제전환은 중국의 굴기와 중국 외교전략의 조정 및 발전이다. 분석가들은 동아시아의 변화는 비록 중국이 주도하는 것이 아니지만, 기본적으로 중국으로부터 추진된 것이라고 여긴다.[8] 1990년대 초부터, 중국경제의 지속적인 빠른 성장에 따라 중국경제의 공업화 과정이 전면적으로 전개되었고, 중국의 종합국력도 장족의 발전을 이루었다.

1995년 중국의 GDP(국내총생산)는 세계 8위였지만, 2006년에는 이미 세계 4위로 뛰어올랐다. 이 10년간, 중국의 경제총량은 두 배로 뛰었지만, 전년대비 일본의 경제규모는 24% 증가에 그쳤고, 유럽은 28%, 미국은 약 48% 증가하였다. 중국의 경제에는 앞으로 20~30년간 고속 성장할 여지가 여전히 존재한다. 2015년 중국의 경제총량은 독일을 넘어 세계 3위 자리에 오를 가능성이 있으며, 2025년 중국의 경제규모는 일본에 근접하거나, 심지어 추월할 가능성도 있다.[9] 중국 경제의 발전에 따라, 중국의 국제 영향력 또한 끊임없이 상승하고 있으며, 군사력의 현대화 건설도 진행 중에 있어, 중국이 동아시아 지역의 지도자와 글로벌 대국이 될지와 관련한 억측들이 난무하고 있다.[10] 중국의 굴기는 일종의 종합능력의 굴기이며, 이는 하드파워(Hard Power)와 소프트파워(Soft Power), 경제와 군사, 문화와 외교 등 많은 방면을 포함하고 있다. 중국의 굴기는 포스트냉전시대에 동아시아의 권력이동(Power Shift)을 야기하였다.

그러나 미국이 동아시아 최전방 주둔을 유지하고, 미일군사동맹을 강화하며, 중국에 대한 개입 정책을 추구한 결과, 여전히 미국으로 하여금 동아시아에서 군사력과 전략능력이 우세한 지위를 지닌 패권안정의 형세를 유지하게 하였다. 어떤 학자들은 포스트냉전시대의 동아시아안보구조는 중미 간의 양극체제이지만, 이것은 일종의 미국패권 우위를 기초로 하며, 지역의 군사의무에 대한 미국의 안정성을 전제로 하고, 비대칭적 세력균형 상태라고 여긴다.[11] 일본은 미일동맹의 강한 구성원으로서, 그들의 안보지위는 사실상 포스트냉전시대에 쇠락하지 않았을 뿐만 아니라, 오히려 더욱 보장되었다. 2006년 10월 9일 북한은 핵실험을 감행하였지만, 미국은 일본에 대한 핵보호를 재천명하였고, 미국의 일본에 대한 동맹의무의 신뢰는 결코 하락하지 않았다. 그리고 일본의 해·공군력 발전에서의 첨단기술 정예병(精銳兵)의 길은, 일본 군사력을 완전한 세계정상급으로 만들어, 다른 아시아국가들 보다 앞서게 하였다.[12] 일본이 중국위협력을 놓지 않고, 또한 이러한 관넘이 그들의 중국정책을 주도하도록 하는 이유는, 일본국내의 정치엘리트들이 포스트 냉전의 환경에서 일본의 정상화를 실현하여, 일본으로 하여금 세계 2위 경제국의 능력에서 출발하여 상응하는 정치, 방위와 국제적 지위를 얻고, 또한 일본의 안보정책이 더욱 큰 자유와 유연성을 얻길 희망하기 때문이다.[13] 중국굴기의 사실은 중국이 현재 아시아에서 일본의 지위와 이익을 실질적으로 위협한다고 넓게 표현되며, 일본이 사회의 공통된 인식을 응집하고, 국내 평화주의 사조(思潮)에 타격을 주며, 각종 정치력을 동원하여 평화헌법 체제를 종결하는데 가장 중요한 외부요소가 되었다. 그 결과, 일본의 시각에서 중국굴기는 1970년대부터 1990년대 중반까지 중일관계의 기초를 거의 완전히 바꾸어 놓았다. 그러나 본질적 문제는, 중국의 굴기가 일본의 진취적 방위정책 변화를 야기시킨 것이 결코 아니라, 반대로 일본의 외교와 전략적 사상의 현실주의의 전환이 일본에 대한 중국굴기의 부정적 결과를 확대시켰다는 점이다.[14]

국제관계에서 권력의 재분배가 반드시 국가 간 아이덴티티와 감정적 요소의 대립을 발생시키는 것은 결코 아니다. 국내 정치제도 요소가 국가들의 상호 아이덴티티 확립 추진을 방해하는 넘을 수 없는 장애인 것은 더더욱 아니다. 중국의 굴기는 국제관계에서 중국의 이미지에 대한 인식의 두 가지 완전히 다른 변화를 야기시켰다. 첫 번째 관점은 중국을 '귀여운 판다'로 여겨, 그들이 Panda Hugger*가 되길 원한다는 것이며, 다른 관점은 중국을 '흉악한 용'으로 여겨, '드래곤 살해자(Dragon Slayer)'가 되려하는 것이다.[15] 그러나, 만약 국제관계에서 권력분배의 변화에 따라 다른 한 국가에 대해 분명한 아이덴티티의 악화가 발생한다면, 이러한 아이덴티티의 소원함 심지어 혐오는, 서로 간의 힘의 변화로 인해 상대방의 의도에 대한 의심과 적대만 악화시킬 뿐이며, 더 나아가 국가 간의 경쟁과 충돌을 끊임없이 심화시킬 것이다. 국제관계에서 떨쳐내기 힘든 긴장과 적대는 상당 부분, 권력

---

* 영미권에서 친중파(親中派)를 일컫는 말로, 직역하면 '판다를 포옹하는 사람'이다. 중국이 미국에 군사적 위협을 가하지 않는다고 믿는 분석가나 학계 전문가를 뜻하며, 주로 비판적인 어조로 쓰인다.

의 재분배로 인해 종종 서로 다른 국가들 간의 상호 아이덴티티의 악화와 배척을 수반하게 된다.[16]

　　중일 간의 아이덴티티 차이에는 양국의 사회적 요소가 존재하며, 1990년대 부터 부흥한 중국의 민족주의는 확실히 일본에게 매우 큰 압박을 가져다주었고, 역사문제로 인해, 중국은 줄곧 일본은 반드시 이사위감(以史爲鑒)*해야 한다는 인식을 견지하였지만, 90년대부터 일본 주류사회의 의식은 철저하게 "패전역사의 그림자를 지우자"는 것이다. 또한 오랜 기간 잠재해온 국민심리에 대한 불신 문제 등이 일본사회에 존재한다. 80년대 중일 양국은 상호개방을 하고, 잦은 인적교류를 했지만, 양국 간에 신뢰가 결여된 사실은 결코 실질적으로 변하지 않았다.[17] 그러나 2001년 5월 고이즈미정부 출범 후, 중일 간의 아이덴티티 차이는 이미 전면적인 아이덴티티 대립으로 흘러갔다. 중국에 대한 우호적 감정을 갖고 있었던 일본의 여론은 90년대 중반 약 55%에서 32%로 하락하였을 뿐만 아니라, 일련의 중요한 지역과 세계적 문제에 대한 견해에서도, 양국의 견해는 자주 확연히 달라, 각자 상대방의 국제적 역할과 작용 그리고 앞으로의 흐름에 대한 견해에 대해 심각한 대립으로 향했고, 서로가 상대방을 가장 위협적인 국가로 여기게 되었다. 이러한 아이덴티티 대립의 핵심에는 끊임없는 역사문제에 대한 분쟁을 제외하고도, 일본은 미국패권이 국제질서와 안보를 유지하는 답이라고 여기지만, 중국은 문제라고 여기는 것 또한 포함하고 있다.[18] 그러나, 단순한 아이덴티티 대립이 반드시 양국 관계의 지속적인 긴장과 대립을 약화시키는 것은 결코 아니다. 80년대에 설령 사회 심리상 불신이 존재했다 하더라도, 베이징과 도쿄의 관계는 안정적이었다. 고이즈미가 집권한 2001~2006년 당시의 아이덴티티 대립은 중일 간의 정책대립으로 변하였다. 예를 들어, 신사참배, 동해 석유가스전, 댜오위다오와 일본의 UN 상임이사국 가입 등 일련의 문제이다.

　　일본에 악화된 중국감정의 많은 부분은 일본국내 '정치적 유도'의 산물이다.

---

* 　역사를 통해 교훈을 얻다.

예를 들어, 중국문제상에서 우익의 이시하라 신타로(石原愼太郎) 도쿄 도지사의 소란에 대해 일본국내의 비판을 거의 찾아보기 힘들다. 2004년 '아시안컵' 후, 중국 축구팬들의 냉정하지 못한 행동은 연이어 일본매체에서 보도되었다. 일본 우익 정치세력이 떠들어 대고, 매체의 편파적인 유도하에, 일본 대중은 일반적으로 중국이 2차대전 역사를 잡고 놓지 않는 것은, 일본이 영원히 중국인의 면전에서 '얼굴을 들지 못하도록'하기 위해서이며, 일본은 역사문제상의 자학(自虐)을 중단해야 한다고 여긴다. 이러한 감정적인 인식에서, 양국 역사문제의 분쟁은 이미 잘잘못과 옳고 그름의 가치판단을 벗어나, 갈수록 단순히 국가이익과 민족감정 관련의 대결로 변하였고, 중일 간의 권력정쟁의 '또 다른 전선'이 되었다. 고이즈미 총리는 신사참배 중단을 거절하고, 이 논쟁을 중국이 영원히 '일본을 억제'하기 위한 '도모'라고 고이즈미 총리 개인의 감정과 입장에 기초하여 고의로 깎아내렸다. 이와 동시에, 소위 중국위협을 겨냥해, 일본의 안보정책 또한 끊임없이 강경해지고 있으며, 갈수록 일본국내의 보편적인 '정치적 공동인식'을 반영하고 있다.[19] 2005년 2월 미일 2+2연합성명은 처음으로 대만해협정세의 평화해결 보장을 아시아태평양 지역에서 양국 공통의 전략적 관심으로 간주하였다. 아소다로 일본 외무상은 중국위협을 공개적으로 가장 많이 언급한 서방국가의 외무장관이다. 전환시기의 중일 양국의 서로에 대한 염려, 적대와 민족주의 모두 끊임없이 상승하고 있다.

중일 간 대립의 역사문제 배후에는 한층 더 심각한 국내정치적 요소가 존재하고 있다. 냉전 후, 동아시아 지역국가 중에 일본, 중국, 한국 모두 일반적으로 국내정치를 기초로 하여 대외 아이덴티티를 재설계한다.[20] 2001년 후 일본의 중국정책에 함축된 '아이덴티티 배척'에는 강력한 국내정치의 수요가 존재한다. 자민당은 1990년대 초 55년체제의 붕괴 후 부득불 연합정부를 구성하였고, 심지어 사회당 정부가 출현하였다. 이것은 일본의 각 주요정당의 안보와 방위정책이 끊임없이 가까워지도록 하였다. 2003년 새롭게 창당된 민주당은 안보정책상에서 심지어 자민당보다 더한 우익이다. 고이즈미정부는 일본국민의 개혁요구를 이용하여, 대도활부(大刀闊斧)*하게 국내개혁 방침을 이행하였다. 다수의 여론지지를 얻은 상황에서, 중일 양국관계 문제상에서 포퓰리즘 주제를 다루는 것도 불사하고, 일본 국민의 중국에 대해 증가한 혐오감을 이용하여 신사참배 문제상에서 중국에게 '굽히지 않는' 방침을 견지하며, 양국 사회적 측면의 상호배척을 격화시켰다. 바꾸어 말해, 일본의 대 중국정책상에서의 감정적 견해는, 일본정치인들이 공격적인 방위정책을 취할 이유를 한층 더 제공하였고, 정부가 여론을 동원하여 정치엘리트들의 안보와 방위 주장을 받아들일 수 있는 강력한 수단이 되었다. 고이즈미정부 시기, 2003~2006년의 4년동안, 대외정책의 현실주의적 입장, 국내정치에서의 엘리트주의적 입장과 내정운영상에서의 보수주의는 '삼위일체'를 형성하며 상호 촉진시켰다.[21] 이것은 양국관계의 사회적 기초를 크게 손상시켰을 뿐만 아니라, 양국 간의 대립적 감정을 촉진·조장하였으며, 정책 결정자들의 타협의 공간을 제한하여, 합리적이었던 경쟁을 감정적인 충돌의 궤도로 몰고 갔다. 근현대 국제관계에서, 민족감정의 대립을 거치고 또한 더 나아가 열광적인 민족 충돌을 야기한 예는 매우 많이 존재한다. 중일 간 동해 석유가스전 분쟁은 많은 부분 민족주의 감정대립의 결과이다.[22]

그러나 중일관계의 악화원인과 '대국간 적대' 상태의 진입 여부를 단순하게 역사문제, 민족주의 또는 제도적 차이가 유발한 아이덴티티 대립으로 간주해선 안된다. 이 3개 요소는 확실히 양국의 선동적인 민족감정 대립의 원천이며, 또한 양국관계 악화에 중요한 사회적 배경이다. 냉전의 기원은, 상호배척의 아이덴티티 요소와 국가의 특정한 전략이 결합되어야만, 진정으로 일종의 대국대립의 비극으로 진화할 수 있다는 것을 이미 증명하였다.[23]

2) 동아시아의 권력변동과 일본의 전략선택

동아시아의 권력변동은 중국의 굴기에 따라 중일 양국 간 힘의 대비의 변화

---

* 큰 칼이나 도끼를 휘두르다. 과감하고 패기가 있다.

를 가져왔지만, 권력전이(Power Transition)가 나타나지는 않았다. 날로 긴밀해지는 미일 군사동맹, 미사일 방어체제 연구와 배치 확대에 대한 일본의 노력 그리고 일본 자위대체제 전체의 전환과 일본의 '보통국가'를 향한 가속화는, 일본의 체제, 능력 그리고 의지 이 세 가지 측면에서 중국위협에 대한 방범을 준비한다는 것을 상징하지만, 이것이 일본정부가 반드시 중국에 대립정책을 실행해야 하는 것을 결정한 이유는 아니다. 중일의 권력관계 변화를 이론상으로 본다면 결코 일본이 정치적으로 중국과의 대립이 필요한 지경까지는 오지 않았다.[24] 고이즈미정부 시기의 대중국 강경정책은 일본이 연미억중의 정책선택을 취한 결과이며, 이로 인해 도쿄는 중–미–일 3자 전략 상호작용에서 모종의 전략균형의 옵션 유지를 포기하고, 단순히 미국에 기대어 전략적 중국 견제에 힘쓰고 있다.

국제관계에서 권력 분배의 변화는 국제관계이론이든 실천에서든, 모두 국가전략 선택에 영향을 주는 결정적 요소이다. 일본은 현재의 중국을 걱정하고 두려워하는 것이 아니라, 동아시아에서 미국의 패권지위에 도전할 가능성이 있고, 일본과 근접한 기술과 공업 경쟁력을 갖추며, 또한 지역파워(Regional Power)와 발사능력도 보유한 미래의 중국을 걱정하고 두려워하는 것이다. 이러한 배경에서, 일본은 전통적인 도쿄의 대중국 정책의 목표였던, 중국으로 하여금 개혁개방을 실현토록 하여, 동아시아 지역 발전을 견인하고 일본의 짐이 되는 것을 피하는 중국, 그리고 일본으로 하여금 대규모로 자신의 상품을 판매할 수 있도록 하는 중국은, 이미 중국굴기 과정에서 일본의 전략적 이익의 수요에 적용시킬 수 없다고 여긴다. 일본은 일본을 추월하고, 견제할 가능성이 있는 중국을 겨냥하여 자신의 전략적 반응을 취해야 한다.[25]

일본의 이러한 전략선택에는 일본외교의 특수성뿐만 아니라, 중일관계의 특수성 또한 존재한다. 일본외교의 특수성은, 첫째, 일본 역사에서 지금껏 지녀온 '국제체제에서 최강자와 동맹'하는 전통,[26] 둘째, 일본은 해양국가로서 주변의 대륙 국가들의 굴기로 야기된 자연적인 항로 운항에 대한 안전에 대해 특별한 관심을 갖는 것이다. 중일관계의 특수성은 두 가지 방면에서 나타난다. 첫째, 일본은 역사문제에 기초하여, 중국은 일본이 글로벌 대국이 되는 것에 대해 전략적 관용을 보이기 힘들고, 따라서 강력하게 미국에 밀착해야만 외교정책이 '민간 국제주의(Civilian internationalism)'에서 국력의 작용을 강조하는 '강국 국제주의(Great power internationalism)'로 전환할 수 있다는 것을 알고 있다. 비록 동아시아에서 나타난 권력전이와 이동이 반드시 일본의 대중국 적대시와 대립의 정책을 취하도록 하는 것은 결코 아니지만, 이러한 일본의 국제전략 전환의 방향성 선택은 일찍이 1990년대 중반에 이미 기본적으로 그 모습을 갖추었다.[27] 둘째, 포스트냉전시대의 국제적 배경에서, 중국이 이미 개방적인 국가가 되어, 중일 간의 경제관계도 갈수록 긴밀해지고 있지만, 일본은 시종 '국가유형'에서, 미국과 일본 모두 '서방'의 민주국가이지만, 중국은 단지 발전 중에 있는 전환국가로 여긴다. 이러한 이익과 가치상에서의 '진영적 관념'은, 중미 간에서 일본의 '전략적 취사(取捨)'를 상당부분 결정하였다.[28]

이러한 요소들의 작용으로, 일본정부의 대중국 강경정책은 도대체 무엇이 중국위협의 형태인지와는 결코 관련되지 않고, 일본의 정치엘리트들이 이미 결정한 중국정책의 전략선택만이 관련되어 있다. 개혁개방 이후, 중국의 평화, 선린 그리고 협력을 주제로 한 외교정책의 발전, 또한 중국시장의 거대한 잠재력, 동아시아 지역 경제의 성장을 위해 중국은 강력한 동력을 제공하였다. 중국 굴기의 과정은 일본과 역내 절대다수 국가들 모두에 대한 수익의 과정이다. 그 결과, 일본을 제외하고, 아시아의 절대다수 국가들 모두 중국을 '좋은 이웃, 건설적 파트너와 지역적 현상국가'로 간주하고 있다.[29] 더욱이 일본은 현재 중일 간의 밀접한 경제무역 상호작용관계의 최대의 수혜자 중 하나이다. 중일 무역은 이미 3년 연속으로 미일 무역을 넘어섰고, 중국은 일본 최대의 무역파트너가 되었다. 현재 일본 경기의 중요한 동력은 그들의 끊임없는 대중국 수출 확대이다. 중국굴기에 직면하여, 일본의 이론상에는 다양한 반응의 방식이 존재하며, 거기에는 미중 관계에 '등거리 외교' 실행과 심지어 이전의 평화주의 방침을 견지하여 아시아의 '스위스' 역할을 맡는 것도 포함하고 있다.[30]

그러나 일본은 '평민대국'에 만족하지 않고, '정치적 대국' 추구를 결심하여,

일본의 중국 견제(Balancing China) 촉진을 일본의 중국 굴기에 대한 대응의 가장 중요한 전략선택으로 한다. 이로 인해, 일본은 미일군사동맹을 전면적으로 증강시키고, '전수방위(專守防衛)'의 자위대체제 붕괴를 가속화하는 것은, 미일 공동 군사행동과 지역안보 이슈 개입에 대한 상호 간의 긴밀한 협조의 원칙에 따라, 일본 군사력 주둔과 무기체제를 조정하여, 대만문제상에서 미국과 일본이 연합으로 대만을 합동 방어하는 형세를 조성해, 전쟁준비의 '유사 법제'를 확대하고, 유럽의 대중국 무기금수조치 취소에 대해 반대하는 것이다. 일본의 중국 견제전략 선택의 주도 아래, 일본정부는 중국위협을 이용하여 국내의 공통된 인식을 응집한다. 신사참배 문제상에서는 중국에게 타협하지 않고, 총리의 신사참배에 대한 중국의 반대를 일본내정에 대한 간섭으로 중상 모략하는 것을 통하여, 역사문제의 영향을 받아 심리적인 위축을 떨쳐내, 정신적으로 중국과 대립의 전면적인 심리적 자원을 모색하는 것이다.[31] 2006년 9월 출범한 아베정부 또한 신사참배 중단 거절을 공개적으로 언급하였다. 일본의 정치엘리트들의 눈에는 마치 '중국 견제'의 선택만이, 외교와 내정 방면에서 진정한 강국(Great Power)이 될 수 있게 한다고 여기는 것 같다.

무엇이 강국인지에 대해 국제관계이론은 서로 다른 정의를 내리지만, 표준적 현실주의의 정의는 "대국 간의 전쟁능력을 보유하고, 따라서 국제질서에 영향을 줄 수 있는 국가"만이 강국이다.[32] 또는, "국제 체제적 사건을 바꿀 수 있는 의지와 능력을 보유한 국가"만이 강국이라고 할 수 있다.[33] 비록 일본의 정치엘리트들은 일본이 강국이 아니라는 말을 받아들이기 매우 힘들겠지만, 소에야 요시히데(添谷芳秀) 일본 게이오대 교수는, 일본은 강력한 군대가 없고 UN상임이사국이 아니며 또한 전략적 타격능력도 없어, 비록 경제는 강하지만 세계정치의 영향력이 결여되었으므로 일본을 단지 미들파워(Middle Power)로 여긴다.[34] 국제관계에서 강국의 잠재력은 갖고 있지만, 강국이 되는 것을 선택하지 않은 예를 거의 찾아보기 힘들다. 케네스 월츠는 이에 대해 아래와 같이 말했다.

강국이 되는 것을 선택하지 않는 것은, 국제관계의 구조적 예외(Structural Anomaly)

이다. 이 원인에 대해 말하자면, 이러한 결정을 유지하는 것이 매우 힘들기 때문이다. … (중략) … 일본과 독일은 얼마나 긴 시간 동안 다른 핵 대국들과 공존하며 자신이 그들과 같은 능력을 보유하는 것을 거절할 수 있을 것인가?[35]

냉전의 특수한 역사는 일본의 '평화주의' 체제를 형성하였지만, 포스트냉전시대의 국제환경은 일본의 주류관념으로 하여금 이미 평화주의라는 스스로 설치한 제한을 반드시 지속적으로 준수해야 할 필요가 없다고 여기게 하였다.

일본이 결심한 중국 견제 전략선택은 직접적으로 중일 양국 간에 나날이 대립적인 역사문제 인식과 배척성의 민족감정을 악화시켜, 중일관계에서 충돌적 의제를 더욱 복잡하고 첨예하게 하였다. 많은 충돌적 의제상에서, 원래 양측이 타협점 또는 해결방법을 찾을 수 있었지만, 공통된 인식 달성에 대한 열정과 염원의 결여로 인해 대립을 악화시켰다. 1980년대 중일 양국은 댜오위다오 문제에서 논쟁을 보류하는 방법을 취하였지만, 90년대 말부터, 일본은 줄곧 등대설치, 개인임대 등의 방법을 통하여 고의적으로 댜오위다오에 대한 실질적 관할을 강화시켰다. 일본은 마치 중국에게 강경정책을 실행하는 것에 대해 결코 심각하게 걱정하지 않는 것 같다. 아베 총리는 공개적으로 "중국은 중일관계의 긴장을 좌시하지 않을 것이다. 왜냐하면, 이것이 중국의 경제발전에 손해를 가할 것이기 때문"이라고 암시하였다.[36] 중일 간의 동해 석유가스전 문제, 대만문제, 양국의 군사력 발전문제 그리고 앞으로 각자의 전략동향 문제 등, 이러한 문제가 서로 교차되어 있어, 과격한 대책 또는 찰창주화(擦槍走火)*의 사건이 발생한다면, 양국이 미래에 위기를 억제하고 해소시키는 것이 가능할지와, 양국관계가 한층 더 대립적인 방향으로 고조되는 것을 피할 수 있을지는, 현재로선 여전히 낙관하기 어렵다. 고이즈미 총리 집권 마지막 4년간, 중일 양국에는 대국대립(Great Power Rivalry)의 전형적인 추세가 나타났다.

연미억중 전략은 일본 정계엘리트들이 1990년대 후반부터 동아시아에서 미

---

* 조심하지 않아 작은 일이 큰일로 번지다.

국의 패권건설 추종을 가속화함으로써 중국굴기 동향에 대한 억제와 관리를 요구하여, 그 결과, 도쿄는 미일협조와 동맹관계를 강화하고 전략방향에서 '미국을 마수시첨(馬首是瞻)*하는 것이며, 국제질서와 관련한 미국의 말과 개념을 받아들이고, 또한 이를 위해 일본정부는 일본국민이 친미노선상의 엘리트의식을 받아들이도록 강하게 유도하며, 그리고 감정과 관념상의 중국혐오에 이것을 퍼트리는 것도 불사하였다.[37] 이것 또한 1985년 나카소네 야스히로 총리가 신사참배를 한 후, 중국의 반대로 참배를 중단하였지만, 고이즈미는 오히려 중국이 반대할수록 참배를 강행하는 원인이다. 2003년 3월 20일 이라크전쟁 발발 후, 고이즈미 총리는 일본 국내 70%에 가까운 반대 여론에도 불구하고, 이라크에 자위대를 파견하여 미국이라는 일본의 유일한 동맹에 대한 책임을 강조하였다. 일본 정치엘리트들의 연미억중 전략의 사회적 동원 아래, 일본국내에 관계개선의 정치적 자원이 결여되었을 뿐만 아니라, 일본 우익세력이 지속적으로 포퓰리즘의 기치 아래 양국의 역사분쟁을 다룰 거대한 공간을 제공하였다. 그러나 일본 군사력의 발전이 유례없는 미국의 동의를 얻게 하였다. 이는 미일동맹이 더욱 큰 군사적 의무를 부담하기 위한 일본 '군사굴기'의 '정치적 권한부여'인 것이다.[38]

일본의 완강하고 명확한 중국견제전략 선택은, 미일 군사동맹 강화를 통하여 역사와 현실에서 일본 자신으로 하여금 영원히 '강자 그룹에 속했다'는 심리적 안도감을 만족시켰을 뿐만 아니라, 일본이 2차대전 후의 패전국 지위와 패전 후 발전된 평화주의를 떨쳐내기 위한 중요한 계기를 제공하였다. 2차대전 후, 일본이 평화주의 국가가 된 것은 그 시기 역사의 산물이며, 이것의 핵심은 심지어 일본 이데올로기에서의 국가주의를 부정하는 것이다.[39] 그러나, 평화주의적 일본이 직면한 최대의 난제는 그들의 국제행위 능력과 영향력이 크게 제한되는 것이기에, 일본의 정치엘리트들은 그들이 꿈꾸는 세계 2위 경제국으로서 마땅히 보유해야 할 권력과 명예를 어쩌면 영원히 이루지 못할 수도 있으며, 포스트냉전시대에 일본이

---

*　다른 사람을 따라 그대로 행동하다. 다른 사람의 지휘를 따르다.

변화된 국제환경과 북한 핵 문제와 중국굴기를 직면했을 때, 이 국가를 위한 '불확실한 미래에 대처하는 능력'은 영원히 구속받을 것이다. 탈냉전 후 지금까지의 일본은 냉전시대의 평화주의, 평민주의 또는 경제 강대국 지위를 통해 되살아나, 신세기의 일본이 '보통국가'를 다시 세우기 위해 권력요소를 갖춰가기 시작하는 과정이었다.[40] 1990년대 초부터, 오자와 이치로(小澤一郎)등은 '보통국가론'을 제기하기 시작하였고, 평화헌법을 수정하여 무력사용을 포함한 전면적인 국가능력을 보유한 '보통국가'가 되어, '평화국가'라는 자아 구속과의 작별을 요구하고 있다. 하시모토 류타로, 오부치 게이조, 모리 요시로, 고이즈미 준이치로 등 역대 정부의 노력을 통하여, 드디어 마지막 '스퍼트' 단계에 도달하였다. 아베정부 출범 후, 헌법을 중요한 의제로 포함시키는 것을 가속화하여, 2007년 입법을 통한 일본 평화헌법 수정에 대한 국민투표 동의를 요구할 것이다.[41] 일본정부의 이러한 전략 선택은 미국으로부터 확고한 호응과 독려를 얻어, 1996년 3차 대만해협위기는 이 전략과 대중국 강경정책이 결합되도록 하여, 일본은 자위대 체제를 완화하고, 심지어 평화헌법의 구속으로부터 벗어나, 일본으로 하여금 미국의 동아시아안보전략의 '중축(重築)'과 전략행동의 유능한 보조를 원활히 하도록 함으로써 미국의 이익과 정책요구에 부합하려 한다. 비록 일본 우익정치가들의 역사문제상에서의 잘못된 견해와 발언은 국제정의를 유린하였지만, 미국정부는 지금껏 역사문제에 대해 일본에 공개적으로 비판 또는 경고를 하지 않았다. 심지어 미국의 어떤 이는 공개적으로 일본의 핵무기 보유 지지를 북핵 위기에 대응하는 카드로 간주한다.[42]

3) 국내정치, 정책결정 과정과 중일관계모델

일본이 앞으로의 중국정책을 결정하는 요소는 권력변동과 전략선택 외에도, 국내정치가 어떻게 그들의 정책결정 과정에 영향을 끼치는지가 또 다른 중요한 변수이다. 설령 한 국가가 미래에 다른 한 국가의 능력과 의도를 걱정하여, 전략상에서 견제를 취하도록 결정하더라도, 정책 결정자들은 당대 국제관계의 평화와 협력에 대한 시대적 특징을 바탕으로 '이익목표상에서의 합법적 경쟁', '제한적 대립', 또는 보조적인 '제한적 범위 내의 협력'을 결정할 수 있다. 문제는, 앞으로 일본정부가 중국과의 '경쟁 중 협력'을 원할것인지, 아니면 '충돌 중 협력'을 원할지다. 이 두 선택지는 완전히 다른 관계모델이다.

고이즈미정부는 분명히 '충돌 중 협력'의 정책결정 모델을 선택하였다. 일본의 현실주의적 방위엘리트들은 늘 일본 자신이 선택한 '정치대국화'의 길을 중국 또는 북한요소의 작용하의 '자극/반응' 방식으로 간주하지만, 더욱 직접적인 변수 사이의 관계는 결코 이렇지 않다. 일본의 평화주의적 여론이든, 일본 헌법 개혁이 설정한 방위체제이든 간에, 모두 일본 국내정치 변혁으로부터 주도 당하는 대상이다.[43] 고이즈미 총리는 신사참배를 이용하여 자신의 '개성적 매력'을 추구하고 제고하여, 자민당 권력 재편성과 우정(郵政)개혁 등 첨예한 국내정책을 추진하기 위해 개인의 정치적 자산을 축적하였다. 2005년 9월, 고이즈미 총리는 중의원 총선거 승리를 선포하였고, 이것은 일본의 대중이 고이즈미정부에 대한 평가가 근본적으로 최악의 중일관계에도 불구하고, 오히려 '개성이 넘쳐나는' 고이즈미 총리로 하여금 개인의 명성이 최고조에 달하게 하였다는 것을 보여준다. 결과적으로, 신사참배 문제상에서 일본의 고집스러움과 편협함은, 고이즈미 총리의 개인적 성격 특징의 결과가 결코 아니며, 단순하게 일본 대중의 주류견해인 대중국 불타협에 맞추기 위한 것은 더욱 아니라, 참배의 결정 자체가 일본 국내정치의 수요이기 때문이다.[44] 대중국 관계에서, 고이즈미 일본정부의 '엘리트주의' 노선은, 심지어 2005년 11월 부시 미국대통령의 신사참배 중단을 요구한 권고도 거절하였다. 고이즈미 총리는 그의 행위가 일본의 유권자들에게 손해를 끼치지 않을 것이라고 믿는다.[45] 그러나 고이즈미 시대에 더욱 두드러지게 변화된 일본외교의 정책결정 권력에 이전의 관료체제에서 정치가로 옮겨가는 추세가 나타나, 일본의 대중국정책에 대한 다른 목소리를 한층 더 억제하여, 대중국정책 결정이 거의 완전히 소수의 정치수뇌 수중에 장악되게 하였다. 이로 인해, 고이즈미정부 시기 중일 경제관계는 비록 지속적인 발전을 이루었지만, 양국 정상들 간의 상호방문은 4년간 중단되었고, 일본의 '상임이사국 가입' 문제에서 더욱 치열한 외교전을 치렀다. 동해 석유가스전 자원개발 문제에서, 중일 양국의 군사적 대치 또한 때로는 사라졌다 때로는 발생하곤 한다. 마이클 그린(Michael Green)은 이에 대해 아래와 같이 지적했다.[46]

> 분명 양국관계의 변화에 영향을 주겠지만, 일본의 대중국정책의 모델 전환은 그들의 국내정치, 문화와 제도변화의 산물이다. … (중략) … 일본 외교정책 전략에서의 현실주의는 지속적으로 발전할 것이며, 중국요소가 작용하겠지만, 결정적인 것은 아니다.

현재로 보아, 2006년 9월 출범한 아베정부는 '경쟁 중 협력'의 대중국 관계모델을 채택하였다. 중국 측의 중일관계 안정과 개선을 위한 성의로 인해, 아베 총리는 2006년 10월 8일 중국을 방문하였고, 2차대전 후 취임 직후 중국을 첫 방문국으로 선택한 첫 번째 일본총리가 되었다. 아베의 중국방문은 지속적으로 혼란스런 중일관계를 안정시키고, 신사참배 문제에서 양측의 대립을 완화하는데 직접적인 역할을 발휘하였다. 그러나 아베 총리는 신사참배를 하지 않겠다는 승낙을 결코 하지 않았다. 그가 취한 '한다고 하지는 않지만, 안한다고도 하지 않는' 정책은 대중국정책에서 아배총리가 고이즈미 총리보다 더욱 유연성을 지녔다는 것을 보여주었지만, 결코 대중국 외교에서의 '고이즈미 노선'을 실질적으로 바꾸지 않았다. 아베 총리가 급하게 중국을 방문한 근본적인 목적은 일본대중에게 자신의 외교력을 증명해보이기 위해서이다.[47] 현재 아베 총리의 중국정책 관련 언급을 보아, 일본의 신정부는 전략상에서 중국, 한국 등 아시아 국가들과의 관계 추진에 힘써, 대미관계와 대아시아 관계에서 일본외교가 모종의 균형을 이루도록 할 것이다. 이것이 아베 신정부가 외교적 명성을 수립하는데 도움이 될 뿐만 아니라, 또한 아베정부가 일본을 '세계적 대국'으로 만들기 위해 반드시 필요한 것이기 때문이다.[48] 일정부분, 아시아외교는 아베정부의 정책중점이 될 것이다. 그러나 이것이 결코 일본외교의 중점이 아베 신정부의 '외교초점'을 의미하는 것은 아니다. 아베정부는 여전히 일본외교에서의 '미국초점'을 견지하여, 미일안보동맹과 지역과 글로벌 이슈에서 워싱턴 – 도쿄 간 협조의 기본정책 그리고 밀접한 미일 협상과 대화채널을 한층 더 강화할 것이다. 대미정책에서, 아베 총리는 분명 '고이즈미 노선'을 계승할 것이다. 미일관계는 지속적으로 강화되어, 중일관계는 단기 내 근본적인 개선을 이룰 가능성이 크지 않다.

그러나 앞으로 중일관계가 지속적으로 '경쟁 중 협력'의 형세를 유지할지에 대해서는, 현재로선 아직 단정하기 힘들다. 부정적인 관점으로 보아, 일본은 세 가지 관계 모델 사이에서 흔들릴 가능성이 더욱 크다.

첫째, 아베의 외교이념은 비록 고이즈미 총리보다 유연하고 실용적이지만, 일본정치인들은 일반적으로 중국에 일본으로 하여금 역사문제와 다른 문제상에서의 중국의 요구를 받아들이길 원하도록 하는 '높은 가치' 또는 '도의적 설득력'이 결여되어 있다고 여긴다.[49] 이것은 일종의 이데올로기상에서 중국에 대한 일본의 괄시일 뿐만 아니라, 더욱이 근대 이래 중국을 포함한 아시아 국가들에 대해 일본에 오랜 시간 존재하는 심리적 우세와 교만이다. 심지어 어떤 일본인들 마음속에는, 시종 일본이 '아시아를 넘어 유럽에 진입'하고 나서부터 지금껏 진정으로 바뀌지 않은 아시아의 다른 국가들과 사회에 대한 '멸시'가 감추어져 있다.[50] 일본의 대중국정책의 국내정치 기초는 여전히 취약하다.

둘째, 일본정부의 외교이념이 중국 정치체제를 존중할 수 있을지의 현실은 예측하기 힘들다. 비록 일본은 표면적으로 중국에 대해 이데올로기적 공세를 하지 않지만, 아베정부는 대중국 정책상에서 이데올로기적 성향이 강력하다. 2006년 출판된 『나의 아름다운 조국에 보내는 편지』란 책에서, 아베 총리는 일본외교의 주된 목표는 아시아 민주국가들과의 관계임을 강조하였고, 또한 민주국가들과의 연합 추진은, 미래 일본외교의 방향임을 강조하였다.[51] 아베의 외교정책에서 완강한 국가주의 신념과 그의 강력한 민족주의 사상적 배경 자체는 외교적 타협 방면에서 중국과 일본을 더욱 어렵게 할 가능성이 매우 크다. 이것은 미래 중국의 대일정책의 새로운 시사점과 새로운 문제가 될 것이다. 설령 일본이 역사문제의 분쟁이 있는 국가와 타협하고 싶어 하더라도, 일본은 중점을 1998년처럼 중국이 아닌 한국에 둘 것이다. 일본의 우익은 중일관계보다는 한일관계가 동아시아 정치의 새로운 핵심이 될 수 있다고 여긴다.[52] 아베는 2006년 10월 9일 한국을 방문하여 한일 양국의 '공통된 민주적 가치' 보유를 특별히 강조하였다.

셋째, 일본 국내의 정치적 흐름이 정부로 하여금 다시 중국의제를 '만지게' 할지에 대해선, 여전히 단언하기 어렵다. 국내정치를 기초로 고려하여, 일본국민에 상승된 민족주의 감정에 대한 호소를 통해, 정치인의 인기를 높여, 헌법수정에 필요한 국내 응집력을 수렴하고, 정부에 대한 일본대중의 신뢰를 키우기 위해서는, 일본정부가 심지어는 중일관계를 대립상태에 처하게 할 필요가 있다는 것은 고이즈미 시대 일본의 대중국 외교가 이미 증명하였다. 아베 총리는 취임 후, 한편으로는 적극적으로 중국과의 정상외교를 회복하였지만, 다른 한편으로는 방위청을 방위성으로 승격시키고, 새로운 일본교육법을 통하여 애국주의 교육을 확대하며, 북핵문제 6자회담에서의 인질납치 문제 추가를 견지하고, 또한 헌법수정에 대한 강력한 추진을 강조하는 것은, 일본정부가 적극적으로 '외부요소'를 이용하여 국내 평화체제의 철저한 전환을 촉진시키는 기존방침을 반영하였다.

긍정적인 각도로 말하자면, 중일관계의 '경쟁 중 협력' 관계 모델 확립에 대해 여전히 기대해볼 수 있다. 그중에 첫째, 우리는 반드시 일본대중의 판단력과 평화 사랑의 염원과 결심을 믿어야 한다. 2006년 11월 28일 일본『니케이신문』이 발표한 여론조사에 따르면, 조사에 응한 35%의 일본인은 일본이 가장 강화해야 할 관계의 국가는 중국이라고 답했고, 이 수치는 33%의 미국을 뛰어넘었다.[53] 일본대중은 중일관계의 개선을 요구하는 심리는 아베의 자민당총재 경선 때 나타났고, 또한 아베 총리가 취임 직후 신속하게 중국을 방문한 중요한 원인 중 하나이다. 둘째, 역사문제상에서의 이견은 단기 내 좁혀지기 어렵지만, 뛰어넘지 못할 것은 결코 아니다. 중일관계가 실질적으로 개선되기 힘든 결정적인 원인은 신사참배 문제이지만, 심층적 원인으로 본다면, 신사참배가 걸림돌이 된 이유는 양국관계의 '복잡성'이 약화되었기 때문이다. 주도적 역할을 지닌 '권력요소'는 양국 간의 아이덴티티 위기를 유발하는 동시에, 중국을 '장기적 위협'으로 하는 일본의 전략선택을 강화하여, 일본정부가 전면적인 대중국 강경정책을 바꾸기 힘들도록 만들었다. 중일관계에서 신사참배 문제는 결과적으로 단지 상징적인 것일 뿐이다. 일본 총리가 지속적으로 신사참배를 하는 것은 받아들일 수 없는 것이지만, 중일관계의 안정은 신사참배 분쟁 해결상에서 일본이 방안을 꺼내도록 촉진시킬 수 있다. 셋째, 중일 간에 장기적인 양국교류의 안정을 위한 '전략호혜관계'를 확립할 충분한 이유가 있다. 2006년 10월과 11월 두 차례 중일 정상회담 개최에 따라, 양국관계에는 작은 회복의 기미가 나타나기 시작하였다. 2007년 4월, 원자바오 총리는 일본을 방문하였고, 2007년 가을 아베 총리의 중국 재차 방문은 희망적이다. 중일 양국에 잦은 정상회담은 양국관계의 안정과 개선에 도움이 된다. 아베 총리는 국내정치의 큰 압박이 없는 상황에서 중국 측에 정상들 간의 상호방문을 상징으로 하는 '2차 관계정상화' 대책을 취하였지만, 방위와 전략 분야에서 미국과의 지속적인 관계를 강화하여, 공동으로 중국에 대한 방범(Hedging against) 정책을 실행하였다.

그러나 중일관계의 미래를 낙관적이라 판단하는 것은 아직 시기상조이다. 양국은 동아시아 주변국이며, 또한 오늘날까지 해소할 수 없는 '역사의 응어리'가 존재함으로 인해, 전략 측면상에서 양국 간의 불신은 더욱 해소되기 어렵고, 안보딜레마의 작용은 심지어 중미관계에서보다 더욱 뚜렷하다. 또한 양국은 국가발전 전략의 전환기에 있으며, 현재 중국은 굴기하고 있고, 일본은 '보통국가'가 되려고 한다. 경제 굴기의 중국과 정치 굴기의 일본 간의 불신과 안보딜레마의 부정적 영향은 지속적으로 발효되어가고 있다. 예견할 수 있는 것은, 외교에서 아베정부는 더욱 활발할 것이며, 방위정책에서 더욱 돌돌핍인(咄咄逼人)할 것이다. 일본의 적극적인 외교와 방위역할은, 현재 갈수록 미국주도의 지역과 세계패권체제의 매우 중요한 주축이 되어가고 있다.[54] 미일은 연합으로 미사일 방어계획을 연구하는 동시에, 일본은 이미 장거리미사일 연구제작 발전계획에 착수하기 시작하였고, 미일은 현재 시모지지마 민간비행장을 군용으로 바꾸는 개조작업 중에 있으며, 또한 자신의 장거리미사일 능력을 위해 세계를 목표로 하는 시스템을 설립하여, 일본의 충분한 핵무기제조와 발전능력 그리고 미일안보동맹에서 동해상과 공중 자위대의 장거리 발사능력을 건설하고 있다. 멀지 않은 미래에, 미일은 대만해협위기를 겨냥한 연합군사행동계획을 제정할 것이다.[55]

어떻게 중일 양국 전환시기에 비교적 특수한 충돌을 적절하게 처리하고, 또한 일본으로부터의 지속적인 전략적 압박을 극복하느냐는 것은, 21세기 중국이 평화와 협력정책을 실행하는 데에 대한 중대한 시험이다.

4) 결론

냉전종결 이후, 동아시아지역 단계에서의 지속적인 권력변동은 현재 지역안보를 새로운 전환의 시대로 몰고 가고 있다. 국제사무에서 일본은 정치대국으로 굴기함으로써 동아시아 권력 재분배를 촉진하는 중요한 요소일 뿐만 아니라, 또한 중일관계의 지속적인 긴장의 가장 중요한 원인이다. 현재 동아시아의 현실은 중국의 '경제굴기'와 일본의 '정치굴기'가 동시에 발생하였다. 만약 이 두 가지 굴기 과정에서 불가피한 충돌이 발생하여, 근거 없는 의심과 적대 그리고 민족주의 감정의 팽창과 상승이 뒤따라오는 것은 '정상적'인 것 같다. 중일관계는 당대 국제관계에서 가장 복잡한 대국관계이다. 일본의 전략선택은, 이러한 복합성을 심화시키는 가장 중요한 변수이며, 또한 일본이 아시아 각국 중에서 독자적으로 '연성억제' 등 각종 조치를 포함하는 중국방범 정책을 취하는 주요원인에 대한 해석이다. 중국굴기에 따라서, 양국 간의 아이덴티티 대립은 현재 중일관계 개선에 있어 거대한 장애물이다. 중일 양국 국민감정이 점점 더 멀어지는 것은, 양국관계 악화의 산물일 뿐만 아니라, 더욱이 양국관계가 내내 하락하는 데 원인이 있다. 일본 대중국정책의 강경한 입장이 그들 자신의 대국화 과정에서 전략선택과 일본 국내정치 변화의 현실적 수요로부터 오는 것이기 때문에, 장기적인 것이다. 따라서 이러한 강경입장에 따라 약화되길 기대하는 것은 더욱 비현실적이다.

일본의 대국화 전략 선택은, 중국위협에 대해 국내정치의 힘을 동원하여 대응해야 하며, 중국위협을 극복하기 위한 전략 선택은 또한 '보통국가'로의 전환을 가속화를 통하여 '중국위협'에 대응할 능력을 증강시키고 형성할 수 있다. 문제는, 중국과 일본이 어느 정도로 이러한 충돌을 관리할 수 있는가 이다. 앞으로의 중일 충돌이 양국의 지속적인 군사굴기 추구를 야기할 지, 또한 군비경쟁을 통하여 각자가 직면한 안보딜레마에 대응할지에 대해, 현재로서는 예측하기 매우 힘들다. 그러나 확실한 것은, 만약 동아시아의 새로운 권력 분배의 결과가 대국들의 군사력으로 대표되는 정치굴기에 대한 잇따른 추구라면, 동아시아지역 안보는 심지어 새로운 분열에 직면할 것이다. 이로 인해, 중일 양국 모두 굴기 과정에서의 정책전환시기에 놓여있으며, 어떻게 불신의 심화와 서로 간의 전략적 충돌의 확대를 효과 있게 방지하고, 동아시아에 새로운 군사대립과 대국 적대가 나타나는 것을 피할지는, 현재 중일 양국과 동아시아의 모든 국가 앞에 놓여있는 중대한 도전이다. 중일관계가 불안정하다면, 동아시아는 안정될 수 없다. 이 도전을 해소하는 가장 중요한 방법 중 하나는, 중일관계의 역사적 화해를 실현하고, 상호수용 가능한 전략관계의 미래를 형성해야 한다. 미국요소의 존재로 인해, 중일관계는, 대가가 큰 '충돌에서의 협력'을 피하고, '경쟁에서의 협력'을 할 수 있을 것이다.

제2절 중미관계와 동아시아안보 질서: 조정과 변혁

냉전종결 이후, 동아시아 지역안보 상태와 형태의 많은 부분은 중미관계로 결정되어왔다. 양국이 어떠한 방식을 통하여 각자의 안보관심을 해결하고, 피하기 힘든 상호 간의 잠재된 전략적 경계와 방범 속에서 여전히 협력을 유지할지는, 동아시아안보질서 안정·발전의 관건이다. 동아시아지역 안보에는 많은 요소들의 어려움이 여전히 존재하고 있다. 예를 들어, 북핵문제와 여전히 달성되지 못한 한반도 평화체제, 대만해협 양안의 분열상태, 일본과 러시아 간의 쿠릴열도 분쟁, 남사군도 분쟁 그리고 많은 비전통적 안보도전이 있다. 그러나 동아시아안보는 시종 두 개의 기본 축을 둘러싸고 운행되었고, 그 축의 첫째는 아태지역에서 미국의 군사동맹체제이며, 둘째는 중미 양국관계의 협력과 경쟁이다. 2008년 글로벌 금융위기 발발 이후, 중국의 힘과 국제 영향력이 지속적으로 높아지고, 금융위기의 영향으로 미국이 내재적 경제의 구조 조정과 전환에 빠짐으로 인해, 연방예산과 해외행동력은 지속적으로 떨어지고 있다. 중미관계의 일고일저(一高一低) 현상은 양국 관계와 각자의 지역정책에 영향을 주기 시작했을 뿐만 아니라, 동아시아안보에도 새로운 도전을 가져왔다. 중미관계의 안정은, 재차 중국 주변정세의 안정과, 동아시아지역 전체 안보 안정에 매우 중요한 것이 되었다.

1) 동아시아안보 질서가 직면한 5대 신도전(新挑戰)

중국굴기 요소의 지속적인 발효에 따라, 동아시아전략 국면은 냉전종결 이후 현재 두 번째 중대한 조정을 겪고 있다. 지난 첫 번째 조정은 1990년대 중반이며,

동아시아안보질서가 냉전시대부터 짧은 조정을 겪고, 포스트냉전시대로 넘어온 것이 주된 원인이다. 지난번 조정이 형성한 포스트냉전시대의 동아시아안보질서는 대체로 네 개의 부분으로 구성되었다. 첫째는 미국 주도 동맹체제의 지속적인 유지이다. 미국의 최전방 주둔과 지역안보 의무 부담 그리고 핵우산 제공을 통하여 미국의 지역전략과 군사적 우위 아래의 패권안정을 지속시키는 것이다. 둘째는 미국의 대중 개입정책 고수이다. 동아시아 경제번영과 지역경제 협력에 대한 지지를 통하여, 중국굴기 과정에서의 가치와 제도적 경쟁을 겸용(兼容)하는 것이다. 셋째는 지역안보 이슈현황 유지이다. 「제네바협약」이 설정한 에너지 원조를 북한의 핵무기 개발 중단으로 바꾸고 한반도 비핵화를 보장하며, 미국이 대만의 독립과 중국의 대만에 대한 무력선택 위협을 지지하지 않음으로써, 대만해협 문제의 평화적 해결을 실현시키는 것이다. 넷째는 여러 가지 형식의 지역안보 대화와 협력체제 확립이다. 미국이 주도하는 최전방 군사주둔과 지역안보의무 그리고 동맹체제 증강에 다자안보협력 과정을 모색함과 동시에 다소 발전시키는 것이다.

그러나 90년대 말부터, 이러한 지역안보 질서는 중국굴기에 직면함과 동시에 아시아지역이라는 양대 요소의 큰 영향을 받았다. 동아시아 역내의 권력이동이 끊임없이 지속되고 있다. 비록 지역안보의 구조적 요소인, 힘의 대비에는 근본적인 변화가 나타나지 않았지만, 기존의 동아시아안보 구조에는 현재 미묘한 변화가 나타났다. 우선, 동아시아 지역안보 추세에 대한 중국의 영향력은 끊임없이 상승하고 있다. 이는 대만 관련과 한반도 문제상에서 중국의 영향력이 구현될 뿐만 아니라, 중국과 아세안이 함께 추진하는 '아세안+1'과 '아세안+3'의 동아시아지역 경제협력 과정에서 이루어낸 실질적인 발전에서 더욱 잘 구현되고 있다. 2010년 1월, 중국과 아세안의 FTA는 공식 가동되었다. 중국의 지역경제 영향력이 도대체 어떠한 형식을 통하여 지역안보에 영향을 주는 새로운 지렛대로 전환하고, 또한 동아시아 지역정치에서 중미양국의 영향력 증감을 바꿀 것인지는, 서방에 끊임없이 상승한 전략적 관심이 되었다. 2007~2008년, 라이스 미국 국무장관의 두 차례 아세안지역안보포럼(ARF) 불참은 동아시아와 중국에서 공화당정부의 경쟁의식 결여로 지적받았다. 이 외에도, 중국 군사력 발전 과정의 지역안보 역할에 대한 평가에 대해 미국 등 국가들의 견해는 줄곧 지나치게 소극적이다. 2009년 미국 국방부의 「중국 군사력 보고서」는 중국의 지역 군사의 '거부능력' 발전에 대해 처음으로 크게 보고했고, 또한 현재 베이징이 외부세력에 대한 발사능력의 초기단계 형성에 노력하고 있다고 여긴다. 과장된 중국 군사력은 2010년과 2011년 1~2월에 새로운 단계에 도달하였다. 랜드연구소는 2011년 2월 발표한 「중국 공군력 평가보고서」에서, 중국은 5년 뒤 미국에 도전할 공군력을 갖출 것이라고 제기하였다. 이는 분명히 2011년 1월 11일 중국 J20 스텔스기의 실험 비행이 유발한 새로운 라운드의 중국위협론이다. 이 외에, 2007년 1월 중국의 탄도미사일 위성격추실험 또한 중국의 우주정거장 건설능력에 대한 미국의 높은 중시를 야기시켰다. 2009년 미국의 사이버전쟁 사령부 신설 또한 많은 부분 중국의 사이버전쟁 능력 건설을 겨냥한 것이다. 종합하자면, 최근 몇 년간, 지역안보에서의 중국 군사력과 전략적 의도에 대한 평가를 21세기 초와 비교했을 때, 모두 실질적인 변화가 나타났다. 미국의 전략계는 중국굴기에 따라, 포스트냉전시대에 미국의 단극패권 목표, 또는 세계제일의 지위가 안정적으로 지속될 수 있는지의 문제에 대해 처음으로 진지하게 분석하기 시작하였다. 지역안보는 현재 전례 없는 '중국 쇼크'에 직면한 것 같다.

중미관계 외에도, 일련의 새로운 요소와 새로운 문제는 미래 동아시아 지역안보의 흐름에 심각한 시험을 가져왔다.

첫째, 미국 주도하에 지역세력 균형구조의 개편이 얼마나 지속될 수 있는가. 부시정부는 2001년 비록 9·11테러를 겪고, 테러확산방지의 필요와 아프가니스탄과 이라크전쟁에 많은 에너지를 소모하였지만, 백악관은 지금껏 중국에 대한 전략적 경계를 늦추지 않았다. 2003년 5월부터, 아태지역에서 미국이 추진한 '바퀴축-바퀴살(Hub and Spoke) 모델'의 전략조정, 괌 군사시설 증축, 미국 태평양 함대의 정보센터의 일본으로 이동, 그리고 최신식의 F-22 전투기와 오하이오급 핵잠수함 서태평양 배치 등 일련의 방법들은 모두, 미국의 중국 군사조치에 대한 방범의 제고를 의미하고 있다. 미국의 전략적 무게중심은 이미 실질적으로 유럽에서 아시아 태평양으로 전환되기 시작하였다. 특히 부시정부가 인도에 대한 핵제재 취소와 미 – 일 핵기술협력협의 체결 그리고 인도에 대한 선진화된 군사장비 수출 등에 따른 조치들은, 미국이 그들의 '전략 무게중심의 동진'에 보조를 맞추기 위해, 현재 아시아 세력균형을 재편하는 중대한 외교적 행동을 취하고 있다는 것을 의미한다. 오바마정부 출범 이후, 글로벌 금융위기 충격의 현실과 미국이 단독으로 세계를 이끌어 글로벌 의제를 해결하기 힘든 어려운 상황을 바탕으로, 중국 정책상에서 중국이 중대한 역할을 맡도록 독려하고 추진하는 열정적 자세를 취하였다. 그러나 오바마정부는 군사와 전략 그리고 외교상에서 소위 '중국 쇼크'를 결코 무시하지 않고, 오히려 '아시아 회귀(Pivot to Asia)'의 고자세 외교를 통하여, 부시 외교의 결여된 부분을 메우고, 미국에 대한 동아시아의 전략적 신뢰를 전면적으로 수립하는 데 힘쓰며, 중국굴기가 아시아에서 미국의 전략자산의 유실을 야기하는 것을 피하길 희망하였다. 이로 인해, 오바마정부의 '아시아 회귀전략'은 아세안 국가들과의 방위·군사·정치 관계를 강화하여, 중국에 관한 아세안의 관심 배후의 '중국균형자'를 적극적으로 맡아, 아세안 국가들에서 미국의 전략적 영향력 하락을 피하는 것에 치중하는 것이다. 동아시아에 미국은 중국굴기의 균형을 맞추기 위해 꼭 필요한 전략적 힘이라는 강력한 메시지를 전달하기 위해, 2010년 7월 미국은 '남중국해 분쟁'에 깊이 개입하여 중국의 '핵심이익론'에 반격을 가하였다. 문제는, 미국과 인도가 전략적 동반자관계를 맺고, 아세안에서의 방위와 군사동반자 협력을 확대하며, 인도와 아세안 우방국들의 방위 협력에 대한 동맹 국가들의 협조를 이끌어내는 방법이 도대체 얼마나 멀리 갈 수 있을지 의문이다.

둘째, 한반도 정세는 어떻게 변화될 것인가. 2010년 발생한 천안함 사건과 연평도 포격 사건은, 이미 1953년 정전협정 체결 이래 기존의 한반도 정치적 균형을 결정적으로 무너뜨렸고, 현재의 남북 양측은 군사와 외교 그리고 정치 분야에서 공(攻) – 수(守)균형의 상황에 놓여있다. 이명박 정부는 남은 임기 내 기존의 대북 강경책을 바꾸지 않을 것이며, 2011년 한반도 군사외교에 극적인 전환이 나타날 가능성은 크지 않다. 만약 남북대화가 지지부진하여 공통된 인식을 이룰 수 없다면, 미국은 북한 고농축우라늄 프로젝트에 대한 군사와 전략적 관심을 지속적으로 강화시키고, 한미일 3국은 북한에 대한 고립과 압박 정책을 강화시켜, 북한은 또 다시 불가피하게 핵실험 또는 장거리미사일 실험발사를 통해 외교적 어려움을 벗어나려 할 것이며, 한반도 정세는 지속적으로 악화될 가능성을 과소평가해서는 안 된다. 또한 한반도에 국지성 군사충돌 발생 가능성은 실질적으로 감소하지 않을 것이다. 때문에 중미관계에 한반도 정세는, 여전히 부정적이며 불확실한 요소이다.

셋째, 러시아와 일본 간의 쿠릴열도 분쟁은 어떠한 정책조정을 야기할 것인가. 2010년 11월 1일, 일본과의 분쟁지역인 쿠릴열도를 메드베데프 러시아 대통령이 방문함으로써, 러 – 일 분쟁지역의 외교적 충돌이 발생했다. 양국의 강경한 입장은, 적어도 이미 2011년 2월 쿠릴열도에 보병사단 주둔 증강과 S – 400 지대공 미사일 배치, 그리고 태평양함대 군사력 증강 선포 등의 조치를 야기시켰다. 사실 최근 몇 년간 동아시아에서 러시아의 전략적 역할에 관심을 가질 필요가 있다. 러시아 군 내부는 현재 전통적으로 나토와 미국을 잠재된 주요 적으로 여기는 전략적 사고를 적극적으로 바꾸고 있다. 모스크바는 나토와 미국과의 정치, 군사관계를 큰 폭으로 개선한 후인 2009년 이후, 러시아의 군사전략은 전환하기 시작하여, 나토와 미국 그리고 일본 심지어 중국을 동시에 가능한 잠재된 전략적 상대로 보고 있다. 또한 이러한 전환은 러시아와 중국 간의 군사기술협력에 영향을 주는 주된 이론적 근거이다. 2005년 이후, 러시아군은 적극적으로 군사개혁을 하여, 유럽 외 극동과 시베리아를 전략적 방향으로 하는 군사배치를 중점적으로 강화함으로써, 유럽 작전구역에서 극동지역으로 적극적이며 신속한 대응적 배치 능력의 실현을 희망한다. 매년 러시아는 '동방'시리즈의 전략 군사훈련을 실시하며, 그 규모는 매번 확대되고 있다. 게다가 육지와 공중 그리고 해상을 통합한 빠른 대응능력에 많이 주의를 기울이고 있다. 이 점은 이미 그들의 훈련의 가상의 적이 단순한 전통적 의미상의 미국과 일본이 아닌, 다중(多重)적 성질을 지니고 있다는 것을 보여준다. 중국의 전략적 파트너관계는 안정적으로 발전되어가고 있지만, 아시아지역에서 러시아가 더욱 적극적인 전략적 역할을 맡는 사실 또한 마찬가지로 깊이 생각해볼 필요가 있다.

넷째, 2010년 9월 7일 중국 어선과 일본 해상 순시선이 충돌한 사건은 중일관계의 그림자이다. 2010년 중일 댜오위다오 분쟁 악화로 인해, 중일관계는 재차 2006년 이후의 최저점으로 떨어졌으며. 댜오위다오 분쟁은 2001~2005년 고이즈미 총리 시대의 신사참배 문제보다 중일관계에(특히 중일안보에) 더욱 크고, 해소시키기 더욱 어려운 도전이다. 비록 현재, 간 나오토 정부가 중일관계 완화의 의향을 표명하였지만, 민주당 정부의 중일 간 댜오위다오 분쟁 존재를 부인하는 입장은, 사실상 현재 중일관계 완화의 최대 장애물이다. 영토분쟁의 외교에서 번번이 좌절을 맛본 일본이 앞으로 안보와 전략문제상에서 어떠한 선택을 할지는, 미래 동아시아 지역안보에 중대한 시험이 될 것이다.

2) 중미관계의 안정만이 동아시아안보를 안정시킬 수 있다

2009년 1월 오바마정부 출범 이후, 중미관계는 한차례 고개고조(高開高走)*하였다. 2009년 11월, 오바마 대통령 중국방문 기간 양국지도자가 체결한 「연합성명」은 양국이 서로 간 각자의 '핵심이익'을 존중할 필요가 있다고 제시하였다. 그러나 2010년 이후 대만 무기수출, 달라이라마 접견, 구글 사건, 남중국해, 황해 군사훈련, 동해문제, 그리고 북핵정세 등에서 중미 간의 분쟁이 빈번하게 발생함에 따라, 양국관계에는 새로운 긴장국면이 나타났다. 결과적으로, 2010년 긴장된 중미관계는 양국 정책에 대폭조정의 결과가 아닌, 양국관계 상호작용의 과정에서 양국 국내 정치에 나타난 일련의 감정적 요소 때문이다. 2011년, 1월 18~22일, 후진타오 주석의 미국 국사방문 및 양국 정상 간의 솔직한 대화를 통하여, 양국관계

---

* 장이 전날보다 높게 열리고, 상한가를 친다는 의미이다.

는 다시금 올바른 궤도로 돌아가기 시작하였다. 그러나 2011년 1월 19일, 양국이 체결하여 발표하였던 「연합성명」에는, 2009년의 '핵심이익 존중'이 다시 언급되지 않았다. 중미관계는 양국 정상이 제기한 것에 따른 호리공영(互利共贏)의 파트너관계 확립의 목표 달성까지는 여전히 상당히 먼 길을 가야한다.

중국과 지역전체에 중미관계는, 여전히 전체적 국면과 관련되어 있으며, 전략적인 관계이다. 중미관계의 새로운 변화에 대해, 가장 중요한 것은 서로 간의 요괴화(妖魔化, demonize)가 아닌, 등고망원(登高望远)[*]과 동주공제(同舟共济)^{**}의 입장에 입각하여, 심리상태와 정책 그리고 체제의 조정을 통하여, 양국관계가 대립적 경쟁이 아닌, 협력적 경쟁을 실현시켜야 한다. 경제관계는 결코 전략적 측면의 친근함과 소원함을 결정하지 않으며, 세계 부의 구조와 권력구조의 분배에는 과거 200년 동안 세계정치에서 전례없는 '분리상황'이 나타났다. 세계 경제구조에서 중국의 지위는 뚜렷하게 상승하였지만, 세계 권력구조에서의 상승은 여전히 제한적이다. 2010년 이 특징들에 대한 사례들이 많이 나타났다. 예를 들어, 아시아의 안보는 미국에 기대고, 경제 발전은 중국에 기대는 '이원(二元)구조'가 되었다. 후진타오 주석은 2011년 1월 미국 방문에서, 중국의 경제성장은 세계에 1,400만 개의 일자리를 창출하였고, 세계경제를 이끄는 중요한 엔진 중 하나임을 제기하였다. 그러나 전략과 안보 측면에서, 중국의 경제공헌은 단기 내 실질적인 안보수익으로 전환하기에는 여전히 어렵다. 이러한 상황에, 글로벌 경제구조의 조정을 일단락 짓고, 새로운 안정적 권력구조가 나타나기 이전, 실질적인 변화가 나타나기 어렵다. 반대로, 인도는 자신의 체제와 지연정치적 위치 및 중국위협론을 만드는 데 노력을 아끼지 않는 국가의 지위를 이용하여, 현재의 세계정치 과정에서 좌우봉원(左右逢源)^{***}한다. 2010년 안보리 5개 상임이사국 정상 또는 정부 수뇌는 잇따라 인도를

---

* 높은 곳에 올라 멀리 바라보다.
** 같은 배를 타고 강을 함께 건너다. 한마음으로 협력하여 함께 곤경을 헤쳐나가다.
*** 도처에 수원을 얻다. 일이 모두 순조롭다.

방문하여, 뉴델리의 전략지위 역시 끊임없이 상승하고 있음을 설명하였다. 인도의 전략적 선택은, 앞으로 아시아의 전략적 세력균형 형성에 더욱더 중요할 역할을 맡을 것이다.

중국굴기는 현재 세계와 지역전략 국면 변화와 대국관계 조정을 주도하는 가장 중요한 요소가 되었다. 한편으로, 미국에 대한 경제선진국들의 전략적 의존은 상승하고 있고, 미국이 중국을 견제하고 균형을 잡기를 원하는 국제사회의 기대는 더욱더 퍼져나가고 있으며, 이는 현재 선진국들에서부터 중국 주변국가들까지 확산되어 나가고 있다. 미국은 현재 중국굴기가 미국에 가져다준 많은 전략적 이득을 얻기 위해 힘쓰고 있다. 객관적으로 말하자면, 중국 굴기는 현재 미국이 지역전략의 패권을 견고히 하는 중요한 요소가 되었으며, 이에 대해 우리는 참신한 인식을 가져야 한다. 중미관계의 장기적 안정과 건설적인 발전을 유지하는 것은, 더욱더 대국관계와 지역전략 국면의 추세에 영향을 주고, 심지어 그것들을 좌우하는 총체적 요소가 되었다. 동아시아안보 정세의 새로운 조정과 새로운 특징에 직면하여, 중미관계를 안정화시키고 발전시키는 전략적 임무는 감소한 것이 아니라, 오히려 더욱 절박해졌다.

대국 간의 전략적 관계가 기본적으로 안정적임으로 인해, 극단적이며 군사충돌 형태의 대립행위가 이루어지기 어렵고, 대국관계에서 '사회적요소'의 작용은 지속적으로 상승되며, '소프트 파워'의 발전은 중국에게 '부국강병(富國强兵)'과 동등하게 중요해졌다. 글로벌전략 정세가 기본적으로 안정적인 전제하에, 사회적 요소는 현재 대국관계를 결정하고, 심지어 좌우하는 가장 중요한 조건이 되었다. 이러한 사회적 요소에는 가치, 이데올로기, 공공여론, 국민의 성향을 포함할 뿐만 아니라, 국가와 국가 간의 서로 다른 국제행위와 외교에 대한 사회적 인식, 발언권, 행위에 대한 선호, 국민감정을 포함하고 있다. 오늘날, 공공외교를 특징으로 하는 대국관계 상호작용의 공간은 이미 크게 확산되어, 단순한 전략과 경제 그리고 외교적 이익의 계산은, 반드시 양호한 사회관계와 융화되어야 한다. 이것은 굴기 중인 중국에게, 이미 전략적 도전을 형성하였다.

제3절 오바마정부의 아시아 회귀전략과 중미관계

2011년 11월 10일, 힐러리 미국 국무장관은 APEC 하와이 정상회담 전날 밤, 하와이 대학 이스트웨스트센터(East West Center)에서의 연설에서, 미국의 '아시아로의 회귀(Pivot to Asia)'라는 신개념을 제기하였다.[56] 이와 동시에, 오바마 미국 대통령 또한 호놀룰루에서의 연설에서 미국의 글로벌 경제와 안보 그리고 전략적 중심을 아태지역으로의 전면적 전환을 강조하였다. 회귀전략 선포 시작부터, 이 새로운 정책은 '허다실소(虛多實少)'라는 분석이 많았다. 그 원인은 첫째, 미국은 중국과의 경제와 외교 이익을 무시하고, 중국과 대립적인 정책으로 전면적 전환을 할 가능성은 매우 낮기 때문이다. 둘째, 현재 미국은 심각한 연방재정 적자에 직면하고 있으며, 적자감소를 위해, 부득불 군비축소 심지어 군력감축을 해야 하기 때문이다. 셋째, 중동정세는 이란, 시리아와 아랍과 이스라엘 충돌문제 모두 단기간에 해결되기 어렵기 때문에, 미국이 설령 아시아로 회귀하려 하여도, 능력이 없을 것이다. 넷째, 오바마정부 출범 시작부터 제기해온 '아시아 회귀'는, 아시아의 군사, 경제 그리고 안보 사무에 대한 참여를 강화하였고, 2011년에 제기한 회귀전략은 명분상 완고한 고자세일 뿐이다. 그러나 '아시아 회귀' 개념을 제기한 지 반년 후, 이 전략이 새롭게 내포한 것들이 점차적으로 뚜렷해지기 시작하였다. 아시아 회귀는 많은 부분 냉전종결 이후 미국의 아태전략의 중대한 전환을 확실하게 대표하고 있다. 이 전략의 함의와 동향에 대해, 중국은 절대 저평가해서는 안 된다. 이 전략은 앞으로의 동아시아안보정세의 변화에 새로운 시작점과 새로운 태세를 가져올 가능성이 매우 크다.

1) 아시아 회귀전략의 기본 내용

오바마정부의 주요 관리의 연설과 2011년 11월 직후 잇따라 공포한 정책문건에서 취해온 관련 행동까지 보아, 미국의 '아시아 회귀전략'의 주요 내용은 이미 갈수록 명확해졌다. 첫째, 아시아 회귀전략은 21세기 아태지역에서 미국의 주도적 지위의 '세기 리더형' 전략을 전면적으로 공고히 하였다. 미국은 아태지역에 대한 정치와 경제 그리고 외교적 투입을 확대하여, 21세기에 아태지역 지도자의 역할을 확고하게 맡고, 또한 지연안보와 안정의 책임을 지려한다. 오바마 대통령은 2011년 11월 17일 호주 국회 연설에서, 미국의 목표는 아태지역에서 "더욱 크고 더욱 원대한 역할을 맡아, 아태지역과 지역미래를 재설계하는 것이다"라고 표명하였다. 미국 군비감축 관련 언급에서, 그는 아태지역에서 미국의 군사주둔을 감축하지 않을 것임을 약속하였다.[57] 힐러리 국무장관은 아태지역의 번영과 안정을 위해 미국의 '완강한 리드'가 필요하며, 미국이 아태지역에 '한 세기의 리더' 역할을 맡을 것임을 강조하였다. 오바마 대통령은 2011년 11월 20일의 동아시아 정상회의(EAS)에서 남해문제에 대해 강하게 논하였고, 미국의 아태지역 우방과 파트너들에 대한 약속을 확고하게 이행할 것임을 선언하였다. 남해문제에서, 미국은 아세안 국가 주도의 다자대화와 해결 체제를 강력히 주장하였다. 비록 백악관은 미국의 남해에 분쟁중인 섬의 주권귀속에 대해 특정한 의견이 없음을 표명하였지만, 오바마정부가 남해문제는 '운항자유' 문제임을 힘써 강조하는 방법은, 중국과 관련 아세안 국가들의 남해분쟁에서, 미국이 이미 전면적으로 후자에 편향된 것을 분명하게 나타내고 있다.

둘째, 아시아 회귀전략은 미국 글로벌 전략 중심이 아태지역으로 전이된 '전략 중심형' 전략이다. 이는 '포스트 이라크 – 아프가니스탄 시대'에 미국이 새로운 전략적 방향을 모색하기 위한 것임과 동시에 앞으로의 글로벌 안보전략 형세에 대한 미국의 평가에 현재 중대한 변화가 나타났음을 분명하게 보여주고 있다. 2011년 12월 18일, 미국은 이라크에서 완전히 철수하였고, 또한 2013년 이전 아프간에서의 군사적 행동 종결을 결정하였다. 앞으로 미군의 글로벌전략 형세는 어떻게 새롭게 계획될 것인가? 이 외에, 연방 재정적자 고공행진의 영향을 받아, 미군은 미래에 반드시 군비지출 감소와 '긴축의 나날'에 직면할 것이다. 아시아 회귀전략은 오바마정부가 군비지출을 감축하려는 것뿐만 아니라, 또한 세계 전략적 주둔을 지속적으로 유지하고 전략적 목표에 대응하는 상황하에 새로운 선택을 대표하고 있다. 이로 인해, 미국은 호주 북부 다윈항에 새로운 미군기지를 건설하고, 2~3년 내 200명을 주둔시키고, 2,500의 해병대 병사까지 증가시키고, 싱가포르에 4척의 연안전투함 배치 그리고 필리핀에는 순환의 방식으로 정기적으로 군대를 주둔시키는 계획을 선포하였다. 이것은 냉전종결 20년 후, 미국이 아태지역에서 군사기지의 수를 다시 확대시킨 것이다. 아태지역에서 미군의 전략적 영향력을 한층 더 강화시키는 것을 모색하는 아시아 회귀전략은, 미국이 추진 준비 중인 신군사전략의 기조를 설정하였다. 미국은 2012년 1월 5일의 「미국의 세계지도적 지위 유지: 21세기 국방우선사항」 보고서는, 아태지역에 '전략적 재균형'을 미군의 미래 군사력을 조정으로 하고, 세계 전략적 배치를 최적화하며, 위협에 대응하는 새로운 군사 중점임무의 핵심단계로 확인하는 것을 명확히 하였다.[58]

이로 인해, 미국은 미래 해외 안정유지 행동의 군사적 개입 감소를 준비하며, 육군을 기존의 58만 명에서 49만 명으로 감축시킬 것을 계획하고, 22만 명의 해병대를 18만 명으로 감축시킬 것을 계획하였다. 그러나 미군은 보유한 11척의 항공모함에는 어떠한 감축도 하지 않을 것이지만, 역사상 가장 비싼 전투기로 불리는 F-35의 생산과 구매계획에 설령 조정이 있다 하더라도, 중국을 겨냥한 군사에 대한 무장과 배치는 여전히 진행할 것이다.[59]

셋째, 아시아 회귀전략은 미국이 아태지역 국가의 '규칙준수'를 촉진시키며 지역안보 이슈를 위해 규칙을 제정하고 제공하는 '규칙 주도형' 전략이다. 이 전략의 핵심은 국제규칙과 규범을 통하여 중국을 구속하고 선도하여, 미국이 앞으로 중국이슈에 직면하고 이를 처리할 때, 지역 다른 국가들과 연합하여 규칙제정과 규칙적용의 범주 내에서 공동으로 중국에 대응할 수 있게 하는 것이다. 이에 관해 토머스 도닐런 백악관 국가안보 보좌관은 아래와 같이 밝혔다.

> 아시아 회귀전략의 최종 목표는, 아시아가 새롭게 관련 규칙과 규범을 형성하고 제정하며, 국제법과 국제규범을 보장하여 보편적 존중을 얻도록 도와, 이 지역에서 미국의 이익을 촉진시키고 보장하는 것이다. 이와 동시에, 상업과 운항자유는 어떠한 손실도 입지 않을 것이며, 신흥대국은 주변국과 신뢰를 형성할 수 있고, 분쟁은 위협 혹은 강제를 통하지 않고, 평화적으로 해결될 수 있다.[60]

2011년 11월 이래, 중국의 각종 국제 규칙 및 규범 준수 추진은, 오바마 대통령의 중국정책을 논할 때 가장 중요한 내용이 되었다. 2012년 1월 오바마 대통령은 『타임즈(Times)』와의 인터뷰에서 "중국은 자신을 개발도상국으로 여기고, 이로 인해 미국, 유럽과 같은 규칙을 적용시킬 수 없다. 그러나 중국은 이미 성장하였고, 세계 2위의 경제대국이며, 따라서 항해 또는 무역 의제상에서 중국은 자신에게 유리한 선택만 할 수 없고, 반드시 게임의 룰을 준수해야 하며, 또한 이것은 아태국가들이 희망하는 것이다"라고 특별히 강조하였다.[61]

넷째, 아시아 회귀전략은 더욱이 미국이 아태지역 경제 경쟁력을 다시 가다듬고, 그들의 경제활동의 규모와 깊이에 대한 반응이 이미 유럽에서 아태지역으로 전환한 '경제 강신(强身)형' 전략이다. 근 십 년간, 미국과 아태지역의 경제와 무역 그리고 금융관계는 끊임없이 심화되고 확산되어 왔으며, 미국경제와 아태지역의 관련은 미국과 다른 지역의 경제무역 관계를 크게 뛰어넘었다(표 2와 표 3 참고). 아시아 회귀전략은 외교와 경제 그리고 전략 등 분야에서 다관제하(多管齊下)*이며, 아태경제에서 미국의 수익과 아태지역 무역이 미국 수출 진흥전략의 돌파점이 되도록 모색하는 것과 동시에, 더 나아가 지역경제협력의 미래발전 방향을 주도하는 것이다. 오바마 대통령은 2009년 미국의 '환태평양 경제동반자 관계계획' 가입을

---

* '두 자루의 붓으로 동시에 그림을 그리다', '두 가지 일을 동시에 진행하다'는 뜻의 쌍관제하(双管齊下)에서 '쌍'을 '다'로 바꾼 것으로, 여러 가지 일을 동시에 진행한다는 의미이다.

선포하였고, 또한 줄곧 '환태평양 경제동반자 협정(TPP)' 구조의 완성 추진을 미국의 아태지역에 대한 투자와 무역자유화 참여 과정의 가장 중요한 수단으로 삼았다. 현재 미국의 아태지역 경제협력과정에서 자기중심에 힘쓰고, 일본, 호주 등 국가들을 끌어들여 TPP를 만드는 것은, 단지 협력과정에서 '미국기준'을 설정하여, 이로 하여금 중국을 규범하고, 경제분야에서 미국이 중국과 다른 국가들을 전면적으로 겨냥한 무역경쟁 우위를 제고시키려는 것이다. 그러나 다른 한편으로, TPP로 대표하는 미국의 대아시아 수출 진흥 계획도, 미국이 중국굴기에 직면하여 미국 경제력의 상대적인 쇠락이 그들로 하여금 중국과의 전략적 경쟁 지속을 힘들게 할 수도 있다는 것에 대한 새로운 전략적 우려를 깊이 반영하였다. TPP와 관련된 미국의 아태무역 진흥전략에는 많은 부분 미국의 아태전략에 존재하는 경제적 기초를 안정시키고 공고히 하는 것이다.[62]

표 2 미국국제무역위원회 2011년 수입과 관세 통계수치

지역	상품수입(10억달러)	관세(10억달러)	관세율(%)	반덤핑과 대항관세행위 (2007-2011)
세계	2186.0	28.60	1.3	139
아시아를 제외한 세계	1394.0	5.90	0.4	24
아시아	792.0	22.70	2.9	115
캄보디아	2.7	0.46	16.9	-
방글라데시	4.9	0.75	15.3	-
파키스탄	3.8	0.39	10.4	-
베트남	17.0	2.56	9.0	8
인도네시아	19.0	1.10	5.8	5
중국	398.0	12.73	3.2	66
대만	41.0	0.62	1.5	6
인도	36.0	0.88	2.5	6
일본	128.0	2.13	1.7	1
한국	56.0	0.80	1.4	12

자료출처: 수입과 관세 통계수치는 미국국제무역위원회 관세와 무역 데이터베이스 참고. http://dataweb.usitc.gov; 반덤핑과 대항관세 통계수치는 미국국제무역위원회 'Sunset Reviews' 참고. http://pubapps2.usitc.gov/sun-set/(검색시간: 2012년 4월 9일).

표 3 세계 각 대지역의 미국 글로벌 상업관계에서의 비중

지역	수출		수입	
	2000년	2010년	2000년	2010년
미주	1.1%	1.8%	1.8%	3.7%
아시아(중국포함)	22.0%	23.5%	28.9%	32.2%
아시아(중국불포함)	20.3%	17.6%	22.6%	16.2%
중남미	6.0%	8.9%	4.7%	5.7%
독립국가 연합 국가	0.3%	0.6%	0.6%	1.4%
유럽	18.8%	17.9%	15.8%	15.4%
중동	1.9%	3.1%	2.5%	3.3%
북미	26.6%	26.6%	23.3%	22.2%

자료출처: 미국국제무역위원회. 그중 아시아는 동아시아, 남아시아, 동남아시아와 오세아니아주(호주와 뉴질랜드 포함)를 가리킴. 그러나 중앙아시아는 포함하지 않음. http://dataweb.usitc.gov/(검색시간: 2012년 4월 9일).

2) 아시아 회귀전략의 기본 특징

냉전 후 미국의 역대정부의 동아시아와 아시아태평양 전략과 비교했을 때, 오바마정부의 아시아 회귀전략은 뚜렷한 특징을 지녔다. 첫째, 냉전종결 20년 동안, 아태지역 미군에 대한 첫 번째 뚜렷한 확대이며, 새로운 군사팽창주의 추진도 불사하여, 중국굴기가 가져온 지역안보 정세의 새로운 변화에 대한 미국의 대응 심화와 강화이다. 특히 중국의 '반접근, 지역거부전략(A2&AD: Anti‒Access&Area-Denial)'을 겨냥하여 '공해전(Air-sea Battle)' 구축과 이행을 위해 미군이 취한 일련의 군사력 발전구상은, 앞으로 미국의 군사력 구조와 군사전략의 중점 건설방향을 대표하고 있다. 아태지역에서 미국의 군사전략 중점은, 이미 중국군사력 현대화가 거부전략에 따른 구상이 미국에 가져올 가능성이 있는 도전에 초점이 모이기 시작하였다. 미국은 2012년 1월 5일의 국방보고서에서 중국의 군사적 거부 능력을 미국이 직면한 중대한 군사위협으로 직접적으로 선정하였고, 또한 미군의 작전임무 중 하나는 바로 "거부능력이 발전하는 상황에서도, 군사적 발사와 타격 능력을 보유하는 것"이라고 처음으로 명확하게 선포하였다. 이 보고서는 중국의 '반 거부

능력'을 '테러리즘과 비정규전에 대한 타격', '침략 저지', '안보와 고효율의 핵전략 유지', '미국 본토와 시민정부 보호' 등과 함께 21세기 미군의 기본 군사목표로 선정하였다. 보고서의 마지막 부분에는 '2020년 미군 연합작전'을 전망하며, "미국은 해공(海空)연합 작전 능력을 강화하여 반드시 필요할 때 행동을 취하도록 할 것이며, 미국 및 동맹국과 파트너들이 반거부와 사이버공격 그리고 다른 분쟁 있는 행동의 환경에서의 작전을 확보할 것"임을 거듭 표명하였다.[63] 2012년 1월 17일, 마틴 뎀프시(Martin E. Dempsey) 미국 합동참모본부 의장은 「합동 작전적 접근 개념(Joint Operational Access Concept, JOAC)」에 서명하고 발표하여, 전쟁 행동을 '반억제(反抑制)'하는 미국의 협력과 작전계획을 구체적으로 제시하였고, 미군이 현재 구축 중인 공해전 구상을 한층 더 세분화하였다.[64] 이 보고서에 따르면, 미래 미군은 우주무기 사용, 사이버 공방전, 공중과 수중 그리고 지상 공격과 방어행동을 포함한 어떠한 공간에서도 군사행동을 취해, 가상의 적의 군사공격과 반격능력을 파괴시킬 수 있다. 뎀프시는 이 보고서는 1월 5일 보고서와 연계된 것임을 표명하였다.[65] 이 군사문건의 보고는, 1월 5일 미군의 미래발전 전략지도계획에 대한 '부분적 확대'이다. 핵계획 보고서에서 반거부 군사임무를 구체적이며, 지도 원칙적인 군사력발전 보고서와 작전계획으로 변환시키고, 또한 반거부 작전이 미래 미 군사력건설과 해공군 합동행동 그리고 해외전쟁 구상에서의 핵심적 지위를 한층 더 부각시켰다.

미국이 세계전략의 중심을 아태지역으로 전이시키고, 중국을 가장 주된 군사의 가상의 적(假想敵)으로 하는 것은 미국 세계전략의 중대한 전환점이다. 이 전환점이 나타내는 것은, 단지 주둔의 규모와 나타난 혼란의 문제수준 그리고 미국 군사임무의 확대만이 결코 아닌, 미래의 군사위협에 대한 미군 방범의 중시 정도 그리고 전략자원 투입의 우선 선서에 더욱 구현되고 있다. 1980년대 미국이 제기한 '공지전(空地戰)'은 냉전종식 초기 전쟁모델의 중대한 변화를 실현시켰고, 공중에서의 화력제공으로 인해, 지면에서의 작전은 완전히 장거리 공중타격으로 대체되고, 육지 작전은 더 이상 전쟁형태를 결정하는 가장 중요한 요소가 아니었다. 공지전은 걸프전쟁, 코소보전쟁, 아프간전쟁 그리고 이라크 전쟁을 겪은 후 이미 완전히 성숙되어, 미군의 미래 주요 군사적 상대도 많은 중소국가들 중의 '불량국가'에서 중국과 같은 지역 대국으로 전환되었다. 공해전(空海戰)이 군사적 개념에서 운용적 행동계획으로 발전됨에 따라, 중국군사력 현대화를 타격 목표로 하는 미군의 전투행동의 전략과 전술설계는 현재 새로운 '역사적 무대'로 나아가고 있다.[66]

사실상, 미국은 지금껏 아시아를 완전히 떠난 적이 없으며, 더욱이 과거 10년은 줄곧 '전략의 동쪽이동'의 각종 실질적인 준비를 진행하였다. 2003년 5월 미군이 바그다드를 공습한지 한 달도 지나지 않아, 럼스펠드 미국 국방장관은 아태지역에 '바퀴축-바퀴살 조정'의 새로운 군사적 행동을 진행하여, 미군의 아태지역 주둔의 실전계획에 대한 강력한 확대와, 중국 굴기에 대응하는 장기적 동맹책임 강화를 선포하였다. 2009년 1월, 오바마 대통령은 취임연설에서 '반테러리즘'은 더 이상 미국의 중심 전략이 아님을 선포하였다. 2010년 6월의 미국 「국가안보전략보고서」는 '아태전략중심'이란 새로운 개념을 제시하였다. 아시아 회귀전략은 단지 전략 중심을 아태지역으로 전이함을 선포하는 것이 결코 아닌, 미군의 글로벌전략 형세, 유럽 및 중동과 아태에서 군사주둔의 기술적 조정 그리고 미국 국내 정치가 필요로 하는 정치적 설득력에 대한 대응 등의 문제에서, '전략의 동쪽이동'의 전면적 운용의 군사와 외교 그리고 정치적 방안을 한층 더 명확하게 하였다. 이 방안은 유럽주둔 감축, 이라크와 아프간전쟁 개입과 같은 '비아태지역'에서의 군사행동의 전략적 관심을 낮추며, 세계 각 대지역(大地域)내 미래 방위예산의 분배와 각 군병과의 앞으로의 예산투입 등을 포함하고 있다.

현재 미군은 국내 재정적 어려움으로 인해 어쩔 수 없이 '몸집을 줄이는' 군비감축을 해야 하며 '아태전략 중심'이라는 새로운 전략과는 결코 모순되지 않는다. 냉전 후 미군은 힘의 구조에서 비록 몇 차례의 조정을 겪었지만, 전체적으로 냉전시기의 소련과 같은 동급의 다른 군사대국의 적과의 발생 가능한 전면전 대응을 목표로 인원과 장비 그리고 후방기지 배치를 유지하였다. 그러나 1990년대 후반부터, 미국은 이미 소련의 붕괴는 러시아의 소련으로의 회귀를 결코 가져올 수 없고, 중국은 비록 빠르게 굴기하지만, 매우 긴 시간에도 불구하고 소련과 같은 미국에 대한 군사적 위협을 구축할 수 없으며, 그들의 미국 군사력에 대한 도전을 장기적으로 본다면 '거부전략'의 수준에서 나타날 가능성이 있다고 분명히 인식하고 있다. 감축전략은 군비와 인원 그리고 힘의 구조에서 포스트냉전시대의 요구에 미군이 적응케 할 수 있고, 중요한 국방자원을 무기장비와 군사기술 갱신에 사용하여, 미군의 '도전을 받지 않는' 힘의 우위를 유지토록 할 것이다. 감축전략은 미군 전략중심의 아태지역으로의 전이를 막지 않을 뿐만 아니라, 오히려 미군 군사력구조와 작전행동 방식의 혁명적 변혁에 기회를 제공할 것이다.

둘째, 일찌감치 인도와 인도 아대륙을 아태지역에 포함시키려는 노력이 있었으나, 실제적으로 남아시아를 동아시아 등 다른 태평양 지역과 함께 포함시켜, 공동으로 지리적 개념상의 '아시아중심(Asian Pivot)'을 구성한 것은, 오바마정부가 처음이었다.[67] 냉전 후 상당히 긴 시간 동안, 미국의 아태에 대한 정의는 주로 태평양 서안과 오세아니아지역만을 포함하고 있고, 1990년대 클린턴정부는 4개의 「동아시아안보전략보고서」를 발표하였지만, 모두 미국에 있어 인도는 없어서는 안 된다고 강조하지 않았고, 인도는 지금껏 아시아태평양 경제협력체(APEC) 회원국이 아니었다. 이는 당시 미국이 동아시아와 남아시아에 대한 지정전략 관계를 오늘날처럼 이렇게 중시하지 않았다는 것을 설명해주고 있다. 중국의 굴기와 지역외교와 경제 그리고 군사적 영향력이 확대됨에 따라, 미국의 고위층은 부시정부부터 인도를 새롭게 인식하기 시작하였고, 미-인 전략관계를 끊임없이 강화하고 있다. 21세기의 첫 10년은 인도가 굴기하기 시작한 10년이며, 또한 미-인 전략관계가 모습을 갖춰가는 10년이었다. 미국은 줄곧 인도를 '글로벌 파트너'로 설정하고 양국관계를 형성해왔다.[68] 오바마정부는 최종적으로 아태지역 또는 미국 속내의 '전략적 아시아'의 지리적 개념에 대해 새로운 정의를 내렸다. '아태' 또는 '아시아'는 동북아, 동남아, 남아시아의 인도양 연안 국가 그리고 오세아니아의 호주, 뉴질랜드 그리고 남태평양 국가들을 가리킨다. 힐러리는 『미국의 태평양세기』에서 "인도 아대륙에서 미국 서해안까지, 아태지역은 인도양과 태평양 2개의 대양을 가로 지르며, 운항과 전략의 요소로 인해 더욱더 연결될 것이다"라고 분명하게 설명하였다.[69] 인도 아대륙에는 아태지역이 포함되며, 남해, 말라카해협 그리고 동남아와 남아시아를 잇는 미얀마 지역에 대한 미국의 고도의 전략적 중시가 반영되었다. 오늘날의 아시아 지리적 정치의 생태에서, 남아시아와 동남아 그리고 동북아는 이미 분리될 수 없다. 특별히 2001년부터 인도가 점차적으로 아시아지역에서 미국의 중요한 전략적 파트너가 된 후, 인도가 더욱 중요한 지역안보와 정치적 역할을 발휘하도록 독려하며, 인도의 중국굴기 견제의 전략적 역할을 충분히 이용하는 것은, 지금껏 미국의 아태전략의 중요한 내용이다. 오바마정부는 명확하게 '아태'를 인도를 포함한 '인도양 - 태평양지역'으로 정의내렸고, 미국이 더욱 광활한 지리적 범위 내에 아시아 세력균형체제 주도에 노력할 뜻을 나타내었다.[70]

셋째, 미국은 아태지역의 외교와 정치적 사무에 더욱 깊고 광범위하게 참여하고, 특히 지역의 다자체제에 더욱 개입하며, 그들의 동맹국들과 파트너들과의 협력을 통하여, 지역사무의 해결방식과 경로가 오랫동안 미국의 전략적 이익을 구현할 수 있도록 추진해왔다. 아시아 회귀전략은 오바마정부의 중국정책이 모습을 갖추기 시작했다는 것을 분명히 보여주고 있다. 미국은 결코 중미협력에 입각하여 지역안보와 정치적 의제를 해결하려 하지 않고, 동맹과 파트너 그리고 신흥 우호국가들과의 협력에 입각하여 아태지역의 안정을 촉진시킬 것이다. 2009년 오바마 대통령 취임부터 시작한 중국정책상에서 미국의 소위 '짝사랑' 방법은, 중국과 미국이 함께 책임을 분담하고, 지도적 지위를 함께 나누자고 독려하려는 것이다. 2010년의 천안함 사건과 연평도 포격 사건은 미국의 대중 정책을 신속히 전환하도록 만들었다. 게다가 미국 내 경제진흥, 아태수출확대의 현실적 수요로 인해, 중국굴기는 미국 안중에 아태지역 안보와 경제분야 최대의 불확실 요소가 되었다. 오히려 오바마정부는 미국의 지도적 지위에 대한 전면적 제고를 모색하고, 'G2'라는 이미지를 주는 외교와 전략 운용수단을 더 이상 모색하지 않고, 아태지역에 미국의 '지도적 역할'을 안정시키고 강화시키며, 동맹과 우방 및 신흥파트너관계에 기대는 것을, 즉, 역내 국가들과 미국의 전면적인 협력을 실현하는 것을 전략적 요점으로 삼고 있다. 2010년 10월 28일 하와이대학교 이스트웨스트센터에서 힐러리의 연설은, 미국의 아태외교전략의 분명한 조정을 뚜렷이 보여주었고, 그녀는 『미국의 태평양세기』에서 중국과의 관계 처리에 대한 미국의 '원칙적 인식'을 더욱 강조하였고, 이것은 바로 "현실에 입각하고, 실효에 치중하여, 미국의 원칙과 이익에 충실하는 것"이다.[71]

3) 아시아 회귀전략의 형성 원인과 목표 및 영향

미국의 아시아 회귀전략과 감축전략의 결합은, 미국의 아태전략이 1990년대 중반 이후 최대 규모의 조정을 맞고 있음을 보여주고 있다. 중국의 굴기와 북핵 정세의 답보 그리고 아태안보에 나타난 새로운 동향에 따라, 미국이 아태안보전략의 갱신과 확산을 모색하는 것은 필연적인 것이다. 신미국안보센터 선임연구원 로버트 카플란(Robert Kaplan)은 미국의 아태전략은 중국굴기를 향하여 조정하며, 이는 "20년 전에 했어야 한다"고 여겼다.[72]

이 변화에는 핵심 함의 세 가지가 있다. 첫째, 중국으로부터의 '위협평가'에 대해 미국은 이미 전통적인 이데올로기 분쟁 및 양자관계의 대만, 티베트 관련 문제의 구조적 분쟁에서, 미국 안중에 더욱 도전성을 지닌 중국의 '능력'과 '의도'에 대한 평가로 전환하였다.[73] 둘째, 중국의 굴기에 따라, 아태지역 미국의 전통적 우방국과 방위 파트너들은 이 지역에서 미국의 안보책임과 전략능력에 의심을 갖기 시작하였고, 오바마정부는 아태지역의 전략적 우위와 전략적 결심을 '재확인'시켜줄 필요가 있으며, 아태지역에 미국이 장악한 전략적 고지만이 존재한다는 것을 재천명함과 동시에 중국굴기에 대한 지역의 우려에 즉각적이고 강력히 반응하여, 이 지역에서 미국의 전략적 자산인 미국의 동맹관계, 방위협력 파트너 그리고 '신형 파트너관계'를 유실하지 않고 보장해야 한다. 셋째, 2012년 대선을 앞두고, 오바마정부 또한 대중정책에서 더욱 강경한 자세를 보임으로써, 국내정치의 정적(政敵)의 지나친 공격을 피해야 한다. 국내 선거정치를 고려하여, 사람들에게 미국이 국내경제의 어려움과 예산 삭감으로 '약해졌다'는 이미지를 심어주길 원하지 않고, 이러한 요소들은 미국이 이번에 강력하게 진행한 아태공세에서 확실히 중요한 위치를 점하였다.[74]

연방재정적자를 낮추고 이것이 가져온 앞으로 10년 동안 지속될 가능성이 있는 군비삭감계획은, 미국의 아시아 회귀전략 발표의 또 다른 매우 중요한 원인이다. 만약 정부재정적자를 삭감하고 정부 채무상한이 얼마나 더 제고될지는, 줄곧 2011년 미국 국내정치의 집중적인 화제였다. 현재 미국정부는 14조 6,200억 달러의 막중한 부채를 지고 있고, 과도한 국방지출은 지금껏 미국 내 비판의 대상이었다. 9·11사건 후, 미국의 군비는 2001년의 3,160억 달러에서 2011년의 6,880억 달러로 상승하였고, 10년간의 상승폭은 78%를 초과하였다.[75] 2011년 6월말 로버트 게이츠 국방장관 퇴임 전, 미래 5년 780억 달러의 국방지출 삭감구상을 제시하였다.[76] 그러나, 공화당과 민주당 양대 정당의 투쟁결과 중 하나는, 바로 2011년 8월 1일 미국정부는 새로운 회계연도를 앞둔 바로 전날, 겨우 새로운 부채상한선 연장안을 통과시켰다. 당일 미국 국회는 「예산통제법개정안(Budget Control Act Amendment)」을 통과시켜, 미국정부가 2012년 12월 말까지 정부 부채상한을 1조 2,000억 달러로 제고시키도록 권한을 부여함과 동시에, 국방지출 삭감을 정부적자 하락의 주요 항목으로 삼았다. 이 법안은 앞으로 10년간 미국이 전체적으로 1조 5,000억 달러의 정부지출을 감축하도록 규정하였고, 그 중 3,500억 달러의 국방지출 삭감은 '계획 내에' 삭감해야 되는 것이며, 나머지 6,000억 달러의 국방지출 삭감 이행 여부는, 양당 국회 특별위원회가 구체적인 정부지출 삭감 협의에 도달할 수 있는지에 달려있다. 만약 이 위원회가 2012년 12월 31일까지 여전히 협의를 달성하지 못한다면, 2013년부터, 이 6,000억 달러의 국방지출 삭감은 10년 동안 자동으로 이행될 것이다.[77] 미국은 부득불 이전 군비에서의 대수대각(大手大脚)*의 방법을 끝내고, 앞으로 상당히 긴 시간 동안 국방과 안보경비의

---

* 돈이나 물건을 헤프게 쓰다. 돈을 물 쓰듯 하다.

절약 시대에 접어들 것이다.[78]

아시아 회귀전략은 외교측면에서, 미국 군사작전의 중점을 불안정한 지역의 '안정유지행동'에서 중국 군사력과 정치적 영향력 상승의 '반억제' 능력으로 전환함으로서, 중국이 미래에 아태지역에서 미국에게 가져올 가능성 있는 장기적인 전략적 도전에 대한 미국의 중시를 보여주었다. 현재로 보아서, 오바마정부의 이 전략의 기본적 목표에는 몇 가지가 존재한다. 첫째, 더 이상 중미협력에 기대는 방식으로 아태지역 안보문제에 대응하지 않고, 미국이 전략과 전략주도 지위를 지속적으로 강화하고, 동맹국 및 신흥 파트너 국가들과 협조하는 방식을 통하여 지역안보 질서를 안정시키는데 중점을 둔다. 지역외교의 우선순위에서, 중미협력과 심지어 일정한 수준의 '중미 공동 거버넌스' 추구에서, 역내 국가들과의 광범위한 정치와 외교 그리고 전략적 관계 확립과 발전 중시로 전환하여, 갈수록 미국에 유리한 지역정치와 외교적 환경을 형성하여, 중국의 전략과 정치적 영향력을 축소시키며, 아태지역에서 중국에 대한 경쟁과 제재정책상에서 미국에 유리하고 지속 가능한 정치와 경제 그리고 사회분위기를 형성하는 것이다.

둘째, 중국과 직접적인 군사충돌에 대한 준비를 전면적으로 강화함으로써, 미국의 아태군사전략은 '중국에 대한 관리와 위협'에서 중국과의 직접적인 군사적 대립으로 전환하였다. 그중 가장 대표적인 조치는 바로 공해전 구상이며, 이 구상의 직접적인 의도는 중국의 '지역 거부/반개입' 군사력 발전을 억제하는 것이다. 이로 인해, 힐러리는 이번 아태공세에서 소위 말하는 중국위협에 대해 유례없는, 심지어 선정적인 '새로운 정의'를 하였다. 그녀는 중국과의 관계는 미국 역사상 "관리가 필요한 가장 도전성과 영향력을 지닌 양자관계 중 하나이며, 면밀하고 신중하며 안정적인 관리가 필요하다"고 제기하였다.[79] 이러한 조치에서, 중국의 도전은 분명히 2차대전 일본과 독일, 심지어는 냉전시대의 소련을 초월했다고 보일 것이다. 현재 미군의 감축전략의 핵심은 중국을 가장 중요한 고려대상으로 하고 있고, 미국은 중장기적으로 중국과 미국의 군사력 균형에서 미국에 불리한 변화가 나타나는 것을 피하고, 더욱이 집중적으로 중국에 대한 군사와 전략적 우위

를 유지하고, 또한 믿을 수 있고 고효율적인 반억제 능력을 확립하는 것을 목표로 한다.[80]

셋째, 중국견제 확대 추진을 주체로 하는 지역안보체제이다. 1990년대 이후 미국의 동아시아안보전략은 줄곧 중국견제 중심이었고, 그 주체는 미국의 최전방 주둔과 동맹의 지주(支柱)이다. 2003년 이후, 이 체제의 주된 것과 부차적인 것들에 대해 조정하여, 더욱 전략과 전술적 행동을 전개하는 '바퀴축-바퀴살체제'로 전환하였다. 그리고 미국의 이번 아태전략 조정의 요점 중 하나는, 남해와 동해 그리고 황해문제를 이용하여 중국견제의 지역체제를 확대하려는 것이다. 미국은 이미 중국견제의 지연정치 범위를 큰 폭으로 확대하였고, 1990년대 중반부터 시작한 최전방 주둔과 군사동맹을 기초로 한 중국의 군사력과 대만문제에 대한 방범과 제재는, 아태지역 전체 범위와, 전략적 노드 지역을 중점으로 하는 대중 지연전략 영향력의 방범과 제재로 확대되었다. 로버트 카플란은 그의 「중국세력의 권력도」란 글과 신작인 『Monsoon: The Indian ocean and the Future of American Power』에서 모두 중미 간에 피할 수 없는 지연전략적 경쟁과 충돌에 대해 집중적으로 조명하였다.[81] 이는 또한 미국의 호주 다윈항에 새로운 군사기지 건설, 베트남과의 군사협력 심화, 싱가포르에 신형함정 배치 준비 등에서 가장 대표적으로 구현되었다. 더욱이 오바마 대통령은 2010년 5월에 일찍이 아시아태평양지역에 새로운 지역안보체제를 형성해야 한다는 구상을 제기하였다.[82]

그러나 오바마정부의 아시아태평양 안보전략의 전환이 반드시 미국의 중국전략에 근본적 변화가 발생하였다는 것을 의미하는 것은 결코 아니다. 국내 경제 불황과 거대한 예산적자의 제약을 받아, 설령 미국이 아시아태평양 전략에 중대한 조정을 하고, 펜타곤이 아시아태평양에서 군사와 전략 확대 결심을 한다 하더라도, 단기적으로 보아 오바마정부의 상응하는 조치는 여전히 착금견주(捉襟見肘)*를 면하기 어려울 것이다. 경제무역과 금융분야에서 중미 간의 광범위하고 깊은 상호

---

* 생활이 곤궁하다. 재정 곤란에 빠지다.

의존관례 또한 미국이 마음속으로는 무엇을 생각하든지 간에, 그들의 중국정책이 일률적으로 대중관계를 단순한 개입 또는 억제로 변화하는 것을 제한할 것이다. 미국의 대중 정책은 여전히 정치상에서의 개입과 경제상에서의 협력 그리고 전략상에서의 방범과 관리의 기본적 형세를 지속적으로 유지할 것이다. 다시 말해, 미국은 그들의 1990년대 중반부터 추구한 대중 '연성봉쇄'의 전략적 선택을 결코 바꾸지 않았고, 그들의 대중 전략의 본질은 여전히 중미관계에 최악의 시나리오가 발생할 가능성에 대한 대응을 준비할 뿐만 아니라, 중국을 리드하고 또한 영향을 가하는 동시에 중미양국의 협력을 발전시키는 합리적 혁신을 이루어내는 '헤징전략(Hedging Strategy)'이다.

아시아 회귀전략은 미국이 대중억제 정책과 비합리적인 견해를 더욱 추구하는 것과 같다. '억제전략'은 하나의 특정적 개념이다. 미국이 냉전시기 소련과 1972년 닉슨대통령의 중국 방문 전 중국에 취했던 대립, 침투, 전복 전략은 '억제전략'이다. 이것의 전제는, 첫째, 상대를 무너뜨리기 위해 대가를 치르는 것도 불사한다. 둘째, 미국이 보유한 광범위한 동맹체제의 지지와 미국을 따라 행동을 취하는 것이다. 셋째, 미국의 '억제전략'을 위한 전쟁의 대가에 대한 필수적인 상시 준비이다. 오늘날 중미관계의 높은 상호의존과 복잡성은, 미국이 중국을 방범하면서 동시에 협력하도록 하였다. 그러나 전체적으로 본다면, 중미 간 '전략상의 상호 의심'은 이미 뚜렷하게 상승하였다.[83]

미국의 변화는 이미 시작하였고, 그 변화는 분명히 중국보다 빠르다. 이 변화를 예를 들어 말한다면, 그것은 바로 미국의 대중정책 머신(Machine)에 중국 정책의 방향을 완전히 새롭게 바꿔야 할 만큼의 변화가 발생하였다. 이전에 이 정책 머신의 방향이 한쪽을 바라보고 있었다면, 현재는 진정으로 돌아서기 시작하여, 다른 쪽을 바라볼 준비를 하고 있다. 사실상 미국의 이 변화과정은 지금에서야 존재하는 것이 아니라, 최근 10년간 줄곧 숙성되고 분석하는 과정에서, 지금껏 2011년과 같이 이렇게 분명하게 나타난 적이 없었던 것뿐이다. 예를 들어, 2011년 미국 국방부가 미국 국회에 제출한 「중국 군사력 보고서」에서 처음으로 중국의 군사력 발전과 아시아 태평양에서 중국의 지연전략 영향력을 연결시켜, 중국 군사력의 증강을 분석하는 동시에, 아시아태평양지역 안보질서에 대한 작용을 더욱 중시하였다.[84] 미국의 이번 아시아 태평양전략 조정의 전략적 함의에 대해 우리는 결코 저평가해서는 안 된다. 미국이 단기 내 중국에 대한 태도를 바꾸지는 않겠지만, 중미관계를 포함한 동아시아 지역정치 미래의 추세는 지속적으로 이번 전략 조정의 중대한 영향을 깊게 받을 것이다. 중국이 직면한 지역안보 환경에는 악화된 위험이 내재되어 있다.

4) 결론

오바마정부의 아시아 회귀전략은 비록 미국의 중국 정책에 결정적인 변화를 대표하는 것은 결코 아니지만, 오늘날 미국의 중국에 대한 인식과 판단에 새로운 중대한 변화가 나타나고 있다는 것을 설명해주었다. 미국의 아시아 회귀전략 선포에 따라, 아시아태평양지역에서 중미 간의 경쟁, 협력 심지어 어떠한 구체적인 문제상에서의 잠재된 대립 모두 이미 새로운 시기에 접어들었다. 미국이 전략적 중심의 아태지역으로의 회귀를 강하게 선포할 때, '늑대'는 진정으로 나타났다. 단순히 이 전략조정을 중국 억제로 귀납하는 것은, 현실과 모순될 뿐만 아니라, 상황에 아무런 도움이 안 된다. 중미 양국이 감정이 폭발해 대립을 하지 않는 한, 중미관계는 영원히 중요하고 또한 복잡한 관계이며, 두이불파(斗而不破)*의 현실적 기조는 여전히 지속적으로 존재할 것이다. 그러나 2011년 11월 오바마 대통령의 전략중심의 아시아태평양회귀 선포이든, 2012년 1월 5일 신군사전략 선포이든 간에, 미국의 중국에 대한 전략적 평가는 이미 기존의 이데올로기, 정치체제 및 양자관계에서의 구조적 난제로부터, 중국의 빠른 군사력 증강과 미국에 도전할 의도가 현재 갈수록 더욱 분명해지고 있다는 능력과 의도에 대한 평가로 전환하였다. 신군

---

*   자주 다투지만, 격렬한 상황으로 인해 싸움으로 치달을 요소는 없다.

사전략이 나타낸 것은 미국이 전략상에서 갈수록 중국을 적으로 보지만, 정치와 경제상에서 중국과의 협력을 포기하기 어려운 중국정책에서의 딜레마이다. 중국 굴기를 겨냥한 미국의 새로운 힘의 변화는 반드시 더욱 많은 제재조치의 방법을 취할 것이며, 대국정치는 여전히 권력정치라는 본질을 생생하게 나타내었다. 즈비그뉴 브레진스키(Zbigniew Brzezinski)는 이에 대해 아래와 같이 언급했다.

> 중국이 강대해지기 시작하면서, 아시아태평양의 권력구조 붕괴 가능성의 위험에 직면하였다. 이에 미국은 반드시 충분한 전략적 결단을 보여줘야 한다.[85]

중국과 미국이 어떻게 공존할지, 특히 힘의 균형에서 점차적으로 변화가 발생하고, 미국은 유일한 초강대국 지위를 놓고 싶지 않고, 중국의 대중은 서둘러 자증강대(自證强大)*하려는 심리 아래, 중국에 대한 미국정부와 민간의 심리적 충격은 사실 현실적 도전보다 크다. 이 시각, 우리 중국인들은 한편으로는 시진핑 부주석 방미 때 "태평양은 중국과 미국 두개의 대국을 수용할 만큼 충분히 넓다"라는 중요한 사상을 명심하여, 마음을 안정시키고, 장기적으로 계획하며, 윈－윈을 모색해야 한다. 하지만 다른 한편으로는, 더욱이 발전에 노력하고, 성장을 배워가야 할 필요가 있다. 진정한 의미상의 중미 양국의 아시아태평양 경쟁의 서막이 열리기에는 아직 멀었다.

---

* 자신의 강대함을 증명하다.

주 注

1 Kenneth N. Waltz, *Theory of International Politics*, Addison: McGraw-Hill Companies, Inc., 1979, Ch. 6.

2 Stephen W. Walt, *The Origins of Alliances*, Ithaca: Cornell University Press, 1987.

3 Thomas Christensen and Jack Snyder, "Chain Gangsand Passed Buck: Prediction Alliance Patterns in Multipolarity", *International Organization*, Vol. 44, pp. 137-168; Charles L. Glaser, "The Security Dilemma Revisited", *World Politics*, Vol. 50, No. 1, 1997, pp. 171-201; "Realists as Optimists: Cooperation as Self Help", *International Security*, Vol. 19, No. 3, 1994/95, pp. 122-166; Randall L. Schweller, "Neorealism's Status-Quo Bias: What Security Dilemma?", *Security Studies*, Vol. 5, No. 3, 1996, pp. 90-121; Thomas Christensen, "Perceptions and Alliances in Europe: 1860-1940", *International Organization*, Vol. 51, No. 1, 1997, pp. 65-98; Fareed Zakaria, "Realism and Domestic Politics Review Essay", *International Security*, Vol. 17, No. 1, 1992, pp.177-198.

4 Aaron L. Driedberg, "Ripe for Rivalry: Prospects for Peace in a Multipolar Asia", *International Security*, Vol. 18, No. 3, 1993/94, pp. 5-33; Richard K. Betts, "Wealth, Power, and Instability: East Asia and the United States after the Cold War", *International Security*, Vol. 18, No. 3, 1993/94, pp. 34-77; Denny Roy, "Hegemony on the Horizon? China's Threat to East Asian Security", *International Security*, Vol. 19, No. 1, 1994, pp. 149-168.

5 Ming Wan, *Sino-Japan Relations: Interaction, Logic and Transformation*, Stanford: Stanford University Press, 2006; David Shambaugh, ed., *Power Shift: China and Asia's New Dynamics*, Berkeley : University of California Press, 2006; Quansheng Zhao, *Japanese Policy Making: The Politics behind Politics-Informal Mechanisms and the Making of China Policy*, New York: Oxford University Press, 1996.

6 有關中日兩國安全互動中"復雜性"的分析，請參見 Aaron L. Driedberg, "Ripe for Rivalry: Prospects for Peace in a Multipolar Asia"; Thomas Christensen, "China, The US-Japan Alliance, and the Security Dilemma in East Asia", *International Security*, Vol. 23, No. 4, 1999, pp. 5-38; Reinhard Drifte, *Japan's Security Relations with China Since 1989: from Balancing to Bandwagoning?* New York: Routledge Curzon, 2003; Ming Wan, *Sino-Japan Relations: Interaction, Logic and Transformation*.

7 需要指出的是，筆者在這裏所使用的"認同"並非是指建構主義中的"認同"，而是使用政治心理學和社會心理學中的"認同"概念，它是指與物質主義要素有關，但在相當程度上獨立於物質主義要素之外的直覺（perception）、認知（cognition）和概念（idea），是國家關系中在心理感受/反應層面因素。請參見 Robert Jervis, *Perception and Misperception in International Politics*, New York: Columbia University Press, 1976; Peter H. Gries, *China's New Nationalism: Pride, Politics, and Diplomacy*, Berkeley, CA: The University of California Press, 1994.

8 Stephen Bosworth and Morton Ambramowitz, *Chasing the Sun*, New York: M. M. Norton, 2006; David Shambaugh, ed., *Power Shift : China and Asia's New Dynamics*; Morton Abramowitz and Stephen Bosworth, "American Confronts the Asian Century", *Current History*, April 2006, pp. 147-152; William A. Callahan, "How to Understand China: The Dangers and Opportunities of Being a Rising Power", *Review of International Studies*, Vol. 31, 2005, pp. 701-714.

9 Michael Elliott, "The Chinese Century", *Times*, January 22, 2007, p. 32.

10 有關"中國掘起"是包括多種實力要素在內的綜合性掘起的分析, 請參見 J. Stapleton Roy, "Troubling Signs in East Asia", CSIS Pacific Forum: *Pac Net Newsletter*, June 14, 2006; Joseph Kahn, "The Two Faces of Rising China", *New York Times*, March 13, 2005.

11 有關後冷戰時代東北亞地區和平是中、美之間"兩極均勢"的分析, 請參見 Robert N. Ross, "The Geography of Peace in East Asia", *International Security*, Vol. 18, No. 1, 1999, pp. 35-65.

12 Jennifer M. Lind, "Pacifism of Passing the Buck? Testing Theories of Japanese Security Policy", *International Security*, Vol. 29, No. 2, 2004, pp. 92-121.

13 在國際關系中, 壹個國家的安全總是同它能夠取得的"自由程度"。Kenneth N. Waltz, *Theory of International Politics*, Addison: McGraw-Hill Companies, Inc., 1979, p. 112. 有關修憲究竟將如何提高日本安全政策"靈活度"的詳細分析, 請參見 W. Hughes, "Why Japan Could Revise Its Constitution and What It World Mean For Japan Policy", *Orbis*, Fall 2006, pp. 725-744.

14 有關冷戰後日本的外交與戰略思想從"自由和平主義"轉向"現實主義"的分析, 請參見 Michael J. Green, *Japan's Reluctant Realism*, New York: Palgrave, 2001.

15 Peter H. Gries, "Social Psychology and the Identity-Conflict Debate: Is a 'China Threat' Inevitable?" *European Journal of International Relations*, Vol. 11, No. 2, 2005, pp. 235-265.

16 Jonathan Mercer, "Anarchy and Identity", *International Organization*, Vol. 49, No. 2, 1995, pp. 229-252.

17 這方面最早的權威論述, 請參見 Allen S. Whiting, *China Eyes Japan*, Berkeley: University of California Press, 1989.

18 Michael Yahuda, "The Limits of Economic Interdependence: Sino-Japanese Relations", in Alastair Iain Johnston and Robert S. Ross, eds., *New Directions in the Study of China's Foreign Policy*, Berkeley: University of California University Press, 2006, pp. 162-185.

19 Robert Pekkanen and Ellis S. Krauss, "Japan's Coalition of the Willing' on Security Polices", *Orbis*, Summer 2005; Christopher W. Hughes, "Why Japan Could Revise Its Constitution and What It World Mean For Japan Policy", *Orbis*, Fall 2006, pp. 725-744.

20 Koro Bessho, "Identities and Security in East Asia", *Adelphi Paper* 325, 1999, pp. 13-37.

21 有關外交的現實主義、國內政治中的保守主義和決策過程中的精英主義為什麼常常"三位壹體"的理論分析, 請參見 Piki Ish-Shalom, "The Triptych of Realism, Elitism, and Conservatism",

International Studies Review, Vol. 8, No. 3, 2006, pp. 441-468.

22 Mark J. Valencia, "The East China Sea Dispute: Ways Forward", CSIS Pacific Forum: *PacNet Newsletter*, September 15, 2006.

23 有關機遇權力與利益考慮的"冷戰戰略"決定了冷戰起源和進程的分析, 請參見 John Lewis Gaddis, *We Now Know: Rethinking Cold War History*, Oxford: Oxford University Press, 1997; 而對看上去有利可圖的戰略, 及政策選擇為什麼導致國際關系中的"悲劇", 請參見：Richard Ned Lebow, *The Tragic Vision of Politics: Ethics, Interests and Order*, Cambridge: Cambridge University Press, 2003.

24 從沃爾茲的新現實主義理論來說, 日本20世紀90年代末以來的"聯美抑華"的戰略選擇甚至是某種"例外", 因為"制衡"如何是國家為了保障安全的現實需要, 肯尼斯·沃爾茲認為, 這樣的"制衡"對象應該首選強調, 而不是"弱者"。參見 Kenneth N. Waltz, *Theory of International Politics*, pp. 126-127; 日本的世紀對話政策中後期到21世紀初壹直也是在"制衡"與"合作"中平衡, "合作"的壹面還比較突出。參見 Michael J. Green, *Japan's Reluctant Realism*, pp. 81-102.

25 Charles Glazer對新現實主義理論的貢獻, 就是論證了當國家間權力分配開始變化時, 是這個國家對"制衡"對象的直覺, 而不是單純地制衡行為, 決定了這個國家的戰略選擇。Charles L. Glaser, "The Security Dilemma Revisited", *World Politics*, Vol. 50, No. 1, 1997, pp. 171-201.

26 有關結盟政治作為壹種"歷史政治文化"(Historical-Political Culture)分析要素在日本對外戰略中的影響和作用, 請參見 Thomas Berger, *Cultures of Antimilitarism: National Security in Germany and Japan*, Baltimore: The John Hopkins University Press, 1998, pp. 55-60.

27 Mike M. Mochizuki, *Japan: Domestic Change and Foreign Policy*, Santa Monica: Rand, 1995, pp. 47-54.

28 有關美日是"民主陣營"內共同價值與利益不可分離的夥伴的分析, 請參見 Gerald L. Curtis, ed., *The United States, Japan and Asia: Challenges for U. S. Policy*, W. W. Norton & Company, 1994; Yoichi Funabashi, *Alliance Adrift*, New York: A Council in Foreign Relations Book, 1999; Michael J. Green and Patrick M. Cronin, eds., *The U.S.-Japan Alliance: Past, Present, and Future*, New York: A Council on Foreign Relations Book, 1999; Steven K. Vogel, ed., *U. S. – Japan Relations in a Changing World*, Washington, D.C.: the Bookings Institution, 2002.

29 David Shambaugh, "Asia in Transition: The Evolving Regional Order", *Current History*, April 2006, p. 158.

30 Samuel P. Huntington, "Japan's Role in Global Politics", *International Relations of the Asia Pacific*, Vol. 1, No. 1, 2001, p. 142.

31 在沃爾茲看來, "制衡"有"內部"和"外部"兩個方面, "內部的"制衡措施就是加速國家的發展包括防禦力量、制度調整和心理準備；"外部的"制衡就是組織或者強化軍事同盟。Kenneth N. Waltz, *Theory of International Politics*, Addison: McGraw–Hill Companies, Inc., 1979, pp. 124-125.

32 Graham Evans and Jeffrey Newnham, *The Penguin Dictionary of International Relations*, London: Penguin, 1998, pp. 209-210.

33 James M. Goldgeier and Michael McFaul, "A Tale of Two Worlds: Core and Periphery in the Post–Cold War Era", *International Organization*, Vol. 46, No. 2, 1992, p. 467.

34 添谷芳秀:《日本の「ミド兒パワー」外交──戰後日本の選擇之構想》, 東京, 築摩書房, 2005.

35 Kenneth N. Waltz, "The Emerging Structure of International Politics", *International Security*, Vol. 18, No. 2, 1993, p. 66.

36 David Pilling, "Abe Aims to Secure Japan's World Status", *Financial Times*, October 31, 2006.

37 Qingxin Ken Wang, "Hegemony and Socialization of the Mass Public: The Case of Postwar Japan's Cooperation with the United States on China Policy", *Review of International Studies*, Vol. 29, No. 1 (2003), pp. 99-119.

38 Christopher W. Hughes, Japan's Re-Emergence as a "Normal Military Power", *Adelphi Papers* 368-9, p. 14.

39 有關日本和平主義在二戰後興起與發展的經典論述, 請參見 H. P. Bix, *Hirohito and the Making of Modern Japan*, New York: Harper Collins, 2000; Jeffrey W. Dower, *Embracing Defeat: Japan in the Wake of World War II*, New York: W. W. Norton, 1999.

40 這方面的深入介紹與分析, 請參見 Yoshihide Soeya, "Japan, Normative Constraints versus Structural Imperatives", in M. Alagappa, ed., *Asian Security Practice; Material and Ideational Influences*, Stanford: Stanford University Press, 1998, pp. 228-231.

41 《安倍晉三希望2007推動修憲公報》, 中新網, 2006-12-20.

42 Charles Krauthammer, "The Japan Card", *Washington Post*, January 3, 2003.

43 Robert Pekkanen and Ellis S. Krauss, "Japan's Coalition of the Willing' on Security Polices".

44 Willem van Kemmende, *China and Japan: Partners or Permanent Rivals?* Clingendael; Netherlands Institute of International Relations, 2006, pp. 41-52.

45 Richard McGregor and David Ibison, " Koizumi in Hot Soup with China over War Shrine", *Financial Times*, February 7, 2006.

46 Michael J. Green, "Managing Chinese Power: The View from Japan", in Alastair Iain Johnston and Robert S. Ross, eds., *Engaging China: The Management of An Emerging Power*, London: Routledge, 1999, p. 171.

47 "Abe Hurrying to Improve Ties", *International Herald Tribune*, October 3, 2006.

48 David Pilling, "Abe Aims to Secure Japan's World Status", *Financial Times*, October 31, 2006.

49 Ming Wan, *Sino–Japan Relations: Interaction, Logic and Transformation*, pp. 33-39; Robert Sutter, "China and Japan: Trouble Ahead?" *The Washington Quarterly*, Vol. 25, No. 4 (Autumn 2002), pp. 37-49.

50 Koro Bessho, "Identities and Security in East Asia", p. 13.

51 安倍晉三:《美しい國へ》, 第五章《日本與亞洲及中國》, 東京,《文藝春秋》, 2006-07。

52 Michael R. Auslin, "Japan and South Korea: The New East Asian Core", *Orbis*, Summer 2005, pp. 459-473.

53 於青:《日本民眾認為最應加強與中國關系, 右翼勢力不高興》,《環球時報》, 2006-12-02。

54 Christopher W. Hughes, Japan's Re-Emergence as a "Normal Military Power", *Adelphi Papers* 368-369.

55 Wang Liang, "Coping with Abe: Time for New Thinking' in China's Japan Policy", CSIS Pacific Forum: *PacNet Newsletter*, January 24, 2007.

56 Hillary Clinton, "America's Pacific Century", Foreign Policy, November 2011, pp. 57-63.

57 President Barack Obama, "Remarks By President Obama to the Australian Parliament", November 17, 2011, http://www.whitehouse.gov/the-press-office/2011/11/17remarkspresident-obama-australian-parliament. (上網時間:2012年4月6日)

58 U.S. Department of Defense, "Sustaining U.S. Global Leadership: Priorities for 21st Century Defense", January 2012, http://www.defense.gov/news/Defense_Strategic_Guidance.pdf. (上網時間:2012年4月9日)

59 Elisabeth Bumiller and Thom Shanker, "Obama Puts His Stamp on Strategy for Leaner Military", *The New York Times*, January 5, 2012.

60 Tom Donilon, "America is Back in the Pacific and Will Uphold the Rules", *Financial Times*, November 27, 2011.

61 "President Obama Envisions the Asia-Pacific", *Time,* January 21, 2012.

62 Edward Gresser, "Does U.S. Pacific Policy Need a Trade Policy?" NBR, March 29, 2012, http://www.nbr.org/rewearch/activity.as-px?id=229. (上網時間:2012年4月7日)

63 U.S. Department of Defense, *Sustaining U.S. Global Leadership: Priorities for 21st Century Defense*, January 2012, p. 16.

64 U.S. Department of Defense, *Joint Operational Access Concept*, January 17, 2012, http://www.defense/gov/pubs/pdfs/JOAC_Jan%202012_Signed.pdf. (上網時間2012年4月5日)

65 U.S. Department of Defense, "Release of Joint Operational Access Concept, JOAP", January 17, 2012, http://www.dodlive.mil/index.php/2012/01/release-of-the-joint-operational-access-concept-joac/. (上網時間:2012年4月3日)

66 相關內容參見: General Norton A. Schwartz, USAF & Admiral Jonathan W. Greenert, USN, "Air-Sea Battle: Promoting Stability in an Era of Uncertainty", *The American Interest*, February 20, 2012.

67 相關內容參見: Mark E. Manyin, etc., *Pivot to Asian-Pacific: The Obama Administration's Rebalancing Towards Asia*, Congressional Research Service, March 28, 2012.

68 Teresita C. Schaffer, "Partnering with India: Regional Power, Global Hopes", in Ashley J. Tellis, Mercy Kuo, and Andrew Marble, eds., *Strategic Asia 2008-2009: Challenges and Choices*, Seattle: NBR, 2008, pp. 199-230.

69 Hillary Clinton, "America's Pacific Century", *Foreign Policy*, November 2011, p. 57.

70 Richard Haass, *The United States and India: A Shared Strategic Future*, New York: Council on Foreign Relations, September 2011.

71 Hillary Clinton, America's Pacific Century", *Foreign Policy*, November 2011, p. 59.

72 Robert D. Kaplan, "Why John J. Mearsheimer Is Right?" *The Atlantic*, January/February 2012.

73 蘭德公司:"撼天裂地──21世紀的中國空軍運作理念", 美國《空軍季刊》, 2012年1-2月號: "The Chinese Military Challenge: The PLA is seeking to push U.S. forces out of Asian waters", *The Wall*

Street Journal, August 18, 2010; Walter Ladwig, "Signals in the Yellow Sea: China tries to deny U.S. aircraft carriers access to international waters", *The Wall Street Journal*, July 20, 2010; Michael Austin, "Asia's Troubled Waters: The U.S. Navy will have to face new challenges form China and North Korea with fewer resources", *The Wall Street Journal*, May 20, 2010.

74 Mark E. Manyin, etc., *Pivot to Asian-Pacific: The Obama Administration's Rebalancing towards Asia*, pp. 24-29.

75 Peter Baker, "Panetta's Pentagon, Without the Blank Check", *The New York Times*, October 23, 2011.

76 David Sanger, "Gates Asks for Defense Cut for His Departure", *The New York Times*, June 25, 2011.

77 U.S. Congress, "Text of Budget Control Act Amendment", F:/P12/DEBT/DEBT_016.XM:, http://rules.house.gov/Media/file/PDF_112_1/Floor_Text/DEBT_016_xml.pdf. (上網時間：2012年4月9日)

78 Michael Mandelbaum, "America's Coming Retrenchment: How Budget Cuts Will Limit the United States' Global Role", http://www.foreignaffairs.com/articles/68024/michael-mandelbaum/americas-coming-retrenchment. (上網時間：2012年4月7日)

79 Hillary Clinton, "America's Pacific Century", *Foreign Policy*, November 2011, p. 59.

80 Michael O'Hanlon, "The Defense Budget and American Power", Remarks in the Hearing of U.S. Senate Budget Committee, April 4, 2012: "Why a One-War Posture for the U.S. Military Will Work?" *The Washington Post*, January 6, 2012.

81 Robert D. Kaplan, "The Geography of Chinese Power: How Far Can Beijing Reach on Land and at Sea?" *Foreign Affairs*, May/June 2012; *Mansion: Indian Ocean and the Future of U.S. Power*, New York: Random House, 2010.

82 Remarks by President Obama at United States Military Academy at West Point Commencement, Michell Stadium, West Point, New York, May 22, 2010.

83 Kenneth Lieberthal and Wang Jisi, "Addressing U.S.-China Strategic Mistrust", John L. Thornton China Center Monograph Series, The Brookings Institution, Number 4, March 2012.

84 U.S. Department of Defense, *Annual Report to Congress: Military and Security Developments Involving the People's Republic of China 2011*.

85 Zbigniew Brzezinski, "Balancing the East, Upgrading the West", *Foreign Affairs*, January/February 2012.

역자 후기

4년 전 이 책의 저자이자 역자의 지도교수이신 주펑 교수님을 처음 뵈었던 그날의 생생한 기억을 지금껏 소중히 간직하며, 이 책이 출간을 앞둔 지금, 4년 동안 교수님과 함께했던 시간들이 떠오른다.

이 책을 번역하게 된 동기는 첫째, 한중수교 20년이 지난 지금, 중국이 동북아 그리고 그곳에서 일어나고 있는 안보문제들을 어떠한 시각으로 바라보고 있는지를 알아봄으로써, 미국과 함께 우리나라에 가장 중요한 전략적 상대가 되어버린 중국의 생각과 전략을 이해하기 위함이다. 둘째, 이처럼 중요해진 중국임에도 불구하고, 현재까지 우리나라에 중국학자들의 저서가 번역된 사례가 많지 않음을 느끼고, 이에 번역과 출간의 필요성을 느끼며, 한국에도 널리 알려진 주펑 교수님의 저서를 한국에 소개함으로써, 중국에 대한 한국의 이해를 높이기 위함이다.

현재 북한문제와 중미 그리고 중일관계를 둘러싸고 긴박하게 돌아가고 있는 동북아 안보정세에 맞추어, 이 책의 출판은 매우 시기적절하다. 또한 동북아정세의 중심에 있는 중국, 그곳의 국제관계학계를 이끌어나가고 대표하는 학자인 주펑 교수님의 분석을 이해하는 것은 매우 의미있다는 일이다.

이 기회를 통하여, 이 책이 출판되기까지 많은 도움을 주시고, 수고하신 분들에게 감사를 표하고 싶다. 우선, 한국어판 출판에 맞추어, 새롭게 수정·보완하고, 또한 많은 격려를 해주신 주펑 교수님께 감사드리고 싶고, 아울러 지금껏 물심양면 도와주신 사랑하는 나의 가족, 특별히 아버지께 감사를 표하고 싶다. 끝으로 언제나 나를 살피시는 '그분'께 영광을 돌리고 싶다.

베이징대학 도서관에서
이상원

찾아보기 단어 · 어구

찾아보기 인명

저자 주펑 朱鋒

1964년 중국 장쑤성 쑤저우에서 출생하였고, 1981년 베이징대학 국제관계학원에 입학하여, 1991년 박사학위를 취득하였다. 뉴질랜드 빅토리아대학교, 영국 더햄대학교, 미국 하버드대학교, 미국 국제전략문제연구소(CSIS), 미국 브루킹스연구소(Brookings) 등 유명 국제학술기관에서 방문학자를 역임하였다. 현재 난징대학 중국남해연구협동혁신센터 집행원장, 베이징대학 국제전략연구원 부원장, 중국평화발전연구센터 선임연구원을 맡고 있다. 저자는 중국의 대표적인 국제안보학자로서, 오랜기간 동아시아지역안보와 중미관계 그리고 동아시아해양안보에 대해 연구하였고, 최근 저서로는 《*China's Ascent: Power, Security and the Future of International Politics*》, 《중국굴기: 이론과 정책적 시각(中國崛起: 理論與政策的視角)》, 《중일안보교류, 방위협력의 역사, 현상과 전망(中日安保交流、 防衛合作的曆史、 現狀和展望)》 등이 있다.

역자 이상원 李相元

베이징대학 국제관계학원에서 석사학위를 취득하고, 현재 같은 곳에서 국제관계학 박사과정을 밟고 있다.

국제관계이론과 동아시아안보

2014년 7월 5일 초판 인쇄
2014년 7월 10일 초판 발행

지은이 | 주펑
옮긴이 | 이상원
펴낸이 | 이찬규
펴낸곳 | 북코리아
등록번호 | 제03-01240호
주소 | 462-807 경기도 성남시 중원구 사기막골로 45번길 14
　　　우림라이온스밸리2차 A동 1007호
전화 | 02-704-7840
팩스 | 02-704-7848
이메일 | sunhaksa@korea.com
홈페이지 | www.북코리아.kr
ISBN | 978-89-6324-369-6(93340)

값 25,000원